Katharina Kühne
Die Entwicklung des Internetstrafrechts unter besonderer Berücksichtigung der §§ 202a–202c StGB sowie § 303a und § 303b StGB

Juristische Zeitgeschichte
Abteilung 3, Band 49

Juristische Zeitgeschichte
Hrsg. von Prof. Dr. Dr. Thomas Vormbaum
(FernUniversität in Hagen, Institut für Juristische Zeitgeschichte)

Abteilung 3:
Beiträge zur modernen deutschen Strafgesetzgebung
Materialien zu einem historischen Kommentar
Hrsg. von Prof. Dr. Dr. Thomas Vormbaum

Band 49

Redaktion: Christoph Hagemann

De Gruyter

Katharina Kühne

Die Entwicklung des Internetstrafrechts unter besonderer Berücksichtigung der §§ 202a–202c StGB sowie § 303a und § 303b StGB

De Gruyter

Dr. Katharina Kühne

Die Arbeit wurde von der Rechtswissenschaftlichen Fakultät der FernUniversität in Hagen als Dissertation angenommen.

ISBN 978-3-11-061404-6
e-ISBN (PDF) 978-3-11-062303-1
e-ISBN (EPUB) 978-3-11-062193-8

Library of Congress Control Number: 2018951679

Bibliografische Information der Deutschen Nationalbibliothek

Die Deutsche Nationalbibliothek verzeichnet diese Publikation in der Deutschen Nationalbibliografie; detaillierte bibliografische Daten sind im Internet über http://dnb.dnb.de abrufbar.

Druck und Bindung: CPI books GmbH, Leck

www.degruyter.com

Vorwort

Die Arbeit wurde am 2. Oktober 2017 an der FernUniversität in Hagen als Dissertation eingereicht.

Mein Dank gilt allen, die mich auf dieser Reise begleitet, ermutigt und unterstützt haben. Sie begann an der Westfälischen Wilhelms-Universität in Münster. Ein kriminalwissenschaftliches Seminar meines späteren Doktorvaters, Herrn Prof. Dr. Dr. Vormbaum, ließ mich – um im Bild zu bleiben – in die Strafrechtsgeschichte spazieren, führte mich mit dem Zug zu einer langjährigen Tätigkeit an seinen Lehrstuhl an der FernUniversität in Hagen und zu einem Promotionsvorhaben über die Datenautobahn. Die wohl bedeutendeste Wegkreuzung auf dieser Reise bildete die Lehrstuhlübernahme durch Herrn Prof. Dr. Stübinger. Ich hatte das große Glück, dass die geduldige Betreuung durch meinen Doktorvater diesen Wechsel überdauerte und ich weitere wertvolle Unterstützung durch meinen späteren Zweitgutachter hinzugewann, welcher mir den Abschluss meiner Promotion am Lehrgebiet ermöglichte.

Verlagsreife erhielt die Arbeit dank der unermüdlichen Formatierung von Herrn Mag. Christoph Hagemann und Frau Annegret Gipperich am Institut für Juristische Zeitgeschichte. Finanziell unterstützt wurde die Publikation mit einem Druckkostenzuschuss der FernUniversität in Hagen.

Großer Dank gebührt außerdem Herrn Ass. Jur. Kai Kröger, der den gesamten Schaffensprozess als verständiger Leser, verständnisvoller Zuhörer und guter Freund begleitete. Danken möchte ich auch meiner Mutter, Frau Kerstin Bode. Sie hat mich dazu ermutigt, diesen Weg zu gehen. Der Zuspruch und Rückhalt lieber Freunde und Weggefährten hat ihn beschleunigt. Frau Ass. Jur. Stefanie Achenbach, Frau Ass. Jur. Anne-Katrin Pellengahr, Frau Dr. Andrea Schurig, Frau Michaela Thulke, Frau Dr. Milena E. Tieves, ich danke euch.

Widmen möchte ich diese Arbeit in Liebe und mit herzlichem Dank, der weit über die Promotion hinausgeht, meinen Großeltern, Annegret und Gunter Herkner.

Hagen, 12. Juni 2018 *Katharina Kühne*

https://doi.org/10.1515/9783110623031-001

Inhaltsverzeichnis

Vorwort V

Abkürzungsverzeichnis XVII

ERSTER TEIL:
EINLEITUNG

Einleitung und sachliche Grundlegung 3

A) Problemstellung 3

B) Methoden und Fragestellungen 8

C) Darstellungsweise 10

D) Forschungsstand 10

ZWEITER TEIL:
KODIFIZIERUNG DES COMPUTERSTRAFRECHTS

Erstes Kapitel: Technisch-phänomenologische Grundlegung 15

A) Zentrale Entwicklungsetappen der Computertechnik 15

I. Anstieg der Abhängigkeit von der Technik 15

II. Einstellungswandel gegenüber der Technik 23

III. Veränderungen beim Täterkreis 29

B) Angriffsziele 32

I. Computerspionage 32

II. Datenveränderung 35

III. Computersabotage 36

IV. Verwendung des Hacking zur Tatbegehung 39

C) Charakteristika der Computerkriminalität 43

Zweites Kapitel: Legislatorische Grundlegung – das Zweite Gesetz zur Bekämpfung der Wirtschaftskriminalität 48

A) Vorarbeiten 48

I. Erste Einschätzungsergebnisse des Bundesministeriums der Justiz 49

II. Die Positionierung der Sachverständigenkommission 51

1. Computerspionage ... 54
2. Computersabotage ... 55
3. Zeitdiebstahl ... 57

B) Gesetzgebungsverfahren zum 2. WiKG ... 58

I. Beratungsergebnisse des Rechtsausschusses vom 6. Juni 1984 ... 60
1. Phänomenologische Besonderheiten der Computerkriminalität ... 60
2. Entwicklungstendenzen ... 63
3. Überlegungen zu präventiven Ansätzen ... 67
4. Reformansätze für die Implementierung eines Computerstrafrechts ... 68
a) Computerspionage ... 70
b) Computersabotage ... 71
c) Zeitdiebstahl ... 72
5. Ausblick ... 72
6. Zusammenfassung ... 73

II. Diskussionsschwerpunkte der folgenden Beratungen ... 73
1. Computerspionage ... 74
a) Kodifizierung von Begriffsdefinitionen ... 75
b) Das Erfordernis der besonderen Sicherung ... 77
c) Die Höhe des Strafrahmens ... 78
d) Die Ausgestaltung als Antragsdelikt ... 79
e) Zwischenergebnis zur tatbestandlichen Fassung des § 202a ... 79
f) Positionierung zum Hacking ... 79
2. Computersabotage ... 84
a) Erhöhung des Strafrahmens ... 85
b) Zum Erfordernis des Tatbestandsmerkmals „fremd" ... 86
3. Zeitdiebstahl ... 88

III. Beschlussempfehlung des Rechtsausschusses ... 88

C) Zusammenfassung 90

I. Inhalt und Motive für die Einführung des § 202a i.d.F. des 2. WiKG 90

II. Inhalt und Motive für die Einführung des § 303a i.d.F. des 2. WiKG 92

III. Inhalt und Motive für die Einführung des § 303b i.d.F. des 2. WiKG 94

D) Resümee 96

DRITTER TEIL: KODIFIZIERUNG DES INTERNETSTRAFRECHTS

Drittes Kapitel: Technisch-phänomenologische Grundlegung 101

A) Die Entwicklung des Internets 102

I. Wandel vom militärischen zum wissenschaftlichen Netzwerk 102

II. Von der passiven Kopplung zum interaktiven Datenaustausch 108

III. Übergang vom Wissensspeicher zum Kommunikationsmedium 110

IV. Phase des sog. Internetting 111

V. Zusammenschluss zum „Netz der Netze" 116

VI. Wandel zum Massenmedium 119

VII. Zusammenfassung 121

B) Zentrale Risikofaktoren 123

I. Datenübertragungstechnik als struktureller Risikofaktor 123

II. Risikofaktor Software 127

III. Anwender als personelle Risikofaktoren 130

C) Phänomenologische Besonderheiten der Internetkriminalität 132

I. Internetkriminalität 132

II. Gefährdete Interessen 133

1. Vertraulichkeitsverletzungen 134

2. Beeinträchtigungen der Integrität und Verfügbarkeit 140

3. Zusammenfassung ... 145

III. Empirisch-kriminologische Charakteristika ... 146

IV. Zusammenfassung ... 153

Viertes Kapitel: Initiativen des Europarates ... 156

A) Die Empfehlung Nr. R (89) 9 vom 13. September 1989 ... 157

I. Die Bewertung der Ausgangssituation ... 158

II. Allgemeine Ausführungen zur Ausgestaltung der Empfehlung ... 159

III. Materiell-rechtliche Vorgaben der Empfehlung ... 161

1. Unbefugter Zugang ... 162

2. Unberechtigtes Abfangen von Daten ... 163

3. Beeinträchtigung von Computerdaten und -programmen ... 164

4. Eingriffe in Computersysteme ... 167

5. Ergänzende Ausführungen ... 168

B) Die Convention on Cybercrime vom 23. November 2001 ... 168

I. Allgemeine Ausführungen zum Regelungsgegenstand der Konvention ... 172

II. Grundlegende Begriffsbestimmungen ... 173

III. Materiell-rechtliche Vorgaben zu den sog. CIA-Delikten ... 176

1. Rechtswidriger Zugang gem. Art. 2 CCC ... 176

2. Rechtswidriges Abfangen gem. Art. 3 CCC ... 179

3. Eingriff in Daten gem. Art. 4 CCC ... 180

4. Eingriff in ein System gem. Art. 5 CCC ... 182

5. Missbrauch von Vorrichtungen gem. Art. 6 CCC ... 184

6. Weitergehende Vorgaben ... 186

IV. Ausblick zum Anpassungsbedarf für das deutsche Strafrecht ... 186

V. Die Bedeutung und Tragweite der Konvention ... 187

Fünftes Kapitel: Initiativen der Europäischen Union ... 191

A) Die erste strafrechtliche Harmonisierungswelle ... 191

B) Die zweite Phase der Strafrechtsharmonisierung ... 195

I. Frühere Aktivitäten der Kommission 196

II. Die Erarbeitung des Kommissionsvorschlags 197

III. Inhalt des Kommissionsvorschlags vom 19. April 2002 198

1. Allgemeine Begriffsbestimmungen in Art. 2 des RB 200

2. Materiell-rechtliche Vorgaben zu den CIA-Delikten 202

IV. Stellungnahmen der Ausschüsse des Europäischen Parlaments 205

1. Ergänzungsvorschläge der Ausschüsse 206

2. Begründungen zu den Stellungnahmen 209

V. Die Fortsetzung des Verfahrens im Rat der Europäischen Union 210

C) Die inhaltliche Ausgestaltung der Schlussfassung 211

I. Änderungen bei den Begründungserwägungen 211

II. Änderungen zu den Begriffsbestimmungen in Art. 1 des RB 212

III. Anpassungen bei der Computerspionage in Art. 2 des RB 213

IV. Neuerungen zur Computersabotage in Art. 3 des RB 214

V. Gesonderte Kodifizierung der Datenveränderung in Art. 4 des RB 215

VI. Änderungen bei der Versuchsstrafbarkeit in Art. 5 des RB 216

VII. Vorgaben zum Strafrahmen in Art. 6 und Art. 7 des RB 216

VIII. Sonstige Anpassungen 219

IX. Zusammenfassung der grundlegenden Änderungsansätze des Rates 219

D) Die Rechtswirkung des Rahmenbeschlusses 2005/222/JI 220

E) Zusammenfassende Beurteilung der Kennzeichen der zweiten Phase der Strafrechtsharmonisierung 224

F) Die dritte Phase der Strafrechtsharmonisierung 225

I. Strukturell bedingte Interessenlage der klagenden Kommission 226

II. Inhalt des EuGH-Urteils in der Rs. C-176/03 227

III. Zusammenfassung zur Rs. C-176/03 230

IV. Reaktionen auf das Urteil 230

1. Mitteilung der Kommission vom 23. November 2005 230
2. Die Bewertung durch das Europäische Parlament 231
3. Die Stellungnahme des Bundesrates vom 10. Februar 2006 233
4. Reaktion des EuGH im Urteil zur Rs. C-440/05 234
V. Bedeutung der EuGH-Rechtsprechung für die dritte Welle der Strafrechtsharmonisierung 236
G) Gemeinsamkeiten und Unterschiede zwischen der Convention on Cybercrime und dem Rahmenbeschluss 237
I. Mindestvorgaben hinsichtlich der Grundtermini gem. Art. 1 CCC und Art. 1 des RB 238
II. Computerspionage gem. Art. 2 CCC und Art. 2 des RB 239
III. Datenveränderung gem. Art. 4 CCC und Art. 4 des RB 240
IV. Computersabotage gem. Art. 5 CCC und Art. 3 des RB 240
V. Versuch, Beihilfe und Anstiftung gem. Art. 11 CCC und Art. 5 des RB 240
VI. Sanktionen gem. Art. 13 CCC und Art. 6 und 7 des RB 241
Sechstes Kapitel: Bewertung der bisherigen Strafrechtsharmonisierung 242
A) Institutionelle Weiterentwicklung 243
B) Fortentwicklung der verwendeten Rechtsakte 244
C) Notwendigkeit einer europäischen Strafrechtsharmonisierung 245
D) Die thematische Begrenzung der Strafrechtsangleichung 249
E) Verfahrensbezogene Kritik zum Erlass konkreter Rechtsakte 254
F) Kritik an der inhaltlichen Ausgestaltung der erlassenen Rechtsakte 257
Siebentes Kapitel: Die Umsetzung der europa- und völkerrechtlichen Vorgaben in nationales Recht 263
A) Das 41. Strafrechtsänderungsgesetz zur Bekämpfung der Computerkriminalität vom 7. August 2007 263
I. Inhalt des 41. Strafrechtsänderungsgesetzes 265
1. Bezugnahme auf die europäischen Begriffsdefinitionen 265
2. Anpassungen im Bereich der Computerspionage 266

3. Hauptkritikpunkte in der parlamentarischen Diskussion 270

4. Kodifizierung des § 202b n.F. über das Abfangen von Daten 274

5. Geäußerte Kritik zur Neuaufnahme des § 202b 276

6. Die Pönalisierung von Vorbereitungshandlungen durch § 202c-E 277

7. Die parlamentarische Debatte zu § 202c-E 279

a) Kritik zur Reichweite des § 202c Abs. 1 Nr. 2-E 280

b) Kritische Äußerungen zur Fallgruppe des sog. Phishing 287

c) Stellungnahme des Rechtsausschusses 290

d) Änderungsantrag einzelner Abgeordneter und der Fraktion der Linken vom 23. Mai 2007 291

e) Zusammenfassung zur Reichweite des Art. 202c-E 292

8. Erste Reaktionen zur Reichweite des § 202c in der Strafrechtspraxis 293

a) Handhabung durch die Staatsanwaltschaft 293

b) Nichtannahmebeschluss des Bundesverfassungsgerichts vom 18. Mai 2009 293

c) Stellungnahmen in der Literatur 296

9. Antragserfordernis 297

10. Vorgaben zur Datenveränderung und Computersabotage ... 298

11. Kritische Stellungnahmen zur Novellierung durch §§ 303a-E und 303b-E 302

a) Einwände gegen die Anpassung des § 303a a.F. 302

b) Kritik an der Ausgestaltung des § 303b-E 303

c) Änderungsantrag einzelner Abgeordneter und der Fraktion der Linken zu § 303b-E 305

12. Sonstige Kritikpunkte 306

II. Die Beurteilung durch die Kommission 307

1. Grundlegende Kritikpunkte 308

2. Begrüßende Ausführungen im Schlussbericht 309

B) Das Vertragsgesetz zur Convention on Cybercrime 310

C) Zusammenfassung zur Umsetzung 312

Achtes Kapitel: Die Richtlinie 2013/40/EU vom 12. August 2013 315

A) Die vierte Harmonisierungswelle nach dem Vertrag von Lissabon 315

B) Die Richtlinie 2013/40/EU vom 12. August 2013 318

I. Phänomenologische Veränderungen 318

II. Zentrale Anknüpfungspunkte des Reformvorhabens 322

III. Einleitung des Gesetzgebungsverfahrens durch die Kommission 328

IV. Überarbeitung des Kommissionsvorschlags im Rat 329

V. Zentrale Gestaltungsvorschläge 332

VI. Die Erarbeitung der Schlussfassung durch das Parlament 336

1. Änderungsvorschläge zu den vorangestellten Erwägungen 338

2. Überarbeitung der materiell-rechtlichen Vorgaben 345

VII. Inhalt der Richtlinie – Gemeinsamkeiten und Unterschiede zu den bisherigen Harmonisierungsvorschriften 351

1. Gegenstand und Erwägungen für den Erlass der Richtlinie 351

2. Begriffsbestimmungen gem. Art. 2 der RL 353

3. Computerspionage gem. Art. 3 der RL 354

4. Computersabotage und Datenveränderung gem. Art. 4 und 5 der RL 355

5. Neuaufnahme des rechtwidrigen Abfangens gem. Art. 6 der RL 356

6. Aufnahme der Vorfeldstrafbarkeit in Art. 7 der RL 356

7. Vorgaben zu Anstiftung, Beihilfe und Versuch gem. Art. 8 der RL 358

8. Anhebung des Strafrahmens gem. Art. 9 der RL 358

9. Formelle Vorgaben in Art. 15 bis 19 der RL 360

C) Zusammenfassung 361

Neuntes Kapitel: Umsetzung der Richtlinienvorgaben in innerdeutsches Recht ... 363

A) Strafbarkeit der Datenhehlerei gem. § 202d StGB ... 363

B) Korruptionsbekämpfungsgesetz ... 367

C) Gesetzentwurf zum „digitalen Hausfriedensbruch“ ... 372

I. Anknüpfungspunkt und Zielstellung des Entwurfs ... 373

II. Schutzlücken de lege lata ... 375

III. Schutzlücken bei der Strafverfolgung ... 380

IV. Stellungnahmen zum Strafrechtsschutz de lege ferenda ... 382

1. Grundtatbestand, § 202e Abs. 1 StGB-E ... 382

a) Zugang, § 202e Abs. 1 S. 1 Nr. 1 StGB-E ... 382

b) Gebrauchsrecht, § 202e Abs. 1 S. 1 Nr. 2 StGB-E ... 385

c) Beeinflussen oder Ingangsetzen, § 202e Abs. 1 S. 1 Nr. 3 StGB-E ... 386

2. Erhöhte Strafandrohung ... 387

3. Versuchsstrafbarkeit und prozessuale Einkleidung ... 390

V. Stellungnahmen zur Schutzrichtung ... 390

VI. Zusammenfassung ... 395

VII. Alternativen ... 396

VIERTER TEIL

Zehntes Kapitel: Würdigung ... 401

A) Technisch-phänomenologische Grundlegung ... 401

B) Legislatorische Grundlegung – Kodifizierung des Computerstrafrechts durch das 2. WiKG ... 404

C) Zusammenhang zwischen der technischen Weiterentwicklung und der Verlagerung gesetzgeberischer Initiativen in den internationalen Raum ... 406

D) Völker- und europarechtliche Angleichungsbemühungen ... 407

I. Convention on Cybercrime des Europarates vom 23. November 2001 ... 408

II. Der Rahmenbeschluss 2005/222/JI des Rates vom 24. Februar 2005 ... 410

III. Die Umsetzung in nationales Strafrecht ... 412

IV. Richtlinie 2013/40/EU vom 12. August 2013 und ihre Umsetzung ... 414

E) Abschließende Würdigung ... 418

ANHANG

Quellenverzeichnis ... 423

Literaturverzeichnis ... 462

Abkürzungsverzeichnis

@	at
ABS	Antiblockiersystem
Abschn.	Abschnitt
AE	Alternativentwurf
AEPD	Agencia Española de Protección de Datos
AFET	Committee on Foreign Affairs
AFP	Zeitschrift für Medien- und Kommunikationsrecht
Algol	Algorithmic Language
Anm.	Anmerkung
APP	application
APWG	Anti Phishing Working Group
ARPA	Advanced Research Projects Agency
AT & T	American Telephone and Telegraph Company
BaFin	Bundesanstalt für Finanzdienstleistungsaufsicht
bearb.	bearbeitet
BBN	Bolt, Beranek and Newman
begr.	begründet
Beil.	Beilage
bit	binary digit
BITKOM	Bundesverband Informationswirtschaft, Telekommunikation und neue Medien e. V.
BITNET	früher: Because It's There NETwork; später: Because It's Time NETwork
BMFT	Bundesministerium für Forschung und Technik
BSI-Gesetz	Gesetz über das Bundesamt für Sicherheit und Informationstechnik
BSi-KritisV	Verordnung zur Bestimmung Kritischer Infrastrukturen

https://doi.org/10.1515/9783110623031-002

bspw.	beispielsweise
Btx	Bildschirmtext
BUTG	Committee on Budgets
bzw.	beziehungsweise
C64	Commodore 64
CA	certificate authority; California
CATENET	catenated network
CATS	comité de l'article trente-six
CCC	Convention on Cybercrime
CD	Compact Disc
CDPC	European Committee on Crime Problems
CELEX	Communitatis Europeae Lex
CERN	Conseil européen pour la recherche nucléaire
CIA	confidentiality, integrity, availability
CII	Compagnie Internationale pour l'Informatique; Critical Information Infrastructre
Cobol	Common Business Oriented Language
com	commercial
CSNET	Computer Science Research Network
CSU	Christlich-Soziale Union (Bayern)
CuA	Computer und Arbeit
DARPA	Defense Advanced Research Projects Agency
DATEV	ursprünglich: Datenverarbeitungsorganisation der Steuerbevollmächtigten für die Angehörigen des steuerberatenden Berufes in der Bundesrepublik Deutschland, eingetragene Genossenschaft mit beschränkter Haftpflicht
DC	District of Columbia
(D)DoS	(Distributed) Denial-of-Service
ders.	derselbe
DFN	Deutsches Forschungsnetz

DFÜ	Datenfernübertragungsnetzwerke
DGRI	Deutsche Gesellschaft für Recht und Informatik
dies.	dieselbe
DNS	Domain-Name-System
Dok.	Dokument
Dr.	Doktor
DSGVO	Datenschutzgrundverordnung
DSRL	Datenschutzrichtlinie
DV	Datenverarbeitung
E	Entwurf
ebd.	ebenda
EC	Electronic Cash
Eco	electronic commerce
ect.	et cetera
ECI	European Conference in Informatics
ECTA	European Competitive Telecommunications Association
EDI	electronic data interchange
edu	education
E-Mail	electronic mail
endg.	endgültig
ENIAC	Electronic Numerical Integrator and Computer
ENISA	European Network and Information Security Agency
ERS	Europarat-Satzung
ETS-No.	European Treaties Series, number
EuroISPA	European association of European Internet Services Providers Associations
Eurojust	Einheit für justizielle Zusammenarbeit der Europäischen Union
Europol	Europäisches Polizeiamt

exe	executable
FD	framework decision
FDP	Freie Demokratische Partei
Fortran	Formula Translation
Frankfurt/M.	Frankfurt am Main
FTP	file-transfer-protocol
G8	Gruppe der Acht
GASP	Gemeinsame Außen- und Sicherheitspolitik
GDV	Gesamtverband der Deutschen Versicherungswirtschaft
gov	government
HFR	Humboldt Forum Recht
HMI	Hans-Meyer-Institut
HP	Hewlett-Packard
Hrsg.	Herausgeber
HTM(L)	Hypertext Markup (Language)
IBM	International Business Machines Corporation
ICT	Information and Communication Technologies
i.d.F.	in der Fassung
i.e.	id est
IEC	Internationale Elektrotechnische Kommission
IKT	Informations- und Kommunikationstechnik
IMP	interface message processor
insbes.	insbesondere
int	international
Interpol	internationale kriminalpolizeiliche Organisation
iOS	Internetwork Operating System
IP	Internet Protocol
IPTO	Information Processing Techniques Office
i.R.d.	im Rahmen des / der

ISDN	integrated services digital network
ISO	International Organisation for Standardisation
ITRE	Committee on Industry, Research and Energy
IuK	Informations- und Kommunikationstechnik
ITU	International Telecommunications Union
i.V.m.	in Verbindung mit
JHTL	Journal of High Technology Law
JI	Justiz und Inneres
jM	Juris - Die Monatsschrift
jurisPR-IT	Juris PraxisReport IT-Recht
jurisPR-StrafR	Juris PraxisReport Strafrecht
Kfz	Kraftfahrzeug
KGB	Komitet gossudarstwennoi besopasnosti, dt.: Komitee für Staatssicherheit
KI	Kriminalistisches Institut
KII	Kritische Infrastruktur
km	Kilometer
KOPS	Das Institutionelle Repositorium der Universität Konstanz
KPN	Koninklijke Posterijen, Telegrafie en Telefonie Nederland
KriPoZ	Kriminalpolitische Zeitschrift
kW	Kilowatt
LAN	Local Area Network
LIBE	Committee on Civil Liberties, Justice and Home Affairs
Linux	Linux is not Unix
LK	Leipziger Kommentar
MA	Massachusetts
m. abl. Anm.	mit ablehnender Anmerkung
MAH-IT	Münchener Anwaltshandbuch IT-Recht
MB	Megabyte

Mbps	megabit pro Sekunde
MD	Maryland
MELANI	Melde- und Analysestelle Informationssicherung
mil	military
Mio.	Millionen
MIR	Medien Internet und Recht
MIT	Massachusetts Institute of Technology
Mitra	Mini-machine pour l'Informatique Temps Réel et Automatique
MP3	ISO MPEG Audio Layer 3
Mrd.	Milliarde/n
MR-Int.	Medien und Recht International Edition
MüKo	Müchener Kommentar
m.V.a.	mit Verweis auf
m.w.N	mit weiterem Nachweis
n°	number
NASA	National Aeronautics and Space Administration
NATO	North Atlantic Treaty Organization
NDB	Nachrichtendienst des Bundes
NIS	Netz- und Informationssicherheit
NK	Nomos-Kommentar
nmap	Network Mapper
NPL	National Physical Laboratory
NSF	National Science Foundation
NZWiSt	Neue Zeitschrift für Wirtschafts-, Steuer- und Unternehmensstrafrecht
OH	Oral History (siehe Fundstellen im Quellenverzeichnis)
ÖPP	öffentlich-private Partnerschaften
OSCE	Organisation for Security and Co-operation in Europe

OSI	Open Systems Interconnection
org	organisation
PA	Pennsylvania
parl.	parlamentarisch/e/r
Pay-TV	Pay television
PC	Personal Computer
PC-CY	Committee of Experts on Crime in Cyberspace
PC-R-CC	Select Committee of Experts in Computer-related Crime
PDA	Personal Digital Assistant
PIN	Persönliche Identifikationsnummer
PJZS	Polizeiliche und justizielle Zusammenarbeit in Strafsachen
PKS	Polizeiliche Kriminalstatistik
POP	Post Office Protocol
PPE	Parti populaire européen
Prof.	Professor
Prolog	Programmation en Logique
R	Recommendation
RAF	Rote Armee Fraktion
RAND	research and development
RB	Rahmenbeschluss 2005/222/JI des Rates v. 24.2.2005
RB-E	Gesetzentwurf der Kommission zum Rahmenbeschluss 2005/222/JI in: KOM(2002) 173 v. 19.4.2002
RL	Richtlinie 2013/40/EU v. 12.8.2013
RL-E	Gesetzentwurf der Kommission für die Richtlinie 2013/40/EU in: KOM(2010) 517 endg. v. 30.9.2010
RSEXEC	resource-sharing executive
SABRE	Semi Automated Business Research Environment
SAP	Systeme, Anwendungen und Produkte in der Datenverarbeitung
SATNET	Atlantic Packet Satellite Network

S&D	Group of Progressive Alliance of Socialists & Democrats
sec	section
sic	sic erat scriptum
SK	Systematischer Kommentar
SMS	Short Massage Service
SMTP	Simple Mail Transfer Protocol
sog.	so genannt
SPAN	Space Physics Analysis Network
SPD	Sozialdemokratische Partei Deutschlands
SRI	Stanford Research Institut
St.	Sankt
stenograph.	stenographisch/es
StrÄndG	Strafrechtsänderungsgesetz
SVK	Sachverständigenkommission
TCP	Transmission Control Protocol
Texas A&M University	Texas Agricultural & Mechanical University
TIP	Terminal-IMP
TX	Transistorized Experimental computer
u.a.	unter anderem
UCLA	University of California, Los Angeles
UdSSR	Union der Sozialistischen Sowjetrepubliken
UNIVAC	Universal Automatic Calculator
UNIX	Uniplexed Information and Computing Service
UNODC	United Nations Office on Drugs and Crimes
URL	Uniform Resource Locator
US(A)	United States (of America)
USB	Universal Serial Bus
USENET	Unix User Network

v.	von / vom
VA	Virgina
v.a.	vor allem
Verts/ALE	Les Verts/Alliance Libre européenne
VoIP	voice over internet protocol
vol.	volume
VPN	Virtual Private Network
v. Verf.	von Verfasserin
Westf.	Westfalen
2. WIKG	Zweites Gesetz zur Bekämpfung der Wirtschaftskriminalität v. 15.5.1986
WiN	Wissenschaftsnetzwerk
Windows XP	Windows experience
WLAN	Wireless Local Area Network
www	world wide web
Z	Zuse
ZaRD	Zentrale anlassunabhängiger Recherche in Datennetzen
ZKDSG	Zugangskontrolldienstschutzgesetz
z.T.	zum Teil

Sonstige Abkürzungen orientieren sich an: *Kirchner*, *Herbert* / *Böttcher*, *Eike*, Abkürzungsverzeichnis der Rechtssprache. 8. Auflage, Berlin 2015.

ERSTER TEIL:

EINLEITUNG

Einleitung und sachliche Grundlegung

A) Problemstellung

Das Computerstrafrecht ist eine vergleichsweise junge Rechtsmaterie, die starke Bezüge zur technischen Entwicklung aufweist. Sie stellt einen Anpassungsversuch des – vielfach als unzureichend empfundenen – „klassischen" Strafrechts an die zunehmende Automatisierung[1] von Arbeits- und Alltagsabläufen dar. Angesichts der Bedeutung des Technisierungsprozesses im ausgehenden 20. Jahrhundert für die Weiterentwicklung der Gesellschafts- als auch Wirtschaftsordnung wird häufig von einer zweiten[2] – oder vielleicht besser von einer dritten – industriellen Revolution gesprochen.[3] Der hierdurch eingeleitete Wandel von einer Industrie- zur Informationsgesellschaft[4] prägt nicht nur die behördlichen und wirtschaftlichen Abläufe, sondern auch private, alltägliche Vorgänge. Nachdem das im Wesentlichen von 1871 stammende Strafgesetzbuch bereits durch das sog. Maschinenstrafrecht[5] angepasst worden

---

1 Goldscheider / Zemanek bezeichnen den Computer als „Krönung der Automatenbaukunst", *Dies.*, Computer, S. 3; *Bergauer*, Computerstrafrecht, S. 10.

2 *Goldscheider / Zemanek*, Computer, S. 91f.; *Sieber*, Stellungnahme v. 6.6.1984 zum 2. WiKG, S. 3 als Anlage zu BT, Rechtsausschuss, 26. Protokoll v. 6.6.1984, S. 239; *Ders.*, CR 1995, 100, 110; *Ders.* NJW 1989, 2569, 2570; *Ders.* in: Tauss / Kollbeck / Mönikes, S. 643; *Ders.*, Informationstechnologie und Strafrechtsreform, S. 12; *Sondermann*, Computerkriminalität, S. 1; *Brodowski / Freiling*, Cyberkriminalität, S. 60; *Möhrenschlager*, wistra 1986, 128, 128.

3 *Bräutigam / Klindt* sprechen mit Verweis auf die „Industrie 4.0" sogar schon von einer vierten industriellen Revolution, *Dies.*, NJW 2015, 1137, 1137.

4 *Sieber*, Stellungnahme v. 6.6.1984 zum 2. WiKG, S. 3 als Anlage zu BT, Rechtsausschuss, 26. Protokoll v. 6.6.1984, S. 239; *Ders.*, Informationstechnologie und Strafrechtsreform, S. 12; *Ders.*, CR 1995, 100, 100, 106, 110; *Ders.*, NJW 1989, 2569, 2569; *Ders.*, ZStW 1991, 779, 783; *Schulze-Heiming*, Strafrechtlicher Schutz der Computerdaten, S. 1; *Gercke*, MMR 2008, 291, 291; *Ders.* in: Gercke / Brunst, Praxishandbuch Internetstrafrecht, S. 7, 8, 45; *Busch*, Schöne neue digitale Welt?, S. 4, 11, 13 ff.; *Hoeren*, NJW 1998, 2849, 2849; *Bull*, Datenschutz, S. 151; *Bär* in: Wabnitz / Janovsky, Handbuch Wirtschafts- und Steuerstrafrecht, 14. Kap, Rn 1, 210; *Vetter*, Gesetzeslücken, S. 9; *Leimbach*, Geschichte der Softwarebranche, S. 1; *Fiedler*, JurPC 1993, 2211, 2211; *Ders.*, JurPC 1993, 2346, 2346. Gesamtdarstellungen in: *Tauss / Kollbeck / Mönikes* (Hrsg.), Deutschlands Weg in die Informationsgesellschaft; *Roßnagel / Wedde / Hammer / Pordesch* (Hrsg.), Informationsgesellschaft.

5 *Sieber*, Stellungnahme v. 6.6.1984 zum 2. WiKG, S. 3 als Anlage zu BT, Rechtsausschuss, 26. Protokoll v. 6.6.1984, S. 239; *Ders.*, Informationstechnologie und Strafrechtsreform, S. 12; *Ders.*, CR 1995, 100, 110; *Sondermann*, Computerkriminalität, S. 1; *Fiedler*, CR 1985, 3; *Goldscheider / Zemanek*, Computer, S. 3, 103; *Binder*, Strafbarkeit intelligenten Ausspähens, S. 23.

https://doi.org/10.1515/9783110623031-003

war und damit an die zunehmende Verlagerung der Muskelkraft auf Maschinen, stand der Gesetzgeber vor der Herausforderung zu prüfen, ob auch die Verlagerung der Geistestätigkeit auf Rechenanlagen[6] von den novellierten Straftatbeständen hinreichend erfasst werden.

Entsprechend der technischen Entwicklung begann zunächst eine intensive Debatte über die in der Literatur geschilderten Missbräuche an und mithilfe automatisierter Datenverarbeitungsanlagen, bevor sich diese durch den Einsatz von Daten- und Fernverbindungen auf Netzwerke ausdehnten. Im angloamerikanischen Sprachraum werden die delinquenten Nutzungsformen unter dem Begriff „cybercrime"[7] zusammengefasst. Diese Bezeichnung diente auch für die deutsche Nomenklatur als Ausgangspunkt und wurde zunächst als „Computerkriminalität" übersetzt.[8] Die sprachliche Ungenauigkeit dieser Wortschöpfung wurde zwar vielfach gerügt, da der Computer selbst nicht kriminell sein kann, dennoch hat sich die Verwendung des Begriffes durchgesetzt.[9] Als das Phänomen der Internetkriminalität – die sprachliche Ungenauigkeit ebenfalls ignorierend – hinzutrat, wurden die Wortschöpfungen und Definitionsansätze vielfältiger. Einige führten beide Begrifflichkeiten unter der Bezeichnung „Medienstrafrecht"[10] oder „Multimedialer Kriminalität"[11] zusammen, andere ließen die Computerkriminalität vollständig in der neuen Disziplin des „Inter-

---

6 *Sieber*, ebd., Informationstechnologie und Strafrechtsreform, S. 12; *Ders.*, CR 1995, 100, 110; *Ders.* in: Tauss / Kollbeck / Mönikes, S. 643; *Schulze-Heiming*, Strafrechtlicher Schutz der Computerdaten, S. 1; *Sondermann*, Computerkriminalität, S. 1; *Goldscheider / Zemanek*, Computer, S. 3, 103, 106; *Brodowski / Freiling*, Cyberkriminalität, S. 60.

7 *Lampe*, GA 1975, 1, 1; *von zur Mühlen*, Computer-Kriminalität, S. 17; *Lenckner*, Computerkriminalität und Vermögensdelikte, S. 13; *Schulze-Heiming*, a.a.O., S. 9; *Vetter*, Gesetzeslücken, S. 11; *Bühler*, MDR 1987, 448, 448; *Clough*, Principles of Cybercrime, S. 3ff.; *Gercke*, CRi 2014, 33, 37; *Spannbrucker*, CCC, S. 9: „kriminelle Aktivitäten in Datennetzen". Das Bundeskriminalamt verwendet den Begriff des sog. cybercrime ebenfalls: „Cybercrime umfasst die Straftaten, die sich gegen das Internet, Datennetze, informationstechnische Systeme oder deren Daten richten (Cybercrime im engeren Sinne) oder die mittels dieser Informationstechnik begangen werden", BKA, Bundeslagebild 2015.

8 Lampe, ebd.; von zur Mühlen, ebd.; Lenckner, ebd.

9 *Von zur Mühlen*, a.a.O., S. 13; *Sondermann*, Computerkriminalität, S. 5; *Lampe*, Referat 1976, 12. Arbeitstagung der SVK, S. 3; *Binder*, Strafbarkeit intelligenten Ausspähens, S. 3; *Kempa*, Hackerkultur, S. 23. Alternativ wurde die Verwendung des Wortes Computermissbrauch vorgeschlagen, *Sieber*, Informationstechnologie und Strafrechtsreform, 1985, S. 14.

10 *Gercke* in: Spindler / Schuster, Recht der elektronischen Medien, Vorbemerkung, 2. Aufl. 2011, Rn 1; *Heinrich*, NStZ 2005, 361, 361; *Eisele*, Computer- und Medienstrafrecht, S. 1.

11 *Kempa*, Hackerkultur, S. 26: „Multimedia-Kriminalität", vgl. auch Überschrift des Aufsatzes von *Vassilaki*: „Multimediale Kriminalität" in *Dies.*, CR 1997, 297, 297.

netstrafrechts"[12], „IT-Strafrechts"[13] oder des „Informationsstrafrechts"[14] aufgehen. Teilweise wird das Internetstrafrecht auch als Unterfall des Computerstrafrechts verstanden.[15] Die begriffliche Vielfalt nahm zu,[16] bedauerlicherweise jedoch nicht die gewünschte Trennschärfe.[17] Ähnlich weit präsentiert sich der häufig verwendete Definitionsansatz für die Computerkriminalität, der alle strafrechtsrelevanten Handlungsabläufe, bei denen Computer Werkzeug, Ziel oder Handlungsort einer Straftat sind, einschließt.[18] Vom Begriff des Computerstrafrechts wären folglich auch neue Modi Operandi umfasst, die

---

12 *Gercke*, GA 2012, 474, 474; *Altenhain*, IT-Strafrecht, S. 118; *Hilgendorf / Wolf*, K&R 2006, 541, 541; *Brodowski / Freiling*, Cyberkriminalität, S. 27. Kritisch hierzu: *Bergauer*, Computerstrafrecht, S. 33ff., 573f.

13 *Altenhain*, IT-Strafrecht, S. 117–144.

14 *Sieber* in: Hoeren / Sieber / Holznagel, Multmedia-Recht, Teil 19.1, Rn 1ff.; *Ders.*, ZStW 1991, 779, 786ff.; *Ders.*, CR 1995, 100, 100; *Golla / von zur Mühlen*, JZ 2014, 668, 668. Zum Begriff Informationsrecht: *Bull*, JurPC 1986, 287, 287ff.; *Gräwe*, Rechtsinformatik, S. 1, 153ff., 282ff.; *Hoeren*, JuS 2002, 947, 947ff.; *Hilgendorf / Wolf*, K&R 2006, 541, 541.

15 *Vetter*, Gesetzeslücken, S. 13; *Hong*, Flexibilisierungstendenzen, S. 141; *Heinrich*, HFR 2006, 125, 125.

16 Vertiefend: *Bergauer*, Computerstrafrecht, S. 15ff. Der Wandel im Sprachgebrauch lässt sich auch anhand der polizeilichen Kriminalstatistik (PKS) belegen, welche 1987 erstmals „Computerkriminalität" als Deliktsgruppe erfasste, (Polizeiliche Kriminalstatistik 1987, S. 88: Ihr zugeordnet wurden die Fälle des Computerbetrugs gem. § 263a StGB, Fälschung beweiserheblicher Daten sowie Täuschung im Rechtsverkehr bei der Datenverarbeitung gem. §§ 269, 270 StGB, Datenveränderung und Computersabotage gem. §§ 303a, 303b StGB sowie das Ausspähen von Daten gem. § 202a StGB). Vertiefend: *Hoffmann*, jurPC 1991, 1108, 1108ff. Als Teilbereich der Computerkriminalität wird inzwischen auch die „Internet- und Kommunikationskriminalität im engeren Sinne" ausgewiesen, PKS, Berichtsjahr 2015, S. 10. Ergänzt wurden diese Delikte 2004 durch eine neue „Grundtabelle für Straftaten mit Tatmittel Internet", a.a.O., S. 30; *Köppen*, DuD 2008, 777, 777. Eine bundesweite Darstellung erfolgte erst ab 2010, PKS, a.a.O., S. 30.

17 *Gercke*, GA 2012, 474, 474; *Vetter*, Gesetzeslücken, S. 9; *Gräwe*, Rechtsinformatik, S. 1; *Brodowski / Freiling*, Cyberkriminalität, S. 27; *Schulze-Heiming*, Strafrechtlicher Schutz der Computerdaten, S. 9; *Hyner*, Sicherheit, S. 117f. Den Begriff cybercrime rügend: *Yar*, Cybercrime, S. 9; *Groebel / Metze-Mangold / Jowon / Ward*, Twilight Zones, S. 17, 19; *Grosch / Liebl*, CR 1988, 567, 567; *Hassemer* in: Schneider, Handbuch des EDV-Rechts, Abschnitt E, II, Rn 9.

18 Dieses weite Begriffsverständnis geht zurück auf von zur Mühlen, *Ders.*, Computer-Kriminalität, S. 17. Einschränkend wird z.T. vertreten, dass die bloße Anknüpfung an den Handlungsort nicht genüge. Erforderlich aber auch hinreichend sei vielmehr, dass der Computer Tatwerkzeug oder Tatziel sei (*Sieben / von zur Mühlen*, DSWR 1973, 252, 253; *von zur Mühlen*, Computer-Kriminalität, S. 17f; *Binder*, Strafbarkeit intelligenten Ausspähens von programmrelevanten DV-Informationen, S. 3; *Spannbrucker*, CCC, S. 10; *Brodowski / Freiling*, Cyberkriminalität, S. 28, 30; *Stuckenberg*, ZIS 2016, 526, 526f.), bzw. Tatmittel oder Tatzweck (*Tiedemann*, Gutachten zum 49. DJT, C 74 f.; *Lampe*, GA 1975, 1, 1; *von zur Mühlen*, Computer-Kriminalität, S. 17); *Hassemer* in: Schneider, Handbuch des EDV-Rechts, Abschnitt E, II, Rn 8.

strafrechtlich bereits geschützte Rechtsgüter gefährden.[19] Angesichts der fortbestehenden Weite des Begriffs scheint es daher nur konqequent, wenn dieser Begrifflichkeit die Qualität eines juristisch brauchbaren Terminus abgesprochen wird.[20]

Konkretisierend wurde deshalb vorgeschlagen, die Gruppe der Computerkriminalität auf solche Tathandlungen zu beschränken, die durch die Verwendung von EDV-Anlagen erst ermöglicht oder zumindest erleichtert wurden.[21] Andere Ansichten setzten den Eintritt einer Vermögensschädigung zwingend voraus.[22] Allerdings verkürzt dies den Schutzbereich stark auf den „klassischen" Vermögensschutz.

Neben nationalen Definitionsansätzen mehrten sich auch im internationalen Raum Bestrebungen, den Begriff des „cybercrime" deutlicher zu konturieren. Während die Organisation für wirtschaftliche Zusammenarbeit und Entwicklung (OECD) diesen 1983 ebenfalls offen formulierte als:[23]

> „any illegal, unethical, or unauthorized behaviour relating to the automatic processing and the transmission of data",[24]

---

19 *Grosch / Liebl*, CR 1988, 567, 567; *Bergauer*, Computerstrafrecht, S. 17: Ein Einbruchsdiebstahl, der mit dem Wurf eines dort aufgefundenen Laptops aus dem Fenster einhergeht, wäre danach ebenfalls der Computerkriminalität zuzuordnen.

20 *Haft*, NStZ 1987, 6, 6; *Grosch / Liebl*, CR 1988, 567, 567; *Welp*, iur 1988, 443, 444; *Gräwe*, Rechtsinformatik, S. 163; *Bergauer*, Computerstrafrecht, S. 16f.; *Schwarzenegger*, ZSR 2008 II, 399, 409.

21 *Wiesel*, data report 1973, Heft 3, 24, 24ff.; *Ders.*, Heft 4, 23, 28f.; *Kempa*, Hackerkultur, S. 28; *Cornelius* in: MAH-IT-Recht, Teil 10, Rn 32; *Lampe*, Referat 1976, 12. Arbeitstagung der SVK, S. 4; ähnlich auch *Lenckner*, Computerkriminalität und Vermögensdelikte, S. 15. Nach Bergauer sei auf: „informationstechnisch gebundene Vorgänge bzw Verhaltensweisen abzustellen, mit denen sich strafwürdige Handlungen bezüglich Computersystemen oder automationsunterstützt verarbeiteten (Computer-)Daten realisieren lassen bzw auswirken", *Ders.*, Computerstrafrecht, S. 19.

22 *Wiesel*, data report 1973, Heft 3, 24, 24; *Sondermann*, Computerkriminalität, S. 6f.: Zuordnung als „computerbezogene Vermögensdelikte". *Köppen* beschreibt die Computerkriminalität demgegenüber als Taten: „die bei ihrer Ausführung Computer-/IT-Kenntnis oder -Einsatz erfordern und das Eigentum an Sachwerten oder das Verfügungsrecht an nicht-materiellen Gütern verletzen oder die Funktionsfähigkeit der Computer-IKT beeinträchtigen", wozu Computermanipulationen, Computerspionage und Computersabotage zu zählen sind, *Ders.*, DuD 2008, 777, 777.

23 *OECD*, Computer-related crime, S. 7; *Sieber*, International Emergence of Criminal Information Law, S. 5.

24 *OECD*, ebd. Dieses Begriffsverständnis wurde 1984 auch auf nationaler Ebene im Rahmen des Gesetzgebungsprozesses für das Zweite Gesetz zur Bekämpfung der Wirtschaftskriminalität (2. WiKG) von *Sieber* in übersetzter Fassung eingeführt als: „alle gesetzwidrigen, ethisch verwerflichen oder unerlaubten Verhaltensweisen, die automatische Datenverarbeitungs- oder Datenübertragungssysteme berühren", *Ders.*, Stellungnahme

differenzierte der Europarat bei seinen Vorarbeiten zur Convention on Cybercrime (CCC)[25] stärker nach den betroffenen Schutzrichtungen.[26] Zu unterscheiden seien danach vier Deliktsgruppen – die sog. CIA-Delikte, die computerbezogenen Straftaten, die inhaltsbezogenen Delikte und Straftaten im Zusammenhang mit der Verletzung des Urheberrechts und vergleichbarer Schutzrechte.[27] Den Kernbereich bildet dabei die Gruppe der sog. CIA-Delikte, welche deshalb auch als „Cybercrime im engeren Sinne“[28] bezeichnet werden. Die thematische Eingrenzung dieser Arbeit orientiert sich ebenfalls an diesem internationalen Definitionsansatz und befasst sich mit den Reformdiskussionen im Umfeld dieses Nukleus.

Ihm werden alle Missbräuche zugeordnet, die sich gegen die Vertraulichkeit (confidentiality), Unversehrtheit (integrity) und Verfügbarkeit (availability) von Computerdaten und -systemen richten. Auf das deutsche Kernstrafrecht bezogen, handelt es sich dabei um die Normierungen der §§ 202a StGB[29] (Ausspähen von Daten), 202b (Abfangen von Daten), 202c (Vorbereiten des Ausspähens und Abfangens von Daten), 303a (Datenveränderung) und 303b (Computersabotage).[30] Darüber hinaus können § 206 (Verletzung des Post- und Fernmeldegeheimnis) und § 317 (Störung von Telekommunikationsanlagen) berührt sein, die aber in der weiteren Bearbeitung außer Betracht bleiben.

---

v. 6.6.1984 zum 2. WiKG, S. 7 als Anlage zu BT, Rechtsausschuss, 26. Protokoll v. 6.6.1984, S. 243.

25 Convention on Cybercrime (ETS - No. 185), 23.11.2001, S. 1–22, vgl. Vertragsgesetz zur CCC in: BGBl. II Nr. 30 v. 10.11.2008, S. 1242–1275.

26 Erläuternder Bericht, BT-Drs. 16/7218 v. 16.11.2007, S. 59ff.

27 Ebd.

28 *Eisele*, Jura 2012, 922, 923; *Bär* in: Wabnitz / Janovsky, Handbuch Wirtschafts- und Steuerstrafrecht, 14. Kap, Rn 5.

29 Alle nachfolgenden Paragraphen ohne Gesetzesangaben sind solche des StGB.

30 *Eisele*, Jura 2012, 922, 923. Diese Unterscheidung klingt auch im Bundesverfassungsgerichtsurteil zur sog. Online-Durchsuchung an. In der darin enthaltenen Bewertung der verfassungsrechtlichen Vereinbarkeit (verdeckter) Zugriffe staatlicher Ermittlungsbehörden auf private Daten leitete das Bundesverfassungsgericht aus Art. 2 Abs. 1 i.V.m. Art. 1 Abs. 1 GG das sog. Grundrecht auf Gewährleistung der Vertraulichkeit und Integrität informationstechnischer Systeme ab (kurz: sog. „Computergrundrecht“), BVerfG, Urteil v. 27.2.2008 (Online-Durchschung), Rn 1–333. Kritisch zur Unbestimmtheit der erfassten Schutzgüter in den deutschen Computerstraftatbeständen, *Stuckenberg*, ZIS 2016, 526, 526, 533; *Singelnstein*, ZIS 2016, 432, 432.

B) Methoden und Fragestellungen

Die Arbeit ist eine historische Längsschnittstudie, in der das Computer- und Internetstrafrecht synkritisch dargestellt wird. Im Vordergrund der Untersuchung steht die Anpassung des Strafrechts an den technischen Wandel durch informationsspezifische Besonderheiten.[31] Die technische Grundlegung im *zweiten Teil* der Arbeit bildet das Fundament dieser Analyse. Ausgehend von den wichtigsten technischen Entwicklungsetappen, ihren Einflüssen auf die Ausprägung neuartiger devianter Verhaltensweisen, werden ihre phänomenologischen Besonderheiten herausgearbeitet (*Kapitel 1*). Diese kennzeichnen nicht nur den Begriff der Computerkriminalität, sondern bilden zugleich den Ausgangspunkt für die anschließende Reformdiskussion. Um eine Einordnung in den Gesamtprozess der „Technisierung des Rechts" vornehmen zu können, orientiert sich diese Darstellung an drei Thesen. Diese legte bereits *Asholt*[32] seiner Beurteilung der Reform des Straßenverkehrsstrafrechts als gesetzgeberische Reaktion auf die aufkommende Automobilindustrie zugrunde. Die Thesen betreffen den exponentiellen Anstieg der Abhängigkeit von der Technik (These 1), Veränderungen in der Wahrnehmung und Bewertung der Technik (These 2) sowie einen technisch bedingten Wandel im Umfeld des potentiellen Täterkreises (These 3).

Die daraus resultierenden legislatorischen Anpassungsbemühungen sind Gegenstand des *dritten Teils*. Dieser befasst sich mit der Kodifizierung des nationalen Computerstrafrechts durch das Zweite Gesetz zur Bekämpfung der Wirtschaftskriminalität (2. WiKG) vom 23. Mai 1986 (*Kapitel 2*).[33]

Der *vierte Teil* untersucht die Fortbildung des nationalen Computerstrafrechts zum Internetstrafrecht infolge der Computervernetzung. Hierzu wird ebenfalls eine technisch-phänomenologische Grundlegung vorangestellt (*Kapitel 3*), die sich an den aufgeworfenen Fragestellungen zur Computisierung im zweiten Teil orientiert.

---

31 Entsprechend dieser thematischen Schwerpunktsetzung verzichtet die Arbeit auf die Untersuchung strafprozessualer, verfassungs- und zivilrechtlicher Fragestellungen, da diese neben den zu untersuchenden Fragestellungen nicht in der gebotenen Tiefe erörtert werden könnten.

32 Dazu und im Folgenden: *Asholt*, Straßenverkehrsstrafrecht, S. 3f.

33 BGBl. I, Nr. 21 v. 23.5.1986, S. 721–729; vgl. *Vormbaum / Welp*, Strafgesetzbuch, Bd. 3, S. 252–259.

Den Schwerpunkt der folgenden Kapitel bilden die völkerrechtlichen und europäischen Harmonisierungsbestrebungen[34] und ihre Impulse für das nationale Computerstrafrecht. In diesem Rahmen werden die Empfehlung Nr. R (89) 9 vom 13. September 1989[35] und die aus ihr hervorgegangene Convention on Cybercrime (CCC) vom 23. November 2001 (ETS Nr. 185)[36] des Europarates erörtert (*Kapitel 4*). Daran schließt sich die Analyse des Rahmenbeschlusses 2005/222/JI über Angriffe auf Informationssysteme[37] vom Rat der Europäischen Union an (*Kapitel 5*).

Eine vertiefende Untersuchung aller europarechtlichen Bezüge würde die Schwerpunktsetzung verfehlen, eine isolierte Betrachtung der Vorgaben für die Umsetzung in innerdeutsches Computer- und Internetstrafrecht hingegen zu kurz greifen. Aus diesem Grunde konzentriert sich dieser Teil der Arbeit auf die Wechselwirkung zwischen strukturellen, organisatorischen und kompetenzrechtlichen Veränderungen auf europäischer Ebene einerseits und die Wahl, den Inhalt und die Reichweite der im Bereich der Computerkriminalität eingesetzten Rechtsinstrumente andererseits. Zur Veranschaulichung der Synergieeffekte wird den einzelnen Regelungsakten einleitend jeweils ein Überblick über die strukturellen Ausgangsbedingungen vorangestellt, um eine Beurteilungsgrundlage für die Bewertung europäischer Einflüsse auf dem Gebiet der High-Tech-Kriminalität zu schaffen und die dabei vollzogenen Entwicklungsetappen nachzeichnen zu können (*Kapitel 6*).

Die Umsetzung dieser Vorgaben in innerdeutsches Recht durch das 41. Strafrechtsänderungsgesetz vom 7. August 2007[38] und durch das Vertragsgesetz zum Übereinkommen vom 5. November 2008[39] sind Gegenstand des *siebenten Kapitels*.

---

34 Hecker definiert Harmonisierung als „inhaltliche Angleichung nationaler Strafrechtsnormen auf der Tatbestands- und Rechtsfolgenseite auf der Grundlage unionsrechtlich definierter und verbindlicher Standards“, *Ders.* in: Ambos, Europäisches Strafrecht post-Lissabon, S. 18 m.w.N.

35 Recommendation No. R (89) 9 v. 13.9.1989.

36 Convention on Cybercrime (ETS - No. 185), 23.11.2001, S. 1–22, vgl. Vertragsgesetz zur CCC in: BGBl. II Nr. 30 v. 10.11.2008, S. 1242–1275.

37 Rahmenbeschluss 2005/222/JI in: ABl. EU L 69 v. 16.3.2005, S. 67–71. Am 12.8.2013 abgelöst von der Richtlinie 2013/40/EU in: ABl. EU L 218 v. 14.8.2013, S. 8–14, gültig seit 3.9.2013.

38 41. StrÄndG in: BGBl. I Nr. 38 v. 10.8.2007, S. 1786f.

39 Vertragsgesetz zur CCC in: BGBl. II Nr. 30 v. 10.11.2008, S. 1242–1275.

Die Richtlinie 2013/40/EU des Europäischen Parlaments und des Rates vom 12. August 2013[40], die den Rahmenbeschluss 2005/222/JI des Rates vom 24. Februar 2005 ersetzt, wird in *Kapitel acht* untersucht. Ihre Umsetzung in nationales Strafrecht wird im *neunten Kapitel* analysiert, das außerdem einen Ausblick über die aktuellen Reformdiskussionen enthält.

Die prägenden Faktoren auf dem Gebiet des Computer- und Internetstrafrechts werden im *fünften Teil* zusammengefasst und abschließend gewürdigt.

C) Darstellungsweise

Die Darstellung erfolgt soweit möglich chronologisch. Umfang und Tiefe der technischen und kriminalsoziologischen Bezüge orientieren sich an dem für die Beurteilung der gesetzgeberischen Reaktionen erforderlichen Mindestmaß.

In kurzen Zusammenfassungen werden die wesentlichen Erkenntnisse herausgestellt, um die Lesbarkeit zu erleichtern.

D) Forschungsstand

Wer sich auf die Suche nach Literatur zum Computer- und Internetstrafrecht begibt, wird auf eine Vielzahl von Veröffentlichungen stoßen, deren Umfang angesichts des jungen Rechtsgebietes verblüfft. Die Arbeit verfolgt daher nicht den Anspruch eines vollständigen Einbezugs aller verfügbaren Publikationen, sondern konzentriert sich auf die Auswertung von Primärquellen, ergänzt durch ausgewählte Sekundärliteratur.

Angesichts der stärkeren thematischen Berührungspunkte zum Untersuchungsgegenstand ist die Dissertation von *Vetter* zum Thema „Gesetzeslücken bei der Internetkriminalität“[41] hervorzuheben, die neben der Entwicklung des Internetstrafrechts bis zum Jahre 2002 ebenfalls technische Bezüge[42] in ihre Arbeit einbindet. *Géczy-Sparwasser* veröffentlichte 2003 eine Dissertation zum Thema „Die Gesetzgebungsgeschichte des Internet“ mit dem Schwerpunkt „Die Reaktion des Gesetzgebers auf das Internet unter Berücksichtigung der Entwicklung in den U.S.A. und unter Einbeziehung gemeinschaftsrechtli-

---

40 Richtlinie 2013/40/EU in: ABl. EU L 218 v. 14.8.2013, S. 8–14.

41 *Vetter*, Gesetzeslücken bei der Internetkriminalität, 2003.

42 Vertiefend bei: *Hafner / Lyon*, Arpa Kadabra, 2000 und *Bunz*, Vom Speicher zum Verteiler, 2009.

cher Vorgaben".[43] Außerdem wurde eine große Anzahl an Dissertationen zu ausgewählten Einzelproblematiken veröffentlicht. Statt vieler sei an dieser Stelle auf die Arbeiten von *Dietrich*,[44] *Schmid*[45] und *Sondermann*[46] verwiesen. Rechtsvergleichende Analysen finden sich u.a. in den Dissertationen von *Kusnik*[47] und *Schuh*[48]. Darüber hinaus wurden Schriften mit kriminalsoziologischer Schwerpunktsetzung[49] gefertigt. Eine zusammenhängende Darstellung mit vergleichbarer Schwerpunktsetzung wie in dieser Arbeit fehlt indes bislang. Bereits gewonnene Erkenntnisse werden aufgegriffen und mit entsprechenden Verweisen wiedergegeben.

---

43 *Géczy-Sparwasser*, Die Gesetzgebungsgeschichte des Internet. Die Reaktion des Gesetzgebers auf das Internet unter Berücksichtigung der Entwicklung in den U.S.A. und unter Einbeziehung gemeinschaftsrechtlicher Vorgaben, 2003.

44 *Dietrich*, Das Erfordernis der besonderen Sicherung im StGB am Beispiel des Ausspähens von Daten, § 202a StGB, Kritik und spezialpräventiver Ansatz, 2009.

45 *Schmid*, Computerhacken und materielles Strafrecht, Unter besonderer Berücksichtigung von § 202a StGB, 2001.

46 *Sondermann*, Computerkriminalität. Die neuen Tatbestände der Datenveränderung gem. § 303a StGB und der Computersabotage gem. § 303b StGB, 1989.

47 *Kusnik*, Strafbarkeit der Daten- bzw. Informationsspionage in Deutschland und Polen, 2012.

48 *Schuh*, Computerstrafrecht im Rechtsvergleich – Deutschland, Österreich, Schweiz, 2011.

49 Statt vieler: *von zur Mühlen*, Computer-Kriminalität, 1973; *Sieber*, Computerkriminalität und Strafrecht, 1977 mit Nachtrag von 1980; *Dornseif*, Phänomenologie der IT-Delinquenz, 2005.

ZWEITER TEIL:
KODIFIZIERUNG DES COMPUTERSTRAFRECHTS

Erstes Kapitel: Technisch-phänomenologische Grundlegung

A) Zentrale Entwicklungsetappen der Computertechnik

Die Computertechnik ist keine Erfindung der Nachkriegszeit, vereint sie doch jahrhundertealte Kenntnisse auf dem Gebiet der Logik, Mathematik und Automatik. Ihre Wurzeln reichen damit zurück bis in eine Zeit lange vor der Elektrizität.[1] Strafrechtsrelevante Probleme zeigten sich jedoch erst im Verlauf ihrer technischen Weiterentwicklung.

I. Anstieg der Abhängigkeit von der Technik

Angesichts der ungeklärten Frage, welche Kriterien eine Rechenmaschine erfüllen muss, um als Computer[2] klassifiziert zu werden, ist in Abhängigkeit von ihrer Beantwortung bis heute umstritten, welche Rechenmaschine die Bezeichnung als erster Computer verdient. Aus deutscher Sicht wird für den von *Konrad Zuse* ab 1934 entwickelten Z3 votiert.[3] Dieser basierte bereits auf dem bis heute verwendeten Dualzahlsystem. Als „Datenträger" für Programme dienten Lochkarten.[4] Den Kernpunkt des noch immer ungeklärten Streits bildete dementsprechend die Frage, ob dieses Modell damit eher den Lochkartenmaschinen der 1920er Jahre zuzuordnen sei, die wegen ihrer lediglich unterstützenden Funktion in die Ära der Mechanisierung eingeordnet werden, oder ob es sich hierbei bereits um einen Vorläufer der Automatisierung handelt, der simultan ablaufende Prozesse ermöglicht.[5] Unabhängig von dieser

---

1 *Goldscheider / Zemanek*, Computer, S. 4ff, 148ff., 191ff.; *Busch*, Schöne neue digitale Welt?, S. 18. Die ersten Visionen der Automatisierung entstanden im ausgehenden 19. Jahrhundert. Zu den bekanntesten Vorläufern gehört der erste programmgesteuerte Rechenautomat aus dem Jahre 1822 von Charles Babbage.

2 Der Begriff „Computer" als Gattungsbegriff für elektronische Datenverarbeitungsanlagen entstammt aus dem Lateinischen und leitet sich von „computare" für „rechnen" ab, *Bergauer*, Computerstrafrecht, S. 15.

3 *Kempa*, Hackerkultur, S. 29. Fertiggestellt wurden die Arbeiten an dem Z3 im Jahre 1941. Bei diesem Gerät handelte es sich um einen relaisbasierten Nachbau des bereits zuvor als vollmechanische Rechenmaschine entwickelten Z1. Kritisch: *Leimbach*, Geschichte der Softwarebranche, S. 68.

4 *Kempa*, Hackerkultur, S. 29. Zu den Vorläufern: *Goldscheider / Zemanek*, Computer, S. 47f., 193f.

5 *Gräwe*, Rechtsinformatik, S. 35 m.w.N. Eine Einigung darüber, ob der Z3 von 1941 oder erst der ENIAC von 1946 als „erster Computer" zu klassifizieren ist, konnte bislang nicht erzielt werden. In den 1950er Jahren wurde ein erster Versuch unternommen, verbindliche

https://doi.org/10.1515/9783110623031-004

Klassifizierung erwiesen sich diese ersten Apparaturen als noch nicht leistungsfähig genug, weshalb die deutsche und internationale Industrie wenig Interesse an dieser Erfindung zeigte und ihre stärkere Verbreitung hemmte.[6] Für Kriegszwecke waren die Rechenprozesse noch nicht schnell und damit nicht lukrativ genug.[7]

1944 konstruierte Howard Aiken den ersten vollautomatischen Rechenautomaten in den Vereinigten Staaten, der Rechenoperationen bereits ohne menschliche Bedienung ausführen konnte.[8] Zwei Jahre später folgte die erste vollelektronische Rechenanlage. Präsentiert wurde dieser 30 Tonnen schwere Elektronenrechner namens ENIAC[9] von John Eckert und John Mauchly.[10] Damit wurde nicht nur der Grundstein für den Streit um das Verdienst der Bezeichnung als „erster Computer" gelegt, sondern auch die Entwicklung der (elektronischen) Rechnergeneration eingeleitet.[11]

Das Interesse der Öffentlichkeit an der – als „elektronisches Gehirn" vorgestellten – Erfindung blieb weiter gering, da ein wirklicher Nutzen nicht gesehen wurde.[12] Die Rechnermodelle hatten noch wenig mit den modernen Computern gemein.[13] Verwendet wurden die ersten EDV-Anlagen zunächst in der

---

Kriterien festzulegen. Dieser Definitionsansatz sollte nicht zufällig auf der ersten Paderborner „International Conference on the History of Computing" mit überwiegend deutscher Beteiligung gefunden werden – handelte es sich hierbei doch um einen deutsch-amerikanischen Wettstreit. Die Abstimmung sollte am letzten Konferenztag erfolgen, an dem die meisten internationalen Teilnehmer bereits abgereist waren. Votiert wurde – wie erhofft – für ein weites Verständnis, *Kempa*, Hackerkultur, S. 29, Fn 87.

6 *Busch*, Schöne neue digitale Welt?, S. 21, Fn 7.

7 Diese Eigenschaft erfüllte erst der amerikanische Elektronenrechner, *Kempa*, Hackerkultur, S. 30.

8 *Hafner / Lyon*, Arpa Kadabra, S. 27; *Bergauer*, Computerstrafrecht, S. 10. Ab dem Z4-Modell von 1945 verfügten auch die „Zusemodelle" über einen mechanischen Speicher, *Goldscheider / Zemanek*, Computer, S. 193.

9 ENIAC ist die Abkürzung für Electronic Numerial Integrator and Computer, *Kempa*, Hackerkultur, S. 30. Dies war der erste Röhrenrechner. Seine 18000 Röhren verbrauchten 200kW, ebd; *Goldscheider / Zemanek*, Computer, S. 194.

10 *Busch*, Schöne neue digitale Welt?, S. 21. Ursprünglich wurde dieser konstruiert, um Raketenflugbahnen zu berechnen; *Goldscheider / Zemanek*, Computer, S. 194; *Leimbach*, Geschichte der Softwarebranche, S. 67.

11 *Kempa* in: Hackerkultur, S. 30; *Goldscheider / Zemanek*, Computer, S. 154.

12 *Kempa*, a.a.O., Fn 88; *Busch*, Schöne neue digitale Welt?, S. 21; *Fiedler*, CR 1985, 3, 3: „Elektronengehirn"; *Leimbach*, Geschichte der Softwarebranche, S. 71f.

13 *Busch*, Schöne neue digitale Welt?, S. 21.

Verwaltung.[14] Erst die exponentielle Fortentwicklung erhöhte ihre Einsatzmöglichkeit und ließ die Nachfrage steigen.

Die *zweite Entwicklungsetappe* (1956–1965) war maßgeblich von der Umstellung auf Transistoren geprägt.[15] Als erster kommerzieller Rechner[16] erschien der UNIVAC-Rechner (als Nachfolger des ENIAC) auf dem Markt.[17] Der entscheidende Vorteil des Wechsels von störanfälligen Röhren zu Transistoren[18] lag in der erheblich verbesserten Rechenleistung.[19] Diese gestattete ab den 1950er Jahren einen stärkeren Einbezug für die Steuerung von Routineabläufen.[20] Inzwischen konnten nicht nur Daten, sondern auch vollständige Programme hochgeladen werden, welche schließlich zur verbesserten Prozessorauslastung in Reihe geschaltet wurden. Die fortschreitende Automatisierung brachte außerdem eine Verkürzung der Interaktion zwischen den Programmierern und den vormals in klimatisierten Räumen befindlichen isolierten Rechnern mit sich.[21]

Mit dem TX-0 folgte 1955 der erste digitale Transistorrechner.[22] Die Speicherfunktionen wurden verbessert und die ersten Programmiersprachen (Algol, Cobol und Fortran) entwickelt sowie Arbeiten an den Betriebssystemen eingeleitet.[23] Die gesteigerte Rechenleistung begünstigte zugleich eine größere

---

14 *Gräwe*, Rechtsinformatik, S. 52.

15 *Kempa*, Hackerkultur, S. 30; *Goldscheider / Zemanek*, Computer, S. 151; *Leimbach*, Geschichte der Softwarebranche, S. 67.

16 *Hafner / Lyon*, Arpa Kadabra, S. 62; *Goldscheider / Zemanek*, Computer, S. 195.

17 *Hafner / Lyon*, a.a.O., S. 28; *Leimbach*, Geschichte der Softwarebranche, S. 66f.

18 Entwickelt wurde der Transistor von Bardeen und Brattain 1947, *Goldscheider / Zemanek*, Computer, S. 194.

19 *Kempa*, Hackerkultur, S. 30; *Petzold* in: Hellige, Geschichten der Informatik, S. 84. Allerdings breitete sich diese Technologie erst nach Einführung bei IBM Mitte der 1960er auf dem kommerziellen Markt aus, *Bunz*, Vom Speicher zum Verteiler, S. 31.

20 *Sieber*, CR 1995, 100, 100. Vertiefend zur Entwicklung des EDV-Einsatzes in der Verwaltung: *Gräwe*, Rechtsinformatik, S. 36ff. Zu den technischen Nutzungsmöglichkeiten in der Justiz: *Zierl*, CR 1986, 244, 244f.

21 *Bunz*, Vom Speicher zum Verteiler, S. 32. Diese Umstellung barg wiederum die Gefahr der Verlangsamung des Prozesses bei auftretenden Fehlern. Das Interesse an einer interaktiven Zugriffsmöglichkeit stieg.

22 *Hafner / Lyon*, Arpa Kadabra, S. 52. TX-0 = kurz für Transistorized Experimental computer zero.

23 *Kempa*, Hackerkultur, S. 30 m.w.N. Das Betriebssystem für den TX-2 – dem Nachfolger des TX-0 – wurde von Larry Roberts geschrieben, der sich später auch um die Erfolge des ARPANETS verdient machte, *Hafner / Lyon*, a.a.O., S. 47; *Goldscheider / Zemanek*, Computer, S. 154, 195; *Leimbach*, Geschichte der Softwarebranche, S. 123ff., S. 310.

Nutzungsvielfalt[24] und lieferte damit zusätzliche Anreize für ihre Verwendung in Großunternehmen. Dort wurden sie vermehrt für die Steuerung von Verwaltungsabläufen[25] und für die Kundenbetreuung eingesetzt. Neue Anwendungsbereiche, wie im Vertrieb und in der Produktion wurden erschlossen.[26] Mit der zunehmenden Computerisierung wuchs auch die Abhängigkeit von ihrem Funktionieren. Ihr Schadenspotential vergrößerte sich.[27]

Ende der 1950er Jahre optimierte *Ken Olson* mit dem sog. Minicomputer den interaktiven Dialog zwischen Benutzer und Maschine.[28] Aus heutiger Sicht mag die Bezeichnung „Minicomputer" irreführend erscheinen, da dieser noch immer Kühlschrankgröße besaß. Allerdings wurde nicht nur die Hardware[29] verkleinert, sondern auch ihre Auslastung effektiviert. Das Time-Sharing-Verfahren löste das zeitaufwendige Batch-Verfahren (Stapelverarbeitung mittels Lochkarten[30]) ab. Zuvor wurden die Ergebnisse teilweise erst Tage

---

24 *Leimbach*, Geschichte der Softwarebranche, S. 100, 155; *Kempa*, Hackerkultur, S. 30.

25 Betrieben wurden die meisten Anlagen zunächst vom Bund. Der erste Elektronenrechner wurde in Deutschland 1957 für die Verwaltungsarbeit eingesetzt, *Gräwe*, Rechtsinformatik, S. 35 m.w.N. Ende 1957 waren bereits 21 EDV-Anlagen im Bundesgebiet installiert, BT-Drs. 5/3355 v. 7.10.1968, S. 2: „Bis zum 1. Juni 1968 hatte sich diese Zahl auf 143 Anlagen erhöht [...]. Die Deutsche Bundespost (36 Anlagen) und die Deutsche Bundesbahn (30 Anlagen) gehören zur Zeit zu den größten kommerziellen Anwendern Europas. Die jährlichen Ausgaben der Bundesverwaltung für die EDV dürften zur Zeit bei mehr als 100 Millionen DM liegen". Demgegenüber ging der staatliche Anteil in den USA in den 1960er Jahren bereits zurück, *Leimbach*, Geschichte der Softwarebranche, S. 133.

26 *Kempa*, Hackerkultur, S. 30 m.w.N. Mit der Verbreitung wuchs auch der Bedarf an Fachpersonal, so dass das Berufsbild des Informatikers entstand. Softwarebranche, S. 123ff. *Leimbach*, Geschichte der Softwarebranche, S. 155; *Grosch / Liebl*, CR 1988, 567, 568.

27 *Fiedler*, JurPC 1993, 2346, 2346; *Ders.*, JurPC 1993, 2211, 2211; *Brodowski / Freiling*, Cyberkriminalität, S. 59; *Roßnagel / Wedde / Hammer / Pordesch*, Informationsgesellschaft, S. 75f., 79ff.; *Roßnagel*, DVBl. 2015, 1206, 1206.

28 *Hafner / Lyon*, Arpa Kadabra, S. 29; *Leimbach*, Geschichte der Softwarebranche, S. 100, 115ff.

29 „Hardware" bezeichnete ursprünglich Eisenware. In der Informationstechnik werden hierunter jedoch alle körperlichen Gegenstände der EDV gefasst. Handelt es sich demgegenüber um Computerprogramme und damit um Komponenten, die ebenfalls für die Steuerung der ablaufenden Prozesse erforderlich sind, ohne (an)fassbar zu sein, unterfallen sie der „Software" (Analogon zur Hardware), *Goldscheider / Zemanek*, Computer, S. 72, 74ff.

30 Das Stapelverfahren zeichnete sich durch den Einsatz von Lochkarten aus. Diese Lochkarten wurden entsprechend der zu erledigenden Programmiertätigkeit ausgestanzt und mit sog. Steuerkarten (maßgeblich für die Verwaltungsfunktion) kombiniert. Anschließend wurde der Stapel durch den Operator in den Computer eingegeben oder zuvor auf Magnetbänder gespeichert, *Hafner / Lyon*, Arpa Kadabra, S. 28; *Goldscheider / Zemanek*, Computer, S. 65; *Bunz*, Vom Speicher zum Verteiler, S. 32. Lochkartenmaschinen konn-

später geliefert.[31] Hierdurch konnten die vorhandenen Rechenkapazitäten von mehreren Anwendern gleichzeitig genutzt werden. Das ersparte Zeit und Strom.[32]

Durch die größere Technologiebreite stieg der Anteil der installierten Computeranlagen in größeren Unternehmen weiter an.[33] Für kleinere Betriebe war eine Umstellung häufig noch nicht rentabel. Dementsprechend entwickelte sich die Computerabdeckung im deutschen Wirtschaftssektor langsamer als in den Vereinigten Staaten, denn die deutsche Unternehmensstruktur war überwiegend mittelständisch geprägt. Erst die sinkenden Anschaffungs- und Betriebskosten machten den EDV-Einsatz auch für kleinere Betriebe rentabel.[34] Anfang der 1970er Jahre verfügten etwa 9.000 Unternehmen über EDV-Anlagen.[35] Dabei dienten hauptsächlich Magnetplatten bzw. -bänder als Speicherort. Sie boten einen Speicherplatz von ungefähr 30 Millionen Zeichen. Das entsprach etwa 15.000 Schreibmaschinenseiten im DIN-A4-Format. Diese Kapazitäten verdoppelten sich alle drei bis vier Jahre.[36] Eine stärkere Optimierung der ablaufenden Prozesse gelang durch den Einbau von Schaltkreisen in der *dritten Phase der Computerentwicklung* (1966–1970).[37]

Mit der Erfindung des Mikroprozessors begann eine neue Rechnergeneration.[38] Durch den Einbau der Zentralprozessoren konnten die Rechner untereinander

---

ten die durchzuführenden Rechenoperationen allerdings noch nicht simultan ausführen und damit die menschliche Arbeit zwar unterstützten, nicht jedoch ersetzten. Sie werden daher noch der Mechanisierung zugeordnet und nicht der Automatisierung, *Fiedler*, JZ 1966, 689, 690; *Gräwe*, Rechtsinformatik, S. 35.

31 *Hafner / Lyon*, a.a.O., S. 29.

32 Ebd.

33 *Leimbach*, Geschichte der Softwarebranche, S. 133. Vorwiegend fanden Computeranlagen in Unternehmen mit über 500 Mitarbeitern Verwendung, v.a. in der Energieversorgung, Wasserwirtschaft, Verkehr, bei der Nachrichtenübermittlung, in Kreditinstituten und Versicherungsbetrieben. Auch Handelsbetriebe, Kfz-Werkstätten und Molkereien setzten z.T. bereits Computertechnik ein. Die Datenverarbeitung wurde häufig als Unterabteilung der Buchhaltung angegliedert. Diese strukturelle Zuordnung ergab sich aus dem vornehmlichen Verwendungszweck für statistische Erhebungen und dem Rechnungswesen, a.a.O., S. 135. Am zügigsten gelang die Adaption und Integration der Computeranlagen bei Versicherungen und Banken, da diese bereits zuvor zentralisierter organisiert waren, *Hafner / Lyon*, Arpa Kadabra, S. 247.

34 *Leimbach*, Geschichte der Softwarebranche, S. 160, S. 238f.

35 *Von zur Mühlen*, Computer-Kriminalität, S. 20.

36 *Von zur Mühlen*, a.a.O, S. 19; Goldscheider / Zemanek sprechen sogar von einer Verdopplung innerhalb von zwei Jahren, *Dies.*, Computer, S. 157.

37 *Kempa*, Hackerkultur, S. 31.

38 *Leimbach*, Geschichte der Softwarebranche, S. 324, 329; *Kempa*, Hackerkultur, S. 31.

kommunizieren. Erste lokale Netzwerke wurden errichtet. Die gesteigerte Leistungsfähigkeit auf Hardwareebene bedingte Folgeanpassungen im Softwarebereich.[39] Es entstanden Programmiersprachen wie Pascal, Prolog oder C.[40] Eine Weiterentwicklung bei den Betriebssystemen folgte.[41] Allerdings beschränkten sich die ersten Lösungsansätze auf geschlossene Anwendergruppen.[42] Die damit einhergehende Spezialisierung hemmte die Akkumulation technischen Know-Hows und erschwerte die Einführung von Standardsoftware.[43]

Die 1970er Jahre werden als die „langen 70er“ bezeichnet.[44] Umschrieben wird damit die Zeit des technologischen Rückstands gegenüber den Vereinigten Staaten bis hin zur Phase der „japanischen Herausforderung“ Anfang der 1980er Jahre.[45] Gezielte Fördermaßnahmen in Industrie und Wissenschaft sollten diesem Rückstand entgegensteuern und den „Aufbau einer leistungsfähigen, nationalen Computerindustrie“[46] gewährleisten.[47] Es folgten signifikante Gründungswellen im Datenverarbeitungssektor, gestützt durch die Grundlagenforschung zweier neu etablierter Studienrichtungen – der Informatik und der Wirtschaftsinformatik. Durch die „Institutionalisierung“ konnten die Forschungsbemühungen ausgedehnt und der Fachkräftemangel gemindert werden.[48]

In technischer Hinsicht zeichnete sich diese *vierte Phase der Computerentwicklung* (1971–1979) durch die Entwicklung von Mikrorechnern aus. Diese neue Ebene der Miniaturisierung konnte durch den Einbau hochintegrierter Schaltkreise realisiert werden,[49] denn diese senkten den Energieverbrauch und gestatteten dadurch die Verkleinerung des Gesamtvolumens.[50] Damit waren

39 Vertiefend zum Begriff Software: *Leimbach*, a.a.O., S. 8ff.; *Kempa*, ebd.

40 *Leimbach*, a.a.O., S. 310; *Kempa*, ebd.

41 *Kempa*, ebd. m.w.N.; *Leimbach*, a.a.O., S. 101.

42 *Leimbach*, a.a.O., S. 162f.

43 A.a.O., S. 163.

44 A.a.O., S. 165, 305f.

45 Ebd.

46 A.a.O., S. 192.

47 A.a.O., S. 165, 182ff., 311.

48 A.a.O., S. 165ff., S. 272, vertiefend ab S. 218ff. Der Studiengang „Informatik“ wurde bis 1977 mit Hilfe der Bundesregierung an 14 Hochschulen angeboten, a.a.O., S. 218f., 311.

49 *Kempa*, Hackerkultur, S. 31; *Roßnagel / Wedde / Hammer / Pordesch*, Informationsgesellschaft, S. 27.

50 *Roßnagel / Wedde / Hammer / Pordesch*, ebd.

die grundlegenden Entwicklungsetappen für eine einsatz- und funktionsfähige Computertechnik bereits Anfang der 1970er Jahre abgeschlossen.[51]

Allerdings wuchs das Bedürfnis, die gespeicherten Daten gezielter und schneller abrufbar sowie verknüpfbar zu machen, wodurch der Computer selbst zum Gegenstand der Wirtschaft wurde.[52] Die ersten unternehmensspezifischen Lösungen wichen allgemeingültigen Anwendungen.[53] Die ablaufenden Prozesse wurden systematisiert und zentralisiert und dadurch stärker in die Unternehmensabläufe eingebunden.[54] Die Miniaturisierung der Rechenanlagen schritt weiter voran.[55] Durch den Skaleneffekt der Massenproduktion verstärkte sich diese Entwicklung und mit ihr die Verbreitung.[56] Das Abhängigkeitsverhältnis von der Verfügbarkeit, Vertraulichkeit und Integrität der Datenverarbeitungsprozesse und den durch sie erzielten Ergebnissen stieg. Dem wachsenden Schutzbedürfnis konnten die hauseigenen EDV-Abteilungen nur noch bedingt gerecht werden. Ein neuer ökonomischer Anreiz für die Etablierung von Sicherheits- und Softwarelösungen entstand.[57] Die Herausforderung bestand darin, auf die neuesten technischen Finessen gleichermaßen reagieren zu können wie auf den sich ebenfalls wandelnden Nutzerkreis, denn mit der Durchdringung verschiedener Unternehmensbereiche nahmen auch die Zahlen der Endnutzer ohne spezielle Computerkenntnisse zu.[58] Durch ihre hohe Adaptionsrate wandelte sich die Softwarebranche trotz der „langen 70er" zu einem Milliardengeschäft.[59]

Die Computernutzung wurde durch die Entstehung erster Firmennetzwerke erleichtert. Über Telefonstandleitungen konnte geschlossenen Nutzergruppen Zugriff eingeräumt werden. Später wurden diese durch kostengünstigere Local Area- (LAN) und Datenfernübertragungsnetzwerke (DFÜ-Netzwerke) abge-

---

51 Lediglich eine Leistungssteigerung und in der Folge eine Beschleunigung der Prozesse war künftig noch zu verzeichnen, *Binder*, Strafbarkeit intelligenten Ausspähens, S. 16.

52 *Grosch / Liebl*, CR 1988, 567, 568.

53 *Leimbach*, Geschichte der Softwarebranche, S. 248.

54 A.a.O., S. 233f.; *Grosch / Liebl*, CR 1988, 567, 568.

55 *Leimbach*, Geschichte der Softwarebranche, S. 17, 143, 308; *Sieber* in: Tauss / Kollbeck / Mönikes, S. 625; *Roßnagel / Wedde / Hammer / Pordesch*, Informationsgesellschaft, S. 27; *Goldscheider / Zemanek*, Computer, S. 157: „Die Größe der Bauteile [...] hat sich in den letzten 20 Jahren bis 1968 um einen Faktor 1000 verringert".

56 *Leimbach*, Geschichte der Softwarebranche, S. 143.

57 A.a.O., S. 143ff.

58 A.a.O., S. 163.

59 A.a.O., S. 233, 312.

löst.[60] 1976 soll bereits jeder vierte Anwender von Großcomputeranlagen über ein entsprechendes Netzwerk verfügt haben.[61] Durch die Einführung des Personal Computers (PC) der Firma Commodore mit dem Namen „C64" in den 1980er Jahren potenzierten sich die Nutzerzahlen und verlagerten sich auch auf den privaten Bereich.[62]

Ermöglicht wurde dieser Strukturwandel der *fünften Computergeneration* durch den Bau kostenreduzierter und leistungsfähiger Rechner, indem die Prozessorleistung durch einen arbeitsteiligen Verbund mehrerer Prozessoren vervielfacht wurde.[63] Die Verwendung supraleitender Materialien reduzierte den Widerstand. Hierdurch wurde die Wärmeentwicklung minimiert und eine engere Anordnung der Prozessoren ermöglicht.[64] Fortschritte auf der Softwareebene begünstigten die Anwenderfreundlichkeit.[65] Der Grundstein für die Digitalisierung des täglichen Lebens war gelegt und mit ihm eine neuartige Form der Abhängigkeit geschaffen.[66] Das tatsächliche Ausmaß der hierdurch entstandenen Verletzlichkeit lässt sich schwer bemessen, aber mit Blick auf das ihr inhärente Schadenspotential[67] und die Wahrscheinlichkeit ihres Eintritts erhellen.[68]

Zusammenfassend lässt sich feststellen, dass die technischen Vorläufer der Computertechnik zwar weit zurückreichen, aber erst ihre Leistungssteigerung zu einer kontinuierlichen Beschleunigung der anfänglich mechanischen, später elektronischen und schließlich automatisierten Prozesse geführt hat. Sie bildete die Grundlage für ihre vielfältigen Verwendungsmöglichkeiten und begünstigte einen stärkeren Einbezug in wirtschaftliche, verwaltungstechnische und private

---

60 A.a.O., S. 250f.

61 A.a.O., S. 251 m.w.N.

62 *Kempa*, Hackerkultur, S. 32; *Leimbach*, Geschichte der Softwarebranche, S. 321ff.; *Hilgendorf*, JZ 2012, 825, 828.

63 *Kempa*, ebd.

64 *Roßnagel / Wedde / Hammer / Pordesch*, Informationsgesellschaft, S. 27.

65 *Leimbach*, Geschichte der Softwarebranche, S. 321ff.; *Roßnagel / Wedde / Hammer / Pordesch*, a.a.O., S. 28.

66 *Fiedler*, JurPC 1993, 2346, 2347; *Ders.*, JurPC 1993, 2211, 2211; *Leimbach*, Geschichte der Softwarebranche, S. 244; *Sieber* in: Tauss / Kollbeck / Mönikes, S. 617. Bericht zu einem Forschungsprojekt von 1986–1988 zur „Informatisierung der Gesellschaft: Verfassungsverträglichkeit und Verletzlichkeit des sozialen und politischen Systems" i.R.d.: „Forschungsprogramms 'Mensch und Technik: Sozialverträgliche Technikgestaltung' des Landes Nordrhein-Westfalen" in: *Roßnagel / Wedde / Hammer / Pordesch*, Informationsgesellschaft, Vorwort, S. IXf.

67 Dazu sogleich unter B) und C).

68 *Roßnagel / Wedde / Hammer / Pordesch*, Informationsgesellschaft, S. 15f.

Abläufe. Mit ihrer massenhaften Verbreitung stieg die Abhängigkeit von ihrem ordnungsgemäßen Funktionieren. Eine neue Verletzlichkeit entstand.

II. Einstellungswandel gegenüber der Technik

Die anfängliche Unwissenheit über die Einsatzmöglichkeiten der Computertechnik in den *1950er Jahren* wich zunächst einer skeptischen Grundhaltung über ihrem tatsächlichen Nutzen und schürte zugleich Kompetenz- und Autoritätsverlustängste.[69] Diese abwartende bis ablehnende Grundhaltung gegenüber der ersten Rechnergeneration relativierte sich mit ihrer Weiterentwicklung in den *1960er Jahren*, denn die Miniaturisierung und Beschleunigung der ablaufenden Prozesse machte ihre Verwendung für kleinere Unternehmen immer attraktiver. Dies begünstigte die Massenherstellung, welche sich wiederum positiv auf die Preisgestaltung auswirkte.[70] Durch ihre Verbreitung wuchs das Vertrauen in die Funktions- und Zukunftsfähigkeit der Technik. Computererrechnete Ergebnisse galten inzwischen als vertrauenswürdiger als menschliche Rechenleistungen.[71] Dennoch wurde der Computer zunächst nur in ausgewählten Einzelbereichen eingesetzt und beispielsweise für den gestiegenen Verwaltungsaufwand verwendet, nicht jedoch zur Planung und Steuerung firmeninterner Abläufe.[72]

Während das Vertrauen in die Qualität der Technik wuchs, vergrößerten sich in den 1960er Jahren auch die Ängste vor ihrem Missbrauch. Im Vordergrund stand die Sorge vor Persönlichkeitsgefährdungen durch staatlich erhobene und verknüpfbare Daten (sog. data mining).[73] Damit geriet die Privatsphäre des Bürgers stärker in den Fokus der Diskussion.[74] Erste legislative Lösungsansät-

---

69 *Leimbach*, Geschichte der Softwarebranche, S. 155f.

70 A.a.O., S. 156.

71 A.a.O., S. 157.

72 A.a.O., S. 458; *Sieber* in: Tauss / Kollbeck / Mönikes, S. 608.

73 *Sieber*, CR 1995, 100, 100; *Ders.* in: Tauss / Kollbeck / Mönikes, S. 608ff., 626ff.; *Ders.*, ZStW 1991, 779, 783; *Goldscheider / Zemanek*, Computer, S. 166; *Fiedler*, CR 1985, 3; *Ders.*, JurPC 1993, 2346, 2347; *Ders.*, JurPC 1993, 2211, 2211; *Hoeren*, JuS 2002, 947, 949; *Brodowski / Freiling*, Cyberkriminalität, S. 50; *Roßnagel / Wedde / Hammer / Pordesch*, Informationsgesellschaft, S. 6; *Groebel / Metze-Mangold / Jowon / Ward*, Twilight Zones, S. 23.

74 *Goldscheider / Zemanek*, Computer, S. 166; *Burkert / Hettich / Thouvernin*, Kritische Geschichte des Informationsrechts, S. 51f; S. 51; *Bull*, JurPC 1986, 287, 287. Am 18.3.1971 wurde mit dem Bundeszentralregister die erste bedeutende Datenbank auf Bundesebene errichtet, die auch personenbezogenen Daten enthielt, Bundeszentralregistergesetz in: BGBl. I Nr. 24 v. 23.3.1971, S. 243–255. *Gräwe*, Rechtsinformatik, S. 51; *Fiedler*, CR 1985, 3, 3; *Ders.*, JurPC 1993, 2346, 2347; *Ders.*, JurPC 1993, 2211, 2211; *Sieber* in: Tauss / Kollbeck / Mönikes, S. 609; *Ders.*, ZStW 1991, 779, 783;

ze folgten Anfang der *1970er Jahre* mit den Landesdatenschutzgesetzen.[75] Unter ihnen nahm das Hessische[76] als erstes Datenschutzgesetz der Welt eine Vorreiterrolle ein. Auch auf Bundesebene wurden Reformvorhaben für ein Bundesdatenschutzgesetz[77] eingeleitet,[78] denn besorgte Stimmen fürchteten die Herausbildung einer staatlichen Übermacht durch „Planungsinformationssysteme"[79] zu Lasten dezentraler Planungsträger.[80] Ferner gefährde der zunehmende Bürokratismus die Parlamentstätigkeit, die durch die Umstellung neuen technischen Manipulationsgefahren ausgesetzt sei.[81] Ob die sog. Computerkriminalität darüber hinaus ein nennenswertes strafrechtsrelevantes Phänomen darstelle, war Anfang der 1970er Jahre jedoch noch Gegenstand eines polemisch geführten Streits.[82] Dies wurde mit Verweis auf einen künstlich erschaffenen „Mythos" bestritten, der von Versicherungsunternehmen

---

Ders., CR 1995, 100, 100f.; *Ders.*, NJW 2012, Beil. 3, 86, 87; *Groebel / Metze-Mangold / Jowon / Ward*, Twilight Zones, S. 23; *Hoeren*, JuS 2002, 947, 949; *Jendrian*, DuD 2013, 563, 563; *Heckmann*, NJW 2012, 2631, 2631. Diese Entwicklung gipfelte im Volkszählungsurteil des BVerfG – die Geburtsstunde des „informellen Selbstbestimmungsrechts", vgl. Urteil v. 15.12.1983 zu Az.: 1 BvR 209/83, 1 BvR 484/83, 1 BvR 420/83, 1 BvR 362/83, 1 BvR 269/83, 1 BvR 440/83 in: BVerfGE 65, 1, vgl. NJW 1984, 419–428.

75 *Sieber*, CR 1995, 100, 100; *Ders.* in: Tauss / Kollbeck / Mönikes, S. 608, 626; *Dannecker*, BB 1996, 1285, 1286; *Burkert / Hettich / Thouvernin*, Eine kritische Geschichte des Informationsrechts, S. 51f.; *Hoeren*, JuS 2002, 947, 949.

76 Hessisches Datenschutzgesetz v. 7.10.1970 in: GVBl. Hessen, Teil I v. 7.10.1970, S. 625–627.

77 Zuvor wurde bereits § 203d im EGStGB v. 2.3.1974 (in: BGBl. I Nr. 22 v. 9.3.1974, S. 469–650; vgl. *Vormbaum / Welp*, Strafgesetzbuch, Bd 2, S. 346–417) eingeführt, bevor das BDSG am 1.1.1978 in Kraft trat in: BGBl. I Nr. 7 v. 1.2.1977, S. 201–214.

78 *Sieber*, Referat 1976, 12. Arbeitstagung der SVK, S. 2f.; *Ders.* in: Tauss / Kollbeck / Mönikes, S. 627; *Hoeren*, JuS 2002, 947, 949.

79 *Sieber*, a.a.O., S. 4.

80 Ebd.; *Gräwe*, Rechtsinformatik, S. 4, 38f., 51, 159; *Fiedler*, JurPC 1993, 2346, 2347; *Ders.*, JurPC 1993, 2211, 2211; *Hoeren*, JuS 2002, 947, 949.

81 *Sieber*, Referat 1976, 12. Arbeitstagung der SVK, S. 4.

82 Betzl zu „Computerkriminalität – Dichtung und Wahrheit" in: *Ders.*, DSWR 1972, S. 317–320 oder „Computerkriminalität – Viel Lärm um Nichts" in: *Ders.*, DSWR 1972, S. 475–476. Entgegnungen von Sieben und von zur Mühlen in: *Dies.*: „Computerkriminalität – Viel Lärm um Nichts?, DSWR 1972, S. 252–256; *Dies.*, DSWR 1972, S. 397–401 unter „Computerkriminalität – nicht Dichtung, sondern Wahrheit"; *Lampe* unter der Frage: „Computerkriminalität – nur fauler Zauber?" in: *Ders.*, DSWR 1974, S. 242–244. Zur Debatte auch: *Schulze-Heiming*, Strafrechtlicher Schutz der Computerdaten, S. 8, Fn 34; *Lenckner*, Computerkriminalität und Vermögensdelikte, S. 9 m.w.N.; *Dornseif*, Phänomenologie der IT-Delinquenz, S. 36, 131; *Bergauer*, Computerstrafrecht, S. 15; *Sieber*, ZStW 1991, 779, 780.

und Sicherheitsberatern aus eigenen finanziellen Interessen heraufbeschworen worden sei.[83]

Aus Unternehmensperspektive galt der Computer als hochmoderne Rechenmaschine und als solche als unfehlbar. Unterschätzt wurde damit vor allem der Risikofaktor der sie bedienenden Mitarbeiter.[84] Diese Gutgläubigkeit habe vereinzelte Unternehmen sogar dazu veranlasst, ihre Revisionsabteilungen zu schließen bzw. mit anderen Aufgaben zu betrauen.[85] Umgehungs- und Missbrauchsmöglichkeiten waren noch nicht hinreichend bekannt. Angesichts des kaum ausgeprägten Risikobewusstseins blieben die meisten Computermissbräuche unentdeckt.[86]

Diese, aus heutiger Sicht vielleicht vorschnell als Leichtgläubigkeit eingeordnete, Grundeinstellung, resultierte aus der Neuartigkeit der eingeführten Technik. Vor dem Bekanntwerden der ersten erfolgreichen schadensstiftenden Verhaltensweisen waren sich selbst die Hersteller mancher Gefahren nicht bewusst.[87] Die Dringlichkeit der Schließung dieser Sicherheitslücken wurde unterschätzt. Das Sicherheitsbedürfnis musste sich erst noch entwickeln, bevor darauf, marktwirtschaftlich lukrativ, reagiert werden konnte.[88]

Mit dem wachsenden Technikbewusstsein und den ersten offenbarten Missbrauchsfällen stieg die Sensibilität für das Gefährdungspotential und relativierte die bisherige Wahrnehmung einer unfehlbaren Technologie.[89] Ab Mitte der 1970er Jahre folgten erste wissenschaftliche Untersuchungen.[90] Die erste Fallsammlung veröffentlichte der Unternehmensberater *von zur Mühlen* 1973 und verwies in seiner umstrittenen[91] Monographie für den Zeitraum von 1967 bis

---

83 *Betzl*, DSWR 1972, 475; *Dornseif*, Phänomenologie der IT-Delinquenz, S. 136.

84 Kritisch: *Goldscheider / Zemanek*, Computer, S. 101, Kap. 7 zu: „Die Technik, ein vorwiegend menschliches Problem (Mensch und Maschine)".

85 *Von zur Mühlen*, Computer-Kriminalität, S. 38ff.

86 *Von zur Mühlen* sprach von 9 aus 10 Fällen, a.a.O., S. 45; *Sieber* in: Tauss / Kollbeck / Mönikes, S. 608.

87 *Von zur Mühlen*, a.a.O., S. 22.

88 Ebd. Diese Maßnahmen konzentrierten sich vornehmlich auf die nachträgliche Kontrolle der Computerergebnisse, vernachlässigten aber die Überprüfung von Fremdeinwirkungen auf den ordnungsgemäßen Ablauf.

89 *Sieber* in: Tauss / Kollbeck / Mönikes, S. 608; *Groebel / Metze-Mangold / Jowon / Ward*, Twilight Zones, S. 23.

90 *Sieber*, ZStW 1991, 779, 780.

91 Kritisch zur Verlässlichkeit dieser Auswertung: *Dornseif*, Phänomenologie der IT-Delinquenz, S. 98 m.w.N.

1973 auf 54 Einzelfälle.[92] Die Monographie *Siebers* von 1977 bezifferte 31 anhängige Strafverfahren für den Zeitraum von 1970 bis 1976.[93]

Für die Folgejahre wird die empirische Erkenntnislage zur Computerkriminalität als unzureichend gerügt.[94] Ein Grund könnte in der gescheiterten universitären Etablierung der Rechtsinformatik[95] als neue Disziplin im Umfeld der juristischen Fakultät Ende der 1970er Jahre liegen – ein Umstand, der die hinlängliche Grundlagenforschung und ihre vollständige Institutionalisierung zumindest erschwert haben dürfte.[96] Umgekehrt verstärkten die ungesicherte Tatsachengrundlage und die redundante Schilderung mitunter auch stark überzeichneter, spektakulärer Einzelfälle die öffentliche und rechtspolitische Debatte über die rechtliche Einordnung dieser Phänomene auf materieller wie formell-rechtlicher Ebene.[97] Die anfängliche „Computer-Gläubigkeit“[98] war einer aufkommenden „Computerskepsis“ gewichen.[99]

Im wirtschaftlichen Bereich setzten verstärkt Diskussionen zu Missbräuchen durch Vermögensverletzungen infolge von Manipulationen, Spionagefällen, Sabotagehandlungen und unbefugter Nutzung ein. Quantitativ dominierten bis

---

92 *Von zur Mühlen*, Computer-Kriminalität, S. 30.

93 *Sieber*, Computerkriminalität und Strafrecht, 1977, S. 173. Kritisch: *Dornseif*, Phänomenologie der IT-Delinquenz, S. 98.

94 *Dornseif*, Phänomenologie der IT-Delinquenz, S. 38; *Roßnagel / Wedde / Hammer / Pordesch*, Informationsgesellschaft, S. 6; *Gercke*, ZUM 2010, 633, 638f.; *Rüther*, Phänomene der Internetdelinquenz in: Cimichella / Kuhn / Niggli, S. 87ff.

95 Vertiefend zum Begriff und der Entwicklung dieses Begriffsverständnisses: Dissertation v. *Gräwe*, a.a.O; *Hoeren*, JuS 2002, 947, 948ff.

96 *Gräwe*, Rechtsinformatik, S. 232, 280. Zu den Gründen für die anhaltende Stagnation, a.a.O. S. 280ff.; *Hoeren*, JuS 2002, 947, 949; *Binder*, Strafbarkeit intelligenten Ausspähens, S. 34.

97 *Sieber*, Referat 1976, 12. Arbeitstagung der SVK, S. 5; *Roßnagel / Wedde / Hammer / Pordesch*, Informationsgesellschaft, S. 6.

98 *Von zur Mühlen*, Computer-Kriminalität, S. 20ff. Nach einer Erhebung von von zur Mühlen besaßen 1972 etwa 70% der Unternehmen keine Revisionsabteilung, die über die notwendigen Computerkenntnisse verfügten, a.a.O., S. 20. Von den entdeckten Fällen gingen lediglich 10% auf erfolgreiche Revisionsmaßnahmen zurück. Die übrigen 90% der Missbräuche wurden zufällig bemerkt, a.a.O., S. 26; *Roßnagel / Wedde / Hammer / Pordesch*, Informationsgesellschaft, S. 6: „Technik-‘Euphorie’“. Kritisch: *Goldscheider / Zemanek*, Computer, S. 17.

99 *Hoeren*, JuS 2002, 947, 949; *Schmölzer*, ZStW 2011, 709, 721; *Bull*, JurPC 1986, 287, 293; *Ders.*, Datenschutz, S. 19: „Von der Technik-Faszination zur Technik-Angst“; *Roßnagel / Wedde / Hammer / Pordesch*, Informationsgesellschaft, S. 6; *Groebel / Metze-Mangold / Jowon / Ward*, Twilight Zones, S. 23; *Gräwe*, Rechtsinformatik, S. 48 mit Unterscheidung zwischen „technikpessimistischer Grundhaltung“ und „moderateren Auffassungen“, a.a.O, S. 48ff.

Ende der 1970er Jahre die Computermanipulationen.[100] Ihre rechtliche Handhabung wurde vor allem im Zusammenhang mit der Wirtschaftskriminalität diskutiert, was angesichts der damaligen Verbreitungsorte der Rechenanlagen nicht verwundert. Eingedämmt werden sollten vornehmlich die damit verbundenen finanziellen Einbußen.[101]

Erste Lösungsansätze wurden zunächst in einer höheren Spezialisierung gesucht. Schwerpunktstaatsanwaltschaften bzw. entsprechende Sonderabteilungen wurden eingerichtet und durch die Bildung von Wirtschaftsstrafkammern bei Gericht[102] ergänzt.[103] Bezüglich materiell-rechtlicher Lösungsansätze reagierte die Regierung zurückhaltend.[104] Die Debatte unter den Wissenschaftlern und Praktikern hielt jedoch an.[105]

In den *1980er Jahren* wurde die wachsende Leistungsfähigkeit der Computertechnik gelobt,[106] während ihre Zuverlässigkeit zunehmend in die Kritik geriet.[107] Die Diskussion wandelte sich.[108] Immer deutlicher trat hervor, dass die verzeichneten Computermissbräuche nicht nur vermögensrelevante Interessen gefährdeten, sondern eine Vielzahl weiterer Rechtsgüter.[109] Überlegungen, ob den „strafwürdigen Missbräuchen der elektronischen Datenverarbeitung mit den Mitteln des geltenden Strafrechts hinreichend begegnet werden kann"[110]

---

100 *Kempa*, Hackerkultur, S. 2, 126.

101 A.a.O., S. 2.

102 Dies wurde anfänglich durch die Geschäftsverteilung in Frankfurt am Main ermöglicht. Am 8.9.1971 wurde schließlich eine GVG-Novelle normiert (BGBl. I Nr. 93 v. 10.9.1971, S. 1513–1514), die einen bezirksübergreifenden Einsatz ermöglichte.

103 *Möhrenschlager*, wistra 1986, 123, 123; *Tiedemann*, JZ 1986, 865, 865; *Achenbach* in: FS Tiedemann, S. 48f.

104 Auf eine parlamentarische Anfrage des Abgeordneten Müller-Emmert (in: BT-Drs. 5/2072 v. 11.8.1967, S. 1, S. 15) über die Einsetzung einer „Forschungskommission" antwortete der Staatssekretär *Ernst* am 11.8.1967 in: BT-Drs.: 5/2072, S. 15: „Für die Entwicklung neuer Straftatbestände dürfte daher im gegenwärtigen Zeitpunkt die Einsetzung einer besonderen Forschungskommission nicht erforderlich sein".

105 *Möhrenschlager*, wistra 1986, 123, 123f.; *Ders.*, wistra 1986, 128, 129. Hervorzuheben ist: *Tiedemann*, Gutachten zum 49. DJT, C 30.

106 *Lenckner*, Computerkriminalität und Vermögensdelikte, S. 7. Gerühmt wurde etwa die Speicherkapazität von 300.000 Schreibmaschinenseiten im Magnetplattenspeicher. Von derartigen Apparaturen waren deutschlandweit rund 25.000 in Wissenschaft, Technik, Wirtschaft und Verwaltung im Einsatz. Darüber hinaus gab es etwa 75.000 Magnetkontencomputer, *Sieber*, Referat 1976, 12. Arbeitstagung der SVK, S. 2.

107 *Lenckner*, ebd. m.w.N.

108 *Sieber*, ZStW 1991, 779, 781; *Schmölzer*, ZStW 2011, 709, 721.

109 *Sieber*, ebd.; *Schulze-Heiming*, Strafrechtlicher Schutz der Computerdaten, S. 6.

110 *Lenckner*, Computerkriminalität und Vermögensdelikte, S. 8.

mehrten sich.[111] Computerspionage und Softwarediebstähle nahmen Anfang der 1980er Jahre zu.[112] Auch die Ausdehnung der Computertechnik in den privaten Bereich berge neue Risiken; immerhin gab es am 1. Januar 1986 bereits 1,92 Mio. installierte EDV-Systeme in Deutschland.[113]

Anhand der verifizierten Fallzahlen ließen sich diese Befürchtungen im In- und Ausland allerdings nicht belegen.[114] Der BKA-Länderbefragung zur Vorbereitung des 2. WiKG zu Folge waren 1980 insgesamt 9 Fälle, im Folgejahr 8 Fälle, 1982 erneut 9 Fälle und im ersten Halbjahr von 1983 11 Fälle „computerbezogene Delikte" registriert worden.[115] Der eingerichtete Sondermeldedienst von den Bundes- und Landeskriminalämtern habe, so Möhrenschlager, für den selben Erfassungszeitraum sogar nur 33 Fälle verzeichnet.[116] In der polizeilichen Kriminalstatistik (PKS) wies Deutschland die Fallzahlen zur „Computerkriminalität" als eines von wenigen Ländern[117] ab 1987 als eine eigenständige Deliktsgruppe aus.[118] Neun von zehn Straftaten entfielen darin auf den Tatbestand des Computerbetrugs, der überwiegend in Großstädten mit über 500.000 Einwohnern begangen wurde.[119]

---

111 Der technische Fortschritt verstärke nicht nur das Ausmaß „traditioneller" Kriminalitätsbegehung, sondern biete auch zahlreiche neue Missbrauchsmöglichkeiten, *Möhrenschlager*, wistra 1986, 128, 128.

112 *Sieber*, Informationstechnologie und Strafrechtsreform, S. 16. Darüber hinaus wurden Manipulationen an elektronischen Krankenakten befürchtet, computerbasierte Persönlichkeitsverletzungen, Manipulationen an Geldautomaten und Hackingversuche registriert, *Ders.*, ZStW 1991, 779, 781.

113 *Möhrenschlager*, wistra 1986, 128, 128.

114 Ebd. Den geringen Fallzahlen dürfte ein hohes Dunkelfeld gegenüberstehen, *Lenckner*, Computerkriminalität und Vermögensdelikte, S. 10 m.V.a.: *Sieber*, Computerkriminalität und Strafrecht, 1977, S. 173ff.; *Ders.*, Nachtrag, 1980, S. 131; *Tiedemann*, Wirtschaftsstrafrecht und Wirtschaftskriminalität, S. 149f.

115 Im Erfassungszeitraum (1980 bis 1983) wurde im Saarland, Niedersachen, Hamburg und Bremen kein Fall gemeldet, in Berlin sind 6 Fälle bekannt geworden, aus Baden-Württemberg sogar 13 und aus Nordrhein-Westfalen 4 Fälle, *Steinke*, NStZ 1984, 295, 295 m.w.N.

116 1984 sind die Fallzahlen gestiegen. Allerdings entfiel der Großteil auf Softwarepiraterie, *Möhrenschlager*, wistra 1986, 128, 128, Fn 7 m.w.N. *Möhrenschlager* vermutete daher in den überzeichneten Pressedarstellungen einen weiteren maßgeblichen Faktor für die geschürten Ängste vor computergesteuerten Vermögenseinbußen, ebd.

117 *Dornseif*, Phänomenologie der IT-Delinquenz, S. 99.

118 PKS, Berichtsjahr 1987, S. 88. Die ausgewiesene Deliktsgruppe umfasste Fälle des Computerbetrugs, Fälschung beweiserheblicher Daten, Täuschung im Rechtsverkehr bei der Datenverarbeitung, Datenveränderungen und Computersabotage sowie das Ausspähen von Daten, ebd.

119 Ebd. Zur Erhellung der Kriminalitätsstatistiken wurden weitere Studien durchgeführt und Institutionen eingerichtet. Hierzu gehört die 1998 gegründete „Zentrale anlassunabhängi-

Es wird deutlich, dass sich die Einstellung gegenüber der Computertechnik im Zuge ihrer Verbreitung und der dadurch wachsenden Abhängigkeit verändert hat und die Forderung nach gesetzgeberischen Reaktionen bestärkte. Dieser Wandel prägte zugleich die wechselnde thematische Ausrichtung der Debatte vom ursprünglich angestrebten „Schutz vor Datenverarbeitung" zu einem „Schutz der Datenverarbeitung"[120] mit zunächst vermögensrechtlicher Schwerpunktsetzung.

III. Veränderungen beim Täterkreis

Angesichts der anfänglich eingeschränkten Verbreitung der EDV-Anlagen in Behörden[121] und Unternehmen besaß zunächst nur ein relativ geringer Personenkreis Zugang zu datenverarbeitenden Systemen.[122] Die ersten Großrechenanlagen wurden in klimatisierten Räumen betrieben, so dass der Zugriff überwacht wurde und ausschließlich durch Fachpersonal erfolgte. Derartig komplexe Anlagen waren hinsichtlich ihrer Anwenderfreundlichkeit mit den heutigen Computern nicht vergleichbar und waren deshalb auch nur von Fachpersonal bedienbar. Der Täter war dementsprechend vorwiegend im angestellten Fachpersonal zu suchen.[123] Die aufkommende Computerkriminalität wurde daher dem sog. White-Collar-Crime zugeordnet.[124]

Mit der Einführung des Time-Sharing-Verfahrens wurden nicht nur die Zugriffsmöglichkeiten erweitert, sondern auch der Nutzer- und potentielle Täterkreis. Dieser dehnte sich vom Kreis programmierender Computerspezialisten mit großem Sachverstand auf den beruflichen Nutzerkreis aus, dessen Technikwissen sich meist auf die praktische Anwendung beschränkte.[125] Darauf deuten auch die Studienergebnisse von Sieber hin, wonach lediglich ein Drittel

---

ger Recherche in Datennetzen" (ZaRD) des Bundeskriminalamts (*Beukelmann*, NJW 2012, 2617, 2618; *Dornseif*, Phänomenologie der IT-Delinquenz, S. 109f.). Im gleichen Jahr wurde außerdem der (bis 2002 polizeiinterne) IuK-Meldedienst eingerichtet, a.a.O., S. 111. Offizielle Lageberichte zur IT-Sicherheit des BMI folgten ab 2001. Studien und Forschungsarbeiten ergänzen die Erfassung und Auswertung, *Dornseif*, a.a.O., S. 112.

120 *Fiedler*, JurPC 1993, 2211, 2211.

121 *Roßnagel / Wedde / Hammer / Pordesch*, Informationsgesellschaft, S. 135; *Volesky / Scholten*, JurPC 1987, 280, 283.

122 *Gräwe*, Rechtsinformatik, S. 35; *Zierl*, CR 1986, 244, 244.

123 *Sieber*, Referat 1976, 12. Arbeitstagung der SVK, S. 21ff. m.w.N.

124 *Kempa*, Hackerkultur, S. 2. A.A.: *von zur Mühlen*, Computer-Kriminalität, S. 29. 1972 wies *ders.* bereits darauf hin, dass „Computerkriminelle" von sog. Weißen-Kragen-Tätern und Wirtschaftsverbrechern unterschieden werden müssen, a.a.O., S. 2.

125 *Goldscheider / Zemanek*, Computer, S. 106.

der Täter über spezielle EDV-Kenntnisse verfügte.[126] Bedeutender für die Deliktsbegehung wurden damit nicht die computerspezifischen Fachkenntnisse, sondern Kenntnisse über die innerbetriebliche Organisation.[127] Auffällig war weiter, dass nahezu alle Täter im Angestelltenverhältnis zum betroffenen Unternehmen oder zur betroffenen Behörde standen.[128] Genutzt wurde die Computertechnik überwiegend von Ersttätern, welche die Sicherheitslücken häufig eher zufällig entdeckten und erst zeitversetzt nutzten.[129]

Die berufsbedingt eröffneten Zugangs- und Verwendungsmöglichkeiten beider Hauptnutzergruppen dehnten sich mit der Entwicklung des PC zwar in den 1980er Jahren auf den privaten Bereich aus.[130] Dennoch entstammten 80% der Täter weiter dem unmittelbaren Arbeitsumfeld. Vorwiegend handelte es sich hierbei um Angestellte in nichtleitenden Positionen. Als Antrieb für die Tatbegehung wurden im Wesentlichen fünf Motivationen ermittelt, wobei sich der intellektuell Stimulierte als am gefährlichsten erwiesen habe. Außerdem würden überwiegend politisch Motivierte, verärgerte und unglückliche Angestellte sowie allgemein Kriminelle agieren.[131]

Infolge der zunehmenden Leistungsfähigkeit und der hierdurch wachsenden Zahl an Einsatzmöglichkeiten nahm auch die Komplexität der Programme zu. *Sieber* prognostizierte deshalb, dass auch die Vorgehensweise der Täter raffinierter werden und sich der Täterkreis stärker vom engen Betriebsumfeld auf betriebsfremde Personen verlagern wird.[132] Erste lokale Vernetzungen ließen außerdem eine Zunahme der Reichweite der Tatbegehung und ihrer Folgen befürchten.[133]

---

126 *Sieber*, Referat 1976, 12. Arbeitstagung der SVK, S. 23. Nahezu alle Beschuldigten seien mit einem Durchschnittsalter zwischen 23 und 36 Jahren vergleichsweise jung gewesen.

127 A.a.O., S. 23.

128 Ebd.

129 *Sieber*, Referat 1976, 12. Arbeitstagung der SVK, S. 24, 25; *von zur Mühlen*, Computer-Kriminalität, S. 27ff.; *Binder*, Strafbarkeit intelligenten Ausspähens, S. 33.

130 *Gercke* in: Gercke / Brunst, S. 46, Rn 51; *Sieber* in: Tauss / Kollbeck / Mönikes, S. 625. Fiedler spricht in diesem Zusammenhang von einem Paradigmawechsel, *Ders.*, JurPC 1993, 2346, 2346; *Ders.*, JurPC 1993, 2211, 2211.

131 *Goldmann / Stenger*, CR 1989, 543, 545. Vertiefend: *Kempa*, Hackerkultur, S. 139ff.; *Roßnagel / Wedde / Hammer / Pordesch*, Informationsgesellschaft, S. 132ff.

132 *Sieber*, Stellungnahme v. 6.6.1984 zum 2. WiKG, S. 12 als Anlage zu BT, Rechtsausschuss, 26. Protokoll v. 6.6.1984, S. 248, verkürzt auch in der Anhörung thematisiert, vgl. BT, stenograph. Protokoll, 26. Sitzung des Rechtsausschusses am 6.6.1984, S. 173. Bestätigend: *Gercke*, CRi 2013, 136, 137; *Buono*, CRi 2013, 103, 103; *Hilgendorf*, ZStW 2006, 202, 204.

133 Hermes Kreditversicherungs-AG, Information Nr. 55 als Anlage zum stenograph. Protokoll, 26. Sitzung des Rechtsausschusses v. 6.6.1984, S. 174. Gestützt werde dieses Vor-

Die Hermes Kreditversicherungs-AG führte als weiteren Aspekt für das prognostizierte Kriminalitätswachstum die Diskrepanz zwischen Bedarfsdeckung und Bedarfsweckung an.[134] Auffällig sei weiter, dass die Taten häufiger von gemeinsam agierenden Tätergruppen begangen würden. Auch der zuvor anzutreffende Gelegenheitsverbrecher weiche einer wachsenden Anzahl sorgfältig planender Täter.[135] Zu berücksichtigen sei weiter, dass die potentiellen Täter stets über eine gewisse Vorlaufzeit verfügten, bevor neue sozialschädliche Handlungen aufgedeckt würden.[136]

Veränderungen beim Täterkreis waren mithin feststellbar. Diese standen im engen Zusammenhang mit dem steigendem Technisierungsgrad, der nicht nur neuartige Verwendungs- wie Pervertierungsmöglichkeiten schuf, sondern auch ihre Verbreitung erleichterte. Hierdurch erweiterten sich die Zugriffsmöglichkeiten, in deren Folge sich der Kreis der potentiellen Täter von anfänglich hochspezialisierten Computerfachleuten über angestellte Mitarbeiter auf Privatpersonen ausdehnte. Der wachsende Nutzerkreis führte zugleich zu einem Anstieg des potentiellen Opferkreises und erhöhte damit die Attraktivität für die Tatbegehung. Von einer Zunahme der Computerkriminalität wird ausgegangen. Allerdings sollte diese Tendenz nicht als Bedrohungsszenario fehlinterpretiert werden. Hierbei handelt es sich zunächst um eine normale Entwicklung neu geschaffener Gelegenheitsstrukturen, die auch an den absoluten, weiter steigenden Nutzer- und Nutzungszahlen zu messen ist.

Die von *Asholt* zur Entwicklung der Automobilindustrie aufgestellten drei Thesen zur wachsenden Abhängigkeit von der Technik, einem entwicklungsbedingtem Einstellungswandel und feststellbare Veränderungen beim Täterkreis,[137] finden sich damit auch für den Bereich der Computerkriminalität bestätigt.

---

gehen durch den zunehmenden Einsatz von Datenfernverbindungen, wie das Btx-System, welches bereits mehrfach Ziel von Angriffen gewesen sei. Mit zunehmender internationaler Begehung wachse auch das Risiko einer verstärkten Beteiligung ausländischer Dienste, einschließlich des organisierten Verbrechens. Durch die steigende Verfügbarkeit der Technologie werde sich auch der internationale Opferkreis vergrößern. Neben den Systembetreibern wären künftig auch unbeteiligte Systemnutzer und Verbraucher betroffen.

134 Ebd.

135 Ebd.

136 Nixdorf AG, Gutachten, S. 2 als Anlage zum stenograph. Protokoll, 26. Sitzung des Rechtsausschusses v. 6.6.1984, S. 40; *Gercke* in: Gercke / Brunst, S. 46, Rn 51; *Hilgendorf*, ZStW 2006, 202, 203.

137 *Asholt*, Straßenverkehrsstrafrecht, S. 3f.

B) Angriffsziele

Angesichts der Varianz der Pervertierungsmöglichkeiten bildete sich bereits Anfang der 1970er Jahre eine Klassifizierung in vier wesentliche Deliktsbereiche heraus – die Computerspionage, -sabotage, Datenveränderung und der sog. Zeitdiebstahl.[138]

I. Computerspionage

Unter dem Begriff der Computerspionage werden ausspähende und abfangende Tathandlungen gefasst,[139] welche die Vertraulichkeit von (wirtschaftlich relevanten) Daten gefährden.[140] Auch wenn es sich bei einem derartigen Auskundschaften nicht um ein Novum kriminogenen Verhaltens handelt,[141] erhielt die „klassische" Wirtschaftsspionage angesichts des neuen Tatobjekts neue Dimensionen.[142]

Möhrenschlager sprach von einem „neuen Produktionsfaktor Information".[143] Die offizielle Bezeichnung dieser Vorgehensweise als „competitive intelligence" oder „aggressive marketing" in den Vereinigten Staaten lässt eine gewisse Toleranz dieser Geschäftsgebaren vermuten.[144] Noch stärker trat dies in Ländern wie der DDR und UdSSR hervor. Berichten von *Werner Stiller* zu Folge waren Unternehmen in der DDR zur Abführung eines Millionenbetrages an das Ministerium für Staatssicherheit (Sektor „Wissenschaft und Technik") verpflichtet worden, sofern sie in den Genuss nachrichtendienstlicher Wirt-

---

138 *Von zur Mühlen*, Computer-Kriminalität, S. 18; *Sieber*, Referat 1976, 12. Arbeitstagung der SVK, S. 5; *Ders.* in: Tauss / Kollbeck / Mönikes, S. 611f.; *Binder*, Strafbarkeit intelligenten Ausspähens, S. 11; *Bär* in: Wabnitz / Janovsky, Handbuch Wirtschafts- und Steuerstrafrecht, Kap. 14, Rn 4; *Vetter*, Gesetzeslücken, S. 11.

139 *Kusnik*, Datenspionage, S. 42; *Köppen*, DuD 2008, 777, 777; *Hyner*, Sicherheit, S. 128.

140 *Brodowski / Marnau*, NStZ 2017, 377, 381.

141 *Von zur Mühlen*, Computer-Kriminalität, S. 82, 84; *Liebl / Grosch*, CR 1985, 162, 163; *Dornseif*, Phänomenologie der IT-Delinquenz, S. 364; *Grosch / Liebl*, CR 1988, 567, 567.

142 *Dornseif*, ebd.; *Liebl / Grosch*, CR 1985, 162, 162; *Möhrenschlager*, wistra 1986, 128, 128; *Sieber* in: Tauss / Kollbeck / Mönikes, S. 619.

143 *Möhrenschlager*, wistra 1986, 128, 128; so auch: *Grosch / Liebl*, CR 1988, 567, 567; *Solga*, S. 2f.

144 *Von zur Mühlen*, Computer-Kriminalität, S. 82. Konzerne ordnen dieses Vorgehen sogar als „wesentlichen Teil der Marktforschung" ein, a.a.O., S. 84; *Dornseif*, Phänomenologie der IT-Delinquenz, S. 364; *Liebl / Grosch*, CR 1985, 162, 163.

schaftsspionage kamen.[145] Auch die UdSSR habe durch ähnliche Vorgehensweisen innerhalb weniger Jahre 100 Milliarden Dollar erwirtschaftet.[146]

Angesichts der anfänglichen Verbreitung von EDV-Anlagen in der Wirtschaft zielte die Computerspionage zunächst auf Informationen zum Betätigungsfeld und Fortschritt konkurrierender Unternehmen,[147] weshalb diese Missbrauchsform auch häufig als Spezialfall der Wirtschaftsspionage klassifiziert wurde.[148] Die Angriffe zielten sowohl auf die verwendete Software als auch auf die verarbeiteten Daten. Angesichts des vergleichsweise kleinen Anwenderkreises handelte es sich überwiegend um teure Individualsoftware, die häufig in mehrjähriger Arbeit von Spezialisten erstellt wurde. Diese Entwicklungskosten sollten durch die Spionage eingespart werden.[149]

Anfang der 1970er Jahre trat das Interesse an internen Abläufen und kaufmännischen Fragestellungen zu Kalkulationen und Bilanzen stärker in das Visier der Spione.[150] Die erhöhte Gefährlichkeit ergab sich aus der zum Teil erschreckend simplen Begehungsweise und den die Computermanipulationen mitunter übersteigenden Schadenshöhen.[151] Dabei stellte das Kopieren von Forschungsbändern die statistisch häufigste Form der Wirtschaftsspionage mit EDV-Bezug dar.[152] Begünstigt wurde die Tatausführung durch die Komprimierung der Daten. Hierdurch wurde der Beschaffungsprozess beschleunigt, ein unauffälliges Beiseiteschaffen ermöglicht und die Entdeckungswahrscheinlichkeit deutlich gesenkt. Mit der Einführung des Time-Sharing-Verfahrens konnte dieser Ablauf beschleunigt werden, wenn es dadurch gelang, die Res-

---

145 *Grosch / Liebl*, CR 1988, 567, 567 mit Verweis auf nicht näher spezifizierte Dokumente des Überläufers Werner Stiller. Zum Computerstrafrecht in der DDR: *Hoeren*, CR S. 1989, 1109–1112.

146 *Grosch / Liebl*, CR 1988, 567, 567f. *Grosch* und *Liebl* ziehen daraus den Schluss, dass in diesen Betrieben „‘Wirtschaftsspionage’ ein Produktionsmittel ist, gleichgewichtig etwa dem Energiebezug“, ebd.

147 *Sieber* in: Tauss / Kollbeck / Mönikes, S. 619; *Köppen*, CuA 2007, 29, 30.

148 *Hyner*, Sicherheit, S. 128; *Grosch / Liebl*, CR 1988, 567, 567.

149 *Sieber*, Referat 1976, 12. Arbeitstagung der SVK, S. 90; *Ders.* in: Tauss / Kollbeck / Mönikes, S. 620; *von zur Mühlen*, Computer-Kriminalität, S. 84; *Schulze-Heiming*, Strafrechtlicher Schutz der Computerdaten, S. 13; *Grosch / Liebl*, CR 1988, 567, 567; *Roßnagel / Wedde / Hammer / Pordesch*, Informationsgesellschaft, S. 136.

150 *Sieber*, Referat 1976, 12. Arbeitstagung der SVK, S. 92; *von zur Mühlen*, Computer-Kriminalität, S. 82; *Liebl / Grosch*, CR 1985, 162, 163; *Roßnagel / Wedde / Hammer / Pordesch*, Informationsgesellschaft, S. 137; *Köppen*, CuA 2007, 29, 30.

151 *Von zur Mühlen*, Computer-Kriminalität, S. 95; *Grosch / Liebl*, CR 1988, 567, 567f.

152 *Von zur Mühlen*, a.a.O., S. 87; *Liebl / Grosch*, CR 1985, 162, 163.

sourcen weiterer Zugänge einzubeziehen.[153] Außerdem wurden Kundenkarteikarten kopiert[154] und ausgesondertes Material durchsucht,[155] z.B. Ausdrucke von Adresskarten.[156] *Von zur Mühlen* schilderte, dass sich für den Weiterverkauf von Daten, insbesondere für die Weitergabe von Lohnstammsätzen, im Bereich des Maschinenbaus, bereits Anfang der 1970er Jahre feste Marktpreise etabliert hatten.[157]

In den Folgejahren[158] stieg die Beweglichkeit höchstsensibler und wirtschaftlich nutzbarer Daten durch die Miniaturisierung und Leistungssteigerung der datenverarbeitenden Systeme weiter an, so dass sich für die Tatbegehung neue Anknüpfungspunkte boten. Gemeldet wurden beispielsweise Notebookdiebstähle aus Hotelzimmern, die einen Zugriff auf Forschungsdaten auch jenseits des Unternehmensgeländes ermöglichten.[159] Auch der technische Fortschritt bei der Zusammenführung von Telekommunikation und Datenverarbeitung wirkte sich auf die klassischen Fälle der Computerspionagefälle aus.[160] Dank der ersten Online-Dienste gelang in Nordamerika[161] der direkte Zugriff auf ein Computerprogramm mittels Telefon- oder Fernschreibleitung.[162] Auch die

---

153 *Sieber*, Referat 1976, 12. Arbeitstagung der SVK, S. 93.

154 Zu den bedeutendsten Fällen Anfang der 1970er Jahre im nordamerikanischen Raum ist das erfolgreiche Ausspionieren des Verlages Encyclopedia Britannica zu zählen. Ziel des Angriffs bildete 1970 die Kundenkartei. Etwa vier Millionen Dollar Schaden verursachten drei Täter, die zuvor im Verlag angestellt waren. Die Rückverfolgung gelang durch betriebliche Sicherheitsvorkehrungen, da sich unter den erbeuteten Anschriften auch Adressen ausgewählter Mitarbeiter mit gezielt eingefügten Tippfehlern befanden, *von zur Mühlen*, Computer-Kriminalität, S. 87f.; *Dornseif*, Phänomenologie der IT-Delinquenz, S. 365; *Liebl / Grosch*, CR 1985, 162, 164; *Grosch / Liebl*, CR 1988, 567, 569f.; *Roßnagel / Wedde / Hammer / Pordesch*, Informationsgesellschaft, S. 136.

155 *Von zur Mühlen*, Computer-Kriminalität, S. 89. Klassischer Papierabfall und ausgesonderte Datenträger bildeten die bevorzugten Zielobjekte.

156 A.a.O., S. 87, 96; *Liebl / Grosch*, CR 1985, 162, 164; *Köppen*, CuA 2007, 29, 30.

157 Für Magnetbänder wurden bis zu 500.000 DM bezahlt, da sich hieraus die gesamte Kosten- und Gewinnsituation rekonstruieren ließ. Der Verdienst für die vorgelagerte Spionagetätigkeit schwankte. Teilweise wurden hierfür 500 DM monatlich geboten, *von zur Mühlen*, Computer-Kriminalität, S. 83. Während in den USA ein Fall bekannt wurde, der einen Schaden in Höhe von sechs bis sieben Millionen Dollar verursacht haben soll, lag Deutschland mit dem damals wohl höchsten Schaden von einer Million DM deutlich darunter, a.a.O. S. 33.

158 Für die 1980er Jahre: *Grosch / Liebl*, CR 1988, 567, 568.

159 *Dornseif*, Phänomenologie der IT-Delinquenz, S. 364f.

160 *Sieber* in: Tauss / Kollbeck / Mönikes, S. 619.

161 *Von zur Mühlen*, Computer-Kriminalität, S. 90.

162 A.a.O., S. 91f.; *Dornseif*, Phänomenologie der IT-Delinquenz, S. 365.

Online-Anbieter selbst nutzten die Computerspionage zur Kundenakquise, indem sie Daten über ausspähende Mitarbeiter ankauften.[163]

Die Einsatz- und Verwendungsmöglichkeiten der Computerspionage erwiesen sich damit als ebenso vielfältig wie die dahinterstehenden Motivationen. Diese konnten von der Ersparnis von Entwicklungskosten, der Ertragssteigerung durch die Förderung der hauseigenen Forschung, bis hin zur Schädigung konkurrierender Unternehmen reichen. Diese Möglichkeit nutzten scheidende oder rachsüchtige Angestellte gleichermaßen wie überambitionierte Dritte, die an das hiervon profitierende Unternehmen von außen herantraten oder von diesen damit beauftragt wurden. Auch wenn die ursprünglichen Diskussionen im Umfeld der Computerspionage auf den Vermögensschutz zielten, stellten diese Einbußen lediglich eine mittelbare Folge der Tatbegehung dar. Im Kern gefährdeten die Angriffsformen die Vertraulichkeit der erspähten Daten. Künftig sollten die §§ 202a, 202b daher nach h.M. dem Schutz der formellen Verfügungsbefugnis des berechtigten Dateninhabers dienen.[164]

II. Datenveränderung

Während die Computerspionage auf die unbefugte Datenausgabe zielte, strebt die Datenveränderung die unbefugte Eingabe von Daten bzw. die Veränderung bereits gespeicherter Daten an.[165] Von §§ 303a, 303b strafrechtlich geschützt wird nach h.M. die Verfügungsgewalt des Berechtigten an den Informationen im Datenspeicher.[166] Diese schließe neben ihrer unversehrten Verwendbarkeit[167] auch ihre Nutzungsrechte ein.[168]

---

163 *Dornseif*, a.a.O., S. 365f.

164 Statt vieler: *Fischer*, § 202a, Rn 2/§ 202b, Rn 2; *Graf* in: MüKo StGB, Bd. 4, § 202a, Rn. 2/§ 202b, Rn 2; *Heger* in: Lackner / Kühl, § 202a, Rn 1/§ 202b, Rn 1; *Hilgendorf* in: LK-StGB, § 202a, Rn 6/§ 202b Rn 2; *Kargl* in: NK-StGB, § 202a, Rn 3/§ 202b, Rn 3; *Leckner / Eisele* in: Schönke / Schröder, § 202a, Rn 1/§ 202b, Rn 1; *Gercke* in: Gercke / Brunst, S. 65f., 71, Rn 89f., 102; *Eisele*, Computer- und Medienstrafrecht, S. 33, Rn 1; S. 42, Rn 29; *Schumann*, NStZ 2007, 675, 676f. Für eine stärker vermögensorientierte Ausrichtung: *Haft*, NStZ 1987, 6, 9; *Bühler*, MDR 1987, 448, 452.

165 *Goldscheider / Zemanek*, Computer, S. 67; *Kempa*, Hackerkultur, S. 76.

166 *Fischer*, § 303a, Rn 2; *Eisele*, Computer- und Medienstrafrecht, S. 53, Rn 62. A.A. fordert ergänzend einen gewissen wirtschaftlichen Wert der betroffenen Daten, *Haft*, NStZ 1987, 6, 9f.; *Welp*, iur 1988, 443, 448.

167 *Heger* in: Lackner / Kühl, § 303a, Rn 1; *Zaczyk* in: NK-StGB, § 303a, Rn 2; *Stree / Hecker* in: Schönke / Schröder, § 303a, Rn 1.

168 *Hoyer* in: SK-StGB VI, § 303a, Rn 1ff./§ 303b, Rn 1; *Wieck-Noodt* in: MüKo StGB, Bd. 5, § 303a Rn. 2; *Wolff* in: LK-StGB, § 303a, Rn 4.

In den 1980er Jahren prägten Manipulationen von Gehaltsabrechnungen, Bilanzen und Kontoständen, Bankautomatenkarten und Missbräuche des Telefonnetzes den Deliktsbereich.[169] Sie gefährdeten die Integrität der Daten und mittelbar wirtschaftliche Interessen.[170] Die Vertraulichkeitsverletzungen wurden häufig durch eine Kombination aus Hackerangriffen zur Zugangsverschaffung[171] und der anschließenden Installation von Schadsoftware verwirklicht, also durch Computerprogramme, die „unerwünschte oder schädliche Funktionen auf einem infizierten Computer ausführen".[172]

III. Computersabotage

Im Unterschied zu den ersten beiden Deliktsgruppen beziehe die Vorschrift zur Computersabotage den Integritätsschutz der Computersysteme stärker in den Strafrechtsschutz ein.[173] Geschützt werde die ordnungsgemäße Funktionsfähigkeit der Datenverarbeitung.[174] Dies erwies sich vor allem für drei Tätergruppen als profitabel – für Saboteure im Auftrag ausländischer Geheimdienste, für politisch motivierte Täter, meist repräsentiert durch radikalisierte Jugendliche, und für unpolitische Insider. Der letzten Gruppe werden auch enttäuschte und verärgerte Angestellte zugeordnet.[175]

Anders als in den USA, wo die Computersabotage bereits Mitte der 1970er Jahre mit 18% einen relativ großen Anteil der gemeldeten Computerkriminali-

---

169 *Sieber* in: Tauss / Kollbeck / Mönikes, S. 612f.

170 *Gercke* in: Gercke / Brunst, S. 79, Rn 128.

171 Vertiefend zum Hacking sogleich unter: IV. Verwendung des Hackings zur Tatbegehung.

172 BSI, Lagebericht der IT-Sicherheit 2015, S. 22; *Dornseif*, Phänomenologie der IT-Delinquenz, S. 283.

173 *Gercke* in: Gercke / Brunst, S. 82, Rn 134. Unmittelbares Angriffsziel ist die Hardware, *Dornseif*, Phänomenologie der IT-Delinquenz, S. 334; *Volesky* / *Scholten*, JurPC 1987, 280, 286; *Schulze-Heiming*, Strafrechtlicher Schutz der Computerdaten, S. 14: Erfasst würden auch der gezielte Einbau von Programmfehlern und die Abänderung von Zugangsdaten.

174 BT-Drs.: 16/3656 v. 30.11.2006, S. 13; *Hoyer* in: SK-StGB VI, § 303b, Rn 1; *Wieck-Noodt* in: MüKo StGB, Bd. 5, § 303b Rn. 1; *Zaczyk* in: NK-StGB, § 303b, Rn 1; *Heger* in: Lackner / Kühl, § 303b, Rn 1; *Stree* / *Hecker* in: Schönke / Schröder, § 303b, Rn 1; *Dornseif*, Phänomenologie der IT-Delinquenz, S. 334; *Köppen*, CuA 2007, 29, 30; *Volesky* / *Scholten*, JurPC 1987, 280, 286; *Schulze-Heiming*, Strafrechtlicher Schutz der Computerdaten, S. 14f.; *Gercke* in: Gercke / Brunst, S. 82, Rn 134; *Eisele*, Computer- und Medienstrafrecht, S. 60, Rn 79; *Schumann*, NStZ 2007, 675, 679; *Vassilaki*, CR 2008, 131, 133.

175 *Von zur Mühlen*, Computer-Kriminalität, S. 98; *Sieber*, Informationstechnologie und Strafrechtsreform, 1985, S. 18; *Sondermann*, Computerkriminalität, S. 14; *Dornseif*, Phänomenologie der IT-Delinquenz, S. 334f.; *Roßnagel* / *Wedde* / *Hammer* / *Pordesch*, Informationsgesellschaft, S. 132ff., 146ff.

tätsfälle ausmachte,[176] ist nach *von zur Mühlen* in Deutschland bis 1976 lediglich ein einziger Fall bekannt geworden.[177] Eine mögliche Ursache für diesen Kontrast sei in der politischen und sozialen Verschiedenartigkeit beider Staatssysteme begründet, denn die größte Tätergruppe habe sich Mitte der 1970er Jahre durch eine politisch als radikal zu bezeichnende Einstellung ausgezeichnet. Anders als in den USA habe die Rüstungspolitik in Deutschland zur damaligen Zeit weniger in der Kritik gestanden, so dass sie weniger Anlass für Widerstände geboten habe.[178] Die zweitgrößte Tätergruppe habe aus Rache gehandelt. Häufige Auslöser seien vorausgegangene Kündigungen gewesen.[179] Allerdings habe Deutschland über einen besseren Kündigungsschutz verfügt, der die wirtschaftlichen wie sozialen Folgen besser abfedern konnte und den Wunsch nach Rache gemindert habe.[180]

In die Ursachenforschung mit einbezogen werden sollte auch die Divergenz der Verbreitungszahlen von EDV-Anlagen in Deutschland und in den Vereinigten Staaten, denn diese prägten nicht nur die faktischen Zugriffsmöglichkeiten, sondern damit zugleich die Zahl der potentiellen Angriffsziele sowie Täter- und Opferzahlen.

In den 1980er Jahren folgten zahlreiche Anschläge auf Datenverarbeitungsanlagen. 1985 zielte ein Angriff auf ein Datenverarbeitungsunternehmen in Karlsruhe. Im Folgejahr richtete sich ein Anschlag aus RAF-Kreisen auf eine Sendeanlage des Bundesgrenzschutzes bei Bonn. 1987 war eine Computerfirma in Tutzing betroffen.[181]

Das Wissen um die große Anfälligkeit von Rechenanlagen nutzten Saboteure für weitere simple, aber nicht minder effektive Sabotagehandlungen. Ein entfernter Feinfilter aus Klimaanlagen ließ Computer schleichend verstauben und

---

176 1970 gab es etwa 30.000 Bombendrohungen sowie 3.700 Sprengstoffattentate. Hiervon konzentrierten sich lediglich 30 Bombenattentaten auf Computeranlagen, *von zur Mühlen*, Computer-Kriminalität, S. 97; *Sieber*, Referat 1976, 12. Arbeitstagung der SVK, S. 83 m.w.N.

177 A.a.O., S. 97.

178 Ebd. Kritisch: *Roßnagel / Wedde / Hammer / Pordesch*, Informationsgesellschaft, S. 139.

179 *Sieber*, Referat 1976, 12. Arbeitstagung der SVK, S. 83. Als beinah perfektes Verbrechen galt in der Literatur das Vorgehen eines Programmierers, der nach dem Erhalt seiner Kündigung eine Programmierung vornahm, die exakt zwei Jahre nach seiner Entlassung die vollständige Löschung der Bänder des Unternehmens bewirkte, a.a.O., S. 88 m.w.N.; *Roßnagel / Wedde / Hammer / Pordesch*, Informationsgesellschaft, S. 132f.

180 *Sieber*, Referat 1976, a.a.O., S. 84.

181 *Roßnagel / Wedde / Hammer / Pordesch*, Informationsgesellschaft, S. 138f.

schließlich vollständig ausfallen.[182] Feuchtigkeitszufuhr erzielte vergleichbare Effekte.[183] Auch die Vorteile der Computertechnik konnten in ihr Gegenteil verkehrt werden. Die komprimierte elektromagnetische Datenspeicherung ermöglichte beispielsweise die Löschung einer Vielzahl von Daten binnen kürzester Zeit.[184]

Größeres technisches Fachwissen setzte der Zugriff durch sog. logische Bomben voraus.[185] Je nach Programmierung können diese den Datenbestand zu einem bestimmbaren Zeitpunkt löschen oder bei Eintritt einer festgelegten Bedingung.[186] 1968 soll der erste Fall in Frankreich dokumentiert worden sein.[187]

Die dahinter stehenden Motivationslagen waren verschieden. Implementiert wurden sie zumeist von internen Mitarbeitern[188] für zumindest mittelbar eigene Zwecke.[189] 1984 drohte beispielsweise ein Mitarbeiter, dass sich das von ihm

---

182 *Von zur Mühlen*, Computer-Kriminalität, S. 97; *Roßnagel / Wedde / Hammer / Pordesch*, a.a.O., S. 147.

183 *Roßnagel / Wedde / Hammer / Pordesch*, ebd.

184 *Roßnagel / Wedde / Hammer / Pordesch*, a.a.O., S. 133, 156. Während diese Möglichkeit anfänglich bestritten wurde, belegten entsprechende Forschungsergebnisse und Sabotagefälle. Kriegsgegner in Midland, Michigan nutzten 1969 ihr Wissen um den Magnetismus und löschten im Data Research Center der Dow Chemical Corporation 1.000 Magnetbänder in der fälschlichen Annahme, es handele sich um Forschungsdaten über Chemiewaffen. Die Rekonstruktion der Bänder kostete 100.000 Dollar, *Sieber*, Referat 1976, 12. Arbeitstagung der SVK, S. 88; *von zur Mühlen*, Computer-Kriminalität, S. 98f. Ein Versicherungskonzern verwendete zur Synchronisierung der erfassten Daten zwischen seinen etwa 900 Außenstellen und dem Zentralrechner eine automatische Datenerfassung. Die abgespulten Lochstreifen wurden nach der Erfassung routinemäßig zurückgespult und der maßgebliche Output in den Außenstellen zur Verfügung gestellt. Diesen Ablauf störte eine Tätergruppe des Wartungspersonals bei verschiedenen Filialen, *Sondermann*, Computerkriminalität, S. 12f. m.w.N. Auch erste Fälle der Onlinesabotage wurden in den USA Anfang der 1970er bereits bekannt, *von zur Mühlen*, Computer-Kriminalität, S. 100f.; *Roßnagel / Wedde / Hammer / Pordesch*, Informationsgesellschaft, S. 133.

185 *Dornseif*, Phänomenologie der IT-Delinquenz, S. 335ff.; *Bergauer*, Computerstrafrecht, S. 91; *Hyner*, Sicherheit, S. 123; *Roßnagel / Wedde / Hammer / Pordesch*, Informationsgesellschaft, S. 74, 133, 149; *Volesky / Scholten*, JurPC 1987, 280, 287.

186 *Dornseif*, ebd.; *Hyner*, Sicherheit, S. 123f.; *Roßnagel / Wedde / Hammer / Pordesch*, Informationsgesellschaft, S. 149.

187 *Dornseif*, Phänomenologie der IT-Delinquenz, S. 336.

188 Dokumentiert wurden Zwischenfälle als Stressabbau oder als Rache wegen vorangegangener Kündigung, *Roßnagel / Wedde / Hammer / Pordesch*, Informationsgesellschaft, S. 132f., 149.

189 *Dornseif*, Phänomenologie der IT-Delinquenz, S. 342; *Roßnagel / Wedde / Hammer / Pordesch*, Informationsgesellschaft, S. 132, 149.

erstellte Computerprogramm namens „GURUGS 2001“ zerstören werde, wenn die geforderte Gehaltserhöhung nicht gezahlt werde.[190]

Angesichts der stärkeren Computerdichte wurde ein steigendes Interesse an der Störung moderner Rechenanlagen prognostiziert,[191] denn das Tatobjekt zeichne sich durch einen hohen wirtschaftlichen Wert der eingesetzten Programme und Daten, sowie eine steigende Abhängigkeit von ihrem Funktionieren und der Verfügbarkeit der gespeicherten Informationen aus.[192]

IV. Verwendung des Hacking zur Tatbegehung

Das englische Wort „to hack“ ist gleichzusetzen mit dem deutschen Wort (hinein)hacken.[193] Es umschreibt damit eine eher handwerkliche Fähigkeit wie sie im landwirtschaftlichen Bereich zu finden ist, bei der unter Anwendung einer gewissen Anstrengung ein Hindernis überwunden wird. Demgegenüber wird der Hacker im Duden als eine Person umschrieben, die sich unberechtigt Zugang zu fremden Computersystemen verschafft.[194] Darin klingt zugleich eine negative Konnotation an, die sich nicht zwingend aus dem soeben dargestellten ursprünglichen Wortsinn ergibt. Dennoch dürfte dies dem allgemeinen Verständnis entsprechen.[195] Das legt die Vermutung nahe, dass dieses Begriffsverständnis nicht nur das Ergebnis einer technischen Entwicklung reflektiert, sondern auch einen damit verbundenen moralischen Wandel dokumentiert.

Die Ursprünge der sog. Hackerszene liegen in den Vereinigten Staaten. In Boston wurde der Begriff des Hackens bereits in den 1950er Jahren unter den Mitgliedern der Modelleisenbahngruppe am Massachusetts Institute of Technology (MIT) verwendet.[196] Dort entwickelten technikbegeisterte Studenten Schaltkreise für Modelleisenbahnen mit verbesserter Signalübertragung, Weichenstellung und Koordination. Ein erfolgreicher Lösungsansatz für ein technisches Problem wurde als „Hack“ bezeichnet.[197]

---

190 *Volesky / Scholten*, JurPC 1987, 280, 287.

191 *Von zur Mühlen*, Computer-Kriminalität, S. 19; *Sieber*, Referat 1976, 12. Arbeitstagung der SVK, S. 85.

192 *Sieber*, ebd.

193 *Spannbrucker*, CCC, S. 12.

194 Duden, Fremdwörterbuch, S. 386; *Pierrot* in: Ernst (Hrsg.), Hacker, Cracker & Computerviren, S. 2; *Ernst*, DS 2004, 14, 14; *Ders.*, NJW 2003, 3233, 3233.

195 *Krömer / Sen*, No Copy, S. 16; *Kempa*, Hackerkultur, S. 132f.; *Dornseif*, Phänomenologie der IT-Delinquenz, S. 50.

196 *Spannbrucker*, CCC, S. 12; *Schmid*, Computerhacken, S. 10.

197 *Schmid*, Computerhacken, S. 10; *Mühle*, Hacker und Computer-Viren, S. 16; *Hong*, Flexibilisierungstendenzen, S. 151; *Schnabl*, wistra 2004, 211, 212.

Erst später wurde dieser Begriff auf den Computerbereich übertragen. Hierfür war die tippende bzw. hackende Bewegung auf der Tastatur namensgebend. Es handelte sich demzufolge um eine wertneutrale Tätigkeitsbeschreibung für alle im EDV-Bereich tätigen Personen.[198]

Im Verlauf der Entwicklung wuchs die Faszination für die Technik und schon bald mehrten sich jene, die es sich zur Aufgabe machten, die Computerabläufe geistig und technisch zu durchdringen, um sie zu analysieren und zu verbessern. Dieses gemeinschaftliche Interesse kennzeichnete die entstehende Hackerszene. Als Hacker wurde nun nicht mehr die Gesamtheit der im EDV-Bereich tätigen Personen verstanden, sondern nur noch jene, die eine Optimierung der vorhandenen Technik, unter Auslotung und Überwindung der bestehenden technischen Barrieren, anstrebte.[199] Der Begriff wurde damit, ähnlich wie zuvor am MIT, positiv besetzt.[200]

Der Prozess der Automatisierung blieb jedoch nicht auf den Computerbereich beschränkt, sondern vollzog sich in nahezu allen Bereichen des täglichen Lebens, wie die Umgestaltung des amerikanischen Telefonnetzes in ein analoges Netzwerk zeigt. Mit den ersten offenbarten Schwächen bildete sich das sog. Phreaking als neue Form des Hacking heraus.[201] In den 1970er Jahren überlisteten sog. Phreaks das Telefonnetz mit Hilfe von speziellen Signaltönen, die Tonsignale der Verbindungsstellen imitierten, um kostenlose Telefonate herzustellen. John T. Draper ist wohl der Bekannteste unter ihnen, der seinen Beinamen als „Captain Crunch“ seiner Imitation mit Hilfe einer Trillerpfeife verdankte, die als kostenlose Beigabe in einer Cornflakespackung der Marke „Cap'n Crunch“ beigefügt war.[202] Diese Pfeife erzeugte eine Frequenz von 2600 Hertz und entsprach damit dem Ton, der zur Herstellung einer kostenlosen Fernverbindung verwendet wurde.[203] Anschließend entwickelte er das Verfahren mit Steve Jobs und Steve Wozniak, den späteren Gründern von

198 *Spannbrucker*, CCC, S. 13; *Schnabl*, ebd. Kritisch hierzu: *Binder*, Strafbarkeit intelligenten Ausspähens, S. 12.

199 *Pierrot* in: Ernst (Hrsg.), Hacker, Cracker & Computerviren, S. 2, Rn 3; *Volesky*, CR 1991, 553, 554, 557; *Kempa*, Hackerkultur, S. 133; *Dornseif*, Phänomenologie der IT-Delinquenz, S. 91, 346; *Roßnagel / Wedde / Hammer / Pordesch*, Informationsgesellschaft, S. 134.

200 *Kempa*, a.a.O., S. 133f.; *Roßnagel / Wedde / Hammer / Pordesch*, ebd.

201 Phreaking setzt sich aus den beiden Wortsegmenten „phone“ und „freak“ zusammen und bedeutet wörtlich übersetzt „Telefonspezialist“, *Kempa*, a.a.O., S. 169; *Schmid*, Computerhacken, S. 10, Fn 6; *Dornseif*, Phänomenologie der IT-Delinquenz, S. 91; *Sieber* in: Tauss / Kollbeck / Mönikes, S. 618.

202 *Schmid*, Computerhacken, S. 10; *Dornseif*, Phänomenologie der IT-Delinquenz, S. 206.

203 *Schmid*, ebd.

Apple, zum sog. Blueboxing[204] weiter. Das immer beliebter werdende Phreaking wurde mit der Ausnutzung vorhandener Überkapazitäten gerechtfertigt. Nach Einführung der Sondersteuer für das Telefonieren wurde es als ziviler Ungehorsam propagiert und zugleich als Auflehnung gegen den Vietnamkrieg politisiert.

Die geschilderten Anfälligkeiten gab es im deutschen Telefonnetz zwar nicht. Stattdessen wurden kostenlose 0130-Nummern[205] für den „Telefonbetrug“ genutzt.[206] Diese Vorgehensweise wurde in den 1980er Jahren professionalisiert und unter Anmietung wechselnder Appartementanlagen im großen Umfang betrieben, wodurch das Vorgehen einen qualitativen Sprung erreichte.[207]

Mit dem Verkauf der ersten privaten Computer war der Zugriff auf das neue Medium nicht länger den Universitäten und Großunternehmen vorbehalten. Parallel zu dieser Entwicklung verstärkte sich ab Mitte der 1980er Jahre das Computerhacking und damit das Eindringen in fremde Computersysteme. Ungeachtet der bereits dargestellten Fernziele wurde durch das Zugangverschaffen die Integrität des anvisierten Systems und die der dort gespeicherten Daten gefährdet.[208] Der erste Computerhack wurde 1980 bekannt, nachdem Kevin Mitnick mit der Roscoe-Bande erfolgreich in das Computersystem einer US-amerikanischen Leasingfirma eingedrungen war.[209]

Mit zunehmender Verbreitung vergrößerte sich auch die Zahl sensibler und (wirtschaftlich) bedeutender Daten. Diese Tendenz verstärkte sich durch die ersten Computervernetzungen, die erweiterte Zugriffsmöglichkeiten boten.[210] Durch diese neuen Anreize entfernte sich die Hackerszene zunehmend von ihren

---

204 *Sieber* in: Tauss / Kollbeck / Mönikes, S. 614, 618.

205 Diese lassen sich mit den heutigen 0800-Nummern vergleichen, *Dornseif*, Phänomenologie der IT-Delinquenz, S. 107; *Sieber*, a.a.O., S. 614.

206 Bei diesen Servicenummern handelte es sich zumeist um kostenlose Rufnummern, um Kunden und Mitarbeitern ein kostenpflichtiges Ferngespräch ins Ausland zu ersparen. Der Telefonpirat wählte eine solche Servicenummer und sendete nach der Gesprächsannahme einen Piepton. Wurde nun ein weiterer 2400 Hertz-Signalton entsandt, imitierte dies die Gesprächsbeendigung. In Wirklichkeit konnte nun die Telefonleitung zu Lasten des Servicenummerinhabers für Telefonate verwendet werden (Blue-Boxing-Verfahren), Der Spiegel Nr. 27/1991, Piep vom Hacker, S. 192; Interview mit Richard Cheshire, einem der bekanntesten Telefonpiraten, veröffentlicht in: Der Spiegel Nr. 46/1983, Ein Hacker gibt Auskunft, „Zack, bin ich drin in dem System“, S. 231.

207 *Sieber* in: Tauss / Kollbeck / Mönikes, S. 613.

208 A.a.O., S. 617.

209 *Kempa*, Hackerkultur, S. 33; *Dornseif*, Phänomenologie der IT-Delinquenz, S. 346. Zahlreiche Verurteilungen folgten.

210 *Kempa*, Hackerkultur, S. 134.

ursprünglichen idealistischen Ansätzen. Das Hacking wurde auf weitere Medien wie Geld- und Münzspielautomaten sowie den Funkverkehr[211] ausgedehnt.[212]

Zu den bekanntesten Angriffen gehörten die sog. „NASA-Hacks“[213] oder der „KGB-Hack“, wodurch zwischen 1985 und 1989 wiederholt auf westliche Computersysteme Zugriff genommen wurde. Anders als beim „NASA“-Hack war der Geheimdienst nicht Ziel des Angriffs, sondern Ankäufer der erlangten Daten einer Hannoveraner Hackergruppe.[214] Es heißt, deutsche Hacker seien in den 1980er Jahren insgesamt sehr aktiv gewesen, wobei der geschilderte Umfang z.T. auch auf überzeichnete Selbst- und Fremddarstellungen zurückgeführt wird.[215] Viele erfolgreiche Hackingangriffe folgten weltweit. Unter ihnen erlangte auch der „Pentagon-Hack“ durch den 18-jährigen Ehud Tenenbaum aus Tel Aviv 1998 einen hohen Bekanntheitsgrad.[216]

Prägend für das Hacking im heute verstandenen, strafrechtsrelevanten Sinne ist die erfolgreiche Überwindung technischer Sicherheitsvorkehrungen[217] und die

---

211 Durch die Verstärkung von Funksignalen in den Fernbedienungen für Autos werden noch immer erfolgreich Autodiebstähle begangen, *Dornseif*, Phänomenologie der IT-Delinquenz, S. 359f. Auch die inzwischen voll digitalisierte Erfassung von Fahrtenschreibern macht zu ihrer Überlistung digitale Manipulationen erforderlich, a.a.O., S. 360.

212 *Mühle*, Hacker und Computer-Viren, S. 13–15. Vertiefende Übersicht zu diversen Hackingfällen der Geschichte bei *Dornseif*, Phänomenologie der IT-Delinquenz, S. 346ff.

213 *Roßnagel / Wedde / Hammer / Pordesch*, Informationsgesellschaft, S. 134, 150.

214 *Kempa*, Hackerkultur, S. 37; *Dornseif*, Phänomenologie der IT-Delinquenz, S. 348; *Sieber* in: Tauss / Kollbeck / Mönikes, S. 618; *Ders.*, ZStW 1991, 779, 782.

215 *Dornseif*, a.a.O., S. 394.

216 *Kempa*, Hackerkultur, S. 20ff.; *Dornseif*, a.a.O., S. 346, 354f. Dies sei allerdings nicht der erste erfolgreiche Hack des Pentagons gewesen, denn der sei bereits 1981 Ian Murphy alias „Captain Zap“ gelungen, *Ders.*, ebd.

217 *Schmid*, Computerhacken, S.156ff. Das Hacking kann allerdings auch durch eine nichttechnische Vorgehensweise umgesetzt, zumindest aber vorbereitet werden. Hierzu gehört die Fallgruppe des Ausnutzens menschlicher Schwächen, denn Anwender neigen zu einem sorglosen Umgang mit Zugangsdaten. Für den klassischen Passwortdiebstahl kann es bereits genügen, notierte Passwörter ausfinding zu machen. Da der Durchschnittsnutzer die Anzahl der verwendeten Passwörter möglichst gering hält, ermöglicht ein einziges Passwort häufig Zugriff auf verschiedene Daten, Systeme, Foren und weitere passwortgesicherten Dienste. Hacker, die über persönliche Informationen des Nutzers verfügen, können viele Hürden durch bloßes Ausprobieren überwinden (sog. Guessing, *Pierrot* in: Ernst [Hrsg.], Hacker, Cracker & Computerviren, S. 14, *Gravenreuth*, NStZ 1989, 201, 202). Gelingt dies nicht, bleibt das sog. Social Engineering (*Spannbrucker*, CCC, S. 13; *Schmid*, Computerhacken, S. 158f.; *Pierrot* in: Ernst, [Hrsg.], Hacker, Cracker & Computerviren, S. 12; *Mühle*, Hacker und Computer-Viren, S. 18f.; *Dornseif*, Phänomenologie der IT-Delinquenz, S. 360f.). Hierzu geben sich Hacker als Kollegen oder als die betreffende Person selbst aus (sog. Impersonation) und behaupten, ihre Zugangsdaten vergessen zu haben. Teilweise wird der Berechtigte vom Hacker unter einem beliebigen Vorwand wie der vorgetäuschten Zugehörigkeit zum Sicherheits- oder Servicepersonals auch direkt

damit einhergehende Gefährdung der Integrität „informationstechnischer Systeme"[218] und Daten.[219] Die Figur des Hackers lässt sich gleichermaßen als Auslöser wie Produkt des Automatisierungsprozesses begreifen und damit als eine sich stets neu definierende Folge jenes Wechselwirkungsprozesses.

C) Charakteristika der Computerkriminalität

Einen zentralen Anknüpfungspunkt für die Tatausführung und damit auch für die legislatorischen Anpassungsbestrebungen bildeten die *gespeicherten und verarbeiteten Informationen*[220].[221] Bereits der Begründer der modernen Infor-

---

kontaktiert, *Hyner*, Sicherheit, S. 125; *Schmid*, Computerhacken, S. 158f.; *Gravenreuth*, NStZ 1989, 201, 202.

218 Der Begriff geht zurück auf das Bundesverfassungsgerichtsurteil zur „Online-Durchsuchung", BVerfG, Urteil v. 27.2.2008 (Online-Durchschung), Rn 1–333. Dieser fand 2009 außerdem Eingang in Art. 91c Abs. 1 GG in: BGBl. I Nr. 48 v. 31.7.2009, S. 2248–2250 und bezeichnet „[…] die technischen Mittel zur Verarbeitung und Übertragung von Informationen", BT-Drs. 16/12410 v. 24.3.2009, S. 8, Art. 1 Nr. 2 zu Art. 91c GG.

219 BT-Drs. 10/5058 v. 19.2.1986, S. 28; *Lenckner / Winkelbauer*, CR 1986, 483, 488; *Bühler*, MDR 1987, 448, 452; *Binder*, Strafbarkeit intelligenten Ausspähens, S. 13; *Dornseif*, Phänomenologie der IT-Delinquenz, S. 346.

220 Zum Begriff der Information vertiefend, *Druey*, Information als Gegenstand des Rechts, S. 3ff.; *Schulze-Heiming*, Strafrechtlicher Schutz der Computerdaten, S. 19ff. *Redeker* votiert deshalb für eine Klassifizierung der Information als eigenständiges Rechtsgut. Informationen seien mit keinem anderen Rechtsgut vergleichbar. Insbesondere handele es sich nicht um Rechte, da diese (noch) nicht über eine juristische Existenz verfügten und angesichts der fehlenden physischen Verkörperung die Sacheigenschaft ebenfalls fehlt, *Ders.*, CR 2011, 634, 638f. Seit Menschengedenken werden Informationen gesammelt und überliefert. (Gräwe verneint daher auch die Abgrenzbarkeit und Systematisierung anhand des Regelungsgegenstandes der „Informationen", *Gräwe*, Rechtsinformatik, S. 283; *Hoeren*, JuS 2002, 947, 947f.) Ihr unterschiedlicher Bedeutungsgehalt besteht in seiner Varianz fort. Die Form der Übermittlung hat sich jedoch verändert. Auf die mündliche und zeichnerische Überlieferung folgte die Phase der Verschriftlichung, die mit dem Buchdruck eine neuartige Entwicklungsstufe erreicht hat. Dieser gestattete nicht nur eine dauerhafte Wissensspeicherung, sondern vervielfachte auch die Möglichkeiten ihrer Verbreitung. Durch den technischen Fortschritt, wie etwa der fernmündlichen Übermittlung, wurde die Wissensweitergabe weiter vereinfacht. Ein Wissensaustausch über große Distanzen gelang in Echtzeit. Mit dem Wandel zur Informationsgesellschaft konnten die Informationen nun auch gespeichert, komprimiert, beliebig oft abgerufen und vervielfältigt, über- und weiterverarbeitet werden. Ihre Verknüpfung schuf eine weltweite Vernetzung zum Informationsaustausch und löste damit den Vorgang der Informationsvermittlung zunehmend von ihrer physischen Verkörperung durch ein Trägermedium, *Redeker*, CR 2011, 634, 634. Informationen in Form von Daten gewannen stärker an Bedeutung, *Sieber*, NJW 2012, Beil. 3, 86, 88f. Vertiefend zu den Entwicklungsetappen im Umgang aus Perspektive des Datenschutzrechts: *Gräwe*, Rechtsinformatik, S. 157ff. Eine einheitliche Definition zum interdisziplinären Datenbegriff existiert jedoch nicht, vgl. § 3 I BDSG, §§ 202 II 2; 202a II StGB, DIN 44 300 und ISO/IEC 2382-1, *Scheffler* in: Kilian / Heussen, Compu-

mationstheorie, Nobert Wiener, klassifizierte „Informationen“ als eine neue Grundkategorie neben „Materie“ und „Energie“.[222] Die damit einhergehende Abkehr von der körperlichen zur immateriellen Informationenspeicherung und -übertragung stellte den Gesetzgeber vor neue Herausforderungen.[223] Hoeren sprach in diesem Zusammenhang von dem „Phänomen der Dematerialisierung“[224] zu Lasten materieller Wirtschaftsgüter.[225] Neben dieser fehlenden Stofflichkeit zählt ihre hohe Komprimierbarkeit zu den prägenden Eigenschaften.[226] Ihre Verfügbarkeit gewährt nicht nur eine dauerhafte Zugriffsmöglichkeit am Speicherort, sondern vereinfacht auch ihre Duplizierung, ohne dass es hierzu einer Fortbewegung der Ursprungsdatei bedarf.[227] Durch die Flüchtigkeit der Daten[228] können diese ohne größeren Aufwand auf ein entsprechendes Trägermedium übertragen und durch ihr geringes Volumen leichter transportiert und damit gesichert werden.[229] Dem Opfer wird, anders als beim Diebstahl, nicht der Zugriff auf diese Daten entzogen, sondern sein Bestimmungsrecht.[230] Durch den Verbleib der Daten kann zugleich die Entdeckungswahrscheinlichkeit gegenüber der Wegnahme von beweglichen Gegenständen reduziert werden. Hierdurch erhöht sich der Anreiz für die

---

terrecht, 1. Abschn., Teil 10, Rn 8–15. Soweit während des Gesetzgebungsprozesses auf den Datenbegriff Bezug genommen wird, erfolgt die Darstellung im entsprechenden Kontext. Gleiches gilt für das strafrechtliche Verständnis von „Informationen“, siehe hierzu auch *Gräwe*, Rechtsinformatik, S. 283 m.w.N.

221 *Gräwe*, Rechtsinformatik, S. 165; *Kudlich*, StV 2012, 560, 560.

222 Zitiert nach Sieber, Gutachten zum 69. DJT, C 14f. m.V.a.: *Wiener*, I am a Mathematician, 1965, S. 25ff. Zustimmend *Ders.*, ZStW 1991, 779, 787.

223 *Schumann*, Technischer Fortschritt in: Kuhli / Asholt, S. 61, 67ff.; *Singelnstein*, ZIS 2016, 432, 433. Zum Prozess der fortschreitenden Loslösung gesetzlicher Novellierungen von den technischen Besonderheiten exemplarisch für das Informationsrecht bei: *Gräwe*, Rechtsinformatik, S. 165ff.; *Liebl / Grosch*, CR 1985, 162, 162; *Sieber*, NJW 2012, Beil. 3, 86, 88f.; *Kudlich*, StV 2012, 560, 560f.

224 *Hoeren*, NJW 1998, 2849, 2849.

225 Ebd.

226 *Dornseif*, Phänomenologie der IT-Delinquenz, S. 78f.; *Liebl / Grosch*, CR 1985, 162, 162.

227 *Hoeren*, JuS 2002, 947, 948; *Redeker*, CR 2011, 634, 634; *Dornseif*, Phänomenologie der IT-Delinquenz, S. 45; *Schulze-Heiming*, Strafrechtlicher Schutz der Computerdaten, S. 5; *Singelnstein*, ZIS 2016, 432, 433; *Stuckenberg*, ZIS 2016, 526, 532; *Brodowski / Marnau*, NStZ 2017, 377, 377, 379.

228 *Brodowski / Freiling*, Cyberkriminalität, S. 26; *Sieber*, ZStW 1991, 779, 779.

229 *Binder*, Strafbarkeit intelligenten Ausspähens, S. 30; *Hong*, Flexibilisierungstendenzen, S. 96; *Liebl / Grosch*, CR 1985, 162, 162; *Redeker*, CR 2011, 634, 634; *Eisele*, Jura 2012, 922, 922; *Dornseif*, Phänomenologie der IT-Delinquenz, S. 45.

230 *Dornseif*, ebd.; *Schulze-Heiming*, Strafrechtlicher Schutz der Computerdaten, S. 5.

Tatbegehung.[231] Auch für Sabotagezwecke erweist sich die hohe Konzentration wichtiger Informationen auf geringem Raum als Vorteil, da der gesamte Datenbestand mit vergleichsweise geringem Aufwand beeinträchtigt oder gar beseitigt werden kann.[232] Klassische kriminaltechnische Ermittlungsmethoden wie die Suche nach Fingerabdrücken oder DNA-Spuren versagen.[233] Später wurden zusätzlich Verschlüsselungs- und Anonymisierungsdienste entwickelt, die nicht nur dem verbesserten Schutz der Daten dienten, sondern auch dem der Täter.[234]

Die Wesensmerkmale der sie *verarbeitenden Systeme* erleichtern die Tatbegehung ebenfalls. Insbesondere die häufigen Wiederholungsmöglichkeiten gestatten eine Potenzierung des Taterfolges.[235] Die Redundanz der Abläufe beruht auf dem strikt vorgeschriebenen und ebenso konsequent eingehaltenen Organisationsablauf und der funktionellen Arbeitsteilung. Einmal entdeckte Lücken können dadurch nahezu beliebig oft genutzt werden[236] ein Effekt, der durch die Automatisierung noch verstärkt wurde.[237] Für eine (wiederholte) Tatausführung wurde die physische Anwesenheit zunehmend entbehrlich.[238] Dementsprechend können hohe Erträge[239] bei vergleichsweise geringem Entdeckungsrisiko erzielt werden.[240]

---

231 *Scheffler* in: Kilian / Heussen, Computerrecht, 1. Abschn., Teil 10, Rn 5; *Sieber*, NJW 1989, 2569, 2577f.; *Eisele*, Jura 2012, 922, 922; *Hyner*, Sicherheit, S. 127.

232 *Dornseif*, Phänomenologie der IT-Delinquenz, S. 80.

233 *Goldmann / Stenger*, CR 1989, 543, 543. In den Anfangsstadien der Computerentwicklung war die Analyse der hinterlegten Quelldaten wegen der noch fehlenden Standardisierung äußert schwierig. Sie trugen die „besondere Handschrift" des Programmierers, weshalb es selbst für Programmierer schwierig gewesen war, sich in fremden Quellprogrammen zurechtzufinden, *Sieber*, Referat 1976, 12. Arbeitstagung der SVK, S. 32.

234 *Sieber*, ebd.; *Ders.*, NJW 2012, Beil. 3, 86, 87, 89; *Eisele*, Jura 2012, 922, 922; *Dornseif*, Phänomenologie der IT-Delinquenz, S. 46f.; *Hyner*, Sicherheit, S. 127; *Gercke* in: Gercke / Brunst, S. 46, Rn 51; *Heckmann*, NJW 2012, 2631, 2631ff.; *Buono*, CRi 2013, 103, 103.

235 *Von zur Mühlen*, Computer-Kriminalität, S. 18; *Hong*, Flexibilisierungstendenzen, S. 96.

236 *Sieber*, Referat 1976, 12. Arbeitstagung der SVK, S. 25; *von zur Mühlen*, a.a.O., S. 25; *Hong*, Flexibilisierungstendenzen, S. 96; *Dornseif*, Phänomenologie der IT-Delinquenz, S. 47, 81f.; *Goldmann / Stenger*, CR 1989, 543, 544; *Roßnagel / Wedde / Hammer / Pordesch*, Informationsgesellschaft, S. 73.

237 *Sieber*, a.a.O., S. 26; *von zur Mühlen*, Computer-Kriminalität, S. 25; *Hong*, Flexibilisierungstendenzen, S. 96; *Dornseif*, Phänomenologie der IT-Delinquenz, S. 45, 81f.; *Roßnagel / Wedde / Hammer / Pordesch*, Informationsgesellschaft, S. 73f.; *Gercke*, CRi 2013, 136, 137.

238 *Von zur Mühlen*, Computer-Kriminalität, S. 25; *Hong*, ebd.

239 *Sieber*, a.a.O., S. 27; *von zur Mühlen*, ebd.; *Hong*, ebd.

240 *Binder*, Strafbarkeit intelligenten Ausspähens, S. 30; *Hong*, ebd.

Die Redundanz ermöglicht außerdem die Herbeiführung des angestrebten Taterfolges zu einem beliebigen oder bewusst gewählten, der Tathandlung nachgelagerten Zeitpunkt.[241] Der Schadenseintritt wirkt zufällig, so dass der Zeitpunkt der Installation und die Verbindung zum Urheber verschleiert werden kann.[242]

Auch die Geschwindigkeit der Abläufe und ihr Leistungsumfang erweisen sich für die Aufklärung als nachteilig, da die große Anzahl an Einzelvorgängen bereits aus wirtschaftlichen Gründen nicht doppelt überprüft werden konnte.[243] Selbst bei Bekanntwerden des schadensstiftenden Ereignisses wurde durch die anonymisierte Begehungsmöglichkeit der Tatnachweis erschwert.[244] Häufig verfügten die Strafverfolgungsorgane noch nicht über die notwendigen Fachkenntnisse. Ausdrucke der relevanten Dateien zogen einen großen Ermittlungs- und Zeitaufwand nach sich.[245]

Über die tatsächlichen Fallzahlen wird kontrovers diskutiert. Verlässliche Aussagen über das Dunkelfeld können naturgemäß nicht getroffen werden. Schätzungen variierten je nach den verfolgten Zielen.[246] Für eine relativ hohe Dunkelziffer sprechen die aufgezeigten Aufklärungsschwierigkeiten, eine geringe Anzeigebereitschaft und die gewählten innerbetrieblichen Lösungen,[247] denn Unternehmen verzichteten häufig aus finanziellen Gründen auf eine Anzeigeerstattung, da sie weitere Vermögenseinbußen durch den Ansehensverlust befürchteten, sobald die Tat öffentlich bekannt wird.[248] Auch die

---

241 *Hong*, Flexibilisierungstendenzen, S. 96; *Brodowski / Freiling*, Cyberkriminalität, S. 26; *Dornseif*, Phänomenologie der IT-Delinquenz, S. 47; *Roßnagel / Wedde / Hammer / Pordesch*, Informationsgesellschaft, S. 74.

242 *von zur Mühlen*, Computer-Kriminalität, S. 25; *Dornseif*, ebd.

243 *Sieber*, Referat 1976, 12. Arbeitstagung der SVK, S. 31.

244 *Hong*, Flexibilisierungstendenzen, S. 96f.

245 *Sieber*, Referat 1976, 12. Arbeitstagung der SVK, S. 32.

246 A.a.O., S. 36.

247 A.a.O., S. 37. Die geringe Anzeigebereitschaft bestätigend, aber die Dunkelziffer dennoch für überschätzt haltend, *Steinke*, NStZ 1984, 295, 297; *Grosch / Liebl*, CR 1988, 567, 568; *Sieber*, ZStW 1991, 779, 780f.; *Roßnagel / Wedde / Hammer / Pordesch*, Informationsgesellschaft, S. 129; *Schulze-Heiming*, Strafrechtlicher Schutz der Computerdaten, S. 9; *Köppen*, CuA 2007, 29, 30f.

248 *Von zur Mühlen*, Computer-Kriminalität, S. 31f.; *Binder*, Strafbarkeit intelligenten Ausspähens, S. 33; *Bull*, Datenschutz, S. 52; *Vetter*, Gesetzeslücken, S. 27f.; BSI, Lagebericht der IT-Sicherheit 2015, S. 34; BKA, Bundeslagebild 2015, S. 8; *Schwarzenegger*, ZSR 2008 II, 399, 413; *Köppen*, DuD 2008, 777, 778; *Ders.*, CuA 2007, 29, 30f.; *Brodowski / Freiling*, Cyberkriminalität, S. 75; *Kempa*, Hackerkultur, S. 124; *Dornseif*, Phänomenologie der IT-Delinquenz, S. 55, 60; *Steinke*, NStZ 1984, 295, 297; *Hyner*, Sicherheit, S. 127; *Roßnagel / Wedde / Hammer / Pordesch*, Informationsgesellschaft, S. 129.

Kompensation des bereits eingetretenen Schadens sollte nicht durch eine Inhaftierung des Täters gefährdet werden.[249]

Bei Bekanntwerden der Taten erschwerte die fehlende verbindliche Begriffsklärung, was unter Computerkriminalität zu verstehen sei, die Zuordnung.[250] Die Deliktskategorie fand zum damaligen Zeitpunkt noch keine Aufnahme in die amtliche Statistik.[251] Zudem sei – so hieß es – die Zeitverschiebung bis zum Bekanntwerden der rechtshängigen Verfahren bzw. deren Ausurteilung zu beachten.[252] Eine Zunahme der Delikte wurde jedoch schon frühzeitig prognostiziert und die Notwendigkeit ihrer strafrechtlichen Erfassung angesichts der hohen erzielbaren Vermögensschäden[253] und der wachsenden Abhängigkeit von der EDV-Technik in Wirtschaft und Verwaltung[254] mehrfach hervorgehoben.[255]

---

249 *Von zur Mühlen*, Computer-Kriminalität, S. 30f.; *Dornseif*, Phänomenologie der IT-Delinquenz, S. 53; *Grosch / Liebl*, CR 1988, 567, 568. Die damit verfolgte Liquiditätssicherung hat sogar so weit gereicht, dass die geschädigten Unternehmen auf Kündigungen verzichteten, um Ratenzahlungen vom Lohn zur Wiedergutmachung einbehalten zu können. *von zur Mühlen*, a.a.O., S. 31; *Dornseif*, ebd. Die Versicherungen machten ihren Eintritt im Schadensfall nicht von der Einleitung strafrechtlicher Schritte abhängig. Die namentliche Nennung des Schädigers genügte, *Von zur Mühlen*, ebd.; § 1 der AGB der Hermes Kreditversicherungs-AG als Anlage zu *GDV* Gutachten, als Anlage zum stenograph. Protokoll, 26. Sitzung des Rechtsausschusses v. 6.6.1984, S. 175.

250 Bei der Verwendung von Schadsoftware könnte dies als ein einziger Fall erfasst werden oder alle in der Folge infizierten Rechner einzeln ausgewiesen werden. Auch das fehlende trennscharfe Begriffsverständnis zur Computerkriminalität erschwerte die Zuordnung.

251 *Sieber*, Referat 1976, 12. Arbeitstagung der SVK, S. 38.

252 Ebd.

253 Ebd.; *Grosch / Liebl*, CR 1988, 567, 568; *von zur Mühlen*, Computer-Kriminalität, S. 18, 32; *Hong*, Flexibilisierungstendenzen, S. 96; *Hyner*, Sicherheit, S. 127. Die Schadenshöhe variierte bei den bekannt gewordenen Einzelfällen mitunter stark, *von zur Mühlen*, Computer-Kriminalität, S. 18, 32.

254 *Sieber*, Referat 1976, 12. Arbeitstagung der SVK, S. 39.

255 Ebd.

Zweites Kapitel: Legislatorische Grundlegung – das Zweite Gesetz zur Bekämpfung der Wirtschaftskriminalität

A) Vorarbeiten

Obwohl Datenverarbeitungsanlagen bereits seit den 1950er Jahren eingesetzt wurden, offenbarte sich ihre vermögensstrafrechtliche Relevanz erst 20 Jahre später und damit stark verzögert.[1] Mit den ersten registrierten Straftaten und den dadurch bekannt gewordenen Schäden in Millionenhöhe steigerte sich auch das Interesse an ihrer Eindämmung.[2] Aus diesem Grund erhielt der Sonderausschuss für die Strafrechtsreform im November 1969 die generelle Prüfungszusage vom damaligen Bundesjustizminister Jahn. 1970 folgte die Zustimmung, dass die Notwendigkeit einer Reform der Vermögensdelikte geprüft werden solle. Im Verlaufe des folgenden Jahres kristallisierte sich für das Bundesministerium der Justiz (BMJ) ein umfangreiches Reformerfordernis heraus.[3] Allerdings stand dem BMJ kaum verwertbares Material zur Verfügung, da das Phänomen der Wirtschaftskriminalität nach eigenen Angaben Jahrzehnte lang vernachlässigt worden war.[4] Aus diesem Grunde wurde 1972 eine Sachverständigenkommission einberufen, die eine objektive Einschätzung vornehmen und Lösungsvorschläge entwickeln sollte.[5] Angesichts der fehlenden Rechtstatsachenkenntnis wurde von Beginn an kein umfassendes Gesetzgebungsvorhaben in Erwägung gezogen, da dieses in absehbarer Zeit nicht realisierbar schien. Es fehlte an den erforderlichen Vorarbeiten. Darum hatten die Sachverständigen zunächst die Aufgabe, anhand des erfassten kriminogenen Verhaltens zu prüfen, welche Schwierigkeiten bei der Rechtsanwendung in der Praxis auftraten und wie diese behoben werden können.[6] Acht Jahre nach der Einberufung der Sachverständigenkommission lag ihr Schlussbericht vor.[7]

---

1 *Sieber* in: Tauss / Kollbeck / Mönikes, S. 609.

2 *Sieber*, CR 1995, 100, 100.

3 *Möhrenschlager*, wistra 1986, 123, 124.

4 *Vogel*, Vorwort des Schlussberichts der SVK, S. 3; Entsprechender Nachholbedarf wurde bereits auf dem 49. DJT 1972 attestiert, vgl. *Tiedemann*, Gutachten zum 49. DJT, C 24.

5 Schlussbericht der SVK, S. 3, S. 21. Die Sachverständigenkommission konstituierte sich am 25.7.1972, *Möhrenschlager*, wistra 1986, 123, 124.

6 Schlussbericht der SVK, S. 21; *Möhrenschlager*, wistra 1986, 123, 124; Schlussbericht der SVK, S. 26.

7 *Vogel*, Vorwort des Schlussberichts der SVK, S. 3.

https://doi.org/10.1515/9783110623031-005

I. Erste Einschätzungsergebnisse des Bundesministeriums der Justiz

Aus Anlass einer Kleinen Anfrage von Abgeordneten[8] hatte die Bundesregierung das BMJ schon vor der Vorlage des Schlussberichts um eine Stellungnahme zum gegenwärtigen Bedrohungspotential und der Erfassung durch das geltende Strafrecht gebeten.[9] Sich auf diese Antwort[10] stützend, betonte die Regierung, dass lediglich Einzelfälle bekannt seien,[11] ein Anstieg jedoch nicht ausgeschlossen werden könne. De lege lata werde nicht in allen Fallkonstellationen[12] Strafrechtsschutz gewährt.

Bezüglich des *Ausspähens von Daten* wurde auf die §§ 17f. UWG[13] und §§ 203f. StGB[14] verwiesen. Durch das Urhebergesetz würden Computerprogramme erfasst, sofern es sich hierbei um persönliche geistige Schöpfungen handelt.[15] Als nicht ausreichend erachtete das BMJ den Schutz personenbezogener Daten und kritisierte in diesem Zusammenhang das zersplitterte Daten-

8 Gestellt von den Abgeordneten Dürr, Prinz zu Sayn-Wittgenstein-Hohenstein, Kirst und Genossen, BT-Drs. 7/1949 v. 2.4.1974.

9 BT-Drs. 7/2067 v. 9.5.1974.

10 Die Antwort wurde vom BMJ unter Rücksprache mit dem BMI erstellt. Sie basierte auf Befragungen des Bundes- und der Landeskriminalämter, a.a.O., S. 1. Auf Unsicherheiten bei der Zuordnung der Delikte zum Bereich der Computerkriminalität wurde hingewiesen, ebd.

11 Geschildert wurden Fälle des Verfälschens von Daten, die sich hauptsächlich auf Verstöße im Bereich des Computerbetruges beschränkten, sowie Fälle der Computerspionage. Den Schwerpunkt bildete dabei die Übermittlung von Kalkulationsunterlagen und Abschlussberichten an Konkurrenzunternehmen. In zwei Fällen haben angestellte Programmierer Software unbefugt für die eigene Nutzung kopiert, a.a.O., S. 2f. Tathandlungen, die auf die Beeinträchtigung von Daten oder -systemen zielten, seien in Deutschland nicht zur Anzeige gelangt, a.a.O., S. 3.

12 Die nachfolgende Klassifizierung der Fallgruppen ist der Fragestellung in: BT-Drs. 7/1949 v. 2.4.1974 geschuldet.

13 UWG idF Art. 14 Zuständigkeitslockerungsgesetz v. 10.3.1975 in: BGBl. I Nr. 28 v. 15.3.1975, S. 688, ebenfalls angepasst durch Art. 4 des 2. WiKG in: BGBl. I Nr. 21 v. 23.5.1986, S. 726.

14 Die angegebenen Paragraphen entsprechen der Fassung des EGStGB in: BGBl. I Nr. 22 v. 9.3.1974, S. 469, vgl. *Vormbaum / Welp*, Das Strafgesetzbuch, Band 2: 1954–1974, S. 376, 377. Gleiches gilt für alle nachfolgenden Paragraphen, so weit nichts Anderes angegeben ist.

15 BT-Drs. 7/2067 v. 9.5.1974, S. 5. Eine bestätigende höchstrichterliche Entscheidung lag zum damaligen Zeitpunkt noch nicht vor. Dennoch verwies die Bundesregierung nur hinsichtlich § 49 Patentgesetz auf mögliche Subsumtionsschwierigkeiten bei Computerprogrammen, a.a.O., S. 5 m.w.N.

schutzrecht.[16] Allerdings solle diesem Umstand durch den eingebrachten Entwurf eines einheitlichen Bundesdatenschutzgesetzes[17] begegnet werden.[18]

Auf die Fallgruppe des „Verfälschen[s] von Daten, Datenbeständen oder Programmen“[19] sei § 303 anwendbar, wenn ein Datenträger betroffen ist. Die bloße Softwarebeeinträchtigung könne hingegen nicht als Sachbeschädigung klassifiziert werden.[20] Handele es sich um verfälschte technische Aufzeichnungen, komme §§ 268 und 274 in Betracht.[21] § 268 setzt hierfür das Vorliegen einer Täuschungsabsicht im Rechtsverkehr voraus,[22] § 274 eine Nachteilzufügungsabsicht.[23] Die bloße Eingabe inhaltlich falscher Daten werde nicht erfasst.[24]

Denkbar sei außerdem eine Subsumtion unter § 263. Allerdings wurde auf mögliche Anwendungsschwierigkeiten hingewiesen, die sich aus der vorausgesetzten Täuschung bzw. der darauf beruhenden Vermögensverfügung ergeben können.[25] Beim Vorliegen einer entsprechenden Vermögensbetreuungspflicht sei außerdem § 266 anwendbar.[26]

Grundsätzlich bejahte die Kommission auch die Anwendbarkeit des § 303 auf die Fallgruppe der „Beschädigung oder Vernichtung von Daten, Datenbeständen oder Programmen oder EDV-Anlagen“.[27]

Ebenfalls erörtert wurde die „unbefugte Nutzung von EDV-Anlagen“, welche bislang lediglich unter den Voraussetzungen des § 265a erfasst werden könne.[28] Dies setze voraus, dass die EDV-Anlage gegen Entgelt zur Verfügung gestellt werde und der Täter die konkrete Leistung nicht ordnungsgemäß erlangt habe.[29]

---

16 A.a.O., S. 6.

17 BT-Drs. 7/1027 v. 21.9.1973.

18 BT-Drs. 7/2067 v. 9.5.1974, S. 7.

19 A.a.O., S. 3.

20 Ebd.

21 A.a.O., S. 3, 4.

22 A.a.O., S. 4.

23 Ebd.

24 Die Sanktionierung der Eingabe falscher personenbezogener Daten werde bereits durch eine Reform mittels § 32 des Entwurfs des Bundesdatenschutzgesetzes angestrebt, Ebd. m.w.N.

25 Ebd.

26 Ebd.

27 A.a.O., S. 6.

28 A.a.O., S. 5.

29 A.a.O., S. 6.

Auf eine abschließende Stellungnahme zum Reformbedarf verzichtete die Bundesregierung unter Verweis auf die laufenden Vorarbeiten zum 2. WiKG durch die eingesetzte Sachverständigenkommission.[30]

II. Die Positionierung der Sachverständigenkommission

Die Unabhängigkeit der Kommission wurde von der Bundesregierung betont.[31] Ihre Objektivität sollte durch die Auswahl einer disziplinenübergreifenden, unabhängigen Sachverständigenkommission[32] gewährleistet werden.[33] Öffentliche und private Institutionen wurden hingegen von vornherein von der Diskussion ausgeschlossen.[34] Um eine zu starke strafrechtliche Gewichtung zu vermeiden und dem Prinzip der Subsidiarität zu genügen wurden außerdem 63 externe Sachverständige einbezogen.[35] Unter ihnen waren allerdings auch zwei Strafrechtler – *Lampe*[36] und *Sieber*,[37] die mit ihren Gutachten die systematische Analyse der gesetzgeberischen Möglichkeiten zur Bekämpfung von Wirtschaftskriminalität unterstützen sollten.[38] Angestrebt wurde eine Balance zwischen der notwendigen Kriminalitätsverfolgung einerseits und wirtschaftlicher Betätigungsfreiheit andererseits.[39]

Erste Schwierigkeiten zeigten sich bereits bei der Konturierung des Begriffs Computerkriminalität. Nach *Lampe*

> „[…] ist ebenso sicher, daß – negativ – der Begriff nicht ‘wörtlich’ zu nehmen ist, wie unsicher, was – positiv – darunter eigentlich zu verstehen ist. [Insofern ist die Computer-Kriminalität ein legitimer Teil der Wirtschaftskriminalität, bei der auch niemand so ganz genau weiß, wo ihre Grenzen liegen!].“[40]

---

30 BT-Drs. 7/2067 v. 9.5.1974, S. 6.

31 Schlussbericht der SVK, S. 23; *Achenbach* in: FS Tiedemann, S. 50.

32 Ebd.

33 *Vogel* in: Vorwort des Schlussberichts der SVK, S. 3.

34 Schlussbericht der SVK, S. 23.

35 A.a.O., S. 23, 27. Politisch schien lediglich eine nicht ganz so augenscheinliche strafrechtliche Ausrichtung bezweckt, vgl. *Achenbach* in: FS Tiedemann, S. 50, 58.

36 *Lampe* selbst vermutete, dass seine Beauftragung keineswegs zufällig war, denn sein grundsätzlicher Standpunkt zur Thematik war durch seine Veröffentlichungen (*Lampe*, DSWR 1974, S. 242–244; *Ders.*, GA 1975, S. 1–23), bereits bekannt, *Ders.*, Referat 1976, 12. Arbeitstagung der SVK, S. 1.

37 Schlussbericht der SVK, S. 223.

38 A.a.O., S. 24.

39 *Vogel* in: Vorwort des Schlussberichts der SVK, S. 3.

40 *Lampe*, Referat 1976, 12. Arbeitstagung der SVK, S. 3.

Die Strafrechtskommission einigte sich schließlich dennoch auf folgende Definitionsvorstellung.[41] Danach zählen zur Computerkriminalität:

> „alle vorsätzlichen Vermögensverletzungen, die in einem Zusammenhang mit den Daten einer Datenverarbeitungsanlage[42] stehen; dabei kommen als Tatmodalitäten im einzelnen das Manipulieren von Daten [Eingabe falscher Daten, Verändern von Daten], das unberechtigte Erlangen und Verwerten von Daten [Computerspionage], das unberechtigte Benutzen der Datenverarbeitungsanlage [Gebrauchs- oder Zeitdiebstahl] sowie das Zerstören von Daten [Computersabotage] in Betracht.“[43]

Im Vordergrund stand damit zunächst der Vermögensschutz.[44] So verstanden, müssten die Computerdelikte systematisch als besondere Vermögensdelikte eingeordnet werden. Da diese Zuordnung aber nur bedingt für eine Abgrenzung zu den klassischen Straftaten geeignet war, formulierte *Lampe* einen weiteren Definitionsansatz für die Computerkriminalität im engeren Sinne als

> „strafrechtliche Probleme, die erst durch die Existenz von Computern geschaffen werden.“[45]

Zunächst prüfte die Sachverständigenkommission, ob dieser neuen Kriminalitätsform auch mit präventiven Mitteln effektiv begegnet werden kann. Erwogen wurde die verpflichtende Einführung von Sicherheitsmaßnahmen im EDV-Bereich, sei es in technischer oder personell-organisatorischer Hinsicht.[46] An ihrer grundsätzlichen Geeignetheit für die Kriminalitätsverhütung bestanden keine Zweifel. Auch die Ausweitung von Schadensersatz- oder Unterlas-

---

41 *Sieber*, Referat 1976, 12. Arbeitstagung der SVK, S. 7; Für eine Begriffsbestimmung entsprechend der Sach- und Wertaspekte sprach sich auch *Lampe* in GA 1975, 1, 1 aus. Allerdings fasste Lampe die Teilbereiche, den vier Bewertungsmaßstäben folgend, als Fälschungen, Ausspähen, Sabotageakte und unbefugten Gebrauch zusammen.

42 Unter dem Begriff der Datenverarbeitung sollen: alle „Anlagen (Anordnungen von Geräten) erfaßt werden, die durch Aufnahme von Daten und ihre Verknüpfung nach Programmen Arbeitsergebnisse liefern“, Empfehlung 7, 12. Arbeitstagung der SVK, S. 73; 108 mit Abstimmungsergebnis 11:0:0; Kommissionsempfehlung zu 3.7, Schlussbericht der SVK, S. 153. Unklar war noch, ob dies auch als Legaldefinition in das Gesetz Eingang finden solle.

43 Schlussbericht der SVK, S. 152. Der Begriff deckt sich damit inhaltlich mit der von *Sieber* vorgeschlagenen Definition in *Ders.*, Referat 1976, 12. Arbeitstagung der SVK, S. 7.

44 So auch der Schlussbericht der SVK, S. 151. Beharrlich auf den Vermögensschutz als maßgebliches Rechtsgut in den neu gefassten Tatbeständen verweisend v.a. *Haft*, NStZ 1987, 6, 9f. Zustimmend: *Grosch / Liebl*, CR 1988, 567, 573.

45 *Lampe*, Referat 1976, 12. Arbeitstagung der SVK, S. 4.

46 An der grundsätzlichen Geeignetheit bestanden keine Zweifel, allerdings wurden diese nicht als ausreichend empfunden (12. Arbeitstagung der SVK, S. 60, 61; Beschluss mit 11:0:0 Stimmen, a.a.O., S. 62; Kommissionsempfehlung unter 3.1 in Schlussbericht der SVK, S. 153).

sensansprüchen wurde diskutiert.[47] Schließlich sprach sich die Kommission jedoch gegen Maßnahmen auf zivilrechtlicher Ebene aus. Die soziale Marktordnung dürfe nicht zu stark reglementiert werden, um ihre wesenseigene Freiheit nicht zu konterkarieren. Das Hauptargument für diese Entscheidung stützte sich damit auf die Unverhältnismäßigkeit dieser Maßnahmen für alle potentiell betroffenen Unternehmen,[48] da diese einen „gravierenden Eingriff in die betriebliche Organisationsfreiheit"[49] darstellen.

Erwogen wurde außerdem eine außerstrafrechtliche Regelung im Grenzbereich zum Verwaltungsrecht, um mit einer Geldbuße statt einer Geld- oder Freiheitsstrafe auf die neuartigen Missbräuche reagieren zu können. Unter Verweis auf die Sozialschädlichkeit und die Strafwürdigkeit von Computermissbräuchen[50] blieb eine Kodifizierung im Ordnungswidrigkeitenrecht jedoch versagt. Das erklärte Ziel der Schaffung einer Balance zwischen der notwendigen Kriminalitätsverfolgung und der wirtschaftlichen Betätigungsfreiheit,[51] schien zum Schutz der wirtschaftlichen Betätigungsfreiheit durch Kriminalitätsverfolgung umgedeutet.

Strafrechtliche Lösungsansätze seien auf dem Gebiet des Computerbetruges[52] und im Bereich des Urkundenstrafrechts[53] zu suchen.[54] Dabei seien die Tatbestände so zu formulieren, dass auch künftige, auf der technischen Weiterwicklung beruhende, neue Begehungsmöglichkeiten subsumierbar blieben.[55]

---

47 Eine sekundäre Belastung für die Unternehmen könnte sich aus der Beweislasttragung ergeben. An geeigneten Stellen könnte dies durch eine Beweislastumkehr oder zumindest einer erleichterten Beweisführungsmöglichkeit berücksichtigt werden. Als vorteilhaft erwiese sich hingegen die zugleich damit verbundene Möglichkeit der Schadenskompensation.

48 12. Arbeitstagung der SVK, S. 16.

49 Ebd.; So bereits *Sieber*, Referat 1976, 12. Arbeitstagung der SVK, S. 100; a.A.: *Achenbach*, NJW 1986, 1835, 1841; *Dannecker*, BB 1996, 1285, 1292, 1294.

50 12. Arbeitstagung der SVK, S. 16.

51 *Vogel* in: Vorwort des Schlussberichts der SVK, S. 3.

52 Empfehlung 3 und 4, 12. Arbeitstagung der SVK, S. 63f., S. 67 mit Beschluss von 11:0:0 Stimmen, S. 66; S. 107f.; Kommissionsempfehlungen zu 3.3. bis 3.6 im Schlussbericht der SVK, S. 153.

53 Bei den Urkundendelikten sollte die Lücke der visuellen Erkennbarkeit geschlossen werde, Schlussbericht der SVK, S. 152. Eine Subsumtion unter den Urkundenbegriff sei nicht möglich, da es an der Wahrnehmbarkeit fehlt und der Aussteller nicht erkennbar sei, Kommissionsempfehlung zu 3.10., Schlussbericht der SVK, S. 154.

54 A.a.O., S. 152.

55 Oder wie es *Lampe* ausdrückte: „strafrechtliche Strukturen, deren Auffüllung der Fantasie der Kriminellen noch vorbehalten bleibt", *Ders.*, Referat 1976, 12. Arbeitstagung der SVK, S. 4.

Für die Fälle der Computerspionage, Datenveränderung, Computersabotage und des Gebrauchs- bzw. Zeitdiebstahls erblickte die Strafrechtskommission hingegen keinen weiterreichenden Reformbedarf im Rahmen des 2. WiKG, obwohl die Ansichten hierzu divergierten.

1. Computerspionage

Lampe wies darauf hin, dass die Computerspionage gerade wegen ihrer technisch-phänomenologischen Besonderheiten eine der gefährlichsten Wirtschaftsdelikte darstelle.[56] Darüber hinaus traten diese Spionagefälle nach Sieber, anders als etwa die Computersabotage, in Deutschland relativ häufig auf.[57] Dennoch herrschte Uneinigkeit, ob diese neue Missbrauchsform computerspezifische Sonderprobleme für die Anwendbarkeit des geltenden Strafrechts mit sich bringe.[58]

Sieber verneinte einen bestehenden Reformbedarf, zumal §§ 93ff. StGB, 17ff. UWG und § 106ff. UrhG[59] bereits Anwendung fänden.[60]

Einschränkend rügte Lampe die damit verbundenen tatbestandlichen Grenzen. Von § 17 Abs. 1 UWG seien nur Spione erfasst, die im Angestelltenverhältnis ständen. Dies entsprach zwar der Haupttätergruppe,[61] führte allerdings auch zu einer zeitlichen Begrenzung auf die Dauer des Dienstverhältnisses, obwohl kein wesentlicher Unterschied zwischen dem Unwertgehalt etwaiger Missbräuche vor oder nach Beendigung erkennbar sei. Lampe rügte außerdem die Beschränkung auf Missbräuche zu Wettbewerbszwecken und das damit verbundene Ausscheiden ideologisch motiviert Handelnder.[62]

---

56 *Lampe*, Referat 1976, 12. Arbeitstagung der SVK, S. 27, so bereits: *Ders.*, GA 1975, 1, 19ff.

57 *Sieber*, Referat 1976, 12. Arbeitstagung der SVK, S. 90.

58 Bejahend, aber im Ergebnis den Reformbedarf ebenfalls verneinend: *Sieber*, Referat 1976, 12. Arbeitstagung der SVK, S. 95; a.A.: *Lampe*, Referat 1976, 12. Arbeitstagung der SVK, S. 28; *Ders.*, GA 1975, 1, 19f.

59 I.d.F. Art. 144 EGStGB v. 2.3.1974 in: BGBl. I Nr. 22 v. 9.3.1974, S. 575.

Eine Auseinandersetzung mit den von *Lampe* problematisierten Urheberrechtsschutz für Computerprogramme sowie deren Einbezug in den Gebrauchsmuster- oder Patentschutz, erfolgte nicht (vgl. *Ders.*, Referat 1976, 12. Arbeitstagung der SVK, S. 30; so bereits *Ders.*, GA 1975, 1, 20f.: zustimmend hinsichtlich des Urheberschutzes, aber die Anwendung des Gebrauchsmuster- oder Patentschutzes ablehnend).

60 *Sieber*, Referat 1976, 12. Arbeitstagung der SVK, S. 95.

61 A.a.O., S. 23.

62 *Lampe*, Referat 1976, 12. Arbeitstagung der SVK, S. 29f.; so bereits *Ders.*, GA 1975, 1, 20.

Hierzu verwies die Kommission auf die geplante Novellierung des § 17 UWG.[63] Darüber hinaus gewähre das Bundesdatenschutzgesetz einen hinreichenden Schutz[64] von personenbezogenen Daten, welches in einem gesonderten Gesetzgebungsverfahren novelliert werde. Reformbedarf für die Vorschriften des Strafgesetzbuches bestehe nicht. Die Beschlussempfehlung wurde einstimmig angenommen.[65]

2. Computersabotage

Die Computersabotage wurde von Sieber entsprechend der ursprünglichen Ausrichtung der Gesetzesvorhaben im Sinne des Vermögensschutzes definiert. Darunter sollten alle „mit dem Vorsatz der Vermögensschädigung vorgenommenen Fälle der Vernichtung von EDV-Daten" verstanden werden.[66] Nach Sieber zeigten sich bei der Computersabotage sowohl in phänomenologischer als auch in revisionsrechtlicher Hinsicht computerspezifische Besonderheiten.[67] Sie sei deshalb als gefährlicher einzustufen als die Betriebssabotage mit klassischen Mitteln.[68]

Die Besonderheiten beim Tatobjekt lägen in dem hohen Wert der betroffenen Programme und Daten sowie der Abhängigkeit der Wirtschaft vom Funktionieren der EDV-Systeme und der Verfügbarkeit der gespeicherten Informationen begründet.[69] Es herrschte Einigkeit, dass entsprechende Missbrauchshandlungen strafrechtlich zu ahnden seien und der damit verbundene Unwertgehalt durch den bisherigen Strafrahmen des § 303 nur unzureichend abgebildet werde.[70]

Während Sieber die Auffassung vertrat, dass die Fälle der Computersabotage trotz der computerspezifischen Besonderheiten bereits tatbestandlich erfasst

---

63 Empfehlung 20, 12. Arbeitstagung der SVK, S. 97, 98. Für Absatz 2 des § 17 UWG sprach die Kommission – wie von *Lampe* avisiert (*Ders.*, Referat 1976, 12. Arbeitstagung der SVK, S. 30) – eine Empfehlung zur Vorverlagerung der Strafbarkeit auf das bisher straflose Ausspähen von Geschäfts- und Betriebsgeheimnissen aus. Nach § 17 Abs. 2 UWG war bislang lediglich die Verwertung strafbar. Auf eine über die Verwertung hinausgehende Strafbarkeit der sich gegebenenfalls daran anschließenden Geheimnishehlerei wurde bewusst verzichtet, Empfehlung 3.10, Schlussbericht der SVK, S. 130.

64 Empfehlung 2, 12. Arbeitstagung der SVK, S. 62, 107; Kommissionsempfehlung 3.2 in: Schlussbericht der SVK, S. 153.

65 Empfehlung 20, 12. Arbeitstagung der SVK, S. 98 mit Beschluss von 11:0:0 Stimmen.

66 *Sieber*, Referat 1976, 12. Arbeitstagung der SVK, S. 83.

67 A.a.O., S. 88.

68 A.a.O., S. 85. So bereits Tiedemann, *Ders.*, Gutachten zum 49. DJT, C 30.

69 *Sieber*, Referat 1976, 12. Arbeitstagung der SVK, S. 85.

70 *Lenckner / Winkelbauer*, CR 1986, 483, 483f.

werden könnten,[71] entgegnete Lampe, dass nicht alle Fälle unter § 303 subsumierbar seien.[72] Es müsse vielmehr nach dem Angriffsobjekt differenziert werden. Angriffe auf die Hardware würden vom Sachbegriff erfasst, da gerade keine „unkörperliche" Daten betroffen seien. Anders verhalte es sich jedoch mit Eingriffen in die Software und die Daten,[73] weshalb nach Lampe eine eigenständige Kodifizierung erforderlich war.[74]

Die Schutzwürdigkeit begründete Lampe mit einer Parallelität zur Vernichtung menschlicher Informationen durch Gehirnwäsche[75] und damit als Annex zu den Körperverletzungsdelikten bzw. dem Sacheigentumsschutz. Der Strafrechtsschutz ende jedoch, sobald die Information an Eigenständigkeit gewinne und ihre Existenz nicht mehr von einem Sachgegenstand abhänge, sondern eher zufällig mit diesem verknüpft sei, wie im Speicher der EDV-Anlage.[76]

Der anzustrebende Schutz auf Hard- und Softwareebene[77] sollte nach Lampe allerdings nicht durch die Anpassung der Sachbeschädigungsdelikte erfolgen, sondern – so schon Lenckner[78] – durch einen allgemeinen Tatbestand zur Betriebssabotage.[79] Die strikte Anwendung des § 303 und damit ein Abstellen auf die Beeinträchtigung der Brauchbarkeit barg nach Lampe die Gefahr eines bedenklichen Perspektivwechsels. Statt auf den betroffenen Eigentümer abzustellen, würde der Tatbestand „zu einem Delikt gegen den Benutzer umgefälscht".[80] Darüber hinaus bezwecke der Saboteur lediglich mittelbar die Beeinträchtigung oder Zerstörung von Sacheigentum. Daher werde eine Erfassung durch § 303 dem eigentlichen Unrechtsgehalt nicht gerecht. Das eigentliche Ziel sei der eingerichtete und ausgeübte Gewerbebetrieb, welcher im zivilrechtlichen Bereich durch die Anwendung des § 823 Abs. 2 BGB bereits anerkannt sei.[81] Angesichts des erheblichen Schadens nicht nur

---

71 *Sieber*, Referat 1976, 12. Arbeitstagung der SVK, S. 89. *Sieber* bezog sich dabei auf das Löschen von Magnetbändern. Hiervon zu trennen sei die Frage nach der Einführung eines allgemeinen Straftatbestandes zur Erfassung der Betriebssabotage.

72 *Lampe*, Referat 1976, 12. Arbeitstagung der SVK, S. 7ff.; *Ders.*, GA 1975, 1, 16.

73 A.a.O., S. 18, 21.

74 Ebd.

75 A.a.O., S. 22.

76 A.a.O., S. 23. Als Vergleich führte *Lampe* das früher umstrittene Löschen eines Magnetbandes an, welches sich ebenfalls im Grenzbereich des Informations- bzw. Sachbeschädigungsschutzes befinde, ebd.

77 Ebd.

78 *Lenckner*, Computerkriminalität und Vermögensdelikte, S. 20, vgl. hierzu bereits § 179 AE von 1977.

79 *Lampe*, Referat 1976, 12. Arbeitstagung der SVK, S. 33.

80 A.a.O., S. 6.

81 A.a.O., S. 32; *Ders.*, GA 1975, 1, 22.

des Betriebs- sondern auch des volkswirtschaftlichen Vermögens, dürfte an der Strafwürdigkeit des auf diese Weise begangenen Unrechts kein Zweifel bestehen.[82]

Einen solchen allgemeinen Sabotageparagraphen, wie ihn Lampe forderte, sah das deutsche Strafrecht, anders als ausländische Rechtsordnungen, bislang nicht vor. Durch die Einführung von Sondertatbeständen beschränkte sich die Sanktionierung auf konkrete Einzelfälle, wozu die §§ 88, 109e, 316b, 317 gehörten.

Die Kommission entschied sich gegen diesen Vorschlag[83] und schloss sich stattdessen – korrespondierend mit der Stellungnahme auf die Kleine Anfrage vom 7. Mai 1974 – dem Gutachten Siebers[84] an. Der Strafrahmen des – ihrer Auffassung nach einschränkungslos anwendbaren – § 303 sei zu erhöhen, um den Unrechtsgehalt schwerwiegender Fälle zureichend erfassen zu können.[85] Im Übrigen wurde der bisherige strafrechtliche Schutz als ausreichend erachtet. Hierzu wurde auf den bestehenden Schutz der Daten im Rechts- und Beweisverkehr sowie auf die bereits erwähnten Spezialfälle hingewiesen.[86] Die Vollkommission schloss sich, wiederum ohne weitere Erörterung, dieser Empfehlung an.[87]

3. Zeitdiebstahl

Fälle unberechtigter Nutzung fremder Rechenkapazitäten, sog. Zeitdiebstähle,[88] seien als bloßer Unterfall des Gebrauchs von hochwertigen Wirtschaftsgütern zu klassifizieren, welche weder computerspezifische Probleme aufwürfen, noch dem Bereich der Wirtschaftskriminalität zuzuordnen seien. Dennoch sprach die Kommission eine Prüfungsempfehlung für die Schaffung eines „besonderen Straftatbestandes“[89] aus.[90]

---

82 *Lampe*, Referat 1976, a.a.O., S. 33. Lampe verwies damit die Überlegungen zum § 179 des Alternativ-Entwurfes von 1977, vgl. *Vormbaum / Rentrop*, Reform des Strafgesetzbuchs, Bd. 3, S. 439.

83 *Sieber*, Referat 1976, 12. Arbeitstagung der SVK, S. 89.

84 Ebd. Die Kommission ging davon aus, dass das Löschen und Verändern von Daten durch § 303 erfasst werde, ebd.

85 Empfehlung 19, 12. Arbeitstagung der SVK, S. 113, a.a.O; Kommissionsempfehlung zu 3.19, Schlussbericht der SVK, S. 155.

86 Ebd.

87 Empfehlung 19, 12. Arbeitstagung der SVK, S. 96f, mit Beschluss von 11:0:0 Stimmen, 97.

88 *Sieber*, Informationstechnologie und Strafrechtsreform, 1985, S. 18; *von zur Mühlen*, Computer-Kriminalität, S. 103.

89 Diese Formulierung sollte herausstellen, dass der Gebrauchsdiebstahl derzeit nicht straflos sei, aber beim Vorliegen weiterer Voraussetzungen (wie etwa des Betrugs) bereits strafbewehrt ist.

Lampe betonte das Näheverhältnis zu § 251 StGB-E 1962 über die Sachentziehung.[91] Auch der Gebrauch anderenfalls ungenutzt gebliebener Kapazitäten lasse die Strafwürdigkeit nicht entfallen, sondern führe lediglich zu einer stärkeren Verlagerung vergleichbar der Leistungserschleichung i.S.d. § 265a.[92]

Daten- und Programmträger seien bereits über das Gesetz gegen den unlauteren Wettbewerb und das Urhebergesetz hinreichend erfasst.[93]

Zusammenfassend ist daher festzuhalten, dass die Kommission das Phänomen der Computerkriminalität zwar (an)erkannte, einen umfassenden Reformbedarf für die Fälle der Computerspionage, Datenveränderung, Computersabotage und des Zeitdiebstahls mangels computerspezifischer Besonderheiten jedoch verneinte.

B) Gesetzgebungsverfahren zum 2. WiKG

Am 20. Oktober 1978 legte das BMJ einen ersten Referentenentwurf vor, dem noch zahlreiche überarbeitete Fassungen folgen sollten.[94] Inhaltlich entsprach der Entwurf auf dem Gebiet des Computerstrafrechts den dargestellten Empfehlungen. Anlass zu fortdauernden Streitigkeiten boten allerdings Tatbestände aus anderen Regelungsbereichen,[95] weshalb der modifizierte Entwurf[96] dem Bundesrat erst am 4. Juni 1982 und damit nach fast vier weiteren Jahren zugeleitet werden konnte.[97] Schließlich[98] brachte die sozial-liberale Regierung den

---

90 Empfehlung 21, 12. Arbeitstagung der SVK, S. 99 mit Beschluss von 11:0:0 Stimmen auf S. 100, 113, a.a.O; Schlussbericht der SVK, S. 156; so auch *Sieber*, Referat 1976, 12. Arbeitstagung der SVK, S. 9.

91 Vgl. § 257 StGB-E 1962, BT-Drs. 4/650 v. 4.10.1962, S. 53; *Vormbaum / Rentrop*, Reform des Strafgesetzbuchs, Bd. 3, S. 308.

92 *Lampe*, Referat 1976, 12. Arbeitstagung der SVK, S. 34.

93 Ebd.

94 *Möhrenschlager*, wistra 1986, 123, 125. Dieser wurde an die Landesjustizverwaltungen und die zuständigen Ressorts sowie an Institutionen und Verbände versandt.

95 Hierdurch wurde die Vorlage des Referentenentwurfes so stark verzögert, dass das BMJ zur Beschleunigung schließlich auf die Aufnahme der drei streitigen Tatbestände (Ausschreibungsbetrug als § 264a-E und die illegale Arbeitnehmerüberlassung als §§ 15, 16 Arbeitnehmerüberlassungsgesetz, vgl. Gesetzentwurf in: BT-Drs. 10/119 v. 8.6.1983) verzichtete.

96 Der überarbeitete Referentenentwurf fand schließlich unverändert Eingang in die Regierungsentwürfe: BT-Drs. 9/2008 v. 30.9.1982 als BT-Drs. 10/318 v. 26.8.1983.

97 *Möhrenschlager*, wistra 1986, 123, 125.

98 Am 5.7.1982 hatten der federführende Rechtsausschuss, der Ausschuss für Innere Angelegenheiten und der Wirtschaftsausschuss dem Bundesratsplenum empfohlen, sich der Vorlage anzuschließen, Anschlussempfehlung in BR-Drs. 219/1/82 v. 5.7.1982.

modifizierten Entwurf[99] am 30. September 1982 in den Bundestag ein und damit genau einen Tag vor dem konstruktiven Misstrauensvotum gegen Kanzler Helmut Schmidt (SPD).[100] Erstmals in der bundesdeutschen Geschichte entzog die Mehrheit des Bundestages dem Regierungschef das Vertrauen. Wegen der verkürzten Wahlperiode erfolgte keine Beratung mehr.[101]

Am 8. April 1983 – und damit kurz nach der Konstituierung des neuen Bundestages – wurde der ursprüngliche Regierungsentwurf in unveränderter Fassung[102] vorgelegt[103] und im August in den Bundestag eingebracht.[104] Da dieser Entwurf aber von einigen Stimmen als unvollständig empfunden wurde, folgten weitere Fassungen. Der Entwurf der Landesregierung Hessens[105] scheiterte bereits im Juli.[106] Am 8. Juni 1983 brachten außerdem einzelne Abgeordnete und die Fraktion der SPD einen Gesetzesentwurf ein.[107]

Die Beratung[108] des „modernsten Teil(s)"[109] des Gesetzesvorhabens beschränkte sich auf die bekannten Novellierungsvorschläge.[110] Eine intensive Auseinandersetzung mit dem neuartigen Phänomen der Computerkriminalität und

---

Der darauf beruhende Beschluss zu BR-Drs. 219/82 v. 4.6.1982, wurde am 16.7.1982 gefasst, BR, stenograph. Bericht, 514. Sitzung v. 16.7.1982, S. 294A.

99 BT-Drs. 9/2008 v. 30.9.1982.

100 *Achenbach*, NJW 1986, 1835, 1835f.; BT, stenograph. Bericht, 118. Sitzung v. 1.10.1982, S. 7201.

101 Der Gesetzesentwurf verfiel gem. § 125 GO BT der Diskontinuität. Alle bis dahin eingebrachten Vorlagen galten damit als erledigt.

102 Vgl. Gesetzesentwurf i.d.F.: BR-Drs. 219/82 v. 4.6.1982.

103 BR-Drs. 150/83 v. 8.4.1983. Der Bundesrat bestätigte seinen früheren Beschluss, BR, stenograph. Bericht, 521. Sitzung v. 29.4.1983, S. 111C; BR-Drs. 150/83 (Beschluss) v. 29.4.1983.

104 Der erneut eingebrachten Gesetzesentwurf vom 26.8.1983 als BT-Drs. 10/318 entspricht dem Gesetzesentwurf in der Fassung der BR-Drs. 219/82 vom 4.6.1982.

105 BR-Drs. 215/83 v. 13.5.1983.

106 BT, stenograph. Bericht, 201. Sitzung v. 27.2.1986, S. 15433D–15445A.

107 BT-Drs. 10/119 v. 8.6.1983. Der Entwurf enthielt keine abweichenden Änderungsvorschläge zur Sanktionierung der Computerkriminalität. Die nachfolgende Diskussion konzentrierte sich dementsprechend auf die vorgeschlagene Einführung der Tatbestände zur Arbeitnehmerüberlassung und des Ausschreibungsbetruges, vgl. Empfehlung des Rechtsausschusses in: BR-Drs. 215/1/83 v. 20.6.1983, S. 1–8; Anträge der Freien und Hansestadt Hamburg v. 30.6.1983 in BR-Drs. 215/2/83; BR-Drs. 215/3/83; BR-Drs. 215/4/83.

108 Die erste Beratung schloss sich am 29.9.1983 an, *Schmidt* (SPD) in: BT, stenograph. Bericht, 25. Sitzung des Rechtsausschusses v. 29.9.1983, S. 1665B.

109 *Engelhard*, Bundesminister der Justiz, a.a.O., S. 1668B.

110 Diskutiert wurden der Computerbetrug und eine Reform des Urkundenstrafrechts, vgl. *Schmidt*, a.a.O., S. 1665B; *Engelhard*, a.a.O., S. 1668B–C.

seiner strafrechtlichen Erfassung entspann sich erst in der 26. Sitzung des Rechtsausschusses vom 6. Juni 1984.[111]

I. Beratungsergebnisse des Rechtsausschusses vom 6. Juni 1984

Die Beratungsergebnisse des Rechtsausschusses beruhten auf achtzehn schriftlichen und sieben mündlichen Stellungnahmen der geladenen Gutachter als Anhörpersonen.[112] Eine umfassende Analyse ist angesichts des erstmaligen Einbringens des Gesetzesentwurfes 1976 – und damit vor immerhin acht Jahren – angezeigt.

1. Phänomenologische Besonderheiten der Computerkriminalität

In dieser Zeit hatte sich auch das Begriffsverständnis zur Computerkriminalität gewandelt, wonach nunmehr „alle gesetzwidrigen, ethisch verwerflichen oder unerlaubten Verhaltensweisen, die automatische Datenverarbeitungs- oder Datenübertragungssysteme berühren“[113] umfasst werden sollen. Im Unterschied zum Schlussbericht der Sachverständigenkommission wurde damit auf das Vorliegen einer erstrebten rechtswidrigen Vermögensverletzung[114] verzichtet.

Den Anlass für diese begriffliche Neujustierung bildete der Definitionsansatz der OECD,[115] der im Mai 1983 als Arbeitsgrundlage entwickelt worden war.[116]

---

111 Nach der Ausschussüberweisung (BT, stenograph. Bericht, 25. Sitzung des Rechtsausschusses v. 29.9.1983, S. 1674D) wurde die Debatte zur Computerkriminalität im federführenden Rechtsausschuss in der 14. Sitzung v. 25.1.1984 aufgegriffen, in der erste Überlegungen zur Ausdehnung des Computerstrafrechts geäußert wurden, BT, stenograph. Protokoll, 14. Sitzung des Rechtsausschusses v. 25.1.1984, S. 14. Zunächst stand weiter die Debatte um die Einführung der Tatbestände zum Ausschreibungsbetrug und der illegalen Überlassung von Leiharbeitern im Mittelpunkt. Hierzu wurde die Durchführung eines Hearings beschlossen, BT, stenograph. Protokoll, 16. Sitzung des Rechtsausschusses v. 22.2.1984, S. 16. Auf Antrag Kleinerts sollte außerdem ein Hearing zum Computerbetrug durchgeführt werden, BT, stenograph. Protokoll, 17. Sitzung des Rechtsausschusses v. 14.3.1984, S. 17. Dieses wurde für den 6.6.1984 anberaumt, a.a.O., S. 17; BT, stenograph. Protokoll, 26. Sitzung des Rechtsausschusses v. 6.6.1984, S. 26/V, S. 163ff., und bildete den Anstoß für eine umfassende Begutachtung der gesamten Computerkriminalität.

112 BT, stenograph. Protokoll, 26. Sitzung des Rechtsausschusses v. 6.6.1984, S. XII, XIII; S. 163ff.

113 *Sieber*, Stellungnahme v. 6.6.1984 zum 2. WiKG, S. 7 als Anlage, a.a.O., S. 243.

114 So noch: Schlussbericht der SVK, S. 152; *Sieber*, Referat 1976, 12. Arbeitstagung der SVK, S. 7, 83, 89/90; *Steinke*, NStZ 1984, 295, 295; a.A.: *Lenckner*, Computerkriminalität und Vermögensdelikte, S. 13.

115 „computer abuse is considered as any illegal, unethical or unauthorized behaviour relating to the automatic processing and the transmission of data“, OECD, Computer-related crime, S. 4.

Computerbezogene Vermögensdelikte stellten danach lediglich eine Hauptgruppe dar, auch wenn ihr die Einordnung als Computerkriminalität im engeren Sinne zugedacht wurde.[117] Daneben erfasste die zweite Gruppe computerbezogene Delikte gegen Persönlichkeitsrechte, und die dritte Gruppe Tathandlungen gegen überindividuelle oder soziale Rechtsgüter.[118] Die weitere Unterteilung der ersten vermögensbezogenen Hauptgruppe in vier Unterkategorien – Manipulation, Sabotage, Spionage und Zeitdiebstahl – wurde beibehalten.[119] Dieser Kategorisierung folgte auch das Bayrische Landeskriminalamt in seinem Gutachten.[120] Mohr wählte hingegen einen stärker kasuistisch anmutenden Definitionsansatz.[121] Den darin erfassten Tathandlungen war gemein, dass sie sich gegen vier neuartige Angriffsobjekte richten konnten – Hardware, Programme, Daten und Anwendungsvorgänge.[122] Sie zeichneten sich, vergleichbar der (übrigen) Wirtschaftskriminalität, durch gewaltlose Handlungen aus und wurden vor allem mit dem Missbrauch von Vertrauensverhältnissen in Verbindung gebracht, die gebotene Chancen des Rechts- und Wirtschaftslebens illegal ausnutzen.[123]

Durch den Einsatz der Datenverarbeitung wurden notwendige Arbeitsschritte automatisiert. Dies beschleunigte zwar den Vorgang, barg aber zugleich den Nachteil, dass die einzelnen Arbeitsschritte nicht mehr ohne weiteres sichtbar waren, sondern lediglich ihre Resultate, was die Nachvollziehbarkeit und damit auch die Entdeckung von Unregelmäßigkeiten erschwerte. Als gefahrbegründende Faktoren erwiesen sich die Konzentration der Daten, ihre permanente Verfügbarkeit und erleichterte Auffindbarkeit, ihre Kombinationsmöglichkeit sowie die wachsenden Zugriffsmöglichkeiten.[124] Durch die Vernachlässigung

---

116 Die OECD betonte allerdings, dass es sich ausschließlich um eine Arbeitsdefinition handele und sprach ihr damit von vornherein einen verbindlichen Charakter ab: „It was clear that there was no point in aiming at a more precise definition of computer-related crime acceptable for each Member country […]“, a.a.O., S. 7f. m.V.a. verschiedene Definitionsansätze in den Mitgliedsstaaten, a.a.O., S. 8.

117 *Sieber*, Stellungnahme v. 6.6.1984 zum 2. WiKG, S. 8 als Anlage zu BT, Rechtsausschuss, 26. Protokoll v. 6.6.1984, S. 244.

118 Ebd.

119 Ebd. in Übereinstimmung mit *Sieber*, Referat 1976, 12. Arbeitstagung der SVK, S. 7.

120 Bayerisches Landeskriminalamt, Gutachten, S. 3 als Anlage zum stenograph. Protokoll, 26. Sitzung des Rechtsausschusses v. 6.6.1984, S. 53; *Paul*, Anhörung in: BT, stenograph. Protokoll, 26. Sitzung des Rechtsausschusses v. 6.6.1984, S. 178.

121 *Mohr*, Anhörung, a.a.O., S. 179.

122 Ebd.

123 Ebd; Hermes Kreditversicherungs-AG, Information Nr. 55 als Anlage, a.a.O., S. 174.

124 *Dies.*, Information Nr. 22, als Anlage, a.a.O., S. 164.

entsprechender Schutzmaßnahmen wurde der ohnehin erleichterte Zugriff begünstigt. Die Zunahme der Tatgelegenheiten durch die eingesetzten, leichter zu bedienenden Programme und die Verbreitung von sog. Minicomputern wurde prognostiziert.[125] Eine solche Entwicklung hatte sich unterdessen in den USA bereits vollzogen. Mit zunehmender Verbreitung habe sich dort die Anzahl der Missbrauchsfälle erhöht.[126]

Ebenfalls als kennzeichnend erwies sich die Schadenshöhe. Diese lagen der Hermes Kreditversicherungs-AG zu Folge im Einzelfall bei bis zu 1 Million DM.[127] Auffällig waren außerdem die mitunter stark variierenden Aufklärungszahlen. Danach konnten Missbrauchsfälle mit Schäden von bis zu 10 000 DM nur in 50% der Fälle aufgeklärt werden, bei Missbräuchen mit Schadenshöhen zwischen 500.000 DM bis zu 1 Million blieb hingegen nur ein einziger Fall ungeklärt.[128]

Aus Sicht des Bayrischen Landeskriminalamtes resultierten die Schwierigkeiten bei der Strafverfolgung vor allem aus der eigenen mangelnden Leistungsfähigkeit, der schwierigen Beweissicherung, der oftmals fehlenden Kenntnis vom schädigenden Ereignis beim Opfer selbst oder dessen Neigung, diese Verhaltensweisen als nicht strafbar zu qualifizieren, sowie dem Empfinden, der Schaden sei ohnehin nicht reparabel und seiner Angst vor Ansehensverlust.[129] Auch die Resignation der Opfer angesichts der unzureichenden Rechtslage spiele, so Sieber, eine entscheidende Rolle.[130]

Insgesamt wurden 80% der Taten von angestellten Mitarbeitern begangen.[131] Sie stellten damit das größte Risiko dar. Der durchschnittliche Täter war damit zumeist im betriebsinternen Umfeld zu suchen. Hierbei handelte es sich vorwiegend um Angestellte in nicht leitender Funktion. Missbrauchsfälle bei Angestellten mit vermögensverfügender, leitender Funktion waren nur zu beobachten, wenn das Entdeckungsrisiko, bei gleichzeitig hohem zu erwarten-

---

125 Ebd.

126 Ebd.

127 *Dies.*, Information Nr. 82, als Anlage, a.a.O., S. 170.

128 Ebd.

129 Bayerisches Landeskriminalamt, Gutachten, S. 3ff. als Anlage, a.a.O., S. 53ff.; *Paul*, Anhörung, a.a.O., S. 178.

130 *Sieber*, Stellungnahme v. 6.6.1984 zum 2. WiKG, S. 9 als Anlage a.a.O., S. 245; bestätigt in: Anhörung, a.a.O., S. 172.

131 Hermes Kreditversicherungs-AG, Information Nr. 22 als Anlage, a.a.O., S. 165; Dies., Information Nr. 75, als Anlage, a.a.O., S. 167; Dies., Information Nr. 82 als Anlage, a.a.O., S. 170, Bayerisches Landeskriminalamt, Gutachten, S. 2 als Anlage, a.a.O., S. 53.

dem Ertrag, als gering eingestuft wurde. Die Schadenssummen bewegten sich meist im sechsstelligen Bereich.[132]

Hinsichtlich der zugrundeliegenden Motivationen teilte die Hermes Kreditversicherungs-AG die Täter mit Verweis auf H. F. Sherwood in 5 Kategorien ein, der politisch motivierte Täter, der verärgerte oder unglückliche Angestellte, der allgemein Kriminelle, der finanziell Motivierten und der intellektuell Stimulierte.[133] Nicht der unbestechliche Computer stellte das primäre Risiko dar, sondern der ihn – bedienende – Mensch.[134]

2. Entwicklungstendenzen

Der größte Anteil der verfolgten Fälle entfiel weiter auf *Computermanipulationen.*[135] Allerdings habe sich diese Kriminalitätsform inzwischen auf weitere Bereiche des täglichen Lebens ausgedehnt.[136] Neben den inzwischen fast klassischen Missbrauchsformen, wie die Vornahme von Überweisungen fremden Giralgelds auf das eigene Konto,[137] dienten nun auch die eingeführten Geldautomaten, maschinenlesbare Kreditkarten oder das Bildschirmtextverfahren der Bundespost als neue Betätigungsfelder.[138] Mit einem weiteren Bedeutungszuwachs sei zu rechnen.[139] Verlässliche Schätzungen der Schadenshöhe seien nicht möglich, da die EDV-basierten Schäden unter dem Begriff der Wirtschaftskriminalität geführt würden, der weit über den relevanten Teil hinausgehe. Außerdem sei auch in diesem Bereich von einer relativ hohen Dunkelziffer auszugehen.[140] Auch wenn bislang aufsehenerregende Freisprüche hätten

---

132 *Brentrup*, Anhörung, a.a.O., S. 186.

133 Hermes Kreditversicherungs-AG, Information Nr. 22, als Anlage, a.a.O., S. 165.

134 Dies., als Anlage, a.a.O., S. 166.

135 So bereits 1976: *Sieber*, Referat 1976, 12. Arbeitstagung der SVK, S. 9, 27; *Ders.*, Stellungnahme v. 6.6.1984 zum 2. WiKG, S. 8 als Anlage zu BT, Rechtsausschuss, 26. Protokoll v. 6.6.1984, S. 244. Benannt werden Fälle der Gehaltsverdoppelungen, Kontenmanipulationen in Bankcomputern, Löschung von Forderungen oder betrügerische Manipulation im Bereich staatlicher Sozialprogramme; bestätigt in: *Ders.*, Anhörung, a.a.O., S. 172. Ebenfalls erwähnt wird das Ausstellen von Versicherungspolicen für fiktive Personen, um Provisionen beanspruchen zu können, Manipulationen von Umsatzzahlen, um den Eindruck der Kreditwürdigkeit zu erwecken, *Brentrup*, Anhörung, a.a.O., S.186f.; Hermes Kreditversicherungs-AG, Information Nr. 75, als Anlage, a.a.O., S. 167, 168.

136 *Brentrup*, Anhörung, a.a.O., S.187.

137 Vgl. Fallsammlung für die Computer-Missbrauchs-Versicherung, Hermes Kreditversicherungs-AG, Information Nr. 33 als Anlage, a.a.O., S. 161.

138 Sieber, Stellungnahme v. 6.6.1984 zum 2. WiKG, S. 9 in Anlage, a.a.O., S. 245, bestätigt in Anhörung, a.a.O., S. 172.

139 Ebd.

140 *Brentrup*, Anhörung, a.a.O., S. 187.

vermieden werden können, sei dies häufig nur unter extensiver – mitunter rechtsstaatlich bedenklicher – Aus- bzw. Überdehnung des Untreuetatbestandes gelungen.[141] Haft und Lehnhoff erkannten den Reformbedarf ebenfalls, kritisierten aber den hierfür gewählten Weg.[142]

Die *Computerspionage* und der Softwarediebstahl haben sich, so Sieber, zur größten Bedrohung in der Wirtschaftspraxis entwickelt.[143] Die jährlichen Investitionskosten für neue Software von durchschnittlich fünf bis zehn Milliarden DM lassen den drohenden Schaden bei einer erfolgreichen Spionage erahnen.[144] Auch die Gefahr, die von internationaler Spionagetätigkeit ausgeht, sei nicht zu unterschätzen.[145]

Ebenfalls hervorgehoben wurde das Phänomen des sog. *Hacking*. Durch die „Datenfernverarbeitung" hatte sich das „unberechtigte Eindringen" in fremde Computersysteme in den USA bereits stärker verbreitet. In Deutschland wurden derartige Missbräuche nur in geringerem Umfang beobachtet.[146] Sieber, Oertel und Lehnhoff wiesen in diesem Zusammenhang vor allem auf die Missbräuche des Bildschirmtextverfahrens hin, welches seit den ersten Feldversuchen 1982/1983 wiederholt illegitim genutzt worden war.[147]

---

141 *Sieber*, Stellungnahme v. 6.6.1984 zum 2. WiKG, S. 9 in Anlage, a.a.O., S. 205, bestätigt in Anhörung, a.a.O., S. 256.

142 *Haft*, Gutachten, S. 1ff. als Anlage, a.a.O., S. 201ff.; *Lehnhoff*, Anhörung, a.a.O., S. 184ff.

143 *Sieber*, Stellungnahme v. 6.6.1984 zum 2. WiKG, S. 9 in Anlage, a.a.O., S. 245, bestätigt in Anhörung, a.a.O., S. 172. Nach *Sieber* traten diese Delikte bereits 1976 relativ häufig in Deutschland auf, *Ders.*, Referat 1976, 12. Arbeitstagung der SVK, S. 90.

144 *Ders.*, Stellungnahme v. 6.6.1984 zum 2. WiKG, S. 9 in Anlage, a.a.O., S. 245, bestätigt in Anhörung, BT, Rechtsausschuss, 26. Protokoll v. 6.6.1984, S. 172.

145 In diesem Zusammenhang verwies *Sieber* auf die Spionageaktivitäten der DDR. In Ost-Berlin habe es bereits seit 1974 einen langfristigen Plan zur Datenverarbeitungsspionage gegeben haben, *Ders.*, Stellungnahme v. 6.6.1984 zum 2. WiKG, S. 5 in Anlage, a.a.O., S. 241. Bestätigend: *Grosch / Liebl*, CR 1988, 567, 567.

146 *Sieber*, Stellungnahme v. 6.6.1984 zum 2. WiKG, S. 10 in Anlage, BT, Rechtsausschuss, 26. Protokoll v. 6.6.1984, S. 246.

147 *Ders.*, Stellungnahme a.a.O., S. 11 in Anlage, a.a.O., S. 247; *Ders.*, Anhörung, a.a.O., S. 173; *Oertel*, Anhörung, a.a.O., S. 181; *Lehnhoff*, Anhörung, a.a.O., S. 186. Zum Teil wurden gebührenpflichtige Seiten auf fremde Rechnung abgerufen, sei es um eigene Aufwendungen zu sparen, jemanden zu schädigen oder sich selbst durch die stärker frequentierte Seite zu bereichern, a.a.O., S. 173; *Sieber*, Stellungnahme a.a.O., S. 11 in Anlage, a.a.O., S. 247. Hierfür wurden sog. Datenfallen genutzt, um z.B. das Passwort eines anderen Nutzers abzuändern. Eine Verurteilung scheiterte jedoch häufig am fehlenden Täternachweis (z.T. auch durch die unzureichende Mitarbeit der Bundespost) bzw. an der geltenden Rechtslage. Zum Teil wurden die Strafverfahren auch wegen geringer Schuld gem. § 45 Abs. 1 Nr. 2 JGG a.F. eingestellt, ebd.

Bezüglich der *Computersabotage* hatte Sieber zwar bekräftigt, dass diese computerspezifische Besonderheiten aufweist.[148] Dennoch verneinten sowohl Sieber als auch die Kommission einen entsprechenden Reformbedarf, da diese Fälle vom geltenden Strafrecht ausreichend umfasst seien.[149] Die computerspezifischen Besonderheiten inzwischen zwar verneinend, sprach sich Sieber nun jedoch für eine Novellierung aus.[150] Dies sei vor allem wegen des Bedeutungsgewinns in den letzten acht Jahren notwendig geworden. Während Sieber 1976 auf einen in Deutschland bekannt gewordenen Fall verwiesen hatte,[151] machte diese Missbrauchsform in den USA bereits einen Anteil von 18% aller gemeldeten Computerkriminalitätsfälle aus.[152] Geprägt war die Tatausführung nach Sieber und Mohr zumeist von ideologischen Handlungsmotiven.[153]

Auch bezüglich des *Zeitdiebstahls* verwies Sieber auf einen Anstieg der Delikte.[154] Den Grund hierfür bilde die zunehmende Verbreitung finanziell erschwingbarer Terminals auf dem Markt.[155]

Während Haft die „quantitative Bedeutungslosigkeit"[156] der Computerkriminalität hervorhob, verwies Sieber resümierend – wie schon 1976 – auf die ambivalente Seite des technischen Fortschritts und damit auf einen zu erwartenden Anstieg der Deliktshäufigkeit in allen Bereichen der Computerkriminalität. Die Hauptursachen für diese dynamische Entwicklung liege in der zunehmenden Verbreitung der Technologie.[157] Die sog. Heim-Computer und neue Anwen-

---

148 *Sieber*, Referat 1976, 12. Arbeitstagung der SVK, S. 88.

149 A.a.O., S. 89.

150 *Sieber*, Stellungnahme v. 6.6.1984 zum 2. WiKG, S. 37 als Anlage zu BT, Rechtsausschuss, 26. Protokoll v. 6.6.1984, S. 273; *Ders.* bestätigend in: Anhörung, a.a.O., S. 190.

151 *Sieber*, Referat 1976, 12. Arbeitstagung der SVK, S. 83 m.V.a. *Ders.*, Computerkriminalität und Strafrecht, Kap. 2.2.3 II.

152 *Sieber*, Referat 1976, ebd. m.w.N. Als Grund hierfür vermutete *Sieber* die politische und soziale Verschiedenartigkeit beider Systeme.

153 Zu den häufigsten Motiven gehöre der Angriff auf EDV-Anlagen wegen ihrer vermeintlichen Symbolik für staatliche Überwachung, die Rachsucht verärgerter Arbeitnehmer oder solcher, die um ihren Arbeitsplatz fürchten, *Mohr*, Anhörung, stenograph. Protokoll, 26. Sitzung des Rechtsausschusses v. 6.6.1984, S. 179; *Sieber*, Stellungnahme v. 6.6.1984 zum 2. WiKG, S. 9 in: Anlage, a.a.O., S. 245; bestätigt in: Anhörung, a.a.O., S. 172.

154 *Sieber*, Stellungnahme, a.a.O., S. 10 in Anlage, a.a.O., S. 246; bestätigt in: Anhörung, a.a.O., S. 173.

155 Ebd.

156 *Haft*, NStZ 1987, 6, 6.

157 Zudem wurde die Computerausstattung finanziell immer erschwinglicher und bedienungsfreundlicher. Bildschirme und Drucker wurden eingesetzt. Auch der Rechner selbst werde immer anwendungsfreundlicher und damit auch interessanter für einen neuen Kreis von Computernutzern, Hermes Kreditversicherungs-AG, Information Nr. 75, als Anlage,

dungen wie das Home Banking schufen einen ausgedehnten Angriffsbereich.[158] Gleichzeitig wurden die dahinterstehenden Programme komplexer, weshalb Sieber prognostizierte, dass sich der Täterkreis stärker auf betriebsfremde Personen verlagern würde. Auch die Reichweite der Tatbegehung verschiebe sich damit stärker von dem lokalbegrenzten Tatort in den internationalen Raum.[159] Gestützt werde dieses Vorgehen durch den zunehmenden Einsatz von Datenfernverbindungen. Mit der zunehmenden internationalen Begehung wachse auch das Risiko der Beteiligung von ausländischen Diensten bis hin zum organisierten Verbrechen. Durch die steigende Verfügbarkeit dehne sich der Opferkreis von Systembetreibern künftig auch auf unbeteiligte Systemnutzer und Verbraucher aus.[160]

Basierend auf dieser Prognose, sprach sich Sieber für eine umfassende Anpassung des Strafrechts an die geschilderten Gegebenheiten aus.[161] Angesichts der wachsenden Abhängigkeit in Wirtschaft, Verwaltung und Gesellschaft vom ordnungsgemäßen Funktionieren der Datenverarbeitung sei dies unumgänglich.[162] Das geltende Strafrecht sei dieser Herausforderung in seiner bisherigen Gestalt nicht gewachsen, da es – entsprechend seiner Entstehungszeit im 19. Jahrhundert – im Wesentlichen körperliche Gegenstände gegen menschliche Angriffe schütze,[163] von der Computerkriminalität aber vorwiegend un-

---

stenograph. Protokoll über die 26. Sitzung des Rechtsausschusses am 6.6.1984, S. 167; Nixdorf AG, Gutachten, S. 2 Anlage zu BT, Rechtsausschuss, 26. Protokoll v. 6.6.1984, S. 40; bestätigend *Oertel*, Anhörung, a.a.O., S. 185.

158 *Sieber*, Stellungnahme v. 6.6.1984 zum 2. WiKG, S. 12 als Anlage, a.a.O., S. 248, verkürzt auch in der Anhörung thematisiert, vgl. Anhörung, a.a.O., S. 173; *Sieber*, Referat 1976, 12. Arbeitstagung der SVK, S. 38, 39; bestätigt durch Bayerisches Landeskriminalamt, Gutachten, S. 4 als Anlage zum stenograph. Protokoll, 26. Sitzung des Rechtsausschusses v. 6.6.1984, S. 55.

159 Hermes Kreditversicherungs-AG, Information Nr. 82, Anlage, a.a.O., S. 174.

160 *Sieber*, Stellungnahme v. 6.6.1984 zum 2. WiKG, S. 12 als Anlage, a.a.O., S. 248, verkürzt auch in der Anhörung thematisiert, vgl. Anhörung, a.a.O., S. 173; *Sieber*, Referat 1976, 12. Arbeitstagung der SVK, S. 38, 39. Zustimmend auch: Nixdorf AG, Gutachten, S. 2 als Anlage zum stenograph. Protokoll, 26. Sitzung des Rechtsausschusses v. 6.6.1984, S. 40; *Hilgendorf*, ZStW 2006, 202, 204. Vgl. hierzu auch die Ausführungen zu „Veränderungen beim Täterkreis“ in Kap. 1 unter A) III).

161 *Sieber*, Stellungnahme v. 6.6.1984 zum 2. WiKG, S. 13 als Anlage, a.a.O., S. 249; *Ders.*, Anhörung, a.a.O., S. 173.

162 *Sieber*, Stellungnahme v. 6.6.1984 zum 2. WiKG, S. 4 als Anlage, a.a.O., S. 240; *Ders.*, Anhörung, a.a.O., S. 170; *Ders.*, *Sieber*, Referat 1976, 12. Arbeitstagung der SVK, S. 85.

163 Sieber, Stellungnahme v. 6.6.1984 zum 2. WiKG, S. 13 als Anlage, a.a.O., S. 249; *Ders.*, Anhörung, a.a.O., S. 173.

körperliche Gegenstände, wie z.B. Nutzungsrechte an Computerprogrammen, durch „technische" Angriffe betroffen seien.[164]

3. Überlegungen zu präventiven Ansätzen

Sieber gab weiter zu bedenken, dass es primär Aufgabe der Betroffenen selbst sei Computerkriminalität zu verhindern.[165] Nicht gemeint sei allerdings der Endverbraucher. Diesen betrachtete Sieber als „Unbeteiligten", weil er keinen Einfluss auf die Steigerung der Sicherheitsmaßnahmen habe.[166] Das Verhältnis sei vielmehr durch ein Auseinanderfallen des Systembetreibers als Sicherheitsverantwortlichen und des Endverbrauchers als Risikoträger geprägt.[167] Leider fehle es beim Sicherheitsverantwortlicher aber viel zu oft genau an diesem Problembewusstsein.[168] Nach Studien der Hermes Kreditversicherungs-AG hätten lediglich 25% der Befragten ihre Sicherheitsmaßnahmen innerhalb der letzten zwei Jahre überprüft. Insoweit schien der Vorwurf einer „Vogel-Strauß-Politik" innerhalb der Unternehmensführung berechtigt.[169] Dabei könnte die Entstehung von Computerkriminalität durch angemessene personelle, bauliche, organisatorische oder technische Maßnahmen vermieden werden.[170]

Bestätigt wurde diese Schieflage von Brentrup,[171] auch wenn die Einstufung der Sicherheitsrisiken entsprechend dem Naturell eines Versicherungsanbieters kritisch zu hinterfragen ist. Danach wurde bereits die Tatsache, dass auf Grundlage einer Umfrage bei 41% der befragten Betriebe mehr als eine Person

---

164 *Ders.*, Stellungnahme v. 6.6.1984 zum 2. WiKG, S. 14 als Anlage, a.a.O., S. 250.

165 A.a.O., S. 4, 5 als Anlage, a.a.O., S. 240, 241.

166 A.a.O., S. 5 als Anlage, a.a.O., S. 241; *Ders.*, Anhörung, a.a.O., S. 171.

167 A.a.O., S. 6 als Anlage, a.a.O., S. 242.

168 A.a.O., S. 5 als Anlage, a.a.O., S. 241.

169 Hermes Kreditversicherungs-AG, Information Nr. 82 als Anlage, a.a.O., S. 171. Zur Verdeutlichung verwies *Sieber* auf den Bericht eines Programmierers, der 1983 wegen einer Computermanipulation verurteilt wurde. Dieser soll geschildert haben, dass er sich bei der Tatbegehung gefühlt habe „wie in einer Bank […], bei der Eingangs- und Tresortüren offen gewesen und alle Angestellten nach Hause gegangen seien", *Ders.*, Stellungnahme v. 6.6.1984 zum 2. WiKG, S. 5 als Anlage, a.a.O., S. 241.

170 *Sieber*, ebd.; *Brentrup* benannte als mögliche Sicherheitsvorkehrungen: eine organisatorische Abspaltung der EDV-Abteilung, eine feste Konturierung der Zuständigkeitsbereiche mittels konkreter Arbeitsanweisungen, die Klassifizierung der Schutzwürdigkeit von Daten für einen (gestuften) Schutz, permanente Überprüfung und Aktualisierung und regelmäßige Passwortänderungen, *Brentrup*, Anhörung, a.a.O., S. 188; Nixdorf AG, Gutachten, S. 2, 3 als Anlage, a.a.O., S. 40, 41.

171 *Brentrup*, Anhörung, a.a.O., S. 187.

in der EDV-Anlage arbeiteten, als Sicherheitsrisiko eingestuft.[172] Bedenklicher erschien, dass die Sicherheitsmaßnahmen, falls sie integriert wurden, nur unzureichend überwacht wurden. Permanente Überprüfungen erfolgten nach dieser Erhebung nur in 2,5% der befragten Unternehmen.[173]

Nach der Hermes Kreditversicherungs-AG lassen sich folgende Hauptursachen für Computermissbräuche feststellen – das fehlende Risikobewusstsein, der Einsatz von unzureichend ausgebildeten Mitarbeitern und das mangelnde Sicherheitsbewusstsein der Angestellten, etwa im Umgang mit den Zugangsberechtigungscodes. Auch fehlende finanzielle Mittel könnten eine Rolle spielen.[174] Dabei variiere der Einsatz nach dem Grad der Schutzbedürftigkeit und dem damit verbundenen Ergebnis der Kosten-Nutzen-Kalkulation, der Organisation und dem geschätzten Risiko. Ein unterschiedlicher Umgang mit Sicherheitsrisiken in Abhängigkeit von den Eigentumsverhältnissen an der EDV-Anlage sei feststellbar.[175] Das Erfordernis zum Schutz vorhandener Daten ergebe sich bereits aus dem Bundesdatenschutzgesetz.[176]

Diese Nachlässigkeit störe das Gleichgewicht. Ihre Korrektur sei, so Sieber, ähnlich wie beim Datenschutz Aufgabe des Gesetzgebers.[177] Nach seiner Auffassung, ließ die Durchführung der geschilderten und auch erfolgversprechenden Maßnahmen den (straf)rechtlichen Schutz jedoch nicht entbehrlich werden. Umgekehrt dürfe dieser aber auch nicht zur Vernachlässigung der Sicherungsmaßnahmen führen.[178]

4. Reformansätze für die Implementierung eines Computerstrafrechts

Die bisherigen Reformansätze wurden zum Teil scharf kritisiert. Haft mahnte:

> „Lassen Sie mich noch ein Wort dazu sagen, was schon immer passiert ist, wenn das Strafrecht und die moderne Technik zusammengestoßen sind. Dann hat das

---

172 A.a.O., S. 188; Hermes Kreditversicherungs-AG, Information Nr. 82 als Anlage, a.a.O., S. 171.

173 *Brentrup*, Anhörung, a.a.O., S. 188.

174 Hermes Kreditversicherungs-AG, Information Nr. 75 als Anlage, a.a.O., S. 168; Dies., Information Nr. 82 als Anlage, a.a.O., S. 170: Das Hauptrisiko liegt nach eigener Einschätzung in der Materialwirtschaft und im Lager, die von dem EDV-Bereich ausgehende Gefahr belegt nur den zweiten Rang, gefolgt von der Kasse auf dem dritten Platz.

175 Dies., Information Nr. 33, S. 1 als Anlage, a.a.O., S. 152.

176 Nixdorf AG, Gutachten, S. 2 als Anlage, a.a.O., S. 40.

177 *Sieber*, Stellungnahme v. 6.6.1984 zum 2. WiKG, S. 6 als Anlage, a.a.O., S. 242.

178 *Ders.*, Stellungnahme v. 6.6.1984 zum 2. WiKG, S. 6, 18 als Anlage, a.a.O., S. 242, 254.

Strafrecht schon immer Beulen davongetragen. Das war schon so beim berühmten Elektrizitätsdiebstahl. Auf diese Beulen war dann das Strafrecht sehr stolz.“[179]

Allerdings bestand Einigkeit darüber, dass eine Anpassung des Strafrechts an die Erfordernisse der Computerkriminalität zu befürworten sei.[180] Hinsichtlich der konkreten Ausgestaltung divergierten die Ansichten teilweise erheblich. Bislang beschränkte sich der Entwurf auf die Einführung einer Regelung zur Computermanipulation, was die Gutachter angesichts der empirisch messbaren Entwicklung als unzureichend empfanden.[181] Die Implementierung weiterer Tatbestände sei dringend erforderlich. Die Nixdorf AG sprach von einem „unabweisbaren Bedürfnis“.[182]

Auch die bisherige Gesetzesformulierung wurde gerügt, da diese zu stark auf den aktuellen Stand der Technik abstelle und sich damit der Erfassung weiterer neuartiger Formen der Deliktsbegehung verschließe.[183] Dies werde durch die fehlende Subsumierbarkeit der kürzlich in Erscheinung getretenen Missbräuche beim Bildschirmtextverfahren und an den Geldautomaten deutlich.[184] Durch eine stärkere Ausrichtung an der Struktur des Arbeitsprozesses bei Datenverarbeitung(sanlag)en könne dies vermieden werden.[185]

Zur Lösung der dargestellten Anwendungsproblematik waren nach Ansicht der Gutachter drei grundsätzliche Normierungsmöglichkeiten denkbar. Als erste Variante komme die Anpassung bereits vorhandener Tatbestände – nach dem Vorbild Finnlands – in Betracht. Für eine solche Vorgehensweise sprachen sich vor allem Lenckner[186] und Haft[187] aus.[188] Darüber hinaus könnten, so die zweite Variante, wie bisher vorgesehen, neue, selbstständige Tatbestände geschaffen

---

179 *Haft*, Anhörung, a.a.O., S. 196.

180 *Sieber*, Stellungnahme v. 6.6.1984 zum 2. WiKG, S. 15 als Anlage, a.a.O., S. 251; *Ders.*, Anhörung, a.a.O., S. 171; *Brentrup*, Anhörung, a.a.O., S. 188; *GDV*, Gutachten, S. 3 als Anlage, a.a.O., S. 151.

181 *Sieber*, Stellungnahme v. 6.6.1984 zum 2. WiKG, S. 16 als Anlage, a.a.O., S. 252; *Ders.*, Anhörung, a.a.O., S. 174.

182 Nixdorf AG, Gutachten, S. 5 als Anlage, a.a.O., S. 43.

183 *Sieber*, Anhörung, a.a.O., S. 175.

184 *Ders.*, Stellungnahme v. 6.6.1984 zum 2. WiKG, S. 17 als Anlage, a.a.O., S. 253, bestätigt durch *Oertel*, a.a.O., S. 181.

185 *Sieber*, Stellungnahme v. 6.6.1984 zum 2. WiKG, S. 17 als Anlage, a.a.O., S. 253; *Ders.*, Anhörung, a.a.O., S. 175.

186 Zum Computerbetrug, *Lenckner*, Computerkriminalität und Vermögensdelikte, S. 45f.

187 *Haft*, Gutachten, S. 1, 6 als Anlage zum stenograph. Protokoll, 26. Sitzung des Rechtsausschusses v. 6.6.1984, S. 201, 206; *Ders.* bestätigend: Anhörung, a.a.O., S. 164.

188 *Ders.*, Anhörung, a.a.O., S. 194.

werden. Als dritte Variante bleibe – ähnlich dem US-amerikanischen Vorbild – die Kodifizierung eines umfassenden Computerkriminalitätstatbestandes.[189]

a) Computerspionage

Sieber[190] und Oertel[191] sprachen sich übereinstimmend für eine Pönalisierung der Computerspionage aus. Dies werde insbesondere im Falle des Scheiterns der UWG-Novelle[192] erforderlich. Die Sorge schien angesichts der dort ebenfalls lang andauernden Reformdebatte[193] nicht unbegründet.

Die Strafwürdigkeit ergebe sich bereits aus den gesteigerten Möglichkeiten des Abhörens von Datenübertragungsleitungen, da eine Analyse maschinell viel leichter erfolgen könne als beim Abhören von Telefonaten mit Hilfe von Spracherkennungsgeräten.[194] Erfasst sei durch § 202 a.F. lediglich das schriftliche Wort und durch § 201 a.F. das Abhören. Hinsichtlich der digitalen Übertragungen wie beim Bildschirmtextverfahren sehe das klassische Strafrecht allerdings keine Sanktionsmöglichkeit vor.[195] Nur in Einzelfällen lasse es der Täter bei einem bloßen Eindringen bewenden. Diese Fälle, die sich durch eine geringere Strafwürdigkeit auszeichneten, wie etwa das Hacken, könnten über eine strafbefreiende Selbstanzeige honoriert werden.[196]

Demgegenüber wollte die Nixdorf AG das Hacken uneingeschränkt sanktioniert wissen und sogar etwaige Vorbereitungshandlungen, da hierdurch fahrlässig Schäden herbeigeführt werden könnten.[197] Diese divergierenden Ansich-

---

189 *Sieber*, Stellungnahme v. 6.6.1984 zum 2. WiKG, S. 18 als Anlage, a.a.O., S. 254. Außerdem sollten unerwünschte Überschneidungen von Tatbeständen und darauf basierende Konkurrenzprobleme vermieden werden. Auch die Vereinbarkeit mit der Gesetzessystematik insgesamt – unter Ausschluss eines unnötigen Anwachsens des Normenbestandes – sollte bei der Wahl Berücksichtigung finden, ebd.

190 *Ders.*, Stellungnahme v. 6.6.1984 zum 2. WiKG, S. 30 als Anlage, a.a.O., S. 266; *Ders.*, Anhörung, a.a.O., S. 177. So bereits: *Sieber*, Referat 1976, 12. Arbeitstagung der SVK, S. 95.

191 *Oertel*, Anhörung, BT, stenograph. Protokoll, 26. Sitzung des Rechtsausschusses v. 6.6.1984, S. 182.

192 Darin war eine Anpassung des § 17 UWG vorgesehen.

193 Nach der letzten großen UWG-Novelle von 1969 legten die Regierungen und Parteien seit 1974 in regelmäßiger Folge insgesamt 9 Novellierungs-Entwürfe vor, *Sack*, BB 1986, 2205, 2205 m.w.N.

194 *Sieber*, Stellungnahme v. 6.6.1984 zum 2. WiKG, S. 31 als Anlage zu BT, stenograph. Protokoll, 26. Sitzung des Rechtsausschusses v. 6.6.1984, S. 267.

195 Ebd.

196 A.a.O., S. 32 als Anlage zu BT, stenograph. Protokoll, 26. Sitzung des Rechtsausschusses v. 6.6.1984, S. 268.

197 Nixdorf AG, Gutachten, S. 7 als Anlage, a.a.O., S. 45.

ten zur Reichweite der Norm sollten sich zu einem Hauptdiskussionspunkt bei der Ausgestaltung des § 202a entwickeln.

Auch bezüglich des Strafmaßes forderte die Nixdorf AG eine strengere Sanktionierung. Das Höchstmaß des § 17 Abs. 1 UWG von 3 Jahren Freiheitsstrafe bzw. bei Verrat von Geschäftsgeheimnissen mit Auslandsberührung gem. § 17 Abs. 3 UWG von höchstens 5 Jahre[198] hielten sie angesichts des hohen wirtschaftlichen Wertes der betroffenen Programme für unzureichend.[199] Die Höchststrafe für einen (vergleichbaren) besonders schweren Fall des Diebstahls betrage gem. § 243 Abs. 1 Nr. 4 immerhin 10 Jahre. Der Wert von Programmen übersteige jedoch den Wert vieler beweglicher Sachen.[200]

Bei der Ausgestaltung komme – im Unterschied zum früheren, stärker vermögensorientierten Ansatz – der Schutz des Geheimbereichs oder der Sicherheit der Datenübertragungsnetze in Betracht, der als Gefährdungs- oder als Erfolgsdelikt ausgestaltet werden könne, so Sieber. Eine Übertragung des Ansatzes aus dem schwedischen Datenschutzgesetz und damit eine Ausdehnung des § 41 BDSG schloss dieser jedoch aus.[201]

b) Computersabotage

Die herrschende Literatur sah die Computersabotage von § 303 als tatbestandlich umfasst an. Dieser Auffassung folgte auch Sieber, weshalb lediglich beim Strafrahmen und dem geregelten Strafantragserfordernis Anpassungsbedarf bestehe.[202]

198 Nixdorf AG, Gutachten, S. 5 als Anlage, a.a.O., S. 43.

199 Auch der Umgang mit dem „Diebstahl" von Computerprogrammen wurde thematisiert. Die mögliche Anwendung des Urheberrechts, die eine Normierung im Kernstrafrecht u.U. entbehrlichen werden lassen könnte, fand jedoch nur am Rande Berücksichtigung. Zum Zeitpunkt der Stellungnahme lag zwar noch kein höchstrichterliches Urteil vor, aber es wurde bereits zutreffend von der Urheberrechtsfähigkeit von Computerprogrammen ausgegangen. Allerdings wurde auch auf denkbare – sodann schutzlose – Ausnahmen hingewiesen, Dies., Gutachten, S. 6 als Anlage a.a.O., S. 44, bestätigend *Oertel*, Anhörung, BT, stenograph. Protokoll, 26. Sitzung des Rechtsausschusses v. 6.6.1984, S. 183.

200 Dies., Gutachten, S. 5f. als Anlage a.a.O., S. 43f.; bestätigend: *Oertel*, Anhörung, a.a.O., S. 183. Die Angaben zu den Investitionskosten schwankten, lagen aber im Milliardenbereich.

201 *Sieber*, Stellungnahme v. 6.6.1984 zum 2. WiKG, S. 33 als Anlage a.a.O., S. 269.

202 *Ders.*, Stellungnahme v. 6.6.1984 zum 2. WiKG, S. 36 als Anlage a.a.O., S. 272. Hinsichtlich einer Anhebung des Strafrahmens gab Oertel zu bedenken, dass dies Sache des Parlaments sei, schien dieses Vorgehen aber im Übrigen zu begrüßen, *Oertel*, Anhörung, a.a.O., S. 189.

Mangels computerspezifischer Besonderheiten sei die Aufnahme eines allgemeinen Tatbestandes zur Betriebssabotage zu erwägen.[203]

Die Nixdorf AG und ihr Vertreter Brentrup bewerteten den bestehenden Strafrechtsschutz durch § 303 als zu gering, da die tatbestandliche Erfassung gerade nicht einhellig sei und eine höchstrichterliche Rechtsprechung noch nicht vorlag.[204] Auch Oertel sprach sich für eine tatbestandliche Klarstellung aus. § 274 schütze nur Beweisdaten.[205] Schützenswert sei jedoch nicht nur der Rechtsverkehr, sondern auch die Daten in der Wirtschaft, Forschung oder Verwaltung, da sie für den Anwender ebenfalls von großer Bedeutung seien.[206] De With erwog sogar die Einführung eines Verbrechenstatbestands.[207]

c) Zeitdiebstahl

Die Nixdorf AG stellte fest, dass der sog. Zeitdiebstahl nicht von § 265a erfasst werde, so dass lediglich Missbräuche an EDV-Anlagen geahndet werden könnten, die an das posteigene Fernmeldenetz für öffentliche Zwecke angeschlossen seien. Ergänzend wurde auf die Sonderreglung für die unbefugte Nutzung von Kraftfahrzeugen verwiesen und angemerkt, dass der wirtschaftliche Vorteil bei der Nutzung von EDV-Anlagen weit über den Nutzungsvorteil von Kraftfahrzeugen hinausgehe.[208] Die Nixdorf AG sprach sich daher, wie Sieber, für die Aufnahme des sog. Zeit- bzw. Gebrauchsdiebstahls in das StGB aus.[209]

5. Ausblick

Auf Nachfrage von Götz (CDU/CSU) zu den internationalen Tendenzen und insbesondere zur Dringlichkeit der Reform verwies Sieber auf die Lage in den USA. Im Vergleich habe Deutschland in der Computertechnik bereichsabhängig einen Rückstand von zwei bis vier Jahren. Auch wenn in Deutschland Besonderheiten u.a. bei den Datenfernverarbeitungsnetzen beständen, folge Deutschland weitestgehend der amerikanischen Entwicklung.[210] Hinsichtlich

---

203 *Sieber*, Stellungnahme v. 6.6.1984 zum 2. WiKG, S. 37 als Anlage, a.a.O., S. 273; *Ders.*, Anhörung, a.a.O., S. 190.

204 Nixdorf AG, Gutachten, S. 7 als Anlage, a.a.O., S. 45, *Brentrup*, Anhörung, a.a.O., S. 188.

205 Nixdorf AG, Gutachten, S. 6 als Anlage, a.a.O., S. 44; bestätigend: *Oertel*, Anhörung, a.a.O., S. 183.

206 Nixdorf AG, ebd.; bestätigend: *Oertel*, Anhörung, a.a.O., S. 184.

207 BT, stenograph. Protokoll, 26. Sitzung des Rechtsausschusses am 6.6.1984, S. 189.

208 Nixdorf AG, Gutachten, S. 7 als Anlage, a.a.O., S. 45.

209 Ebd.; *Sieber*, Stellungnahme v. 6.6.1984 zum 2. WiKG, S. 35 als Anlage a.a.O., S. 271.

210 BT, stenograph. Protokoll, 26. Sitzung des Rechtsausschusses am 6.6.1984, S. 191.

der Korrelation zwischen dem technischen Fortschritt und dem Zuwachs der missbräuchlichen Nutzung sei zwar ein stetiges Anwachsen zu verzeichnen. Dennoch gebe es bei den polizeilich registrierten Fällen bislang keinen dramatischen Anstieg. Dies lasse jedoch keinen verlässlichen Rückschluss auf die Dunkelziffer zu, welche insbesondere für Softwarediebstähle als hoch einzuschätzen sei.[211]

6. Zusammenfassung

Die Anhörung im Rechtsausschuss vom 6. Juni 1984 bildete damit den Anstoß für eine immer intensiver geführte Debatte um die Einführung eines sog. Computerstrafrechts. Auch wenn die Meinungen zu den vorgebrachten Ergänzungsvorschlägen geteilt blieben, wurde von den geladenen Sachverständigen (fast) einhellig Handlungsbedarf beschieden. Es wurde deutlich, dass die technische Entwicklung und die darauf basierenden Missbrauchsmöglichkeiten, die Reformvorschläge der ursprünglichen Gesetzesentwürfe überholt hatten. Verstärkt wurde dieser Eindruck durch den Erfahrungsaustausch in den USA.[212] Der amerikanische Gesetzgeber hatte hierauf mit strengeren Regelungen reagiert als bislang in Deutschland erwogen. Diese verschärfende Tendenz zeichnete sich auch bereits in Europa ab.[213]

II. Diskussionsschwerpunkte der folgenden Beratungen

Die Grundlage für die weiteren Beratungen[214] bildete der Gesetzesantrag der Koalitionsfraktionen CDU/CSU und FDP vom 2. Oktober 1985.[215] Dieser fasste die Änderungsvorschläge aus der Sitzung des Rechtsausschusses vom 6. Juni 1984 zusammen und enthielt erstmals einen ausformulierten Gesetzes-

---

211 A.a.O., S. 192.

212 *Möhrenschlager*, wistra 1986, 123, 125, vertiefend zur dortigen Rechtslage: *Ders.*, wistra 1985, S. 63ff.; *Ders.*, wistra 1986, 128, 129.

213 Maßgebend hierfür waren u.a. die Empfehlungen der OECD, *Ders.*, wistra 1986, 128, 129.

214 Nach der umfassenden Erörterung v. 6.6.1984 wurden die Beratungen zum 2. WiKG erst wieder am 23.1.1985 aufgegriffen. Allerdings betraf die dortige Debatte lediglich den Computerbetrug (§ 263a-E) (vertiefend: BT, stenograph. Protokoll, 42. Sitzung des Rechtsausschusses v. 23.1.1985, S. 92) und den Urkundenbegriff in § 269 (vertiefend: a.a.O., S. 79–91).

215 Der Antrag der Fraktionen CDU/CSU und FDP v. 2.10.1985 wurde am 9.10.1985 v. Götz (CDU/CSU) in die Beratungen des Ausschusses eingeführt, BT, stenograph. Protokoll, 60. Sitzung des Rechtsausschusses v. 9.10.1985, S. 30, beigefügt als Anlage.

vorschlag für das Ausspähen von Daten (§ 202a-E)[216], den sog. Gebrauchsdiebstahl (§ 291-E)[217] und die Computersabotage (§ 303a-E)[218].[219]

1. Computerspionage

Die Mitglieder des Rechtsausschusses waren sich überwiegend einig, dass die Computerspionage strafwürdig sei. *Schmidt* (SPD) gab – wie bereits Sieber – jedoch zu bedenken, die Normierung könne die Unternehmen dazu verleiten, die Sicherheitsvorkehrungen noch stärker zu vernachlässigen.[220] Schmidt brachte deshalb den Vorschlag ein, das Handeln derjenigen zu bestrafen, die ihre Sicherheitsvorkehrungen außer Acht lassen.[221] *Möhrenschlager* (BMJ) sah ein entsprechendes Strafbedürfnis jedoch genauso wenig wie die OECD. Auch im Hearing hatte kein Gutachter eine entsprechende Normierung angeregt. Überdies wären Festlegung und Kontrolle normierter Standards nur eingeschränkt möglich. Wie von Möhrenschlager angeregt,[222] sollte der strafrechtli-

---

216 Art. 1 Nr. 2c: § 202a Ausspähen von Daten; unbefugter Zugang zu Daten i.d.F. Antrag der Fraktionen CDU/CSU und FDP v. 2.10.1985, a.a.O., S. 3.

217 Art. 1 Nr. 9a: § 291 Unbefugter Gebrauch von Computern, a.a.O, S. 7. Das BJM und die Vertreter in der Landesjustizverwaltung bezweifelten ein bestehendes Strafbedürfnis. Bislang seien wenige Fälle bekannt geworden. In der Wirtschaft sei es üblich etwaige Verluste auf zivilrechtlichem Wege geltend zu machen, BT, stenograph. Protokoll, 63. Sitzung des Rechtsausschusses v. 23.10.1985, S. 31. Die Befürworter der Norm entgegneten, dass über die Häufigkeit keine verlässliche Aussage getroffen werden könne, da bei strafrechtlichen Lücken eine Ahndung gerade ausbleibe, a.a.O., S. 32. Viele Skeptiker hielten die Einführung dennoch für rechtspolitisch vertretbar, a.a.O., S. 31f. und sahen sich durch die parallel verlaufenden Reformen im Ausland bestärkt. In Kanada gab es eine solche Norm bereits. Die Debatten in der Schweiz zeigten Parallelen.

218 Art. 1 Nr. 9b: § 303a Datenveränderung; Computersabotage i.d.F. Antrag der Fraktionen CDU/CSU und FDP v. 2.10.1985, a.a.O., S. 7.

219 Aufgrund des späten Anstoßes der Debatte enthielt die Synopse zu den hier relevanten Delikte eine einzige Gesetzesfassung in der 6. Spalte („zu Formulierungshilfe/Ergänzungsvorschlag"). Vgl. Art. 1 Nr. 2c (§ 202a StGB), in Synopse, beigefügt zu BT, stenograph. Protokoll, 69. Sitzung des Rechtsausschusses v. 15.1.1986 als Anlage 1, S. 14 in Übereinstimmung mit Art. 1 Nr. 2c § 202a Ausspähen von Daten; unbefugter Zugang zu Daten i.d.F. Antrag der Fraktionen CDU/CSU und FDP v. 2.10.1985, als Anlage zu BT, stenograph. Protokoll, 60. Sitzung des Rechtsausschusses v. 9.10.1985, S. 3.

220 BT, stenograph. Protokoll, 63. Sitzung des Rechtsausschusses v. 23.10.1985, S. 42. Dieser Auffassung schloss sich Mann (Die Grünen) an und forderte, dass weniger einschneidende Mittel als das Strafrecht gleichermaßen erwogen werden sollten. Damit verneinte Mann die Strafwürdigkeit der Computerspionage nicht prinzipiell, sondern stellte die Neueinführung einer strafrechtlichen Norm gemäß dem ultima ratio-Prinzip lediglich unter die Bedingung, dass zuvor mildere Mittel zur Eindämmung erwogen würden. Andere Bedenken gegen eine Sanktionierung der Computerspionage wurden nicht geäußert.

221 A.a.O., S. 40.

222 A.a.O., S. 44.

che Schutz deshalb vom Vorliegen einer besonderen Sicherung abhängig gemacht werden, so dass die Unternehmen auch künftig ein eigenes Interesse an der Wahrung der Schutzstandards haben dürften.

Ein entsprechendes Strafbedürfnis ergebe sich aus dem begrenzten Anwendungsbereich des § 202 Abs. 3, der zwar fixierte Daten schütze,[223] nicht jedoch gespeicherte Daten.[224]

a) Kodifizierung von Begriffsdefinitionen

Anfangs herrschte Uneinigkeit darüber, ob im Computerspionagetatbestand auch eine Definition zum Datenbegriff aufgenommen werden solle. Hierfür sprach sich *Helmrich* aus. Die Klärung sei durch die Verweise in §§ 274 und 303a auf § 202a geboten,[225] denn die Verwendung verschiedener Datenbegriffe in dicht aufeinander folgenden Normen – wie bei §§ 269 und 274 – sei nicht zulässig.[226]

Für einen Mittelweg entschieden sich sowohl die Fraktionen von CDU/CSU und FDP in ihrem Gesetzesantrag als auch das BMJ. Beide Ansätze verzichteten auf eine Definition des Datenbegriffs, sondern setzten diesen bereits in ihrer ergänzenden Beschreibung der Wahrnehmungsformen voraus.[227] Der Gesetzesantrag formulierte hierzu in Absatz 4:

> „(4) Daten im Sinne der Absätze 1 und 3 sind nur solche, die elektronisch, magnetisch oder sonst nicht sichtbar oder unmittelbar lesbar gespeichert sind oder übermittelt werden."[228]

Im Formulierungsvorschlag des BMJ vom 8. Oktober 1985 wurde lediglich „oder unmittelbar lesbar" durch „sonst unmittelbar wahrnehmbar" ersetzt.[229]

---

223 A.a.O., S. 39.

224 Zusammenfassend *Möhrenschlager*, ebd.

225 BT, stenograph. Protokoll, 69. Sitzung des Rechtsausschusses v. 15.1.1986, S. 12.

226 Ebd. Hierzu hob Götz (CDU/CSU) hervor, dass im Rahmen des Gesetzesantrages der Koalitionsfraktionen durchaus darauf Rücksicht genommen worden sei, ebd.

227 BT, stenograph. Protokoll, 69. Sitzung des Rechtsausschusses v. 15.1.1986, S. 11.

228 § 202a Ausspähen von Daten; unbefugter Zugang zu Daten i.d.F. Antrag der Fraktionen CDU/CSU und FDP v. 2.10.1985, als Anlage zu BT, stenograph. Protokoll, 60. Sitzung des Rechtsausschusses v. 9.10.1985, S. 3; Synopse als Anlage 1 zu BT, stenograph. Protokoll, 69. Sitzung des Rechtsausschusses v. 15.1.1986, S. 14, Spalte 3, Formulierungshilfe/Ergänzungsvorschlag, 2 c.

229 Formulierungshilfe des BMJ v. 8.10.1985 als Anlage 2 in: BT, stenograph. Protokoll, 63. Sitzung des Rechtsausschusses v. 23.10.1985 zu § 202a Abs. 4. Antragsgemäß präzisierte das BMJ den Datenbegriff in den Formulierungshilfen, BT, stenograph. Protokoll, 69. Sitzung des Rechtsausschusses v. 15.1.1986, S. 10. „[…] 1. Einzelangaben über per-

Schmidt (SPD) sprach sich gegen diesen Ansatz aus, denn der Begriff erweise sich als zu weit.[230] Grundsätzlich sei eine Legaldefinition entbehrlich, wie § 263a zeige. Darin werde die Problematik über die Formulierung „unrichtiges Ergebnis eines Datenverarbeitungsvorganges" gelöst. Eine weitergehende Konkretisierung ermögliche die Überschrift, die den Zusammenhang mit der Computernutzung verdeutliche.[231]

Ein Sonderproblem stellte sich hinsichtlich der Anwendbarkeit auf Tonbänder. Unter Verweis auf die Formulierungshilfe des BMJ vom 8. Oktober 1985 hob Möhrenschlager hervor, dass Absatz 4 weiter gefasst werden solle als zunächst vorgeschlagen, damit auch auf Tonbändern gespeicherte Daten erfasst werden könnten.[232] Ob diese unter die bisherige Fassung der Koalitionsfraktion fielen, sei nicht eindeutig. Das Erfordernis einer Aufnahme könne jedenfalls nicht bezweifelt werden, da ihnen bereits § 202 Abs. 3 a.F. strafrechtlichen Schutz habe zuteil werden lassen. § 202 Abs. 3 a.F. setze aber im Unterschied zu § 202a das Vorliegen einer Gedankenerklärung voraus.[233] Aus diesem Grunde bevorzugte Möhrenschlager (BMJ) – anders als Pötz (BMJ) – nicht die Definition der Koalitionsfraktion, sondern die allgemeiner gehaltene Fassung vom

---

sönliche oder sachliche Verhältnisse einer bestimmten oder bestimmbaren natürlichen Person,

2. zur Übermittlung geeignete Gedankenäußerungen,

3. fremde Geheimnisse,

4. sonst nicht offenkundige Angaben, deren Kenntnis durch Dritte für den Verfügungsberechtigten nachteilig sein kann, oder

5. sonstige Angaben, die vom Verfügungsberechtigten nur entgeltlich überlassen werden,

enthalten", Formulierungshilfe des BMJ v. 3.12.1985 als Anlage 3 in: BT, stenograph. Protokoll, 69. Sitzung des Rechtsausschusses v. 15.1.1986 zu Artikel 1 Nr. 2c, § 202a Abs. 1. In der Synopse als Anlage 1 zu BT, stenograph. Protokoll, 69. Sitzung des Rechtsausschusses v. 15.1.1986, S. 14 wurde auf die Aufnahme jedoch verzichtet.

230 BT, stenograph. Protokoll, 63. Sitzung des Rechtsausschusses v. 23.10.1985, S. 47. Es bliebe sogar unklar, ob Nachrichten von Kindern, die mit unsichtbarer Tinte geschrieben wurden unter den Datenbegriff subsumiert werden können. Möhrenschlager (BMJ) wies darauf hin, dass der Begriff auch im Bundesdatenschutzgesetz Anwendung finde und ergänzte, dass die „Kindertinte" schon deshalb ausscheide, weil es sich nicht um besonders gesicherte Daten handele, a.a.O., S. 38f. Die eigentliche Frage, ob diese Nachricht unter den Datenbegriff falle, blieb damit jedoch unbeantwortet.

231 Ebd.

232 A.a.O., S. 11.

233 BT, stenograph. Protokoll, 63. Sitzung des Rechtsausschusses v. 23.10.1985, S. 39.

8. Oktober 1985.[234] Mit der Verwendung des Passus „nicht unmittelbar wahrnehmbar gespeichert“[235] würden auch Tonbanddaten erfasst.

Auch eine ausdrückliche Bezugnahme auf den „Computer(begriff)“ wurde diskutiert.[236] Allerdings sei es für die Datenverarbeitung, so Möhrenschlager (BMJ), irrelevant, welche Geräte die Daten übermitteln. Von der expliziten Nennung in Absatz 4 wurde daher Abstand genommen. Dem Einwand, dass der Tatbestand zu weit geraten könne, entgegnete dieser mit dem Verweis auf das Schweizer Recht, mit dem eher unbefriedigenden Argument, dass dort nicht einmal eine „besondere Sicherung“ gefordert werde.[237]

b) Das Erfordernis der besonderen Sicherung

Wie bereits angeklungen, sollte als einschränkende Voraussetzung das Erfordernis einer „besonderen Sicherung“ in den Tatbestand aufgenommen werden. Dies gebiete bereits der Bestimmtheitsgrundsatz. Bislang ungeklärt war, welche Anforderung an eine solche Sicherung zu stellen sind.[238]

Plastisch wurde dies anhand des bekannt gewordenen „NATO“-Falls und der damit verbundenen Frage, ob der dort verwendete „OTAN“-Passwortschutz als besondere Sicherung zu klassifizieren sei, angesichts des wenig kreativen, rückwärts zu lesenden Inhalts.[239] Möhrenschlager antwortete ausweichend, dass es (noch) keine allgemeingültige Definition gebe und eine Einzelfallentscheidung zu treffen sei. In Ansehung des § 202 sollten die Anforderungen aber nicht zu hoch angesetzt werden.[240] Bestätigend äußerte Göhler (BMJ), dass der Schutz von Daten in § 202a nicht von strengeren Voraussetzungen abhängig gemacht werden könne als der Schutz von schriftlich fixierten Gedankenerklärungen in § 202.[241] Präzisierend wies Möhrenschlager (BMJ) darauf hin, dass § 202 nur verlange, dass eine Brief oder ein anderes Behältnis verschlossen ist, nicht jedoch dass es nicht geöffnet werden kann. Vielmehr komme es darauf an, dass der Inhaber der Information durch die Sicherung

---

234 BT, stenograph. Protokoll, 69. Sitzung des Rechtsausschusses v. 15.1.1986, S. 10f.

235 Formulierungshilfe des BMJ v. 8.10.1985 als Anlage 2 in: BT, stenograph. Protokoll, 63. Sitzung des Rechtsausschusses v. 23.10.1985 zu Art. 1 Nr. 2c, § 202a Abs. 4.

236 BT, stenograph. Protokoll, 63. Sitzung des Rechtsausschusses v. 23.10.1985, S. 39.

237 *Möhrenschlager* (BMJ), ebd.

238 Vertiefend hierzu: *Dietrich*, Das Erfordernis der besonderen Sicherung im StGB am Beispiel des Ausspähens von Daten, § 202a StGB, Kritik und spezialpräventiver Ansatz, 2009.

239 BT, stenograph. Protokoll, 63. Sitzung des Rechtsausschusses v. 23.10.1985, S. 44.

240 Ebd.

241 A.a.O., S. 45.

zum Ausdruck bringe, dass er an der Geheimhaltung der Daten ein besonderes Interesse habe. Die Vertraulichkeit der Daten solle geschützt werden.[242] Wäre eine unüberwindbare technische Sicherung möglich, so könnte auf die Einführung des Tatbestandes verzichtet werden.[243] Bereits nach dem Wortlaut werde eine besondere und keine erfolgreiche Sicherung vorausgesetzt. Sonst würde es überdies am Taterfolg fehlen.[244]

c) Die Höhe des Strafrahmens

Hinsichtlich der Höhe des Strafrahmens verwies Möhrenschlager auf § 201.[245] Dies überrascht, orientiert sich doch die tatbestandliche Ausgestaltung des § 202a-E an § 202. Möhrenschlager begründete diese Entscheidung mit dem vergleichbaren Schutzzweck, denn § 201 schütze die Vertraulichkeit des Wortes.[246]

Der gestufte Regelungsgehalt in § 202a-E nach der aufgewendeten kriminellen Energie sollte auch beim Strafrahmen abgebildet werden:

> „§ 202a Ausspähen von Daten; unbefugter Zugang zu Daten
>
> Wer unbefugt Daten, die nicht für ihn bestimmt und die gegen unberechtigten Zugang besonders gesichert sind, sich oder einem anderen verschafft, wird mit Freiheitsstrafe bis zu drei Jahren oder mit Geldstrafe bestraft.
>
> Der Versuch ist strafbar.
>
> Wer sich unbefugt Zugang zu den in Absatz 1 genannten Daten verschafft, wird mit Freiheitsstrafe bis zu einem Jahr oder mit Geldstrafe bestraft.
>
> Daten im Sinne der Absätze 1 und 3 sind nur solche, die elektronisch, magnetisch oder sonst nicht sichtbar oder unmittelbar lesbar gespeichert sind oder übermittelt werden.“[247]

Da die Vorfelddelikte des Absatzes 3 zu den Tathandlungen des Absatzes 1 mit einem Jahr Freiheitsstrafe sanktioniert werden sollten, musste der Straf-

---

242 A.a.O., S. 40.

243 A.a.O., S. 41.

244 Ebd.

245 A.a.O., S. 44.

246 Ebd.

247 Art. 1 Nr. 2c: § 202a Ausspähen von Daten; unbefugter Zugang zu Daten i.d.F. Antrag der Fraktionen CDU/CSU und FDP v. 2.10.1985, als Anlage zu BT, stenograph. Protokoll, 60. Sitzung des Rechtsausschusses v. 9.10.1985, S. 3. In der anschließenden Debatte wurden zahlreiche Änderungsvorschläge eingebracht, die sich auf die spätere Gesetzesfassung auswirkten, so dass der Wortlaut noch einige Korrekturen erfuhr, vgl. Art. 1 Nr. 2d zu § 202a Abs. 1, Synopse in Anlage 1 (Stand 17.1.1987); BT, stenograph. Protokoll, 71. Sitzung des Rechtsausschusses v. 22.1.1986, Anlage 1, 6. Spalte Formulierungshilfe/Ergänzungsvorschlag, S. 14.

rahmen für die Tathandlungen in Absatz 1 dementsprechend darüber hinausgehen.[248] Hierfür schlug das BMJ einen Strafrahmen von bis zu zwei Jahren Freiheitsstrafe vor.[249] Dieser wurde in den Formulierungshilfen vom 3. Dezember 1985 auf bis zu drei Jahre oder Geldstrafe angehoben.[250]

d) Die Ausgestaltung als Antragsdelikt

Schmidt (SPD) sprach sich gegen eine Strafverfolgungsmöglichkeit von Amts wegen aus. Halte der Betroffene die Verletzung nicht für anzeigebedürftig, könne dies schwerlich durch ein besonderes öffentliches Interesse kompensiert werden. Möhrenschlager (BMJ) wies in diesem Zusammenhang darauf hin, dass zu § 303a[251] und § 41 BDSG vergleichbare Regelungen diskutiert würden.[252] Der Vorsitzende schloss sich trotz dieses Hinweises dem Vorschlag Schmidts an. Es wurde entschieden, § 205 Abs. 1 S. 2[253] zu streichen und bei § 205 Abs. 2 S. 1 „Dies gilt nicht in den Fällen des § 202a" aufzunehmen.[254]

e) Zwischenergebnis zur tatbestandlichen Fassung des § 202a

Zusammenfassend lässt sich feststellen, dass auf eine Legaldefinition zum Begriff des „Computers" verzichtet wurde und dem Datenbegriff ein weites Verständnis zugrunde liegt. Als Korrektiv für einen am Bestimmtheitsgrundsatz orientierten Anwendungsbereich fand das Erfordernis der „besonderen Sicherung" Aufnahme. Der Strafrahmen wurde in Abstufung zur aufgewendeten kriminellen Energie und damit vom Unwertgehalt der Tat abhängig gemacht. Prozessual sollte § 202a nicht als Antragsdelikt ausgestaltet werden.

f) Positionierung zum Hacking

Die strafrechtliche Erfassung des sog. Hacking und damit die Reichweite des zu kodifizierenden § 202a entwickelte sich zum eigentlichen Diskussionsschwerpunkt.

---

248 BT, stenograph. Protokoll, 63. Sitzung des Rechtsausschusses v. 23.10.1985, S. 44.

249 Ebd.

250 Formulierungshilfe des BMJ v. 3.12.1985 als Anlage 3 in: BT, stenograph. Protokoll, 69. Sitzung des Rechtsausschusses v. 15.1.1986 zu Art. 1 Nr. 2c, § 202a Abs. 1; Zweite Formulierungshilfe des BMJ v. 3.12.1985, a.a.O., zu Art. 1 Nr. 2c, § 202a Abs. 1.

251 BT, stenograph. Protokoll, 71. Sitzung des Rechtsausschusses v. 22.1.1986, S. 6.

252 A.a.O., S. 7.

253 Synopse des BMJ mit Stand vom 17.1.1986, a.a.O., als Anlage 1, S. 14b, Art. 1 Nr. 2e, a, § 205 Abs. 1 S. 2.

254 A.a.O., S. 14b, Art. 1 Nr. 2e, b, § 205 Abs. 2 S. 1.

Schmidt (SPD) votierte für eine Straflosstellung.[255] Er stellte jedoch klar, dass eine solche Regelung nur bis zur Weitergabe der aufgefundenen Daten tolerabel sei, und sprach sich für eine klare Grenzziehung aus, wenn der digitale Einbruch nicht mehr nur dazu diene, Sicherheitslücken aufzuzeigen.[256]

Das BMJ trat einer tatbestandlichen Ausnahmeregelung entgegen und verwies auf hinreichend *strafprozessuale Reaktionsmöglichkeiten*, da minder schwere Fälle über die §§ 153, 153a StPO ausreichend berücksichtigt werden könnten.[257] An keiner anderen Stelle des Strafgesetzbuches bleibe der Täter straffrei, weil er lediglich zeigen wolle, dass die überwundene Sicherung untauglich sei.[258]

Schmidt (SPD) konnte den Unmut über eine mögliche dogmatische Durchbrechung nicht nachvollziehen und war der Auffassung, dass die neuartige Sachlage auch ein dogmatisches Novum rechtfertigen würde.[259] Der Rückzug auf die Einstellungsmöglichkeiten des Verfahrens sei unzureichend. Eine eindeutige Stellungnahme des Gesetzgebers sei erforderlich.[260] Für eine gesetzliche Privilegierung des bloßen Eindringens in das System wurden vielfältige dogmatische Lösungsansätze erwogen.

Auch wenn Götz (CDU/CSU) eine gewisse Sympathie gegenüber Hackern zu hegen schien, sprach er sich für eine strafrechtliche Begrenzung des sportlichen Ehrgeizes aus und zog eine Parallele zum Hausfriedensbruch.[261] Dieser sei unabhängig davon strafbar, was der Täter anschließend im Haus tut.[262] Dennoch zog auch er eine Straflosigkeit für besonders leichte Fälle in Erwägung.[263] Nach seiner Auffassung sollten Missbräuche nicht strafbewehrt sein, wenn der Täter *ohne böse Absicht* handelt.[264] Ein Formulierungsvorschlag von Helmrich hierfür lautete:

> „Wer zum Zweck des Nachweises unzureichender Datensicherung gegen die Absätze 1 bis 3 verstößt, kann von Strafe frei bleiben."[265]

---

255 BT, stenograph. Protokoll, 63. Sitzung des Rechtsausschusses v. 23.10.1985, S. 40.

256 A.a.O., S. 42.

257 A.a.O., S. 46f.

258 Ein Absehen von Strafe sei lediglich im Bereich der tätigen Reue vorgesehen, *Möhrenschlager* (BMJ), a.a.O., S. 46.

259 BT, stenograph. Protokoll, 69. Sitzung des Rechtsausschusses v. 15.1.1986, S. 14.

260 Ebd.

261 A.a.O., S. 41.

262 Ebd.

263 A.a.O., S. 40.

264 A.a.O., S. 40f.

265 A.a.O., S. 43.

Möhrenschlager (BMJ) äußerte systematische Bedenken, denn auch § 202 mache die Strafbarkeit nicht vom Vorliegen einer Absicht abhängig.[266] § 202a solle umfassend vor dem unbefugten Abrufen von Informationen schützen, ungeachtet der dahinter stehenden Motivation.[267] Als einzige und ausreichende Einschränkung sei folgerichtig die „besonderen Sicherung“ vorgesehen.[268] Zusätzliche Korrekturen auf der subjektiven Ebene lehnte Möhrenschlager (BMJ) ab. Helmrich sprach sich ebenfalls gegen einen stärker subjektivierten Tatbestand aus.[269] Das BMJ verfasste dennoch antragsgemäß folgenden Formulierungsvorschlag:

> „(5) Das Gericht kann von einer Bestrafung absehen, wenn der Täter in der Absicht gehandelt hat, Mängel der Schutzvorrichtungen aufzudecken, und diese dem Verfügungsberechtigten oder einer Aufsichts- oder Datenschutzbehörde unverzüglich anzeigt.“[270]

Möhrenschlager (BMJ) gab jedoch zu bedenken, dass eine solche Ausnahmeregelung zu einem innertatbestandlichen Wertungswiderspruch mit der kodifizierten Versuchsstrafbarkeit führe.[271] Dieser könne jedoch, so Helmrich (Vorsitzender), durch eine Klarstellung in Absatz 5 gelöst werden: „Straffreiheit kann auch eintreten im Falle des Versuchs“.[272] Allerdings brächte dies weitere Korrekturen mit sich.[273]

Im Falle einer solchen Klarstellung waren nach Ansicht Möhrenschlagers, allerdings Beweisschwierigkeiten zu befürchten, da Hacker geneigt sein könnten, bei einem misslungenen Angriff Absatz 5 für sich in Anspruch zu nehmen.[274] Möhrenschlager äußerte ferner die Befürchtung, dass sich der Täter durch die Offenlegung von Sicherheitsmängeln exkulpieren könne, die mit der konkreten Tatbegehung nicht im Zusammenhang ständen.[275] Diesbezüglich

---

266 Ebd.

267 A.a.O., S. 44.

268 A.a.O., S. 43; BT, stenograph. Protokoll, 69. Sitzung des Rechtsausschusses v. 15.1.1986, S. 11.

269 BT, stenograph. Protokoll, 69. Sitzung des Rechtsausschusses v. 15.1.1986, S. 16.

270 Formulierungshilfe des BMJ v. 3.12.1985 als Anlage 3 in: BT, stenograph. Protokoll, 69. Sitzung des Rechtsausschusses v. 15.1.1986 zu Art. 1 Nr. 2c, § 202a Abs. 5.

271 BT, stenograph. Protokoll, 69. Sitzung des Rechtsausschusses v. 15.1.1986, S. 13; a.A.: *Götz*, a.a.O., S. 14.

272 A.a.O., S. 15.

273 A.a.O., S. 16.

274 A.a.O., S. 13. A.A.: *Schmidt* (SPD): Es sei auf die richterliche Beweiswürdigung zu vertrauen, a.a.O., S. 14.

275 A.a.O., S. 17.

mahnte Götz (CDU/CSU) jedoch, dass dem Schutzziel der Norm auch in einem solchen Fall Genüge getan sei.[276]

Den eingangs von Götz (CDU/CSU) geäußerten Vorschlag, solche Fälle aus der Strafbarkeit auszunehmen, in denen der Täter ohne böse Absicht handelte, erneut aufgreifend, gab Möhrenschlager (BMJ) weiter zu bedenken, dass es durchaus einen Unterschied mache, ob die Tatbestandsmäßigkeit vom Vorliegen einer zusätzlichen subjektiven Komponente abhänge oder die Straflosigkeit. Sich dessen bewusst, intervenierte Götz (CDU/CSU), dass gar nicht intendiert sei, dass sich der Täter mit einer einfachen Absichtserklärung der Strafbarkeit entziehen könne. Alternativ schlug dieser die Streichung des Absichtserfordernisses vor und dafür eine Berücksichtigung der *tätigen Reue*, die sich in der unverzüglichen Anzeige manifestieren solle.[277] Möhrenschlager (BMJ) wollte jedoch auf das Tatbestandsmerkmal der Absicht nicht gänzlich verzichten, da es dann am Bezug zur Tat fehle.

Götz (CDU/CSU) und Mann (Die Grünen) hatten außerdem erwogen, die Strafbarkeit – ähnlich wie im parallel diskutierten § 263a-E – vom Vorliegen eines *Vermögensschadens* abhängig zu machen.[278] Auch der Schweizer Gesetzesvorschlag setze das Vorliegen einer ungerechtfertigten Bereicherung voraus und normiere in den übrigen Fällen ein Antragsdelikt.[279]

Schmidt (SPD) favorisierte demgegenüber das Erfordernis einer *Bereicherungsabsicht* nach dem Vorbild des § 263.[280] Dies lehnte Möhrenschlager ab und verwies erneut auf die dadurch bedingten Beweisschwierigkeiten. Die Ausgestaltung eines Antragsdeliktes komme darüber hinaus nur bei Fällen in Betracht, in denen der Täter auch erfolgreich in das System eingedrungen sei.[281]

Alternativ schlug Götz (CDU/CSU) zur Wahrung der Rechtssystematik eine Berücksichtigung auf der *Rechtswidrigkeitsebene* vor.[282]

Abschließend bekräftigte Schmidt (SPD) den Wunsch nach einer Differenzierung bei der Strafbarkeit und fasste die vorgeschlagenen Lösungsmöglichkei-

---

276 Ebd.

277 Ebd.

278 BT, stenograph. Protokoll, 63. Sitzung des Rechtsausschusses v. 23.10.1985, S. 43.

279 BT, stenograph. Protokoll, 69. Sitzung des Rechtsausschusses v. 15.1.1986, S. 14.

280 Ähnlich auch Schmidt: § 263 knüpfe an die Bereicherungsabsicht an und habe bislang nicht zu unannehmbaren Beweisschwierigkeiten geführt. Das Absichtserfordernis würde zudem die Differenzierung zwischen Vollendung und Versuch erleichtern, a.a.O., 15.

281 Ebd.

282 BT, stenograph. Protokoll, 63. Sitzung des Rechtsausschusses v. 23.10.1985, S. 47.

ten wie folgt zusammen.[283] Zunächst komme eine Normierung entsprechend dem Formulierungsvorschlag des BMJ in Betracht. Dieser enthalte eine *Exkulpationsmöglichkeit* für die Aufdeckung und Bekanntgabe von Sicherheitsmängeln durch den Täter. Als zweiter Lösungsansatz komme eine an den Schweizer Gesetzesvorschlag angelehnte Regelung in Betracht und damit die Einführung der *ungerechtfertigten Bereicherung* als Tatbestandsvoraussetzung. Als dritte und letzte Variante stehe die vorgeschlagene Ergänzung von Helmrich zur Diskussion. Der Vorsitzende wolle auf die Bereicherungsabsicht verzichten und *Straffreiheit auch im Versuchsstadium*, bei vorliegender Mängelanzeige, gewähren.[284]

Als Ausgangspunkt für die fortzusetzende Diskussion diente die angepasste Gesetzesfassung des BMJ mit Stand vom 17. Januar 1986:

> „§ 202a Ausspähen von Daten; unbefugter Zugang zu Daten
>
> (1) Wer unbefugt Daten, die nicht für ihn bestimmt und die gegen unberechtigten Zugang besonders gesichert sind, sich oder einem anderen verschafft, wird mit Freiheitsstrafe bis zu drei Jahren oder mit Geldstrafe bestraft.
>
> [(2) Der Versuch ist strafbar.]
>
> (3) Wer sich unbefugt Zugang zu den in Abs. 1 genannten Daten verschafft, wird mit Freiheitsstrafe bis zu einem Jahr oder mit Geldstrafe bestraft.
>
> (4) Daten im Sinne der Absätze 1 und 3 sind nur solche, die elektronisch, magnetisch oder sonst nicht sichtbar oder unmittelbar wahrnehmbar gespeichert sind oder übermittelt werden.
>
> [(5) Eventuelle Regelung über Absehen von Strafe].“[285]

Auch in der 71. Sitzung sprach sich Götz (CDU/CSU) für die Streichung der tatbestandlichen Erfassung des sog. Hacking – nunmehr in § 202a Abs. 3[286] – aus. Die Fraktion trete für die Straflosigkeit von Hackern ein, die keinen Zugriff auf Daten nehmen. Auch Schmidt (SPD) schloss sich im Namen seiner Fraktion dieser Auffassung an.[287] Mann (Die Grünen) sprach sich ebenfalls für

283 BT, stenograph. Protokoll, 69. Sitzung des Rechtsausschusses v. 15.1.1986, S. 17.

284 Ebd.

285 In Synopse als Anlage 1, mit Stand v. 17.1.1986, auf S. 14 zu BT, stenograph. Protokoll, 71. Sitzung des Rechtsausschusses v. 22.1.1986. Unterschiede resultieren lediglich aus der Beibehaltung der ursprünglichen Regelungsorte, teilweise versehen mit eckigen Klammern, welche die gegebenenfalls vorzunehmende Streichung kenntlich machten.

286 A.a.O., S. 5, im Protokoll steht zwar § 202 Abs. 3, aber aus der Überschrift, dem Gesamtkontext und der Aussage von *Mann* ergibt sich, dass sich die Äußerung auf § 202a Abs. 3 beziehen muss.

287 Ebd.

die Straflosstellung aus, bezweifelte aber, ob dies mit der bloßen Streichung des nunmehr dritten Absatzes erreicht werden könne. Angesichts dieses geschlossenen Auftretens wurde die Strafbarkeit der Hacker nun gänzlich gestrichen und fand in der Folge keinen Eingang in das Gesetz. Gestrichen wurde außerdem die Versuchsstrafbarkeit in Absatz 2. Damit entfiel die Notwendigkeit für ein Absehen von Strafe – sei es im Falle des Hacking oder bei der Versuchsstrafbarkeit.

2. Computersabotage

Übereinstimmend mit dem Gesetzesentwurf von CDU/CSU und FDP erhielt § 303a zunächst folgenden Wortlaut:

„§ 303a Datenveränderung; Computersabotage

(1) Wer rechtswidrig Daten (§ 202a Abs. 4) löscht, unterdrückt, unbrauchbar macht oder verändert, wird mit Freiheitsstrafe bis zu zwei Jahren oder mit Geldstrafe bestraft.

(2) Mit Freiheitsstrafe bis zu fünf Jahren oder mit Geldstrafe wird bestraft, wer

1. eine Tat nach Absatz 1 begeht oder
2. eine Datenverarbeitungsanlage oder einen Datenträger zerstört, beschädigt, unbrauchbar macht, beseitigt oder verändert

und dadurch eine Datenverarbeitung stört, die für einen Betrieb, ein Unternehmen oder eine Behörde von wesentlicher Bedeutung ist.

(3) Der Versuch ist strafbar.

(4) Die Tat wird nur auf Antrag verfolgt, es sei denn, daß die Strafverfolgungsbehörde wegen des besonderen öffentlichen Interesses an der Strafverfolgung ein Einschreiten von Amts wegen für geboten hält.“[288]

Die Aufnahme der Computersabotage wurde erst in der 71. Sitzung des Rechtsausschusses thematisiert, nachdem der diesbezügliche Reformbedarf im Vergleich zur Computerspionage überwiegend als geringfügig eingeschätzt wurde und sich zunächst auf die Forderung nach einer Strafrahmenerhöhung und einer möglichen Ausgestaltung als Antragsdelikt beschränkte.[289]

---

288 Art. 1 Nr. 9b: § 303a Datenveränderung; Computersabotage i.d.F. Antrag der Fraktionen CDU/CSU und FDP v. 2.10.1985, als Anlage zu BT, stenograph. Protokoll, 60. Sitzung des Rechtsausschusses v. 9.10.1985, S. 7.

289 Bedingt durch den Beschluss, § 205 Abs. 1 S. 2 zu streichen (Synopse des BMJ mit Stand v. 17.1.1986, als Anlage 1 zu BT, stenograph. Protokoll, 71. Sitzung des Rechtsausschusses v. 22.1.1986, S. 14 b, Art. 1 Nr. 2e, a, § 205 Abs. 1 S. 2), regte *Mann* (Die Grünen) konsequenterweise an auch § 303a Abs. 4 zu überdenken, BT, stenograph. Protokoll, 71.

a) Erhöhung des Strafrahmens

An diese Erwägung anknüpfend, begann – trotz der bislang eher beiläufigen Erwähnung dieser Deliktsgruppe – eine intensive Auseinandersetzung über den, über das Strafmaß hinausgehenden Anpassungsbedarf. Im Vordergrund standen die Anwendbarkeit und Reichweite der Norm.

Den Anstoß für die Anpassung der Sachbeschädigungsdelikte bildete die wiederholt erhobene Forderung, den Strafrahmen des § 303 zu erhöhen, um den Unrechtsgehalt der Computersabotage adäquat erfassen zu können. Einen entsprechenden Reformbedarf hatte die Sachverständigenkommission[290] bereits thematisiert. Die Entwurfsfassung der Koalitionsfraktionen sah jedoch keine Anpassung des Strafrahmens bei § 303 vor, sondern eine eigenständige Normierung als § 303a, der sowohl die Fälle der Datenveränderung als auch die der Computersabotage erfassen sollte.[291]

Der Strafrahmen für die einfache Datenveränderung enthielt eine Höchststrafe von bis zu zwei Jahren Freiheitsstrafe. Die besonders schweren Fälle der Computersabotage sollten durch Absatz 2 erfasst und mit bis zu fünf Jahren Freiheitsstrafe geahndet werden. Damit wurde der Strafrahmen für qualifizierte Fälle[292] vorschlagsgemäß erhöht.

Die Ausgestaltung dieser Stufung wurde kritisiert. Angesichts der zu erwartenden technischen Entwicklung war nach Schmidt (SPD) davon auszugehen, dass die dort aufgeführten besonders schweren Fälle künftig den Normalfall darstellen würden. Der gestufte Tatbestand würde hierdurch obsolet.[293] Auf eine explizite Nennung von Beispielsfällen sollte verzichtet werden.[294] Möhrenschlager (BMJ) entgegnete, dass die Normierung einer Strafverschärfung ohne die Benennung von mindestens zwei Regelbeispielen mit der „neueren Linie der

---

Sitzung des Rechtsausschusses v. 22.1.1986, S. 41. *Möhrenschlager* (BMJ) hielt allerdings ein Tätigwerden der Strafverfolgungsbehörden im Bereich des § 303a für unerlässlich, wenn das Erfordernis des besonderen öffentlichen Interesses zu bejahen sei, ebd.

290 Siehe unter A) Vorarbeiten, II) Die Positionierung der Sachverständigenkommission, 2.) Computersabotage.

291 Art. 1 Nr. 9b: § 303a Datenveränderung; Computersabotage i.d.F. Antrag der Fraktionen CDU/CSU und FDP v. 2.10.1985, als Anlage zu BT, stenograph. Protokoll, 60. Sitzung des Rechtsausschusses v. 9.10.1985, S. 7.

292 Die Fälle des § 303a Abs. 2 Nr. 1 stellen eine Qualifikation zu § 303a Abs. 1 dar, die Fälle des § 303a Abs. 2 Nr. 2 eine Qualifikation zu § 303. Allerdings gehe § 303a Abs. 2 Nr. 2 wegen der darin aufgeführten Tathandlungen über den Anwendungsbereich des § 303 hinaus, *Möhrenschlager*, BT, stenograph. Protokoll, 71. Sitzung des Rechtsausschusses v. 22.1.1986, S. 43.

293 A.a.O., S. 41.

294 Ebd.

Strafrechtsreform"[295] nicht vereinbar sei. Diese sollten dem Richter als Anhaltspunkte dienen. Für die Beibehaltung des Qualifikationstatbestandes spreche zudem die höhere Bestimmtheit.[296]

Alternativ schlug Schmidt (SPD) daher vor, Absatz 2 zu streichen und den Strafrahmen explizit für besonders schwere Fälle innerhalb des Absatzes 1 zu erhöhen.[297] Dieser könne, so De With (SPD), nach dem Vorbild des § 330 Abs. 4 gestaltet werden. Konkretisierend sollten neben „Daten" auch „Datenverarbeitungsanlagen" in den Wortlaut aufgenommen werden und „fremd" durch „rechtswidrig" ersetzt werden. Dadurch bleibe die Zerstörung der eigenen Sachen weiterhin straffrei. Die besonders schweren Fälle könnten in einem zweiten Satz aufgenommen werden.[298]

Diesem Vorschlag widersprach Möhrenschlager (BMJ) aus drei Gründen. Datenverarbeitungsanlagen würden bereits über § 303 erfasst, so dass eine Aufnahme bei § 303a Abs. 1 entbehrlich sei. Außerdem passten die Tathandlungen des § 303 nicht auf die Besonderheiten der bislang für § 303a diskutierten Fallgruppen und schließlich sei eine offene Regelbespiellösung nicht erforderlich, da die Aufzählung des Absatzes 2 abschließend sei und keine weiteren relevanten Fälle denkbar seien.[299] De With (SPD) rügte daraufhin, dass diese Dogmatik aus der Entwurfsfassung nicht deutlich werde.[300]

Letztlich blieben die Überlegungen zum Erfordernis des bisherigen Absatzes 2 und dem zu bevorzugenden Standort ergebnisoffen. Eine Einigung wurde noch nicht erzielt.

b) Zum Erfordernis des Tatbestandsmerkmals „fremd"

Grundsätzlich orientierte sich § 303a entsprechend dem gewählten Standort und dem zu erfassenden kriminogellen Verhalten im Aufbau und der Ausgestaltung an § 303. Allerdings verzichtete der Entwurf auf die Aufnahme des Merkmals „fremd" als Tatbestandsvoraussetzung. Dieses Fehlen wurde von Möhrenschlager (BMJ) kritisiert.[301] Unternehmensberater könnten sich gehindert sehen, wieder auf eine manuelle Arbeitsweise umzustellen, da dies die

295 A.a.O., S. 43.

296 Ebd.

297 Ebd.

298 A.a.O., S. 45.

299 A.a.O., S. 46.

300 Ebd.

301 A.a.O., S. 41, 45.

strafrechtsrelevante Löschung erfasster Daten mit sich brächte.[302] Die Aufnahme der Tatbestandsvoraussetzung „fremd“ sei deshalb dringend erforderlich,[303] solle ein späterer Rückgriff auf die teleologische Reduktion wie bei den Brandstiftungsdelikten vermieden werden.

Umgekehrt müsse, so de With (SPD), das Wort „fremd“ bei Absatz 2 Nr. 2 – anders als in Absatz 1 – gerade gestrichen werden (bei Belassung im letzten Nebensatz). Anderenfalls würde der Fall nicht erfasst, dass jemand seine eigene Datenverarbeitungsanlage beschädige, um hierdurch eine fremde Datenverarbeitung zu stören.[304]

Die Erfassung dieser Konstellation sah Möhrenschlager (BMJ) hingegen nicht für zwingend an.[305] Nach aktueller Koalitionsfassung würde diese Tathandlung – mangels Vorliegen von qualifizierenden Voraussetzungen des Absatzes 2 – als gewöhnlicher Sabotageakt behandelt.[306] Dagegen komme bei der Beschädigung einer fremden Datenverarbeitungsanlage eine Strafbarkeit nach § 303 und nach § 303a in Betracht. In diesem Fall sei von einer Idealkonkurrenz auszugehen.[307] Ergänzend wies Möhrenschlager auf eine vom BMJ erarbeitete Formulierungshilfe zu Art. 1 Nr. 9b hin, die eine getrennte Kodifizierung als §§ 303a und 303b vorsah.[308] Darin werde durch § 303b der Fall, dass der Täter seine eigene Datenverarbeitungsanlage zerstört und hierdurch eine fremde Datenverarbeitungsanlage beeinträchtigt, erfasst.[309]

Der Rechtsausschuss folgte diesem Vorschlag.[310] Die getrennte Kodifizierung als §§ 303a und 303b wurde einstimmig in der folgenden Fassung angenommen[311]:

> „§ 303a Datenveränderung
>
> (1) Wer rechtswidrig Daten (§ 202a Abs. 2) löscht, unterdrückt, unbrauchbar macht oder verändert, wird mit Freiheitsstrafe bis zu zwei Jahren oder mit Geldstrafe bestraft.
>
> (2) Der Versuch ist strafbar.“[312]

---

302 Ebd.

303 Ebd.

304 A.a.O., S. 42, zustimmend: *Götz*, a.a.O., S. 43 mit ähnlich gelagertem Fall auf S. 44.

305 A.a.O., S. 42, 44.

306 A.a.O., S. 44.

307 Ebd.

308 A.a.O., S. 61.

309 A.a.O., S. 62.

310 Ebd.

311 A.a.O., S. 63.

312 Art. 1 Nr. 9b: § 303a, a.a.O., Anlage 2, BMJ/Formulierungshilfe.

„§ 303 b Computersabotage

(1) Wer eine Datenverarbeitung, die für einen fremden Betrieb, ein fremdes Unternehmen oder eine Behörde von wesentlicher Bedeutung ist, dadurch stört, daß er

1. eine Tat nach § 303a Abs. 1 begeht oder

2. eine Datenverarbeitungsanlage oder einen Datenträger zerstört, beschädigt, unbrauchbar macht, beseitigt oder verändert,

wird mit Freiheitsstrafe bis zu fünf Jahren oder mit Geldstrafe bestraft.

(2) Der Versuch ist strafbar.“[313]

Weitergehende Debatten über den Regelungsgehalt – wie etwa zur Ausgestaltung des § 202a – schlossen sich dieser Entwurfsfassung nicht an. Konkretisierende Ausführungen zum – weitestgehend unstrittigem – Regelungsgehalt finden sich aus diesem Grunde erst im Abschlussbericht des Rechtsausschusses.[314]

3. Zeitdiebstahl

Während die Einführung des § 291-E in der Sitzung des Rechtsausschusses vom 23. Oktober 1985 noch befürwortet worden war, sprach sich dieser am 22. Januar 1986 einstimmig gegen eine strafrechtliche Kodifizierung aus. Als Hauptgrund für diese Entscheidung wurde auf die mangelnden empirischen Erhebungen über das tatsächliche Vorkommen verwiesen. Zudem verbleibe der Zivilrechtsweg.[315]

III. Beschlussempfehlung des Rechtsausschusses

Nach neunfacher Beratung[316] im Rechtsausschuss konnte am 19. Februar 1986 ein abschließender Bericht zu den Gesetzesentwürfen vorgelegt werden.[317] Die

313 Art. 1 Nr. 9b: § 303b, ebd.

314 BT-Drs. 10/5058 v. 19.2.1986. Vertiefend zu den Motiven des Normenerlasses und zum Regelungsgehalt dementsprechend unter III) Beschlussempfehlung des Rechtsausschusses.

315 BT, stenograph. Protokoll, 71. Sitzung des Rechtsausschusses v. 22.1.1986, S. 33–40.

316 11. Sitzung des Rechtsausschusses v. 24.11.1983, 14. Sitzung v. 25.1.1984, 26. Sitzung v. 6.6.1984 (Hearing), 37. Sitzung v. 14.11.1984, 42. Sitzung v. 23.1.1985, 63. Sitzung v. 23.10.1985, 69. Sitzung v. 15.1.1986, 71. Sitzung v. 22.1.1986 und 73. Sitzung v. 29.1.1986.

317 Abgedruckt in: BT-Drs. 10/5058 v. 19.2.1986. In der 201. BT-Sitzung folgte die zweite und dritte Beratung des Gesetzesentwurfes in den Drucksachen 10/119 und 10/318, unter Einbezug der erläuternden Beschlussempfehlung des Rechtsausschusses in der Drucksache 10/5058, BT, stenograph. Bericht, 201. Sitzung v. 27.2.1986, S. 1534Aff.

Beschlussempfehlung wich stark vom Regierungsentwurf ab. Götz (CDU/CSU) wies darauf hin, dass die Hälfte der vorgeschlagenen Paragraphen gestrichen sei und zwei Drittel der Paragraphen neu eingefügt. Der Schwerpunkt der Umgestaltung und Neueinführung habe sich auf den Bereich der Computermissbrauchstatbestände verschoben. Dies erkläre sich mit der rasanten technischen Entwicklung und der sie begleitenden Zunahme strafwürdiger Handlungen. Diesen sei mit dem klassischen Strafrecht nicht mehr beizukommen.[318] Dabei wurden vor allem erhebliche Strafbarkeitslücken auf dem Gebiet der Computersabotage und -spionage aufgezeigt.

Zu der wohl am intensivsten diskutierten Problematik – der strafrechtlichen Erfassung des Hackings – arbeitete Götz (CDU/CSU) heraus, dass das bloße Hacken, entgegen der Forderung in der breiten Öffentlichkeit, durch die Einführung des neuen Tatbestandes nicht unter Strafe gestellt werden solle. Alle Fraktionen seien sich darüber einig gewesen, jugendliche Computer-Freaks, die ihrem Hobby frönen, nicht zu sanktionieren. Aus diesem Grund habe der Ausschuss den Vorschlag der Regierung – bereits den (bloß) unbefugten Zugang zu besonders gesicherten Daten unter Strafe zu stellen – abgelehnt.[319] Die Bezeichnung des § 202a als Hackerparagraph lasse erahnen, wie stark die Reform von dieser Debatte geprägt sei, obwohl das Hacking überhaupt nicht mehr unter Strafe gestellt werden solle.[320] Entscheidend für diesen Entschluss sei die Rückbesinnung auf das ultima ratio-Prinzip, wonach die schneidigen Mittel des Strafrechts erst zur Anwendung gelangen sollen, wenn ein Schadenseintritt vorliege oder zumindest eine Rechtsgutsverletzung tatsächlich drohe. Durch das bloße Hacken werde das Verfügungsrecht über die betroffene Information aber gerade noch nicht beeinträchtigt, wenn sich der Zugriff tatsächlich auf das bloße Verschaffen von Zugang zum System beschränke.[321] Aus diesem Grund habe sich der Rechtsausschuss bewusst gegen die Einführung eines abstrakten Gefährdungsdelikts ausgesprochen.[322]

---

318 Die meisten Formulierungen seien einstimmig von den Mitgliedern des Rechtsausschusses angenommen worden. Dazu gehörten die Regelungen zum rechtswidrigen Löschen (BT, stenograph. Bericht, 201. Sitzung v. 27.2.1986, S. 15434D), zum Unterdrücken (a.a.O., S. 15434D, 15435A), zum Unbrauchbarmachen und zum Verändern von Daten sowie zur Computersabotage (a.a.O., S. 15435A).

319 A.a.O., S. 15437A.

320 A.a.O., S. 15437B.

321 A.a.O., S. 15437A.

322 A.a.O., S. 15437B.

Am 1. August 1986 trat das 2. WiKG in Kraft.[323] Klare Zielstellung war es, nicht das alte Recht zu beseitigen, sondern die durch diese Entwicklung aufgetanen Lücken zu schließen.[324] Kennzeichnend für diesen Prozess traten auch nach mehrjährigen Beratungen immer wieder neue Deliktsformen auf, die in den Entwurf aufgenommen wurden, um einen abgerundete Gesetzesfassung herbeizuführen.[325]

C) Zusammenfassung

Auf der Grundlage des Abschlussberichts in der Bundestagsdrucksache 10/5058 vom 19. Februar 1986 lassen sich die tragenden Entwicklungs- und Argumentationslinien sowie deren legislatorisches Resultat wie folgt zusammenfassen.

I. Inhalt und Motive für die Einführung des § 202a i.d.F. des 2. WiKG

Begründet wurde die Pönalisierung mit der Schutzwürdigkeit der Daten, die wie verkörperte Informationen strafrechtlichen Schutz erfahren sollten. Angesichts ihres Wertes und ihrer wachsenden Bedeutung sei dies eine wesentliche und erforderliche Ergänzung. Unstreitig von § 201 erfasst seien Computerdaten nämlich nur, wenn sie in einem Tresor aufbewahrt würden, nicht jedoch im Übermittlungsstadium.[326]

Den Anstoß für die Aufnahme der Regelung des § 202a bildete das von Sieber vorgebrachte Begehren, das „unbefugte Abhören und Anzapfen von Datenübertragungssystemen“[327] unter Strafe zu stellen. Dies sei ein zentraler Anknüpfungspunkt für die Computerspionage, die angesichts der maschinel-

323 Inhaltlich entsprach die Gesetzesfassung der Beschlussempfehlung des Rechtsausschusses, BR-Drs. 155/86 v. 28.3.1986, S. 1. Die ergänzend aufgenommenen Empfehlungen der Ausschüsse (BR-Drs. 155/1/86 v. 7.4.1986) sowie der Antrag Hessens, Nordrhein-Westfalens und dem Saarland (BR-Drs. 155/2/86 v. 16.4.1986) betrafen das Computerstrafrecht nicht. Die Beschlussempfehlung des Rechtsausschusses (BT-Drs. 10/5058 v. 19.2.1986) wurde am 27.2.1986 angenommenen. Durch den Beschluss v. 28.3.1986 wurde der als BT-Drs. 10/318 eingebrachte Entwurf der Bundesregierung in der überarbeiteten Fassung Gesetz.

324 BT, stenograph. Bericht, 201. Sitzung v. 27.2.1986, S. 15444B.

325 A.a.O., S. 15444C.

326 BT-Drs. 10/5058 v. 19.2.1986, S. 28.

327 *Sieber*, Stellungnahme v. 6.6.1984 zum 2. WiKG, S. 31f. als Anlage zu BT, Rechtsausschuss, 26. Protokoll v. 6.6.1984, S. 267f.; bestätigt in: Anhörung, stenograph. Protokoll, 26. Sitzung des Rechtsausschusses v. 6.6.1984, S. 177.

len Analysemöglichkeiten eine viel größere Gefahr darstelle als die Telefonüberwachung.[328]

Statt den Anwendungsbereich des § 201 über Absatz 3 auszudehnen, entschied sich der Rechtsausschuss für eine eigenständige Normierung als § 202a. Die vormals von § 202 Abs. 3 erfassten gespeicherten Daten wurden in den Schutzbereich des § 202a einbezogen, um einen gleichwertigen Schutz von gespeicherten und übermittelten Daten zu erreichen.[329]

Am stärksten umstritten war die strafrechtliche Einordnung der Hackertätigkeit. Im Vordergrund standen Überlegungen zur Privilegierung von Hackern, die sich zur Aufdeckung von Sicherheitsmängeln unbefugt Zugang zum Datenverarbeitungssystem verschaffen. Auch wenn sich viele Sachverständige und Abgeordnete für eine strafrechtliche Erfassung aussprachen, nahm der Rechtsausschuss von der Normierung Abstand, um eine Überkriminalisierung zu vermeiden.[330]

Aus dem gleichen Grund wurde auch die zwischenzeitlich erwogene Aufnahme der Versuchsstrafbarkeit abgelehnt. Hinzu kamen systematische Erwägungen, da die versuchte Begehung der §§ 201 StGB und 41 BDSG ebenfalls nicht strafbar seien.[331]

Dies müsse erst recht für Vorbereitungshandlungen gelten, auch wenn die Integritätsinteressen bereits durch das Eindringen gefährdet werden könnten, da eine starke Systembelastung zu fürchten sei.[332] Komme es tatsächlich zu einer Störung, habe sich der Eindringende gem. §§ 303ff. zu verantworten.[333]

Ein umfassender Datenschutz solle durch § 202a allerdings nicht gewährleistet werden. Geschützt werden lediglich Daten, die besonders gesichert sind. Hierfür geeignet seien alle Vorkehrungen, die das Geheimhaltungsinteresse des Verfügungsberechtigten an den Daten zum Ausdruck bringen. Nicht erforderlich sei hingegen, dass es sich um Geheimnisse i.S.d. Strafgesetzbuches handelt. Bei der Auslegung des Erfordernisses der besonderen Sicherung könne auf § 202 Bezug genommen werden, an dessen Inhalt und Aufbau sich der

---

328 BT-Drs. 10/5058 v. 19.2.1986, S. 28.

329 Die Neuregelung sollte im Fünfzehnten Abschnitt erfolgen, auch wenn – entgegen der Titelvorgabe – eine Verletzung des persönlichen Lebens- oder Geheimbereichs nicht vorausgesetzt wird, ebd.

330 Ebd.

331 A.a.O., S. 29.

332 A.a.O., S. 28.

333 A.a.O., S. 29.

einzufügende § 202a orientiere. Aber auch § 243 Abs. 1 Nr. 2 könne für eine Präzisierung dienlich sein.[334]

Der objektive Tatbestand setze zudem die Kenntnisnahme von Daten voraus. Allerdings komme es nicht auf die tatsächliche Kenntnisnahme beim Täter an, ausreichend sei vielmehr die Kenntnisnahme durch Dritte. § 202a sei insoweit mit § 96 StGB und der geplanten Neufassung des § 17 Abs. 2 Nr. 1 UWG vergleichbar.[335]

Absatz 2 diente vornehmlich der Klarstellung, dass durch § 202a auch Daten, die sich im Übermittlungsstadium befinden, in den Schutzbereich einbezogen werden sollen. Auf die Verwendung des Begriffs der Datenverarbeitungsanlage wurde bewusst verzichtet, da es für den gewährten Rechtsschutz nicht auf die verwendete Technologie ankommen kann. Eine Begriffsdefinition für „Daten" hielt der Rechtsausschuss nicht für erforderlich. Dies sei auch bei der Einführung des § 268 Abs. 2 und des § 2 Abs. 1 BDSG bewusst unterblieben. Der Rechtsausschuss ließ offen, ob der Datenbegriff mit diesen Tatbeständen übereinstimme.[336]

Die Ausgestaltung als Antragsdelikt in § 205 Abs. 1 sollte unnötige Strafverfahren vermeiden. Ebenso wie in § 41 Abs. 1 Nr. 2 BDSG (vgl. § 77 StGB) wurde der Übergang des Strafantragsrechts ausgeschlossen.[337]

II. Inhalt und Motive für die Einführung des § 303a i.d.F. des 2. WiKG

Durch § 303a sollte die Verwendbarkeit von Daten geschützt werden. Erforderlich geworden sei die Einführung durch die wachsende Abhängigkeit vom ordnungsgemäßen Funktionieren der Datenverarbeitung und des wirtschaftlichen Wertes der darin verarbeiteten Informationen.[338]

Angeregt hatten Mohr und Oertel die Aufnahme des Tatbestandes.[339] Sieber bezweifelte ein entsprechendes Reformbedürfnis, hielt eine Zunahme der zu

---

334 Ebd.

335 Ebd. Beschafft der unbefugte Täter hingegen Daten für einen Befugten, so dürfte dieser mit mutmaßlicher Einwilligung und damit gerechtfertigt gehandelt haben, ebd.

336 Ergänzend wurde darauf hingewiesen, dass auch gespeicherte Programme erfasst seien, ebd.

337 Ebd.

338 A.a.O., S. 34; *Achenbach*, NJW 1986, 1835, 1839.

339 *Mohr*, Anhörung, BT, stenograph. Protokoll, 26. Sitzung des Rechtsausschusses v. 6.6.1984, S. 180; *Oertel*, Anhörung, a.a.O., S. 183. So auch: DATEV, Matrix, S. 1 als Anlage,

erfassenden Fallkonstellationen jedoch für möglich.[340] Der Rechtsausschuss verwies ergänzend auf die internationale Rechtslage, da auch die USA und Kanada über vergleichbare Regelungen verfügten und in der Schweiz und Österreich ähnliche Gesetzesentwürfe vorlägen. Das geltende Strafecht reiche nicht aus, da die Anwendbarkeit des § 303 umstritten sei.[341]

Aus diesem Grund wurde die Datenveränderung in § 303a geregelt. Dabei wurden die Tathandlungen des § 303 nachempfunden aber auch darüber hinausgehende Tathandlungen erfasst. Als Pendant zum „Zerstören" wurde in § 303a Abs. 1 das „Löschen" kodifiziert, welches ein unwiederbringliches vollständiges Unkenntlichmachen von Daten voraussetze (vgl. § 2 Abs. 1 Nr. 4 BDSG).[342]

Das technische Äquivalent zum „Beschädigen" von Sachen bildete das „Unbrauchbarmachen" von Daten. Davon sei auszugehen, wenn Daten derart in ihrer Gebrauchsfähigkeit beeinträchtigt werden, dass sie ihren Zweck nicht mehr erfüllen können, d.h. nicht mehr ordnungsgemäß einsetzbar sind. Erreicht werden könne dies z.B. durch Einfügungen.[343] Die Funktionsbeeinträchtigung i.S.d. § 2 Abs. 1 Nr. 3 BDSG wird vom „Verändern"[344] i.S.d. § 303a umfasst. Dies setzt eine inhaltliche Umgestaltung des Informationsgehaltes voraus.[345] Gegenüber § 303 wurde der Anwendungsbereich des § 303a durch das Tatbestandsmerkmal „Unterdrücken" erweitert.[346] Hiervon sei auszugehen, wenn die Daten „dem Zugriff des Berechtigten entzogen und deshalb nicht mehr verwendet werden können".[347] Als Tathandlungen wurden damit Handlungen gewählt, die sich nicht nur mit dem Bundesdatenschutzgesetz, sondern auch untereinander überschneiden können, um einen umfassenden Rechtsschutz zu gewähren.[348]

Die Rechtswidrigkeit sollte sich sowohl aus der Verletzung des Verfügungsrechts des Abspeichernden ergeben können, als auch aus der Interessenverlet-

---

a.a.O., S. 218; Nixdorf AG, Gutachten, S. 4 als Anlage zum stenograph. Protokoll, 26. Sitzung des Rechtsausschusses v. 6.6.1984, S. 37.

340 *Sieber*, Anhörung, a.a.O., S. 172.

341 BT-Drs. 10/5058 v. 19.2.1986, S. 34 m.w.N.

342 *Tiedemann*, JZ 1986, 865, 870.

343 BT-Drs. 10/5058 v. 19.2.1986, S. 35 m.w.N.

344 Ebd. Zu verfassungsrechtlichen Zweifeln wegen fehlender weitere Restriktionen vgl. *Welp*, iur 1988, 443, 447.

345 BT-Drs. 10/5058 v. 19.2.1986, S. 35, *Tiedemann*, JZ 1986, 865, 870.

346 BT-Drs. 10/5058 v. 19.2.1986, S. 34f.

347 A.a.O., S. 35; *Tiedemann*, JZ 1986, 865, 870.

348 BT-Drs. 10/5058 v. 19.2.1986, S. 34.

zungen desjenigen, der durch den Inhalt der Daten berührt wird (vgl. § 41 BDSG).[349]

Absatz 2 regelt die Versuchsstrafbarkeit und wurde damit ebenfalls an § 303 angelehnt.[350]

III. Inhalt und Motive für die Einführung des § 303b i.d.F. des 2. WiKG

Die Computersabotage war in der ursprünglichen Entwurfsvorlage ebenfalls nicht enthalten. Ihre Einführung ist auf die Anhörung vor dem Rechtsausschuss zurückzuführen. Allerdings wurde sie bereits von der Sachverständigenkommission thematisiert, der Reformbedarf jedoch anders bewertet.

Als maßgeblicher Hintergrund für die Aufnahme wurde auch hier auf die wachsende Abhängigkeit insbesondere bei Rechenzentren wie DATEV hingewiesen.[351] Dies rechtfertige die Einführung des Tatbestandes gegen „eine besonders gefährliche Form der Wirtschaftssabotage".[352] Auf den erweiterten potentiellen Täterkreis und damit auf die Gefahr, die von Außenstehenden ausgehe und nicht nur von den eigenen Mitarbeitern, wurde ebenfalls aufmerksam gemacht.[353]

Das geltende Recht und damit die Erfassung durch § 303 wurden als unzureichend angesehen. Auch eine Erweiterung der Urkundentatbestände auf Beweisdaten könne das Strafbedürfnis nicht vollständig erfassen.[354] Bei einer Anwendung des § 303 bzw. des einzuführenden § 303a auf die hiervon betroffenen Daten würde der Strafrahmen von bis zu zwei Jahren Freiheitsstrafe dem Strafbedürfnis nicht gerecht.[355] Sieber hingegen bestritt, wie schon in seinem Gutachten für die Sachverständigenkommission, das Vorliegen eines Strafbedürfnisses für die Erfassung der Computersabotage.[356] Allerdings äu-

---

349 Ebd.

350 A.a.O., S. 35.

351 *Mohr*, Anhörung, BT, stenograph. Protokoll, 26. Sitzung des Rechtsausschusses v. 6.6.1984, S. 181.

352 BT-Drs. 10/5058 v. 19.2.1986, S. 35.

353 Ebd.

354 Ebd.

355 *Oertel*, Anhörung, stenograph. Protokoll, 26. Sitzung des Rechtsausschusses am 6.6.1984, S. 182.

356 *Sieber*, Anhörung, a.a.O., S. 177.

ßerte auch er Zweifel an der Subsumierbarkeit der maßgeblichen Tathandlungen unter den Tatbestand des § 303.[357]

Erwogen wurde auch die Einführung eines allgemeinen Tatbestandes gegen Betriebssabotage.[358] Sieber befürchtete jedoch, dass hierfür keine ausreichend bestimmte und praktikable Norm formuliert werden könne.[359] Außerdem wurde die Strafbedürftigkeit der Computersabotage höher eingeschätzt. Angesichts der befürchteten hohen Schäden sei ein Strafrahmen von bis zu fünf Jahren Freiheitsstrafe angemessen.[360]

In Absatz 1 sollte unter dem Begriff Datenverarbeitung sowohl der konkrete Datenverarbeitungsvorgang als auch der anschließende Umgang mit den Daten sowie deren Verwertung zu verstehen sein. Als Ausgleich für dieses weite Verständnis wurde die Anwendbarkeit von der „wesentlichen Bedeutung" abhängig gemacht.[361] Erfasst werden danach beispielsweise Angriffe auf zentrale Daten in Anlagen von Rechenzentren bei Großunternehmen, von denen das Funktionieren der wesentlichen Betriebsabläufe abhängig ist.[362] Andererseits sei eine Störung im Sinne des § 316b nicht zu fordern, um den Tatbestand nicht unnötig einzuengen.[363]

Von § 303b Abs. 1 werden in Nummer 1 und 2 nunmehr zwei verschiedene Tatobjekte erfasst.[364] Nummer 1 verweist auf die Sabotagehandlung des § 303a Abs. 1. Maßgeblich für die Tatbestandsmäßigkeit ist danach das Vorliegen einer rechtswidrigen Datenveränderung.[365] Insoweit stellt § 303b Abs. 1 Nr. 1 eine Qualifikation zu § 303a dar.[366]

Demgegenüber nimmt Nummer 2 auf den Regelungsgehalt des § 303 Bezug und knüpft an die Normierung von §§ 87 Abs. 2 Nr. 2, 109e Abs. 1, 145

357 *Ders.*, Stellungnahme v. 6.6.1984 zum 2. WiKG, S. 36 als Anlage zu BT, Rechtsausschuss, 26. Protokoll v. 6.6.1984, S. 272.

358 BT-Drs. 10/5058 v. 19.2.1986, S. 35.

359 *Sieber*, Stellungnahme v. 6.6.1984 zum 2. WiKG, S. 37 als Anlage zu BT, Rechtsausschuss, 26. Protokoll v. 6.6.1984, S. 273.

360 BT-Drs. 10/5058 v. 19.2.1986, S. 35.

361 *Tiedemann*, JZ 1986, 865, 870.

362 BT-Drs. 10/5058 v. 19.2.1986, S. 35; *Tiedemann*, ebd.: Aus dem Tatbestand ausgeschieden werden sollen damit z.B. Manipulationen von elektronischen Schreibmaschinen oder Taschenrechnern.

363 BT-Drs. 10/5058 v. 19.2.1986, S. 35.

364 Ebd.

365 Ebd.

366 A.a.O., S. 36.

Abs. 2 Nr. 2, 316b, 317 an. Hierdurch sollte eine Angleichung an Nr. 1 in Verbindung mit den Tathandlungen des § 303a erreicht werden, indem die umschriebenen Tathandlungen in § 303a parallel zu denen des § 303 gebildet wurden. In Anlehnung an das „Zerstören" kann von einer „Beseitigung" gesprochen werden, wenn die genannten Gegenstände „aus dem Verfügungs- und Gebrauchsbereich des Berechtigten entfernt sind".[367] „Unbrauchbar" sind sie, wenn ihre Brauchbarkeit so stark herabgesetzt wurde, dass sie „nicht mehr ordnungsgemäß verwendet werden können".[368] Von einer „Veränderung" wird gesprochen, „wenn ein abweichender Zustand herbeigeführt wird".[369] Damit ist Nummer 2 nicht nur eine qualifizierte Sachbeschädigung, sondern umfasst auch Tathandlungen gegen eigene Sachen, sofern sich dies auf die wesentliche Datenverarbeitung eines Dritten ausgewirkt hat.[370] Durch Auslegung sollen für den Anwendungsbereich der Nummer 1 ähnliche Ergebnisse erzielt werden können.[371]

In Absatz 2 wurde, ähnlich wie in §§ 303, 303a und §§ 316b, 317, die Versuchsstrafbarkeit normiert.[372]

D) Resümee

Allgemein ist festzustellen, dass der Schutzbereich des tradierten Strafrechts vom Schutz körperlicher Gegenstände auf immaterielle Güter ausgedehnt wurde. Dieser Schritt wurde durch die Einbeziehung von Daten erforderlich. In systematischer Hinsicht entschied sich der Gesetzgeber weder für die Kodifizierung eines gesonderten Computerstrafrechts, noch beschränkte er sich auf die Wortlautanpassung bereits vorhandener Vorschriften. Bevorzugt wurde ein Mittelweg, indem neue Tatbestände – entsprechend ihrer Sachnähe – in verschiedene Abschnitte des Strafgesetzbuches eingeführt wurden. Eine solche Sachnähe ergab sich insbesondere aus den betroffenen Rechtsgütern. Allerdings ging die Kodifizierung über die Einbeziehung klassischer Rechtsgüter und damit über das tradierte Schutzkonzept hinaus. In diesem Zusammenhang sei beispielhaft das geschützte formale Geheimhaltungsinteresse in § 202a erwähnt. Auch wenn diese Entscheidung damit auf der Linie der Hypertrophie des Strafrechts liegen mag, ist hervorzuheben, dass der Gesetzgeber mit dem

367 Ebd.

368 Ebd.

369 Ebd.

370 Ebd.

371 Ebd.

372 Ebd.

Normenerlass weit hinter den ursprünglichen Forderungen[373] zurück blieb. Dies galt vor allem für die geforderte Inkriminierung des sog. Hacking, die Aufnahme der Versuchsstrafbarkeit sowie der bloßen Vorbereitungshandlungen zur Begehung der Computerspionage. Durch die Rückbesinnung auf rechtsstaatliche Grundsätze konnte eine dahingehende Überkriminalisierung vermieden werden. Umso bedauerlicher ist es, dass diese schätzenswerte Argumentation die künftigen Gesetzesnovellierungen dank der

> „Vorgaben aus dem Recht der Europäischen Gemeinschaft oder Union, die mehr oder weniger sklavisch in neues Strafrecht und Ordnungswidrigkeitenrecht umgesetzt werden“[374],

nicht überdauern wird.

373 Vgl. *Tiedemann*, Gutachten zum 49. DJT, C 1 bis C 106.

374 *Achenbach* in: FS Tiedemann, S. 59.

DRITTER TEIL:
KODIFIZIERUNG DES INTERNETSTRAFRECHTS

Drittes Kapitel: Technisch-phänomenologische Grundlegung

Während Mitte der 1980er Jahre der Einsatz von Computeranlagen noch den zentralen Anknüpfungspunkt für die Novellierung des Strafrechts bildete, trat im folgenden Jahrzehnt ihre Vernetzung zunehmend in den Vordergrund technischer wie legislatorischer Anpassungsbemühungen. Den Ausgangspunkt für die Gewährung eines adäquaten Strafrechtsschutzes bildeten die bereits kodifizierten system- und datenbezogene Delikte, wobei die systembezogenen Delikte angesichts der Sacheigenschaft der betroffenen Computersysteme naturgemäß eine stärkere Nähe zum klassischen Strafrecht aufwiesen. Größere konzeptionelle Schwierigkeiten bereitete hingegen die strafrechtliche Erfassung der Computerdaten, deren Spezifika durch ihre immaterielle Natur geprägt sind.[1] Diese Problematik dehnte sich durch die Vernetzung von computergespeicherten und verarbeiteten Daten auf Daten im Übermittlungsstadium aus. Die damit einhergehende räumliche Entgrenzung von ihrem Ursprungsort bestärkte den bereits eingeleiteten Paradigmenwechsel.[2] Verfassungsrechtlich gestützt wurde die Ausweitung des Rechtsschutzes durch die Entscheidung des Bundesverfassungsgerichts aus dem Jahre 2008,[3] in der das sog. Computergrundrecht aus der Taufe gehoben wurde.

Nachdem die ersten leistungsfähigen Rechner entwickelt waren, zeigten sich zunehmend Bestrebungen für eine effektivere Ressourcennutzung. Durch die Entwicklung des Time-Sharing-Verfahrens konnte ein Rechner durch mehrere Anwender genutzt werden.[4] Anschließend galt es, eine technische Lösung für den umgekehrten Fall zu entwickeln, d.h. für eine simultane Verwendung mehrerer Computer durch einen einzigen Anwender, sollten die dahinterstehenden Rechenleistungen kumuliert werden.[5] Die wohl populärste Form der Vernetzung ist der Datenaustausch über das Internet, einem Übertragungsprotokoll auf TCP/IP[6]-Basis,[7] das die Kommunikation zwischen verschiedenen

1 *Sieber*, Gutachten zum 69. DJT, C 15.

2 *Brodowski / Freiling*, Cyberkriminalität, S. 23, 26; *Gercke*, CRi 2010, 75, 75.

3 BVerfGE 120, 274–350 (Online-Durchsuchung).

4 *Schmitt*, Internet, S. 18; *Hafner / Lyon*, Arpa Kadabra, S. 29; *Schulze-Heiming*, Strafrechtlicher Schutz der Computerdaten, S. 5.

5 *Sieber* in: Hoeren / Sieber / Holznagel, EL Juni 2006, Teil 1, Rn. 14f.

6 TCP/IP = kurz für Transmission Control Protocol/Internet Protocol. Das Protokoll wurde am 1.1.1983 offiziell eingeführt, *Leimbach*, Geschichte der Softwarebranche, S. 361; *Hellige*, Geschichte des Internet in: Kreowski (Hrsg.), S. 139; *Friedewald*, Experimentierfeld, S. 334. Vertiefend zur Funktionsweise: *Bremer*, Strafbare Internet-Inhalte, S. 29.

https://doi.org/10.1515/9783110623031-006

Rechnern ermöglicht. Technisch ungenau wird als „Internet“ jedoch zumeist nicht jene Protokollschicht bezeichnet, die den Zusammenschluss aus verschiedenen Einzelsystemen gestattet,[8] sondern das sog. world wide web. Hierbei handelt es sich streng genommen um eine zusätzliche Benutzeroberfläche, die auf das „eigentliche“ Internet gewissermaßen aufgesetzt wurde, um seine Handhabung zu erleichtern.[9] Im Folgenden wird der Begriff „Internet“, soweit nicht anders gekennzeichnet, als Funktionseinheit der zusammenarbeitenden Schichten verstanden.[10]

A) Die Entwicklung des Internets

Die Thesen der technologischen Grundlegung zum Computerstrafrecht im *zweiten Teil der Arbeit* aufgreifend, wird im Folgenden ebenfalls untersucht, ob die Abhängigkeit von der Technik durch ihre Vernetzung gestiegen ist (These 1), sich die Wahrnehmung der Technik im Verlaufe der Zeit verändert hat (These 2) und ein Einstellungswandel gegenüber der Technik feststellbar ist (These 3).

I. Wandel vom militärischen zum wissenschaftlichen Netzwerk

Die Entwicklung des Internets ist keine lineare, nordamerikanische Erfindung, auch wenn das US-amerikanische ARPANET[11] zu den bedeutendsten Vorläufern der heutigen Internettechnologie zählt. Sie vereint vielmehr Erkenntnisse internationaler Forschungsvorhaben, die in ihrer Verschiedenheit den Grundstein für den weltweiten Netzwerkverbund gelegt haben,[12] der den Datentransfer zwischen unterschiedlichen Netzwerken mit unterschiedlichen Dateiformaten gestattet. Sie prägen Aufbau und Funktionsweise sowie die weitreichenden Verwendungsmöglichkeiten. Inzwischen verknüpft das Internet 60.000 autonome Netzwerke weltweit.[13]

---

7 *Mayer*, NJW 1996, 1782, 1783; *Vetter*, Gesetzeslücken, S. 15f.; *Bremer*, Strafbare Internet-Inhalte, S. 29; *Finke*, Internet-Provider, S. 2.

8 BSI, Lagebericht der IT-Sicherheit 2015, S. 17.

9 *Bremer*, Strafbare Internet-Inhalte, S. 24.

10 Zum Aufbau und der Funktionsweise im sog. Schichtenmodell, siehe sogleich unter B) I. Datenübertragungstechnik als struktureller Risikofaktor.

11 Die Bezeichnung „ARPANET“ erhielt das zu entwickelnde Netzwerk im Oktober 1967, BBN, Report, S. III-16. Zur Entwicklung sogleich.

12 *Friedewald*, Experimentierfeld, S. 342; *Hellige*, Geschichte des Internet in: Kreowski (Hrsg.), S. 121, 123f.; *Schmitt*, Internet, S. 15.

13 MELANI, Halbjahresbericht 2016/I, S. 42f.

Anders als bei den Ursprüngen der Computertechnik liegen die Anfänge des Internets in der staatlichen Förderung mit militärischen Bezügen. Entgegen einer weit verbreiteten These[14] handelte es sich hierbei jedoch nicht um das Produkt eines gezielten Forschungsvorhabens zur Überdauerung eines atomaren Angriffs.[15] Ein möglicher Grund für diese noch immer weit verbreitete Annahme dürfte in der Gleichsetzung mit den militärischen Forschungsarbeiten im Rahmen des RAND-Projekts[16] liegen. Dieses zielte jedoch auf die Entwicklung einer verteilten und dadurch redundanten Kommunikation[17] mittels Radiowellen.[18]

1958 nahm die Advanced Research Project Agency (ARPA), später Defense Advanced Research Project Agency (DARPA),[19] ihre Arbeit mit einer finanziellen Erstausstattung von 520 Mio. Dollar auf.[20] Die Raumfahrt- und Raketenprogramme wurden bereits im selben Jahr abgekoppelt[21] und damit eine erste Abkehr von der militärischen Ausrichtung eingeleitet. Die anschließende Fokussierung auf die Grundlagenforschung[22] und die Öffnung der Forschungsvorhaben für eine Kooperation mit den Universitäten bekräftigte diese Neuausrichtung.[23]

---

14 *Bremer*, Strafbare Internet-Inhalte, S. 25; *Schmid*, Computerhacken, S. 14; *Gercke*, CR 2004, 782, 784; *Ders.*, MMR 2008, 291, 295.

15 *Hafner / Lyon*, Arpa Kadabra, S. 10; *Sieber* in: Hoeren / Sieber / Holznagel, Teil 1, Rn 1; *Leimbach*, Geschichte der Softwarebranche, S. 359; *Dornseif*, Phänomenologie der IT-Delinquenz, S. 88, *Géczy-Sparwasser*, Gesetzgebungsgeschichte, S. 54ff. Vertiefend: *Hafner / Lyon*, a.a.O., S. 63ff.; *Bunz*, Vom Speicher zum Verteiler, S. 12f., 56. Auch wenn die Überlebensfähigkeit beim ARPANET nicht im Vordergrund stand, habe Roberts die gewählte Struktur wegen der größeren Stabilität übernommen, a.a.o., S. 90.

16 Vertiefend zur Funktionsweise und Geschichte des RAND-Projekts, *Baran*, OH 182, S. 9ff.; *Ders.*, Memorandum RM-3097-PR, S. 1ff.; *Ders.*, Memorandum RM-3767-PR, S. 6ff.; BBN, Report, S. III-5ff.

17 *Baran*, OH 182, S. 9; *Bunz*, Vom Speicher zum Verteiler, S. 58; *Leimbach*, Geschichte der Softwarebranche, S. 360; *Géczy-Sparwasser*, Gesetzgebungsgeschichte, S. 56; *Baran*, Memorandum RM-3097-PR, S. 8; *Ders.*, Memorandum RM-3767-PR, V; BBN, Report, S. III-5ff.; *Kahn*, OH 192, S. 17f.

18 *Bunz*, Vom Speicher zum Verteiler, S. 58; *Baran*, OH 182, S. 14; *Kahn*, OH 192, S. 24.

19 *Sieber* in: Hoeren / Sieber / Holznagel, Teil 1, Rn 1; *Finke*, Internet-Provider, S. 3; *Kempa*, Hackerkultur, S. 34; *Géczy-Sparwasser*, Gesetzgebungsgeschichte, S. 32ff.; BBN, Report, S. I-2, III-2; *Herzfeld*, OH 208, S. 10.

20 *Hafner / Lyon*, Arpa Kadabra, S. 21f., 262; *Géczy-Sparwasser*, Gesetzgebungsgeschichte, S. 33; *Bremer*, Strafbare Internet-Inhalte, S. 25.

21 *Hafner / Lyon*, a.a.O., S. 24 m.w.N.; *Géczy-Sparwasser*, Gesetzgebungsgeschichte, S. 37f.; *Schmitt*, Internet, S. 70.

22 *Hafner / Lyon*, ebd.

23 A.a.O., S. 25.

1961 übernahm mit Jack P. Ruina erstmals ein Wissenschaftler die Stelle des Direktors der ARPA.[24] Im Folgejahr stellte dieser den Psychologen Joseph Carl Robnett Licklider ein,[25] der zuvor vor allem durch seinen Aufsatz über die Symbiose zwischen Mensch und Computer Bekanntheit erlangt hatte.[26] Diesen theoretischen Ansatz versuchte Licklider im Auftrag der ARPA umzusetzen, indem er sich zum Ziel setzte, eine direkte Zugriffsmöglichkeit auf den Computer herzustellen,[27] um die technischen Nutzungsmöglichkeiten durch das Time-Sharing-Verfahren für wissenschaftliche Zwecke zu erweitern.[28] Mit diesem Schritt wurde die Abkehr von militärischen Zwecken zu einer verstärkt wissenschaftlichen Nutzung abermals bekräftigt. Auch auf institutioneller Ebene zeichnete sich mit der Umstrukturierung der „Command and Control-Abteilung" zu einem „Information Processing Techniques Office (IPTO)" ein Umbruch ab.[29]

Die Leitung des IPTO übernahm 1966 Robert Taylor, welcher sich für die Realisierung der Vision von einem dezentralen Computernetzwerk einsetzte. Bei dem damit angestrebten qualitativen Sprung vom Time-Sharing-Model Lickliders zum Ressource-Sharing-Netzwerk Taylors handelte es sich ebenfalls nicht um einen reinen Selbstzweck. Angesichts der inzwischen verdoppelten Anzahl an Computerwissenschaftlern wuchsen die Anforderungen an und die Abhängigkeit von der technischen Ausstattung, die eine effektivere Ressourcennutzung dringend erforderlich machten.[30] Die Idee des späteren ARPANET war entstanden.[31] Später beschrieb Taylor die Geburtsstunde des wichtigen Vorläufermodells in einem Interview wie folgt:

> „I had no proposals for the ARPANET. I just decided that we were going to build a network that would connect these interactive communities into a larger community in such a way that a user of one community could connect to a distant community as though that user were on his local system. First I went to Herzfeld and said, this

---

24 *Ruina*, OH 163, S. 2; *Schmitt*, Internet, S. 70; *Hafner / Lyon*, Arpa Kadabra, S. 25.

25 *Licklider*, OH 150, S. 5ff.; *Ruina*, a.a.O., S. 4ff.; *Hafner / Lyon*, a.a.O., S. 30; *Géczy-Sparwasser*, Gesetzgebungsgeschichte, S. 39f.; BBN, Report, S. III-9; *Hellige*, Geschichte des Internet in: Kreowski (Hrsg.), S. 130; *Friedewald*, Experimentierfeld, S. 333.

26 *Géczy-Sparwasser*, Gesetzgebungsgeschichte, S. 39; *Hellige*, Geschichte des Internet in: Kreowski (Hrsg.), S. 130; *Hafner / Lyon*, Arpa Kadabra, S. 40; *Licklider*, OH 150, S. 21f.

27 *Hafner / Lyon*, a.a.O., S. 42; *Hellige*, Geschichte des Internet in: Kreowski (Hrsg.), S. 130; *Sutherland*, OH 171, S. 15.

28 BBN, Report, S. II-2; *Hafner / Lyon*, a.a.O., S. 43; *Sutherland*, ebd.

29 *Géczy-Sparwasser*, Gesetzgebungsgeschichte, S. 38f., 41f.; *Hafner / Lyon*, a.a.O., S. 45.

30 BBN, Report, S. II-2; *Hafner / Lyon*, a.a.O., S. 50, 51; *Géczy-Sparwasser*, Gesetzgebungsgeschichte, S. 42f.; Tayler, OH 154, S. 2.

31 BBN, Report, ebd.; *Sieber* in: Hoeren / Sieber / Holznagel, Teil 1, Rn. 1.

> is what I want to do, and why. That was literally a 15 minute conversation. And he said, 'You've got it.' He said, 'How much money do you need to get off the ground?' I think I said a million dollars or so, just to get it organized [...].“[32]

Finanziert wurde dieses Projekt damit zwar aus dem Etat für militärische Zwecke, erklärtes Forschungsziel war allerdings die Errichtung eines überregionalen, universitären Netzwerkes zum Austausch akademischen Wissens. Ein solches Netzwerk wäre nicht nur hinsichtlich der Verfügbarkeit und des erleichterten Zugriffs auf wissenschaftliche Informationen von Vorteil. Es verspräche außerdem Einsparungen bei der technischen Ausstattung, wenn die verwendeten Programme künftig lediglich kopiert und mittels Netzwerk auf andere Systeme übertragen werden könnten.[33] Entsprechend dieser Zielstellung verlagerte sich die inhaltliche Ausrichtung des Forschungsprojekts noch stärker auf eine effektivere Ressourcennutzung.[34]

Mit der technischen Umsetzung des Netzwerkprojekts wurde Computerwissenschaftler Lawrence G. Roberts betraut.[35] 1966 gelang das Experiment. Allerdings beruhte die Verbindung nur auf einer mechanischen Koppelung.[36] Ursprünglich sollten alle Rechner durch Wählleitungen direkt miteinander verbunden werden, welche – neben den bisherigen Aufgaben – auch den Datenverkehr steuern sollten.[37] Die notwendigen Forschungsarbeiten wollte man an verschiedene Universitäten übertragen. Diese reagierten verhalten, wenn nicht gar ablehnend, auf das geplante Netzwerk, da eine Beteiligung die Bereitstellung eigener Rechnerkapazitäten voraussetzen würde.[38] Erst durch

---

32 *Tayler*, OH 154, S. 31f.

33 *Hafner / Lyon*, Arpa Kadabra, S. 48, 49; *Bunz*, Vom Speicher zum Verteiler, S. 74.

34 *Baran*, OH 182, S. 39.

35 Roberts hatte bereits ein Pilotprojekt betreut, in dem die Verknüpfung zweier Rechner über zwei Kontinente gelang, *Hafner / Lyon*, Arpa Kadabra, S. 52, 79; *Leimbach*, Geschichte der Softwarebranche, S. 360; *Géczy-Sparwasser*, Gesetzgebungsgeschichte, S. 44; *Roberts*, OH 159, S. 3, 9; *Cerf*, OH 191, S. 11f. Diese Erfahrung konnte er nun für die anvisierte Verknüpfung des TX-2-Rechners (am Lincoln Laborartory) mit dem Q-32-Rechner (an der System Development Corporation in Santa Monica) nutzen, ebd. Der TX-2 verfügte über eine Speicherkapazität von 64 000 Bytes und damit in etwa soviel wie die heutigen Taschenrechner, *Hafner / Lyon*, a.a.O., S. 38.

36 Hierdurch konnten die bestehende Kompatibilitätsprobleme zwar erfolgreich umgangen, nicht aber gelöst werden, BBN, Report, S. II-6, III-10; *Roberts*, OH 159, S. 6ff.; *Hafner / Lyon*, a.a.O., S. 80.

37 *Hafner / Lyon*, a.a.O., S. 83.

38 *Roberts*, OH 159, S. 16; *Hafner / Lyon*, a.a.O., S. 84.

finanzielle Druckmittel gelang es der ARPA, die Universitäten von der Mitarbeit zu überzeugen.[39]

Durch diese dezentrale Aufgabenverteilung entstanden wegen der fehlenden Standardisierung neue Kompatibilitätsprobleme zwischen den beteiligten Rechenanlagen.[40] Zunächst wurde auf der Softwareebene nach Lösungsansätzen gesucht.[41] Die Leitung dieser Forschungsarbeiten oblag Lawrence G. Roberts.[42] Anfang 1967 präsentierte dieser seine Ideen vor den leitenden Wissenschaftlern in Ann Arbor (Michigan), wo sie wenig Anklang fanden. Die Vorteile eines solchen Verbundes blieben den meisten verschlossen, die hierfür zu überwindenden Probleme traten jedoch umso deutlicher hervor. Ausgerechnet einem skeptischen Zuhörer, Wesley Clark, verdankte Roberts schließlich die Lösung des bestehenden Kompatibilitätsproblems. Dieser schlug vor, zusätzliche Minicomputer zwischen die Hostrechner zu schalten, die einzig für die Lenkung des Datentransfers zuständig wären. Ein solches Subnetz bot zwei Vorteile. Die Kompatibilitätsprobleme konnten überwunden werden und die Hostrechner benötigten für den Datentransfer keine zusätzlichen Rechenkapazitäten.[43] Außerdem boten diese Minicomputer (IMP[44]) einen zusätzlichen Anreiz für die Beteiligung an dem Forschungsprojekt, denn dadurch erhielten die beteiligten Universitäten einen zusätzlichen Computer.[45] Die grundlegende Architektur des ARPANET war damit gefunden.

Als Roberts bei einer weiteren Konferenz im gleichen Jahr auch noch von den Forschungsergebnissen Barans, eines Elektroingenieurs des RAND-Projekts,[46] sowie von der Paktvermittlungstechnik des Mathematikers Donald Davies in

---

39 *Roberts*, ebd. Neben Wissenschaftlern und Studenten wurden auch Computerfachkräfte und Firmen mit der Lösung von Einzelproblemen betraut. Beteiligt wurde u.a. die Network Analysis Corporation, deren sonstiger Schwerpunkt in der Fertigung und Optimierung von Öl-Pipeline-Verläufen lag, *Bunz*, Vom Speicher zum Verteiler, S. 83.

40 Das hätte zwar dadurch behoben werden können, dass lediglich Geräte vom selben Hersteller verwendet werden. Angesichts der staatlichen Förderung hätte dies allerdings zu einer Wettbewerbsverzerrung geführt und war damit ausgeschlossen, *Hafner / Lyon*, Arpa Kadabra, S. 48f.

41 *Bunz*, Vom Speicher zum Verteiler, S. 75.

42 A.a.O., S. 72.

43 *Roberts*, OH 159, S. 17f.; BBN, Report, S. III-2ff.; *Hafner / Lyon*, Arpa Kadabra, S. 85, 88; *Schmitt*, Internet, S. 16f.

44 Die Minicomputer wurden „IMP“ = kurz für „interface message processors“ bezeichnet, *Cerf*, OH 191, S. 6; *Schmid*, Computerhacken, S. 15; *Schmitt*, Internet, S. 18.

45 *Hafner / Lyon*, Arpa Kadabra, S. 88.

46 A.a.O., S. 90; *Leimbach*, Geschichte der Softwarebranche, S. 360; *Géczy-Sparwasser*, Gesetzgebungsgeschichte, S. 48.

England vom National Physical Laboratory (NPL) erfuhr,[47] begann das Gedankenexperiment „Computernetzwerk“ Gestalt anzunehmen,[48] oder wie Hellige es formulierte:

> „Aus dem Dual-Use-Charakter und der Selbstorganisation an der langen Leine des Pentagon ergab sich ein Lernprozess, der aus einem anfangs gegenüber den europäischen Paketnetzentwürfen höchst rückständigen Netzdesign eine am Ende überlegene Architektur entstehen ließ.“[49]

Als Standorte für die gefertigten IMP[50] wählte man vier Knotenpunkte, an denen man sich einen Rückgriff auf wichtige Ressourcen ARPA-geförderter Projektergebnisse erhoffte.[51] Ein erster Subnetzknoten wurde im September 1969 an der Universität von Los Angeles (UCLA) zu Forschungszwecken eingerichtet,[52] der zweite Knotenpunkt folgte am Stanford Research Institut (SRI).[53] Diese beiden Knotenpunkte[54] wurden erstmals am 29. Oktober 1969 erfolgreich miteinander verbunden und bildeten damit den Ausgangspunkt für das expandierende ARPANET.[55] 1973 folgte bereits die erste transatlantische Verbindung nach England und Norwegen.[56]

---

47 *Hafner / Lyon*, Arpa Kadabra, S. 88, 89; *Leimbach*, Geschichte der Softwarebranche, S. 360; *Géczy-Sparwasser*, Gesetzgebungsgeschichte, S. 47f.; *Hellige*, Geschichte des Internet in: Kreowski (Hrsg.), S. 146.

48 BBN, Report, S. III-17ff.; *Hafner / Lyon*, a.a.O., S. 92f.

49 *Hellige*, Geschichte des Internet in: Kreowski (Hrsg.), S. 146.

50 Den Zuschlag für den Bau der IMP erhielt Bolt, Beranek and Newman (BBN), BBN, Report, S. II-11, III-35; *Géczy-Sparwasser*, Gesetzgebungsgeschichte, S. 50; *Crocker*, OH 233, S. 18f.; *Sutherland*, OH 171, S. 40, Arpa Kadabra, S. 95, 96. Nicht einmal IBM, der damalige Marktführer, traute sich die Umsetzung zu.

51 BBN, Report, S. II-11; *Hafner / Lyon*, Arpa Kadabra, S. 91.

52 *Hafner / Lyon*, a.a.O., S. 119; *Cerf*, OH 191, S. 4, 7; *Kempa*, Hackerkultur, S. 35; *Leimbach*, Geschichte der Softwarebranche, S. 360f.; *Géczy-Sparwasser*, Gesetzgebungsgeschichte, S. 50; *Schmid*, Computerhacken, S. 15; BBN, Report, S. II-11, III-39, 76; *Kahn*, OH 192, S. 13, 22.

53 BBN, Report, S. II-11, III-36; *Cerf*, a.a.O., S. 7; *Kahn*, a.a.O., S. 22; *Géczy-Sparwasser*, ebd.

54 Verbunden wurde der Rechner der University of California in Los Angeles mit dem 600 km entfernten Stanford Research Institut in Menlo Park.

55 Im Dezember 1969 kamen zwei Knotenpunkte in Santa Barbara und Utah hinzu, *Hafner / Lyon*, Arpa Kadabra, S. 90; *Kahn*, OH 192, S. 22; *Crocker*, OH 233, S. 15; *Géczy-Sparwasser*, Gesetzgebungsgeschichte, S. 50; *Kempa*, Hackerkultur, S. 35; *Leimbach*, Geschichte der Softwarebranche, S. 361. Für die physikalische Übermittlung zwischen dem IMP und dem örtlichen Telefonamt wurden gängige Telefonleitungen verwendet. Die Übermittlung der Daten zu den einzelnen Host-Standorten sollte hingegen über die hierfür von AT & T eingerichteten 50-Kilobit-Leitungen erfolgen, was ungefähr einer Übertragungsgeschwindigkeit von zwei Seiten Text pro Sekunde entspricht, *Hafner / Lyon*, a.a.O., S. 132; BBN, Report, S. II-23; *Crocker*, OH 233, S. 17; *Cerf*, OH 191, S. 7.

II. Von der passiven Kopplung zum interaktiven Datenaustausch

Mit der Implementierung des ersten IMP wurde die Funktionsweise des Datenaustausches festgelegt. Der IMP-Rechner sollte einen gleichberechtigten Austausch zwischen den verschiedenen Host-Computern mittels Protokoll[57] in Form einer Host-to-Host-Verbindung ermöglichen.[58] Die Vorarbeiten wurden ebenfalls den Universitäten überantwortet.[59] Ihre Bemühungen um die Standardisierung der Datenübertragung bildeten schließlich den Ausgangspunkt für das später entstehende Schichtenmodell. Die Arbeiten hierzu begannen an der untersten Schicht, die dafür zuständig ist, die Hostrechner mit dem IMP zu koppeln, um Datenpakete zu übermitteln.[60] Bislang war es lediglich gelungen, Rechner in Form einer Master-Slave-Verbindung zu verbinden und damit im Über-/Unterordnungsverhältnis. Damit konnte ein verknüpfter Rechner lediglich Befehle an einen anderen untergeordneten Rechner weitergeben, jedoch nicht gleichberechtigt mit diesem interagieren.[61]

Die Kommunikation zwischen den ersten beiden IMP gelang nur durch die Doppelung der Systeme und erinnerte damit weiterhin an das Time-Sharing-Verfahren.[62] Eine direkte Datenübertragung vom ersten bis zum letzten Knotenpunkt entsprechend der heutigen End-to-End-Struktur war damit noch nicht möglich. Vielmehr musste die zu versendende Datei von Betriebssystem zu Betriebssystem übermittelt werden. Damit kam der Hardware des IMP-Subnetzes die tragende Rolle für den Datenverkehr zu und nicht dem Datenin-

---

Die Nachrichten zwischen den Hosts sollten durch logische Verbindungen übermittelt werden, wobei jeweils nur eine einzige Nachricht durch die selbe Leitung übertragen werden konnte. Die nachfolgenden Botschaften mussten zunächst im Pufferspeicher zwischengespeichert werden bis der IMP eine Empfangsbestätigung zurücksendete und den fehlerlosen Erhalt dadurch bestätigte, *Hafner / Lyon*, a.a.O., S. 149, 150. Zur Entwicklung des Netzwerks und seiner Auslastung: BBN, Report, S. III-72ff. Im Juni 1970 hatte das ARPANET die Westküste bereits mit drei Knotenpunkten an der Ostküste (MIT, BBN und Harvard) verbunden, a.a.O., III-78.

56 *Leimbach*, Geschichte der Softwarebranche, S. 361.

57 „'Die […] Definition von Protokoll bezieht sich auf eine handschriftliche Übereinkunft zwischen zwei Parteien, die üblicherweise auf einem Bierdeckel geschrieben wird', bemerkte Cerf. 'Das beschreibt auch ziemlich genau, wie die meisten Protokolle entwickelt werden.'" so Vinton Cerf, zitiert nach *Hafner / Lyon*, Arpa Kadabra, S. 168.

58 *Hafner / Lyon*, ebd.; BBN, Report, S. III-22f., 64ff., 58ff.

59 *Hafner / Lyon*, a.a.O., S. 168, 169. BBN befasste sich nur mit dem Bau und der Kopplung der IMP-Rechner, BBN, Report, S. III-45ff.

60 *Hafner / Lyon*, a.a.O., S. 170; BBN, Report, S. II-19ff, III-48ff.

61 *Hafner / Lyon*, a.a.O., S. 169.

62 *Bunz*, Vom Speicher zum Verteiler, S. 27, 28.

put am Knotenpunkt selbst.[63] Ein interaktiver Datenaustausch war noch nicht möglich, da die Arbeiten an einer gleichberechtigten Host-to-Host-Kommunikation andauerten. 1971 wurde das erste vollständige Protokoll vorgestellt und eingesetzt.[64]

Im März 1970 wurde erstmals eine Verbindung zu BBN und damit von der Ost- zur Westküste Nordamerikas hergestellt,[65] die zugleich eine Ferndiagnose und -wartung des gesamten Netzwerks ermöglichte.[66] Die Ursachenforschung basierte auf Pfeiftönen und ähnelte damit stark dem Telefonphreaking, wenn auch in gesetzestreuer Form.[67] Die ersten Updates wurden entwickelt und mit Hilfe der Netzwerkstruktur installiert.[68] Die anvisierte Ressourcenteilung gelangte damit zur Umsetzung und ermöglichte eine Übertragung systemrelevanter Programme und Informationen über das Netzwerk.

Die nächsten Arbeitsschritte konzentrierten sich auf Zugriffsmöglichkeiten, die den Einsatz von IMP-Rechnern entbehrlich machten und einen Datenaustausch mittels Terminal, und damit ohne zusätzliche Intelligenz, gestatteten.[69] Dies setzte die Fertigstellung eines Datenübertragungsprotokolls voraus und damit die Erstellung einer technischen Formatvorlage für die zu versendenden Daten.[70] Erst mit Einführung dieses FTP-Protokolls[71] konnten die bisherigen Master-Slave-Verbindungen abgelöst und eine wirkliche Kommunikation der Rechner untereinander realisiert werden.

---

63 A.a.O., S. 85. Das Netzwerk war nicht redundant. Utah war als vierter Knotenpunkt zwingend auf die Weiterleitung des Datenverkehrs angewiesen. Weder zur Universität in Los Angeles noch nach Santa Barbara bestand eine Direktleitung, *Hafner / Lyon*, Arpa Kadabra, S. 180.

64 Das war das Network Control Protocol, *Hafner / Lyon*, a.a.O., S. 181.

65 A.a.O., S. 192, 193.

66 A.a.O., S. 194. Für die Instandhaltung der Telefonleitungen blieben AT&T zuständig. Probleme an und mit den IMPs behob BBN, a.a.O., S. 195.

67 A.a.O., S. 196.

68 A.a.O., S. 202.

69 *Hafner / Lyon*, Arpa Kadabra, S. 204. Der erste Prototyp – der sog. Terminal-IMP (TIP) – konnte den Signalverkehr von 63 Terminals zeitgleich steuern, a.a.O., S. 205; BBN, Report, S. II-19. Außerdem wurden Schnittstellen für Peripheriegeräte wie Grafikbildschirme und Drucker entwickelt und die Paketvermittlung verbessert, *Hafner / Lyon*, a.a.O., S. 206.

70 *Hafner / Lyon*, a.a.O., S. 208. Zur Entwicklung: BBN, Report, S. III-68.

71 Kurz für: file-transfer-protocol.

III. Übergang vom Wissensspeicher zum Kommunikationsmedium

Trotz der erzielten technischen Fortschritte war die Auslastung gering. Im Herbst 1971 betrug diese gerade mal zwei Prozent.[72] Das Netzwerk wurde damit stärker erforscht als tatsächlich genutzt. Die Anzahl der Netzwerkknoten wuchs beständig,[73] die Nutzung blieb wegen der schwierigen Bedienbarkeit und der fehlenden faktischen Zugriffsmöglichkeiten anfangs den Fachkreisen vorbehalten.[74] Dennoch wandelten sich die Verwendungsmöglichkeiten. Es wurde nicht mehr ausschließlich nur für Forschungsbemühungen verwendet, sondern auch die Anzahl der übermittelten persönlichen Botschaften wuchs.[75] Obgleich das Netzwerk nicht als Nachrichtensystem angelegt war und die Kommunikationsmöglichkeit eher einen Nebeneffekt der angestrebten Ressourcenteilung darstellte, führte gerade diese Nutzungsmöglichkeit zu einem sprunghaften Anstieg der Netzwerkauslastung.[76]

Der Zugang zum Netz war noch immer auf Standorte beschränkt, die in Vertragsbeziehungen zur DARPA standen.[77] Nach der staatlich-militärischen Initiierung des Forschungsvorhabens gab es allerdings schon 1971 Überlegungen, die Verantwortung für das Netzwerk abzugeben. Ihr Auftrag war erfüllt. Der fortwährende Netzwerkbetrieb ging über die ursprüngliche Aufgabenzuweisung bereits deutlich hinaus. Der amerikanische Telefonnetzbetreiber AT&T zeigte an der Übernahme jedoch kein Interesse, da es nicht die erforderliche Kompatibilität zu ihrem Netz aufwies.[78] 1975 wurde daher zunächst die Übergabe des Netzwerkbetriebs an die Defense Communications Agency

72 Ebd.; BBN, Report, S. II-27.

73 *Hellige*, Geschichte des Internet in: Kreowski (Hrsg.), S. 139f.

74 *Hafner / Lyon*, Arpa Kadabra, S. 211, 212; *Crocker*, OH 233, S. 37f.; *Kahn*, OH 192, S. 21f.

75 *Géczy-Sparwasser*, Gesetzgebungsgeschichte, S. 51; *Schmid*, Computerhacken, S. 15; *Hafner / Lyon*, a.a.O., S. 223. Mittels einer Software namens RSEXEC (resource-sharing executive) konnte ermittelt werden, wer gegenwärtig im Netzwerk eingeloggt ist, um mit dem Programm TALK Kontakt aufnehmen zu können.

76 *Hafner / Lyon*, a.a.O., S. 224. Der Nachrichtenaustausch war schon zwischen Time-Sharing-Systemen möglich, a.a.O., S. 225. Hierzu worden in den 1960er Jahren Ordner angelegt, auf die nur der betreffende Nutzer Zugriff hatte und auf diese Weise Nachrichten über das Mailboxsystem empfangen und hinterlegen konnte. Die erste elektronische Post zwischen zwei verschiedenen Rechnern wurde 1972 von Ray Tomlinson zugestellt, der hierfür das Mailprogramm Tenex entwickelt hat, welches die Grundlage für alle späteren Mailprogramme bildet, *Cerf*, OH 191, S. 15f.; *Hafner / Lyon*, a.a.O., S. 226; *Hellige*, Geschichte des Internet in: Kreowski (Hrsg.), S. 139f. Das von ihm erstmals in diesem Zusammenhang verwendete @-Zeichen besitzt bis heute Gültigkeit, *Hafner / Lyon*, a.a.O., S. 228.

77 A.a.O., S. 272.

78 A.a.O., S. 275.

veranlasst.[79] Das ARPANET blieb damit im Eigentum der amerikanischen Regierung. Allerdings entwickelte es sich schon bald zu einem alltäglichen Kommunikationsmittel.[80] Dies zeigte sich nicht nur in der wachsenden Verbreitung, sondern auch in der zunehmenden Freimütigkeit, mit der das Netzwerk als Informationsbörse verwendet wurde.[81]

IV. Phase des sog. Internetting

Die Aufrechterhaltung des Betriebs stellte keine technische Herausforderung mehr dar, so dass die Forschungsbemühungen auf ein weiteres Ziel gerichtet werden konnten. Neben dem ARPANET waren zwischenzeitlich weitere Netzwerke entstanden, die ebenfalls dem Datenaustausch dienten, sich hinsichtlich ihrer Struktur und Funktionsweise aber zum Teil stark voneinander unterschieden.[82]

Zeitgleich zu den Forschungsarbeiten in den USA wurden auch in England erste Versuche zur Entwicklung eines Computernetzwerkes unternommen.[83] Im Unterschied zum staatlichen ARPANET sollte mit dem Netz des NPL ein kommerzielles Netzwerk geschaffen werden, dessen Nutzung nicht nur wissenschaftlichen Einrichtungen vorbehalten bleiben sollte,[84] sondern so vielen Nutzern wie möglich Zugang verschaffen.[85] Die Umsetzung der Idee von einem „elektronischen Marktplatz“ unter Donald Davies scheiterte jedoch aus finanziellen Gründen.[86] Allerdings ließ sich Roberts von seiner Idee inspirieren und strebte ebenfalls nach einer Öffnung des ARPANETS für

---

79 A.a.O., S. 277, 278.

80 A.a.O., S. 246.

81 A.a.O., S. 256ff.

82 *Leib / Werle*, Wissensnetze in: Werle / Lang (Hrsg.), S. 158; *Sieber* in: Hoeren / Sieber / Holznagel, Teil 1, Rn. 1; *Leimbach*, Geschichte der Softwarebranche, S. 361; *Géczy-Sparwasser*, Gesetzgebungsgeschichte, S. 51; *Friedewald*, Experimentierfeld, S. 333; *Schmid*, Computerhacken, S. 15.

83 BBN, Report, S. III-11; *Bunz*, Vom Speicher zum Verteiler, S. 53; *Géczy-Sparwasser*, Gesetzgebungsgeschichte, S. 46; *Friedewald*: Experimentierfeld, S. 333.

84 *Bunz*, Vom Speicher zum Verteiler, S. 53.

85 A.a.O., S. 54 m.w.N.

86 *Bunz*, Vom Speicher zum Verteiler, S. 68, *Leimbach*, Geschichte der Softwarebranche, S. 360. Finanzielle Mittel wurden, anders als bei der ARPA, nur zögerlich und nicht in der erforderlichen Höhe bewilligt. Wegen der Krise in der Computerwirtschaft fehlte es außerdem an der nötigen Hardwareausstattung. Während das ARPANET 1971 bereits über 13 Knoten verfügte, nutzen das NPL-Netzwerk lediglich 60 Teilnehmer, *Bunz*, Vom Speicher zum Verteiler, S. 70. „[…] They had the ideas, but they did not have the money. As a result they never got anywhere, because they could not get it funded […]“, *Roberts*, OH 159, S. 47.

weitere Nutzungs- und Zugangsmöglichkeiten.[87] Die Anregungen für die technische Umsetzung dieser britischen Idee verdankte Roberts ausgerechnet einem anderen nordamerikanischen Forschungsprojekt. Von der Existenz des eingangs bereits erwähnten RAND-Projekts unter der Leitung von Baran wusste Roberts lange Zeit nichts und wurde eher beiläufig darauf aufmerksam gemacht.[88]

Trotz ihrer unterschiedlichen Ausrichtung konnte Roberts zwei Ideen Barans[89] auf das ARPANET übertragen. Dies betraf die Datenübertragungsmethode durch das sog. Standard Message Block Switching[90] und der Einsatz eines Headers[91]. Beides beschleunigte den Datenverkehr.[92] Das sog. Packet Switching prägt bis heute die Funktionsweise des Internets, wodurch Botschaften gewissermaßen in elektronische Pakete zerlegt und erst am Zielort wieder zusammengesetzt werden.[93] Erst die damit einhergehende Verlagerung des Schwerpunkts vom Speichern der Nachricht auf die Nachrichtenübermittlung ohne fortlaufende Zwischenspeicherung erhöhte die Datenübertragungsgeschwindigkeit.[94] Die zu übermittelnden Nachrichten sollten künftig nur so kurz wie möglich gespeichert werden (sog. hot-potato-routen).[95]

---

87 *Kahn*, OH 192, S. 19; *Bunz*, Vom Speicher zum Verteiler, S. 56 m.w.N.; *Hafner / Lyon*, Arpa Kadabra, S. 89f.; *Leimbach*, Geschichte der Softwarebranche, S. 360.

88 *Kahn*, a.a.O., S. 19, 24; *Bunz*, a.a.O., S. 58.

89 Vertiefend zur Funktionsweise und Geschichte des RAND-Projekts für ein „distributed network", *Baran*, OH 182, S.9ff, 17ff.; *Ders.*, Memorandum RM-3097-PR, S. 1ff.; *Ders.*, Memorandum RM-3767-PR, S. 6ff.; BBN, Report, S. III-5ff.

90 *Leimbach*, Geschichte der Softwarebranche, S. 360; *Géczy-Sparwasser*, Gesetzgebungsgeschichte, S. 48f.; *Bunz*, Vom Speicher zum Verteiler, S. 79; *Baran*, OH 182, S. 17ff., 41ff.; *Ders.*, Memorandum RM-3097-PR, S. 3, 8ff.; *Ders.*, Memorandum RM-3767-PR, S. 6ff.; BBN, Report, S. III-5f.; *Kahn*, OH 192, S. 17.

91 Durch den sog. Header wird die kontrollierte Zusammensetzung der einzelnen Datenpakete erleichtert, vertiefend zur Datenübertragungstechnik, siehe B) I.

92 *Bunz*, Vom Speicher zum Verteiler, S. 79; *Leimbach*, Geschichte der Softwarebranche, S. 360; *Kempa*, Hackerkultur, S. 34f.; BBN, Report, S. II-28.

93 BBN, Report, S. II-28; *Mayer*, NJW 1996, 1782, 1791, Fn 11. Hierdurch ist die Übermittlung nicht auf einen einzigen, konkreten Datenweg festgelegt und verringert damit die Anfälligkeit des Systems.

94 „Sie verändern die Bedeutung der Übertragung der Nachricht, die von nun an nicht mehr verdoppelt wird, um sicher gespeichert zu werden, sondern gesichert wird, um in Bewegung zu bleiben", *Bunz*, Vom Speicher zum Verteiler, S. 61.

95 A.a.O., S. 62.

Aber nicht nur jene Funktionsweise stammte von Baran, sondern auch die gewählte Netzwerkstruktur.[96] Barans Topologie wurde schließlich[97] Bestandteil des digitalen Funknetzwerks, dem sog. Packet Radio Network.[98]

Nachdem weitere Netzwerke erfolgreich implementiert waren, verlagerten sich die Forschungsbemühungen stärker auf ihren Verbund. Die Phase des sog. Internetting[99] begann. Robert Kahn und Vinton Cerf machten es sich zur Aufgabe, eine Verbindung zwischen den unterschiedlichen Netzen herzustellen.[100] Hierzu mussten Routingrechner entwickelt werden, die als kompatible Netzkoppler zwischen den verschiedenen Netzwerken fungieren sollten (sog. Gateways).[101] Miteinander verknüpft werden sollte nicht nur das bereits erwähnte Packet Radio Network, sondern auch das SAT- und ALOHANET.[102] Alle drei Netzwerke besaßen andere Schnittstellen, verschiedene zulässige Paketgrößen und unterschiedliche Übertragungsgeschwindigkeiten, die es zu koordinieren galt.

Das ALOHANET verband als Funknetzwerk der Universität von Hawaii vier verschiedene Inseln. Es wurde durch ein einfaches Protokoll gesteuert wie sie auch in Taxis verwendet werden.[103] Dieses gestattete den Nutzern zu jeder beliebigen Zeit in jede beliebige Richtung Signale abzugeben. Im Falle der Kollision der entsendeten Daten wurde der Austausch zeitlich versetzt automatisch wiederholt. Diese Grundidee fand Roberts so reizvoll, dass er die Ent-

---

96 BBN, Report, S. III-5; *Baran*, Memorandum RM-3097-PR, S. 6ff.; *Ders.*, OH 182, S. 17ff.; *Kempa*, Hackerkultur, S. 34; *Leimbach*, Geschichte der Softwarebranche, S. 360.

97 Baran hatte bereits 1965 ein offizielles Empfehlungsschreiben an die amerikanische Regierung gesandt, in dem er die Installation eines verteilten Netzwerks empfahl, *Abbate*, Inventing the Internet, S. 20–21; *Leimbach*, Geschichte der Softwarebranche, S. 360. Die Telefongesellschaften widersprachen jedoch der Umsetzung, weshalb das Pentagon die Defense Communications Agency damit betraute, *Bunz*, Vom Speicher zum Verteiler, S. 79.

98 *Hafner / Lyon*, Arpa Kadabra, S. 262; *Leimbach*, Geschichte der Softwarebranche, S. 360; *Baran*, OH 182, S. 18ff.

99 „The objective was to develop communications protocols which would allow networked computers to communicate transparently across multiple, linked packet networks. This was called the Internetting project and the system of networks which emerged from the research was known as the „Internet", Vinton Cerf, A Brief History of the Internet and Related Networks, S. 2, zitiert nach: *Géczy-Sparwasser*, Gesetzgebungsgeschichte, S. 52; *Leimbach*, Geschichte der Softwarebranche, S. 361.

100 *Sieber* in: Hoeren / Sieber / Holznagel, Teil 1, Rn. 2; *Hafner / Lyon*, Arpa Kadabra, S. 265; *Kahn*, OH 192, S. 17, 24ff.

101 *Sieber*, ebd.; *Hafner / Lyon*, ebd.

102 *Hafner / Lyon*, a.a.O., S. 266; *Kahn*, OH 192, S. 26.

103 *Hafner / Lyon*, a.a.O., S. 261.

wicklung eines realisierbaren Systems für mobile Computer bei der SRI in Auftrag gab.[104]

Die begrenzte Signalreichweite von Funknetzwerken musste jedoch überwunden werden, wollte man auf eine flächendeckende Installation von Relaisstationen verzichten. Einen möglichen Lösungsansatz hierfür lieferte wiederum die Satellitensteuerung, denn außerhalb der Erdatmosphäre existiert keine Begrenzung der Signalreichweite. Deshalb kann ein solches Netzwerk sogar die Verknüpfung mit europäischen Netzwerken ermöglichen und gleichermaßen störanfällige wie teure erdgebundene Transatlantikleitungen überflüssig machen.[105] Verwirklicht wurde diese Idee mit dem SATNET.[106]

Sollte der Zusammenschluss aller drei Netzwerke gelingen, musste ein allgemeingültiges Protokoll gefunden werden, welches den Datenaustausch gestattet. Diese Weiterentwicklung erforderte die Abkehr von dem bislang verwendeten Host-to-host-Protokoll.[107] Das Konzept von Cerf und Kahn (Mai 1974) sah hierfür eine Standardisierung mit Hilfe von sog. Datagrammen vor. Hierbei handelte es sich um einheitliche „Kapseln", in die Nachrichten unterschiedlicher Ausführungen aufgenommen und transportiert werden konnten. Der eigentliche Inhalt sollte erst am Zielort wieder entpackt werden. Auf das Format der zu übermittelnden Daten kam es dadurch nicht mehr an. Sie konnten die installierten Gateways zwischen den verschiedenen Netzwerken ohne Kompatibilitätsprobleme passieren.

Realisiert wurde dieses Vorhaben durch die Einführung des sog. Transmission Control Protocol (TCP-Protokoll).[108] Damit war das maßgebliche Datenübertragungs-Steuerungs-Protokoll gefunden,[109] welches die technischen Abläufe bei der Internetnutzung bis heute bestimmt. Fortan[110] war deshalb nicht mehr

---

104 Ebd.

105 A.a.O., S. 262.

106 Das SATNET wurde genutzt bis die transatlantischen Kupferkabel durch Glasfaserkabel ausgetauscht wurden, a.a.O., S. 263. Briten und Norweger schlossen sich diesem Vorhaben an, gefolgt von Italien und Deutschland.

107 A.a.O., S. 266; *Sieber* in: Hoeren / Sieber / Holznagel, Teil 1, Rn. 2.

108 *Sieber* in: Hoeren / Sieber / Holznagel, Teil 1, Rn. 2; *Kahn*, OH 192, S. 26f. Vertiefend zur Funktionsweise: *Bremer*, Strafbare Internet-Inhalte, S. 29f.; *Géczy-Sparwasser*, Gesetzgebungsgeschichte, S. 53, 60; *Schmid*, Computerhacken, S. 15.

109 *Hafner / Lyon*, Arpa Kadabra, S. 268; *Sieber* in: Hoeren / Sieber / Holznagel, Teil 1, Rn. 2; *Géczy-Sparwasser*, Gesetzgebungsgeschichte, S. 53.

110 Zuvor wurden die Datenpakete des ARPANET in den IMP- und nicht in den Hostrechnern zusammengesetzt. Der Datentransfer beruhte auf der Grundannahme, dass das mit-

das Netzwerk für das Zusammensetzen der Datenpakete zuständig, wie vormals in den IMP, sondern die (Host-)Rechner an den jeweiligen Endpunkten. Eingeführt wurde damit die sog. End-to-End-Struktur.[111]

Dieser Aufbau ähnelte damit stark dem französischen Modell der Cyclades.[112] Wegen seiner räumlichen Beschränkung auf 20 Knoten, von denen aus finanziellen Gründen regulär nur sechs aktiv waren, war das Netzwerkprojekt von Anfang an darauf ausgerichtet, zu expandieren. Damit war das französische Netzwerk der visionären Idee des allumspannenden Internets zunächst viel ähnlicher als das amerikanische ARPANET,[113] denn anders als bei der ARPA, konzentrierte sich die französische Forschung nicht auf die Koppelung inkompatibler Geräte, sondern verlagerte ihren Schwerpunkt direkt auf die Behebung von Inkompatibilitätsproblemen zwischen den unterschiedlichen Netzwerken. Im Unterschied zum ARPANET wurden die Daten innerhalb der Cyclades nicht nur von Rechner zu Rechner weitergeleitet, sondern „end-to-end" über einen neu entwickelten zweiten Sendekanal an alle vernetzten Geräte übertragen.[114] Die verwendete Hardware, bzw. deren physische Verknüpfung, verlor damit an Bedeutung.[115] Die Kontrolle der Daten erfolgte dementsprechend an

---

telnde Netzwerk zuverlässig sei. Das neue Protokoll legte seiner Funktionsweise hingegen die gegensätzliche Annahme zugrunde und unterstellte eine grundsätzlich unzuverlässige Datenübertragung, *Hafner / Lyon*, Arpa Kadabra, S. 268.

111 A.a.O., S. 269.

112 *Pouzin*, computer networks, S. 9f.; *Bunz*, Vom Speicher zum Verteiler, S. 91ff. Frankreich fürchtete, den Anschluss an den weltweiten Technisierungsprozess zu verlieren und bekam die politische Relevanz 1963 zu spüren, als die USA den Verkauf eines Großrechners an die französische Armee verweigerte, Bunz, a.a.O., S. 91. Um diesen Rückstand auszugleichen fasste de Gaulle den „Plan Calcul", in dessen Folge Computerfirmen in der Compagnie Internationale pour l'Informatique (CII) vereint wurden und ein eigenständiges Forschungsinstitut gründeten. Mit dessen Leitung wurde Louis Pouzin betraut, a.a.O., S. 91f. Die Arbeiten an den Cyclades begannen 1972 in Roquencourt, nahe Paris (vertiefend: *Pouzin*, computer networks, S. 2ff.) Der vollständige Aufbau dauerte bis 1975. Für die schließlich miteinander verknüpften 20 Hosts wurde das französische Äquivalent zum amerikanischen IMP-Minicomputer verwendet (ein Mitra-15). Allerdings wurde diese Modellreihe 1975 von einem amerikanischen Unternehmen aufgekauft. 1976 einigten sich die Telefongesellschaften auf einen konkurrierenden Netzwerkstandard, was das Netzwerk schrittweise zum Erliegen brachte. Es bestand zwar 4 weitere Jahre fort, wurde jedoch kaum genutzt bis es 1980 endgültig abgeschaltet wurde, *Bunz*, Vom Speicher zum Verteiler, S. 92.

113 Angestrebt wurde eine Verknüpfung der European Space Agency in Rom mit dem englischen NPL-Netzwerk (European Information Network). Ein erster Verknüpfungsversuch folgte 1974. Wieder war es die Inkompatibilität der beteiligten Systeme, die sich als die größte technische Herausforderung erwies.

114 *Bunz*, a.a.O., S. 94.

115 A.a.O., S. 95.

den Endpunkten und nicht bereits während ihrer Übermittlung. Die Cyclades basierten folglich nicht nur auf einer topologischen Dezentralisierung der Netzwerkstruktur, sondern auch auf einer Dezentralisierung der Datenüberwachung. Dieser visionären Idee des französischen Vorläufermodells, ihrer technischen Architektur und Funktionsweise[116] näherte sich das ARPANET erst mit der Einführung des sog. CATENET-Protokolls an.

Im Oktober 1977 konnte durch dieses Protokoll erstmals eine Verbindung zwischen den drei erwähnten Netzwerkarten – dem Funknetz, dem Satellitennetz und dem ARPANET – hergestellt werden. Auf diese Weise worden die Datenpakete ungeachtet ihres Formates auf einer Strecke von über 150.000 km transportfähig.[117]

V. Zusammenschluss zum „Netz der Netze"

Anschließend wurde eine Verknüpfung zwischen dem Computer Science Research Network (CSNET) und dem Wissenschaftsnetz der National Science Foundation (NSF)[118] angestrebt,[119] denn nur 15 der mittlerweile 120 Informatikfakultäten waren mit dem ARPANET verknüpft.[120] Diese Zugriffsmöglichkeiten entwickelten sich zu einem entscheidenden Standortfaktor und begünstigten die Abwanderung qualifizierten Personals in die Industrie. Eine Gegensteuerung durch die Anbindung weiterer Fakultäten war nicht möglich, da dieser Vorzug lediglich den Vertragspartnern der ARPA gewährt wurde. Der Anschluss und Betrieb war mit erheblichen Kosten von etwa 100.000 Dollar jährlich verbunden.[121]

Implementiert wurde ein Netzwerk, dass auf der ersten Ebene schließlich doch einen Zugang zum ARPANET vorsah, auf der zweiten Ebene den ursprünglich geplanten Zugang zum CSNET und für kleinere Büros auf der dritten Ebene immerhin die Nutzung eines Emailprogramms. Zwischen diesen Ebenen soll-

---

116 A.a.O., S. 50.

117 Im Folgejahr reifte die Überlegung das Übertragungssteuerungsprotokoll abzutrennen und einem eigenständigen Internet Protokoll (IP) zuzuweisen, welches ausschließlich für die Verteilung der Datenpakete zuständig sein sollte, *Hafner / Lyon*, Arpa Kadabra, S. 280; *Sieber* in: Hoeren / Sieber / Holznagel, Teil 1, Rn. 2.

118 Bei dem NSF-Netzwerk handelte es sich ebenfalls um ein staatlich gefördertes Projekt zum Daten- und Wissensaustausch. Vergleichbare Technologie diente der Verknüpfung von Bildungseinrichtungen, *Leib / Werle*, Wissensnetze in: Werle / Lang (Hrsg.), S. 162; *Géczy-Sparwasser*, Gesetzgebungsgeschichte, S. 63; *Sutherland*, OH 171, S. 19f.

119 *Leib / Werle*, Wissensnetze in: Werle / Lang (Hrsg.), S. 158; *Finke*, Internet-Provider, S. 4.

120 *Hafner / Lyon*, Arpa Kadabra, S. 286.

121 A.a.O., S. 287f.

ten Gateways den Datenaustausch ermöglichen.[122] 1983 waren 70 Standorte miteinander verbunden.[123] Weitere Netzwerkprojekte folgten.[124] Das Netzwerk verzweigte sich zunehmend.[125] Der Grundstein für die Ausdehnung zum „Netz der Netze“[126] war gelegt, denn die Verzweigungen beschränkten sich inzwischen nicht mehr auf die Vereinigten Staaten. Auch in Kanada und Europa entstanden Forschungsnetzwerke, die mit diesem Geflecht verbunden wurden.[127] 1984 wurde in Deutschland erstmals eine Verknüpfung zum ARPANET über die Universität Dortmund hergestellt.[128] Das Interesse an der Ausdehnung und Nutzbarmachung der neuen Technologie wuchs auch jenseits der (computer-)wissenschaftlichen und wirtschaftlichen Nutzung. Realisiert wurde die Ausweitung 1985 durch die Implementierung von fünf Supercomputerzentren. Diese sollten das sog. Backbone (Rückgrat) des Netzwerkgeflechts bilden.[129] Voraussetzung für den Anschluss an dieses Backbone und damit an das NSFNET war die eigenständige Erschließung der jeweiligen Region.[130]

Einen weiteren wichtigen Impuls für die Verbreitung des TCP-/IP-basierten ARPANETS lieferte die serienmäßige Ausstattung des Berkeley-UNIX-Betriebssystems[131] in den 1980er Jahren.[132] Mit steigender Nutzerzahl an den

---

122 A.a.O., S. 288.

123 Ebd.

124 Das BITNET zeichnete sich vor allem dadurch aus, dass die Nutzung keinerlei Mitgliedschaftsbeschränkungen unterlag. Daneben entwickelte sich das USENET seit 1980 zu einem weit verbreiteten Nachrichtennetz. Die NASA kommunizierte über SPAN (Space Physics Analysis Network). Verknüpft wurden diese Netzwerke nunmehr über das TCP/IP-Protokoll bzw. das Internet Protocol – kurz Internet, a.a.O., S. 289.

125 Während im ARPANET weiter die IMP als Schaltzentralen fungierten und die Gateways verschiedene Netzwerke verknüpften, erweiterten Router und lokale Netzwerke die Reichweite des ARPANET, ebd. Zur Arbeitsweise: *Bremer*, Strafbare Internet-Inhalte, S. 26.

126 Ebd. m.w.N.

127 *Hafner / Lyon*, Arpa Kadabra, S. 290; *Bremer*, Strafbare Internet-Inhalte, S. 26.

128 *Bremer*, ebd.

129 Ebd.; *Hafner / Lyon*, Arpa Kadabra, S. 291; *Géczy-Sparwasser*, Gesetzgebungsgeschichte, S. 61.

130 *Hafner / Lyon*, ebd.

131 A.a.O., S. 296; *Leimbach*, Geschichte der Softwarebranche, S. 325ff. UNIX wurde den Forschungseinheiten und Universitäten für lediglich 150 US-Dollar zur Verfügung gestellt. Die dazugehörigen Quellcodes wurden ebenfalls zugänglich gemacht, um sie ausdrücklich für ihre Optimierung und Weitergabe zu öffnen. Dieser Ansatz führte zu zahlreichen Verbesserungen, beschleunigte ihre Verbreitung und stellte damit einen wichtigen Schritt für die sog. Open-Source-Entwicklung dar, *Leimbach*, a.a.O., S. 321ff., 436ff.; *Kempa*, Hackerkultur, S. 63.

Universitäten und Forschungseinrichtungen verbreitete sich dadurch nicht nur das Betriebssystem über lokale LAN-Verbindungen.[133] Das ARPANET entwickelte sich zum Kernstück des Verbunds.[134]

Die Funk- und Satellitennetzwerke konnten sich neben den computerbasierten Netzwerken nicht behaupten.[135]Auch in Europa setzte sich das TCP/IP-Modell immer stärker durch. Aus dem sternförmigen ARPANET wurde ein Maschennetz.

Durch die Schnelligkeit und Leichtigkeit der Netzwerkverbindung innerhalb des NSFNET übertrafen die Nutzerzahlen des NSFNET die des ARPANET bald um ein Vielfaches.[136] Diese Entwicklung und die jährlichen Kosten für das ARPANET in Höhe von 14 Millionen bewogen den DARPA-Manager schließlich dazu, das Netzwerk stillzulegen.[137] Der größte Teil der Netzwerkrechner wurde in regionale Netzwerke überführt. 1989 wurde das ARPANET vollständig vom NSFNET abgelöst.[138]

---

132 *Hafner / Lyon*, ebd.; *Leimbach*, Geschichte der Softwarebranche, S. 327, 361; *Hellige*, Geschichte des Internet, in: Kreowski (Hrsg.), S. 157; *Friedewald*, Experimentierfeld, S. 335; *Schmid*, Computerhacken, S. 16.

133 *Hafner / Lyon*, ebd. Leimbach kennzeichnete diesen Prozess als „stille Revolution von unten […] gegen die ausgesprochene Bekenntnis der nationalen Regierungen zu OSI“, *Ders.*, Geschichte der Softwarebranche, S. 328f., 359.

134 *Dies.*; *Hellige*, Geschichte des Internet, in: Kreowski (Hrsg.), S. 157. Die Umstellung auf TCP/IP führte auch zu Anpassungen bei anderen Protokollen. Für den Emailversand wurde nicht länger FTP als Datenprotokoll verwandt, sondern SMTP eingesetzt – das sog. simple mail transfer protocol, *Hafner / Lyon*, Arpa Kadabra, S. 298.

135 A.a.O., S. 298.

136 A.a.O., S. 301; *Géczy-Sparwasser*, Gesetzgebungsgeschichte, S. 62.

137 *Hafner / Lyon*, a.a.O., S. 302; *Géczy-Sparwasser*, a.a.O., S. 62f.; *Schmid*, Computerhacken, S. 16.

138 *Hafner / Lyon*, a.a.O., S. 303; *Schmid*, ebd.; *Finke*, Internet-Provider, S. 4; *Géczy-Sparwasser*, a.a.O., S. 63, 64. In Deutschland entstanden erst in den 1970er Jahren großräumige Computernetzwerke. Das HMInet bildete ein Computernetzwerk am Hans-Meyer-Institut in Berlin, finanziert durch das Bundesministerium für Forschung und Technik (BMFT), *Géczy-Sparwasser*, Gesetzgebungsgeschichte, S. 70; *Leimbach*, Geschichte der Softwarebranche, S. 361f. Dabei weist die Entwicklung hinsichtlich ihrer strukturellen Ausgangsbedingungen und den damit verbundenen Zielstellungen zahlreiche Parallelen zur Entstehung des ARPANET auf. Den Ausgangspunkt für die deutsche Netzwerkforschung bildeten Bemühungen, ein überregionales Wissenschaftsnetz zu errichten. Zu den bedeutendsten Netzwerken dieser Zeit gehörte das Deutsche Forschungsnetzwerk, welches in veränderter Form als Wissenschaftsnetz (X-WiN) heute noch besteht. 1981 übertrug das BMFT dem Hahn-Meitner-Institut in Berlin die Aufgabe, ein Netzwerk für Wissenschaft und Forschung zu errichten. Die Arbeiten für dieses HMI-net schloss die Mitarbeit weiterer Institute und Universitäten ein. Bei der Errichtung stützte sich das BMFT auf die Erfahrungsberichte der Wissenschaftler des ARPANET-Projekts.

VI. Wandel zum Massenmedium

Der internetbasierte Datenaustausch der angeschlossenen Unternehmen beschränkte sich trotz weitreichender Vernetzung überwiegend auf die Emailkommunikation und den Austausch von Informationen im EDI-Format.[139] Erst die von Tim Berners-Lee am CERN-Institut entwickelte Hypertextsprache im Jahre 1990 erleichterte die Erstellung und Abrufbarkeit von Daten in verschiedenen Formaten.[140] Durch beschreibende Befehle in dieser HTML-Sprache gelang der Einbezug multimedialer Inhalte, die mit Hilfe von sog. Hyperlinks miteinander verknüpft werden konnten.[141] Die hierdurch erzielte Anwenderfreundlichkeit und verbesserte Darstellbarkeit über die graphische Benutzeroberfläche des World Wide Web[142] bildet die Basis dessen, was heute umgangssprachlich als Internet bezeichnet wird und damit zugleich den Grundstein für den Wandel zum Massenmedium.[143]

Ein weiterer wichtiger Entwicklungsschritt für eine verbesserte Anwenderfreundlichkeit vollzog sich mit der eingeführten Browsertechnologie. Hierbei handelt es sich um Programme, die Bilder, Darstellungen und Dokumente für jedermann im Internet abrufbar machen, ohne dass hierfür Programmierkenntnisse erforderlich sind.[144] Sie ermöglichen das vereinfachte Blättern zwischen

---

1984 schlossen sich die Beteiligten zu einem gemeinnützigen Verein zur Förderung eines Deutschen Forschungsnetzes e.V. (DFN-Verein) zusammen, *Géczy-Sparwasser*, a.a.O., S. 71ff.

139 *Leimbach*, Geschichte der Softwarebranche, S. 362.

140 *Hoeren*, NJW 1995, 3295, 3297; *Vetter*, Gesetzeslücken, S. 22ff.; *Sieber* in: Hoeren / Sieber / Holznagel, Teil 1, Rn. 3; *Leimbach*, Geschichte der Softwarebranche, S. 362; *Kempa*, Hackerkultur, S. 38; *Schmid*, Computerhacken, S. 16; *Rüther*, Phänomene der Internetdelinquenz in: Cimichella / Kuhn / Niggli, S. 89; *Géczy-Sparwasser*, Gesetzgebungsgeschichte, S. 67; *Friedewald*, Experimentierfeld, S. 337.

141 *Hoeren*, NJW 1995, 3295, 3297; *Vetter*, Gesetzeslücken, S. 22ff., 68, 67; *Sieber* in: Hoeren / Sieber / Holznagel, Teil 1, Rn. 3; *Leimbach*, Geschichte der Softwarebranche, S. 362; *Finke*, Internet-Provider, S. 10, 13; *Kempa*, Hackerkultur, S. 38, 69f.

142 *Kempa*, Hackerkultur, S. 38; *Finke*, Internet-Provider, S. 5, 11; *Schmid*, Computerhacken, S. 16f.; *Géczy-Sparwasser*, Gesetzgebungsgeschichte, S. 66, 68. Auch das sog. World Wide Web wurde am CERN-Institut entwickelt. Es geht auf die Arbeiten von Robert Calliau und Tim Berners-Lee ab 1989 zurück.

143 *Vetter*, Gesetzeslücken, S. 22; *Sieber* in: Hoeren / Sieber / Holznagel, Teil 1, Rn. 3; *Hafner / Lyon*, Arpa Kadabra, S. 305; *Friedewald*, Experimentierfeld, S. 337.

144 Die sog. Browser entstammen ebenfalls den Forschungsbemühungen des CERN-Institut, *Leimbach*, Geschichte der Softwarebranche, S. 362; *Finke*, Internet-Provider, S. 13; *Kempa*, Hackerkultur, S. 38; *Schmid*, Computerhacken, S. 17; *Géczy-Sparwasser*, Gesetzgebungsgeschichte, S. 69). Der erste graphische Browser namens Mosaic folgte 1993. Mit „Netscape navigator“ eroberte der erste kommerzielle Browser den Markt,

den Internetseiten, indem die ihnen zugeordneten alphanummerischen Zahlenfolgen in Form von IP-Adressen – vergleichbar einem Telefonbuch – durch Klarnamen (sog. Domainnamen)[145] ersetzt werden.[146] Durch diese Vereinfachung erhöhte sich nicht nur die ökonomische Attraktivität der Internetnutzung, sondern auch ihr Bekanntheitsgrad in der breiten Öffentlichkeit und begünstigte damit die Ausdehnung des Netzwerks gleichermaßen wie die Entwicklung neuer Nutzungsmöglichkeiten.[147] Das elitäre Kommunikationsmedium begann sich in ein interaktives Massenmedium zu wandeln und schuf damit die Grundlagen einer neuen globalen Gesellschaft.[148]

Bis Mitte der 1990er Jahre gab es bereits über 56 Millionen Hosts, die einem Vielfachen an Nutzern Zugriff auf das Netzwerk gestatteten.[149] Inzwischen nutzen über drei Milliarden Menschen das Internet weltweit[150] für private wie berufliche Zwecke, zur Kommunikation und zum Handel, als Wissensspeicher und Austauschplattform, für wirtschaftliche und behördliche Belange. Es zählt zu den wichtigsten Informationsquellen.[151] Die Innovationsgeschwindigkeit führte zu einer Durchdringung weiterer Lebensbereiche.[152] Der Anstieg der Übertragungsgeschwindigkeit vergrößerte die Attraktivität des Internets als Datenübermittlungsportal. Der Versand größerer Dateien wurde möglich. Die Nutzungsarten und -intensität vervielfachten sich und veränderten damit das

---

Leimbach, Geschichte der Softwarebranche, S. 362, 364, 421; *Rüther*, Phänomene der Internetdelinquenz in: Cimichella / Kuhn / Niggli, S. 89.

145 1983 wurde das neue Domain-Name-System (DNS) eingeführt. Den Ausgangspunkt für das baumartige Vernetzungssystem bildeten sieben Top-Level-Domänen – edu (für education), com (für commercial), gov (für government), mil (für military), net (für network), org (für organisation) und int (für international), *Hafner / Lyon*, Arpa Kadabra, S. 299f.; *Dornseif*, Phänomenologie der IT-Delinquenz, S. 278.

146 *Popp*, MMR 2006, 84, 84. Eine Zuordnung des Domainnamens zur IP-Adresse wird über den sog. DNS-Server vorgenommen, bei einigen Betriebssystemen über lokale Host-Dateien auf dem Rechner, ebd.; *Rinker*, MMR 2002, 663, 663; *Finke*, Internet-Provider, S. 6. Ihre Darstellung erfolgt über das sog. Hypertext Transfer Protocol, unter Verwendung der sog. Uniform Resource Locator (URL), *Leimbach*, Geschichte der Softwarebranche, S. 362; *Finke*, Internet-Provider, S. 13.

147 *Leimbach*, Geschichte der Softwarebranche, S. 421; *Schmid*, Computerhacken, S. 17; *Rüther*, Phänomene der Internetdelinquenz in: Cimichella / Kuhn / Niggli, S. 89.

148 Ebd.

149 *Bremer*, Strafbare Internet-Inhalte, S. 27 m.w.N. Die Nutzung des world wide web war mit einem Anteil von 24% am gesamten Datenverkehr noch ziemlich gering, *Leimbach*, Geschichte der Softwarebranche, S. 364.

150 Am 31.3.2017 waren es: 3 739 698 500 User, www.internetworldstats.com/stats.htm.

151 *Gercke*, MMR 2008, 291, 294.

152 BSI, Lagebericht der IT-Sicherheit 2016, S. 52; *Leimbach*, Geschichte der Softwarebranche, S. 433ff.

Informations-, Kommunikations- und Konsumverhalten.[153] Die inzwischen schon als klassisch zu bezeichnenden Nutzungsformen der Kommunikation durch den Versand von Emails oder instant messages, mit und ohne Dateianhänge beliebigen Formats wurden abgelöst von der Internettelefonie (Voice-over-IP) und begleitet durch zunehmende Interaktion im Web 2.0.[154] Die wachsende Anzahl online verfügbarer Dienste und Dienstleistungen („internet as a service") öffnet sich für einen weitreichenden Einbezug von Alltagsgegenständen zu einem „Internet der Dinge"[155].[156] Neben dem dynamischen Verbund von PCs und mobilen Endgeräten wie Tablets, Smartphones, Smart Watches, Fitness-Trackern und Brillen,[157] werden heimische Alltagsgegenstände verstärkt steuerbar gemacht. Ob Heizungs- oder Lichtanlagen, Jalousien und Überwachungstechnik, Garagentore oder Kraftfahrzeuge – angestrebt wird ein „Smart Home", das nach Belieben steuer- und kontrollierbar wird, um eine möglichst große Flexibilität der Alltagsgestaltung zu gewährleisten.[158] Mit dieser zunehmenden Vernetzung steigt die Abhängigkeit von der Verfügbarkeit und Funktionsfähigkeit der Informationstechnik weiter an und erhöht zugleich die Attraktivität für ihre missbräuchliche Verwendung.[159]

VII. Zusammenfassung

Resümierend lässt sich feststellen, dass die dynamische Entwicklung des Internets auf einer Zusammenführung mehrerer Innovationsleistungen beruhte. Zu den wesentlichen Entwicklungsschritten zählte die fortschreitende Vernetzung seit den 1960er Jahren mit Hilfe verbesserter Übermittlungstechniken, die den Einbezug verschiedener Dateiformate gestatteten. Dabei erwies sich die paketvermittelte Datenübertragung als gleichermaßen innovativ wie erfolgreich, da sie eine schnelle, sichere und kostengünstige Übermittlung im großen Umfang ermöglichte. Allerdings setzte diese neuartige Form der Informations-

---

153 *Leimbach*, Geschichte der Softwarebranche, S. 433ff. 1995 waren es 25Mio. Nutzer, 1998 bereits 100Mio. Die Zahl verfünffachte sich bis 2001. 2005 waren es bereits über einer Milliarde. Ein globales, virtuelles Dorf von bereits 15% der Gesamtbevölkerung war entstanden, *Rüther*, Phänomene der Internetdelinquenz in: Cimichella / Kuhn / Niggli, S. 90.

154 *Schwarzenegger*, ZSR 2008 II, 399, 406; *Leimbach*, Geschichte der Softwarebranche, S. 433f.

155 BKA, Bundeslagebild 2015, S. 18; *Hilgendorf*, JZ 2012, 825, 828f.; *Mansdörfer*, jM 2015, 387, 387; *Bergauer*, Computerstrafrecht, S. 14.

156 BKA, Bundeslagebild 2015, S. 18; BSI, Lagebericht der IT-Sicherheit 2016, S. 10, 55.

157 BKA, Bundeslagebild 2015, S. 18; BSI, Lagebericht der IT-Sicherheit 2015, S. 6, 10, 17; *Gercke*, MMR 2008, 291, 291.

158 BSI, a.a.O., S. 7; BSI, Lagebericht der IT-Sicherheit 2016, S. 55.

159 *Gercke*, MMR 2008, 291, 291.

übertragung zunächst voraus, dass die bestehenden Kompatibilitätsschwierigkeiten zwischen den verknüpften Computeranlagen und den dazugehörigen Komponenten überbrückt und beseitigt werden. Dies gelang in den 1970er Jahren mit der verbindlichen Einführung des TCP-IP-Standardprotokolls – dem Internet. Ein funktionsfähiges Netzwerk entstand, das seine Popularität der einsetzenden Öffnung ab den 1980er Jahren und der wachsenden Nutzerfreundlichkeit durch das world wide web in den 1990er Jahren verdankte. Angezogen von der erleichterten Bedienbarkeit und den neuen Verwendungsmöglichkeiten stieg die Zahl ihrer Anwender und mit ihr das Interesse an einer wirtschaftlichen Nutzbarmachung.

Mit der Verbreitung vergrößerte sich auch die Abhängigkeit von der Funktionsfähigkeit und Integrität der entwickelten Datenübertragungstechnik (*These 1*). Dieser Wandel vollzog sich in drei großen Entwicklungsschritten, ausgehend von seinem militärischen Ursprung organisatorischer und finanzieller Natur, dem zunehmenden Einbezug universitärer Forschung bis hin zur Fortentwicklung zu einem weltweiten Kommunikationsnetzwerk für kommerzielle und private Zwecke. Durch die technische Infrastruktur wurde der Grundstein für die Öffnung des Netzwerks gelegt und damit der Übergang von einer zunächst passiven Nutzung der verknüpften Rechner als Wissensspeicher zum interaktiven Datenaustausch. Mit diesem Wachstum des Nutzungsspektrums wuchs auch die Vielfalt und Komplexität seiner Missbrauchsmöglichkeiten. Während sich die Abhängigkeit bei der Computertechnik auf die Integrität und Verfügbarkeit der eigenen lokalen Rechenanlagen beschränkte, wuchs mit der Vernetzung die Abhängigkeit von der Integrität und Verfügbarkeit des Gesamtsystems. Dies schloss, über die eigenen Rechenkapazitäten hinausgehend, die vernetzten Ressourcen und das sie verbindende System ein. Je weiter sich das Netzwerk verzweigte, desto mehr abhängige Nutzer gab es und desto größer wurde die Notwendigkeit, die verwendeten Daten und Systeme möglichst effektiv zu schützen, denn die geschilderten Dependenzen erhöhten zugleich die Anfälligkeit der gekoppelten Systeme für schädigende Einflüsse.

Diese Entwicklungsschritte prägten zugleich den Einstellungswandel gegenüber der neuen Netzwerktechnik (*These 2*). Während das Netzwerk in seinen Ursprüngen noch einem kleinen geschlossenen Nutzerkreis vorbehalten war, der angesichts der militärischen Bezüge skeptisch beäugt wurde, relativierte sich dies mit seiner schrittweisen Öffnung. Zur Realisierung und Optimierung des Netzwerkprojekts waren die Initiatoren auf die Mitarbeit der Universitäten angewiesen. Anfänglich standen damit Forschungsbemühungen zur Optimierung der implementierten Computer- und Netzwerktechnik im Vordergrund. Mit seiner wachsenden Kompatibilität, Beschleunigung und Ausdehnung konnte durch die Kopplung weiterer Standorte jedoch zunehmend ein Datenspeicher etabliert werden, der nicht nur die Arbeit am Netzwerk erleichterte, sondern auch erste neue Nutzungsmöglichkeiten zum Vorschein brachte. Diese Vorzüge erkennend, vergrößerte sich die faktische Zugriffsmöglichkeit und der interessierte Nutzerkreis. Die zunehmende Anwenderfreundlichkeit der Computer- und Netzwerktechnik ermöglichte ihren Einsatz für öffentliche Einrichtungen und Wirtschaftszweige. Der dahinterstehende Gedanke der Ressourcenteilung entwickelte sich zu einem zentralen Grundgedanken für den weiteren Auf- und Ausbau des Netzwerks sowie seiner funktionalen Ausgestaltung als Verteiler. Die Anforderungen des neuen Kommunikationsmediums an dessen Nutzer sanken mit fortschreitender Optimierung. Die anfängliche Zugänglichkeit für ein kleines Fachpublikum öffnete sich der beruflichen Nutzbarmachung und schließlich dem privaten Anwender. Insoweit zeigen sich Parallelen zur Entwicklung der Computertechnik. Sie bildete den Ausgangspunkt für einen weltweit vernetzten Datenaustausch zwischen verschiedenen intelligenten Systemen, die nicht nur Computer im klassischen Sinn verbinden, sondern inzwischen eine Vielzahl internetfähiger Alltagsgegenstände. Diese Verlagerung prägt nicht nur den Umfang, sondern auch den Inhalt der übermittelten Daten. Neben fachbezogenen Informationen werden zunehmend sensible Daten erfasst und verarbeitet. Auf dem damit ebenfalls wachsenden Schutzbedürfnis der Vertraulichkeit und Integrität von Daten lag allerdings zunächst nicht das Hauptaugenmerk der gewählten technischen Sicherheitsvorkehrungen. Die Sensibilität für diese neuartigen Risiken und ihre technischen Umsetzungsmöglichkeiten mussten erst noch entwickelt werden.[160]

B) Zentrale Risikofaktoren

Die Internetkriminalität ist kein bloßes Zufallsprodukt der technischen Entwicklung. Diese schuf vielmehr die Grundlage für neuartige Begehungsmöglichkeiten und prägt hierdurch ihre phänomenologischen Besonderheiten gegenüber der klassischen Kriminalität. Diese charakterisierenden Merkmale brachten zugleich die damit verbundenen Vorzüge für die erleichterte Vorbereitung und Tatbegehung hervor.

I. Datenübertragungstechnik als struktureller Risikofaktor

Zu den wichtigsten Grundprinzipien des Internets zählt dessen Offenheit, die sich sowohl im Aufbau, der technischen Funktionsweise, als auch in dessen

160 Ergebnis zu These 3 unter C. Phänomenologische Besonderheiten der Internetkriminalität, IV. Zusammenfassung.

Zugänglichkeit wiederspiegeln. Die technischen Abläufe, die den trägerlosen Transport von Daten ermöglichen, sind hingegen komplex.

Der Verzicht auf eine zentrale Steuerung sollte dem Netzwerk Stabilität verleihen und eine möglichst große Reichweite des Netzwerks sicherstellen. Statt die Verantwortung für den Datentransfer auf eine einzige und dadurch anfällige Kommandozentrale zu übertragen, wurde die Zuständigkeit auf viele verschiedene Hosts in Form von kleinen Steuerungszentralen verteilt, welche bei der Weiterleitung von Datenpaketen arbeitsteilig zusammenwirken. Entsprechend dem ursprünglichen Verwendungszweck, der zunächst überschaubaren Netzwerkgröße und der gezielten Auswahl der verknüpften Rechenanlagen beruhte die Grundidee auf der Annahme, dass es sich um eine vertrauliche Netzwerkumgebung von kooperativen Austauschpartnern handeln würde, so dass Sicherheitsaspekte anfänglich vernachlässigt wurden.[161] Statt der Herstellung einer sicheren Verbindung stand deshalb die stabile und schnelle Datenübermittlung bei der Realisierung der Netzwerkidee im Vordergrund. Die gewählte Struktur über spinnennetzartig angeordnete Hosts zielte daher vornehmlich auf die Beschleunigung des Datentransfers[162] innerhalb des bestehenden Netzwerks und gestatteten durch die gewählte Form der Lastenverteilung zugleich weitreichende Ausdehnung über neue Verbindungswege. Die Kompatibilität und damit auch die Kommunikationsfähigkeit wurde durch Netzwerkprotokolle hergestellt.[163] Angesichts der grundlegenden Bedeutung der verbindenden Protokolle bilden ihre Schwachstellen bis heute zentrale Angriffspunkte für den Missbrauch der Netzwerktechnik.[164]

Ihr Aufbau und ihre Funktionsweise wird in der Informatik zu Systematisierungszwecken in unterschiedliche Schichten (sog. layers) eingeteilt.[165] Für die Darstellung der ablaufenden Prozesse wurde das ISO/OSI-Referenzmodell[166]

---

161 BSI, Lagebericht der IT-Sicherheit 2015, S. 16; BSI, Lagebericht der IT-Sicherheit 2016, S. 17f.; *Gercke*, CR 2004, 782, 784.

162 „Die Übertragung einer Datei mit einer Dateigröße von 1.000 MB dauert bei einer Übertragung via Modem mehr als 3 Tage, bei einer Übertragung via ISDN 1,5 Tage, bei einem Breitbandanschluss mit 1 Mbps etwas länger als 2 Stunden und bei einem Breitbandanschluss mit 16 Mbps weniger als 9 Minuten“, *Gercke*, MMR 2008, 291, 297.

163 *Vetter*, Gesetzeslücken, S. 16.

164 BSI, Lagebericht der IT-Sicherheit 2015, S. 16f.; BSI, Lagebericht der IT-Sicherheit 2016, S. 17f.; *Kempa*, Hackerkultur, S. 246.

165 *Sieber* in: Hoeren / Sieber / Holznagel, EL Juni 2006, Teil 1, Rn. 30, 40.

166 ISO = „International Standard Organisation“, OSI = „Open Systems Interconnection Model“. *Sieber* in: Hoeren / Sieber / Holznagel, EL Juni 2006, Teil 1, Rn. 31; *Géczy-Sparwasser*, Gesetzgebungsgeschichte, S. 78; *Hellige*, Geschichte des Internet in: Kreowski (Hrsg.), S. 155. Zur Funktionsweise im Weiteren: *Spannbrucker*, CCC, S. 15f.;

entwickelt. Die Arbeiten der International Organisation for Standardisation (ISO) an diesem Protokoll begannen bereits 1975.[167] Erfasst werden sollten alle denkbaren Gestaltungsmöglichkeiten.[168] Vorgaben, wie die zugeordneten Funktionen technisch umzusetzen seien, enthält dieses Denkmodell hingegen nicht. Für die technische Realisierung dieser siebenschichtigen Modulhierarchie bedurfte es daher weiterer Protokolle[169].[170]

Im ISO/OSI-Modell ist die erste Ebene (die sog. physical layer) für die Herstellung der physischen Verknüpfung durch Signale, Wellen oder Schall zuständig. Die zweite Schicht (die sog. data link layer) zerlegt die eingehenden Datenströme in kleinere Datenpakete (sog. frames) und stellt ihre fehlerfreie Weiterleitung sicher, die auf der dritten Ebene – der Vermittlungsschicht (der sog. network layer bzw. internet layer) – im sog. Paket-Switching-Verfahren weitergeleitet werden. Durch das sog. routing wird die schnellste Verbindung für die Übertragung der einzelnen Datenpakete ermittelt (das sog. hot-potato-Verfahren). Hierbei muss es sich keinesfalls um den geographisch nächstliegenden Netzwerkknoten handeln. Maßgeblich ist einzig die schnellste Erreichbarkeit.[171] Der tatsächliche Versand zu den hierfür ermittelten Netzwerkknoten wird von der Transportschicht auf der vierten Ebene gesteuert und auf der fünften Ebene (der sog. session layer) synchronisiert, wodurch Verstopfungen der Datenbahnen vermieden und die Stabilität des Datentransfers gewährleistet werden sollen. Die Zusammensetzung der einzelnen Datenpakete erfolgt entsprechend der End-to-End-Struktur erst am Zielort. Dargestellt werden die Abläufe über die sechste Schicht (der sog. presentation layer), welche die Datenein und -ausgabe auf der Anwendungsschicht (der sog. application layer) auf der siebenten und zugleich letzten Ebene gestattet.[172] Die übermittelten

---

Vetter, Gesetzeslücken, S. 16f.; *Sieber* in: Hoeren / Sieber / Holznagel, EL Juni 2006, Teil 1, Rn. 31ff.

167 *Hafner / Lyon*, Arpa Kadabra, S. 288, 295.

168 *Hellige*, Geschichte des Internet in: Kreowski (Hrsg.), S. 155. Kritisiert wurde dieses Modell vor allem wegen seiner komplizierten Struktur. Außerdem war es eine ausschließlich theoretische Erarbeitung ohne praktische Anwendung. Der entsprechende Quellcode wirkte zu akademisch und wenig praxistauglich, zumal der Beweis für dessen Funktionieren lange Zeit nicht erbracht wurde, *Hafner / Lyon*, a.a.O., S. 293.

169 Zu diesen steuernden Protokollen gehört auch das Internet in Gestalt des TCP/IP-Protokolls, welches entgegen dem allgemeinen Verständnis kein physikalisches Netzwerk bezeichnet, sondern lediglich eine protokollbasierte Netzwerkstruktur mit verbindlichen Regeln für einen weltweit synchronisierten und akzeptierten Datenaustausch, *Sieber* in: Hoeren / Sieber / Holznagel, EL Juni 2006, Teil 1, Rn 40ff.; *Spannbrucker*, CCC, S. 15.

170 *Sieber*, a.a.O., Rn 30ff., 40.

171 Zum Begriff: a.a.O., Rn 70.

172 *Spannbrucker*, CCC, S. 15f.; *Vetter*, Gesetzeslücken, S. 16f.; *Sieber* a.a.O., Rn 31ff.

Daten werden häufig bereits kurz nach der Nutzung gelöscht – eine Form der Filterung, die den Strafverfolgungsbehörden die Rückverfolgung erschwert und zur Einführung der Vorratsdatenspeicherung veranlasste.[173]

Beim TCP/IP-Modell[174] handelt es sich ebenfalls um ein hierarchisches Netzwerkmodell, das sich jedoch konzeptionell vom dargestellten OSI-Modell unterscheidet. 1983 wurde das ARPANET vom Network Control Protocol endgültig auf TCP/IP umgestellt.[175] Diese Umstellung trug nicht nur zur Verbreitung des TCP/IP-Protokolls bei, sondern auch des Netzwerks selbst. Angesichts dieser Expansion begann man sich jedoch um die Sicherheit der darin übermittelten und verknüpften Daten zu sorgen. Aus diesem Grund wurde noch im gleichen Jahr der militärische Teil des ARPANET abgetrennt und fortan als eigenständiges MILNET betrieben.[176]

Das TCP/IP-Modell besteht aus nur vier Schichten, denn im Unterschied zum OSI-Modell werden die beiden ersten Ebenen für die Herstellung des Netzzugangs zu einer Schicht zusammengefasst und die fünfte bis einschließlich siebente Ebene für die Anwendungen ebenfalls.[177] Wie auch im OSI-Referenzmodell fungieren die dritte und vierte Schicht jeweils eigenständig, wobei zwischen dem „Internet Protocol" (IP) auf der dritten und dem „Transmission Control Protocol" (TCP) auf der vierten Ebene unterschieden wird.

Auf dieser Transportschicht werden die empfangenen Daten in kleinere Datenpakete zerlegt und mit einem sog. Header ausgestattet, der die Quell- und Zielinformationen[178] der Datei enthält, denn anders als bei Telefonanrufen über analoge Anschlüsse, werden die Daten nicht als Gesamtpaket übermittelt, sondern in kleinere Datenpakete zerlegt und zeitgleich an ihr Ziel versandt. Hierdurch können große Datenmengen in Echtzeit transportiert werden[179] –

---

173 *Gercke*, MMR 2008, 291, 297.

174 Zum TCP/IP-Modell im Folgenden: *Sieber* in: Hoeren / Sieber / Holznagel, EL Juni 2006, Teil 1, Rn. 42ff.

175 *Hafner / Lyon*, Arpa Kadabra, S. 294; Géczy-Sparwasser, Gesetzgebungsgeschichte, S. 53; *Friedewald*, Experimentierfeld, S. 334.

176 *Schmid*, Computerhacken, S. 15; *Friedewald*, Experimentierfeld, S. 334. Danach verblieben von den bis dahin 113 bestehenden Knoten noch 45 Knoten für das zivile ARPANET. Die frühe Reifephase kann damit als abgeschlossen betrachtet werden, ebd.; *Kahn*, OH 192, S. 30f.

177 *Spannbrucker*, CCC, S. 15f.; *Vetter*, Gesetzeslücken, S. 16f.

178 Die Zuordnung der kommunizierenden Rechner erfolgt über die zugewiesenen IP-Adressen, die durch die Informationen im Header eine Rückverfolgung gestatten, *Sieber* in: Hoeren / Sieber / Holznagel, EL Juni 2006, Teil 1, Rn. 57f. Hierfür wird häufig das Verfahren des sog. Tracing verwendet. Zum Begriff: a.a.O., Rn. 71f.

179 A.a.O., Rn. 51.

eine technische Eigenschaft, die Übertragungen von Live-Veranstaltungen und Konferenzen ermöglicht. Die Flüchtigkeit der übermittelten Daten erleichtert aber nicht nur Live-Übertragungen, sondern auch die Tatbegehung, denn die übermittelten Daten werden häufig nur vorrübergehend im Arbeitsspeicher, nicht jedoch dauerhaft auf dem PC gespeichert.[180] Um die richtige Zusammenstellung der Datenpakete am Zielort zu gewährleisten, wird eine Port-[181] sowie eine fortlaufende Nummer vergeben. Sollten die Datenpakete ihr Ziel nur unvollständig erreichen, kann der Versand des fehlenden Pakets durch die Flusskontrolle erneut angefragt werden. Die Netzwerkschicht steuert auf der dritten Ebene die Vermittlung der Datenpakete über das IP-Protokoll, indem diese aus der Transportschicht weitergeleitet werden.

Resümierend lassen sich damit die verteilte Struktur der interagierenden Netzwerkknoten über offene Verbindungswege für einen freien Daten- und Informationsfluss und die Abwesenheit von Zugangskontrollen als prägende Wesensmerkmale der onlinebasierten Datenübertragungstechnik kennzeichnen. Sie bilden die Grundlage für ihre dynamische Weiterentwicklung und stellen durch die damit einhergehenden permanenten Modifizierungen zugleich eine Herausforderung für den präventiven und reaktiven Umgang mit den ebenfalls kontinuierlich angepassten missbräuchlichen Verwendungsmöglichkeiten dar, da diese zugleich dazu genutzt werden können, um in Echtzeit wiederholt Angriffe über große Distanzen hinweg zu verüben und ihre Schadensfolgen zu vervielfachen.

II. Risikofaktor Software

Neben den datenaustauschsteuernden Geräten und Komponenten[182] zählt die Software zu den zentralen Schwachstellen und damit zu den beliebtesten Angriffspunkten.[183] Mit zunehmender Technisierung sind nicht nur die Einsatzmöglichkeiten vielfältiger geworden, sondern auch die sie steuernden Pro-

---

180 *Brodowski / Freiling*, Cyberkriminalität, S. 57.

181 Bei Port-Nummern handelt es sich um standardisierte Zahlencodes, die den Dateityp verschlüsseln. Die Ziffer 110 wird z.B. für Emails verwendet (POP 3) und gewährleisten auf diese Weise die Verarbeitung mit dem richtigen Dienst, *Sieber* in: Hoeren / Sieber / Holznagel, EL Juni 2006, Teil 1, Rn. 46ff.

182 BSI, Lagebericht der IT-Sicherheit 2015, S. 17; BSI, Lagebericht der IT-Sicherheit 2016, S. 17f. Hierzu zählen z.B. Router und DNS-Server.

183 *Gercke*, CR 2004, 782, 784; BSI, Lagebericht der IT-Sicherheit 2015, S. 10; *Brodowski / Freiling*, Cyberkriminalität, S. 24f.; *Dornseif*, Phänomenologie der IT-Delinquenz, S. 90f.

gramme deutlich komplexer,[184] um den wachsenden Funktionsumfang realisieren zu können. Allerdings erhöht diese Vielschichtigkeit des Programmaufbaus auch die Verwundbarkeit der verwendeten Systeme und bietet damit zugleich eine Vielzahl neuer Angriffsvektoren, die durch Schadprogramme automatisiert ausgeführt oder mithilfe von Passwortabfragen umgangen werden können.[185] Dabei zielen die Angreifer vor allem auf kritische Schwachstellen weitverbreiteter Software,[186] denn je beliebter die Programme, desto größer die potentielle Zielgruppe für einen umso lukrativeren Angriff.[187] Aufgrund des hohen Marktanteils werden daher auch die Windows-Betriebssysteme von Microsoft deutlich häufiger zum Ziel von Angriffen als Apple-Systeme.[188]

Der fortwährende Innovationsgrad und die Schnelllebigkeit der verwendeten Technik verleiten außerdem dazu, Sicherheitsaspekte aus ökonomischen Gründen als nachrangig zu behandeln, obgleich hierdurch neuartige Risiken für die implementierten Systeme und die durch sie verarbeiteten Daten geschaffen werden.[189]

Der deutliche Anstieg auf 44 Mio. verwendete Smartphones in Deutschland im Jahr 2015 führte zu einer stärkeren Verlagerung der Internetaktivitäten auf die Mobiltechnologie. Dies erhöhte zugleich ihre Attraktivität als Angriffsziel. Mit ihr stieg die Zahl der Tatgelegenheiten und die Zahl der potentiellen Opfer. Der Einsatz mobiler Endgeräte erwies sich als flexibler, da die Geräte kleiner und damit auch leichter zu transportieren sind. Dies zeigt sich auch anhand der längeren Onlineschaltung von Smartphones und Tablets im Vergleich zu PCs,[190] und schließt Vorgänge wie Onlinebanking gleichermaßen ein wie die Nutzung sozialer Medien. Inzwischen weisen mobile Internetnutzer sogar die

---

184 Der Programmcode von Windows 2000 basiert z.B. auf 29 Millionen Zeilen und würde damit in ausgedruckter Form 23 laufende Regelmeter beanspruchen, *Dornseif*, Phänomenologie der IT-Delinquenz, S. 46 m.w.N.; *Hyner*, Sicherheit, S. 119.

185 BSI, Lagebericht der IT-Sicherheit 2015, S. 10; *Brodowski / Freiling*, Cyberkriminalität, S. 25, 59; *Hyner*, Sicherheit, S. 119.

186 Hierzu zählen vor allem Webbrowser und die den darin verwendeten Plug-Ins. Die meisten kritischen Schwachstellen wies 2015 der Adobe Flash Player auf, BSI, ebd.

187 Ebd.

188 A.a.O., S. 22, 30.

189 A.a.O., S. 6. Aus diesem Grund wurde auch die Einführung einer Gefährdungshaftung für Hersteller nach dem Vorbild der Produkthaftung diskutiert, *Hilgendorf*, Harmonisierung des Internetstrafrechts in: Schwarzenegger / Arter / Jörg, S. 292; *Ders.*; ZStW 2006, 202, 204 Vertiefend zu den Haftungsverhältnissen bei Cyber-Angriffen: *Mehrbrey / Schreibauer*, MMR 2016, S. 75–82.

190 BKA, Bundeslagebild 2015, S. 16.

höchste Nutzungsintensität auf.[191] Die Tendenz zu verstärkten Angriffen gegen häufiger verbreitete Programme setzt sich bei den mobilen Endgeräten fort. Während sich 2015 etwa 96% der Angriffe mittels Schadsoftware[192] gegen den Marktführer Android richteten, waren bei iOS-Systemen von Apple nur wenige feststellbar.[193] Beliebte neuartige Zugriffspunkte bildeten bei Handys die Ortungs- und Abhörmöglichkeiten über die verwendeten Funkschnittstellen.[194]

Weitere Sicherheitsrisiken bei mobilen Endgeräten resultierten aus ihrer App[195]-basierten Nutzung. Diese zeichnen sich durch einen isolierten Betrieb im sog. Sandboxing-Verfahren aus und machen deshalb eine Einzelüberprüfung erforderlich.[196] Einen zusätzlichen Risikofaktor bilden die weiten Zugriffsrechte dieser Apps, denn viele Programme beschränkten sich nicht auf die für die Ausführung erforderlichen Daten, sondern verlangen bei der Installation Zugang zu weiteren, für die Programmnutzung nicht erforderlichen Informationen, mit denen aber zum Teil umfassende Nutzerprofile erstellt und abgefangen werden können.[197]

Inzwischen werden neben den klassischen Endgeräten immer mehr Alltagsgegenstände vernetzt, um die Idee des „Smart Home" zu verwirklichen. Ihre Vernetzung führt allerdings auch zu einer erleichterten Angreifbarkeit, zumal für diese Geräte häufig veraltete Betriebssysteme mit zum Teil erheblichen Sicherheitslücken verwendet werden.[198] Durch die Entwicklung zum „Internet der Dinge" und die damit einhergehende Kopplung verschiedener Endgeräte, dehnte sich auch die Internetkriminalität von den vernetzten Rechnern auf weitere internetfähige Endgeräte aus.

Neben den technischen Risiken bei der Installation neuartiger Programme, gefährdet vor allem das nachträgliche Eingreifen Dritter die Vertraulichkeit und Integrität der Daten und Systeme. Durch die vergleichsweise geringen Sicherheitsvorkehrungen bei der Entwicklung von Programmen und ihre zö-

---

191 A.a.O., S. 17. Smartphone- und Tabletnutzer sind etwa 50Min. länger am Tag online aktiv.

192 *Dornseif*, Phänomenologie der IT-Delinquenz, S. 319ff.; *Hyner*, Sicherheit, S. 121.

193 BSI, Lagebericht der IT-Sicherheit 2015, S. 18, 22; BSI, Lagebericht der IT-Sicherheit 2016, S. 19; MELANI, Halbjahresbericht 2016/I, S. 22.

194 BSI, Lagebericht der IT-Sicherheit 2015, S. 18.

195 Kurz für Anwendungsprogramme.

196 A.a.O., S. 19.

197 Hierzu zählen Standortabfragen, Suchverläufe, persönliche Daten und Kontakte aus dem Adressbuch und Kalender sowie übermittelte Daten von anderen Geräten wie Fitness Trackern, a.a.O., S. 18f.; *Mansdörfer*, jM 2015, 387, S. 387–392.

198 BKA, Bundeslagebild 2015, S. 18.

gerliche Fehlerkorrektur durch entsprechende Updates wird den Tätern der Zugriff auf die umfassenden Datenbestände erleichtert.[199] Angesichts der zunehmenden Vernetzung unterschiedlicher Endgeräte potenziert sich dieses Risiko und fördert zugleich die Verbreitung eingesetzter Schadsoftware und ihrer Folgewirkungen.

Diese softwarespezifische Sicherheitsproblematik verlagert sich durch die zunehmende Anmietung von „Datenwolken" (sog. clouds[200]). Diese gestatten eine trägerunabhängige Datenspeicherung und -verarbeitung durch eine gemeinsame Ressourcennutzung.[201] Infolge des technischen Outsourcings dehnt sich nicht nur die geographische Erreichbarkeit der darin gespeicherten Daten aus, auch die Hürde der Feststellbarkeit des Handlungs- und Erfolgsortes bei einer missbräuchlichen Nutzung nimmt zu.[202] Die Risikosphäre verlagert sich von den Daten be- und verarbeitenden Unternehmen auf die Diensteanbieter der Cloud-Strukturen. Diese erhalten durch die Übertragung der „Prozess- und Datenhoheit" nicht nur faktische Zugriffsmöglichkeiten, sondern ihnen wird zugleich das Sicherheitsmanagement überantwortet.[203]

Umgekehrt kann die Implementierung von Sicherheitstechnik auch in ihr Gegenteil verkehrt werden, wenn die mobile Steuerung der heimischen Sicherheitstechnik zum potentiellen Angriffspunkt wird – sei es durch ein Ausspähen mithilfe installierter Sicherheitskameras oder durch die dezentrale Deaktivierungsmöglichkeit der Alarmanlage. Die softwarebasierten Angriffsmöglichkeiten bleiben vielfältig.

III. Anwender als personelle Risikofaktoren

Neben den technischen Schwachstellen stellt auch der Anwender ein großes Risiko dar.[204] Das Bundesamt für Sicherheit in der Informationstechnik (BSI) verwies auf eine Studie von IBM, wonach mehr als die Hälfte der ausgeführten Cyber-Angriffe auf das Nutzerverhalten zurückzuführen waren.[205]

---

199 *Dornseif*, Phänomenologie der IT-Delinquenz, S. 90f. Die IT-Branche nehme es hin, dass die Produkte beim Nutzer „wie Bananen nachreifen", a.a.O., S. 90.

200 *Hansen*, DuD 2012, 407, 407; *Hilgendorf*, JZ 2012, 825, 828; *Gercke*, CR 2010, 345, 345; *Pohle*, CR 2009, 273, 273f. Vertiefend zu den technischen Abläufen, *Federrath*, ZUM 2014, 1, 1–3; *Leimbach*, Geschichte der Softwarebranche, S. 439f.; *Bergauer*, Computerstrafrecht, S. 12.

201 *Leimbach*, a.a.O., S. 439; *Gercke*, ebd.; *Bergauer*, ebd.; *Pohle*, ebd.

202 *Bergauer*, a.a.O., S. 12f.

203 BSI, Lagebericht der IT-Sicherheit 2015, S. 9; *Pohle*, CR 2009, 273, 274ff.

204 *Brodowski* / *Freiling*, Cyberkriminalität, S. 25; *Hyner*, Sicherheit, S. 119.

205 BSI, Lagebericht der IT-Sicherheit 2015, S. 14 m.w.N.

Wie gezeigt, wirkt sich das Nutzerverhalten schon bei der Programmentwicklung aus und setzt sich bei der Installation der Software entsprechend fort. Auch der Umgang während des anschließenden Betriebs lässt ein hinreichendes Risikobewusstsein vermissen. Dies gilt unabhängig davon, welches mobile Endgerät verwendet wird. Bestehende Schutzkonzepte werden kaum in Anspruch genommen. Ein Passwortschutz wird nur selten implementiert, zumindest aber möglichst leicht ausgestaltet und kaum variiert. Dadurch können sich nicht nur Nutzer das Kennwort leichter merken, sondern Dritte können es auch einfacher erraten und umgehen. Noch seltener werden Nachrichten kryptographisch verschlüsselt.[206] Vernachlässigt der Anwender überdies die Wartung des eingesetzten Systems durch die fehlende regelmäßige Installation von Sicherheitsupdates[207] – sei es aus fehlender Sensibilität für mögliche Folgewirkungen, sei es aus Unkenntnis, oder einfach, weil sich dieser mit dem Einsatz älterer Technik begnügt[208] vergrößern sich die bereits bestehenden Sicherheitslücken. Durch diese Nachlässigkeit gefährden sich Nutzer nicht nur selbst, sondern sie werden auch zu Gefahrenquellen für andere. Dies gilt nicht nur für private Nutzer. Selbst bei dem deutschen Kernkraftwerk in Grundremmingen wurde 2015 die Schadsoftware namens „Conficker" auf einem infizierten Rechner und 18 Datenträgern gefunden. Die Ursache soll eine Sicherheitslücke gewesen sein, zu deren Schließung Windows bereits 2008 ein Sicherheitsupdate bereitgestellt hat.[209]

Begleitet wird dieses fehlende Risikobewusstsein von einem fragwürdigen Umgang mit eigenen und fremden Daten. Häufig fehlt die gebotene Sorgfalt bei der Wahl der Bezugsquellen. Informationen werden von unseriösen Webseiten abgerufen oder Dateianhänge unbekannter Herkunft geöffnet. Freizügig werden private oder gar intime Informationen gesammelt und im Internet geteilt. Das BSI spricht in diesem Zusammenhang von „digitaler Sorglosigkeit".[210]

Die Verbreitungsmöglichkeiten in Textform, durch Tonmitschnitte, Fotos oder Videos wurden derart vereinfacht, dass ihr Versand keine technische Hürde mehr darstellt. Die inzwischen erreichten Speicherkapazitäten[211] und Datenübertragungsgeschwindigkeiten gestatten ihre Übertragung in Sekundenbruchteilen. Verträge, die einen Festbetrag für unbegrenztes Datenvolumen vorsehen

---

206 A.a.O., S. 15.

207 A.a.O., S. 7.

208 Ebd.; *Dornseif*, Phänomenologie der IT-Delinquenz, S. 83.

209 MELANI, Halbjahresbericht 2016/I, S. 29f.

210 BSI, Lagebericht der IT-Sicherheit 2015, S. 15.

211 *Brodowski / Freiling*, Cyberkriminalität, S. 57f.

(sog. Flatrates), setzen finanzielle Hürden herab. Öffentlich zugängliche WLAN-Bereiche erleichtern den freigebigen Versand. Darüber, dass die Daten an derartigen Hotspots unverschlüsselt übermittelt werden und dadurch leichter für den Anbieter dieser Serviceleistung und für externe Dritte einsehbar sind, sorgen sich die wenigsten. Die Brisanz dieser Problematik verstärkt sich in Anbetracht der beständig anwachsenden Datenbestände. Inzwischen erstreckten sich diese dank Fitness-Tracker auf eigene Bio-Daten, den Gesundheitszustand, das Schlafverhalten und damit auf höchstsensible Daten.

Die beständig hohe Gefahrenlage schien kaum Auswirkungen auf das subjektive Bedrohungsempfinden und das Nutzungsverhalten zu haben. Versuche, ein „Recht auf Vergessen"[212] im Internet zu etablieren, um bei Reue über den erzeugten Datentransfer höchstpersönlicher Informationen reagieren zu können, verdeutlichen zwar die Gefahr des leichtfertigen Publizierens in den modernen Medien, scheinen den Umgang jedoch nicht nachhaltig zu beeinflussen. Der fortwährende Erfolg sozialer Medien bestätigt die anhaltende virtuelle Mitteilungsfreudigkeit ihrer Nutzer.

C) Phänomenologische Besonderheiten der Internetkriminalität

Bereits die kontinuierlich ansteigende Gesamtzahl auf 560 Millionen geschätzte Schadsoftwarevarianten im August 2016[213] lässt die Vielfalt der internetspezifischen Tatmodalitäten erahnen.[214]

I. Internetkriminalität

Im Unterschied zur Computerkriminalität rückt bei der Begehung von Internetstraftaten der Missbrauch der verknüpfenden Netzwerktechnik stärker in den

212 *Nolte*, ZRP 2011, S. 236–240. Die Diskussion intensivierte sich im Zuge der EuGH-Entscheidung im sog. Google-Urteil, EuGH, Urt. v. 13.5.2014 – Rs. C-131/12 in der Sache: Google Spain SL/Google Inc. gegen Agencia Española de Protección de Datos (AEPD)/Mario Costeja González, über die „Pflicht für Suchmaschinen zur Löschung personenbezogener Links" in: Abl. EU Nr. C 212 v. 7.7.2014, S. 4f. Vertiefend: *Trentmann*, CR 2017, S. 26–35. *Nolte*, NJW 2014, S. 2238–2242; *Kühling*, EuZW 2014, S. 527–532; *Kühn / Karg*, ZD 2015, S. 61–66; *Buchholtz*, ZD 2015, S. 570–577; *Lewinski*, AfP 2015, S. 1–6; *Boehme-Neßler*, NVwZ 2014, S. 825–830; *Rando Casermeiro / Hoeren*, GRUR-Prax 2014, S. 537–539. Kritisch: *Arning / Moos / Schefzig*, CR 2014, S. 447–456.

213 BSI, Lagebericht der IT-Sicherheit 2016, S. 3. Im Vorjahr waren es noch 439 Millionen, BSI, Lagebericht der IT-Sicherheit 2015, S. 22.

214 Die nachfolgende Darstellung konzentriert sich daher auf die grundlegenden phänomenologischen Besonderheiten, soweit sie für die Konturierung der spezifischen Herausforderungen an den Gesetzgeber und Gesetzesanwender erforderlich sind.

Fokus,[215] auch wenn es sich bei ihrer Verwirklichung selten um einen reinen Selbstzweck handelt und die Angriffe auf und durch die Internettechnik der Verwirklichung von Computerkriminalität dienen können. Die beiden Kriminalitätsformen eint damit nicht nur eine gemeinsame Technikgeschichte. Diese spiegelt sich auch in ihren fließenden Nutzungs- und Missbrauchsmöglichkeiten wider. Den Kern bilden die digitale Informationsspeicherung und ihre Verarbeitung. Beides kann durch computer- bzw. netzwerkgesteuerte Angriffe gefährdet werden – eine Problematik, deren Ausmaß sich mit dem Bedeutungszuwachs der Technik vergrößert.

Die Internetkriminalität kann, ähnlich der Computerkriminalität, in zwei Unterkategorien unterteilt werden. Der *Internetkriminalität im weiteren Sinne* werden die Delikte zugeordnet, bei denen das Internet lediglich zum Zweck der erleichterten Tatbegehung eingesetzt wird, die betreffenden Delikte allerdings auch ohne dieses Tatmittel verwirklicht werden könnten.[216] Dagegen umfassen die Delikte des *Internetstrafrechts im engeren Sinne* Tathandlungen, die ohne den Einsatz des Internets nicht durchgeführt werden könnten und die sich gegen die ordnungsgemäße Funktionsweise des Netzwerkes oder gegen die hierdurch verbundenen Endgeräte richten bzw. die übermittelten oder darin gespeicherten Daten nachteilig verändern.[217] Zu dieser Gruppe gehören Angriffe auf die Integrität, Vertraulichkeit und Verfügbarkeit von Daten.[218]

II. Gefährdete Interessen

Als Angriffsziel dienen zumeist technische und menschliche Schwachstellen. Die damit verfolgten Ziele variieren und mit ihnen die Gefährdungslagen. Hierfür offerieren die technischen Neuerungen vielfältig einsetzbare Hilfsmit-

---

215 *Vetter*, Gesetzeslücken, S. 12f.; *Sieber* in: Hoeren / Sieber / Holznagel, EL Juni 2006, Teil 1, Rn 12; *Hong*, Flexibilisierungstendenzen, S. 140ff. Kritisch: *Schwarzenegger*, ZSR 2008 II, 399, 409.

216 *Schwarzenegger*, ZSR 2008 II, 399, 409f.

217 A.a.O., 411. Für eine weitergehende Einschränkung wird z.T. der Einbezug einer zeitlichen Komponente vorgeschlagen, bzw. eine Differenzierung danach, ob ein Datentransfer stattfand. *Schwarzenegger* weist jedoch zu Recht darauf hin, dass dies nur bedingt geeignet ist, da Schadsoftware auch dauerhaft wirken kann. Demgegenüber bedürfe es für den Versand einer Email mit ehrverletzendem Inhalt lediglich eines kurzen Datentransfers a.a.O., S. 412.

218 Die Enquete-Kommission des Deutschen Bundestages spricht von Delikten, die die IT-Sicherheit verletzen, *Dies.* in: Schlussbericht, BT-Drs.: 14/9200 v. 12.6.2002, S. 280f. Weitere Gruppen bilden die Verstöße gegen das Urheberechts und gegen Immaterialgüterrechte.

tel, wobei als häufigste Angriffsart die Infektion mit Schadsoftware verzeichnet wurde.[219]

1. Vertraulichkeitsverletzungen

Angriffe auf die Geheimnissphäre stellen kein Novum der Internetkriminalität dar. Die erörterten Gefahren für die Vertraulichkeit gespeicherter Daten unter der herausgebildeten Computerkriminalität bestehen fort. Allerdings wurden die Datenspeicher durch ihre Vernetzung für den interaktiven Datenaustausch geöffnet. Durch den damit gleichermaßen schnelleren wie weitreichenden Zugang auf alle verbundenen Systeme potenzieren sich die Zugriffsmöglichkeiten auf lokal oder in Clouds gespeicherte Daten. Angriffe zielen häufig nicht auf isolierte Informationen, sondern auf den Gesamtdatenbestand. Während die Identifizierung in der realen Welt anhand von Informationen wie der Sozialversicherungsnummer, Steuernummer, Vor- und Nachname sowie Anschrift vorgenommen wird, spielen in der virtuellen Welt Zugangsdaten eine besondere Rolle. Die sog. digitalen Identitäten[220] bestehen in der Regel aus einem Nutzernamen und einem ihm zugeordneten Passwort. Da diese Zugriff auf wichtige Informationen wie Bank- und Kontodaten bieten, stellen sie ein beliebtes Angriffsziel dar.[221] Häufig werden diese Daten an den Inhaber zurück- bzw. an Dritte weiterveräußert.[222] Teilweise werden sie auch zur Verschleierung der eigenen Identität genutzt.[223]

Neben dem Zugriff auf gespeicherte Daten zielen netzwerkgesteuerte Angriffe vor allem auf Daten im Übermittlungsstadium.[224] Realisiert wird dies häufig durch eine Form des Hackings.[225] Die bereits dargestellten Methoden wurden im Zuge der technischen Weiterentwicklung perfektioniert. Neben der fort-

219 BSI, Lagebericht der IT-Sicherheit 2015, S. 22; BSI, Lagebericht der IT-Sicherheit 2016, S. 19.

220 Das BKA definiert digitale Identitäten als: „Summe aller Möglichkeiten und Rechte des einzelnen Nutzers sowie seiner personenbezogenen Daten und Aktivitäten innerhalb der Gesamtstruktur des Internets“, BKA, Bundeslagebild 2015, S. 12.

221 BKA, Bundeslagebild 2015, S. 12; BSI, Lagebericht der IT-Sicherheit 2016, S. 30; *Kempa*, Hackerkultur, S. 110f.; *Hyner*, Sicherheit, S. 128; *Schmölzer*, ZStW 2011, 709, 710.

222 Vgl. hierzu die Debatte um die Einführung des § 202d StGB n.F. unter Neuntes Kapitel, A) Strafbarkeit der Datenhehlerei gem. § 202d StGB.

223 BKA, Bundeslagebild 2015, S. 12; BSI, Lagebericht der IT-Sicherheit 2015, S. 22. Dem BSI seien bereits 100.000 Schadprogrammfamilien bekannt geworden, die eine solche Funktion besitzen.

224 *Spannbrucker*, CCC, S. 11f.

225 A.a.O., S. 19; *Hong*, Flexibilisierungstendenzen, S. 149; BKA, Bundeslagebild 2015, S. 12.

währenden Ausnutzung menschlicher Schwächen machen sich Hacker zunehmend strukturelle und damit technische Schwachstellen zu nutze. Sobald Computer über ausreichend Rechenleistung verfügten, wurden Trickanrufe vollautomatisiert durchgeführt. Bei solchen sog. brute force attacks wird das zu erforschende System der permanenten Anfrage eines kleinen Hilfsprogramms ausgesetzt, welches alphanumerische Kombinationen automatisiert eingibt.[226] Derartigen Hackerprogrammen wird inzwischen häufig dadurch begegnet, dass der Zugang nach einer wiederholt falschen Passworteingabe gesperrt wird. Ist dies der Fall, verbleibt dem Hacker oft nur die Möglichkeit, sich als Gast einzuloggen und mittels beschränkter Zugangsberechtigung Sicherheitslücken auszuspähen, um weiter in das System vordringen zu können.

Hierfür existieren Programme,[227] die im Internet teilweise freizugänglich zum Download angeboten werden. Den dortigen Angaben zu Folge handelt es sich um Programme, die (vorgeblich) der Überprüfung des eigenen Computers auf etwaige Sicherheitsmängel dienen. Für eine solche Überprüfung bestünde in der Tat Anlass, da in den gängigen Betriebssystemen durch getroffene Voreinstellungen, wie der Vergabe von Standardzugängen oder sog. Trapdoors,[228] häufig Sicherheitslücken enthalten sind.[229]

Neben diesen systemimmanenten Schwachstellen zeichnen sich die netzwerkgesteuerten Angriffe vor allem durch ihre erleichterten externen Zugriffsmöglichkeiten aus. Dadurch können trojanische Pferde[230] in Computersysteme

---

226 *Spannbrucker*, CCC, S. 13; BSI, Lagebericht der IT-Sicherheit 2015, S. 24; *Kempa*, Hackerkultur, S. 47; *Hyner*, Sicherheit, S. 124; *Heinrich*, HFR 2006, 125, 129; *Schmid*, Computerhacken, S. 158. Die Kombinationen wurden anfänglich aus eingescannten Wörterbüchern gewonnen, *Heinrich*, HFR 2006, 125, 129; *Spannbrucker*, ebd.; *Schmid*, a.a.O., S. 157f.

227 *Mühle*, Hacker und Computer-Viren, S. 20; Spiegel Nr. 44/2010, Hacken für jedermann, S. 131.

228 *Roßnagel / Wedde / Hammer / Pordesch*, Informationsgesellschaft, S. 149f. *Bergauer*, Computerstrafrecht, S. 90. Vertiefend zum Begriff: ebd.; *Spannbrucker*, CCC, S. 14.

229 *Spannbrucker*, a.a.O., S. 13; *Roßnagel / Wedde / Hammer / Pordesch*, Informationsgesellschaft, S. 150.

230 „Ein Trojanisches Pferd, oft auch (eigentlich fälschlicherweise) kurz Trojaner genannt, ist ein Programm mit einer verdeckten, nicht dokumentierten Funktion oder Wirkung. Es verbreitet sich nicht selbst, sondern wirbt mit der angeblichen Nützlichkeit des Wirtsprogrammes für seine Installation durch den Benutzer. Der Benutzer kann daher auf die Ausführung dieser Funktion keinen Einfluss nehmen, z.B. könnte ein Trojanisches Pferd einem Angreifer eine versteckte Zugriffsmöglichkeit (sog. Hintertür) zum Computer öffnen", BKA, Bundeslagebild 2015, S. 12. *Bergauer*, Computerstrafrecht, S. 89ff.; *Kempa*, Hackerkultur, S. 110; *Dornseif*, Phänomenologie der IT-Delinquenz, S. 319ff.; *Hyner*, Sicherheit, S. 122; *Roßnagel / Wedde / Hammer / Pordesch*, Informationsgesellschaft, S. 149; *Heinrich*, HFR 2006, 125, 128.

eingeschleust werden. Diese lädt der Nutzer als verdeckte Dateianhänge mit anderen Programmen meist unbemerkt herunter.[231] Im Anschluss werden sie von Dritten dazu verwendet, um Schadsoftware auf fremden Rechnern zu installieren.[232] Hierzu können auch sog. Exploits eingesetzt werden.[233] Bei den häufig verwendeten sog. Drive-By-Exploits handelt es sich um Programme, die der Nutzer, anders als bei trojanischen Pferden, nicht beim Download von Programmen herunterlädt, sondern durch das bloße Aufrufen von Internetseiten. Die Schadsoftware kann durch angezeigte Werbebanner getarnt werden. Ihre Installation erfolgt automatisch, ohne dass auch nur ein Klick auf die Banner erforderlich ist. Anschließend dienen diese Programme zum Aufspüren und Ausnutzen von Sicherheitslücken auf dem Computersystem des unwissenden Internetnutzers.[234] Nach Angaben des BSI führten 2015 zwei bis drei Prozent aller Webseiten Drive-by-Angriffe aus oder leiteten auf entsprechende Seiten weiter.[235] Genutzt werden hierdurch nicht nur die Schwachstellen der verbundenen Systeme, sondern auch die strukturellen Besonderheiten des Netzwerkes selbst.[236]

Anders als das Eindringen in ein fremdes System, zielt das Abfangen von Daten nicht auf gespeicherte Daten, sondern auf Daten im Übermittlungsvorgang.[237] Beliebt sind in diesem Zusammenhang sog. Man-in-the-Middle-Angriffe, bei denen sich der Täter zwischen zwei Daten übertragende Teilnehmer schaltet und von dieser Position aus mit den weitergeleiteten Daten nach Belieben verfahren kann. Diese können aufgezeichnet und später ausge-

---

231 *Spannbrucker*, CCC, S. 14; *Hong*, Flexibilisierungstendenzen, S. 149f.; BSI, Lagebericht der IT-Sicherheit 2015, S. 32; *Kempa*, Hackerkultur, S. 110; *Dornseif*, Phänomenologie der IT-Delinquenz, S. 319ff.; *Hyner*, Sicherheit, S. 122; *Heinrich*, HFR 2006, 125, 128; *Gravenreuth*, NStZ 1989, 201, 202.

232 *Spannbrucker*, a.a.O., S. 20; *Hyner*, a.a.O., S. 122f. Siehe sogleich unter: „Integritätsverletzungen".

233 Zur Infiltrierung wird eine Schwachstelle ausfindig gemacht, eine Beschreibung erstellt und ein kleines Programm entwickelt, das den Angriff ausführt und den Erfolg dokumentiert, *Brodowski / Freiling*, Cyberkriminalität, S. 66; BSI, Lagebericht der IT-Sicherheit 2015, S. 32; MELANI, Halbjahresbericht 2016/I, S. 17; *Hyner*, Sicherheit, S. 125; *Sieber*, NJW 2012, Beil. 3, 86, 87.

234 *Sieber*, Gutachten zum 69. DJT, 2012, C 19; *Ders.*, ebd.; BKA, Bundeslagebild 2015, S. 12; BSI, ebd.; BSI, Lagebericht der IT-Sicherheit 2016, S. 29; *Hyner*, ebd.

235 BSI, Lagebericht der IT-Sicherheit 2015, S. 32. Inzwischen werden Exploits vermehrt dazu genutzt, Ransomware bei den Nutzern einzuschleusen, a.a.O., S. 22, 33; BSI, Lagebericht der IT-Sicherheit 2016, S. 20. Vertiefend zur Ransomware: *Vogelsang / Möllers*, jm 2016, S. 381–387.

236 *Spannbrucker*, CCC, S. 15ff.

237 *Sieber*, Gutachten zum 69. DJT, 2012, C 19.

wertet werden. Gefährdet wird hierdurch die Vertraulichkeit der Daten. Der Täter ist außerdem in der Lage, den übermittelten Inhalt zu manipulieren und damit die Integrität dieser Daten zu gefährden, oder aber ihre Weiterleitung vollständig zu stoppen und hierdurch ihre Verfügbarkeit zu beeinträchtigen.[238]

Auf der Ebene der IP-Schicht können hierzu Spionageprogramme eingesetzt werden, die ein Ausspähen der Datenübertragung ermöglichen.[239] Der Vorteil dieser sog. Sniffing-Programme liegt im direkten Zugriff während der Datenübermittlung, so dass ein Zugang zum verbundenen System entbehrlich wird.

Eine mögliche Missbrauchsform der darüber angesiedelten TCP-Schicht, welche den Transport der Datenpakete steuert, ist das sog. IP-Spoofing. Hierdurch können IP-Adressen gefälscht und damit die Identität des Absenders bzw. Empfängers vorgetäuscht werden.[240] Beide Methoden werden beim sog. Hijacking vereint.[241]

Neben den bereits erwähnten Angriffen auf einzelne Schwachstellen in den verbundenen Systemen oder dem Netzwerk, kann das Angriffsziel auch durch die Kombination verschiedener technischen Besonderheiten verwirklicht werden. Plastisch wird dies an den Entwicklungsstufen des Hackings, welches für die Durchführung des sog. Phishings genutzt und später durch die Missbrauchsform des sog. Pharmings abgelöst bzw. ergänzt wurde.[242]

Inzwischen hat sich das Phishing zur bekanntesten Form des digitalen Identitätsdiebstahls entwickelt.[243] Im Mittelpunkt steht die Irreführung des Opfers.[244] Anfangs wurde auch das Phishing mithilfe des Social Engineerings betrie-

---

238 *Brodowski / Freiling*, Cyberkriminalität, S. 56; *Dornseif*, Phänomenologie der IT-Delinquenz, S. 252; *Sieber*, ebd.

239 *Spannbrucker*, CCC, S. 16; *Kempa*, Hackerkultur, S. 114f.

240 *Spannbrucker*, a.a.O., S. 17. Bezieht sich dieser Angriff auf die DNS einer Homepage, die letztlich nur dessen IP codiert, spricht man von DNS-Spoofing. *Kempa*, Hackerkultur, S. 121f.; *Gräfin v. Brühl / Brandenburg*, ITRB 2013, 260, 260; *Dornseif*, Phänomenologie der IT-Delinquenz, S. 251; *Hyner*, Sicherheit, S. 124f.

241 *Spannbrucker*, ebd.; *Bergauer*, Computerstrafrecht, S. 92f.; *Kempa*, Hackerkultur, S. 123; *Dornseif*, Phänomenologie der IT-Delinquenz, S. 279; MELANI, Halbjahresbericht 2016/I, S. 19ff. Dabei macht sich der Schädiger eine bereits bestehende Verbindung zu Nutze, um die Identitätsprüfung zu umgehen.

242 *Hessel*, JurPC Web-Dok. 137/2016, Abs. 33; *Hyner*, Sicherheit, S. 125; *Bergauer*, Computerstrafrecht, S. 404, 407ff. Nicht alle Formen des sog. Phishings bedienen sich auch des Hackings, *Popp*, NJW 2004, 3517, 3518; *Ders.*, MMR 2006, 84, 84.

243 BKA, Bundeslagebild 2015, S. 13; *Hessel*, a.a.O., Abs. 22; *Popp*, Juris PraxisReport IT-Recht 6/2008, Anm. 4.

244 *Hessel*, a.a.O., Abs. 24; *Popp*, MMR 2006, 84, 84; *Goeckenjan*, wistra 2009, 47, 48; *Bergauer*, Computerstrafrecht, S. 404.

ben.[245] Als besonders hilfreich erwies sich die umfangreiche Datensammlung in den hochfrequentierten sozialen Netzwerken.[246] Ergänzt wurde dies durch den Versand von Emails,[247] Instant Messenger, VoiP-Anrufen oder SMS,[248] worin Nutzer gebeten werden, ihre sensiblen Zugangsdaten, wie etwa ihre Bankverbindungen, preiszugeben. Um eine gewisse Glaubwürdigkeit vorzutäuschen, wurde das Corporate Design nachgeahmt und die Email personalisiert (sog. Spear-Phishing-Angriff) bzw. mit vorgeblich seriösen Absendern versehen.[249] Später wurde diesen Emails außerdem Schadsoftware beigefügt. Häufig handelt es sich hierbei um sog. trojanische Pferde.[250] Auf die aktive Preisgabe durch den Adressaten kam es damit nicht mehr an.[251] Die Malware übernahm den Datenversand ohne Wissen des Versenders. Im Falle der Online-Banking-Nutzung änderte das Programm beispielsweise die Empfängerdaten nach dem erfolgreichen Verbindungsaufbau zur Bank im Hintergrund ab, wodurch das Geld nicht an den angegebenen Empfänger überwiesen wurde,

---

245 BKA, Bundeslagebild 2015, S. 13; *Hessel*, a.a.O., Abs. 22; *Dornseif*, Phänomenologie der IT-Delinquenz, S. 223f.; *Hyner*, Sicherheit, S. 125f.; *Borges*, NJW 2012, 2385, 2385.

246 BSI, Lagebericht der IT-Sicherheit 2015, S. 24; BSI, Lagebericht der IT-Sicherheit 2016, S. 22. Früher stand das Ausspähen von Online-Banking- bzw. Kreditkartendaten im Vordergrund. Inzwischen ist eine Verlagerung auf das Ausspähen digitaler Identitäten feststellbar, *Hessel*, ebd.; *Dornseif*, a.a.O, S. 188f.; *Sieber*, NJW 2012, Beil. 3, 86, 87; *Schmölzer*, ZStW 2011, 709, 710; MELANI, Halbjahresbericht 2016/I, S. 20.

247 *Heinrich*, HFR 2006, 125, 126; BKA, Bundeslagebild 2015, S. 13; *Ceffinato*, NZWiSt, 2016, 464, 465. Die Emailadressen erhält der Versender häufig durch einen Ankauf im Untergrundmarkt, vorheriges Ausspähen, oder Sammeln auf Webseiten, *Hessel*, a.a.O., Abs. 24; *Popp*, MMR 2006, 84, 84; *Ders.*, Juris PraxisReport IT-Recht 6/2008, Anm. 4; *Brodowski / Freiling*, Cyberkriminalität, S. 106; *Dornseif*, Phänomenologie der IT-Delinquenz, S. 188; *Goeckenjan*, wistra 2009, 47, 48; MELANI, a.a.O., S. 21; *Bergauer*, Computerstrafrecht, S. 405ff.

248 Teilweise spricht man in diesem Zusammenhang daher auch vom Vishing = Voice over IP, bzw. Smishing bei SMS-Nutzung, *Hessel*, a.a.O., Abs. 28, 29; *Dornseif*, a.a.O., S. 224.

249 BSI, Lagebericht der IT-Sicherheit 2015, S. 24, 28; BSI, Lagebericht der IT-Sicherheit 2016, S. 30; BKA, Bundeslagebild 2015, S. 13; MELANI, Halbjahresbericht 2016/I, S. 21; *Goeckenjan*, wistra 2009, 47, 48; *Hessel*, a.a.O., Abs. 24, 27. Vertiefend zur strafrechtlichen Würdigung: *Goeckenjan*, wistra 2009, 47, 49ff.; *Popp*, NJW 2004, 3517, 3517ff.; *Ders.*, MMR 2006, 84, 84; *Borges*, NJW 2012, 2385, 2385ff.; *Heinrich*, HFR 2006, 125, 126ff.; *Bergauer*, Computerstrafrecht, S. 405ff.; *Ceffinato*, NZWiSt, 2016, 464, 465ff.

250 BKA, Bundeslagebild 2015, S. 13; BSI, Lagebericht der IT-Sicherheit 2015, S. 24, 28; *Popp*, NJW 2004, 3517, 3518; *Ders.*, MMR 2006, 84, 84; *Ders.*, Juris PraxisReport IT-Recht 6/2008, Anm. 4; *Goeckenjan*, wistra 2009, 47, 48f.; *Borges*, NJW 2012, 2385, 2385.

251 *Popp*, NJW 2004, 3517, 3518.

sondern an eine Kontoverbindung im Zugriffsbereich des Täters, eine Vorgehensweise, die an die Struktur des Man-in-the-Middle-Angriffs angelehnt ist.[252]

Die Weiterentwicklung zum Pharming[253] pervertierte ebenfalls die technischen Besonderheiten des Internets. Hierbei machten sich die Angreifer das erleichterte Browsen zu Nutze, um den Internetnutzer auf eine manipulierte Webseite umzuleiten, eine Vorgehensweise, die dem bereits erwähnten IP-Spoofing[254] entsprach.[255] Gibt der Nutzer in der Annahme, er befinde sich auf der richtigen Homepage, seine Zugangsdaten ein, erhalten die umleitenden Täter hiervon Kenntnis und können die eingegebenen Daten später verwenden.[256]

Inzwischen wurde auch diese Methode des Pharmings fortentwickelt und durch den Einsatz von sog. Rücküberweisungstrojanern modifiziert. Hierbei wird ein hoher Zahlungseingang nebst Aufforderung eines Kreditinstituts mit Bitte um Rücküberweisung vorgetäuscht.[257]

Diese Entwicklung zeigt, dass sich nicht nur die verwendete Computer- und Internettechnik beständig wandelt, sondern auch ihre Missbrauchsformen, mit denen die findigen Angreifer die ebenfalls komplexer werdenden Sicherheitsvorkehrungen zu umgehen suchen. Aber nicht nur die steigende Entdeckungswahrscheinlichkeit durch die zunehmende Aufklärung der Bevölkerung, die Enttarnung durch ebenso weiterentwickelte Anti-Viren-Programme oder die Blockade durch nachgerüstete Sicherheitsvorkehrungen auf den (potentiell) betroffenen Webseiten forderten eine Perfektionierung der Vorgehensweise. Auch der technische Anreiz und vor allem das Ziel einer vereinfachten Tatbegehung durch einen möglichst automatisierten Ablauf begünstigten ihre Modifizierungen. Sie beschleunigten die ablaufenden Prozesse und erhöhten damit

---

252 Tatmodalität aus: MELANI, Halbjahresbericht 2007/I, S. 6. weitere Details s. dort.

253 Die Etymologie des sog. Pharming ist nicht vollständig geklärt. Es wird vermutet, dass sich der Begriff vom sog. Phishing ableiten lässt und seinen Zusatz dem „farming“, als Anspielung darauf, dass die Täter ähnlich der Tierhaltung hierfür eine Vielzahl von Servern unterhalten, verdankt, *Popp*, MMR 2006, 84, 84; *Hyner*, Sicherheit, S. 125. Kritisch: *Gercke*, CR 2005, 606, 606.

254 *Hyner*, Sicherheit, S. 124f.; *Rinker*, MMR 2002, 663, 663: „IP-Spoofing ist eine Angriffsmethode von Hackern, bei der falsche IP-Nummern verwendet werden, um dem angegriffenen IT-System eine falsche Identität vorzuspiegeln“. Hierbei handelt es sich um eine Fortentwicklung der Angriffsmethoden gegen das BTX-System, *Dornseif*, Phänomenologie der IT-Delinquenz, S. 190f.

255 *Schmölzer*, ZStW 2011, 709, 709, Fn 3; *Popp*, MMR 2006, 84, 84; *Dornseif*, Phänomenologie der IT-Delinquenz, S. 188ff.; *Bergauer*, Computerstrafrecht, S. 404, 407f.

256 *Sieber*, Gutachten zum 69. DJT, C 20; *Hessel*, JurPC Web-Dok. 137/2016, Abs. 33; *Popp*, NJW 2004, 3517, 3518; *Ders.*, MMR 2006, 84, 84.

257 *Zarthe*, MMR 2013, 207, 208.

den Ertrag, ohne dass es länger auf das Zutun eines Getäuschten ankäme. Die Automatisierung erhöht zugleich die Zahl der potentiellen Opfer und senkt den Arbeitsaufwand der Schädiger. Diese brauchten lediglich noch die relevanten Daten auszulesen.[258]

2. Beeinträchtigungen der Integrität und Verfügbarkeit

Die Vernetzung effektivierte die ablaufenden Prozesse, führte aber auch zu einer neuen Verletzlichkeit. Computermanipulationen und Sabotagehandlungen zielten nicht mehr nur auf die Fehlerhaftigkeit oder den vollständigen Systemausfall bzw. Datenverlust lokaler Datenbestände.[259] Angriffe konnten inzwischen über große Distanzen hinweg erfolgreich realisiert werden und dadurch unmittelbar oder mittelbar verbundene Systeme und Datenbestände stören. Der Einsatz von Schadsoftware gewann stärker an Bedeutung, denn diese konnte nicht nur netzwerkgesteuert installiert- und aktiviert, sondern über das Internet auch einfacher verteilt werden.[260]

Zu den bekanntesten Formen gehören sog. Computerviren. Die erste Abhandlung über einen Computervirus enthielt die Dissertation von Fred Cohen aus dem Jahr 1984.[261] Zehn Jahre zuvor soll der Begriff „Virus“ bereits im Zusammenhang mit Computerprogrammen verwendet worden sein.[262] Häufig wird bei der ersten praktischen Anwendung auf den Virus namens „Brain“ verwiesen.[263] Dornseif zu Folge ist der erste Virus aber wohl schon 1981 an der Texas-A&M University programmiert worden, während die Universität in Dortmund bereits zu diesem Themenbereich forschte.[264] Die Bezeichnung

---

258 Hierfür gelangten beispielsweise sog. keylogger zum Einsatz, die die vollständige Dateieingabe über die Tastatur protokollieren können, BKA, Bundeslagebild 2015, S. 12; *Kempa*, Hackerkultur, S. 114; *Bergauer*, Computerstrafrecht, S. 93f.

259 *Spannbrucker*, CCC, S. 20; *Sieber*, Gutachten zum 69. DJT, C 19; *Dornseif*, Phänomenologie der IT-Delinquenz, S. 334.

260 Spannbrucker, ebd.; Sieber, ebd.

261 *Bergauer*, Computerstrafrecht, S. 241; *Volesky / Scholten*, JurPC 1987, 280, 287; *Gravenreuth*, NStZ 1989, 201, 201; *Kempa*, Hackerkultur, S. 33, 79. Enthalten war (ausweislich des Titels seiner Dissertation: „Theory and Experiments, Computers and Security“) eine theoretische Abhandlung und ein entsprechendes Programm, welches die Selbstreproduktion gestattete.

262 Hierbei habe es sich um eine Arbeit von Gunn gehandelt, *Gravenreuth*, NStZ 1989, 201, 201.

263 Die Entwickler seien zwei pakistanischen Brüder gewesen, die zum Schutz ihrer eigenen Software vor Piraterie einen Virus entwickelt haben, der beim Erstellen einer Programmkopie automatisch eine Copyrightkennzeichnung auf der Diskette erzeugen sollte, *Spannbrucker*, CCC, S. 20. *Kempa*, Hackerkultur, S. 33, 79.

264 *Dornseif*, Phänomenologie der IT-Delinquenz, S. 285.

Virus wurde keinesfalls zufällig gewählt. Sie entspricht seiner Funktionsweise, denn auch ein Computervirus benötigt für seine (unselbstständige) Programmausführung einen Wirt.[265] Viren werden daher zunächst in ein Computersystem geschleust, wo sie durch den Nutzer aktiviert werden müssen.[266]

Vom „Jerusalem“-Virus, der 1987 an der Israelischen Universität entwickelt wurde, gingen bereits ernsthafte Folgewirkungen aus, da sich dieser im Arbeitsspeicher festsetzen konnte und im Gegensatz zu seinen Vorgängern darauf ausgerichtet war, Daten und Programme zu zerstören.[267] Zunehmend dehnten sich die Angriffsziele auch auf externe Datenträger aus. Bereits im selben Monat wurde der sog. „Stoned“-Virus in Neuseeland programmiert, der auch Disketten beeinträchtigen konnte.[268] Die Verbreitungs- und Infektionsmöglichkeiten vergrößerten sich dadurch. Aber auch die Tarnung einer Infektion wurde beständig verbessert, um ein Aufspüren durch Anti-Viren-Programme zu erschweren. Diese waren ab 1988 erhältlich.[269]

Großen Bekanntheitsgrad erlangte der NASA-Virus im gleichen Jahr aufgrund seines verursachten Schadens von etwa 100Mio. US-Dollar.[270] Ab 1988 waren auch erste Bausätze für die Herstellung von Viren verfügbar.[271] In den Folgejahren nahm das Spektrum der Schadensroutinen weiter zu, die sich vor allem durch neue Angriffsziele, schnellere Verbreitungsraten, eine erschwerte Auffindbarkeit und in der Folge durch hohe Schadenssummen kennzeichnen lassen.[272] Die unterschiedlichen Arten lassen sich entsprechend ihrer Angriffs-

---

265 *Spannbrucker*, CCC, S. 21; *Bergauer*, Computerstrafrecht, S. 242; *Hong*, Flexibilisierungstendenzen, S. 156; *Kempa*, Hackerkultur, S. 46, 76f., 86; *Hyner*, Sicherheit, S. 121; *Sieber* in: Tauss / Kollbeck / Mönikes, S. 616; *Roßnagel / Wedde / Hammer / Pordesch*, Informationsgesellschaft, S. 150f.; *Volesky / Scholten*, JurPC 1987, 280, 287f. Kritisch hierzu: *Dornseif*, a.a.O., S. 285f.

266 *Kempa*, a.a.O., S. 86; *Bergauer*, ebd.; *Roßnagel / Wedde / Hammer / Pordesch*, a.a.O., S. 151.

267 *Kempa*, a.a.O., S. 79f.; *Roßnagel / Wedde / Hammer / Pordesch*, a.a.O., S. 152.

268 *Kempa*, a.a.O., S. 80.

269 Ebd. Perfektioniert wurde dies durch die Entwicklung von sog. polymorphen Viren, die sich durch eine eigenständige kontinuierliche Quellcodeveränderungen auszeichnen, a.a.O., S. 81; *Bergauer*, Computerstrafrecht, S. 244.

270 *Kempa*, a.a.O., S. 80; *Dornseif*, Phänomenologie der IT-Delinquenz, S. 349.

271 Sog. Virus-Construction-Kits, *Kempa*, ebd.; *Dornseif*, a.a.O., S. 294.

272 *Kempa*, a.a.O., S. 81ff. mit Übersicht zu weiteren Entwicklungsetappen. Zu den unterschiedlichen Virenarten, a.a.O., S. 88ff.; *Dornseif*, a.a.O., S. 288ff.; *Hyner*, Sicherheit, S. 127.

richtung typisieren, wobei zwischen File-Viren,[273] Makroviren[274] und Bootsektor-Viren[275] unterschieden wird.[276] Demgegenüber machen sich sog. Hoaxes nur die Angst vor den schädigenden Folgen eines Virusbefalls zu Nutze. Sie fingieren eine Infektion, wodurch der Anwender zum Löschen wichtiger Dateien verleitet werden soll.[277]

Anders als Viren, zeichnen sich sog. Würmer dadurch aus, dass sie in der Lage sind, sich selbst zu reproduzieren und sich deshalb noch viel schneller verbreiten.[278] Hierbei handelt es sich um exe-Dateien und damit um (automatisiert) ausführbare Programme, die sich über Netzwerkverbindungen verbreiten.[279] Dementsprechend zielen diese, im Unterschied zu Viren, nicht auf Daten und Programme, sondern auf die Infektion weiterer im Netzwerk befindlicher Rechner.[280] Der erste Wurm namens „Creeper" soll bereits 1971 im ARPA-NET gewütet haben.[281] Die erste Verurteilung in den USA folgte erst 1988 nach der Verbreitung des sog. „Morris-Wurms".[282] Dieser hatte 6000 Systeme

---

273 File-Viren infizieren Anwendungsprogramme und beschädigen nur Daten mit zuvor festgelegten Dateiformaten, z.B. nur Exceldokumente, *Hyner*, a.a.O., S. 121; *Bergauer*, Computerstrafrecht, S. 244; *Dornseif*, a.a.O., S. 289; *Kempa*, a.a.O., S. 90.

274 Makroviren nutzen für die Ausführung die Steuersequenzen in Dateidaten und zeichnen sich durch ihre permanente Veränderlichkeit aus. Dadurch wird ihre Auffindbarkeit gezielt erschwert, ohne dass sie ihre Funktionalität einbüßen, *Hyner*, a.a.O., S. 122; *Bergauer*, a.a.O., S. 246; *Dornseif*, a.a.O., S. 290f.; *Kempa*, a.a.O., S. 90f.

275 Sog. Boot-Viren zielen auf den Bootsektor und auf die dort beim Systemstart automatisiert aufgerufenen Programme, *Hyner*, a.a.O., S. 121f.; *Kempa*, a.a.O., S. 89f; *Dornseif*, a.a.O., S. 288f.; *Bergauer*, a.a.O., S. 243f.

276 *Dornseif*, a.a.O., S. 288; *Bergauer*, a.a.O., S. 243; *Kempa*, a.a.O., S. 88ff.; *Hyner*, a.a.O., S. 121.

277 *Kempa*, a.a.O., S. 97; *Dornseif*, a.a.O., S. 291f.; *Beukelmann*, NJW 2012, 2617, 2618.

278 *Spannbrucker*, CCC, S. 21; *Bergauer*, Computerstrafrecht, S. 248; *Hong*, Flexibilisierungstendenzen, S. 156; *Sieber* in: Tauss / Kollbeck / Mönikes, S. 616; *Dornseif*, a.a.O., S. 285ff.; *Hyner*, Sicherheit, S. 122; *Roßnagel / Wedde / Hammer / Pordesch*, Informationsgesellschaft, S. 150. Während die ersten sog. Würmer über E-Mail-Programme verbreitet wurden, ermöglichte eine Lücke im Betriebssystem von Windows 2000 und XP die Weiterverbreitung des „Sasser"-Wurms, *Gercke*, CR 2004, 782, 784; *Kempa*, a.a.O., S. 18ff.; *Bergauer*, Computerstrafrecht, S. 249.

279 *Kempa*, a.a.O., S. 86, 96f.; *Hyner*, Sicherheit, S. 122.

280 *Kempa*, a.a.O., S. 77, 96; *Bergauer*, Computerstrafrecht, S. 248; *Dornseif*, Phänomenologie der IT-Delinquenz, S. 285f.; *Hyner*, ebd.

281 *Bergauer*, a.a.O., S. 248f. Andere verweisen bzgl. des ersten Wurmbefalls auf einen Vorfall von 1982 im Xerox Alto Research Center, wobei die Folgen unbeabsichtigt gewesen sein sollen, *Kempa*, a.a.O., S. 79; *Dornseif*, a.a.O., S. 286.

282 *Bergauer*, a.a.O., S. 249; *Dornseif*, a.a.O. S. 298; *Kempa*, a.a.O., S. 77: „Robert Morris wurde zu drei Jahren auf Bewährung, 400 Stunden gemeinnütziger Arbeit und 10.000 US-Dollar Strafe verurteilt".

und damit 10% aller vernetzten Rechner beeinträchtigt.[283] Wegen seiner Funktionsweise, der den Mehrfachbefall öffentlicher Netzwerke gestattete, wurde dieser auch „Internetwurm“ genannt.[284]

Malware ist allerdings nicht nur deshalb gefährlich, weil sie sich schnell und weiträumig verbreitet, sondern weil sie auch gezielt gegen bestimmte Adressaten eingesetzt werden kann. Besondere Bedeutung hat in letzter Zeit die sog. Ransomware erlangt. Durch Krypto-Trojaner können Daten im betroffenen System gezielt verschlüsselt werden und dem berechtigten Nutzer dadurch der Zugriff auf das System und seine Daten verweigert. Die implementierte Zugangssperre wird häufig erst gegen Zahlung von „Lösegeld“ wieder freigegeben.[285] Auch Krankenhäuser gehören zu den Opfern solcher digitalen Erpressungen.[286]

Empfindlich gestört werden kann die Verfügbarkeit von Netzwerken, Webseiten und Internetdiensten auch durch sog. Denial-of-Service (DoS)-[287] bzw. Distributed Denial-of-Service-Attacken (DDoS)[288] Diese können den Datenverkehr durch eine Datenüberflutung deutlich verlangsamen oder gar zum

---

283 *Dornseif*, a.a.O., S. 286, 298. Vergleichbare Vorfälle habe es danach nicht mehr gegeben.

284 *Bergauer*, Computerstrafrecht, S. 249.

285 BSI, Lagebericht der IT-Sicherheit 2015, S. 30; BSI, Lagebericht der IT-Sicherheit 2016, S. 20; BKA, Bundeslagebild 2015, S. 14; *Spyra*, MMR 2015, 15, 18; *Salomon*, MMR 2016, 575, 575ff.; *Trinks*, NStZ 2016, 263, 264; *Ceffinato*, NZWiSt 2016, 464, 467; *Vogelsang / Möllers*, jm 2016, 381, 381ff. Ransomware ist im Darknet gegen eine Umsatzbeteiligung erhältlich. Im Dezember 2015 seien große Spamwellen festgestellt worden, die zur Verteilung von Ransomware dienten, was einen künftigen Anstieg befürchten lasse, a.a.O., S. 9. Ähnliche Prognose für die Schweiz bei: MELANI, Halbjahresbericht 2016/I, S. 25ff.

286 BSI, Lagebericht der IT-Sicherheit 2016, S. 21; *Spyra*, ebd.; *Salomon*, MMR 2016, 575, 575; *Trinks*, ebd.; *Vogelsang / Möllers*, jm 2016, 381, 382.

287 BKA, Bundeslagebild 2015, S. 14; *Popp*, Juris PraxisReport IT-Recht 25/2011, Anm. 6; *Kitz*, ZUM 2006, 730, 730; *Kempa*, Hackerkultur, S.100ff.; *Dornseif*, Phänomenologie der IT-Delinquenz, S. 267, 325; *Hyner*, Sicherheit, S. 126; *Hilgendorf* / Wolf, K&R 2006, 541, 545; *Bergauer*, Computerstrafrecht, S. 287f., 291ff.; *Gräfin v. Brühl / Brandenburg*, ITRB 2013, 260, 260; *Gercke*, ZUM 2012, 625, 631ff.; *Vogelsang / Möllers / Potel*, MMR 2017, 291, 291ff.

288 Wie die Ergänzung „distributed“ nahelegt, handelt es sich bei sog. DDoS Angriffen um „verteilte“ Angriffe, die zeitgleich durch verschiedene Systeme ausgeführt werden, um die Verfügbarkeit von Webseiten und Diensten zu beeinträchtigen, *BKA*, Bundeslagebild 2015, S. 6, Fn 3; BSI, Lagebericht der IT-Sicherheit 2015, S. 30; BSI, Lagebericht der IT-Sicherheit 2016, S. 28; *Kempa*, Hackerkultur, S. 100ff.; *Dornseif*, Phänomenologie der IT-Delinquenz, S. 327f.; *Hyner*, Sicherheit, S. 126; *Sieber*, NJW 2012, Beil. 3, 86, 87; *Beukelmann*, NJW 2012, 2617, 2618; *Heinrich*, HFR 2006, 125, 136; *Bergauer*, Computerstrafrecht, S. 288; *Gräfin v. Brühl / Brandenburg*, ITRB 2013, 260, 261.

Erliegen bringen.[289] Jene technische Störungsmöglichkeit wurde deshalb auch für die Durchführung von sog. Online-Demonstrationen genutzt.[290] Neben politischen und ideologischen Motiven erfolgten DDoS-Attacken außerdem aus Rache oder Gewinnstreben in Form von Wettbewerbsvorteilen oder zu Erpressungszwecken.[291] Dabei wurden die strukturellen Besonderheiten des Internets genutzt, um Server einer Homepage durch eine hohe Anzahl gleichzeitiger Seitenaufrufe gezielt zu überlasten.[292] Verstärkt wurde diese Wirkung durch sog. Botnetze.[293] Hierbei handelt es sich häufig um ein Netz infizierter Rechner, die über Schadsoftware unbemerkt infiltriert wurden und daher ohne Wissen des Benutzers über sog. Command & Control-Server roboterähnlich ferngesteuert werden.[294] Statt individueller Aufrufe können die Abrufsignale bei Botnetzen zentral gesteuert werden und von allen verbundenen Rechnern gleichzeitig abgegeben und der Angriff dadurch intensiviert und eine Rückver-

---

289 *Spannbrucker*, CCC, S. 23; *Kitz*, ZUM 2006, 730, 730; *Popp*, Juris PraxisReport IT-Recht 25/2011, Anm. 6; *Brodowski / Freiling*, Cyberkriminalität, S. 120; *Hyner*, Sicherheit, S. 126.

290 *Hilgendorf / Wolf*, K&R 2006, 541, 545; *Bergauer*, Computerstrafrecht, S. 288. Überlegungen zur technischen Realisierbarkeit wurden bereits in den 1980er Jahren angestellt, bevor in den 1990er Jahren erste Experimente folgten. Der erste in der Literatur geschilderte virtuelle-Sit-in sei am 21.12.1995 von einer Gruppe namens „Strano Network" aus Protest gegen die französische Nuklear- und Sozialpolitik erfolgreich realisiert worden, *Dornseif*, Phänomenologie der IT-Delinquenz, S. 268f. m.w.N., 325.

291 BKA, Bundeslagebild 2015, S. 15; BSI, Lagebericht der IT-Sicherheit 2015, S. 30. 2015 richteten sich DDos-Angriffe auch gegen die Webseiten: www.bundeskanzlerin.de, www.bundesregierung.de, www.bundestag.de und www.auswaertiges-amt.de, BSI, a.a.O., S. 31. Ein DoS-Angriff soll auch den Zugriff auf das BKA-Hinweisportal über den Anschlag auf den Berliner Weihnachtsmarkt im Dezember 2016 für über zwei Stunden verhindert haben, *Vogelsang / Möllers / Potel*, MMR 2017, 291, 291; *Kitz*, ZUM 2006, 730, 730; *Hilgendorf*, jurisPR-ITR 10/2006 Anm. 5; *Brodowski / Freiling*, Cyberkriminalität, S. 120; *Dornseif*, a.a.O., S. 325, 333; *Bergauer*, ebd.

292 *Popp*, Juris PraxisReport IT-Recht 25/2011, Anm. 6. Vgl. zur Internetblockade der Lufthansa durch eine DDos-Attacke: AG Frankfurt/M., Urteil v. 1.7.2005 (nicht rechtskräftig) in: MMR 2005, 863 m. abl. Anm. v. *Gercke*, a.a.O., 868, 868f.; *Hoffmanns*, ZIS 2012, 409, 410. OLG Frankfurt/M., Beschluss v. 22.5.2006 – 1 Ss 319/05 (AG Frankfurt/M.) (rechtskräftig) in: CR 2006, S. 684–689; in: MMR 2006, S. 547–552 mit. Anm. v. *Gercke*, a.a.O., S. 552–553. Zustimmend: *Jahn*, JuS 2006, S. 943–945. Kritisch: *Hilgendorf*, jurisPR-ITR 10/2006 Anm. 5; *Ders. / Wolf*, K&R 2006, 541, 545f.

293 BKA, Bundeslagebild 2015, S. 14; BSI, Lagebericht der IT-Sicherheit 2015, S. 30; *Gercke*, MMR 2008, 291, 296; *Ders.*, ZUM 2012, 625, 631ff.; *Dornseif*, Phänomenologie der IT-Delinquenz, S. 328; *Sieber*, NJW 2012, Beil. 3, 86, 87; *Hyner*, Sicherheit, S. 126 (sog. Looping); *Roos / Schumacher*, MMR 2014, 377, 377ff.; *Bergauer*, Computerstrafrecht, S. 11, 289ff.; *Mavany*, ZRP 2016, 221, 221; *Ders.*, KriPoZ 2016, 106, 107.

294 *Gercke*, MMR 2008, 291, 296; *Brodowski / Freiling*, Cyberkriminalität, S. 58; *Bergauer*, Computerstrafrecht, S. 289ff.; *Mavany*, KriPoZ 2016, 106, 107.

folgung erschwert werden.[295] Nicht nur Cloud-Computing-Strukturen werden hierfür zweckentfremdet,[296] sondern sogar internetfähige Kühlschränke.[297] Ein einziges Botnetz kann Millionen Computer vereinen.[298] Dem BSI zu Folge, wurden in der ersten Jahreshälfte 2015 täglich 60.000 Infektionen deutscher Systeme registriert.[299] Im November 2016 führte ein Großangriff zum Ausfall von 900.000 Telekomanschlüssen.[300]

3. Zusammenfassung

Zusammenfassend lässt sich feststellen, dass mit dem Wachstum der informationstechnischen Infrastruktur nicht nur die Zahl der verknüpften Rechner und Daten wuchs, sondern auch ihre Verletzlichkeit. Angriffe wie das Hacken von Systemen, Manipulationen und Löschen von Daten entwickelten sich zur zentralen Bedrohung für die Integrität der verbundenen Computersystemen, begünstigt durch konzeptionelle Schwächen der verwendeten Computer- und Netzwerktechnik sowie die Nachlässigkeit ihrer Nutzer.[301] Durch die Herausbildung einer Informationsgesellschaft, die verschiedene Einzelbereiche wie Wirtschaft, Verwaltung, aber auch den privaten Sektor miteinander verknüpft, potenzierten sich die bereits bestehenden Einzelrisiken und begründeten dadurch ein erhöhtes Maß an Abhängigkeit von der Zuverlässigkeit der Datenverarbeitung und den hierdurch erzielten Ergebnissen.[302] Parallel zur technischen Ausbreitung der Netzwerktechnik richteten sich die Angriffe nicht mehr nur gegen lokale Computer, sondern zunehmend gegen vernetzte Rechenanlagen und mobile Endgeräte. Infolge der neuen Nutzungsmöglichkeiten mehrten sich Anzahl und Sensibilität der Datenbestände und damit auch die potentiellen Angriffspunkte. Hierzu wurden die Durchführungsmodalitäten beständig fortentwickelt, automatisiert und optimiert. Zentral gesteuerte Angriffe dienten als Multiplikatoren.

---

295 *Hoffmanns*, ZIS 2012, 409, 410. Zur strafrechtlichen Würdigung, a.a.O., S. 411ff.; *Popp*, Juris PraxisReport IT-Recht 25/2011, Anm. 6; *Gercke*, MMR 2008, 291, 296; *Hyner*, Sicherheit, S. 126; *Sieber*, NJW 2012, Beil. 3, 86, 87.

296 BSI, Lagebericht der IT-Sicherheit 2015, S. 9.

297 *Roos / Schumacher*, MMR 2014, 377, 377; *Mavany*, KriPoZ 2016, 106, 107.

298 *Gercke*, MMR 2008, 291, 296.

299 BSI, Lagebericht der IT-Sicherheit 2015, S. 30; BKA, Bundeslagebild 2015, S. 14.

300 *Basar*, jurisPR-StrafR 26/2016, Anm. 1.

301 *Sieber*, Gutachten zum 69. DJT, C 9.

302 A.a.O., C 9f.

III. Empirisch-kriminologische Charakteristika

Die Vernetzung und Beschleunigung gestattete die Übermittlung größerer Datenmengen und Formate. Der offene Zugang zu den Netzwerkdiensten reduzierte die Entdeckungswahrscheinlichkeit, die durch Verschlüsselungstechniken[303] und technische Anonymisierungsdienste weiter herabgesetzt wurde.[304] Die Attraktivität der erleichterten Be- und Umgehungsmöglichkeiten stieg. Die Kriminalitätsform reflektiert damit hauptsächlich die erweiterten Gelegenheitsstrukturen.[305]

Aus der gewählten Topologie und Datenübertragungstechnik erwuchsen damit nicht nur die gepriesenen Vorteile, sondern sie bildeten zugleich strukturelle Risikofaktoren. Der bewusste Verzicht auf politische, wirtschaftliche oder strukturelle Zugangskontrollen[306] begünstigte die schnelle transnationale Ausdehnung sowie den Wandel zu einem öffentlich zugänglichen Netzwerk,[307] erschwerte damit aber auch die Durchführung von Kontrollen.[308] Ihre nachträgliche Implementierung ist nicht ohne grundlegende Veränderungen der Netzwerkarchitektur möglich.[309] Damit bildete die niedrige Zugangsschwelle zum offenen und kostengünstigen „Netz der Netze" einen wichtigen Anreiz für die Tatbegehung.[310]

Die interagierenden Schichten und die sie ausgestaltenden Protokolle prägten die Funktionsweise des Netzwerks und bildeten zugleich zentrale Anknüpfungspunkte für die Zuordnung der rechtlichen Verantwortlichkeit entsprechend der betroffenen Funktionseinheit. Jede Schicht kann zum Ziel von Angriffen werden und damit den reibungslosen Datentransfer empfindlich

---

303 Das hierfür verwendete Verfahren der Kryptographie ist älter als die Computertechnik. Ihre technische Umsetzung und kontinuierliche Weiterentwicklung erschwert aber die Strafverfolgung, da bereits bei einer 128-bit Verschlüsselung eine Million parallelarbeitender Computer Billionen Jahre für die Entschlüsselung benötigen würden, *Gercke*, MMR 2008, 291, 298. *Kempa*, Hackerkultur, S. 247ff.

304 *Gercke*, MMR 2008, 291, 293, 297f.; ebd.

305 *Schwarzenegger*, ZSR 2008 II, 399, 407.

306 *Dornseif*, Phänomenologie der IT-Delinquenz, S. 88.

307 *Hoeren*, NJW 1995, 3295, 3298.

308 *Gercke*, CR 2004, 782, 784; *Ders.*, MMR 2008, 291, 295. Eine prinzipielle Zugangs- und Inhaltskontrolle erfolgt nicht. *Hoeren*, NJW 1995, 3295, 3298: „Das Internet ist – auch aufgrund seiner Herkunft aus US-amerikanischen Forschungsstätten – geprägt durch einen anarchischen, individualistischen Grundzug: Jedermann darf jede Information frei anbieten und abrufen; eine Reglementierung und Kontrolle findet nicht statt".

309 *Gercke*, MMR 2008, 291, 295.

310 *Hyner*, Sicherheit, S. 127.

stören.[311] Nicht nur die Netzwerkstruktur erwies sich als rechtlich relevante Schwachstelle, sondern auch ihr Missbrauch durch die Anwender selbst.

Potenziert wurde dieses Risiko durch die grenzüberschreitende Nutzung, welche in der Entscheidung für ein flexibles Routing und damit für die Priorisierung des schnellsten statt des kürzesten Datenübertragungsweges als systemimmanent bezeichnet werden kann. Die Wahl der End-to-end-Struktur und die damit einhergehende Verlagerung der Verantwortlichkeit auf die Endpunkte statt auf den Übermittlungsvorgang, spiegeln sich in der rechtlichen Bewertung der Haftbarkeitsfragen wider.[312]

> „Die ersten Autos hatten kein Dach, geschweige denn einen Sicherheitsgurt oder sonst irgendwelche Vorrichtungen, um den Fahrer zu schützen. Man war ja sowieso praktisch alleine auf der Strasse und war froh, dass sich das Gefährt überhaupt in die gewünschte Richtung bewegte. Ähnlich war es in den Pionierzeiten des Internets. Wie der US-amerikanische Computeringenieur, Danny Hillis, in den 80iger Jahren schön illustrierte: «There were only two other Dannys on the Internet then. I knew them both. We didn't all know each other, but we all kind of trusted each other.» Man war froh, dass das Netzwerk überhaupt funktionierte. Im Strassenverkehr hat man mit der Zeit und nach steigender Anzahl von Unfällen Verkehrsregeln eingeführt, sichere Strassen gebaut und Vorschriften erlassen, dass die Autos mit Sicherheitsgurten, Knautschzonen, ABS und Airbags ausgerüstet werden müssen. Im Internet wurde jedoch die ursprüngliche Architektur grösstenteils belassen und verbindliche Internetverkehrsregeln gab es keine. Die Sicherheit wurde den Anwendern und Diensten überlassen, die das Internet nutzen. Um in unserer Analogie zu bleiben, müsste der Autofahrer einfach einen immer grösseren Helm tragen, aber dies auch nur freiwillig."[313]

Der Deliktsbereich des Cybercrime zeichnet sich gegenüber den klassischen Straftaten durch eine hohe Wandlungsfähigkeit aus. Diese steht in ständiger Wechselwirkung mit der technischen Entwicklung. Ihre Phänomenologie stellt letztlich auch eine Reaktion auf die getroffenen Sicherheitsvorkehrungen durch betroffene Unternehmen, Behörden und Private dar.[314] Erleichtert wird die zügige Anpassung durch das arbeitsteilige Zusammenwirken von Tätern mit Fachkenntnissen aus unterschiedlichen Bereichen, die das Internet als Austausch- und Informationsplattform nutzen. Inzwischen hat sich das Internet nicht nur zu einem beliebten Tatort entwickelt, sondern zugleich einen eigenständigen Dienstleistungssektor[315] herausgebildet.[316] Die Erkenntnis, wie viel

---

311 Vertiefend hierzu: *Spannbrucker*, CCC, S. 16f.

312 *Sieber*, Gutachten zum 69. DJT, C 19.

313 MELANI, Halbjahresbericht 2016/I, S. 42.

314 *Schwarzenegger*, ZSR 2008 II, 399, 415.

315 BKA, Bundeslagebild 2015, S. 11; *Gercke*, MMR 2008, 291, 294; *Brodowski / Freiling*, Cyberkriminalität, S. 64ff.

Geld dort mit denkbar geringem Arbeitsaufwand verdient werden kann, hat in einem solchen Umfang zum Anstieg von Angebot und Nachfrage geführt, dass sich inzwischen ein gut organisierter Untergrundmarkt mit eigener Währung (sog. Bitcoins[317]) etabliert hat.[318] Schätzungen zu Folge, können mit Cyberkriminalität mehr Einnahmen erzielt werden als mit Betäubungsmitteln,[319] was die hohe Attraktivität auch für die Organisierte Kriminalität unterstreicht, deren Anteil in den letzten Jahren kontinuierlich gestiegen ist.[320] Schadsoftware, Infrastrukturen (z.B. Botnetze), Datenbestände, Anonymisierungsdienste, Kommunikationsplattformen und Know-How sind gleichermaßen verfügbar, wie Ansprechpartner mit entsprechenden technischen Fachkenntnissen.[321] Dies führt zu einem doppelten Effekt, denn während einerseits immer komplexer werdende Missbrauchs- und Umgehungsmöglichkeiten für die erfolgreiche Tatbegehung erforderlich wurden, schienen sich die Anforderungen an den IT-Sachverstand der Ausführenden durch diesen Untergrundmarkt deutlich zu verringern, da Interessierten die Tatbegehung durch das bereitgestellte Equipment auch ohne technische Kenntnisse ermöglicht wurde.[322] Für Fachleute bietet sich eine zusätzliche Verwertungsmöglichkeit ihrer technischen Fähigkeiten.[323]

---

316 *Gercke*, MMR 2008, 291, 294f; *Ders.*, CR 2007, 62, 62ff.; *Brodowski / Freiling*, ebd.; *Hyner*, Sicherheit, S. 127; *Sieber*, NJW 2012, Beil. 3, 86, 87.

317 Die „kryptographische Währung“ wurde 2009 von einem Programmierer mit dem Synonym „Satoshi Nakamoto“ entwickelt, *Auffenberg*, NVwZ 2015, 1184, 1184. *Vertiefend*: *a.a.O.*, 1184–1187; *Beck*, NJW 2015, 580–586; *Boehm / Pesch*, MMR 2014, 75–79; *Kuhlmann*, CR 2014, S. 691–696; *Grzywotz / Köhler / Rückert*, StV 2016, S. 753–759; *Heine*, NStZ 2016, S. 441–446.

318 BKA, Bundeslagebild 2015, S. 6; *Schwarzenegger*, ZSR 2008 II, 399, 415.

319 MELANI, Halbjahresbericht 2007/I, S. 11 m.w.N.

320 BKA, Bundeslagebild 2015, S. 8f. Kritisch hierzu: *Brodowski / Freiling*, Cyberkriminalität, S. 71; *Dornseif*, Phänomenologie der IT-Delinquenz, S. 400, 402; *Schmölzer*, ZStW 2011, 709, 711.

321 BKA, Bundeslagebild 2015, S. 8, 11; BSI, Lagebericht der IT-Sicherheit 2015, S. 30; *Brodowski / Freiling*, Cyberkriminalität, S. 64; *Gercke*, MMR 2008, 291, 294; *Hyner*, Sicherheit, S. 127; MELANI, Halbjahresbericht 2016/I, S. 38f. Durch diesen Trend verlagert sich die analoge Welt zunehmend auf digitale Schwarzmärkte (sog. Darknets), über die u.a. Waffen, Falschgeld, Betäubungsmittel und gefälschte Ausweise erhältlich sind, BKA, Bundeslagebild 2015, S. 11.

322 BKA, Bundeslagebild 2015, S. 9. DoS-Angriffe seien für weniger als 100 Euro pro Tag erhältlich, *Gercke*, MMR 2008, 291, 294 m.w.N.; *Brodowski / Freiling*, Cyberkriminalität, S. 59.

323 Besonders umfassende und langfristige Angriffe bedürfen hingegen weiter einer gründlichen Vorbereitung und einer stärkeren Interaktion, BSI, Lagebericht der IT-Sicherheit 2015, S. 36; BSI, Lagebericht der IT-Sicherheit 2016, S. 64; *Brodowski / Freiling*, Cyberkriminalität, S. 64. Hierzu zählen sog. Advanced Persistent Threat-Angriffe von Nach-

Zu den genutzten technischen Besonderheiten der Computer- und Netzwerkstrukturen gehört die Redundanz der Abläufe und die Reichweite des Netzwerkes, wodurch große Datenbestände miteinander verbunden sind. Die schnelle Abruf- und damit Durchführbarbarkeit bei größtmöglicher Anonymität versprechen hohe Gewinn- bzw. Erfolgsquoten. Getragen von diesen tatererleichternden bzw. verdeckenden Eigenschaften, agieren die Täter einzeln oder gemeinschaftlich. Im Unterschied zur klassischen Kriminalität sind hierbei allerdings seltener feste Bandenstrukturen feststellbar,[324] da die Täter häufig auch untereinander ihre Anonymität wahren.[325] Nachgefragt wird das Dienstleistungsangebot des Untergrundmarktes („cybercrime-as-a-service"[326]) von Privatanwendern und Unternehmen, aber auch von Organisationen und Staaten.[327]

Das hohe Maß an Flexibilität, technischer Affinität und Findigkeit prägt auch die Struktur der Tatverdächtigen. Ähnlich jung wie die Missbrauchsformen sind auch diejenigen, die ihrer verdächtigt werden. 2015 waren lediglich 4% der Täter über 60 Jahre alt. Die Hauptverdächtigengruppe lag mit einem Anteil von 29% zwischen 21 und 29 Jahren.[328] Auffällig ist weiter, dass auf die Gruppe der unter 21-Jährigen lediglich ein Anteil von 14% entfällt und die Taten damit nicht, wie häufig angenommen, überwiegend von sich erprobenden, technikbegeisterten „Script-Kiddies" verwirklicht werden.[329]

Darüber hinaus zeichnet sich die IuK-Kriminalität durch die höchste Prävalenzrate aus. Bestätigt wurde dies bei einer Befragung zur Sicherheit und Kriminalität in Niedersachsen vom November 2015. Darin gaben 0,2% der befragten Bürger an, bereits Opfer eines Kfz-Diebstahls gewesen zu sein.

---

richtendiensten und kriminellen Organisationen, die individuell auf die strukturellen Besonderheiten des Zielobjekts zugeschnitten werden, BSI, Lagebericht der IT-Sicherheit 2015, S. 26f., 35. Angesichts des hohen finanziellen und technischen Aufwands beschränken sich derartige Angriffsformen auf ausgewählte Ziele wie die Rüstungsindustrie, Forschungseinrichtungen, wichtige staatliche Abteilungen oder Banken, A.a.O., S. 27, 35; MELANI, Halbjahresbericht 2016/I, S. 35f., 41f. In diese Kategorie der geplanten Großangriffe ist auch der Angriff auf den Bundestag Anfang Mai 2015 einzuordnen, Lagebericht der IT-Sicherheit 2015, S. 26.

324 *Brodowski / Freiling*, Cyberkriminalität, S. 64.

325 BKA, Bundeslagebild 2015, S. 8; *Brodowski / Freiling*, ebd.

326 BKA, a.a.O., S. 11.

327 BSI, Lagebericht der IT-Sicherheit 2015, S. 36.

328 BKA, Bundeslagebild 2015, S. 8.

329 A.a.O., S. 8f.

Demgegenüber seien 11,6% der Befragten bereits Opfer von computerbezogener Kriminalität gewesen.[330]

Aufgrund der Besonderheiten der Internetkriminalität ist ihr tatsächliches Ausmaß nur schwer kriminalistisch zu erfassen.[331] Angesichts des die Tatausführung häufig kennzeichnenden Elements der Täuschung bleiben viele Delikte unentdeckt, da die verwendete Schadsoftware häufig heimlich installiert und ausgeführt wird.[332] Hierdurch entsteht ein großes Dunkelfeld,[333] welches mit den üblichen Erhebungsmethoden kaum zu erhellen ist.[334]

Allerdings zeichnet sich die Internetkriminalität selbst im Falle der Entdeckung[335] durch eine geringe Anzeigenbereitschaft aus,[336] weshalb eine Einführung von Meldepflichten zunehmend diskutiert wird.[337] Betroffene Unternehmen sähen häufig von einer Anzeige ab, um einen Imageverlust zu vermeiden.[338] Dieser eher zurückhaltende Umgang werde durch das geringe

---

330 LKA Niedersachsen, Dunkelfeldbefragung 2016, S. 28. Der Abschlussbericht dieser Erhebung bestätigte den Trend von 2012, in der das Verhältnis 0,3% (Kfz-Diebstahl) zu 12,5% (computerbezogene Delikte) betrug, LKA Niedersachsen, Dunkelfeldbefragung 2013, S. 47.

331 *Rüther*, Phänomene der Internetdelinquenz in: Cimichella / Kuhn / Niggli, S. 87: „Die Aufgabe, einen kriminologischen Vortrag zu halten, welcher die Fragestellung nach Umfang und Entwicklung der modernen 'Kriminalität begangen mittels neuer Technologien' behandeln soll, gleicht in vielerlei Hinsicht dem Ansinnen, eine Vielzahl von sich ständig bewegenden Bällen und mehr oder weniger aufgeblasenen Ballons in einem riesigen Gefäss [sic] festhalten und (be)greifen zu wollen".

332 *Kempa*, Hackerkultur, S. 124; *Dornseif*, Phänomenologie der IT-Delinquenz, S. 45.

333 *Paul*, CR 1993, 233, 234f.; BKA, Bundeslagebild 2015, S. 8; *Schwarzenegger*, ZSR 2008 II, 399, 413; *Brodowski / Freiling*, Cyberkriminalität, S. 72ff.; *Kempa*, ebd.; *Dornseif*, ebd.; *Hyner*, Sicherheit, S. 127; *Schulze-Heiming*, Strafrechtlicher Schutz der Computerdaten, S. 9; *Köppen*, CuA 2007, 29, 30; *Gercke*, ZUM 2010, 633, 638; *Ders.*, ZUM 2012, 625, 630; *Ders.*, ZUM 2016, 825, 831. Kritisch hierzu: *Steinke*, CR 1992, S. 698–700.

334 *Schwarzenegger*, ZSR 2008 II, 399, 413; *Brodowski / Freiling*, Cyberkriminalität, S. 72ff. Das Bundeskriminalamt bezieht hierzu behördliche Informationen wie Angaben von Herstellerinformationen für Anti-Viren-Programme in die Analyse ein, BKA, Bundeslagebild 2015, S. 5.

335 BKA, Bundeslagebild 2015, S. 8; *Gräfin v. Brühl / Brandenburg*, ITRB 2013, 260, 261.

336 LKA Niedersachsen, Dunkelfeldbefragung 2016, S. 39f.; *Brodowski / Freiling*, Cyberkriminalität, S. 75; *Kempa*, Hackerkultur, S. 124; *Hyner*, Sicherheit, S. 127; *Köppen*, CuA 2007, 29, 30f.; *Gercke*, ZUM 2010, 633, 638; *Ders.*, ZUM 2016, 825, 929, 831.

337 *Gercke*, ZUM 2016, 825, 828ff.

338 BSI, Lagebericht der IT-Sicherheit 2015, S. 34; BKA, Bundeslagebild 2015, S. 8; *Schwarzenegger*, ZSR 2008 II, 399, 413; *Köppen*, CuA 2007, 29, 30f.; *Ders.*, DuD 2008, 777, 778; *Brodowski / Freiling*, Cyberkriminalität, S. 75; *Kempa*, Hackerkultur, S. 124; *Dornseif*, Phänomenologie der IT-Delinquenz, S. 55, 60; *von zur Mühlen*,

Vertrauen in die Fähigkeiten der Strafverfolgungsorgane verstärkt.[339] Zusätzliche Einschränkungen durch die Beschlagnahme hauseigener Rechenanlagen oder illegitime Zufallsfunde würden befürchtet.[340]

Neben diesen, eher im Opferverhalten begründeten Faktoren, dürften Fragestellungen prinzipieller Natur den Umgang mit den kriminalistisch zu erfassenden Daten erschweren, gerade wegen ihrer grenzüberschreitenden Natur.[341] Über diese spezifischen Fragestellungen hinausgehend, beeinflussen allgemeingültige Faktoren die statistische Erhebung, denn auch auf dem Gebiet der Internetkriminalität spiegelt sich im Hellfeld letztlich die Intensität der Strafverfolgung.[342] Diese wird durch den globalen Charakter des Internets und die dadurch bedingte transnationale Kriminalitätsbegehung erschwert. Zudem ermöglicht die rasante technische Entwicklung immer neue Begehungsweisen, denen die Strafverfolgungspraxis meist nur zeitverzögert beikommen kann.[343]

Für 2015 ergab sich folgendes Bild: In der PKS wurden insgesamt 70.068 Fälle der Computerkriminalität (Schlüssel: 897000) erfasst.[344] Hiervon entfiel der größte Teil mit 45.793 Straftaten auf die „IuK-Kriminalität im engeren Sinne“[345].[346] Darunter bildeten 23.562 registrierte Fälle des Computerbetrugs die größte Gruppe, gefolgt von der Deliktsgruppe des Ausspähens und Abfangens von Daten in einem Umfang von 9.629 Straftaten. Auf der mittleren Position rangierte die Gruppe der Fälschung beweiserheblicher Daten und Täuschung im Rechtsverkehr bei der Datenverarbeitung mit 7.187 Fällen. Außerdem wurden 3.537 Fälle der Datenveränderung und Computersabotage erfasst. Den geringsten Anteil mit 1.878 Straftaten machte der Betrug mit

---

Computer-Kriminalität, S. 31 f.; *Binder*, Strafbarkeit intelligenten Ausspähens, S. 33; *Bull*, Datenschutz, S. 52; *Vetter*, Gesetzeslücken, S. 27f.; *Hyner*, Sicherheit, S. 127; *Groebel / Metze-Mangold / Jowon / Ward*, Twilight Zones, S. 9; *Rüther*, Phänomene der Internetdelinquenz in: Cimichella / Kuhn / Niggli, S. 100.

339 BKA, Bundeslagebild 2015, S. 8; *Schwarzenegger*, ZSR 2008 II, 399, 413; *Kempa*, Hackerkultur, S. 9; *Dornseif*, Phänomenologie der IT-Delinquenz, S. 55ff.

340 *Dornseif*, a.a.O., S. 57f.

341 *Gercke*, ZUM 2012, 625, 630.

342 *Schwarzenegger*, ZSR 2008 II, 399, 413; *Rüther*, Phänomene der Internetdelinquenz in: Cimichella / Kuhn / Niggli, S. 100f.

343 *Sieber*, Gutachten zum 69. DJT, C 15.

344 PKS, Berichtsjahr, 2015, S. 10, 354f. Dies entspricht einem Anteil von etwa 1,1% der Gesamtkriminalität.

345 Die „IuK-Kriminalität im engeren Sinne“ wird in der PKS als „Teilmenge der Straftaten im Deliktsbereich der Computerkriminalität“ verstanden, PKS, Berichtsjahr, 2015, S. 10.

346 A.a.O., S. 4.

Zugangsberechtigung zu Kommunikationsdiensten aus.[347] Die Anzahl der Delikte, bei denen das Internet als Tatmittel verwendet wurde, wurde mit 244.528 beziffert.[348]

Im Unterschied zur allgemeinen Kriminalitätsentwicklung[349] und zur öffentlichen Berichterstattung[350] ist für den Bereich der Computerkriminalität damit ein Rückgang um 5,2% zu verzeichnen,[351] für den Teilbereich der IuK-Kriminalität sogar um 8,3%.[352] Allerdings wird für die Computerkriminalität, angesichts der veränderten Erfassungsmodalitäten, ausdrücklich auf die fehlende Vergleichbarkeit zum Vorjahr hingewiesen.[353]

Das Bundeskriminalamt bezifferte die verursachten Schäden durch Betrugsdelikte auf dem Gebiet des Cybercrime für 2015 mit 40,5 Millionen Euro. Alle übrigen Schäden durch etwa Computerspionage oder -sabotage wurden nicht erfasst.[354] Auch wenn nicht alle im Jahr 2015 registrierten Delikte bereits im selben Jahr ausgeurteilt werden konnten, so lässt sich aus der aktuellen Verur-

---

347 A.a.O., S. 354; BKA, Bundeslagebild 2015, S. 6.

348 BKA, a.a.O., S. 9, 30f.

349 Insgesamt wurde ein Anstieg von 4,1% registriert, PKS, Berichtsjahr, 2015, S. 4.

350 *Gercke*, ZUM 2016, 825, 830.

351 Ebd.: Der Rückgang betrug bei der Gruppe „Ausspähen, Abfangen von Daten einschl. Vorbereitungshandlungen“ gegenüber dem Vorjahr 19,0% und bei der „Datenveränderung, Computersabotage“ sogar 37,5%, PKS, Berichtsjahr, 2015, S. 10.

352 A.a.O., S. 4, 10.

353 Ebd. Seit 2014 werden nur noch solche Straftaten erfasst, bei denen konkrete Anhaltspunkte für eine Tatbegehung innerhalb Deutschlands feststellbar waren, ebd. Bereits in den Vorjahren wurden die Erfassungsmodalitäten mehrfach verändert. Die Deliktsgruppe der „Computerkriminalität“ wurde seit ihrer Aufnahme 1987 um den Teilbereich der IuK-Delikte erweitert. Mehrfach wurde der Schlüssel angepasst, *Hoffmann*, jurPC 1991, 1108, 1109; *Dornseif*, Phänomenologie der IT-Delinquenz, S. 101, 118. Seit 2004 wird in der PKS eine „Grundtabelle für Straftaten mit Tatmittel Internet“ separat ausgewiesen, PKS, Berichtsjahr, 2015, S. 30; *Köppen*, DuD 2008, 777, 777; *Rüther*, Phänomene der Internetdelinquenz in: Cimichella / Kuhn / Niggli, S. 102. Eine bundesweite Darstellung erfolgte ab 2010, PKS, Berichtsjahr, 2015, S. 30. Außerdem müsse bei der Bewertung der Kriminalitätsentwicklung die steigende Nutzerzahl durch die Ausweitung der Internetabdeckung berücksichtigt werden, da dies den potentiellen Täterkreis vergrößert, so *Gercke*, MMR 2008, 291, 293.

354 BKA, Bundeslagebild 2015, S. 7. Kritisch: *Gercke*, ZUM 2016, 825, 811. Eine Studie des Center for Strategic and International Studies hatte Mitte 2014 für Aufsehen gesorgt, als diese die weltweiten Schäden mit 375 Milliarden US-Dollar bezifferten. In Deutschland sei der prozentuale Anteil der Schäden mit 1,6% vom Bruttoinlandsprodukt am höchsten. Diese lägen jährlich bei 43 Milliarden Euro, *McAffee*, Net Losses, S. 2, 8, abrufbar unter: http://www.mcafee.com/us/resources/reports/rp-economic-impact-cybercrime2.pdf. An der Aussagekraft dieser, von McAfee in Auftrag gegebenen, Studie bestehen allerdings Zweifel, *Gercke*, ZUM 2014, 641, 651.

teiltenstatistik für das Jahr 2015 zumindest eine Tendenz entnehmen. Darin wird deutlich, dass die Verurteilungszahlen wegen Computerbetruges im Bereich der Computer- und Internetkriminalität (mit insgesamt 3.203 Fällen) auch weiterhin das quantitativ bedeutendste Delikt darstellen.[355] Ihr stehen nur zwei Verurteilungen wegen Abfangens von Daten als niedrigster Wert gegenüber.[356] In 70 Fällen wurden die Täter wegen Ausspähens von Daten verurteilt.[357] Auf die Vorbereitung der beiden letztgenannten Delikte, und damit der Strafbarkeit nach § 202c StGB, entfielen gerade mal 9 Verurteilungen.[358] Auch die Verurteiltenstatistik für die Datenveränderung mit 64 Fällen[359] und der Computersabotage mit 26 Fällen ist als eher gering zu bezeichnen.[360]

Dennoch wird den Computerdelikten angesichts ihrer hohen Prävalenzrate unter quantitativen Gesichtspunkten Bedeutung beigemessen.[361] In qualitativer Hinsicht werden vor allem die hohen Schadenssummen,[362] aber auch die hohe Abhängigkeit der Informationsgesellschaft hervorgehoben. Die damit einhergehende Anfälligkeit führe zu einem (subjektiv empfundenen) Bedeutungszuwachs des Informationsschutzes, den es auch strafrechtlich umzusetzen gelte.[363]

IV. Zusammenfassung

Die Phänomenologie der Interkriminalität wird vornehmlich von den strukturellen Besonderheiten des Internets sowie ihrem gezielten Missbrauch durch seine Anwender geprägt. Den Ausgangspunkt für diese Angriffe bilden die Architektur sowie Funktionsweise der dahinterstehenden Netzwerktechnik.

355 Statistisches Bundesamt, Strafverfolgung 2015, S. 36. 2014 waren es 3.241 Fälle, Statistisches Bundesamt, Strafverfolgung 2014, S. 36.

356 Statistisches Bundesamt, Strafverfolgung 2015, S. 32. 2014 war es sogar nur eine Verurteilung, Statistisches Bundesamt, Strafverfolgung 2014, S. 32.

357 Statistisches Bundesamt, Strafverfolgung 2015, S. 32. 2014 waren es 84 Fälle, Statistisches Bundesamt, Strafverfolgung 2014, S. 32.

358 Statistisches Bundesamt, Strafverfolgung 2015, S. 32. 2014 waren es gerade mal 4 Fälle, Statistisches Bundesamt, Strafverfolgung 2014, S. 32.

359 Statistisches Bundesamt, Strafverfolgung 2015, S. 40. 2014 waren es 46 Fälle, Statistisches Bundesamt, Strafverfolgung 2014, S. 40.

360 Statistisches Bundesamt, Strafverfolgung 2015, S. 40. 2014 waren es 22 Fälle, Statistisches Bundesamt, Strafverfolgung 2014, S. 40.

361 *Schulze-Heiming*, Strafrechtlicher Schutz der Computerdaten, S. 9: „Keinesfalls berechtigen die Zahlen der polizeilichen Kriminalstatistiken zu einer Bagatellisierung [...]".

362 BR-Drs.: 284/13 v. 16.4.2013, S. 1.

363 *Sieber* in: Hoeren / Sieber / Holznagel, Teil 1, Rn. 6; *Ders.*, ZStW 1991, 779, 783; *Ders.*, CR 1995, 100, 100; *Ders.*, Gutachten zum 69. DJT, C 151, 153; *Spannbrucker*, CCC, S. 11. Kritisch: *Hilgendorf*, JZ 2012, 825, 831.

Hierdurch wird nicht nur die Datenverarbeitungstechnik als Funktionseinheit gefährdet, sondern auch die darin verarbeiteten Daten.

Der Täterkreis hat sich im Zuge der technischen Entwicklung ebenfalls gewandelt (*These 3*). Er spiegelt vor allem den Einfluss der faktischen Zugangsmöglichkeiten für die Tatbegehung wider. Während in den Anfangsjahren nur eine begrenzte Nutzergruppe über einen Zugang und damit über eine entsprechende Tatgelegenheit verfügte, erweiterte sich dieser kleine potentielle Täterkreis mit der Ausdehnung des Netzwerks. Durch die hierdurch erzielte Reichweite erhöhte sich zugleich die Attraktivität für eine netzwerkbasierte Tatbegehung, denn damit wuchs nicht nur der potentielle Täter-, sondern auch der potentielle Opferkreis.

Auch die Motivationslagen für eine Tatbegehung wandelten sich. Plastisch wurde dies bei der Entwicklung des Hackings. Kaum mehr bilden altruistische Motive, wie das Aufzeigen von Sicherheitslücken, den Anlass zur technischen Überwindung von Sicherheitsbarrieren. Auch beschränken sich nur Wenige auf das bloße Erproben der eigenen technischen Fertigkeiten, ohne weitergehende Nutzbarmachung der dabei erlangten Zugriffsmöglichkeiten. Häufiger streben Täter nach finanziellen Vorteilen oder der Anerkennung ihrer eigenen Leistungen oder Einstellungen, die politisch motiviert sein können, aus Rache oder Verärgerung erwachsen.

Bei der Vorgehensweise orientieren sich die Täter an den bestehenden Abwehrmaßnahmen und damit am technischen Fortschritt.[364] Die technischen Bezüge der Deliktsverwirklichung und die zunehmende Komplexität der Abläufe lassen eine gewisse Technikaffinität der Täter vermuten. Einerseits führte der etablierte virtuelle Untergrundmarkt in der Tat zu einer Potenzierung des technischen Know-Hows („Cybercrime-as-a-service").[365] Fachwissen entwickelte sich zu einer käuflichen Ressource und ermöglichte die schnellere Optimierung vorhandener technischer Fähigkeiten. Andererseits können die fertig- und darin bereitgestellten Produkte von Laien zur Tatbegehung verwendet werden, da ein Verständnis der im Hintergrund ablaufenden Prozesse nicht zwingend ist. Vollständig programmierte und funktionsfähige Schadsoftware kann erworben und eingesetzt werden. Selbst umfassendere Angriffe können durch die Anmietung von Botnetzen realisiert werden. Damit dehnte sich der potentielle Täterkreis, trotz zunehmender Komplexität der Abläufe, auch auf Nutzer aus, die nicht über technikspezifisches Fachwissen verfügen.

---

364 BSI, Lagebericht der IT-Sicherheit 2015, S. 36.

365 Ebd.

Durchgeführt werden die Angriffe von Einzeltätern oder Tätergruppen. Bei interessanten Angriffsvektoren, die umfangreichere Vorbereitungs- und Durchführungsmaßnahmen erfordern, bietet sich ein arbeitsteiliges Zusammenwirken an. Dies gilt vornehmlich für den Bereich der Wirtschaftskriminalität und der Organisierten Kriminalität. Erleichtert wird die häufig anonymisierte Zusammenarbeit durch Verschlüsselungs- und Anonymisierungsdienste. Auch in Anbetracht der mitunter zeitlich begrenzten Zusammenarbeit sind starre Hierarchiestrukturen bei der Internetkriminalität deshalb weniger stark verbreitet.

Nachdem die Computerentwicklung bereits zu einer Anpassung des klassischen Strafrechts an die zunehmende Technisierung unserer Gesellschaft und die damit einsetzende „Dematerialisierung"[366] geführt hat, bestätigten die neuen technischen Herausforderungen der Internettechnologie ihre Notwendigkeit. Die Computerisierung wurde durch ihre Vernetzung verstärkt und begünstigte die zunehmende Abspaltung digitalisierter Informationen von ihren Datenträgern.[367] Vor allem die Zunahme der Datenbestände, die vereinfachten und vervielfachten Zugangs-, Kumulierungs- und Weiterverarbeitungsmöglichkeiten über Ländergrenzen hinweg potenzierten den Effekt der „Deterritorialisierung"[368] und mit der Beschleunigung dieser Abläufe ihre „Extemporalisierung"[369]. Sie stellten auch den Gesetzgeber vor neue Herausforderungen, die sich durch die kontinuierliche Fortentwicklung der Missbrauchstechniken vergrößerten. Die vielschichtige Entwicklung spiegelt sich in der Komplexität ihrer Nutzungs- und rechtlichen Bewertungsmöglichkeiten wider. Sie bildet den Grundstein für alle folgenden gesetzlichen Novellierungsbestrebungen, die es mit Blick auf den schwindenden fragmentarischen Charakter des Strafrechts kritisch zu würdigen gilt.

366 *Hoeren*, NJW 1998, 2849, 2849.

367 *Redeker*, CR 2011, 634, 634.

368 *Hoeren*, NJW 1998, 2849, 2850.

369 A.a.O., S. 2851.

Viertes Kapitel: Initiativen des Europarates

Die Dezentralisierung des Systems verlagerte – in Ermangelung eines zentralen Sicherheitssystems – auch die damit einhergehende Verantwortung stärker auf die Nutzer als Endverbraucher. Dies betraf sowohl die erwünschten als auch die unerwünschten Inhalte, wie etwa beigefügte Schadsoftware. Mit der Strafrechtsrelevanz der neuartigen Missbrauchsformen wird zugleich ein Rechtgebiet angesprochen, das bislang im verstärkten Maße dem nationalen Recht verhaftet war. Die damit einhergehende räumliche Begrenzung des Geltungsbereichs bereitete solange keine Probleme, wie der Einsatz der Computertechnologie ebenfalls lokal beschränkt war und mit ihr die Folgewirkungen. Die Kodifizierung des Computerstrafrechts oblag dem jeweiligen nationalen Gesetzgeber. Für eine internationale Angleichung bestand keine Notwendigkeit. Mit der wachsenden Vernetzung dehnte sich die technische Reichweite jedoch stärker in den internationalen Bereich aus und ermöglichte eine länderübergreifende, mitunter auch missbräuchliche, Nutzung. Nachdem Deutschland auf dem Gebiet des Computerstrafrechts 1986 eine Vorreiterrolle eingenommen hatte, folgten weltweit, ebenfalls national begrenzte, Novellierungen zur Erfassung dieser neuartigen Kriminalitätsform. Infolge der fortschreitenden Verflechtung der entstandenen Netzwerkkriminalität wuchs das Interesse an ihrer internationalen Eindämmung. Die Debatte um eine strafrechtliche Erfassung der entstehenden Internetkriminalität erreichte eine neue Dimension. Unter den globalen Bemühungen sind insbesondere die der OECD, der Vereinten Nationen, der ITU und der G8 hervorzuheben.[1]

Auch der Europarat hat auf dem Gebiet des Computer- und Internetstrafrechts mehrfach die Initiative ergriffen, um die Rahmenbedingungen im Bereich des Straf- und Strafprozessrechtes zu harmonisieren und die internationale Zusammenarbeit zu verbessern. Für den hier relevanten Bereich der sog. CIA-Delikte

1 Trotz zahlreicher internationaler Lösungsansätze beschränkt sich die Untersuchung dieser Arbeit auf Initiativen im europäischen Raum. Auch wenn damit lediglich ein Teilbereich des internationalen Regelungsgeflechts untersucht werden kann, zeichnen sich diese im besonderen Maße durch ihre Eigenschaft als direkte Impulsgeber für die anschließende Reform des nationalen Computerstrafrechts aus und prägten als solche ihren Inhalt nachhaltig.

https://doi.org/10.1515/9783110623031-007

war die Empfehlung Nr. R (89) 9 vom 13. September 1989[2] und die darauf basierende Convention on Cybercrime (CCC)[3] von zentraler Bedeutung.

Dem Europarat selbst wurde mit seiner Gründung als erste politische Organisation am 5. Mai 1949 der Status als völkerrechtliche Vereinigung zuteil.[4] Dies zeigt sich in der eingeschränkten Bindungswirkung seiner Beschlüsse und Regelungen, welche in den Mitgliedstaaten nicht unmittelbar gelten, sondern einer gesonderten Umsetzung bedürfen.[5]

A) Die Empfehlung Nr. R (89) 9 vom 13. September 1989

Im Europäischen Raum wurden computerbezogene Delikte erstmals auf der 12. Konferenz der Leiter Kriminologischer Institute im Jahre 1976 diskutiert.[6] Parallel zum Abschluss des Gesetzgebungsverfahrens zum 2. WiKG auf nationaler Ebene,[7] wurde auf völkerrechtlicher Ebene 1985 eine Expertenkommission – das PC-R-CC[8] – vom zuständigen Ausschuss für Strafrechtsfragen (CDPC)[9] mit der Erstellung von Leitlinien für das künftige Vorgehen beauftragt.[10] Nach Abschluss der Arbeiten im März 1989 legte der Ausschuss einen Entwurf für eine Empfehlung durch den Europarat vor, versehen mit einem erläuternden Bericht.[11] Die Empfehlung Nr. R (89) 9 bildete die Grundlage für die Convention on Cybercrime von 2001.

---

2 Council of Europe, Recommendation No. R (89) 9 v. 13.9.1989.

3 Convention on Cybercrime (ETS - No. 185), 23.11.2001, S. 1–22, vgl. „Gesetz zu dem Übereinkommen des Europarates vom 23. November 2001 über Computerkriminalität" in: BGBl. II Nr. 30 v. 10.11.2008, S. 1242–1275.

4 *Wilkitzki*, ZStW 1993, 821, 826.

5 Vgl. B) „V. Die Bedeutung und Tragweite der Konvention".

6 Recommendation No. R (89) 9 and final report, S. 11 m.w.N.

7 Aus den Ausführungen im beigefügten Anhang zur Recommendation No. R (81) 12 v. 25.6.1981 ergibt sich eine Zuordnung der Computerkriminalität zu den Wirtschaftsdelikten, vgl. Appendix to Recommendation, a.a.O., S. 4, Nr. 4 und damit einer vergleichbare Klassifizierung wie im 2. WiKG.

8 Das „Select Committee of Experts on Computer-related Crime" (PC-R-CC) bestand aus 13 Mitgliedern (darunter Möhrenschlager als deutsche Vertretung), 7 Beobachtern, 3 Sachverständigen (unter ihnen auch *Sieber*, der eine umfassende Analyse zu „Legal aspects of Computer-Related Crime in the Information Society" erstellte) sowie einem Sekretär, Appendix III zu Recommendation No. R (89) 9 and final report, S. 115.

9 The European Committee on Crime Problems (CDPC).

10 Recommendation No. R (89) 9 and final report, S. 9. Die Befugnis zur Einsetzung von Komitees und Ausschüssen ergibt sich aus Art. 17 ERS.

11 Beides wurde im Juni 1989 v. CDPC und am 13.9.1989 v. Ministerkomitee angenommen, ebd.

I. Die Bewertung der Ausgangssituation

Die Notwendigkeit eines schnellen und angemessenen Handelns im Bereich des Computerstrafrechts wurde betont. Angestrebt wurden eine stärkere Angleichung der Strafrechtsordnungen in den Mitgliedsstaaten auf dem Gebiet des materiellen und formellen Strafrechts, sowie die Verbesserung der internationalen Zusammenarbeit.[12] Bequai schilderte die Situation wie folgt:

> „But the computer revolution has also spawned new forms of abuses and crime. Hackers now traverse our global computer networks at will and with impunity; techno-ethics are virtually non-existent; and modern criminals exploit the loopholes in our existing legal system to evade prosecution. The computer may well become the Achilles' heel of the postindustrial society."[13]

Während sowohl der deutsche Gesetzgeber als auch der Europarat den Bedeutungszuwachs dieser Technologie anerkannten, schien die Kriminalitätsfurcht ausgeprägter:

> „In today's world, we all stand under the watchful eye of our giant computer systems. In the West, all that stands between us and Big Brother is the delicate political fibre we call democracy; if it were to collapse, the electronic edifice for a dictatorial take-over is already in place. [...] Tomorrow's wars will be won or lost in our computer centres, rather than on battle-fields. The destruction of a modern nation's computer systems [sic] could throw it into the Dark Ages!"[14]

Wurde die Figur des Hackers während des Gesetzgebungsprozesses zum 2. WiKG explizit aus dem Strafrechtsbereich herausgenommen, da ihr ein eher unterzugewichtendes Gefahrenpotential zugesprochen wurde, betonte Bequai ihre Gefährlichkeit und wies darauf hin, dass eine Hackerethik nicht existiere und Strafbarkeitslücken bewusst ausgenutzt würden. Anschließend sprach Bequai von Terrorismusgefahr und belebte die in George Orwells Roman „1984" zum Ausdruck kommenden Ängste.[15] Dieses vorangestellte Bedrohungsszenario diente nicht nur dazu, die Bedeutung und Notwendigkeit einer schnellen gesetzgeberischen Reaktion hervorzuheben, sondern reflektierte zugleich den Wunsch nach einer rigideren Handhabung.[16] Empirische Nachweise für ein solches Gefahrenpotential fehlten im Abschlussbericht jedoch.[17]

---

12 Recommendation No. R (89) 9 and final report, S. 20; *Schwarzenegger*, ZSR 2008 II, S. 421.

13 *Bequai* in: Vorwort zu Recommendation No. R (89) 9 and final report, S. 3.

14 Ebd.

15 Ebd.

16 A.a.O., S. 7; *Spannbrucker*, CCC, S. 1.

17 Auf die Durchführung verschiedener Studien im internationalen Raum wurde zwar hingewiesen, gleichzeitig aber ihre fehlende Verlässlichkeit gerügt, weshalb die tatsächliche

II. Allgemeine Ausführungen zur Ausgestaltung der Empfehlung

Zunächst widmete sich auch die Expertenkommission der Verständigung über grundlegende Begrifflichkeiten wie der „Computerkriminalität", „Daten", „Computer" und „Computersysteme", um eine einheitliche Diskussionsgrundlage zu schaffen.[18] Hinsichtlich des Regelungsbereichs verwies der Ausschuss auf die fehlende verbindliche und vor allem hinreichend präzisierende Begriffsbestimmung, unterließ aber ebenfalls den Versuch einer abschließenden Klärung mit der Begründung:

> „[...] it does not seem necessary to adopt a formal definition of computer-related crime which may create more difficulties than it solves [...]."[19]

Die Kommission beschrieb die gegenwärtige Situation stattdessen wie folgt:

> „[...] the computer today offers some highly sophisticated opportunities for law-breaking. It can also be used to commit [or simplify the commission of] classical crimes, such as theft or fraud."[20]

In dieser Charakterisierung klingt das weite Spektrum der Computerkriminalität ebenfalls an.[21] Es galt dementsprechend abzugrenzen, welche Missbrauchshandlungen bereits durch die Normen des klassischen Strafrechts erfasst würden und welche darüber hinaus strafbedürftig seien. Erschwert wurde die Beurteilung durch die divergierende Rechtslage in den Mitgliedsstaaten. Für eine Harmonisierung war daher zunächst grundlegend zu klären, welche Schutzgüter von solcher Bedeutung sind, dass ihnen künftig rechtlicher Schutz gewährt werden müsse.[22] Hierzu verwies der CDPC auf den Bericht der Niederlande, welcher eine Unterscheidung zwischen

> „- the availability of the means of storage, processing and transfer of data and of the data themselves;

Verbreitung von Computerkriminalität nicht genau beziffert werden könne. Allerdings sei – abgesehen von den Fällen der Softwarepiraterie und des Missbrauchs von Geldautomaten – von geringen Fallzahlen auszugehen, wobei die Dunkelziffer wesentlich höher liegen dürfe, Recommendation No. R (89) 9 and final report, S. 14ff. Mit einem Anstieg müsse gerechnet werden. Dies ergebe sich bereits aus der wachsenden Zahl von Computern, a.a.O., S. 17. Auch die mitunter hohen Schadenssummen sprächen für eine nicht zu unterschätzende Gefahrenlage. Daher sei dieser Entwicklung in präventiver und in repressiver Hinsicht zu begegnen, a.a.O., S. 17, 26f.

18 A.a.O., S. 36.

19 A.a.O., S. 14.

20 A.a.O., S. 13.

21 Zu den Besonderheiten und Vorteilen des Einsatzes von Computertechnologie bei der Tatbegehung vertiefend, a.a.O, S. 18f., 22.

22 A.a.O., S. 24.

- the integrity of computer systems and the data they contain;

- the exclusivity of certain data“[23]

enthielt.

Ähnlich wie bereits im Rahmen des 2. WiKG verwies der CDCP auf das Subsidiaritätsprinzip, wonach der Strafrechtsschutz nur in Betracht komme, wenn sich präventive Maßnahmen, wirtschaftliche, zivilrechtliche und verwaltungsrechtliche Regelungen als unzureichend erweisen.[24] Die Kommission unterstrich, dass technische Sicherheitsvorkehrungen und die Schaffung eines entsprechenden Sicherheitsbewusstseins für die Bekämpfung der Computerkriminalität von großer Bedeutung seien, aber keinen absoluten Schutz gewähren könnten.[25] Auch verwaltungs- und zivilrechtliche Ansätze wurden als unzureichend bewertet. Dies gelte insbesondere bei Tätern, die zur Begleichung der verursachten Schäden nicht in der Lage seien. Aus diesen Gründen befürwortete der CDPC ebenfalls eine strafrechtliche Regelung,[26] wobei eine Überkriminalisierung zu vermeiden sei.[27]

Wie bereits die OECD und die nationalen Beratungen zum 2. WiKG, betonte der Strafrechtsausschuss, dass die Formulierung der Tatbestände möglichst ohne Bezugnahme auf technische Begriffe erfolgen solle, um auch technische Neuerungen tatbestandlich erfassen zu können.[28] Diese entwicklungsoffene Ausgestaltung sollte sich auch im dogmatischen Ansatz widerspiegeln. Während in der Empfehlung Nr. R (81) 12 vom 25. Juni 1981 noch erwogen wurde, ob die Strafbarkeit von entsprechendem Sonderwissen abhängig gemacht werden solle und die Tatbestände dementsprechend als Sonderdelikte auszugestalten seien, lehnte der Strafrechtsausschuss diesen Ansatz mit der Begründung ab, dass sich nicht nur die Technik weiterverbreiten werde, sondern auch das Wissen über den Umgang mit ihr.[29]

Für eine stärkere Systematisierung der zu erfassenden Missbrauchsformen wurde eine Unterscheidung zwischen Angriffen erwogen, bei denen Computersysteme als Tatmittel verwendet werden und solchen Angriffen, in denen sie

23 A.a.O., S. 23.

24 A.a.O., S. 24.

25 A.a.O., S. 24f.

26 A.a.O., S. 25f.

27 A.a.O., S. 26.

28 A.a.O., S. 29; *OECD*, Computer-related Crime, S. 69.

29 A.a.O., S. 30.

das Zielobjekt bildeten.[30] Als weiteres Differenzierungskriterium wurde das Vorliegen bzw. das Fehlen von Sicherheitsvorkehrungen im Zeitpunkt der Tatbegehung in Betracht gezogen.[31] Daneben wurde eine klassische Stufung nach der Vorsatzform bzw. Schuld erwogen.[32] Auch auf eine mögliche Zuordnung nach der formellen Ausgestaltung, insbesondere der Zugehörigkeit zu den Antragsdelikten wurde hingewiesen.[33]

III. Materiell-rechtliche Vorgaben der Empfehlung

Diese Ausführungen explizierend, formulierte der PC-R-CC Mindestanforderungen für die Umsetzung in nationales Recht, die in einer „Minimum list"[34] zusammengefasst wurden.[35] Die ergänzende „Optional list“[36] beinhaltete demgegenüber Empfehlungen zu Diskussionspunkten, über die im Ausschuss keine Einigkeit erzielt werden konnte.[37]

Vorangestellt wurden allgemeine Bedingungen der Strafbarkeit. Danach wird für eine Sanktionierung das Vorliegen einer zumindest vorsätzlichen unbefugten[38] Begehungsweise zwingend vorausgesetzt. In subjektiver Hinsicht sei dolus eventualis für die Tatbestandsverwirklichung stets ausreichend, sofern sich aus der Tatbestandsfassung nicht explizit etwas anderes ergebe. Auf eine

30 A.a.O., S. 31: „[…] distinction between offences committed with the computer system and those directed against the system by outsiders“.

31 Ebd: „[…] distinction according to whether or not there are technical devices for the protection or security of computer systems, data banks, programs or data“.

32 Ebd.: „An important distinguishing criterion for the gravity of an offence is the form of guilt. Should not only acts committed intentionally, but also committed recklessly or even only negligently, be criminalised?“.

33 A.a.O., S. 32: „[…] another criterion could relate to procedural prerequisites for prosecution in some countries“.

34 A.a.O., S. 36ff.

35 Diese sollte sich gegenüber den Vorgaben der OECD durch eine genauere Differenzierung zwischen den einzelnen Tatbeständen und eine exaktere Beschreibung der Delikte auszeichnen, a.a.O., S. 34.

36 A.a.O., S. 68ff.

37 Hierzu zählten etwa Missbrauchshandlungen mit diskutabler Strafwürdigkeit, a.a.O., S. 33f. Die „Optional list“ sollte den Mitgliedstaaten Hilfestellung bieten, falls sich diese für eine Kodifizierung entschieden, a.a.O., S. 34f.

38 Für das Erfordernis „unbefugt“ wurde bewusst die offene Formulierung „without right“ gewählt und „unauthorised“ vermieden, um die Ausgestaltung dem nationalen Gesetzgeber zu überlassen, a.a.O., S. 35. Teilweise werde das Wort „unauthorised“ wegen der Kürze in den Überschriften verwendet, ohne dass es jedoch eine Einschränkung bezwecken solle.

Inkriminierung von Missbräuchen, die hinter diesen Anforderungen zurück blieben, habe der Ausschuss bewusst verzichtet.[39]

1. Unbefugter Zugang

Unter der Überschrift „Unauthorised access“ wurde der Umgang mit Hackeraktivitäten diskutiert und eine strafrechtliche Erfassung favorisiert. Auch wenn nach Auffassung der Expertenkommission meist jugendliche Täter, zum Teil auch aus ehrenwerten Motiven (wie der Aufdeckung von Sicherheitslücken), handelten, sei eine Sanktionierung anzuraten, da die Gefahr des Missbrauchs der erlangten Zugriffsmöglichkeit, insbesondere auf sensible Daten, zu groß sei und eine Zunahme zu befürchten. Überdies bestehe die Möglichkeit, dass unbeabsichtigte Beeinträchtigungen eintreten.[40] Daher wurde folgende Tatbestandsfassung vorgeschlagen:

> „The access without right to a computer system or network by infringing security measures.“[41]

Hierdurch sollte vor allem die Sicherheit und die Unverletzlichkeit des Computersystems geschützt werden.[42] Durch die Neueinführung sollten auch zeitlich nachgelagerte Deliktsformen frühzeitig – und zwar vor dem erfolgreichen Zugriff – unterbunden werden.[43] Entsprechend dem Wortlaut sei eine Sanktionierung jedoch nur in Betracht zu ziehen, wenn bei der Tatausübung Sicherheitsvorkehrungen überwunden werden. Die Konkretisierung wurde den Mitgliedsstaaten überlassen. Allerdings sei diese nicht zu streng auszugestalten, um die Anwendbarkeit der Norm nicht zu gefährden. Nach Auffassung der Expertenkommission genügte bereits die Verwendung eines Passworts. Als Angriffsziel komme sowohl der einzelne Computer als auch ein Netzwerk aus mindestens zwei verknüpften Rechnern in Betracht.[44] Im Übrigen stehe es den Mitgliedsstaaten frei, die Strafbarkeit von einschränkenden Voraussetzungen – wie etwa dem Vorliegen eines entsprechenden Vorsatzes[45] (wie bereits von der OECD vorgeschlagen)[46] – abhängig zu machen oder eine, wie auch immer dogmatisch ausgestaltete, Privilegierung vorzusehen. Dies könne insbesondere

---

39 Ebd.

40 A.a.O., S. 50f.

41 A.a.O., S. 51.

42 Ebd.

43 Ebd.

44 A.a.O., S. 52.

45 A.a.O., S. 53.

46 A.a.O., S. 61, 64, 69.

für Täter erwogen werden, die den erfolgreichen Zugang direkt nach der Tat selbst anzeigen.[47]

Trotz der wachsenden Bedeutung der Computerspionage als neue Form der Industriespionage, mittels derer wertvolle Betriebsgeheimnisse und Know-how, Industrie-[48] und Wirtschaftsdaten[49], aber auch das verwendete technische Equipment ausgespäht wurden, fanden die diesbezüglichen Ausführungen lediglich in der „optional list" Aufnahme.[50] Begründet wurde diese Ausklammerung mit der fehlenden Nähe zum Kernbereich des Computerstrafrechts und dem Verweis auf z.T. bereits bestehende Regelungen außerhalb des Kernstrafrechts. Darin wurde folgender Formulierungsvorschlag aufgenommen:

> „The acquisition by improper means or the disclosure, transfer or use of a trade or commercial secret without right or any other legal justification, with intent either to cause economic loss to the person entitled to the secret or to obtain an unlawful economic advantage for oneself or a third person."[51]

Geschützt werden sollten damit vornehmlich das Wirtschafts- und Betriebsgeheimnis sowie die Vertraulichkeit dieser Informationen.[52] Die spezifischen Schutzgüter der aufgeführten Norm erinnern damit eher an den Regelungsgehalt des deutschen § 17 UWG als an § 202a StGB.

2. Unberechtigtes Abfangen von Daten

Die Tathandlung der „unauthorised interception"[53] fand Aufnahme in den Abschlussbericht, da es denselben Unwertgehalt wie das – strafrechtlich bereits erfasste – Abhören von Telefongesprächen besitze.[54] Der CDPC betonte, dass die technischen Besonderheiten bei einer Kodifizierung stärkere Berücksichtigung finden müssten und wählte damit einen anderen Ansatz als die OECD.[55] Diese habe sich – so der Abschlussbericht – für die bloße Anpassung der Regelungen über die Wegnahme körperlicher Gegenstände ausgespro-

---

47 A.a.O., S. 53.

48 A.a.O., S. 62: „industrial and technical side" wie etwa: Testergebnisse, Entwicklungs- und Forschungsdaten.

49 Ebd.: „commercial side" wie etwa Gewinne, Bilanzen, Kalkulationen, Kundendaten und Marketingstrategien.

50 A.a.O., S. 61f.

51 A.a.O., S. 63.

52 A.a.O., S. 63f.

53 Die nachfolgenden Ausführungen beziehen sich auf die Fallgruppe „Unauthorised interception", die v. Verf. mit „Unberechtigtes Abfangen von Daten" übersetzt wurde.

54 A.a.O., S. 53f.

55 A.a.O., S. 53 m.w.N.

chen.[56] Dagegen spreche jedoch, dass Daten nicht nur unkörperlich, sondern quasi auch unsichtbar seien, vor allem aber verblieben sie auch nach dem Abfangen beim Inhaber. Dieser büße lediglich deren Exklusivität ein.[57] Dies sei grundsätzlich ebenso schützenswert wie die Privatsphäre als solche über Art. 8 EMRK. Aus diesem Grunde wurde zur strafrechtlichen Erfassung folgende Definition vorgeschlagen:

> „The interception, made without right and by technical means, of communications to, from and within a computer system or network."[58]

Dabei solle es auf die Art der eingesetzten technischen Apparatur zur Durchführung des Missbrauchs nicht ankommen. Die Aufnahme einer einschränkenden Voraussetzung lehnte der CDPC ab, da dies den Anwendungsbereich zu stark einenge.[59] Damit verblieb zur Einschränkung der Strafbarkeit nur das Merkmal der fehlenden Befugnis. Straflos bleibe der Täter:

> „[…] if he acts on the instructions or by authorisation of the participants or the recipient of the transmission, if the data are intended for him or the general public or if – on the basis of a specific legal provision – surveillance is authorised in the interest of national security or the detection of severe offences by investigating authorities."[60]

Unproblematisch aus dem Täterkreis ausscheiden dürften danach die Abhörenden, die mit Erlaubnis der beiden Kommunizierenden gehandelt haben oder für die der Inhalt der Kommunikation bestimmt war. Ebenfalls nicht erfasst sein dürfte das Abhören eines öffentlichen Gespräches.[61]

3. Beeinträchtigung von Computerdaten und -programmen

Trotz der geringen Fallzahlen wurde die Strafbedürftigkeit dieser Missbrauchsform[62] – wie bereits auf nationaler Ebene – mit dem Wert der Daten und Com-

---

56 Ebd.

57 A.a.O., S. 54.

58 Ebd.

59 Ebd.: „The committee is, on the other hand convinced that the insertion of the requirement of 'security measures', as in the previous offence (unauthorised access) would have limited the offence too much and made it inapplicable to serious cases of espionage in the field of telecommunications".

60 A.a.O., S. 55.

61 Konkretisierende Ausführungen zum tatbestandlichen Ausschluss von staatlichen Abhörmaßnahmen enthielt lediglich die unverbindliche „optional list", a.a.O., insbesondere S. 75ff.

62 Die nachfolgenden Ausführungen beziehen sich auf die Fallgruppe „damage to computer data or programs", v. Verf. mit „Beeinträchtigung von Computerdaten und Programmen"

puterprogramme, der Abhängigkeit von ihrer Integrität und den mitunter beachtlichen Schäden begründet.[63] Dementsprechend sollte ihre Integrität, Funktionsfähigkeit und Verwendbarkeit strafrechtlich geschützt werden.[64] Angesichts dieses weitreichenden Schutzkonzeptes wertete der CDPC den bisherigen Ansatz im deutschen Strafrecht als zu eng:

> „One can criticise here, as too narrow, a minority view in the Federal Republic of Germany [...].“[65]

Nach Auffassung der CDPC bezweckte der deutsche Gesetzgeber (mit der Einführung der §§ 303a, 303b) den Schutz des Eigentums, der sich in den Daten und Computerprogrammen manifestiere.[66] Allerdings sei eine solche Bezugnahme insoweit problematisch, als dies die Gefahr begründe, den Strafrechtsschutz von einem gewissen wirtschaftlichen Wert abhängig zu machen.[67] Geschützt werden müsse der „Informationskern“, der die Brauchbarkeit der Daten und Programme bestimme, und weniger ihre bloße „Hülle“:

> „The [...] person concerned has not only an interest that programs or data stored in computers remain complete or integral in a quantitative sense, but also that they remain unchanged in their state or condition in the qualitative sense, that they do not deteriorate, that is change for the worse.“[68]

Darauf, ob die Daten im Zeitpunkt der Tatausführung gespeichert, verarbeitet oder übertragen wurden, solle es nicht ankommen.[69]

Als schwieriger erwies sich die Festlegung des persönlichen Schutzbereichs. In Betracht kommen sollte der Einbezug des Speichernden, des Eigentümers, des berechtigten Besitzers, des „befugt“ Ausführenden und desjenigen, der vom Inhalt der Daten berührt wird. Der CDPC legte sich nicht abschließend fest

---

übersetzt, ohne dass aus der Bezeichnung „Beeinträchtigung“ ein verbindlicher Rückschluss auf die Intensität der Einwirkungen gezogen werden soll und kann.

63 A.a.O., S. 43.

64 A.a.O., S. 44: „[...] the integrity and the proper functioning or use of (stored) computer data or computer programs“.

65 Ebd.

66 Ebd.: „[...] it is not a matter of injuring the substance of an object thus impairing its utilisation but rather a matter of altering the quality of the information in stored data and programs, which may obviously reduce their potential use.“

67 Anderseits führte der CDPC aus, dass für die Novellierung auch eine Erweiterung der Sachbeschädigungsdelikte in Betracht käme, a.a.O., S. 45: „This can be done by new provisions, by amendments to the provision concerning damage to property through new subsections or by equating damage to data with damage inflicted on corporeal property“.

68 A.a.O., S. 44.

69 A.a.O., S. 45: „[...] are protected in different stages, regardless of whether they are stored, processed or transferred [...]“.

und beschränkte sich stattdessen auf den Hinweis, dass der Wortlaut ausdrücklich eine weite Interpretation zulasse.[70]

Auch die Tathandlungen wurden bewusst weit gefasst:

> „The erasure, damaging, deterioration or suppression of computer data or computer programs without right.“[71]

Diese Aufzählung verdeutlicht zugleich, dass der Titel der Fallgruppe: „damage to computer data or programs“ lediglich repräsentativ für vier mögliche Handlungsmodalitäten steht. Eine Tatbestandsverwirklichung war – frei übersetzt – durch das Löschen, Beeinträchtigen, Verschlechtern oder Unterdrücken von Computerdaten und -programmen möglich. Erfasst werden sollten damit nicht nur Einwirkungen technischer Art, sondern auch rein physische Angriffe, wie etwa das Anbringen von Sprengstoff, solange eines der benannten Tatobjekte betroffen war. Das Anbringen von Magneten sei ebenfalls geeignet, den Tatbestand zu erfüllen. Unter den computerspezifischen Angriffsformen, wie der Verwendung von sog. logischen Bomben, wurde der Einsatz von Viren als am gefährlichsten hervorgehoben.[72] Da die Tat meist aus Rache begangen werde, politisch oder ideologisch motiviert sei, werde überwiegend kein über die bloße Schadensherbeiführung hinausgehender finanzieller Zweck verfolgt.[73]

Die Tathandlung des Löschens („erasure“) stelle das Pendant zur Zerstörung („destruction“) im Bereich der Sachbeschädigungsdelikte dar.[74] Das „Beeinträchtigen“ („damaging“) und das „Verschlechtern“ („deterioration“) sollen sich bewusst hinsichtlich ihrer Reichweite überschneiden, um eine lückenlose Erfassung zu ermöglichen. Das „Unterdrücken“ („suppression“) ziele hingegen auf Fälle, bei denen der Schädiger dem Berechtigten den Zugriff auf Daten entziehe, ohne sie zu löschen.[75] Erfasse werden durch den Einbezug der „Beeinträchtigung von Computerdaten und Programmen“ außerdem einen Teil der Computersabotage.[76]

Lediglich in der „optional list“ fand sich ein Hinweis zur ergänzenden Aufnahme der (nachteiligen) „Datenveränderung“. In diesem Zusammenhang wurde auf eine empirische Studie aus Deutschland verwiesen, in der kein einziger Fall der

---

70 Ebd.

71 A.a.O., S. 44.

72 Ebd.

73 Ebd.

74 A.a.O., S. 45.

75 Ebd.

76 A.a.O., S. 46.

unberechtigten Veränderung von persönlichen Daten aufgetreten sei. Dennoch riet die Kommission zur Aufnahme, um die Brauchbarkeit, die Integrität und vor allem die Informationsqualität von Daten effektiver zu schützen.[77]

Der CDPC hob außerdem die Bedeutung des Tatbestandsmerkmals „ohne Berechtigung" als Parallele zur Tatbestandsvoraussetzung „Fremdheit" in den Sachbeschädigungsdelikten hervor. Die ontologischen Spezifika der betroffenen Angriffsziele als nicht körperliche Gegenstände, machten eine dahingehende Anpassung erforderlich.[78] Beeinträchtigungen an „eigenen" Daten oder Computerprogrammen sollten demzufolge aus dem Anwendungsbereich ausscheiden.

4. Eingriffe in Computersysteme

Anders als bei der „Beeinträchtigung von Daten und Programmen", richtet sich die Computersabotage gegen Systeme (Computer oder Telekommunikationsanlagen) und kann daher viel größere Schäden zur Folge haben. Der CDPC sprach gar von möglichen „disastrous human consequences".[79] Trotz des hohen Gefahrenpotentials hob die Expertenkommission den Vorrang präventiver Maßnahmen hervor. Dies ändere jedoch nichts an der Notwendigkeit eines flankierenden Strafrechtsschutzes, wie ihn bereits Dänemark, Deutschland und Frankreich realisiert hätten.[80] Im Vordergrund der rechtlichen Überlegungen stand der Schutz der Funktionsfähigkeit von Computer- und Telekommunikationssystemen.[81]

> „The input, alteration, erasure or suppression of computer data or computer programs, or interference with computer systems, with the intent to hinder the functioning of a computer or a telecommunications system."[82]

Erläuternd führte der CDPC aus, dass die aufgezählten Tathandlungen nicht abschließend seien[83] und der Eingriffsbegriff dem des Computerbetruges entspreche. Dieser umfasse solche Dateieingaben in den Computer, die eine Datenverarbeitung beeinflussen oder in Gang setzen können, etwa durch das

---

77 A.a.O., S. 60f.

78 A.a.O., S. 46.

79 Ebd.

80 A.a.O., S. 47.

81 A.a.O., S. 47f.

82 A.a.O., S. 47, v. Verf. übersetzt: „Die Eingabe, Veränderung, das Löschen oder das Unterdrücken von Computerdaten oder Computerprogrammen oder der Eingriff in Computersysteme mit dem Vorsatz den Betrieb des Computers oder eines Telekommunikationssystems zu behindern".

83 A.a.O., S. 48.

Einspeisen falscher Daten oder durch die Verwendung von Daten durch Unbefugte.[84] Allerdings obliege es der Gestaltungsfreiheit der Mitgliedstaaten, welche Tathandlungen konkret erfasst werden sollten. Dies gelte insbesondere für rein physikalische Einwirkungen, wie etwa das bloße Stromausschalten.[85]

Auch bezüglich der erforderlichen Intensität der Funktionsbeeinträchtigung traf die Expertenkommission keine verbindliche Entscheidung und überließ die Grenzziehung den Mitgliedstaaten. Erfasst werden konnten damit vollständige Funktionsausfälle genauso wie lediglich partielle Beeinträchtigungen, zeitlich langandauernde, oder nur vorübergehende Störungen.[86]

Die bisherigen Kodifizierungen divergierten. Dänemark, Norwegen und die Niederlande machten die Strafbarkeit von erschwerenden Umständen abhängig. Deutschland erfasste lediglich die Beeinträchtigungen von Betrieben, nicht jedoch von privaten Computeranlagen.[87] Angesichts der offen formulierten Vorgaben war die Aufrechterhaltung der national eingeführten Normen denkbar.

5. Ergänzende Ausführungen

Abschließend unterstrich der CDPC, in Übereinstimmung mit der Expertenkommission, die Notwendigkeit einer Harmonisierung auf materiell-rechtlicher, prozessualer und institutioneller Ebene. Umsetzung sollten diese Vorgaben in einer Konvention finden, da dies zugleich die Möglichkeit biete, auch Nichtmitgliedstaaten in die Harmonisierungsbestrebungen mit einzubeziehen, um damit im internationalen Bereich Inseln der Straflosigkeit – sog. „crime havens" – zu verhindern.[88]

B) Die Convention on Cybercrime vom 23. November 2001

Die Grundsätze der Empfehlung sollten damit auch künftig Gültigkeit beanspruchen. Allerdings fehlte ihnen als nicht verbindliche Stellungnahme bislang der, für die Durchsetzung erforderliche, rechtsverbindliche Charakter. Aus diesem Grund beschloss der CDPC im November 1996, erneut einen Sachver-

---

84 A.a.O., S. 38: „The input covers data entries. It may influence existing data processing or cause it to start. […] includes the input of incorrect data as well as the unauthorised input of correct data".

85 A.a.O., S. 48.

86 A.a.O., S. 49.

87 Ebd.

88 A.a.O., S. 86.

ständigenausschuss – den PC-CY[89] – einzuberufen.[90] Der Ausschuss erhielt dieses Mal den Auftrag ein völkerrechtlich verbindliches Rechtsinstrument vorzubereiten.[91]

Schließlich sollten aus der Ausschussarbeit zwei Instrumente hervorgehen – die „Convention on Cybercrime" vom 23. November 2001 (ETS Nr.: 185)[92] und das „Additional Protocol to the Convention on Cybercrime, concerning the criminalisation of acts of a racist and xenophobic nature committed through computer systems" vom 28. Januar 2003.[93]

Im April 1997 begann der Sachverständigenausschuss für Datennetzkriminalität (PC-CY) mit den Vorarbeiten.[94] Vertreter aus vier weiteren Nichtmitgliedstaaten waren als Beobachter zugelassen. Zu ihnen gehörten auch Abgesandte der wirtschaftlich mächtigsten Vertreter im Netzwerktechnologiebereich – USA und Japan.[95] Durch ihren frühzeitigen Einbezug sollte die spätere internationale Akzeptanz gewährleistet werden. Mit den daraus resultierenden zeitli-

89 „PC-CY" ist die englische Abkürzung für „Committee of Experts on Crime in Cyberspace".

90 Erläuternder Bericht, Anlage zur Denkschrift in: BT-Drs. 16/7218 v. 16.11.2007, S. 58 m.w.N.; *Schuh*, Computerstrafrecht, S. 36; *Schwarzenegger*, ZSR 2008 II, S. 421.

91 Erläuternder Bericht, a.a.O., S. 57f.; *Valerius*, K&R 2004, 513, 513; *Schwarzenegger* in: FS Trechsel, S. 309; *Ders.*, ZSR 2008 II, S. 421; *Spannbrucker*, CCC, S. 3f. Dieser Entscheidung stimmte das Ministerkomitee des Europarates am 4.2.1997 zu, Erläuternder Bericht, a.a.O., S. 58 m.w.N.

92 Convention on Cybercrime (ETS - No. 185), 23.11.2001, S. 1–22, vgl. „Gesetz zu dem Übereinkommen des Europarates vom 23. November 2001 über Computerkriminalität" in: BGBl. II Nr. 30 v. 10.11.2008, S. 1242–1275. Die CCC trat mit ihrer Bekanntmachung v. 16.2.2010: in BGBl. 2010 II, Nr. 9, S. 218–240 mit Wirkung v. 1.7.2009 in Kraft.

93 Additional Protocol to the Convention on Cybercrime, concerning the criminalisation of acts of a racist and xenophobic nature committed through computer systems, in: ETS – No. 189 v. 28.1.2003, S. 1–6.

94 Denkschrift in: BT-Drs. 16/7218 v. 16.11.2007, S. 40; *Datenschutzgruppe*, Stellungnahme 4/2001 v. 22.3.2001, S. 2; *Valerius*, K&R 2004, 513, 514; *Gercke*, CRi 2011, 142, 142. Neben den Empfehlungen des Europarates dienten die Erkenntnisse internationaler Organisationen – wie die der OECD, der Vereinten Nationen und der Association Internationale de Droit Pénal – als Arbeitsgrundlage. Auch die gegenwärtige technische Weiterentwicklung und die damit verbundenen Missbrauchsfälle der expandierenden Telekommunikation sollten bei den Ausarbeitungen berücksichtigt werden. Beteiligt wurden Sachverständige aus 18 verschiedenen Mitgliedstaaten des Europarates. Überdies wurden Sachverständige der Europäischen Kommission sowie des Generalsekretariats des Rates der EU beteiligt, Nr. 34 des Erläuternden Berichts, Anlage zur Denkschrift in: BT-Drs. 16/7218 v. 16.11.2007, S. 61.

95 Zu den Beobachtern gehörten außerdem Kanada und Südafrika.

chen Verzögerungen und inhaltlichen Abstrichen fand man sich ab.[96] Insbesondere die Unterzeichnung durch die Vereinigten Staaten – der Wiege des Internets – sollte sichergestellt werden, da ein Großteil der internationalen Datenübertragungen über das Staatsgebiet der USA erfolgte und damit grundsätzlich ihrer Strafgewalt unterlag.[97] Die Kompromissbereitschaft führte letztlich aber auch dazu, dass die diskutierten inhaltsbezogenen Delikte – mit Ausnahme des späteren Art. 9 CCC[98] zur Kinderpornographie – auf Betreiben des

---

96 *Valerius*, K&R 2004, 513, 514f.; *Schuh*, Computerstrafrecht, S. 37. Die ersten Beratungen fanden unter Ausschluss der Öffentlichkeit statt (*Gercke*, CR 2004, 782, 783; kritisch: *Breyer*, DuD 2001, 592, 594 m.w.N.) Fertig gestellt werden sollten die Arbeiten bis zum 31.12.1999. Angesichts von Verzögerungen konnte jedoch nicht in allen relevanten Punkten des Übereinkommens eine abschließende Entscheidung herbeigeführt werden. Mit Hilfe einer Mandatsverlängerung und der zugesicherten Unterstützung der europäischen Justizminister, erhielt der Ausschuss nicht nur ersten Zuspruch, sondern gewann die nötige Zeit für die Umsetzung, Erläuternder Bericht, Anlage zur Denkschrift in: BT-Drs. 16/7218, S. 58. Betont wurde die Notwendigkeit, dass ein Übereinkommen verfasst wird, welches die Zustimmung möglichst vieler Unterzeichnerstaaten findet. Bekräftigt wurde dieses Anliegen auch seitens der Mitgliedstaaten, welche im Mai 1999 durch eine gemeinsame Erklärung den Wunsch nach der Fortsetzung der Tätigkeit des PC-CY zum Ausdruck brachten, ebd. Nach Ablauf des Mandats tagte das PC-CY noch drei weitere Male, um die Arbeit im Dezember 2000 abschließen zu können, a.a.O., S. 59. Erstmals öffentlich zugänglich gemacht wurde allerdings erst die 19. Entwurfsfassung, PC-CY, Draft N° 19 v. 25.4.2000; *Spannbrucker*, CCC, S. 5; *Gercke*, CR 2004, 782, 783; *Valerius*, K&R 2004, 513, 514; *Scheffler / Dressel*, ZRP 2000, 514, 515. Die späte Veröffentlichung führte vor allem unter den nichtbeteiligten Verbänden und „Nichtregierungsorganisationen“ zu Diskussionen, *Datenschutzgruppe*, Stellungnahme 4/2001 v. 22.3.2001; *Bäumler* DuD 2001, 348, 349. Zustimmend: *Spannbrucker*, ebd. Gerügt wurde auch, dass die nachträglich geäußerte Kritik keine Berücksichtigung gefunden habe. Vermutet wurde, dass die Angst zu groß gewesen sei, selbst kleinste Änderungen hätten die Unterzeichnung gefährden können, *Gercke*, CR 2004, 782, 783 m.w.N. Erst auf der 50. Plenarsitzung des PC-CY v. 18.–20.6.2001 und damit nach über vier Jahren – konnte der Ausschuss dem CDPC die 28. (*Vetter*, Gesetzeslücken, S. 201; *Breyer*, DuD 2001, 592, 592) und damit endgültige Fassung des Übereinkommens nebst beigefügtem Erläuternden Bericht vorlegen, Erläuternder Bericht, Anlage zur Denkschrift in: BT-Drs. 16/7218, v. 16.11.2007, S. 59; *Valerius*, K&R 2004, 513, 514; *Gercke*, CRi 2011, 142, 142; *Schwarzenegger* in: FS Trechsel, S. 309; *Spannbrucker*, ebd. Der umfassende Bericht sollte als Auslegungshilfe dienen, ohne Anspruch auf Verbindlichkeit zu erheben, Denkschrift in: BT-Drs. 16/7218 v. 16.11.2007, S. 40; Erläuternder Bericht, a.a.O., S. 57. Er ist daher mit der „Optional list“ in der Empfehlung vergleichbar. Diese Entwurfsfassung musste zunächst der Parlamentarischen Versammlung für eine Stellungnahme zugeleitet werden, vgl. Art. 22 ERS; *Datenschutzgruppe*, Stellungnahme 4/2001 v. 22.3.2001, S. 2. Nachdem die gewünschten Änderungen eingearbeitet waren, konnte die Fassung dem Ministerkomitee übergeben werden. Die Annahme folgte am 8.11.2001 auf der 109. Sitzung, *Gercke*, CRi 2011, 142, 142; *Vetter*, Gesetzeslücken, S. 201; *Fischer-Lescano*, ZaöRV 2004, 195, 202.

97 *Spannbrucker*, CCC, S. 3; *Schuh*, Computerstrafrecht, S. 37.

98 Den nachfolgenden Erörterungen wird die Fassung des BGBl. 2008 II, S. 1242ff. zu Grunde gelegt, so weit nicht anders gekennzeichnet. Gleiches gilt für den Erläuternden

„Beobachterstaates“ USA aus der Konvention ausgenommen wurden,[99] nachdem die Vereinigten Staaten gedroht hatten, das Übereinkommen anderenfalls nicht zu unterzeichnen.[100]

Im Rahmen der Internationalen Konferenz über Computerkriminalität vom 23. November 2001 wurde das Übereinkommen schließlich zur Unterzeichnung in Budapest aufgelegt.[101] Deutschland gehörte – neben 25 weiteren Mitgliedstaaten und 4 Nichtmitgliedstaaten – zu den ersten Unterzeichnerstaaten.[102]

Das Übereinkommen beanspruchte seit dem 1. Juli 2004 für die Unterzeichnerstaaten Gültigkeit.[103] Die nachträgliche Einbeziehung von Völkerrechtssubjekten richtete sich nach den Vorgaben des Art. 36 Abs. 4 CCC. Über Art. 37 CCC wurde auch denjenigen Staaten der Beitritt zur Konvention ermöglicht, die nicht im Europarat vertreten waren.[104]

Da die Vorschriften der Konvention nicht solche des Art. 25 GG sind, bedurfte es für das Inkrafttreten in der Bundesrepublik eines Transformationsaktes i.S.d. Art. 59 Abs. 2 GG.[105] Aufgrund des zögerlichen Ratifizierungsprozesses trat das Übereinkommen für Deutschland daher erst am 1. Juli 2009 in Kraft.[106] Als Ausführungsgesetz – für den hier relevanten materiell-rechtlichen Teil – diente das 41. Strafrechtsänderungsgesetz vom 7. August 2007.[107] Das Ver-

---

Bericht zum Übereinkommen, abgedruckt als Anlage zur Denkschrift in: BT-Drs. 16/7218 v. 16.11.2007, S. 57ff.

99 Dies führte schließlich zu einer Ausgliederung und nachträglichen Verabschiedung des Additional Protocol to the Convention on Cybercrime, concerning the criminalisation of acts of a racist and xenophobic nature committed through computer systems, in: ETS – No. 189 v. 28.1.2003, S. 1–6.

100 Begründet wurde dieser Einwand mit dem umfassenden Meinungsfreiheitsschutz in den USA, der eine solche Kodifizierung nicht zulasse, vgl. Nr. 35 des Erläuternden Berichts, Anlage zur Denkschrift in: BT-Drs. 16/7218, S. 61. Dort ist allerdings nur von „einige[n] Delegationen“ die Rede. Die USA wird nicht explizit erwähnt, *Gercke* CR 2004, 782, 783; *Valerius*, K&R 2004, 514, 515; vertiefend zu dem dahinter stehenden Spannungsverhältnis, vgl. *Holznagel*, ZUM 2000, 1007ff.

101 Erläuternder Bericht, Anlage zur Denkschrift in: BT-Drs. 16/7218 v. 16.11.2007, S. 57; SG/Inf(2010)4, S. 17, Nr. 46; *Gercke*, CRi 2011, 142, 142; *Spannbrucker*, CCC, S. 5; *Fischer-Lescano*, ZaöRV 2004, 195, 202.

102 Vgl. Art. 1, BGBl. II Nr. 30 v. 10.11.2008, S. 1242; Bekanntmachung in: BGBl. II Nr. 9 v. 29.4.2010, S. 218ff.

103 Vgl. Art. 36 Abs. 3 CCC; *Jaschinski*, ITRB 2004, 97.

104 Durch den Europarat nochmals hervorgehoben in: SG/Inf(2010)4 v. 16.2.2010, S. 18, Nr. 51.

105 *Gercke*, ZUM 2005, 612, 616.

106 Bekanntmachung über das Inkrafttreten des Übereinkommens über Computerkriminalität vom 16.2.2010 in: BGBl. II Nr. 9 v. 29.4.2010, S. 218–240.

107 BGBl. I Nr. 38 v. 10.8.2007, S. 1786f.

tragsgesetz folgte mit dem „Gesetz zu dem Übereinkommen des Europarats vom 23. November 2001 über Computerkriminalität vom 5. November 2008“.[108]

I. Allgemeine Ausführungen zum Regelungsgegenstand der Konvention

Die Zielvorstellungen der Empfehlungen des Europarates, als Anstoß für die Erarbeitung der Konvention, spiegelten sich auch im Übereinkommen wider. Im Vordergrund standen ebenfalls der Wunsch nach einer Harmonisierung des materiellen Strafrechts, der Verbesserung des innerstaatlichen Strafverfahrens sowie der internationalen Zusammenarbeit auf dem Gebiet der Datennetzkriminalität.[109] Dabei enthielt das Übereinkommen – vergleichbar mit der „Minimum list“ der Empfehlung[110] – einen Mindestkonsens, der darüber hinausgehende Novellierungen in den nationalen Rechtsordnungen nicht ausschließen sollte.[111] Der Aufbau der Konvention orientierte sich am Begriffsverständnis der Computerkriminalität, wie er zuvor bereits in den Empfehlungen skizziert worden war.[112] Die „Straftaten gegen die Vertraulichkeit, Unversehrtheit und Verfügbarkeit von Computerdaten und -systemen“ (die sog. CIA-Delikte) in Titel 1, Kap. 2 bildeten zugleich den Schwerpunkt des Übereinkommens.[113] Im Erläuternden Bericht wurden sie als die „grundlegenden Gefahren für elektronische Datenverarbeitungs- und Datenübermittlungssysteme“[114] bezeichnet. Die in Titel 2 bis 4 behandelten Straftaten[115] seien in der Praxis zwar häufiger,

---

108 BGBl. II Nr. 30 v. 10.11.2008, S. 1242–1275.

109 Erläuternder Bericht, Anlage zur Denkschrift in BT-Drs. 16/7218 v. 16.11.2007, S. 59.

110 Wenn im Folgenden unspezifisch von „der Empfehlung“ gesprochen wird, so ist stets die Recommendation No. R (89) 9 v. 13.9.1989 gemeint, die die zentralen materiell-rechtlichen Vorgaben für die Konvention enthielt, sofern nicht anderweitig gekennzeichnet.

111 Nr. 34 des Erläuternden Berichts, Anlage zur Denkschrift in: BT-Drs. 16/7218 v. 16.11.2007, S. 61.

112 Recommendation No. R (89) 9 and final report, S. 18f., 13. Die Computerkriminalität wird auch in der CCC in zwei große Gruppen unterteilt: Straftaten, die sich „gegen die Vertraulichkeit, Integrität und Verfügbarkeit der Computerdaten oder -systeme“ richten (Art. 2–6 CCC) und Straftaten, bei denen, unter Zuhilfenahme von Computersystemen, andere Rechtsgüter angegriffen werden (Art. 7–10 CCC). Die weitere Differenzierung innerhalb der einzelnen Artikel erfolgte entsprechend des betroffenen Schutzgutes, Denkschrift als Anlage zu BT-Drs. 16/7218 v. 16.11.2007, S. 42.

113 A.a.O., S. 40. Diese Kategorisierung ist folglich mit der Klassifizierungen des niederländischen Berichts vergleichbar, der als Vorlage für die Erarbeitung der Empfehlung Nr. R (89) 9 diente.

114 Nr. 35 des Erläuternden Berichts als Anlage, a.a.O., S. 61.

115 Titel 2: Computerbezogene Straftaten, Titel 3: Inhaltsbezogene Straftaten, Titel 4: Straftaten im Zusammenhang mit Verletzungen des Urheberrechts und verwandter Schutzrechte.

würden sich aber nicht in so starkem Maße durch technikspezifische Besonderheiten auszeichnen, da sie sich meist gegen Rechtsgüter richteten, die bereits durch das traditionelle Strafrecht geschützt seien.[116]

II. Grundlegende Begriffsbestimmungen

Im Unterschied zur Empfehlung des Europarats vom 13. September 1989 wurden in Kap. 1, Art. 1 allgemeine Begriffsbestimmungen vorangestellt.[117] Gem. lit.a) ist ein „Computersystem" eine „Vorrichtung oder eine Gruppe miteinander verbundener oder zusammenhängender Vorrichtungen, die einzeln oder zu mehreren auf der Grundlage eines Programms automatische Datenverarbeitung durchführen."[118] Eine „automatische Datenverarbeitung" liegt nach Nr. 23 des Erläuternden Berichts vor, wenn die Bearbeitung der Daten in einem Computersystem ohne unmittelbares menschliches Eingreifen, durch Ausführung eines Computerprogramms (Software) erfolgt.[119] „Computerprogramme" wurden wiederum als Abfolge von Befehlen beschrieben, die das beabsichtigte Datenverarbeitungsergebnis erzielen sollen.[120] Bestätigt wurde dieses Verständnis durch die erfolgte Wortlautanpassung des Art. 1 lit.b) CCC der 19. Entwurfsfassung, in der sich noch die Formulierung „set of instructions"[121] fand, welche durch „including a program"[122] ersetzt wurde. Damit bildete die Definition des Computersystems – in Übereinstimmung mit dem technischen Verständnis – eine Sammelbezeichnung für die Funktionseinheit aus interagierender Hard-[123] und Software.[124] Der Begriff des „Computersys-

---

116 Nr. 35 des Erläuternden Berichts, Anlage zur Denkschrift in: BT-Drs. 16/7218 v. 16.11.2007, S. 61.

117 Dabei handelte es sich um die Begriffe Computersystem, Computerdaten, Diensteanbieter und Verkehrsdaten, die während der Beratungen in unterschiedlich starkem Umfang modifiziert wurden. Die Definition zu „traffic data" (Teilnehmerdaten), die im 19. Entwurf noch als 5. Definition enthalten war, fand in der Schlussfassung keine Aufnahme, PC-CY, Draft N° 19 v. 25.4.2000, Art. 1, Definitions, a.

118 Art. 1 lit.a CCC in: BGBl. II Nr. 30 v. 10.11.2008, 1242, 1246: „'computer system' means any device or a group of interconnected or related devices, one or more of which, pursuant to a program, performs automatic processing of data […]".

119 Nr. 23 des Erläuternden Berichts, Anlage zur Denkschrift in: BT-Drs. 16/7218 v. 16.11.2007, S. 59; *Spannbrucker*, CCC, S. 31.

120 Nr. 23 des Erläuternden Berichts, a.a.O., S. 60.

121 PC-CY, Draft N° 19, Art. 1, Definitions, b.

122 Art. 1 lit.b CCC in: BGBl. II Nr. 30 v. 10.11.2008, S. 1246.

123 Zur Hardware gehören sämtliche Bauteile, die an der Durchführung der Datenverarbeitungsoperationen beteiligt sind, einschließlich aller Arten von Ein-/Ausgabe- und Speichegeräten, *Spannbrucker*, CCC, S. 32. Vgl. ISO-Norm 2382/1:1993 v. 1.1.2007, sec 2: „All or part of the physical components of an information processing system".

tems“ im Sinne der Konvention unterschied sich also von dem der „Datenverarbeitungsanlage“ im Sinne des deutschen StGB dadurch, dass ersterer auch die Software umfassen sollte.[125]

Neben dem Begriff des Computersystems enthielt der Erläuternde Bericht in Nr. 24 den Begriff des *Netzwerks*. Dies sei ein Verbund zwischen mindestens zwei Computersystemen, welcher erdgebunden (z.B. durch Kabel oder Draht) hergestellt werde, drahtlos via Funk, Infrarot oder Satellit oder aus einer Kombination aus beidem bestehe. Auf die Reichweite komme es nicht an, denn es sollten sowohl lokal begrenzte Netzwerke (Lokalnetze) als auch weiterreichende Breitnetze erfasst werden. Eine Sonderform bilde das Internet, welches als globales Netzwerk bezeichnet werden könne, das viele verschiedene Netzwerke miteinander verbinde, die alle dieselben Protokolle verwenden. Kennzeichnend für alle Netzwerkformen sei ihre Bestimmung zum Datenaustausch.[126]

Anders als im deutschen Strafrecht ist in Art. 1 lit.b) CCC außerdem eine Definition für *Computerdaten* enthalten. Diese orientiert sich an der Definition der International Organization for Standardization.[127] Umfasst wird gem. Kap. 1, Art. 1 lit.b) „jede Darstellung von Tatsachen, Informationen oder Konzepten in einer für die Verarbeitung in einem Computersystem geeigneten Form einschließlich eines Programms, das die Ausführung einer Funktion durch ein Computersystem auslösen kann“.[128] Die Weite des Begriffsverständnisses wurde kritisiert, da sie neben den klassischen Computern auch Handheld-Computer (PDA) sowie Empfangsgeräte für Kabelfernsehen erfasse.[129] Da die Mitgliedstaaten allerdings keine Verpflichtung zur Übernahme der Definitionen treffe, dürfte ein engeres Begriffsverständnis ebenso tolerabel sein. Hinsichtlich der erfassten Daten sei einzig maßgeblich, dass sie eine geeignete

---

124 *Spannbrucker*, a.a.O., S. 31f.

125 A.a.O., S. 33.

126 Nr. 24 des Erläuternden Berichts, Anlage zur Denkschrift in: BT-Drs. 16/7218 v. 16.11.2007, S. 60.

127 Nr. 25 des Erläuternden Berichts, ebd. Die ISO-Norm 2382/1:1993, sec 2, 1.1.2002 definiert „data“ als „reinterpretable representation of information in a formalized manner suitable for communication, interpretation, or processing“ und unterscheidet zwischen „[…] can be processed by humans or by automatic means“.

128 Art. 1 lit.b CCC in: BGBl. II Nr. 30 v. 10.11.2008, S. 1246: „‘computer data’ means any representation of facts, information or concepts in a form suitable for processing in a computer system, including a program suitable to cause a computer system to perform a function“.

129 *Hopkins*, JHTL 2003, Vol. II, 101, 112; a.A.: *Gercke*, CR 2004, 782, 787.

Form für die Verarbeitung in einem Computersystem aufwiesen.[130] Die Verwendung des Begriffs „Computerdaten" diene nur zur Verdeutlichung, dass in diesem Übereinkommen Daten in „unmittelbar verarbeitbarer Form" erfasst werden, sei im Übrigen aber nicht zwingend.[131] Bezogen auf das deutsche Strafrecht erfüllten damit sowohl der weiter gefasste Datenbegriff der Computerdelikte in den §§ 263a, 268f. StGB[132] wie auch der engere Datenbegriff der §§ 202a bis 202c, 274, 303a, 303b StGB diese Voraussetzungen.[133] Dies galt insbesondere unter Berücksichtigung der Nr. 22 des Erläuternden Berichtes, wonach die Begriffsbestimmungen nicht wörtlich umgesetzt werden müssen, sondern das auf diesem Verständnis beruhende Schutzniveau maßgeblich ist.[134]

Ebenfalls aufgegriffen wurde das Begriffsverständnis von „unbefugt" und „vorsätzlich".[135] Die Voraussetzung „unbefugt" sei hier ähnlich weit zu verstehen wie in der Empfehlung und als nicht „erlaubt bzw. gerechtfertigt" zu begreifen.[136] Dies könne die Ausübung rechtmäßiger Staatsgewalt ebenso einschließen, wie gängige Netzwerkgestaltungstätigkeiten.[137] Die konkrete Auslegung des Begriffs wurde wiederum dem nationalen Gesetzgeber überlassen.[138] Übertragen auf das deutsche Strafrecht konnten befugte Handlungen damit dogmatisch als tatbestandsausschließendes Einverständnis oder als Einwilligung klassifiziert werden.[139] Angesichts des weiten Verständnisses, welches letztlich nur den tatbestandlichen Ausschluss sozialadäquater Verhaltensweisen bezwecke,[140] bedurfte es folglich keiner Anpassungen im nationalen Recht. Sämtliche Computerstraftatbestände setzten die „unbefugte"

130 Nr. 25 des Erläuternden Berichts, Anlage zur Denkschrift in: BT-Drs. 16/7218 v. 16.11.2007, S. 60.

131 Ebd.

132 Alle nachfolgende Paragraphen, die im Folgenden für den Vergleich mit dem deutschen Strafrecht herangezogen werden, beziehen sich auf die jeweilige Gesetzesfassung nach dem 2. WiKG, sofern nicht anderweitig gekennzeichnet.

133 Denkschrift als Anlage zu BT-Drs. 16/7218 v. 16.11.2007, S. 41; *Spannbrucker*, CCC, S. 34ff.

134 Nr. 22 des Erläuternden Berichts, Anlage zur Denkschrift in: BT-Drs. 16/7218 v. 16.11.2007, S. 59.

135 Recommendation No. R (89) 9 and final report, S. 35.

136 Auch in Deutschland war die Bedeutung des Merkmals „unbefugt" wie etwa in §§ 201ff. noch nicht abschließend geklärt, vgl. *Lackner* in: Lackner / Kühl, Vor § 201, Rn 2.

137 Vertiefend unter Nr. 38 des Erläuternden Berichts, Anlage zur Denkschrift in: BT-Drs. 16/7218 v. 16.11.2007, S. 61.

138 Ebd.; Denkschrift in: BT-Drs. 16/7218 v. 16.11.2007, S. 42.

139 *Spannbrucker*, CCC, S. 49f.

140 A.a.O., S. 50.

Handlung bereits voraus. Ihre Einordnung als „allgemeines Merkmal der 'Rechtswidrigkeit'" genüge den Konventionsvorgaben.[141]

Ebenfalls vorausgesetzt wurde eine *vorsätzliche* Begehung. Darüber hinausgehende subjektive Anforderungen seien für eine Strafbarkeit nur erforderlich, sofern dies gesondert ausgewiesen werde, wie etwa beim Computerbetrug.[142] Auch die Voraussetzung der „vorsätzlichen Begehung" sei bereits Bestandteil der kodifizierten Strafbarkeitsvoraussetzungen und stimme daher mit den Vorgaben überein.[143]

III. Materiell-rechtliche Vorgaben zu den sog. CIA-Delikten

An diesen allgemeinen Teil der Konvention schlossen sich Ausführungen zu den Mindestanforderungen für die sog. CIA-Delikte an.

1. Rechtswidriger Zugang gem. Art. 2 CCC

Nachdem die Einführung der Strafbarkeit für die Fälle des Hackings im Rahmen des Gesetzgebungsverfahrens zum 2. WiKG zwar umfassend diskutiert, aber eine Sanktionierung schließlich bewusst abgelehnt worden war, um eine Überkriminalisierung zu vermeiden, sah Art. 2 CCC nun deren Aufnahme vor. Im Erläuternden Bericht wurde der unbefugte Zugang als „gefährliche Bedrohung[en] und Angriff[e] gegen die Sicherheit (d.h. die Vertraulichkeit, Integrität und Verfügbarkeit) von Computersystemen und -daten" beschrieben und zu einer „grundlegenden Straftat" erhoben.[144] Die besondere Gefährlichkeit liege in den Folgewirkungen, wie etwa einer möglichen Behinderung, Veränderung oder gar Zerstörung von Daten, die – ungeachtet der Motivation des Täters – mitunter hohe Wiederherstellungskosten verursachen könnte. Außerdem seien vertrauliche Daten wie Passwörter, Informationen über das Zielsystem oder Geheimnisse der potentiellen Zugriffsmöglichkeit des Hackers ausgesetzt. Dieser könne das System bis zur Schließung der Sicherheitslücke unentgeltlich nutzen oder andere Hacker zu dessen Missbrauch, wie etwa durch Computerbetrug oder Urkundenfälschung, verleiten.[145] Geschützt werden solle daher künftig „eine Art 'virtuelles' Hausrecht im elektronischen Herrschaftsbereich

141 Denkschrift als Anlage zu BT-Drs. 16/7218 v. 16.11.2007, S. 42.

142 Nr. 39 des Erläuternden Berichts, Anlage zur Denkschrift, a.a.O., S. 62.

143 Denkschrift als Anlage, a.a.O., S. 42.

144 Nr. 44 des Erläuternden Berichts als Anlage, a.a.O., S. 62.

145 Ebd.; *Spannbrucker*, CCC, S. 48.

des Berechtigten".[146] Eine strukturelle Parallele zum Hausfriedensbruch im klassischen Strafrecht wird hierdurch angedeutet.[147] Auch wenn nach Auffassung des CDPC die effektivste Bekämpfungsmethode im präventiven Bereich zu suchen sei,[148] solle durch Art. 2 CCC künftig der unbefugte Zugang[149] und damit das sog. Hacking „zu einem Computersystem als Ganzem oder zu einem Teil davon" unter Strafe gestellt werden. Ausreichend sei der Zugriff auf das Betriebssystem, auf Verzeichnisse und wohl auch auf angeschlossene externe Speichermedien.[150] Hacking sei auch innerhalb desselben Netzes (innerhalb eines LAN-Netzwerkes oder eines Intranets) möglich und werde ebenso erfasst.[151] Zur Tatbestandsverwirklichung sei das bloße Eindringen[152] – als Form des Zugangverschaffens zu Daten – jeglicher Form ausreichend.[153] Unklar blieb, ob der bloße Zugriff auf die Hardware auch tatbestandlich umfasst werde.[154] In diesem Fall, so wurde kritisiert, könnte strenggenommen das bloße Anschalten des Computers dem Anwendungsbereich der Norm genauso unterfallen wie das Öffnen des Druckers zum Toneraustausch. Dies gelte insbesondere, wenn es sich dabei nicht um eine Sabotagehandlung handeln müsse.[155] Explizit aus dem Anwendungsbereich wurde durch den Erläuternden Bericht lediglich das Versenden von E-Mails oder einer Datei an das System ausgenommen.[156]

Außerdem sollte – wie bei allen anderen Computerstraftaten – das Hacking unbefugt erfolgen. Dies sei bei Handlungen des Eigentümers oder des recht-

---

146 *Spannbrucker*, CCC, S. 47. Vgl. hierzu auch OLG Köln, Beschluss v. 25.8.2000 – 19 U 2/00 (LG Bonn) über die Rechtsposition eines „Chatroom"-Betreibers, der einen Besucher von der Teilnahme am Chat ausschließen wollte in: MMR 2001, 52ff.; in: ZUM-RD 2000, 547f.

147 *Spannbrucker*, CCC, S. 47.

148 Nr. 45 des Erläuternden Berichts, Anlage zur Denkschrift in: BT-Drs. 16/7218 v. 16.11.2007, S. 62.

149 Denkschrift als Anlage, a.a.O., S. 42.

150 *Schwarzenegger* in: FS Trechsel, S. 316; *Spannbrucker*, CCC, S. 48.

151 Nr. 46 des Erläuternden Berichts als Anlage zur Denkschrift in: BT-Drs. 16/7218 v. 16.11.2007, S. 62.

152 Nr. 44 des Erläuternden Berichts, Anlage, a.a.O., S. 62.

153 Denkschrift als Anlage, a.a.O., S. 42.

154 *Spannbrucker*, CCC, S. 49.

155 So die Kritik Spannbruckers, ebd.

156 Nr. 46 des Erläuternden Berichts, Anlage zur Denkschrift in: BT-Drs. 16/7218 v. 16.11.2007, S. 62.

mäßigen System(teil)inhabers sowie bei vorliegender Genehmigung und bei freien oder offenen Computersystemen nicht gegeben.[157]

Dem Erläuternden Bericht ist zu entnehmen, dass der Expertenkommission durchaus bewusst war, dass die Strafbarkeit des Hackings kontrovers diskutiert wurde und sich einige Länder gegen eine solche weite Strafbarkeitsregelung entschieden hatten.[158] Dennoch hielt der CDPC an seiner Auffassung über die Strafwürdig- und Strafbedürftigkeit des Hackings fest, um die unbeeinträchtigte Verfügungsmacht über Computersysteme zu schützen.[159] Entgegenkommend stellte der Ausschuss den Mitgliedsstaaten jedoch frei, diesen weiten Strafbarkeitsansatz durch abschließend aufgezählte Einschränkungsmöglichkeiten zu begrenzen.[160] Während die Empfehlung eine „Überwindung von Sicherheitsvorkehrungen" noch als zwingende Tatbestandsvoraussetzung vorsah,[161] schlug der CDPC die Einführung nun optional als Tatbestandsbegrenzung vor.[162] Auf subjektiver Ebene sollte als Korrektiv weiterhin das Erfordernis der „Absicht, Computerdaten zu erlangen" oder eine „andere unredliche Absicht" in Betracht kommen.[163] Über die Empfehlung hinausgehend, wurde es den Mitgliedsstaaten freigestellt, den Anwendungsbereich der Norm auf vernetzte Computersysteme zu beschränken,[164] wobei auch eine kumulative Verwendung der einschränkenden Voraussetzungen für zulässig erklärt wurde.[165] Anders als im Gesetzgebungsverfahren zum 2. WiKG, den Vorschlägen der OECD[166] und dem Abschlussbericht des CDPC zur Empfeh-

157 Ebd.

158 In der Schweiz in Art. 143 StGB bereits enthalten, *Schwarzenegger* in: FS Trechsel, S. 316.

159 A.a.O, S. 315.

160 Nr. 49 des Erläuternden Berichts, Anlage zur Denkschrift in: BT-Drs. 16/7218 v. 16.11.2007, S. 63.

161 „The access without right to a computer system or network by infringing security measures", Recommendation No. R (89) 9 and final report, S. 51.

162 Art. 2 CCC; Nr. 50 des Erläuternden Berichts, Anlage zur Denkschrift in: BT-Drs. 16/7218 v. 16.11.2007, S. 63.

163 Ebd.

164 Ebd. Diese mögliche Einschränkung wurde erst nachträglich aufgenommen und war im ersten veröffentlichten Entwurf noch nicht enthalten, PC-CY, Draft N° 19 v. 25.4.2000, Art. 2. Spannbrucker kritisierte, dass es sich dann aber nicht mehr um Delikte des „Cybercrime" handele und diese somit außerhalb des, nach der Überschrift der Konvention angedeuteten Bereiches, lägen, *Ders.*, CCC, S. 50.

165 Nr. 50 des Erläuternden Berichts, ebd.

166 OECD, Computer-related crime, S. 63: „This 'premium' might be, for example, special consideration of the hacker's collaboration at the time of sentencing".

lung,[167] wurde eine mögliche Privilegierung des sich unmittelbar nach der Tatausführung selbst anzeigenden Hackers nicht thematisiert.

2. Rechtswidriges Abfangen gem. Art. 3 CCC

Art. 3 CCC sanktioniert das rechtswidrige Abfangen nichtöffentlicher Datenübermittlungen an, aus oder innerhalb eines Computersystems mithilfe technischer Hilfsmittel zum Schutze der Privatsphäre.[168] Der Wortlaut wurde damit im Wesentlichen aus der Empfehlung Nr. R (89) 9 übernommen.[169] Mit dem Merkmal Abfangen solle gem. Nr. 53 des Erläuternden Berichts vor allem das „Abhören, Kontrollieren oder Überwachen des Inhalts von Kommunikationen, das Beschaffen des Inhalts von Daten unmittelbar durch Zugriff auf ein Computersystem und dessen Benutzung oder mittelbar durch Benutzung elektronischer Abhör- oder Abfanggeräte"[170] erfasst werden.[171] Das Aufzeichnen drahtloser Kommunikation könne durch die Norm ebenfalls sanktioniert werden, eine entsprechende Verpflichtung treffe die Mitgliedstaaten jedoch nicht.[172] Prinzipiell genüge es, wenn die Übertragung von Computerdaten innerhalb desselben Computersystems stattfinde, wie etwa zwischen einem Computer und einem Drucker.[173] Maßgeblich sei einzig, dass es sich dabei um eine „nichtöffentliche" Übertragung von Computerdaten handele. Entscheidend sei folglich nicht der Kommunikationsinhalt, sondern die Form seiner Übertragung.[174] Der durch Art. 3 CCC zu gewährende Strafrechtsschutz sei mithin formeller und nicht materieller Natur. Die Schutzwürdigkeit ergebe sich aus dem Grundrecht des Fernmeldegeheimnisses[175] Auch „elektromagnetische Abstrahlungen", obwohl Abstrahlungen keine Daten im Sinne des Art. 1 CCC

---

167 Recommendation No. R (89) 9 and final report, S. 53.

168 *Spannbrucker*, CCC, S. 57.

169 Nr. 52 des Erläuternden Berichts, Anlage zur Denkschrift in: BT-Drs. 16/7218 v. 16.11.2007, S. 63. Dies gilt auch hinsichtlich der Ausführungen zur Befugnis, vgl. Nr. 58 des Erläuternden Berichts, ebd.; *Spannbrucker*, ebd.

170 Nr. 53 des Erläuternden Berichts, ebd.

171 Ebd.

172 Nr. 53, 56 des Erläuternden Berichts, ebd.

173 Nr. 55 des Erläuternden Berichts, ebd; *Spannbrucker*, CCC, S. 58.

174 *Schwarzenegger* in: FS Trechsel, S. 319f.; *Spannbrucker*, ebd. Anders als etwa im Wettbewerbsrecht komme es auf den Inhalt der abgefangenen Botschaft nicht an. Eine Qualifizierung des Inhalts als „schützenswert" – wie dort bei Geschäfts- und Betriebsgeheimnissen – sei gerade nicht vorgesehen, *Spannbrucker*, a.a.O., S. 66.

175 Für Deutschland: BVerfGE 90, 255, 260 (Briefgeheimnis), vgl. NJW 1995, 1015f.; *Spannbrucker*, a.a.O., S. 57. Außerdem ableitbar aus Art. 8 EMRK über das Recht auf Achtung des Privat- und Familienlebens. Für die Schweiz: *Schwarzenegger* in FS: Trechsel, S. 321.

darstellen. Allerdings seien sie wegen ihrer technischen Rückumwandelungsmöglichkeit in Computerdaten ebenso schutzwürdig.[176]

In zeitlicher Hinsicht beschränke sich der gewährte Schutz auf den Übertragungsweg, so dass eine anschließende Speicherung nicht mehr durch Art. 3 CCC erfasst werde. Da lediglich ein „Abfangen", nicht jedoch ein Be- oder Verschaffen, vorausgesetzt wurde, könne es auf die Begründung einer gewahrsamsähnlichen Stellung jedenfalls nicht ankommen. Bei Art. 3 CCC handle es sich gerade nicht um eine Parallelnorm zum Diebstahl. Die Normierung diene vielmehr dem Schutz des formellen Kommunikationsgeheimnisses. Dementsprechend müsse bereits eine Wahrnehmung der übertragenen Information zur vollendeten Tatbestandsverwirklichung genügen.[177] Nähere Angaben zum Zeitpunkt der Vollendung des Delikts enthielt weder Art. 3 CCC noch der Erläuternde Bericht.[178]

Vergleichbar mit den Vorgaben zu Art. 2 CCC wurden Einschränkungen durch die Aufnahme einer „unredlichen Absicht" bzw. die Beschränkung der Angriffsobjekte auf „verbundene Computersysteme" gestattet.[179]

Anders als in der Empfehlung, sollte über den Verweis in Art. 11 Abs. 2 CCC zusätzlich eine Versuchsstrafbarkeit eingeführt werden. Eine solche Regelung existierte im deutschen Strafrecht noch nicht und war gegebenenfalls zu ergänzen. Alternativ kann von der Vorbehaltsmöglichkeit gemäß Absatz 3 Gebrauch gemacht werden.

3. Eingriff in Daten gem. Art. 4 CCC

Art. 4 CCC sollte Daten und Computerprogrammen einen Strafrechtsschutz gewähren, wie er bislang nur körperlichen Gegenständen zuteil wurde.[180]

---

176 Nr. 51, 57 des Erläuternden Berichts als Anlage zur Denkschrift in: BT-Drs. 16/7218 v. 16.11.2007, S. 63; Denkschrift, a.a.O., S. 43; *Spannbrucker*, ebd.

177 Bedauernd *Schwarzenegger* in FS: Trechsel, S. 319.

178 A.a.O., S. 320.

179 Da diese Einschränkungsmöglichkeiten abschließend seien, dürfte sich aus den Vorgaben des Art. 3 CCC Anpassungsbedarf für den deutschen Gesetzgeber ergeben, so auch a.a.O., S. 320f.; Nr. 59 des Erläuternden Berichts, Anlage zur Denkschrift in: BT-Drs. 16/7218 v. 16.11.2007, S. 64. Die Aufnahme der „Überwindung einer Sicherheitsvorkehrung" als zusätzliche Voraussetzung war – wie bereits in der Empfehlung, Recommendation No. R (89) 9 and final report, S. 54 – nicht vorgesehen. Eine mögliche tatbestandliche Beschränkung auf Netzwerke, wurde, wie bei Art. 2 CCC, erst nachträglich aufgenommen und war im ersten veröffentlichten Entwurf noch nicht enthalten, PC-CY, Draft N° 19 v. 25.4.2000, Art. 3.

180 Nr. 60 des Erläuternden Berichts, Anlage zur Denkschrift in: BT-Drs. 16/7218 v. 16.11.2007, S. 64; *Spannbrucker*, CCC, S. 67.

Neben dem Schutz der Integrität sollte auch die sachgemäße Funktionsweise und die Verwendung von gespeicherten Computerdaten und -programmen geschützt werden.[181] Deshalb regelte Art. 4 Abs. 1 CCC, dass „das unbefugte Beschädigen, Löschen, Beeinträchtigen, Verändern und Unterdrücken von Computerdaten" künftig strafbar sein solle. Zur Gewährleistung eines möglichst weiten Anwendungsbereichs, überschnitten sich die Tathandlungen „Beschädigen"[182] und „Beeinträchtigen" in Absatz 1. Hierdurch sollten vorwiegend negative Veränderungen am Informationsinhalt sanktioniert werden. Während die Aufnahme dieser Tathandlung in der „Optional list" der Empfehlung noch als möglich, mangels Praxisrelevanz aber nicht als zwingend bezeichnet wurde,[183] hat sie in Art. 4 CCC unmittelbar Aufnahme gefunden.

Vergleichbar der Zerstörungshandlung an körperlichen Gegenständen sollte das „Löschen" die Vernichtung von Daten erfassen. Der Tathandlung des „Unterdrückens" unterfalle, so der Bericht, demgegenüber „jede Handlung, die die Verfügbarkeit der Daten für die Person mit Zugang zu dem Computer oder zu dem Datenträger, auf dem diese Daten gespeichert sind, verhindert oder beendet."[184] Die benannten Tathandlungen erfassten damit die Verwendung von „bösartigen Codes" genauso wie den Einsatz von Viren und Trojanischen Pferden.[185]

Ausgenommen werden sollten automatische Neukonfigurationen eines Betriebssystems. In solchen Fallkonstellationen fehle es an einer unbefugten Handlung.[186] Wie auch bei den anderen Tatbeständen, werden die gängigen Tätigkeiten der Netzwerkgestaltung und die gängigen Betriebs- oder Unternehmenspraktiken als befugt und daher nicht als tatbestandsmäßig klassifiziert. Gleiches sollte für die Verwendung von Anonymisierungsdiensten gelten, da diese eine legitime Form des Datenschutzes darstelle, die nicht kriminalisiert werden dürfe. Einschränkungen seien jedoch angebracht, wenn beispielsweise bei der Datenübermittlung Kopfdaten eines Pakets zum Zwecke der „anonymisierten" Begehung von Straftaten verändert würden.[187]

---

181 Ebd.

182 Die Tathandlung „Beschädigen" ersetzte die der „deterioration" im Abschlussbericht zur Empfehlung, was mit „Verschlechtern" übersetzt werden dürfte.

183 Recommendation No. R (89) 9 and final report, S. 61; *Spannbrucker*, CCC, S. 67.

184 Nr. 61 des Erläuternden Berichts, Anlage zur Denkschrift in: BT-Drs. 16/7218 v. 16.11.2007, S. 64.

185 Ebd.

186 Nr. 62 des Erläuternden Berichts, ebd.

187 Ebd.

Eine Einschränkungsmöglichkeit für die Anwendung der Strafrechtsnorm insgesamt sah der – erst nachträglich aufgenommene – Absatz 2 vor.[188] Danach durfte die Strafbarkeit vom Vorliegen eines schweren Schadenseintritts abhängig gemacht werden.[189] Hierbei handelte es sich um einen Vorbehalt, bei dem im Falle einer Inanspruchnahme, nach Art. 42f. CCC verfahren werden müsste. Für die Mitgliedstaaten verblieb damit zwar ein gewisser Gestaltungsspielraum, gleichzeitig brachte der Europarat mit dieser Klassifizierung sein gesteigertes Interesse an der einheitlichen Umsetzung zum Ausdruck, indem er an eine Abweichung erhöhte Anforderungen stellte.[190]

Aus den erörterten Tatbestandsvoraussetzungen könnte sich ein Anpassungsbedarf für § 303a StGB ergeben, da die Tathandlungen „Beschädigen“ und „Beeinträchtigen“ nicht explizit im Wortlaut enthalten waren. Gegebenenfalls wäre eine Subsumtion unter die bereits einbezogenen Merkmale des „Veränderns“ bzw. „Unbrauchbarmachens“[191] diskutabel, so dass die bisherige Tatbestandsfassung ausreichend wäre.[192] Im Gesetzeswortlaut fehlt bislang außerdem die Voraussetzung „unbefugt“. Ob sich hierdurch jedoch ein anderer Regelungsgehalt ergeben würde,[193] bleibt zu prüfen.[194]

4. Eingriff in ein System gem. Art. 5 CCC

Art. 5 CCC enthielt Vorgaben für die Sanktionierung des „Eingriffs in ein System“ und entsprach damit der in der Empfehlung Nr. R (89) 9 als „Computersabotage“ bezeichneten Missbrauchsform.[195] Ziel sei – so ist die Begründung – das vorsätzliche Behindern der rechtmäßigen Nutzung von Computersystemen durch die Verwendung oder Beeinflussung von Computerdaten unter Strafe zu stellen und damit die ordnungsgemäße Funktionsweise von EDV- und Telekommunikationssystemen zu gewährleisten.[196] Als relevante Tatob-

188 Diese Einschränkung war im ersten veröffentlichten Entwurf noch nicht enthalten, PC-CY, Draft N° 19 v. 25.4.2000, Art. 4.

189 Nr. 64 des Erläuternden Berichts, Anlage zur Denkschrift in: BT-Drs. 16/7218 v. 16.11.2007, S. 64. Allerdings sollen die Vertragsparteien, falls sie hiervon Gebrauch machen, dem Generalsekretär des Europarats die gewählte Auslegung notifizieren.

190 *Spannbrucker*, CCC, S. 68.

191 A.a.O., S. 69, 72.

192 Vgl. Denkschrift als Anlage zu BT-Drs. 16/7218 v. 16.11.2007, S. 43.

193 Vertiefend: *Spannbrucker*, CCC, S. 70f.

194 Anpassungsbedarf im Ergebnis verneinend: a.a.O., S. 72.

195 Vgl. Recommendation No. R (89) 9 and final report, S. 46; Nr. 65 des Erläuternden Berichts, Anlage zur Denkschrift in: BT-Drs. 16/7218 v. 16.11.2007, S. 64; *Spannbrucker*, CCC, S. 73.

196 Nr. 65 des Erläuternden Berichts, ebd.; Denkschrift als Anlage, a.a.O., S. 43.

jekte kamen daher nur Computerdaten in Betracht. Angriffe auf Hardwarebestandteile wurden durch diese Schutzrichtung aus dem Tatbestand ausgeschieden.[197] Gem. Art. 5 CCC war eine Behinderung durch das Eingeben, Übermitteln, Beschädigen, Löschen, Beeinträchtigen, Verändern oder Unterdrücken von Computerdaten strafrechtsrelevant.[198] Strafwürdig sei ein solches Verhalten jedoch nur, wenn – im Unterschied zu Art. 4 CCC – schwere Betriebsbehinderungen im Computersystem entstünden. Der Wortlaut des Art. 5 CCC enthielt wiederum keine Vorgaben darüber, was unter einer schweren Betriebsbehinderung zu verstehen sei, d.h. ob eine teilweise oder vollständige, eine vorübergehende oder auf Dauer angelegte Beeinträchtigung vorliegen muss, um die erforderliche Schadensgrenze zu erreichen.[199] Die Bestimmung der Erheblichkeitsschwelle wurde im Erläuternden Bericht ausdrücklich den Mitgliedstaaten überlassen.[200] Ein Bezugspunkt könne eine „erhebliche schädliche Auswirkung auf die Fähigkeit [...], das System zu benutzen oder mit anderen Systemen zu kommunizieren“[201], darstellen. Hierfür solle eine wesentliche Verlangsamung genügen. Diese könne beispielsweise durch den Einsatz von Viren oder den massenhaften Versand von Emails zum Zwecke der Blockierung bewirkt werden.[202] Dabei wurde ausdrücklich freigestellt, auch unterhalb dieser Mindestanforderung liegende Beeinträchtigungen zu erfassen, diese dann aber beispielsweise als Ordnungswidrigkeiten auszugestalten.[203] Bezüglich des Merkmals der „Unbefugtheit“ galt das bereits Ausgeführte.[204]

In Ansehung des § 303b StGB könnte sich damit ein Umsetzungsbedarf bezüglich der Tathandlungen „Eingeben“ und „Übermitteln“ ergeben. Außerdem unterschied Art. 5 CCC nicht hinsichtlich des Angriffsziels. Umfasst waren danach auch private Anlagen, welche durch das deutsche Strafrecht bislang noch keinen Strafrechtsschutz genießen.[205]

---

197 *Spannbrucker*, CCC, S. 73.

198 Im Abschlussbericht zur Empfehlung waren die Tathandlungen „Beschädigen“, „Übermitteln“ und „Beeinträchtigen“ nicht enthalten, Recommendation No. R (89) 9 and final report, S. 47.

199 Nr. 69 des Erläuternden Berichts, Anlage zur Denkschrift in: BT-Drs. 16/7218 v. 16.11.2007, S. 65.

200 Nr. 67 des Erläuternden Berichts, a.a.O., S. 64.

201 Ebd.

202 Ebd.

203 Nr. 69 des Erläuternden Berichts, a.a.O., S. 65.

204 Nr. 68 des Erläuternden Berichts, a.a.O., S. 64. Vgl. oben unter II. Grundlegende Begriffsbestimmungen, am Ende.

205 Vgl. Denkschrift, als Anlage, a.a.O., S. 43; *Spannbrucker*, CCC, S. 76.

5. Missbrauch von Vorrichtungen gem. Art. 6 CCC

Zu den umstrittensten[206] Normen im materiell-rechtlichen Bereich gehörte Art. 6 CCC. Dieser inkriminierte Vorbereitungshandlungen zur Verwirklichung der Taten aus Art. 2 und 5 CCC. Ein dahingehender Regelungsvorschlag war weder im 2. WiKG noch in der Empfehlung Nr. R (89) 9 enthalten. Mit der Erfassung sog. Hackerwerkzeuge sollte der Entstehung eines Schwarzmarktes begegnet werden.[207] Dieser Gesetzesvorschlag entsprach damit der europäischen Tendenz, verstärkt Vorbereitungshandlungen strafrechtlich zu erfassen.[208]

Gem. Art. 6 Abs. 1 lit.a CCC wurden folgende Handlungen unter Strafe gestellt: „das Herstellen, Verkaufen, Beschaffen zwecks Gebrauch, Einführen, Verbreiten oder anderweitige Verfügbarmachen". Innerhalb der Tathandlungen unterschied sich das „Verbreiten" durch die aktive Weitergabe körperlicher Gegenstände von dem „Zugänglichmachen" dadurch, dass Letzteres als ein Bereitstellen im Onlinebereich zu verstehen sein sollte, wobei das Erstellen von entsprechenden Verknüpfungen (sog. Hyperlinks) ausreichen sollte.[209] Gem. lit.b) wurde außerdem der Besitz mit entsprechender Begehungsabsicht (direkter Vorsatz)[210] erfasst. Den Mitgliedstaaten sollte es jedoch freistehen, die Strafbarkeit vom Vorliegen einer gewissen Anzahl an tatbestandsmäßigen Vorrichtungen abhängig zu machen.[211]

Tat- und zugleich Bezugsobjekte waren Vorrichtungen und Computerprogramme, die gerade zu dem Zweck, eine Straftat nach Art. 2 bis 5 CCC zu begehen, erstellt wurden. Damit schieden Vorrichtungen, die rechtmäßig hergestellt und verbreitet wurden, aus dem Anwendungsbereich aus. Ihr Einbezug wurde zwar anfänglich erwogen,[212] so dass die Strafbarkeit letztlich nur vom Vorliegen des Begehungsvorsatzes abhängig gewesen wäre. Die Expertenkommission reagierte jedoch auf die – vor allem von Seiten der Sicherheitsin-

---

206 *Scheffler / Dressel*, ZRP 2000, 514, 515 m.w.N. in Fn 15.

207 Nr. 71 des Erläuternden Berichts, Anlage zur Denkschrift in: BT-Drs. 16/7218 v. 16.11.2007, S. 65.

208 Vgl. Richtlinie 98/84/EG v. 20.1998 in: ABl. EG Nr. L 320 v. 28.11.1998 S. 54–57; ETS Nr. 178 v. 24.1.2001.

209 Nr. 72 des Erläuternden Berichts, Anlage zur Denkschrift in: BT-Drs. 16/7218 v. 16.11.2007, S. 65.

210 Nr. 76 des Erläuternden Berichts, ebd.

211 Nr. 75 des Erläuternden Berichts, ebd.

212 Der Wortlaut des Art. 6 CCC (i.d.F. v. 19. Entwurf) gestattete noch eine entsprechende Subsumtion. Die Klarstellung durch Abs. 2 wurde erst nachträglich ergänzt.

dustrie erhobene – Kritik und entschied sich – wie zuvor schon bei den Geldfälschungsdelikten – gegen ihre tatbestandliche Erfassung.[213]

Während teilweise die Ansicht vertreten wurde, dass Sicherheitssoftware durch die Voraussetzung der „unbefugten" Begehungsweise ausgeschieden werden könne,[214] sprach sich der Expertenausschuss schließlich für eine Klarstellung durch Absatz 2 aus.[215]

> „(2) Dieser Artikel darf nicht so ausgelegt werden, als begründe er die strafrechtliche Verantwortlichkeit in Fällen, in denen das Herstellen, Verkaufen, Beschaffen zwecks Gebrauchs, Einführen, Verbreiten oder anderweitige Verfügbarmachen oder der Besitz nach Absatz 1 nicht zum Zweck der Begehung einer nach den Artikeln 2 bis 5 umschriebenen Straftat, sondern beispielsweise zum genehmigten Testen oder zum Schutz eines Computersystems erfolgt."[216]

Nach dem expliziten Ausschluss rechtmäßig hergestellter Vorrichtungen aus dem Anwendungsbereich, erwies sich die strafrechtliche Bewertung von Mehrzweckvorrichtungen jedoch weiter als schwierig. Die sog. dual-use-Werkzeuge nahmen eine „Zwischenstellung" zwischen den tatbestandlich erfassten, rechtswidrig genutzten Vorrichtungen und den explizit ausgenommenen, rechtmäßig verwendeten Werkzeugen ein. Da ihr Einsatz vergleichbare Schäden anrichten kann, auch ohne dass sie mit dieser Maßgabe hergestellt werden müssen, sah man einen gänzlichen Ausschluss aus dem Anwendungsbereich des Art. 6 Abs. 1 lit.a Ziff. i CCC als zu eng an. Dies könne zu Beweisschwierigkeiten führen. Aus diesem Grunde sprach sich der CDPC für eine grundsätzliche Aufnahme aus. Der Ausschuss bewertete seine Entscheidung selbst als „vernünftigen Kompromiss",[217] schließlich sei bereits auf die Aufnahme rechtmäßig hergestellter und verarbeiteter Vorrichtungen verzichtet worden.[218]

Neben Vorrichtungen und Programmen (i) sollten auch Computerpasswörter, Zugangscodes und vergleichbare Daten, die den Zugriff auf ein Computersystem ermöglichen, taugliche Angriffsziele darstellen. Hierbei sei irrelevant, ob

---

213 Nr. 73 des Erläuternden Berichts, Anlage zur Denkschrift in: BT-Drs. 16/7218 v. 16.11.2007, S. 65.

214 Nr. 77 des Erläuternden Berichts, ebd.

215 Diese Klarstellung wurde erst nachträglich aufgenommen und war im ersten veröffentlichten Entwurf noch nicht enthalten, vgl. PC-CY, Draft N° 19 v. 25.4.2000, Art. 6.

216 Art. 6 Abs. 2 in: BGBl. II Nr. 30 v. 10.11.2008, S. 1248.

217 Nr. 73 des Erläuternden Berichts, Anlage zur Denkschrift in: BT-Drs. 16/7218 v. 16.11.2007, S. 65.

218 Ebd.

sich der Angriff auf das Computersystem als Ganzes oder auf einen Teil von diesem richte (ii).

Da von einer Pönalisierung der Vorbereitungshandlungen im 2. WiKG bewusst Abstand genommen worden war, um – wie im Bereich des Hackings – eine Vorfeld- und zugleich Überkriminalisierung zu vermeiden,[219] ergab sich für den deutschen Gesetzgeber durch die Unterzeichnung des Übereinkommens ein dahingehender Anpassungsbedarf. Eine mögliche Erfassung durch § 30 StGB oder § 4 Zugangskontrolldienstschutzgesetz (ZKDSG)[220] wurde den Anforderungen der Konvention nicht gerecht.[221] Angesichts der Meinungspluralität bezüglich der Strafbedürftigkeit solcher Vorbereitungshandlungen innerhalb der Mitgliedstaaten gestattete der Ausschuss in Absatz 3 allerdings,[222] den Straftatbestand durch einen Vorbehalt i.S.d. Art. 42 CCC einzuschränken.[223] Als Minimalkonsens war das Verkaufen, Verbreiten und Zugänglichmachen von Computerpasswörtern und Zugangsdaten nach Absatz 1 lit.a Ziff. 2 jedoch verpflichtend unter Strafe zu stellen.

6. Weitergehende Vorgaben

Die gem. Art. 11 CCC vorgesehene Strafbarkeit der Beihilfe und Anstiftung war durch §§ 26, 27 StGB bereits sichergestellt und begründete damit keine Anpassungspflicht. Etwas anderes konnte sich aus der in Art. 11 CCC ebenfalls verbindlich vorgesehen Versuchsstrafbarkeit für die dort benannten Delikte ergeben, wobei Absatz 3 eine Vorbehaltsmöglichkeit enthielt.

IV. Ausblick zum Anpassungsbedarf für das deutsche Strafrecht

Durch die mit der Unterzeichnung eingegangene Verpflichtung zur Anpassung des deutschen Strafrechts im Sinne der Konvention, ergab sich, unter Abgleich der bestehenden Gesetzeslage nach dem 2. WiKG, die Notwendigkeit einer eingehenden Überprüfung. Dies galt sowohl hinsichtlich der Computerspiona-

---

219 Vorbereitungshandlungen zur Begehung von Computerstraftaten waren bisher nur für den Computerbetrug in § 263a Abs. 3 StGB vorgesehen.

220 Vgl. Richtlinie 98/84/EG in: ABl. EG Nr. L 320 v. 28.11.1998 S. 54–57. § 4 ZKDSG sanktioniert die Umgehung von Schutzvorrichtungen entgeltpflichtiger „Dienste der Informationsgesellschaft wie Fernsehen, Rundfunk und Internet durch den Einsatz von 'Hackerwerkzeugen'", vertiefend: *Spannbrucker*, CCC, S. 81.

221 Spannbrucker, ebd.

222 Diese Vorgabe wurde erst nachträglich aufgenommen und war im ersten veröffentlichten Entwurf noch nicht enthalten, PC-CY, Draft N° 19 v. 25.4.2000, Art. 6.

223 Nr. 78 des Erläuternden Berichts, Anlage zur Denkschrift in: BT-Drs. 16/7218, v. 16.11.2007, S. 65f.

ge in § 202a als auch bezüglich der Datenveränderung und Computersabotage in §§ 303a, 303b.

Allerdings bot die Konvention bei einem festgestellten Anpassungsbedarf weitere Ausgestaltungsoptionen. Der mitunter variierenden Bewertung der Gefährlichkeit bestimmter Verhaltensweisen bzw. der Notwendigkeit eines strafrechtlichen Eingriffs sollte durch Art. 40 und 42 CCC Rechnung getragen werden.[224] Inwieweit der deutsche Gesetzgeber bei der Umsetzung von den gestalterischen Freiheiten Gebrauch machen würde, bedurfte im Rahmen der Umsetzung durch das 41. Strafrechtsänderungsgesetz von 2007 weitergehender Erörterung. Gleiches gilt für die Ausnahmemöglichkeit geringfügiger und unbedeutender Verstöße aus der Strafbarkeit bei Straftaten nach Art. 2 bis 10 CCC.[225]

V. Die Bedeutung und Tragweite der Konvention

Eine verbindliche Umsetzungsfrist gab es – anders als beim folgenden EU-Rahmenbeschluss – nicht.[226] Der Europarat hatte keine Handhabe, die Mitgliedstaaten zur Umsetzung zu zwingen. Diese verlief dementsprechend zögerlich.[227] Während es in Deutschland vor der Unterzeichnung der Konvention, im Vergleich zu anderen Mitgliedstaaten, kaum Diskussionen zu diesem Vorhaben gab, verstärkte sich der Meinungsaustausch in der Implementierungsphase.[228] Dies zögerte die Umsetzung hinaus. Diese sollte erst sechs Jahre nach der Unterzeichnung des Übereinkommens durch den Erlass des 41. Strafrechtsänderungsgesetzes[229] seinen vorläufigen Abschluss finden.

Trotz der eher zögerlichen Umsetzung der Konvention wurde dieses erste völkerrechtliche Übereinkommen auf dem Gebiet des Internetstrafrechts bei aller Kritik[230]

224 Nr. 40 des Erläuternden Berichts als Anlage a.a.O., S. 62.

225 Nr. 37 des Erläuternden Berichts, a.a.O., S. 61; Recommendation No. R (89) 9 and final report, S. 26; Denkschrift als Anlage, a.a.O., S. 41.

226 Die Konvention setzt als völkerrechtlicher Vertrag für sein Inkrafttreten gem. Art. 36 Abs. 2 CCC die Ratifikation und Hinterlegung der Annahme- bzw. der Genehmigungsurkunde beim Generalsekretär des Europarats voraus. Erst mit Ratifikation verpflichtet sich die unterzeichnende Vertragspartei, den Vertrag als bindend anzuerkennen und die innerstaatliche Umsetzung zu gewährleisten, *Vetter*, Gesetzeslücken, S. 200 m.w.N.; *Gercke*, ZUM 2005, 612, 616.

227 *Sanchez-Hermosilla*, CR 2003, 774, 775.

228 *Gercke*, CR 2004, 782, 788.

229 BGBl. I Nr. 38 v. 10.8.2007, S. 1786f.

230 Kritik wurde vor allem durch nichtbeteiligte Interessengruppen erhoben und konzentrierte sich im Kern auf die Vorgaben aus dem strafverfahrensrechtlichen Bereich und die damit zusammenhängenden Fragen des Daten- und Privatsphärenschutzes, also vornehmlich auf den hier nicht relevanten Teilbereich des Übereinkommens, vertiefend: *Valerius*, K&R

als „historischer Durchbruch“[231] bezeichnet.[232] Zum Zeitpunkt ihrer Auflage wurde vor allem der beispiellose Kreis an Unterzeichnerstaaten – über die Grenzen Europas hinweg – positiv hervorgehoben,[233] auch wenn dies zu Verzögerungen und inhaltlichen Kürzungen geführt habe. Dieses Lob verebbte, nachdem die Zahl der Unterzeichnerstaaten nach der Auflage nur langsam anstieg und auch die daran anschließende Ratifizierung als zu zögerlich – sowohl in zeitlicher als auch in inhaltlicher Hinsicht – kritisiert wurde.[234]

Allerdings wurde immer wieder betont, dass die Konvention dennoch den „globalen Standard für legislative Ansätze zur Bekämpfung der Internetkrimi-

---

2004, 513, 514, 517 m.w.N; *Hilgendorf* in: Harmonisierung des Internetstrafrechts in: Schwarzenegger / Arter / Jörg, S. 270; *Datenschutzgruppe*, Stellungnahme 4/2001 v. 22.3.2001, S. 3ff.; *Scheffler / Dressel*, ZRP 2000, 514, 515. Bereits die Entstehung des Übereinkommens wurde wegen der fehlenden Transparenz kritisiert. Dieser Vorwurf gründete sich hauptsächlich auf die gezielte Auswahl der Interessenvertreter für die Arbeitsgruppe und den anfänglichen Ausschluss der Öffentlichkeit, *Gercke*, CR 2004, 782, 783, 786. Anders als bei den Arbeiten der OECD oder der G8 seien Nichtregierungsorganisationen, wie etwa Datenschutz- und Bürgerrechtsorganisationen, bewusst nicht beteiligt worden, *Datenschutzgruppe*, Stellungnahme 4/2001 v. 22.3.2001, S. 9; *Dix*, DuD 2001, 588, 588; *Gercke*, CR 2004, 782, 783, 786; *Breyer*, DuD 2001, 592, 594. Ob dieser fehlende Einbezug mit einer gezielten Benachteiligung einhergehen sollte, ist nicht belegt, kritisch: *Gercke*, CR 2004, 782, 783, 786f.; *Schuh* bezweifelte, dass es bei einer früheren Beteiligung zu einer Einigung und schließlich zu einer Fertigstellung der Konvention gekommen wäre, *Ders.*, Computerstrafrecht, S. 43. Die anschließend durchgeführten, aber als zu geringfügig empfundenen Änderungen werteten die Kritiker als Bestätigung des bewussten Ausschlusses, *Gercke*, CR 2004, 782, 783, 787.

231 KOM(2010) 517 endg. v. 30.9.2010, S. 2f.; *Gercke*, CR 2004, 782, 783; *Sieber* in: Sieber / Satzger / Heintschel-Heinegg, § 26, Rn 37: „weltweit wichtigste und erfolgreichste Vereinbarung“. Kritisch: *Valerius*, K&R 2004, 513, 518.

232 *Gercke*, CR 2004, 782, 783; *Ders.* in: Taeger / Wiebe, 301, 303; *Ders.*, ZUM 2008, 545, 550; *Ders.*, CRi 2011, 142, 143, 149; *Vetter*, Gesetzeslücken, S. 200; *Fischer-Lescano*, ZaöRV 2004, 195, 202; *Guder*, ZaöRV 2004, 795, 805; *Schuh*, Computerstrafrecht, S. 35; *Reindl-Krauskopf*, ZaöRV 2014, 563, 565; *Hilgendorf* in: Harmonisierung des Internetstrafrechts in: Schwarzenegger / Arter / Jörg, S. 259.

233 KOM(2010) 517 endg. v. 30.9.2010, S. 2f.; *Valerius*, K&R 2004, 513, 517; *Gercke*, CR 2004, 782, 783; *Ders.*, CRi 2011, 142, 143; *Ders.* in: Stellungnahme zur öffentlichen Anhörung v. 21.3.2007, S. 2.

234 KOM(2010) 517 endg., a.a.O., S. 3; *Hilgendorf* in: Harmonisierung des Internetstrafrechts in: Schwarzenegger / Arter / Jörg, S. 270, 287; *Scheffler / Dressel*, ZRP 2000, 514, 514: Untertitel: „Schleppende Gesetzgebungsverfahren als Störfaktor für die E-Commerce-Wirtschaft“; *Gercke*, ZUM 2010, 633, 636; *Ders.*, CRi 2011, 142, 144: „On average it takes a country more than 5 years to ratify the Convention after having signed it. […] Germany needed almost 9 years“. *Ders.*, CRi 2012, 78, 81f.

nalität“[235] gebildet habe.[236] Die Bedeutung dürfe nicht allein anhand der Zahl der Unterzeichnerstaaten gemessen werden, da immerhin auch viele Länder,[237] vor allem Entwicklungsländer, die Konvention als Grundlage für die Reform der eigenen Rechtsordnung verwendet hätten, ohne sie zu unterzeichnen.[238] Auch die Kritik, dass dafür wissenschaftlich fundierte Belege fehlen,[239] ändere nichts an der Vorbildfunktion des ersten, international anerkannten Grundkonsens auf der Basis einer rechtsvergleichenden Analyse. Dennoch dürfe dieses – vor allem vom Europarat – immer wieder betonte Alleinstellungsmerkmal[240] nicht zur Stagnation führen. Die mitunter vorgebrachte Kritik an der Erforderlichkeit weitergehender internationaler Bestrebungen zur Bekämpfung der Computerkriminalität erscheine angesichts der rasanten technischen Weiterentwicklung überdenkenswert.[241] Immerhin habe die Convention on Cybercrime seit ihrer Unterzeichnung – vor fast 16 Jahren – keine Anpassung mehr erfahren. Eine Überprüfung der Aktualität wäre daher trotz und gerade wegen ihrer anerkennenswerten Vorreiterrolle, angezeigt. Dies gelte vor allem hinsichtlich anfänglich vorhandener Regelungslücken, wie etwa zur Verantwortlichkeit von Providern, aber auch bezüglich nachträglich entstandener Unsicherheiten bei der Erfassung neuer Missbrauchsformen, wie etwa dem Einsatz von Botnetzen.[242] Entsprechende internationale Bestrebungen, wie etwa von den Vereinten Nationen, seien daher durchaus zu begrüßen.[243]

---

235 *Gercke*, ZUM 2008, 545, 549, ähnlich auch *Ders.*, ZUM 2009, 526, 531; *Ders.*, CRi 2011, 142, 144.

236 „52. The Convention serves as a guideline or ‘model law’ for the development of national legislation even if a country does not actually become a party to this treaty“, SG/Inf(2010)4 v. 16.2.2010, S. 18, Nr. 52; KOM(2010) 517 endg. v. 30.9.2010, S. 2.

237 *Gercke*, ZUM 2008, 545, 550; *Ders.*; CRi 2011, 142, 142.

238 SG/Inf(2010)4 v. 16.2.2010, S. 18, Nr. 52ff. Kritisch: *Gercke*, ZUM 2008, 545, 550; *Ders.*, CRi 2011, 142, 143; *Ders.*, CRi 2012, 78, 82.

239 *Gercke*, ZUM 2010, 633, 636; *Ders.*, CRi 2011, 142, 143, 145f., 149; *Ders.*, CRi 2012, 78, 82.

240 *Gercke*, ebd.; KOM(2010) 517 endg. v. 30.9.2010, S. 2f.

241 SG/Inf(2010)4 v. 16.2.2010, S. 18, Nr. 55ff.; *Gercke*, ebd.; *Reindl-Krauskopf*, ZaöRV 2014, 563, 566f.

242 *Gercke*, CRi 2011, 142, 144, 147, 149; *Ders.*, CRi 2012, 78, 84; *Hilgendorf* in: Harmonisierung des Internetstrafrechts in: Schwarzenegger / Arter / Jörg, S. 287; *Reindl-Krauskopf*, ZaöRV 2014, 563, 566f.

243 *Gercke*, ZUM 2010, 633, 635; *Ders.*, CRi 2011, 142, 143, 146. Andere UN-Organisationen hatten bereits ähnliche Mandate übertragen bekommen, wie etwa die International Telecommunications Union (ITU). Dies betraf zunächst allgemeine Fragestellungen (wie etwa in den Resolutionen A/RES/55/63 v. 22.1.2001 oder A/RES/56/121 v. 23.1.2001) oder sehr spezifische Streitfragen, wie etwa dem Identitätsdiebstahl. Eine Initiative für eine umfassendere Regelung wurde auf dem 12. UN Crime Congress in Salvador

Die Entwicklung verdeutlicht, dass der Europarat mit der Auflage der Convention on Cybercrime zugleich Initiator und Wegbereiter für internationale Lösungsansätze zur Bekämpfung von Internetkriminalität war und, dass das Übereinkommen aus diesem Grunde bis heute großes Ansehen genießt. Dennoch verstärken sich die Forderungen nach einer Novellierung oder einer Reform durch andere, weitergehende Regelungswerke, um die gemeinschaftlichen Lösungsansätze für die neuartigen Herausforderungen auf dem Gebiet des Internetstrafrechts stärker voranzubringen.

(Brasilien) im April 2010 eraten, um die bisherigen global geltenden, legislativen Standards zu präzisieren, *Gercke*, CRi 2011, 142, 146; *Ders.*, CRi 2012, 78, 81f. Die abschließende Deklaration enthielt auch eine entsprechende Empfehlung zur Mandatsübertragung an das United Nations Office on Drugs and Crimes (UNODC), A/RES/65/230 v. 1.4.2011, S. 11, Nr. 41f. In diesem Rahmen sprachen sich die Mitgliedstaaten ausdrücklich gegen die Empfehlung aus, die CCC als weltweiten Standard vorzuschlagen. Stattdessen sollte eine Expertengruppe für eine umfassende Studie zum Phänomen der Internetkriminalität gebildet werden, die, ausgehend von den bereits vorhandenen Regelungen, nationale und internationale Lösungsansätze erarbeiten solle, ebd.

Fünftes Kapitel: Initiativen der Europäischen Union

A) Die erste strafrechtliche Harmonisierungswelle

Zahlreiche europäische Vorgaben sind bereits in innerdeutsches Strafrecht umgesetzt worden.[1] Diese ließen sich in der ersten Phase der strafrechtlichen Harmonisierungswellen auf die Bemühungen der Europäischen Union (EU) zurückführen. Die EU besaß – anders als die Europäische Gemeinschaft (EG) – nach überwiegender Ansicht keine eigene Rechtspersönlichkeit.[2] Sie bildete lediglich den institutionellen Überbau einer „Dachorganisation" über den drei darunter befindlichen „Säulen".[3]

Die EG bildete fortan die tragende erste Säule im eingeführten sog. Säulen- bzw. Tempelmodell.[4] Als supranationale Organisation zeichnete sie sich dadurch aus, dass sie, anders als sonstige internationale Organisationen des allgemeinen Völkerrechts, unmittelbar in die Mitgliedstaaten hineinwirken konnte.[5] Der zweiten Säule, welche die gemeinsame Außen- und Sicherheitspolitik, kurz GASP, repräsentierte und der dritten Säule über die polizeiliche und justizielle Zusammenarbeit in Strafsachen, kurz PJZS, kamen lediglich stützende Funktionen zu.[6]

---

1 *Rosenau*, ZIS 2008, 9, 10.

2 Diese erhielt sie erst mit dem Vertrag von Lissabon durch die Verschmelzung der EU und EG und ist inzwischen in Art. 47 EUV niedergelegt: „Die Union besitzt Rechtspersönlichkeit", *Terhechte* in: Schwarze / Becker / Hatje / Schoo, Art. 47 EUV, Rn 1; *Vormbaum*, Schutz der Rechtsgüter von EU-Staaten, S. 40; *Böse* in: FS Tiedemann, S. 1326f.; *Ders.*, StV 2016, 391, 391.

3 *Zöller*, ZIS 2009, 340, 341; *Vormbaum*, Schutz der Rechtsgüter von EU-Staaten, S. 40, 42.

4 *Dannecker*, Strafrecht der Europäischen Gemeinschaft, S. 1/1966; *Ders. / Bülte* in: Wabnitz / Janovsky, Handbuch Wirtschafts- und Steuerstrafrecht, 2. Kap., Rn 9; Weißer, ZIS 2006, 562, 565; *Gärditz / Gusy*, GA 2006, 225, 225; *Zöller*, ebd.; *Kainer*, EuR-Bei 2013, 87, 90; Gercke, ZUM 2010, 633, 637. Kritisch zum Tempelmodell *Schroeder*, EuR 2007, 349, 351.

5 *Reinbacher*, Strafrecht im Mehrebenensystem, S. 106; *Dannecker / Bülte* in: Handbuch Wirtschafts- und Steuerstrafrecht, 2. Kap., Rn 5; *Zöller*, ebd.; *Dannecker*, Strafrecht der Europäischen Gemeinschaft, S. 1/1966.

6 *Dannecker / Bülte* in: Wabnitz / Janovsky, Handbuch Wirtschafts- und Steuerstrafrecht, 2. Kap, Rn 5. Auch das Bundesverfassungsgericht bestätigte: „Die Bereiche […] der Justiz- und Innenpolitik sind zwar Gegenstände europäischer Zusammenarbeit im Rahmen der Union, sie sind jedoch von den Vertragsstaaten bewusst nicht in die supranationale

https://doi.org/10.1515/9783110623031-008

Die Kompetenzverteilung zwischen der EG und EU wirkte sich auch nachhaltig auf die Strafrechtspolitik aus. Lediglich die EG war aus ihrer Stellung heraus befugt, supranationales und damit bindendes Recht zu schaffen. Hierfür standen ihr die Handlungsformen der Richtlinie und der Verordnung zu.[7] Allerdings fehlte ihr nach Art. 5 Abs. 1 EGV die erforderliche Kompetenz, „europäisches Strafrecht" zu schaffen. Da auf diese Weise eine direkte Rechtssetzung auf dem Gebiet des Strafrechts in den Mitgliedstaaten ausgeschlossen war, konzentrierte sich die Kommission zunächst auf eine indirekte Angleichung mittels sekundären Gemeinschaftsrechts[8] durch die Formulierung von Mindestanforderungen.[9] Die Kommission wies die Mitgliedstaaten ausdrücklich zur Umsetzung an, ließ aber bewusst offen, ob diese im Zivil-, Verwaltungs- oder Strafrecht erfolgen solle. Flankiert wurde diese Vorgehensweise durch die Rechtsprechung des EuGH zum „griechischen Maisskandal" von 1989,[10] wonach es insbesondere der Berücksichtigung der sog. Mindesttrias bedürfe, d.h. die Sanktionen wirksam, verhältnismäßig und abschreckend auszugestalten seien. Diese Grundsätze hatten in der Umsetzungspraxis zur Folge, dass die Mitgliedstaaten oftmals indirekt gezwungen waren, strafrechtliche Regelungen einzuführen, ohne dass die Vorgaben der EG dies ausdrücklich verlangten.[11] Im Vordergrund der anfänglichen Bemühungen um eine Strafrechtsharmonisierung standen vor allem eigene, meist finanzielle Belange der Gemeinschaft.[12] Dementsprechend bildete die Angleichung des Computer-

---

Zuständigkeitsordnungen der EG eingegliedert worden", BVerfGE 89, 155, 176f. (Maastricht-Urteil).

7 *Sieber*, JZ 1997, 369, 371.

8 Im Europarecht wurde zwischen primären Recht – in Gestalt der europäischen Verträge (wie etwa dem EGV und EUV) und allgemeiner (Rechts-)Grundsätze – und dem nachrangigen und daher als sekundäres Gemeinschaftsrecht bezeichneten Rechtsakten unterschieden, die auf dieser Vertragsgrundlage ergangenen sind, sowie deren Auslegung, *Schmidt* in: v.d. Groeben / Schwarze, Art. 249 EG, Rn 22; *Sieber*, ZStW 1991, 957, 966f.

9 *Schwarzenegger*, ZSR 2008 II, S. 426; *Gercke*, CRi 2010, 75, 76; *Ders.*, StV 2016, 391, 391. Bezweckt wurde also keine Totalvereinheitlichung, sondern eine Mindestangleichung, *Hecker* in: Ambos, Europäisches Strafrecht post-Lissabon, S. 18.

10 EuGH v. 21.9.1989 C-68/88, S. 2965 (Griechischer Maisskandal). Darin leitete der Gerichtshof aus einer in Art. 10 EGV verankerten Loyalitätspflicht der Mitgliedstaaten ab, dass diese verpflichtet seien, geeignete Maßnahmen zu ergreifen, „um die Geltung und Wirksamkeit des Gemeinschaftsrechts zu gewährleisten", a.a.O., S. 2984, Rn 23. Dies mache eine Assimilierung durch die Mitgliedstaaten in der Weise erforderlich, dass Verstöße gegen das Gemeinschaftsrecht nach Art und Schwere so zu ahnden sind wie Verstöße gegen vergleichbare Rechtsgüter auf nationaler Ebene.

11 *Schwarzenegger*, ZSR 2008 II, 399, 426ff.; *Reinbacher*, Strafrecht im Mehrebenensystem, S. 113.

12 *Rosenau*, ZIS 2008, 9, 10f.; *Sieber*, ZStW 1991, 957, 964; *Ders.* in: FS Geerds, S. 113, 118; *Weigend*, ZStW 1993, 774, 778, 781; *Ders.* in: FS Roxin, S. 1377; *Schünemann*, GA

und Internetstrafrechts noch kein vorrangiges Ziel innerhalb dieser ersten Strafrechtsharmonisierungsphase.[13]

Auch nach dem Vertrag von Amsterdam 1997[14] verblieb der Bereich der polizeilichen und justiziellen Zusammenarbeit in Strafsachen (PJZS) in der dritten Säule und wurde ausdrücklich vom Souveränitätsverzicht ausgenommen.[15]

Um die Zusammenarbeit in der dritten Säule zu vereinfachen, wurden neben den beiden schon bestehenden Handlungsformen der unverbindlichen Stellungnahme (Art. 34 Abs. 2 lit.a EUV) und des Übereinkommens (lit.d) zwei neue Handlungsformen in den EU-Vertrag aufgenommen – der Beschluss (lit.c) und der Rahmenbeschluss (lit.b). Damit wurde die Gemeinsame Maß-

---

2002, 501, 501; *Ders.*, GA 2004, 193, 202; *Eser*, Brauchen wir ein Europäisches Strafgesetzbuch?, S. 138; *Hilgendorf*, Nationales oder transnationales Strafrecht?, S. 340; *Silva Sánchez*: Die Expansion des Strafrechts, S. 43; *Wilkitzki*, ZStW 1993, 821, 825; *Vogel*, GA 2002, 517, 526; *Ders.*, GA 2003, 314, 322; *Jescheck* in: FS Eser, S. 991, 996; *Zieschang*, ZStW 2001, 255, 256ff.

13 Der Umgang mit der neuen Netzwerktechnologie und ihrer missbräuchlichen Nutzung wurde bereits thematisiert, wenn auch zunächst in unverbindlicher Form. Nachdem die wirtschaftlichen Vorteile durch das Weißbuch der Kommission von 1993 gepriesen wurden, intensivierte sich die Debatte um die Ausgestaltung in technischer wie in rechtlicher Hinsicht. Anschließend wurde eine Expertengruppe mit der Erstellung eines Berichts über die Entwicklung der Informationsgesellschaft mit konkreten Handlungsempfehlungen beauftragt, KOM(94), 347 endg. v. 19.7.1994, S. 3. Der so entstandene „Bangemann-Bericht" enthielt auch die Forderung nach einem ordnungspolitischen Konzept zum Schutz der Privatsphäre und der Sicherheit von Informationen, Bangemann-Report, S. 22f. (benannt nach dem vorsitzenden Kommissionsmitglied Martin Bangemann). Der rechtliche Rahmen sollte durch den Aktionsplan der Europäischen Kommission v. 19.7.1994 geschaffen werden. Im Mai 1997 nahm der Rat der Justiz- und Innenminister den erstellten Aktionsplan an, dessen Schwerpunkt in der Bekämpfung der Organisierten Kriminalität lag in: ABl. EG Nr. C 124 v. 3.5.2000, S. 1. Gebilligt wurde dieser durch den Europäischen Rat auf seiner Tagung in Amsterdam am 16.–17.6.1997, vertiefend zu dieser frühen Phase: *Géczy-Sparwasser*, Gesetzgebungsgeschichte, S. 127ff.

14 Bis zum Vertrag von Amsterdam v. 2.10.1997 (in: Abl. EG Nr. C 340 v. 10.11.1997, S. 1–144; bekanntmachung in: in: BGBl. II Nr. 10 v. 20.4.1999, S. 296) umfasste die dritte Säule neun Politikfelder, bei denen die Mitgliedstaaten aufgrund ihres Bedeutungsgehalts für die nationalstaatliche Souveränität nicht bereit waren, entsprechende Kompetenzen zu übertragen und die Regelungsbereiche auf das Gemeinschaftsrecht zu übertragen, *Weißer*, ZIS 2006, 562, 566. Hierzu zählte auch weiterhin das Strafrecht, *Schönberger*, ZaöRV 2007, 1107, 1135; *Dannecker*, Strafrecht der Europäischen Gemeinschaft, S. 40/2004; *Satzger*, Stellungnahme v. 28.11.2007, S. 5f.; a.A.: *Johannes*, ZStW 1971, 531, 550. Der Vertrag von Amsterdam überführte fünf der neun Teilbereiche in die erste Säule, *Weißer*, ZIS 2006, 562, 566, 568; *Kainer*, EuR-Beil 2013, 87, 90.

15 *Gärditz / Gusy*, GA 2006, 225, 225f.; *Zöller*, ZIS 2009, 340, 341; *Popp*, MR-Int. 2007, 84, 84; *Lorenzmeier*, ZIS 2006, 576, 576; *Gercke*, ZUM 2010, 633, 637, BVerfGE 113, 273, 301 (Europäischer Hafbefehl); *Satzger*, Stellungnahme v. 28.11.2007, S. 5f. Kritisch: *Schroeder*, EuR 2007, 349, 357f.; *Pache*, EuR 1993, 173, 181.

nahme gem. Art. K.3 Abs. 2 lit.b in der Maastrichter Fassung abgelöst.[16] Künftig sollte die Harmonisierung verstärkt durch den Rahmenbeschluss gefördert werden. Gegenüber dem Übereinkommen zeichnete sich dieser vor allem durch Verfahrenserleichterungen aus, hinsichtlich seiner Erarbeitung und seiner späteren Umsetzung. Die formellen Anforderungen an den Rahmenbeschluss ermöglichten Entscheidungen durch einen einstimmigen Ratsbeschluss, ohne Mitentscheidungsbefugnis des Europäischen Parlaments.[17] Der Rat konnte somit künftig eigenverantwortlich entscheiden.[18] Auch die Umsetzung des Rahmenbeschlusses musste nach h.M. künftig nicht mehr die strengen Vorschriften für völkerrechtliche Verträge wahren.[19] Die zuvor kritisierte Schwerfälligkeit des Übereinkommens wurde damit beseitigt und eine Möglichkeit zur Angleichung von Rechts- und Verwaltungsvorschriften geschaffen. Kritikern[20] zu Folge wurde damit der Beschleunigung der Strafrechtsangleichung im europäischen Raum gegenüber der demokratischen Legitimation der Vorzug gewährt, „ohne dass die Kompetenz der Strafgesetzgebung von den Mitgliedstaaten tatsächlich auf die supranationale Ebene des Gemeinschaftsrechts übertragen worden wäre“.[21] Kompetenzrechtlich begrenzten Art. 47 und 29 Abs. 1 EUV den Anwendungsbereich des Rahmenbeschlusses, welcher die vorrangige Spezialität des Gemeinschaftsrechts sicherstellte.[22] Die neue Handlungsform kam dementsprechend nur als Regelungsform in Betracht, wenn hierfür im EG-Vertrag keine taugliche Rechtsgrundlage vorgesehen war.[23]

---

16 *Vormbaum*, Schutz der Rechtsgüter von EU-Staaten, S. 49.

17 *Schwarzenegger*, ZSR 2008 II, S. 431, Fn 111; *Popp*, MR-Int. 2007, 84, 84. Das Europäische Parlament kann eine Stellungnahme abgeben, ohne dass ihm eine Mitentscheidungsbefugnis zustände, Art. 34 Abs. 2, S. 2 lit.b EUV. Es ist gem. Art. 39 Abs. 1 EUV lediglich anzuhören, *Schönberger*, ZaöRV 2007, 1107, 1114, 1116; BVerfGE 113, 273, 301 (Europäischer Haftbefehl). Kritisch: *Schroeder*, EuR 2007, 349, 357f.

18 Nach Auffassung des BVerfG ist dies unbedenklich, da „die mitgliedsstaatlichen Legislativorgane die politische Gestaltungsmacht im Rahmen der Umsetzung, notfalls auch durch die Verweigerung der Umsetzung, behalten“, BVerfGE, ebd. Kritisch: *Lübbe-Wolff* im Sondervotum: „Wo man demokratische Legitimation in der Freiheit des Parlaments zum Verstoß gegen Unionsrecht aufsuchen zu müssen glaubt, liegt etwas im Argen“, *Dies.*, BVerfGE 113, 273, 336. Zustimmend: *Schönberger*, ZaöRV 2007, 1107, 1136.

19 *Vormbaum*, Schutz der Rechtsgüter von EU-Staaten, S. 51.

20 Vertiefend zur Europäisierung des Strafrechts: siehe sechstes Kapitel.

21 *Zöller*, ZIS 2009, 340, 340f. Kritisch: *Schönberger*, ZaöRV 2007, 1107, 1135; *Hilgendorf* in: Harmonisierung des Internetstrafrechts in: Schwarzenegger / Arter / Jörg, S. 286.

22 *Schönberger*, ZaöRV 2007, 1107, 1114.

23 A.a.O., S. 1115.

B) Die zweite Phase der Strafrechtsharmonisierung

Nachdem mit dem Vertrag von Amsterdam die notwendigen strukturellen Voraussetzungen für den Erlass verbindlicher Vorschriften geschaffen worden waren, prüfte die Kommission das Erfordernis einer Anwendung auf den Bereich des Computer- und Internetstrafrechts. Die Kommission befürwortete in diesem Zusammenhang die Vorgaben des Europarates in der Convention on Cybercrime, wies allerdings auf zwei Kritikpunkte hinsichtlich der Bindungswirkung hin. Einerseits entstehe diese nur nach einer freiwilligen Unterzeichnung. Andererseits sei die faktische Rechtswirkung von der anschließenden Umsetzung im Unterzeichnerstaat abhängig. Mangels verbindlicher Umsetzungsfristen bringe dies die Gefahr der Verzögerung mit sich.

Um dem ersten Kritikpunkt entgegenzuwirken, wäre die Herbeiführung einer Bindungswirkung für alle Mitgliedstaaten durch den Beitritt der EU denkbar. Dies war allerdings gem. Art. 37 CCC ausgeschlossen, da die EU in ihrer Gesamtheit nicht als möglicher Vertragsstaat vorgesehen war.[24] Für die Lösung der zweiten Problematik käme eine einheitliche Fristsetzung für alle EU-Mitgliedstaaten in Betracht. Dieser Ansatz fand bei einigen Mitgliedstaaten Zustimmung.[25] Allerdings lehnte die Kommission ein solches Vorgehen ab. Sie favorisierte stattdessen die Erarbeitung eines eigenen Regelungsansatzes, denn dies biete die Möglichkeit, nicht nur den Vorgaben des Europarates zur Durchsetzung zu verhelfen, sondern auch die darin enthaltenen Vorschriften anzupassen und zu erweitern.[26] Diese Zielrichtung verfolgend, erarbeitete die Kommission einen entsprechenden Vorschlag für einen Rahmenbeschluss.[27] In der Zwischenzeit hatten – mit Ausnahme von Dänemark und Luxemburg – bereits alle Mitgliedstaaten die Cybercrime Convention unterzeichnet.[28] Dennoch hielt der Rat an dem Vorschlag der Kommission[29] fest.

---

24 *Sanchez-Hermosilla*, CR 2003, 774, 778, Fn 39.

25 A.a.O., S. 778.

26 Ebd.

27 Darin empfahl sie dem Rat, von seiner Angleichungskompetenz Gebrauch zu machen.

28 Diese beiden Länder unterzeichneten erst 2003.

29 Als Ausgangspunkt für den Rahmenbeschluss dienten Art. 2, 4 und 5 CCC, die für eine stärkere Angleichung auf EU-Ebene weiter gefasst werden sollten, Bericht zu KOM(2002) 173 endg. v. 4.10.2002, Begründung, S. 18.

I. Frühere Aktivitäten der Kommission

Zu den maßgeblichen Impulsen für diesen Kommissionsvorschlag zählte die Tagung des Europäischen Rates in Lissabon vom 23. und 24. März 2000.[30] Der daraufhin gefertigte Entwurf eines Aktionsplans enthielt die Zielvorgabe ein „sicheres Internet"[31] zu schaffen. Hierzu wurde die „bessere Koordination bei der Bekämpfung der Cyber-Kriminalität" gefordert und verschiedene Maßnahmen zu deren Umsetzung erwogen.[32] Die Umsetzung sollte bis 2002 bewerkstelligt werden.[33]

2001 schlossen sich zwei Mitteilungen der Kommission[34] an, die bereits eine erste Weichenstellung für den späteren Rahmenbeschluss 2005/222/JI bildeten.[35]

In beiden Mitteilungen bekräftigte die Kommission die Notwendigkeit für ein Tätigwerden der EU auf dem Gebiet der High-Tech-Kriminalität und stellte ihre Zusammenarbeit mit dem Rat in Aussicht. Dabei stützte sie sich sowohl auf die Schlussfolgerungen des Gipfeltreffens in Tampere als auch auf die

---

30 KOM(2000) 890 endg. v. 26.1.2001, Einführung, S. 2.

31 eEurope 2002 in: COM (2000) 330 final v. 24.5.2000, S. 6; *Gercke*, CRi 2010, 75, 76.

32 A.a.O., S. 11; eEurope 2002 in: KOM(2000) 890 endg. v. 26.1.2001, S. 6. Angenommen wurde dieser Aktionsplan auf dem Gipfeltreffen des Europäischen Rates am 19.–20.6.2000 in Feira.

33 eEurope 2002, a.a.O., S. 2, 6.

34 Entsprechend der ersten *Mitteilung v. 26.1.2001* sollte die Angleichung des materiellen Strafrechts den zentralen Anknüpfungspunkt für die Eindämmung des sog. Cybercrime bilden. Dies sei vor allem für die Bereiche des Hackings, den Schutz von Geschäftsgeheimnissen und zur Erfassung illegaler Inhalte unumgänglich, da die nationalen Regelungen „[…] weltweit trotz aller Bemühungen internationaler und supranationaler Organisationen noch immer große Unterschiede […]" aufwiesen, a.a.O., S. 7f. m.w.N. In materiellrechtlicher Hinsicht konzentrierten sich die Bemühungen zunächst auf die Bekämpfung von Kinderpornographie. Zugleich signalisierte die Kommission, dass längerfristige Legislativvorschläge auch für die Regelungsbereiche des Sechsten Titels des EU-Vertrages („Bestimmungen über die polizeiliche und justitielle Zusammenarbeit in Strafsachen [Art. 29–42 EUV]") folgen sollten. Dies schließe die Sanktionierung des Hackings und die Verbreitung illegaler Inhalte ebenso ein, wie den strafrechtlichen Schutz von Geschäftsgeheimnissen, a.a.O., S. 7, 17, 35. Die *zweite Mitteilung v. 6.6.2001* formulierte einen „Vorschlag für einen europäischen Politikansatz". Dieser bildete die Grundlage für das spätere gemeinschaftliche Arbeitsvorhaben mit dem Europäischen Rat, KOM(2001) 298 endg. v. 6.6.2001. Dieser stellte auf seiner Tagung im März 2001 in Stockholm in Aussicht, dass er: „[…] in Zusammenarbeit mit der Kommission eine umfassende Strategie für die Sicherheit elektronischer Netze einschließlich praktischer Durchführungsmaßnahmen entwickeln wird", zitiert nach KOM(2001) 298 endg. , a.a.O., S. 2. Der Schwerpunkt sollte – im Unterschied zur CCC – nicht im strafrechtlichen und verfahrensrechtlichen Bereich liegen, sondern zahlreiche außerrechtliche Maßnahmen umfassen, a.a.O., S. 30.

35 KOM(2002) 173 endg. v. 19.4.2002, S. 7f.; *Gercke*, CRi 2010, 75, 77.

Empfehlung des Rates „Justiz und Inneres". Beides sollte im Folgejahr durch einen Vorschlag für einen Rahmenbeschluss umgesetzt werden.[36] Dazu seien in den Entwurf übereinstimmende Definitionen, Tatbestandsmerkmale und Sanktionen aufzunehmen.[37]

II. Die Erarbeitung des Kommissionsvorschlags

Am 19. April 2002 – und damit kein halbes Jahr nach Auflage der Cybercrime Convention – unterbreitete die Kommission einen entsprechenden Vorschlag für einen Rahmenbeschluss des Rates zu Angriffen auf Informationssysteme.[38]

Wie häufig nach dem 9. November 2001, wurde auch hinsichtlich des Rahmenbeschlusses auf die Missbrauchsgefahren der Informationstechnologie für Terroranschläge und Organisierte Kriminalität[39] hingewiesen, um die Notwendigkeit und die Dringlichkeit eines Eingreifens zu begründen. Der Vorschlag sollte deshalb den Rahmenbeschluss zur Terrorismusbekämpfung bezüglich etwaiger „Angriffe gegen Informationssysteme"[40] ergänzen.[41] Vor allem das hohe Gefahrenpotential für die kritische Infrastruktur[42] und der länderübergreifende Deliktscharakter mache ein Eingreifen auf europäischer Ebene erforderlich, um eine effektive Strafverfolgung zu gewährleisten.[43] Inhaltlich orientierte sich die Kommission bei der Formulierung ihres Vorschlages an dem Aktionsplan „eEurope"[44]. Dieser sollte die bestmögliche Umsetzung der Vor-

---

36 KOM(2002) 173 endg., a.a.O., S. 8.

37 KOM(2002) 173 endg. in: ABl. EG Nr. C 203E v. 27.8.2002, S. 109, Erwägungsgründe, Absatz 5.

38 KOM(2002) 173 endg. v. 19.4.2002; *Gercke*, CR 2005, 468, 468f. Darin unterstrich sie die bewusst gewählten inhaltlichen Parallelen zur Konvention, KOM(2002) 173 endg., a.a.O., S. 10: „In dem Übereinkommen wird der Versuch unternommen, eine Reihe strafbare Handlungen einschließlich Straftaten gegen die Vertraulichkeiten, Integrität und Verfügbarkeiten von Computersystemen und Daten anzugleichen. In Bezug auf derartige Straftaten verfolgt der vorliegende Rahmenbeschluss das gleiche Konzept wie das Übereinkommen des Europarates".

39 KOM(2002) 173 endg. in: ABl. EG Nr. C 203E v. 27.8.2002, S. 110, Erwägungsgründe, Abs. 14.

40 KOM(2002) 173 endg. in: ABl. EG 2002 Nr. C 203 E v. 27.8.2002, S. 110, Erwägungsgründe, Abs. 8.

41 Ebd.

42 Grünbuch in: KOM(2005) 576 endg. v. 17.11.2005, Annex, S. 21f.; KOM(2002) 173 endg. in: ABl. EG Nr. C 203 E v. 27.8.2002, S. 110, Erwägungsgründe, Abs. 8.

43 KOM(2002) 173 endg. in: ABl. EG Nr. C 203 E v. 27.8.2002, S. 109, Erwägungsgründe, Abs. 1; Abs. 8.

44 Aktionsplan v. 3.12.1998 (1999/C 19/01) in: ABl. EG Nr. C 19 v. 23.1.1999, S. 1–15.

gaben des Amsterdamer Vertrages sicherstellen.[45] Verwiesen wurde außerdem auf die Beschlüsse des Europäischen Rates von Tampere (1999) und von Santa Maria da Feira (2000).[46]

Im April 2002 verabschiedete die Kommission den Vorschlag für den Erlass eines Rahmenbeschlusses über „Angriffe auf Informationssysteme".[47] Die Erörterung im Europäischen Parlament schloss sich am 22. Oktober 2002 an. In einer einzigen Lesung wurde der Vorschlag im Grundsatz gebilligt. Die eingebrachten Änderungsvorschläge fanden keinen Eingang in die Schlussfassung des Rates.[48]

III. Inhalt des Kommissionsvorschlags vom 19. April 2002

Die Kommission akzentuierte wiederholt, dass der drohende und auch bereits erfolgte Missbrauch der Technologie durch die Organisierte Kriminalität und den Terrorismus ein Eingreifen der EU erforderlich mache.[49] In Anbetracht des grenzüberschreitenden Charakters könnten die „neuen schwersten Formen von Kriminalität gegen Informationssysteme"[50] auf Unionsebene effizienter bekämpft werden als isoliert auf nationaler Ebene.[51] Entsprechend dieser Zielsetzung sollte der Entwurf nur schwerste Angriffsformen unter Strafe stellen und Bagatelldelikte explizit vom Anwendungsbereich ausnehmen.[52] Die damit ein-

---

45 KOM(2002) 173 endg. in: ABl. EG Nr. C 203 E v. 27.8.2002, S. 109, Erwägungsgründe, Abs. 5.

46 Ebd. Berücksichtigt wurden weiter die Mitteilung der Kommission für einen gemeinschaftlichen Politikansatz zur Sicherheit der Netze und Informationen (KOM[2001] 298 endg. v. 6.6.2001) sowie die Entschließungen des Rates v. 6.12.2001 (KOM[2002] 173 endg. in: ABl. EG Nr. C 203 E v. 27.8.2002, S. 109, Erwägungsgründe, Abs. 1) und die Entschließung des Europäischen Parlaments v. 19.5.2001 (a.a.O, S. 109, Erwägungsgründe, Abs. 5: A5-0127/ 2000) und v. 5.9.2001.

47 Vorschlag für einen Rahmenbeschluss des Rates über Angriffe auf Informationssysteme – 2002/0086(CNS) in: KOM(2002) 173 endg. v. 19.4.2002, S. 1–28; Kommission, Pressemitteilung IP/02/601, S. 1. Der Vorschlag wurde am 19.4.2002 gem. Art. 29, 30 Abs. 1 lit.a, Art. 31, Art. 34 Abs. 2 lit.b an den Rat und an das Europäische Parlament zur Stellungnahme übermittelt, KOM(2002) 173 endg. in: ABl. EG Nr. C 203 E v. 27.8.2002, S. 109, Einleitung; KOM(2002) 173 endg. v. 19.4.2002, S. 10.

48 Am 27./28.2.2003 erörterte der Rat den Kommissionsvorschlag und nahm diesen am 24.2.2005 endgültig an, *Gercke*, CR 2005, 468, 468.

49 KOM(2002) 173 endg. in: ABl. EG Nr. C 203 E v. 27.8.2002, S. 109, Erwägungsgründe, Abs. 1, 4 und 7; KOM(2002) 173 endg. v. 19.4.2002, S. 9. Kritisch: *Popp*, MR-Int. 2007, 84, 84.

50 Kommission, Pressemitteilung IP/02/601 v. 23.4.2002, S. 1.

51 KOM(2002) 173 endg. v. 19.4.2002, S. 11; *Gercke*, CRi 2010, 75, 78.

52 KOM(2002) 173 endg. in: ABl. EG Nr. C 203 E v. 27.8.2002, S. 111; *Hilgendorf* in: Harmonisierung des Internetstrafrechts in: Schwarzenegger / Arter / Jörg, S. 271. Hier-

hergehende Begrenzung des Anwendungsbereiches rechtfertigte Erkki Liikanen, leitendes Mitglied der Kommission, mit der Aussage: [es] „ist nur ein sehr geringer Anteil des enormen Verkehrsaufkommens im Netz problematisch und kann Störungen verursachen."[53] Allerdings sei, so Liikanen,[54] ein Eingreifen der EU bezüglich besonders „schwerwiegende[r] Angriffe auf Informationssysteme"[55] und damit oberhalb der Bagatellgrenze[56] erforderlich.[57]

Der Anwendungsbereich des Rahmenbeschlusses setzte somit zwingend das Vorliegen nicht bloß geringfügiger High-Tech-Kriminalität voraus. Einschränkend verwies die Kommission auf die getroffene Unterscheidung der G8, welche zwar ebenfalls zwischen Computerkriminalität im engeren und im weiteren Sinne differenzierte, diesen Begrifflichkeiten aber ein anderes Verständnis zugrunde legte. Danach gehöre zu der ersten Gruppe die

> „Gefährdung von Computerinfrastrukturen durch den Versuch, die in Computern und Computernetzen gespeicherten Informationen bzw. die Computer und Netze selbst zu stören, zu blockieren, zu verstümmeln oder zu zerstören […]."[58]

Jene Tathandlungen sollten durch den Rahmenbeschluss erfasst werden, nicht aber bereits[59]

> „[…] der Versuch, mit Hilfe des Computers bösartige und durch den Einsatz des Computers erleichterte Handlungen wie Täuschung und Irreführung, Geldwäsche, Kinderpornographie, Verstöße gegen geistige Eigentumsrechte sowie Drogenhandel zu begehen."[60]

Ähnlich wie in der Konvention erfasst der Rahmenbeschluss nur Vorsatzdelikte. Dabei müsse der Täter seinen Vorsatz jedoch nicht auf ein spezielles Informationssystem richten.[61] Hinsichtlich der Ausnahme- und Vorbehaltsmöglich-

---

durch werde das Subsidiaritätsprinzip gewahrt, KOM(2002) 173 endg., a.a.O., S. 110, Erwägungsgründe, Abs. 17.

53 *Liikanen*, zitiert nach Kommission, Pressemitteilung IP/02/601 v. 23.4.2002, S. 1.

54 Ebd.

55 KOM(2002) 173 endg. in: ABl. EG Nr. C 203 E v. 27.8.2002, S. 109, Erwägungsgründe, Abs. 7.

56 A.a.O, S. 110, Erwägungsgründe, Abs. 12.; *Hilgendorf* in: Harmonisierung des Internetstrafrechts in: Schwarzenegger / Arter / Jörg, S. 271.

57 A.a.O., S. 109f., Erwägungsgründe, Abs. 4, 16; *Gercke*, CR 2005, 468, 468. Entsprechend dieser inhaltlichen Grundausrichtung stützte sich der Kommissionsvorschlag auf die Art. 29, 30 Abs. 1 lit.a, 31 und 34 Abs. 2 lit.b EUV, KOM(2002) 173 endg., a.a.O., S. 109; KOM(2002) 173 endg. v. 19.4.2002, S. 10.

58 KOM(2002) 173 endg. v. 19.4.2002, S. 10.

59 Ebd.

60 G8, zitiert nach ebd.

61 A.a.O., S. 11.

keiten verwies der Vorschlag auf die Vorgaben der CCC, die auch beim Rahmenbeschluss Anwendung finden sollte.[62] Im Folgenden werden die maßgeblichen materiell-rechtlichen Vorgaben in der Entwurfs-[63] und sofern abweichend, in der Schlussfassung des Kommissionsvorschlags[64] dargestellt.

1. Allgemeine Begriffsbestimmungen in Art. 2 des RB

Die Begriffsbestimmungen wurden in Art. 2 RB-E konkretisiert.[65] Das darin zugrunde gelegte Verständnis sollte dabei nicht nur für den Rahmenbeschluss Gültigkeit erlangen, sondern auch für Gemeinschaftsvorschriften.[66]

Der Kommissionsentwurf enthielt anfänglich sieben Definitionen, die damit quantitativ über die Vorgaben des Übereinkommens hinausgingen. Hierzu zählten Definitionen zum „elektronischen Kommunikationsnetz" in Art. 2a) des RB-E[67] und zum „Computer" in Art. 2b) des RB-E[68], die während der

---

62 Ebd.

63 Der Zusatz „RB-E" kennzeichnet die Entwurfsfassung der Kommission i.d.F. KOM(2002) 173 endg. v. 19.4.2002.

64 Demgegenüber deutet der Hinweis „in der Schlussfassung" auf die Schlussfassung des Kommissionsvorschlags, abgedruckt in: ABl. EG Nr. C 203E v. 27.8.2002. Gemeint ist dementsprechend nicht die Schlussfassung des Rates. Auf diese wird gesondert Bezug genommen.

65 KOM(2002) 173 endg. in: ABl. EG Nr. C 203 E v. 27.8.2002, S. 110, Erwägungsgründe, Abs. 8, 10–12.

66 *Gercke*, CR 2005, 468, 468.

67 Die Definiton zu „elektronisches Kommunikationsnetz" dürfte sich auf die Rahmenrichtlinie 2002/21/EG v. 7.3.2002 beziehen, vgl. ABl. EG Nr. L 108 v. 24.4.2002, S. 33–50, denn die in: Abl. EG Nr. C 203 E v. 27.8.2002, S. 111) für den Vorschlag unter Art. 2 lit.a abgedruckte Definition (Art. 2a) stimmte mit der, ebenfalls unter Art. 2 lit.a aufgeführten, Definition der Rahmenrichtlinie in: ABl. EG Nr. L 108 v. 24.4.2002, S. 38f. überein: „Übertragungssysteme und gegebenenfalls Vermittlungs- und Leitwegeinrichtungen sowie anderweitige Ressourcen, die die Übertragung von Signalen über Kabel, Funk, optische oder andere elektromagnetische Einrichtungen ermöglichen, einschließlich Satellitennetze, feste (leitungs- und paketvermittelte, ein- schließlich Internet) und mobile terrestrische Netze, Stromleitungssysteme, soweit sie zur Signalübertragung genutzt werden, Netze für Hör- und Fernsehfunk sowie Kabelfernsehnetze, unabhängig von der Art der übertragenen Informationen". Das Internet sei ebenfalls unter diesen Ansatz subsumierbar.

68 „Ein Gerät oder eine Gruppe vernetzter oder miteinander verbundener Geräte, von denen eines oder mehrere nach einem vorgegebenen Programm Computerdaten automatisch verarbeitet bzw. verarbeiten", Art. 2 lit.b in: ABl. EG Nr. L 108 v. 24.4.2002, S. 111. Nach Angaben der Kommission beruhe dieser Ansatz auf dem Begriffsverständniss des Art. 1 in der Entwurfsfassung zur CCC. Die Kommission wollte dadurch „Einzelplatz-PCs", Organizer, Videorekorder sowie Mobiltelefone einbeziehen, sofern auf diesen Geräten Datenverarbeitungsfunktionen verfügbar seien, Art. 2(b), KOM(2002) 173 endg. v. 19.4.2002, S. 11.

Beratung gestrichen wurden. Art. 2b) der Schlussfassung enthielt stattdessen die Definition zu *Computerdaten*:

> „[…] Darstellung von Tatsachen, Informationen oder Konzepten, die in einer für die Verarbeitung in einem Informationssystem geeigneten Form erzeugt oder in eine entsprechende Form gebracht werden, einschließlich eines Programms, das die Ausführung einer Funktion durch ein Informationssystem auslösen kann.“[69]

Hierdurch nahm die Kommission auf die ISO-Definition zu „Daten“ Bezug, wobei Daten in gegenständlicher Form ausdrücklich aus dem Anwendungsbereich ausgenommen wurden.[70]

Art. 2 d) der Schlussfassung enthielt das Begriffsverständnis zum Schutzgegenstand des Rahmenbeschlusses – den „Informationssystemen“. Darunter fielen:

> „Computer und elektronische Kommunikationsnetze sowie die von ihnen zum Zweck des Betriebs, der Nutzung, des Schutzes und der Pflege gespeicherten, verarbeiteten, abgerufenen oder übertragenen Computerdaten.“[71]

Diese Definition beziehe sich auf die Leitlinien, die die OECD bereits 1992 formuliert habe.[72] Erfasst würden damit Hard- und Software, vernetzte Rechner und einzelne Computer, nicht jedoch der Inhalt von Informationen.[73] Mit der zusätzlichen Erfassung von elektronischen Organizern und Mobiltelefonen ging die Definition zum Informationssystem über die zum Computersystem der Konvention hinaus. Anders als nach deutschem Strafrecht, sollen nach beiden Vorgaben außerdem Eingriffe in Peripheriegeräte erfasst werden.[74]

Eine dritte Definition enthielt Art. 2 f) des RB. Danach sind „befugte Personen“:

> „[…] natürliche oder juristische Personen, die vertraglich oder kraft Gesetzes berechtigt sind bzw. die rechtmäßige Erlaubnis besitzen, ein Informationssystem zu nutzen, zu verwalten, zu kontrollieren, zu erproben, im rechtlich zulässigen Rahmen wissenschaftlich zu erforschen oder anderweitig zu betreiben, und die aufgrund dieses Rechts bzw. dieser Erlaubnis handeln.“[75]

---

69 Art. 2 lit.c in: ABl. EG Nr. L 108 v. 24.4.2002, S. 111.

70 Art. 2(c) in: KOM(2002) 173 endg. v. 19.4.2002, S. 11. Dies gelte beispielsweise für Bücher, es sei denn sie lägen als Textverarbeitungsdatei vor, a.a.O, S. 12.

71 Art. 2 lit.d in: ABl. EG Nr. L 108 v. 24.4.2002, S. 111.

72 Art. 2(d) in: KOM(2002) 173 endg. v. 19.4.2002, S. 12. Gewählt wurde dieser Ansatz wegen seiner technischen Neutralität und weil er „das Konzept miteinander verbundener Netze und Systeme, die Daten enthalten, genau widerspiegeln“ solle, ebd.

73 Ebd.; *Hilgendorf* in: Harmonisierung des Internetstrafrechts in: Schwarzenegger / Arter / Jörg, S. 271.

74 *Schuh*, Computerstrafrecht, S. 53.

75 Art. 2 lit.f in: Abl. EG Nr. C 203 E v. 27.8.2002, S. 111.

Nach den Erläuterungen sind hierunter auch Personen zu verstehen, die auf Grund einer rechtmäßigen Einwilligung tätig werden.[76]

Das Begriffsverständnis des Tatbestandsmerkmals „unrechtmäßig" ergab sich aus der Definition in Art. 2 g) des RB.[77] Die Präzisierung solle durch die Mitgliedsstaaten erfolgen. Einer „ausschließliche(n) Liste" bedürfe es jedoch nicht.[78]

2. Materiell-rechtliche Vorgaben zu den CIA-Delikten

Art. 3 des RB stellte mit dem „rechtswidrigen Zugang zu Informationssystemen" des Hacking unter Strafe:[79]

> „Die Mitgliedstaaten stellen sicher, dass der vorsätzliche und unrechtmäßige Zugang zu einem Informationssystem oder einem Teil eines Informationssystems unter Strafe gestellt wird, sofern diese Handlung
>
> i) gegen einen Teil eines spezifischen Schutzmaßnahmen unterliegenden Informationssystems gerichtet ist oder
>
> ii) mit der Absicht begangen wird, einer natürlichen oder juristischen Person Schaden zuzufügen, oder
>
> iii) mit der Absicht begangen wird, einen wirtschaftlichen Vorteil zu bewirken."[80]

Ausnahmen von der Strafbarkeit sollen die Mitgliedstaaten lediglich für Bagatelldelikte vorsehen dürfen.[81] Die Kommission rechtfertigte diesen Entschluss mit einer hierdurch erzielten größtmöglichen Abschreckungswirkung vor der Durchführung derartiger Angriffe.[82]

---

76 Solange befugte Personen innerhalb ihrer Rechte, den ihnen erteilten Erlaubnissen und Zuständigkeiten handeln, sowie die Ausübung ihrer Tätigkeit im Einklang mit dem Gemeinschaftsrecht bezüglich „Datenschutz und Vertraulichkeit des Datenverkehrs" stehen, blieben sie straflos, Art. 2(f) in: KOM(2002) 173 endg. v. 19.4.2002, S. 12f.

77 Danach sollen „Handlungen von Berechtigten oder andere Handlungen, die nach dem nationalen Recht als rechtmäßig gelten […]" von der Strafbarkeit ausgenommen werden, Art. 2 lit.e in: Abl. EG Nr. C 203 E v. 27.8.2002, S. 111.

78 Die Subsumtionsfähigkeit ergebe sich bereits aus der Zusammenschau mit der Definition zur „Befugnis", Art. 2(f) in: KOM(2002) 173 endg. v. 19.4.2002, S. 13.

79 Art. 3 in: ebd.; *Hilgendorf* in: Harmonisierung des Internetstrafrechts in: Schwarzenegger / Arter / Jörg, S. 273.

80 Art. 3 in: Abl. EG Nr. C 203 E v. 27.8.2002, S. 111. Die Absätze „(i)" bis „(iii)" stimmen mit der Fassung in Art. 3, KOM(2002) 173 endg. v. 19.4.2002, S. 13 überein.

81 Art. 3 in: KOM(2002) 173 endg. v. 19.4.2002, S. 13; *Hilgendorf*, in: Harmonisierung des Internetstrafrechts in: Schwarzenegger / Arter / Jörg, S. 273. Ähnlich wie zuvor bereits in der CCC wurde die Strafbarkeit nicht von der Überwindung vorhandener Sicherheitsmechanismen abhängig gemacht.

82 Art. 3 in: KOM(2002) 173 endg. v. 19.4.2002, S. 13.

Auch der „rechtswidrige Eingriff in Informationssysteme“ sollte sanktioniert werden:[83]

> „Die Mitgliedstaaten stellen sicher, dass die nachstehenden vorsätzlichen und unrechtmäßigen Handlungen unter Strafe gestellt werden:
>
> a) schwere Behinderung oder Störung des Betriebs eines Informationssystems durch Eingabe, Übermittlung, Beschädigung, Löschung, Verstümmelung, Veränderung, Unterdrückung oder Blockierung von Computerdaten;[84]
>
> b) Löschung, Verstümmelung, Veränderung, Unterdrückung oder Blockierung von Computerdaten eines Informationssystems, sofern dies in der Absicht geschieht, einer natürlichen oder einer juristischen Person Schaden zuzufügen.“[85]

Durch Absatz a) sollten vor allem DoS-Angriffe erfasst werden.[86] Die Aufnahme der „Störung“ diene der Klarstellung, auch wenn sich dieser tatbestandliche Erfolg bereits aus der „Behinderung“ ableiten lasse.[87] Im Übrigen sollten die Absätze a) und b) Angriffe durch Viren erfassen.[88] In welchen Fällen vom Vorliegen einer „schweren Behinderung“ im Sinne des Absatzes a) auszugehen ist, wurde den Mitgliedstaaten überlassen.[89] Allerdings müsse die Störung einen gewissen Erheblichkeitsgrad erreichen, da geringfügige Beeinträchtigungen von vornherein aus dem Anwendungsbereich auszunehmen sind.[90]

---

83 Art. 4 in: Abl. EG Nr. C 203 E v. 27.8.2002, S. 111.

84 In der Fassung des Art. 4 in: KOM(2002) 173 endg. v. 19.4.2002, S. 13 wurde noch ausdrücklich eine „unrechtmäßig herbeigeführte“ Behinderung gefordert. Die Tathandlung des Blockierens war noch nicht vorgesehen: „(a) die schwere, unrechtmäßig herbeigeführte Behinderung oder Störung des Betriebs eines Informationssystems durch Eingabe, Übermittlung, Beschädigung, Löschung, Verstümmelung, Veränderung oder Unterdrückung von Computerdaten“.

85 In der Fassung des Art. 4, a.a.O., S. 14 wurde noch eine „unrechtmäßige“ Tathandlung gefordert und statt „geschieht“ wurde „erfolgt“ verwendet, anders als in Absatz a), war jedoch die Tathandlung des „Blockierens“ bereits enthalten: „(b) die unrechtmäßige Löschung, Verstümmelung, Veränderung, Unterdrückung oder Blockierung von Computerdaten eines Informationssystems, sofern dies in der Absicht erfolgt, einer natürlichen oder einer juristischen Person Schaden zuzufügen“.

86 Art. 4 in: ebd.; *Hilgendorf* in: Harmonisierung des Internetstrafrechts in: Schwarzenegger / Arter / Jörg, S. 274f.

87 Art. 4, ebd.

88 Ebd.; *Hilgendorf* in: Harmonisierung des Internetstrafrechts in: Schwarzenegger / Arter / Jörg, S. 274f.

89 Ebd.

90 Ebd.

Absatz b) zielte v.a. auf die Ahndung solcher Angriffe, die sich gegen die Computerdaten der betroffenen Informationssysteme richten oder aber die Korrumpierung von Websites bewirken.[91]

Art. 5 Abs. 1 des RB ahndet die *Anstiftung und Beihilfe* bezüglich der zuvor in Art. 3 und 4 des RB genannten Straftaten. Auch eine *Versuchsstrafbarkeit* solle gem. Art. 5 Abs. 2 des RB durch die Mitgliedstaaten sichergestellt werden.[92]

Die zu verhängenden *Strafen* sollten gem. Art. 6 Abs. 1, S. 1 des RB als „wirksame, verhältnismäßige und abschreckende" Sanktionen auszugestalten sein (sog. Mindesttrias), die in Relation zur Schwere der Tat stehen.[93] Dies schließe bei schweren Fällen Freiheitsstrafen mit einer Höchststrafe von einem Jahr ein.[94] Die Voraussetzungen hierfür ergäben sich aus Art. 7 des RB. Negativ abgrenzend sei ihr Vorliegen gem. Art. 6 Abs. 1, S. 2 RB ausgeschlossen, wenn weder ein Opfer geschädigt, noch ein wirtschaftlicher Vorteil eingetreten ist.[95]

In Art. 6 Abs. 2 des RB überließ man jedoch den Mitgliedstaaten, den Tätern – sowohl statt als auch zusätzlich zur Freiheitsstrafe – Geldstrafen aufzuerlegen.[96]

Wie bereits angedeutet, sah Art. 7 des RB eine Strafschärfung beim Vorliegen *erschwerender Umstände* vor, die sich an den bisherigen Vorschlägen der Kommission und den bereits vorhandenen Vorgaben in den Mitgliedstaaten orientierten. Art. 7 Abs. 1 des RB benannte für die Verhängung einer Höchststrafe von mindestens vier Jahren Freiheitsstrafe drei Anwendungsfälle.[97] Allerdings seien diese Beispiele nicht abschließend, wie die Kommission betonte.[98] Zwingend sei eine Strafschärfung gegenüber der in Art. 6 des RB

---

91 Ebd., *Hilgendorf* in: Harmonisierung des Internetstrafrechts in: Schwarzenegger / Arter / Jörg, S. 276.

92 Art. 6 in Abl. EG Nr. C 203 E v. 27.8.2002, S. 111; Art. 6 in: KOM(2002) 173 endg. v. 19.4.2002, S. 14.

93 Art. 6 Abs. 1, S. 1 in: KOM(2002) 173 endg. v. 19.4.2002, S. 14.

94 Die Festlegung der Höchststrafe diene neben der eigentlichen Sanktion zugleich der Eröffnung des Anwendungsbereichs für weitere Rechtsinstrumente, wie etwa für den des „Rahmenbeschlusses des Rates über den Europäischen Haftbefehl und die Übergabeverfahren zwischen den Mitgliedsstaaten", Art. 6 in: a.a.O., S. 15.

95 Art. 6 Abs. 1, S. 2 in: Abl. EG Nr. C 203 E v. 27.8.2002, S. 111; Art. 6 in: ebd.

96 Art. 6 Abs. 2 in: Abl., ebd.; Art. 6 in: KOM(2002) 173 endg., ebd.

97 Art. 7 Abs. 1 in: Abl., a.a.O., S. 112; in Art. 7 in: KOM(2002) 173 endg., ebd.

98 Art. 7 in: Abl., ebd.; Art. 7 in: KOM(2002) 173 endg., ebd.: „a) die Straftat wurde im Rahmen einer kriminellen Vereinigung gemäß Definition in der Gemeinsamen Maßnahme 98/733/JI vom 21. Dezember 1998 […], abgesehen von dem dort vorgesehenen Strafmaß, begangen; b) durch die Straftat wurde einer natürlichen Person direkt oder indirekt ein erheblicher wirtschaftlicher Verlust oder körperlicher Schaden zugefügt oder ein Teil der kritischen Infrastruktur des Mitgliedstaates erheblich beschädigt; oder c) durch

angedrohten Strafen für die Delikte in Art. 3 und 4 des RB im Übrigen nur, wenn der Täter für eine derartige Straftat bereits in einem der Mitgliedstaaten verurteilt wurde, Art. 7 Abs. 2 des RB.[99]

Der Vorschlag sah nicht nur eine Möglichkeit zur Strafschärfung vor, sondern in Art. 8 des RB auch die *Herabsetzung der Strafe*. Dies gelte – bereits aus Verhältnismäßigkeitserwägungen – für Delikte mit lediglich geringfügigen Schäden. Für die Bewertung der Schadenshöhe sei die Auffassung der Justizbehörde maßgeblich.[100]

Art. 9 des RB regelte darüber hinaus die strafrechtliche Verantwortlichkeit juristischer Personen, deren Sanktionierung sich nach den Vorgaben des Art. 10 des RB bestimmt.[101] Art. 11 des RB enthielt Ausführungen zur gerichtlichen Zuständigkeit.[102] Vorgaben zum verbesserten Informationsaustausch formulierte Art. 12 des RB.[103]

IV. Stellungnahmen der Ausschüsse des Europäischen Parlaments

Der Kommissionsvorschlag wurde am 19. April 2002 sowohl an den Rat als auch an das Europäische Parlament übermittelt. Im Juni folgte die Überweisung an die parlamentarischen Ausschüsse.[104] Während der „Ausschuss für Recht und Binnenmarkt" beschloss, keine Stellungnahme abzugeben, legte der verbliebene mitberatende Ausschuss – „Ausschuss für Industrie, Außenhandel, Forschung und Energie" – dem federführenden Ausschuss am 11. September 2002 die Schlussfassung vor.[105] Der „Ausschuss für die Freiheiten und Rechte der Bürger, Justiz und innere Angelegenheiten" billigte den Kommissionsvorschlag in geänderter Fassung.[106] Der abschließende Bericht[107] folgte am

---

die Straftat wurden erhebliche Erträge erzielt". Vgl. zur Gemeinsamen Maßnahme 98/733/JI in: ABl. EG Nr. L 351 v. 29.12.1998, S. 1–3.

99 Art. 7 Abs. 2 in: Abl. EG Nr. C 203 E v. 27.8.2002, S. 112. Anders als in der Schlussfassung im Amtsblatt, sah der Kommissionsvorschlag diese Regelung auch bei früheren Sanktionen gem. Art. 5 vor, Art. 7 in: KOM(2002) 173 endg. v. 19.4.2002, S. 16.

100 Art. 8 in: Abl., ebd.; Art. 7 in: KOM(2002) 173 endg., ebd.

101 Art. 9, 10 in: Abl., ebd.; Art. 9, 10 in: KOM(2002) 173 endg., ebd.

102 Art. 11 in: Abl., a.a.O., S. 112f.; Art. 11 in: KOM(2002) 173 endg., ebd.

103 Art. 12 in: Abl., ebd.; Art. 12 in: KOM(2002) 173 endg., ebd.

104 Bericht zu KOM(2002) 173 v. 4.10.2002, Geschäftsordnungsseite, S. 4 m.V.a.: C5 0271/2002.

105 Stellungnahme des Ausschusses für Industrie, Außenhandel, Forschung und Energie v. 11.9.2002 in: Bericht, a.a.O., S. 23ff.

106 Punkt 1 des Entwurfs einer legislativen Entschließung in: Bericht, a.a.O., S. 5.

107 Der Bericht in: Bericht zu KOM(2002) 173 endg. v. 4.10.2002 enthielt neben Hinweisen zum bisherigen Verfahren (S. 4), den Entwurf einer legislativen Entschließung (S. 5ff.),

4. Oktober 2002.[108] Darin übernahm der federführende Ausschuss zum Teil die Änderungsvorschläge[109] des mitberatenden Ausschusses[110] und ergänzte sie um eigene.[111]

1. Ergänzungsvorschläge der Ausschüsse

Die ersten fünf Änderungsanträge befassten sich mit den einleitenden Erwägungen des Kommissionsvorschlags.[112]

---

versehen mit Änderungsanträgen (S. 6–16), einer Begründung (S. 17–20), gefolgt von der Darstellung zweier Minderansichten (S. 21f.) sowie der abschließenden Stellungnahme des Ausschusses für Industrie, Außenhandel, Forschung und Energie v. 11.9.2002 (S. 23–33).

108 A.a.O., Geschäftsordnungsseite, S. 4.

109 Entwurf einer legislativen Entschließung, a.a.O., S. 5.

110 Als Grundlage diente die Schlussfassung der Stellungnahme des mitberatenden Ausschusses, wie sie auch dem Schlussbericht des federführenden Ausschusses beigefügt ist. Auf die Darstellung der darin enthaltenden Unterschiede zum ursprünglichen Entwurf wird verzichtet, vgl. Stellungnahme des Ausschusses für Industrie, Außenhandel, Forschung und Energie v. 11.9.2002 in: Bericht zu KOM(2002) 173 endg. v. 4.10.2002, S. 21.

111 Die mit geringfügigen Änderungen versehene Schlussfassung des Parlaments wurde am 11.12.2003 im Amtsblatt veröffentlicht, Abl. EU Nr. C 300 E v. 11.12.2003, S. 152. Sofern die dortigen Wortlautfassungen von denen des Schlussberichts abweichen werden diese, an entsprechender Stelle, in den Fußnoten wiedergegeben, da es sich meist nur um geringfügige Korrekturen handelte. Diese werden zur Kenntlichmachung unterstrichen.

112 *Der erste Antrag* beider Ausschüsse enthielt den Hinweis, dass die neuen Leitlinien der OECD v. 25.7.2002 zur Sicherheit von Informationssystemen bei der Umsetzung zu berücksichtigen sind, Stellungnahme des Ausschusses für Industrie, Außenhandel, Forschung und Energie v. 11.9.2002 in: Bericht zu KOM(2002) 173 endg. v. 4.10.2002, S. 26, Änderungsantrag 1 zu Erwägung 5a (neu); Entwurf einer legislativen Entschließung, a.a.O., S. 6, Änderungsantrag 1, Erwägung 5a (neu); Legislative Entschließung (EP) in: Abl. EU Nr. C 300 E v. 11.12.2003, S. 152, Abänderung 1, Erwägung 5a (neu). Der *zweite Änderungsantrag* betraf die Erwägung 9, welche darauf hinweisen soll, dass die bisherigen datenschutzrechtlichen Bestimmungen unzureichend seien, Entwurf einer legislativen Entschließung in: Bericht zu KOM(2002) 173, a.a.O., S. 6f., Änderungsantrag 2, Erwägung 9; Legislative Entschließung (EP) in: Abl. EU Nr. C 300 E v. 11.12.2003, S. 152f., Abänderung 2, Erwägung 9. Erst nach Einführung eines entsprechenden Datenschutzinstrumentes, solle die Zusammenarbeit aufgenommen werden, so der *vierte Änderungsantrag*, Entwurf einer legislativen Entschließung in: Bericht zu KOM(2002) 173, a.a.O., S. 8, Änderungsantrag 4, Erwägung 16. Der *dritte Änderungsantrag* wurde als Erwägung 13a zur Begrenzung des Anwendungsbereiches aufgenommen, Entwurf einer legislativen Entschließung, a.a.O., S. 7, Änderungsantrag 3, Erwägung 13a (neu). Nach Ziff. 2 sollten Handlungen von „geringerer Bedeutung" aus dem Tatbestand ausgenommen werden, Legislative Entschließung, Abl. EU Nr. C 300 E v. 11.12.2003, S. 153, Abänderung 3, Erwägung 13a (neu). Dies sei insbesondere bei geringfügigen Übertretungen und bei Delikten von Jugendlichen denkbar, Entwurf einer legislativen Entschließung, a.a.O., S. 8, Änderungsantrag 3, Erwägung 13a (neu), Begründung. Gemäß dem *fünften Änderungsantrag* solle der Beweggrund Nr. 19 ergänzend auf die Grundfreiheiten und die

Die Änderungsanträge zum materiellen Strafrecht erblickten beim *ersten Artikel* des Kommissionsentwurfs Korrekturbedarf. Der federführende Ausschuss übernahm die vorgeschlagene Ergänzung[113] als Art. 1a des RB[114] in den Schlussbericht.[115]

Für die Aufnahme der Begriffsdefinition der „befugte[n] Personen“ unter *Art. 2 lit.f* des RB sah der Ausschuss keine Notwendigkeit, da dieser Terminus nicht im Gesetzeswortlaut verwendet werde.[116] Er konkretisiere lediglich die Rechtmäßigkeit, weshalb sich der federführende Ausschuss für die folgende Ergänzung durch einen Unterabsatz in Art. 1a RB (neu) aussprach:

> „Handlungen von natürlichen oder juristischen Personen sind jedenfalls insofern nicht unrechtmäßig, als sie dazu vertraglich oder kraft Gesetzes berechtigt sind bzw. die rechtmäßige Erlaubnis besitzen, ein Informationssystem zu nutzen, zu verwalten, zu kontrollieren, zu erproben, im rechtlich zulässigen Rahmen wissenschaftlich zu erforschen oder anderweitig zu betreiben, und die aufgrund dieses Rechts bzw. dieser Erlaubnis handeln.“[117]

Zu *Art. 3 des RB* wurde der Begründungsansatz des mitberatenden Ausschusses übernommen. Dieser suchte mit der Ausnahme von „geringfügigen oder

---

Beachtung der Menschrechtskonvention hinweisen, a.a.O., S. 8f., Änderungsantrag 5, Erwägung 19.

113 Stellungnahme des Ausschusses für Industrie, Außenhandel, Forschung und Energie v. 11.9.2002 in: Bericht zu KOM(2002) 173 endg. v. 4.10.2002, S. 26, Änderungsantrag 2 zu Art. 1, S. 1.

114 A.a.O., S. 27, Änderungsantrag 3 zu Art. 1 a (neu).

115 Entwurf einer legislativen Entschließung in: Bericht zu KOM(2002) 173 v. 4.10.2002, S. 10f., Änderungsantrag 7, Art. 1 a (neu); Legislative Entschließung (EP) in: Abl. EU Nr. C 300 E v. 11.12.2003, S. 154, Abänderung 7, Art. 1a (neu).

116 Entwurf einer legislativen Entschließung in: Bericht, a.a.O., S. 11, Änderungsantrag 8, Art. 2, lit.f.

117 Entwurf einer legislativen Entschließung in: Bericht, a.a.O., S. 11f., Änderungsantrag 8, Art. 2, lit.f.; „Handlungen von natürlichen oder juristischen Personen sind keinesfalls unrechtmäßig, wenn sie dazu vertraglich oder kraft Gesetzes berechtigt sind bzw. die rechtmäßige Erlaubnis besitzen, ein Informationssystem zu nutzen, zu verwalten, zu kontrollieren, zu erproben, im rechtlich zulässigen Rahmen wissenschaftlich zu erforschen oder anderweitig zu betreiben, und die aufgrund dieses Rechts bzw. dieser Erlaubnis handeln“, Legislative Entschließung (EP) in: Abl. EU Nr. C 300 E v. 11.12.2003, S. 154, Abänderung 9, Art. 2 lit.g Unterabsatz 1a (neu). Der mitberatende Ausschuss hatte sich, anstelle der bisherigen Fassung von Art. 2 litg RB für die folgende Formulierung ausgesprochen: „(g) ‘Unrechtmäßig’: Unrechtmäßig handelt derjenige, der kein Recht hat oder keine Rechtfertigung besitzt, sich Zugang zu Informationssystemen zu verschaffen oder Handlungen gegen Informationssysteme im Sinne dieses Rahmenbeschlusses zu begehen“ in: Stellungnahme des Ausschusses für Industrie, Außenhandel, Forschung und Energie v. 11.9.2002 in: Bericht zu KOM(2002) 173 endg. v. 4.10.2002, S. 28, Änderungsantrag 4 zu Art. 2 lit.g.

Bagatelldelikten" eine Überkriminalisierung zu vermeiden, da solche leichten Verstöße in der „Offline"-Welt auch nicht strafbar seien.[118] Noch deutlicher kam die Zielstellung im Vorschlag des federführenden Ausschusses zum Ausdruck, welcher sich für den Bereich des Hackings für die Aufnahme eines neuen Absatz 1 lit.a aussprach:

> „1 a. Handlungen, die als geringfügige oder Bagatelldelikte einzustufen sind (minor or trivial behaviour), fallen nicht in den Anwendungsbereich des Rahmenbeschlusses und unterliegen folglich dem nationalen Recht der Mitgliedstaaten."[119]

Der Berichterstatterin Cederschiöld zu Folge war diese Korrektur vor allem mit Blick auf jugendliche Täter erforderlich, da Art. 3 des RB in seiner bisherigen Fassung, bereits das bloße Überwinden von Sicherheitsvorkehrungen unter Strafe stelle.[120] Gleichwohl sollte kein „falsches Signal"[121] gesetzt werden, weshalb sie einen Lösungsansatz im Jugendstrafrecht erwog. Es sei an die Mitgliedstaaten zu appellieren, dass den Richtern aufgegeben werde, den Jugendlichen bei einer erstmaligen Tatbegehung straffrei zu stellen.[122]

Auch bezüglich *Art. 4 des RB*[123] wurde Kritik vorgebracht, denn obwohl sich die Fassung offensichtlich an den Vorgaben der Art. 4 und Art. 5 CCC orientierte, wurde ihr Anwendungsbereich im Rahmenbeschluss deutlich ausgeweitet. Da-

---

118 Ebd., Änderungsantrag 5 zu Art. 3, Begründung; Bericht, a.a.O., Entwurf einer legislativen Entschließung, S. 12, Änderungsantrag 10, Art. 3 Abs. 1a (neu), Begründung. Der mitberatende Ausschuss sah hierfür eine Ergänzung des Wortlautes vor: „Die Mitgliedstaaten stellen sicher, dass der vorsätzliche und rechtswidrige Zugang zu einem Informationssystem oder einem Teil eines Informationssystems unter Strafe gestellt wird, sofern diese Handlung (i) gegen einen Teil eines Informationssystems gerichtet ist, der angemessenen spezifischen Schutzmaßnahmen auf der Grundlage der Wahrung legitimer Rechte und Interessen unterliegt, oder (ii) mit der Absicht begangen wird, die legitimen Rechte und Interessen einer natürlichen oder juristischen Person zu beeinträchtigen, oder", Absatz (iii) solle entfallen, in: Stellungnahme des Ausschusses für Industrie, Außenhandel, Forschung und Energie v. 11.9.2002, a.a.O., S. 28, Änderungsantrag 5 zu Art. 3 und S. 29, Änderungsantrag 6 zu Art. 3 iii).

119 Entwurf einer legislativen Entschließung, a.a.O., S. 12, Änderungsantrag 10, Art. 3 Abs. 1a (neu), „Handlungen, die als geringfügige oder Bagatelldelikte einzustufen sind, fallen nicht in den Anwendungsbereich des Rahmenbeschlusses und unterliegen folglich dem einzelstaatlichen Recht.", Legislative Entschließung, Abl. EU Nr. C 300 E v. 11.12.2003, S. 155, Abänderung 10, Art. 3 Abs. 1a (neu).

120 Bericht zu KOM(2002) 173 v. 4.10.2002, Begründung, Bewertung, S. 18f.

121 A.a.O., S. 19.

122 Ebd.

123 Entwurf einer legislativen Entschließung, a.a.O., S. 12f., Änderungsantrag 11, Art. 4 Abs. 1a (neu), „Handlungen, die als geringfügige oder Bagatelldelikte einzustufen sind, fallen nicht in den Anwendungsbereich des Rahmenbeschlusses und unterliegen folglich dem einzelstaatlichen Recht.", Legislative Entschließung, Abl. EU Nr. C 300 E v. 11.12.2003, S. 155, Abänderung 11, Art. 4 Abs. 1a (neu).

nach konnten die Mitgliedsstaaten die Inkriminierung nicht (mehr) auf solche Fälle beschränken, die einen schweren Schadenseintritt zur Folge haben.[124]

Nicht in die Schlussfassung übernommen wurden die Vorschläge des mitberatenden Ausschusses zu *Art. 6 und Art. 7 des RB*. Dieser sah für Art. 6 des RB eine Staffelung des Strafmaßes in Abhängigkeit vom Niveau der getroffenen Vorsorgemaßnahmen vor.[125]

Zu *Art. 7 des RB* schlug der mitberatende Ausschuss die Streichung von Absatz 1 lit.c vor,[126] alternativ die Einführung einer Anpassung von lit.b als:

> „(b) durch die Straftat wurde einer natürlichen Person ein körperlicher Schaden zugefügt oder ein Teil der kritischen Infrastruktur des Mitgliedstaates erheblich beschädigt."[127]

Die Änderungsanträge 12 und 13 betrafen die Strafbarkeit juristischer Personen (Art. 9 Abs. 2 des RB und Art. 10 Abs. 1 einleitender Teil des RB).[128] Die Regelungen zur Gerichtsbarkeit in Art. 11 Abs. 2 lit.a, b des RB sollten durch die Änderungsanträge 14 bis 16 angepasst werden.[129]

2. Begründungen zu den Stellungnahmen

Cederschiöld stimmte in ihrer Begründung der grundsätzlichen Notwendigkeit eines Rahmenbeschlusses zu. In der Zunahme des Hackings sah sie eine der größten Bedrohungen, für die eine internationale Lösung gefunden werden müsse. Allerdings machte Cederschiöld ihre Zustimmung von zwei Änderungen abhängig; diese betrafen die Möglichkeit der Straffreistellung für Jugendliche und die Verbesserung des Datenschutzes.[130]

---

124 Bericht zu KOM(2002) 173 v. 4.10.2002, Begründung, Bewertung, S. 18.

125 Stellungnahme des Ausschusses für Industrie, Außenhandel, Forschung und Energie v. 11.9.2002 in: a.a.O., S. 29, Änderungsantrag 7 zu Art. 6 Abs. 2a (neu), Begründung: „2 a. Die Mitgliedstaaten tragen dafür Sorge, dass bei der Festsetzung des Strafmaßes dem Umfang der Sicherung oder den Vorsorgemaßnahmen, die von dem Angegriffenen getroffen wurden, angemessen Rechnung getragen wird".

126 A.a.O., S. 30, Änderungsantrag 8 zu Art. 7 Abs. 1 lit.c.

127 A.a.O., S. 29, a.a.O., lit.b.

128 Entwurf einer legislativen Entschließung, a.a.O., S. 13, Änderungsantrag 12, 13, Art. 9 Abs. 2, Art. 10 Abs. 1 einleitender Teil; Stellungnahme des Ausschusses für Industrie, Außenhandel, Forschung und Energie v. 11.9.2002 in: a.a.O., S. 31, Änderungsantrag 9 zu Art. 9 Abs. 2, Änderungsantrag 10 zu Art. 10 Abs. 1 lit.a.

129 Entwurf einer legislativen Entschließung, a.a.O., S. 14f., Änderungsantrag 14–16, Art. 11, Abs. 2 lit a und b, lit b a (neu), Stellungnahme des Ausschusses für Industrie, Außenhandel, Forschung und Energie v. 11.9.2002 in: a.a.O., S. 32f., Änderungsantrag 11–14 zu Art. 11.

130 A.a.O., Begründung, Bewertung, S. 20.

Weitergehende Kritik äußerten die Berichterstatter des mitberatenden Ausschusses, Cappato und Schröder. Cappato sprach sich gegen die Notwendigkeit einer Kodifizierung insgesamt aus und mahnte, dass die Straftaten im Internet mit den bereits vorhandenen Instrumenten hinreichend bekämpft werden könnten.[131] Dem Rahmenbeschluss stand auch Schröder ablehnend gegenüber und monierte die „Kriminalisierung von Internet-NutzerInnen"[132]:

> „Der Vorschlag zielt [...] darauf ab, nicht vor Angriffen auf Informationssysteme zu schützen, sondern Grundrechte abzubauen und Kompetenzen für Überwachungsbehörden auszubauen."[133]

Nach Auffassung Schröders ist der richtige Lösungsansatz nicht in der repressiven Strafpolitik zu suchen, sondern in der Aufklärung und Prävention.[134]

V. Die Fortsetzung des Verfahrens im Rat der Europäischen Union

Der weitergeleitete Kommissionsvorschlag wurde am 27. und 28. Februar 2003 durch den Rat (Bereich Justiz und Inneres) erörtert[135] und eine erste allgemeine Ausrichtung festgelegt.[136] Die vorläufige[137] Fassung des Rahmenbeschlusses lieferte einen ersten Aufschluss über die Änderungsvorhaben des Rates gegenüber der eingereichten Kommissionsfassung. Zum Zeitpunkt der Erstellung dieses Entwurfs lag die soeben erörterte parlamentarische Stellungnahme noch nicht vor.[138] Allerdings konnte diese den Inhalt des Entwurfs nicht nachhaltig prägen, da der Rat sämtliche Parlamentsvorbehalte aufhob,[139] bevor er am 24. Februar 2005 seine Schlussfassung verabschiedete.[140]

---

131 A.a.O., Minderansicht, *Cappato*, S. 21.

132 Bericht zu KOM(2002) 173 v. 4.10.2002, Minderansicht, *Schröder*, S. 22.

133 Ebd.

134 Ebd.

135 Rat der EU, Beratungsergebnisse v. 27./28.2.2003, S. 1, 19.

136 Rat der EU, Pressemitteilung 6162/03 v. 27./28.2.2003, S. 13; Rat der EU, Protokollentwurf v. 25.3.2003, S. 7, Nr. 11; Rat der EU, Vermerk v. 4.2.2005, 5869/05, S. 1.

137 Rat der EU, Beratungsergebnisse v. 27./28.2.2003, S. 1; Abl. EG Nr. C 203 E v. 27.8.2002, S. 110, Art. 1; Rat der EU, Pressemitteilung 6162/03, ebd.; Protokollentwurf v. 25.3.2003, ebd.

138 Diese wurde erst am 10.4.2003, zusammen mit den vorgelegten Erwägungsgründen, vom JI-Referenten geprüft, Rat der EU, Vermerk v. 4.2.2005, 5869/05, S. 2.

139 Ebd.; Rat der EU, Vermerk des Rates v. 4.2.2005, ebd.; Rat der EU, Liste der A-Punkte für die 2642. Tagung v. 24.2.2005, S. 1, Nr. 2.

140 Rat der EU, Pressemitteilung 6228/05 v. 24.2.2005, S. 2, 14; *Gercke*, CR 2005, 468, 468.

C) Die inhaltliche Ausgestaltung der Schlussfassung

Die Schlussfassung des „Rahmenbeschluss[es] 2005/222/JI des Rates gegen Angriffe auf Informationssysteme" hat gegenüber dem ursprünglichen Entwurf kaum inhaltliche Korrekturen erfahren. Diese beschränkten sich im Wesentlichen auf die vorangestellten Erwäggründe und Begriffsbestimmungen. Die Strafvorschriften erhielten hauptsächlich sprachliche Korrekturen. Im Folgenden dient der Kommissionsvorschlag (RB-E)[141] als Ausgangspunkt für die Darstellung der Unterschiede zwischen beiden Fassungen. Auf etwaige Wortlautanpassungen in der Schlussfassung wird in den Fußnoten Bezug genommen.

I. Änderungen bei den Begründungserwägungen

Zur Verdeutlichung der Zielstellung des Rahmenbeschlusses wurden die – zuvor als Artikel 1 formulierten – Ausführungen zum „Anwendungsbereich und Ziel[142] des Rahmenbeschlusses"[143] vorangestellt[144] und um Absatz 13 und 14 ergänzt. In Absatz 13 wurde die Notwendigkeit einer Sanktionierung des rechtswidrigen Zugangs zu Informationssystemen als Straftatbestand hervorgehoben.[145] Absatz 14 appellierte an eine wirksame justizielle Zusammenarbeit.[146]

Inhaltliche Modifizierungen fanden sich auch im späteren 15. Absatz. Dieser präzisierte die im Absatz 17, Satz 1 vorgesehene Verhängung schwerer Strafen[147] durch den Zusatz: „wenn ein solcher Angriff schwere Schäden verursacht oder wesentliche Interesse beeinträchtigt hat".[148] Diese Formulierung fand sich auch in den Vorgaben zum materiellen Strafrecht. Der Zusatz des

141 I.d.F. ABl. EG Nr. C 203 E v. 27.8.2002, S. 109–113.

142 Art. 1 in: KOM(2002) 173 endg. v. 19.4.2002, S. 10: „Anwendungsbereich und Zweck [...]"; in Art. 1 in: Abl. EG Nr. C 203 E v. 27.8.2002, S. 110: „Anwendungsbereich und Ziel [...]".

143 „(1) Dieser Rahmenbeschluss stellt darauf ab, durch Angleichung der einzelstaatlichen Strafrechtsvorschriften für Angriffe auf Informationssysteme die Zusammenarbeit zwischen den Justiz- und sonstigen zuständigen Behörden [der Mitgliedstaaten], einschließlich der Polizei und anderer spezialisierter Strafverfolgungsbehörden der Mitgliedstaaten zu verbessern", Rat der EU, Beratungsergebnisse v. 27./28.2.2003, Anlage I, S. 2, Erwäggründe, Absatz 1. Wortlautgetreu übernommen in: Rahmenbeschluss 2005/222/JI in: ABl. EU L 69 v. 16.3.2005, S. 67, Erwäggründe, Abs. 1.

144 Rat der EU, Beratungsergebnisse v. 27./28.2.2003, Anlage I, Erwäggründe, S. 2.

145 A.a.O., Anlage I, S. 5, Erwäggründe, Abs. 13.

146 A.a.O., S. 5, Abs. 14. Hierdurch änderte sich die Nummerierung der ansonsten inhaltsgleichen Absätze, a.a.O., Anlage I, S. 2ff.

147 A.a.O., S. 5, Erwäggründe, Abs. 17 S. 1.

148 Rahmenbeschluss 2005/222/JI in: ABl. EU L 69 v. 16.3.2005, S. 68, Erwäggründe, Abs. 15.

früheren 16. Absatzes, dass die Sanktionen „in schweren Fällen auch Freiheitsstrafen einschließen müssen“, wurde jedoch gestrichen.[149] Ebenfalls gestrichen wurden in der Schlussfassung die Absätze 9[150], 18[151] und 21[152].

II. Änderungen zu den Begriffsbestimmungen in Art. 1 des RB

Die Begriffsbestimmungen enthielt nunmehr *Art. 1 des RB*. Durch den Rat übernommen wurden die Grundtermini „Computerdaten“ (Art. 2 lit.c des RB-E) und „juristische Personen“ (Art. 2 lit.e des RB-E). Geändert wurde der Definitionsansatz zum „Informationssystem“ gemäß lit.a (Art. 2 lit.d des RB-E) in:

> „eine Vorrichtung oder eine Gruppe miteinander verbundener oder zusammenhängender Vorrichtungen, die einzeln oder zu mehreren auf der Grundlage eines Programms automatische Verarbeitung von Computerdaten durchführen sowie die von ihr oder ihnen zum Zwecke des Betriebs, der Nutzung, des Schutzes und der Pflege gespeicherten, verarbeiteten oder übertragenen Computerdaten.“[153]

Außerdem wurden die Begriffe „befugte Personen“ (Art. 2 lit.f des RB-E) und „unrechtmäßig“ (Art. 2 lit.g des RB-E) in einer Begriffsbestimmung unter lit.d als „unbefugt“ zusammengefasst.[154] Unbefugt ist danach der

„Zugang oder Eingriff, der vom Eigentümer oder einem anderen Rechtsinhaber des Systems oder eines Teils des Systems nicht gestattet wurde, oder der nach den einzelstaatlichen Rechtsvorschriften nicht zulässig ist.“[155]

Insoweit lässt sich eine Parallele zu den Ausführungen im Europäischen Parlament feststellen, das sich ebenfalls gegen die Aufnahme einer Definition zu „befugte[n] Personen“ – zu Gunsten einer Definition von „unrechtmäßig“ – ausgesprochen hatte.[156] Auf die Nennung von Beispielen für Rechteinhaber

149 A.a.O., S. 5, Erwäggründe, Abs. 16.

150 A.a.O., S. 4, Erwäggründe, Abs. 9.

151 A.a.O., S. 6, Erwäggründe, Abs. 18.

152 A.a.O., S. 7, Erwäggründe, Abs. 21.

153 A.a.O., S. 7, Art. 1a). Art. 2 lit.d in: Abl. EG Nr. C 203 E v. 27.8.2002, S. 110: „'Informationssystem' – Computer und elektronische Kommunikationsnetze sowie die von ihnen zum Zweck des Betriebs, der Nutzung, des Schutzes und der Pflege gespeicherten, verarbeiteten, abgerufenen oder übertragenen Computerdaten“.

154 A.a.O., S. 7, Art. 1.

155 A.a.O., S. 7, Art. 1d).

156 Legislative Entschließung (EP) in: Abl. EU Nr. C 300 E v. 11.12.2003, S. 154, Abänderung 9, Art. 2 lit.g Unterabsatz 1a (neu); Entwurf einer legislativen Entschließung in: Bericht zu KOM(2002) 173 v. 4.10.2002, S. 11, Änderungsantrag 8, Art. 2, lit.f.

und Zugangsberechtigte wurde im Erwäggrund des Absatzes 13 nunmehr verzichtet.[157]

III. Anpassungen bei der Computerspionage in Art. 2 des RB

In *Art. 2 des RB* sieht der Rat einen Straftatbestand für den rechtswidrigen[158] Zugang zu Informationssystemen vor, der weiter gefasst wurde als der Kommissionsvorschlag[159]. Als Begrenzung des Anwendungsbereichs wurde zwar die Beschränkung des Absatzes 2 – Fälle, in denen ein „Verstoß gegen eine Sicherheitsmaßnahme"[160] vorliege – aufrechterhalten und um die Voraussetzung, dass es sich nicht um einen Bagatellfall bzw. einen leichten Fall[161] handeln dürfe, ergänzt. Hierunter fasste die Kommission solche Fälle, „in denen der Systemeingriff als solcher von geringer Bedeutung ist oder in

---

157 Hierzu zählten nach dem früheren Absatz 15: „rechtmäßige private oder geschäftliche Nutzer, Verantwortliche, Aufsichtspersonen und Netz- oder Systembetreiber, rechtmäßige wissenschaftliche Forscher sowie unternehmensinterne oder extern ernannte Zugangsberechtigte, die die Erlaubnis besitzen, die Sicherheit eines Systems zu testen", Rat der EU, Beratungsergebnisse v. 27./28.2.2003, Anlage I, S. 5, Erwäggrund, Abs. 15. In der Schlussfassung blieben die benannten Grundtermini unverändert. Lediglich bei der Definition zu „juristische Person" wurde der Zusatz „dem jeweils geltenden innerstaatlichen" durch „geltendem" Recht ersetzt, vgl. a.a.O., S. 7, Art. 1 lit.c; Rahmenbeschluss 2005/222/JI in: ABl. EU L 69 v. 16.3.2005, S. 68, Art. 1 lit.c.

158 Der Erwäggrund in Absatz 11 sprach in diesem Zusammenhang auch nicht mehr – wie der frühere Absatz 12 – vom „unberechtigten" Zugang und „unrechtmäßigen" Eingriff, sondern vom „rechtswidrigen" Zugang und „rechtswidrigem" Eingriff, vgl. Rat der EU, Beratungsergebnisse v. 27./28.2.2003, Anlage I, S. 5, Erwäggrund, Abs. 12; Rahmenbeschluss 2005/222/JI in: ABl. EU L 69 v. 16.3.2005, S. 68, Erwäggründe, Abs. 11.

159 „Artikel 3 Rechtswidriger Zugang zu Informationssystemen

Die Mitgliedstaaten stellen sicher, dass der vorsätzliche und unrechtmäßige Zugang zu einem Informationssystem oder einem Teil eines Informationssystems unter Strafe gestellt wird, sofern diese Handlung

i) gegen einen Teil eines spezifischen Schutzmaßnahmen unterliegenden Informationssystems gerichtet ist oder

ii) mit der Absicht begangen wird, einer natürlichen oder juristischen Person Schaden zuzufügen, oder

iii) mit der Absicht begangen wird, einen wirtschaftlichen Vorteil zu bewirken", in: Abl. EG Nr. C 203 E v. 27.8.2002, S. 111, Art. 3.

160 Art. 2, Abs. 2 in der Schlussfassung: „Jeder Mitgliedstaat kann beschließen, dass Handlungen nach Absatz 1 nur geahndet werden, sofern sie durch eine Verletzung von Sicherheitsmaßnahmen erfolgen", Rahmenbeschluss 2005/222/JI in: ABl. EU L 69 v. 16.3.2005, S. 69, Art. 2, Abs. 2; *Hilgendorf* in: Harmonisierung des Internetstrafrechts in: Schwarzenegger / Arter / Jörg, S. 273f.

161 In der Entwurfsfassung des Rates „Bagatellfall", Rat der EU, Beratungsergebnisse v. 27./28.2.2003, Anlage I, S. 8, Art. 2, Abs. 1; in der Schlussfassung „leichter Fall", Rahmenbeschluss 2005/222/JI in: ABl. EU L 69 v. 16.3.2005, S. 69, Art. 2, Abs. 1.

denen die Integrität des Informationssystems nur in geringem Maße angetastet wurde."[162] Die übrigen Einschränkungsmöglichkeiten nach Absatz ii) und iii), nach denen die Strafbarkeit vom Vorliegen subjektiver Komponenten abhängig gemacht werden könnte, wurden jedoch gestrichen. Auf das Vorliegen einer solchen Schadenszufügungs- bzw. Bereicherungsabsicht solle es nach Auffassung des Rates – im Gegensatz zur Kommissionsansicht – nicht ankommen:[163]

> „Artikel 2 Rechtswidriger Zugang zu Informationssystemen
>
> (1) Jeder Mitgliedstaat trifft die erforderlichen Maßnahmen, um sicherzustellen, dass der vorsätzliche und unbefugte Zugang zu einem Informationssystem oder einem Teil eines Informationssystems zumindest dann unter Strafe gestellt wird, wenn kein Bagatellfall vorliegt.
>
> (2) Jeder Mitgliedstaat kann beschließen, dass Handlungen nach Absatz 1 nur geahndet werden, sofern sie durch einen Verstoß gegen eine Sicherheitsmaßnahme erfolgen."[164]

IV. Neuerungen zur Computersabotage in Art. 3 des RB

Der Rat hat die Vorgaben des Art. 4 lit.a) RB-E zum „rechtswidrigen Systemeingriff"[165] in *Art. 3 des RB* übernommen. In der Schlussfassung wurde lediglich die Tathandlung „Blockierung" durch „Unzugänglichmachen" ersetzt.[166] Außerdem wurde der Zusatz, dass es sich nicht um Bagatellfälle bzw. leichte

---

162 KOM(2008) 448 endg. v. 14.7.2008, S. 4.

163 Diesen Beratungsergebnissen des Rates wurde als Anlage 2 außerdem eine Stellungnahme der Kommission zum Strafmaß beigefügt, worin die Kommission ihr Bedauern darüber äußerte, dass im „Artikel 2 Absatz 2 des Rahmenbeschlusses kein Mindeststrafmaß für die in Artikel 2 genannte Straftat des rechtswidrigen Zugangs vorgesehen ist", Rat der EU, Beratungsergebnisse v. 27./28.2.2003, Anlage I, S. 14.

164 A.a.O., S. 8, Art. 2. Statt „unbefugte Zugang zu einem Informationssystem oder einem Teil eines Informationssystems", präzisierte die Schlussfassung das Angriffsobjekt in Abs. 1: „unbefugte Zugang zu einem Informationssystem als Ganzes oder zu einem Teil eines Informationssystems", KOM(2008) 448 endg. v. 14.7.2008, S. 4, Nr. 2.3.

165 „Artikel 4 Rechtswidriger Eingriff in Informationssysteme

Die Mitgliedstaaten stellen sicher, dass die nachstehenden vorsätzlichen und unrechtmäßigen Handlungen unter Strafe gestellt werden:

a) schwere Behinderung oder Störung des Betriebs eines Informationssystems durch Eingabe, Übermittlung, Beschädigung, Löschung, Verstümmelung, Veränderung, Unterdrückung oder Blockierung von Computerdaten; […]" in: Abl. EG Nr. C 203 E v. 27.8.2002, S. 111, Art. 4.

166 Rahmenbeschluss 2005/222/JI in: ABl. EU L 69 v. 16.3.2005, S. 69, Art. 3.

Fälle[167] handeln dürfe – wie nunmehr auch in Art. 2 des RB – ergänzt. Danach ergab sich folgende Fassung für Art. 3 des RB:

> „Artikel 3 Rechtswidriger Systemeingriff
>
> Jeder Mitgliedstaat trifft die erforderlichen Maßnahmen, um sicherzustellen, dass die unbefugte vorsätzliche schwere Behinderung oder Störung des Betriebs eines Informationssystems, durch Eingabe, Übermittlung, Beschädigung, Löschung, Verstümmelung, Veränderung, Unterdrückung oder Blockierung von Computerdaten, zumindest dann unter Strafe gestellt wird, wenn kein Bagatellfall vorliegt."[168]

V. Gesonderte Kodifizierung der Datenveränderung in Art. 4 des RB

Der nicht übernommene Zusatz aus Art. 4 lit.b des Kommissionsvorschlages[169] gesondert als *Artikel 4 des RB* – „Rechtswidrige Bearbeitung von Daten" (in RB-E)[170] bzw. als „Rechtswidriger Eingriff in Daten" (im RB)[171] aufgenommen und angepasst.

Gestrichen wurde die Tathandlung „Beschädigen". In Übereinstimmung mit Art. 3 des RB wurde die „Blockierung" durch das „Unzugänglichmachen" ersetzt.[172] Parallel zu den Korrekturen bei Art. 2 des RB wurde außerdem auf das Erfordernis der Schadenszufügungsabsicht verzichtet und auch hier der Zusatz ergänzt, dass es sich nicht um einen Bagatellfall bzw. einen leichten Fall[173] handeln dürfe:

> „Artikel 4 Rechtswidrige Bearbeitung von Daten
>
> Jeder Mitgliedstaat trifft die erforderlichen Maßnahmen, um sicherzustellen, dass die unbefugte vorsätzliche Löschung, Beschädigung, Verstümmelung, Verände-

---

167 „Bagatellfall", Rat der EU, Beratungsergebnisse v. 27./28.2.2003, Anlage I, S. 8, Art. 3; „leichter Fall", Rahmenbeschluss 2005/222/JI, ebd.

168 Rat der EU, Beratungsergebnisse v. 27./28.2.2003, ebd. In der Schlussfassung wurden die Tathandlungen durch substantivierte Verben ersetzt: „Eingeben, Übermitteln, Beschädigen, Löschen, Verstümmeln, Verändern, Unterdrücken oder Unzugänglichmachen", Rahmenbeschluss 2005/222/JI, ebd.

169 „b) Löschung, Verstümmelung, Veränderung, Unterdrückung oder Blockierung von Computerdaten eines Informationssystems, sofern dies in der Absicht geschieht, einer natürlichen oder einer juristischen Person Schaden zuzufügen" in: Abl. EG Nr. C 203 E v. 27.8.2002, S. 111, Art. 4 lit.b.

170 Rat der EU, Beratungsergebnisse v. 27./28.2.2003, Anlage I, S. 8, Art. 4.

171 Rahmenbeschluss 2005/222/JI in: ABl. EU L 69 v. 16.3.2005, S. 69, Art. 4.

172 Ebd.

173 „Bagatellfall", Rat der EU, Beratungsergebnisse v. 27./28.2.2003, Anlage I, S. 8; „leichter Fall", Rahmenbeschluss 2005/222/JI in: ABl. EU L 69 v. 16.3.2005, S. 69, Art. 4.

rung, Unterdrückung oder Blockierung von Computerdaten eines Informationssystems zumindest dann unter Strafe gestellt wird, wenn kein Bagatellfall vorliegt."[174]

VI. Änderungen bei der Versuchsstrafbarkeit in Art. 5 des RB

Eine wesentliche Neuerung erhielt *Art. 5 des RB* zur Versuchsstrafbarkeit. Dieser sah – im Gegensatz zum Kommissionsvorschlag – im neueingefügten Absatz 3 die Möglichkeit seiner Straflosstellung vor:

> „(3) Jeder Mitgliedstaat kann beschließen, Absatz 2 auf die in Artikel 2 genannten Straftaten nicht anzuwenden."[175]

Die Absätze 1 und 2 blieben inhaltsgleich.[176]

VII. Vorgaben zum Strafrahmen in Art. 6 und Art. 7 des RB

Auch *Art. 6 des RB* wurde wie folgt angepasst:[177]

> „Artikel 6 Strafen
>
> (1) Jeder Mitgliedstaat trifft die erforderlichen Maßnahmen, um sicherzustellen, dass die Handlungen nach Artikel 2, 3, 4 und 5 mit wirksamen, angemessenen und abschreckenden Strafen bedroht werden.
>
> (2) Jeder Mitgliedstaat trifft die erforderlichen Maßnahmen, um sicherzustellen, dass die Handlungen nach Artikel 3 und 4 mit einer Freiheitsstrafe im Höchstmaß von mindestens einem bis drei Jahren geahndet werden."[178]

---

174 Rat der EU, Beratungsergebnisse v. 27./28.2.2003, ebd. Wie bereits bei Art. 3 wurden in der Schlussfassung durch Substantivierungen verwendet, Rahmenbeschluss 2005/222/JI, ebd.

175 Rat der EU, Beratungsergebnisse v. 27./28.2.2003, Anlage I, S. 9, Art. 5.

176 „(1) Jeder Mitgliedstaat stellt sicher, dass die Anstiftung oder Beihilfe zur Begehung einer der in den Artikeln 2, 3 und 4 beschriebenen Straftaten unter Strafe gestellt wird.

(2) Jeder Mitgliedstaat stellt sicher, dass der Versuch der Begehung einer der in den Artikeln 2, 3 und 4 beschriebenen Straftaten unter Strafe gestellt wird.", Rat, ebd., Abs. 1, 2; Rahmenbeschluss 2005/222/JI in: Abl. EG Nr. C 203 E v. 27.8.2002, S. 111, Art. 5 Abs. 1, 2; Rahmenbeschluss 2005/222/JI in: ABl. EU L 69 v. 16.3.2005, S. 69, Art. 5.

177 Dieser Artikel wurde im Entwurf mit „Strafen" überschrieben, in der Schlussfassung mit „Sanktionen", Rat der EU, Beratungsergebnisse v. 27./28.2.2003, Anlage I, S. 9, Art. 6 Abs. 1; Rahmenbeschluss 2005/222/JI in: ABl. EU L 69 v. 16.3.2005, S. 69, Art. 6.

178 Rat der EU, Beratungsergebnisse v. 27./28.2.2003, Anlage I, S. 9, Art. 6; „Artikel 6 Sanktionen

(1) Jeder Mitgliedstaat trifft die erforderlichen Maßnahmen, um sicherzustellen, dass die Straftaten nach den Artikeln 2, 3, 4 und 5 mit wirksamen, verhältnismäßigen und abschreckenden strafrechtlichen Sanktionen bedroht werden.

(2) Jeder Mitgliedstaat trifft die erforderlichen Maßnahmen, um sicherzustellen, dass die Straftaten nach Artikel 3 und 4 mit einer Freiheitsstrafe im Höchstmaß von mindestens einem bis drei Jahren geahndet werden", ebd.

Die Grundsätze einer „wirksamen, verhältnismäßigen und abschreckenden“[179] Strafandrohung gemäß Absatz 1 waren danach weiter zu beachten. Allerdings wurde die Höchststrafe – gegenüber Art. 6 Abs. 1 S. 1 RB-E – nunmehr in Absatz 2 von mindestens einem Jahr,[180] um eine Spanne von mindestens einem Jahr bis zu drei Jahren erweitert. Gestrichen wurde der frühere Absatz 2[181], der die mögliche Verhängung von Geldstrafen vorsah.

Gestrichen wurde außerdem Satz 2 des ersten Absatzes im Kommissionsvorschlag: „Fälle, in denen durch die betreffende Handlung kein Schaden oder wirtschaftlicher Vorteil bewirkt wurde, gelten nicht als schwere Fälle“.[182] Die Ausführungen über erschwerende Umstände verlagerten sich damit auf *Art. 7 des RB.*

Während Art. 7 Abs. 1 des RB-E bei ihrem Vorliegen noch eine Mindeststrafe von vier Jahren Freiheitsstrafe vorgesehen hatte,[183] verzichtete der Ratsentwurf auf die Festsetzung einer Mindeststrafe. Dieser führte stattdessen ein Höchstmaß von mindestens zwei bis fünf Jahren ein:

> „Artikel 7 Erschwerende Umstände
>
> (1) Jeder Mitgliedstaat trifft die erforderlichen Maßnahmen, um sicherzustellen, dass die Handlungen nach Artikel 2 Absatz 2 sowie die Handlungen nach den Artikeln 3 und 4 mit einer Freiheitsstrafe im Höchstmaß von mindestens zwei bis fünf Jahren geahndet werden […].“[184]

Ein erschwerender Umstand liege – übereinstimmend mit Art. 7 Abs. 1 lit.a) RB-E[185] – bei kriminellen Vereinigungen stets vor,

---

179 Rat der EU, Beratungsergebnisse v. 27./28.2.2003, Anlage I, S. 9, Art. 6 Abs. 1; Abl. EG Nr. C 203 E v. 27.8.2002, S. 111, Art. 6 Abs. 1, S. 1; Rahmenbeschluss 2005/222/JI in: ABl. EU L 69 v. 16.3.2005, S. 69, Art. 6.

180 „(1) Die Mitgliedstaaten stellen sicher, dass die in den Artikeln 3, 4 und 5 genannten Straftaten in schweren Fällen durch wirksame, verhältnismäßige und abschreckende Strafen einschließlich Freiheitsstrafen im Höchstmaß von mindestens einem Jahr geahndet werden“ in: Abl. EG Nr. C 203 E v. 27.8.2002, S. 111, Art. 6 Abs. 1, S. 1.

181 „(2) Die Mitgliedstaaten sehen die Möglichkeit vor, zusätzlich zu oder anstelle von Freiheitsstrafen Geldstrafen zu verhängen“, a.a.O., Art. 6 Abs. 2.

182 A.a.O., Art. 6 Abs. 1, S. 2.

183 „Artikel 7 Erschwerende Umstände

(1) Die Mitgliedstaaten stellen sicher, dass Straftaten nach Artikel 3, 4 und 5 mit einer Freiheitsstrafe von mindestens vier Jahren geahndet werden können, sofern sie unter den im Folgenden genannten Umständen begangen werden […]“ in: a.a.O., S. 112, Art. 7 Abs. 1.

184 Rat der EU, Beratungsergebnisse v. 27./28.2.2003, Anlage I, S. 9, Art. 7 Abs. 1; in der Schlussfassung wurden „Handlungen“ durch „Straftaten“ ersetzt; Rahmenbeschluss 2005/222/JI in: ABl. EU L 69 v. 16.3.2005, S. 69, Art. 7.

185 „a) die Straftat wurde im Rahmen einer kriminellen Vereinigung gemäß Definition in der Gemeinsamen Maßnahme 98/733/JI vom 21. Dezember 1998 betreffend die Strafbarkeit

„[…] wenn sie [die Tat] im Rahmen einer kriminellen Vereinigung im Sinne der Gemeinsamen Maßnahme 98/733/JI vom 21. Dezember 1998 betreffend die Strafbarkeit der Beteiligung an einer kriminellen Vereinigung in den Mitgliedstaaten der Europäischen Union begangen wurden, unabhängig von dem dort vorgesehenen Strafmaß […].“[186]

Anders als im Entwurf der Kommission, formulierte der Rat in Absatz 2, dass folgende Fälle ebenfalls erschwerende Umstände darstellen können, ohne die Strafschärfung verbindlich festzuschreiben.

„(2) Ein Mitgliedstaat kann die in Absatz 1 genannten Maßnahmen auch treffen, wenn durch die Handlungen schwere Schäden verursacht oder wesentliche Interessen beeinträchtigt wurden.“[187]

In der Fassung der Kommission war die Einordnung als erschwerender Umstand in den nachfolgenden Fällen noch zwingend.

„(1) Die Mitgliedstaaten stellen sicher, dass Straftaten nach Artikel 3, 4 und 5 mit einer Freiheitsstrafe von mindestens vier Jahren geahndet werden können, sofern sie unter den im Folgenden genannten Umständen begangen werden:

[…]

b) durch die Straftat wurde einer natürlichen Person direkt oder indirekt ein erheblicher wirtschaftlicher Verlust oder körperlicher Schaden zugefügt oder ein Teil der kritischen Infrastruktur des Mitgliedstaates erheblich beschädigt; oder

c) durch die Straftat wurden erhebliche Erträge erzielt.“[188]

Durch die Formulierung einer „Kann-“ statt der vorherigen „Soll-“ Vorschrift wurde zwar eine obligatorische Strafschärfung vermieden. Allerdings begründet der Zusatz „wesentliche Interessen“ ebenfalls die Gefahr einer großzügigen Interpretation.

Gestrichen wurde die frühere Strafschärfung des Absatzes 2,[189] aber auch die Möglichkeit zur Strafmilderung gem. Art. 8 RB.[190] In diesem Zusammenhang

---

der Beteiligung an einer kriminellen Vereinigung in den Mitgliedstaaten der Europäischen Union, abgesehen von dem dort vorgesehenen Strafmaß, begangen“ in: Abl. EG Nr. C 203 E v. 27.8.2002, S. 112, Art. 7 Abs. 1 lit.a.

186 Rat der EU, Beratungsergebnisse v. 27./28.2.2003, Anlage I, S. 9, 7 Abs. 1; in der Schlussfassung wurde in Abs. 1 der Zusatz „vom 21. Dezember 1998“ gestrichen; Rahmenbeschluss 2005/222/JI in: ABl. EU L 69 v. 16.3.2005, S. 69, Art. 7 Abs. 1.

187 Rat der EU, Beratungsergebnisse v. 27./28.2.2003, Anlage I, S. 9f., Art. 7.

188 Abl. EG Nr. C 203 E v. 27.8.2002, S. 112, Art. 7 Abs. 1 lit.b.

189 „(2) Die Mitgliedstaaten stellen sicher, dass Straftaten nach Artikel 3 und 4 mit längeren als den in Artikel 6 vorgesehenen Freiheitsstrafen geahndet werden können, wenn der Täter bereits in einem Mitgliedstaat wegen einer derartigen Straftat rechtskräftig verurteilt wurde“, a.a.O., Art. 7 Abs. 2.

ist zu berücksichtigen, dass zumindest ein Teilbereich des früheren Art. 8 des RB-E über die neu eingeführte Straflosstellung der Bagatelldelikte erfasst werden wird. Im Übrigen lassen die Ausführungen des Rates eine eindeutige Klärung des Verhältnisses zwischen „Taten mit geringfügigen Schäden" und „Bagatelldelikten" vermissen.

VIII. Sonstige Anpassungen

Art. 8 und 9 des RB betrafen die Verantwortlichkeit juristischer Personen. *Art. 10 des RB* regelte die gerichtliche Zuständigkeit und *Art. 11 des RB* den Informationsaustausch.[191]

Präzisiert wurden die Vorgaben zur Umsetzung in *Art. 12 des RB* und zum Inkrafttreten gem. *Art. 13 des RB*. Danach sollten die Mitgliedstaaten ihren Verpflichtungen aus dem Rahmenbeschluss bis zum 16. März 2007 nachkommen. Inwieweit die Mitgliedstaaten ihren Umsetzungspflichten nachgekommen sind, sollte durch den Rat bis zum 16. September 2007[192] überprüft werden.[193] Gem. Art. 13 des RB trat der Rahmenbeschluss am Tag seiner Veröffentlichung im Amtsblatt der Europäischen Union am 16. März 2005 in Kraft.[194]

IX. Zusammenfassung der grundlegenden Änderungsansätze des Rates

Zusammenfassend lässt sich feststellen, dass der Rat die vorgeschlagene Grundausrichtung der Kommission beibehalten hat. Der Regelungsschwerpunkt lag weiterhin auf den Harmonisierungsbestrebungen zum materiellen Recht. Bei näherer Betrachtung der durchgeführten Modifizierungen wird deutlich, dass der Rat von der tatbestandlichen Begrenzung durch subjektive Komponenten Abstand genommen hat. Anders als noch in der Kommissionsfassung war die Strafbarkeit nicht mehr vom Vorliegen einer Schädigungs- oder einer Nachteilszufügungsabsicht abhängig. Durch den hierdurch bedingten Wegfall dieser subjektiven Tatbestandsbegrenzung erweiterte sich der

---

190 „Unbeschadet der Artikel 6 und 7 stellen die Mitgliedstaaten sicher, dass die in Artikel 6 und 7 genannten Strafen herabgesetzt werden können, falls der Täter nach Auffassung der zuständigen Justizbehörde nur einen geringfügigen Schaden verursacht hat", a.a.O., S. 111, Art. 8.

191 Rahmenbeschluss 2005/222/JI in: ABl. EU L 69 v. 16.3.2005, S. 69–71, Art. 8–11.

192 In der Entwurfsfassung des Rates war hierfür noch der 31.12.2004 angedacht, Rat der EU, Beratungsergebnisse v. 27./28.2.2003, Anlage I, S. 13, Art. 12.

193 Rahmenbeschluss 2005/222/JI in: ABl. EU L 69 v. 16.3.2005, S. 71, Art. 12.

194 A.a.O., S. 71, Art. 13.

Anwendungsbereich, der durch den Rat dahingehend korrigiert wurde, dass er einen Zusatz für Bagatellfälle – später unter der Bezeichnung „leichter Fall" – vorsah, die explizit von der Strafbarkeit ausgenommen werden sollten. Konkretisierende Vorgaben, was unter einem solchen Bagatellfall zu verstehen ist, enthielt der Rahmenbeschluss jedoch nicht.

D) Die Rechtswirkung des Rahmenbeschlusses 2005/222/JI

Wie eingangs bereits erörtert, wurde mit dem Rahmenbeschluss ein Rechtsinstrument eingeführt, das sich deutlich von den bisherigen Maßnahmen sowohl bezüglich des Regelungsgehalts, als auch hinsichtlich der damit verbundenen Rechtswirkung unterscheiden sollte.[195] Die vorrangige Spezialität des Gemeinschaftsrechts sollte jedoch gewahrt bleiben.[196] In Anbetracht der strukturellen Trennung zwischen der EU und der EG, nebst den ihnen zur Verfügung stehenden Rechtsinstrumenten, war die Rechtsbindungswirkung von Rahmenbeschlüssen umstritten.

Hierbei ist nach der betroffenen Rechtsebene zu differenzieren, d.h. einerseits zwischen der EU und den Mitgliedsstaaten und andererseits zwischen den Mitgliedstaaten und ihren Bürgern. Dabei orientiert sich die Reichweite auf beiden Ebenen an der Klassifizierung des Rahmenbeschlusses als eher völkerrechtliches oder eher supranationales Rechtsinstrument.[197] Die unterschiedliche Beurteilung resultiert aus der Parallelisierung zweier Rechtsinstrumente auf zwei verschiedenen Rechtsebenen, denn bei der Ausgestaltung der Rahmenbeschlüsse – als Handlungsform der EU (Art. 34 Abs. 2, S. 2 lit.b EUV) – wurden Anleihen an der Richtlinie – als Handlungsform der supranationalen Europäischen Gemeinschaft (Art. 249 Abs. 3 EGV) – genommen.

---

195 *Wasmeier* in: v.d.Groeben / Schwarze, Art. 34 EUV, Rn 6; *Adam*, EuZW 2005, 558, 559; *Schroeder*, EuR 2007, 349, 359f.; *Gercke*, CRi 2011, 142, 143; *Vormbaum*, Schutz der Rechtsgüter von EU-Staaten, S. 49ff.

196 *Schönberger*, ZaöRV 2007, 1107, 1114; *Fromm*, ZIS 2008, 168, 170; vertiefend zu den Vorteilen: *Vogel*, GA 2003, 314, 322. Art. 1 des RB verwies daher auf Art. 47 EUV, wonach die Regelungen des Gemeinschaftsrechts weiter unangetastet bleiben müssen, KOM(2002) 173 endg. in: ABl. EG Nr. C 203 E v. 27.8.2002, S. 110, Erwägungsgründe, Absatz 18. Hierzu zählten v.a. die bestehenden Regelungen zum Privatsphäre- und Datenschutz, einschließlich der Richtlinie 95/46/EG v. 24.10.1995 in: Abl. EU Nr. L 281 v. 23.11.1995, S. 31–50; Richtlinie 97/66/EG v. 15.12.1997 in: Abl. EG Nr. L 24 v. 30.1.1998, S. 1–8 und Richtlinie 98/84/EG in: ABl. EG Nr. L 320 v. 28.11.1998, S. 54–57; KOM(2002) 173 endg. v. 19.4.2002, S. 9, Art. 1, S. 11.

197 In Abhängigkeit von dieser Zuordnung können auch die formellen Anforderungen an eine wirksame innerstaatliche Umsetzung differieren.

Art. 34 Abs. 2, S. 2 lit.b EUV[198] sah für den Rahmenbeschluss, ebenso wie für die Richtlinie in Art. 249 Abs. 3 EGV,[199] nahezu wortlautgetreu vor, dass dieser bezüglich der vorgegebenen Zielstellung – also des gefassten Rahmens – verbindlich sei. Außerdem bezweckten beide Instrumente die Harmonisierung der Rechtsordnungen in den Mitgliedstaaten.[200] Neben dieser inhaltlichen und funktionellen Parallelität, wiesen beide strukturelle Ähnlichkeiten auf, weshalb der Rahmenbeschluss teilweise als „zur Familie der richtlinienförmigen Instrumente" gehörig[201] beschrieben wurde.[202] Die Gemeinsamkeiten mit dem Regelungsinstrument der EG könnten daher dazu verleiten, auch einen Gleichlauf der Bindungswirkung zu vermuten. Aus diesem Grund wurde zum Rahmenbeschluss in Art. 34 Abs. 2 lit.b S. 3 EUV Satz 3 klargestellt: „Sie sind nicht unmittelbar wirksam."[203]

Der fortbestehende Souveränitätsvorbehalt auf der Ebene des Strafrechts[204] komme auch in der fehlenden Supranationalität der erlassenen Rechtsakte auf EU-Ebene zum Ausdruck.[205] Anders als Richtlinien wirken Rahmenbeschlüsse gem. Art. 34 Abs. 2 lit.b, S. 3 EUV daher bereits expressis verbis nicht unmittelbar und bedürfen zuvor einer Umsetzung in nationales Recht.[206] Übereinstimmend betonte das Bundesverfassungsgericht in seinem Urteil zum Europäischen Haftbefehl: „Das Unionsrecht ist trotz des fortge-

198 Art. 34 Abs. 2, S. 2 lit.b EUV (ex-Artikel K.6) in: BGBl. II Nr. 12 v. 16.4.1998, S. 461.

199 Art. 249 Abs. 3 EGV (ex-Artikel 189), a.a.O., S. 506.

200 *Schönberger*, ZaöRV 2007, 1107, 1120; *Gärditz / Gusy*, GA 2006, 225, 225.

201 *Bogdandy / Bast / Arndt*, ZaöRV 2002, 77, 111; *Schönberger*, ZaöRV 2007, 1107, 1121.

202 *Schönberger*, ZaöRV 2007, 1107, 1120f.; *Schroeder*, EuR 2007, 349, 361.

203 Art. 34 Abs. 2, S. 2 lit.b EUV (ex-Artikel K.6) in: BGBl. II Nr. 12 v. 16.4.1998, S. 461.

204 *Wasmeier*, in: v.d.Groeben / Schwarze, Art. 34 EUV, Rn 8; *Schönberger*, ZaöRV 2007, 1107, 1112; *Hilgendorf* in: Harmonisierung des Internetstrafrechts in: Schwarzenegger / Arter / Jörg, S. 261f.; *Ruhs*, ZJS 2011, 13, 16; *Schroeder*, EuR 2007, 349, 350; *Dannecker*, Strafrecht der Europäischen Gemeinschaft, S. 59f./2023f. Ein Rahmenbeschluss konnte also kein Strafgesetz im Sinne des „nullum crimen sine lege"-Grundsatzes bilden, *Wasmeier* in: v.d.Groeben / Schwarze, Art. 34 EUV, Rn 8, 12. Diese fehlende unmittelbare Rechtswirkung des Rahmenbeschlusses beruhte auf der Abgrenzung des Unionsrechts vom Gemeinschaftsrecht im sog. Säulen- bzw. Tempelmodell und ist letztlich Ausdruck der fehlenden eigenen Rechtspersönlichkeit der EU im Unterschied zur supranationalen EG, *Zöller*, ZIS 2009, 340, 341; *Reinbacher*, Strafrecht im Mehrebenensystem, S. 106.

205 *Weißer*, ZIS 2006, 562, 567; *Zöller*, ZIS 2009, 340, 341; BVerfGE 113, 273, 301 (Europäischer Haftbefehl). Kritisch: *Schroeder*, EuR 2007, 349, 357f.; *Pache*, EuR 1993, 173, 181.

206 *Schönberger*, ZaöRV 2007, 1107, 1118; *Weißer*, ZIS 2006, 562, 570; *Popp*, MR-Int. 2007, 84, 84; BVerfGE ebd.; *Vormbaum*, Schutz der Rechtsgüter von EU-Staaten, S. 51. Kritisch hierzu: *Schroeder*, ebd.

schrittenen Integrationsstandes weiterhin eine Teilrechtsordnung, die bewusst dem Völkerrecht zugeordnet ist“[207].

Trotz dieses *(quasi-)völkerrechtlichen Verständnisses* verzichtete die überwiegende Ansicht auf die Umsetzung durch einen innerstaatlichen Transformationsakt. Es bedürfe hierzu nicht der Zustimmung des deutschen Gesetzgebers gem. Art. 59 Abs. 2 GG.[208] Begründet wurde diese Auffassung mit dem Erlass von Rahmenbeschlüssen auf intergouvernementaler Ebene der dritten Säule, die damit außerhalb des Gemeinschaftsrechts stehe.[209] Wenn zur Umsetzung ein gesonderter Transformationsakt nach völkerrechtlichen Maßstäben erforderlich wäre, würde die angestrebte stärkere Bindungswirkung durch den Ersatz der Gemeinsamen Maßnahme als „schwächeres Vorgängerinstrument“ mit dem Rahmenbeschluss eingebüßt.[210]

Zusammenfassend lässt sich daher feststellen, dass nach dem völkerrechtlich-orientiertem Ansatz zwar eine unmittelbare Verpflichtung zur Umsetzung des Rahmenbeschlusses gegenüber den Mitgliedsstaaten entsteht, der „Rahmenbeschluss 2005/222/JI über Angriffe auf Informationssysteme“ allerdings erst nach Umsetzung in innerstaatliches Recht seine uneingeschränkte Rechtswirkung entfalten kann. Eines Transformationsaktes nach den Vorschriften des Art. 59 Abs. 2 GG bedarf es hierzu jedoch nach überwiegender Ansicht nicht.[211]

Den Anstoß für eine stärker „supranationale Auslegung“ dürfte die „Pupino-Entscheidung“ des Europäischen Gerichtshofes vom 16. Juni 2005[212] gegeben haben. Darin konstatierte der EuGH eine Verpflichtung der Mitgliedstaaten zur rahmenbeschlusskonformen Auslegung des nationalen Rechts.[213]

---

207 BVerfGE, ebd. Hierbei handelte es sich allerdings um ein nicht entscheidungserhebliches obiter dictum, *Böse* in: FS Tiedemann, S. 1321, 1325.

208 *Schönberger*, ZaöRV 2007, 1107, 1125, 1138.

209 *Rosenau*, ZIS 2008, 9, 12. Hierzu äußerte das Bundesverfassungsgericht, ebenfalls in seinem Urteil zum Europäischen Haftbefehl: „Ein Rahmenbeschluss ist nicht unmittelbar wirksam (Art. 34 Abs. 2 lit.b EUV), er bleibt für seine innerstaatliche Gültigkeit darauf angewiesen, dass er von den Mitgliedstaaten in das nationale Recht umgesetzt wird“, BVerfGE 113, 273, 300 (Europäischer Haftbefehl).

210 *Schönberger*, ZaöRV 2007, 1107, 1125. Auch wenn von der Einhaltung dieser strengen Vorschriften abgesehen wurde, verlangte Art. 34 Abs. 2, S. 2 lit.b EUV dennoch einen konkretisierenden Rechtsakt durch die Mitgliedstaaten, a.a.O., 1125, 1138.

211 In Abgrenzung zur Richtlinie formulierten *Gärditz* und *Gusy* daher: „‘Unmittelbar’ wirksam sind beide Regelungsformen; und zwar gegenüber den Mitgliedsstaaten, nicht hingegen in ihnen und gegenüber den Einzelnen“, *Dies.*, GA 2006, 225, 226.

212 EuGH v. 16.6.2005, C-105/03, S. I-5309-5334 (Pupino).

213 Vorlagegegenstand war der Verfahrensablauf im italienischen Strafprozess und die dortigen Beweiserhebungsmodalitäten, a.a.O., S. I-5329, Rn 46. Allerdings nahm der

„Die Apodiktik der Ausführungen sowie die Tatsache, dass der *Gerichtshof* sie trotz ihrer Entscheidungsunerheblichkeit vorgenommen hat, lassen vermuten, dass hier eine Rechtsprechung zur Neujustierung des Verhältnisses von Unions- und Gemeinschaftsrecht eingeläutet werden soll.“[214]

Der EuGH stützte seine teleologische Argumentation hauptsächlich auf die bereits dargestellten Ähnlichkeiten zwischen Richtlinie und Rahmenbeschluss, die sich schon aus dem Wortlautvergleich ergäben.[215] Danach folge aus dem „zwingenden Charakter von Rahmenbeschlüssen“[216], dass die Behörden und Gerichte der Mitgliedstaaten eine Verpflichtung zur rahmenbeschlusskonformen Auslegung nationalen Rechts treffe.[217] Dies sei, angesichts der angestrebten Effektivierung durch den Vertrag von Amsterdam, zur verbesserten Durchsetzung gemeinschaftlicher Ziele der Union auch erforderlich.

Ergänzend führte der EuGH aus, dass der EU-Vertrag zwar nicht über eine vergleichbare Regelung zur Gemeinschaftstreue wie in Art. 10 EGV verfüge – so der Einwand der Regierung Italiens und des Vereinigten Königreichs – aber dafür die „Unionstreue“[218] gewahrt werden müsse.[219] Ein weiteres Argument leitete der Gerichtshof aus der Existenz des Vorabentscheidungsverfahrens her. Dieses Verfahren würde gerade voraussetzen, dass sich der Einzelne bereits vor der Umsetzung auf den entsprechenden Rahmenbeschluss berufen dürfe.[220] Einschränkend stellte der EuGH jedoch fest, dass die Verpflichtung zur rahmenbeschlusskonformen Auslegung nicht „contra legem des nationalen Rechts“[221] erfolgen dürfe. Dies schließe die zwingende Einhaltung allgemeiner Rechtsgrundsätze ein.[222] Der EuGH betonte:

„Nach diesen Grundsätzen darf die genannte Verpflichtung insbesondere nicht dazu führen, dass auf der Grundlage eines Rahmenbeschlusses unabhängig von einem zu seiner Durchführung erlassenen Gesetz die strafrechtliche Verantwortlich-

---

EuGH das Urteil zum Anlass, um die Rechtsbindungswirkung des Rahmenbeschlusses zu erörtern.

214 *Adam*, EuZW 2005, 558, 560; a.A.: *Schroeder*, EuR 2007, 349, 352.

215 EuGH v. 16.6.2005, C-105/03, S. I-5325f., Rn 33, 34 (Pupino).

216 A.a.O., I-5326, Rn 34.

217 Ebd. Zustimmend *Popp*, MR-Int. 2007, 84, 84.

218 *Weißer*, ZIS 2006 562, 565, 568.

219 EuGH v. 16.6.2005, C-105/03, S. I-5327, Rn 42 (Pupino); zustimmend: *Danwitz*, Europäisches Verwaltungsrecht, S. 197.

220 EuGH, a.a.O., Rn 38 (Pupino). Kritisch: *Gärditz / Gusy*, GA 2006, 225, 231: „Es genügt vielmehr, wenn die Gerichte dazu berechtigt sind“.

221 EuGH, a.a.O., S. I-5329, Rn 47.

222 A.a.O., S. I-5328, Rn 41.

keit derjenigen, die gegen die Vorschriften dieses Beschlusses verstoßen, festgelegt oder verschärft wird […].“[223]

Ergänzend wurde eine Begrenzung in zeitlicher Hinsicht befürwortetet, wonach die Auslegungspflicht erst nach Ablauf der Umsetzungspflicht gelten dürfe. Begründet wurde dieses Korrektiv mit der anderenfalls zu starken Beschneidung des nationalen Gesetzgebers in seinen Rechten aus Art. 34 Abs. 2, S. 2 lit. b, S. 2 EUV. Danach sei dieser in der Wahl der Mittel frei. Dieses Privileg dürfe nicht durch vorzeitige Vorgaben des EuGH unterlaufen werden.[224]

Zusammenfassend lässt sich daher feststellen, dass der „Rahmenbeschluss über Angriffe auf Informationssysteme“, im Duktus des Bundesverfassungsgerichts, nach dessen Inkrafttreten zwar eine unmittelbare Bindungswirkung gegenüber den Mitgliedstaaten zur fristgemäßen Umsetzung entfaltete. Diese auf innerstaatlicher Ebene und damit zwischen dem Mitgliedstaat und seinen Bürgern jedoch erst nach dessen Umsetzung eintrete. Auf die Einhaltung der Vorschriften in Art. 59 Abs. 2 S. 1 GG wird dabei überwiegend verzichtet. Nach Ansicht des EuGH wirkt der Rahmenbeschluss jedoch bereits über die Pflicht zur rahmenbeschlusskonformen Auslegung, spätestens nach Ablauf der Umsetzungspflicht, mit objektiver Rechtswirkung in die Mitgliedstaaten hinein. Begrenzt werde diese mittelbare Wirkung nur bei Auslegungsergebnissen zu Lasten des betroffenen Bürgers.

E) Zusammenfassende Beurteilung der Kennzeichen der zweiten Phase der Strafrechtsharmonisierung

In der Entstehung, im Inhalt und in der Rechtsbindungswirkung des soeben erläuterten Rahmenbeschlusses kommen die prägenden Charakteristika für die zweite Phase der Strafrechtsharmonisierung zum Ausdruck, für die der Vertrag von Amsterdam die strukturellen Voraussetzungen schuf.

In dieser zweiten Phase wurden verstärkt die Instrumente der dritten Säule eingesetzt. Mit der Einführung eines Initiativrechts für Rahmenbeschlüsse

223 A.a.O., S. I-5328, Rn 45 m.w.N. Für die Richtlinie betonend, Rechtsausschuss EP, Bericht über die Folgen des Urteils v. 13.9.2005, S. 7, Ziff. 12. Zustimmend: Europäische Parlament in: Die Folgen des Urteils des Gerichtshofs in der Rechtssache C-176/03, Entschließung in: ABl. EU Nr. C 300 E v. 9.12.2006, S. 258, Ziff. 13.

224 Für eine dahingehende Einschränkung sprach sich v.a. die Literatur aus; statt vieler: *Weißer*, ZIS 2006, 562, 572f.; *Schroeder*, EuR 2007, 349, 366. *Lorenzmeier*, ZIS 2006, 576, 582. Umgekehrt gelte das sog. Frustrationsverbot, demzufolge die Mitgliedsstaaten die anstehende Umsetzung durch nationale Gesetzesnovellierungen nicht gefährden dürfen, *Weißer*, ZIS 2006 562, 569, *Wasmeier* in: v.d.Groeben / Schwarze, Art. 34 EUV, Rn 12.

gem. Art. 34 Abs. 2, S. 2 lit.b EUV wurde die Schaffung legislatorischer Grundlagen für die verpflichtende Umsetzung durch die Mitgliedstaaten erleichtert, auch wenn sie thematisch auf das Vorliegen eines Regelungsbereichs der Art. 29 Abs. 2 i.V.m. Art. 31 Abs. 1 lit.e EUV begrenzt waren.[225] Diese Vereinfachung führte zugleich zu einer Intensivierung in diesen, aber auch in darüber hinausgehenden Bereichen innerhalb der zweiten Strafrechtsharmonisierungswelle.[226]

Dank der strukturellen Veränderungen konnte der Rat auf ein – der Convention on Cybercrime des Europarates vergleichbares – Übereinkommen verzichten und wählte stattdessen einen Rahmenbeschluss zur Regelung auf dem Gebiet des Computer- und Internetstrafrechts (Rahmenbeschluss 2005/222/JI).

Die festgestellte Notwendigkeit einer (straf-)rechtlichen Erfassung führte zu einer stärkeren Fokussierung bereits zuvor angeregter Aktionspläne. Ihre verbindliche Konkretisierung konnte jedoch erst in dieser zweiten Phase umgesetzt werden. Der zu diesem Zweck erlassene Rahmenbeschluss 2005/222/JI zur Regulierung von Angriffen auf Informationssystemen, enthielt in Art. 4 des RB auch verbindliche Vorgaben zum Strafmaß. Diese gingen über das sog. Mindesttrias, welches bei Maßnahmen der ersten Phasen bereits Berücksichtigung fand, hinaus und legte ergänzend eine Mindesthöchststrafe fest.

F) Die dritte Phase der Strafrechtsharmonisierung

In der dritten Strafrechtsharmonisierungswelle erwies sich die Rechtsprechung des EuGH als Motor für eine weitergehende Strafrechtspolitik. Der Gerichtshof musste im Urteil zur Rs. C-176/03 (Umweltstrafrecht) über den Rahmenbeschluss 2003/80/JI zur Reichweite der sog. Anweisungs- bzw. Annexkompetenz der EG Stellung nehmen und damit auch zum Verhältnis zwischen der gemeinschafts- und unionsrechtlichen Zuständigkeitsverteilung,[227] oder wie es Heger formulierte:

> „Der EuGH wurde damit zum Schiedsrichter eines intra-institutionellen Konflikts zwischen Rat und Kommission über den richtigen Ort der Europäisierung des Strafrechts auf den Gebieten der EG Politiken […].“[228]

---

225 *Schwarzenegger*, ZSR 2008 II, S. 429.

226 *Vormbaum*, Schutz der Rechtsgüter von EU-Staaten, S. 50f.

227 *Calliess*, Stellungnahme v. 23.10.2007, S. 20; *Gercke*, StV 2016, 391, 391.

228 *Heger*, Anm. zu EuGH, Urteil v. 13.9.2005, C-176/03 in: JZ 2006, 310, 310.

I. Strukturell bedingte Interessenlage der klagenden Kommission

Der EuGH hatte in seiner Pupino-Entscheidung den Rahmenbeschluss (als Rechtsakt der EU) der supranationalen Richtlinie bereits stärker angeglichen. Der darin bereits angeklungene Kompetenzkonflikt kulminierte schließlich in der Rs. C-176/03 zum Umweltstrafrecht.[229] Dies veranlasste Rosenau zu der Vermutung:

> „Es dürften der Kommission mit ihrer Nichtigkeitsklage vor dem EuGH mehr deren Kompetenzen vor Augen gestanden haben als etwa die Förderung der europarechtlichen Demokratie […].“[230]

Die zunehmende Verwendung des Rahmenbeschlusses brachte, gegenüber dem Erlass von Richtlinien innerhalb der ersten Säule, mehrere Nachteile für die Kommission mit sich. Bei der Richtlinie verfügte die Kommission gem. Art. 250 EGV über ein Initiativmonopol, anders als beim Rahmenbeschluss. Letzterer musste dazu gem. Art. 34 Abs. 2 S. 2 EUV einstimmig gefasst werden, während für eine Richtlinie die qualifizierte Mehrheit genügte. Die Rolle des Rates war demzufolge bei einer Regelung innerhalb der dritten Säule zu Lasten der Kommission gestärkt. Nach dem erfolgreichen Erlass wirkte die Richtlinie außerdem unmittelbar und ihre Umsetzung konnte gem. Art. 226 EGV durch die Einleitung eines Vertragsverletzungsverfahrens erzwungen werden, anders als beim Rahmenbeschluss.[231] Auch wenn damit die gewünschte Verlagerung der Harmonisierung in die erste Säule aus Sicht der Kommission nachvollziehbar war, änderte dies nichts an der bislang fehlenden Ermächtigung auf dem Gebiet des Strafrechts, die Art. 5 Abs. 1 EGV für eine Kompetenzausübung zwingend voraussetzte.[232] Hiervon zu trennen sei allerdings die „Anweisungskompetenz“, d.h. die Kompetenz, die Mitgliedstaaten aufzufordern, strafrechtliche Regelungen zu schaffen. Das auf diese Weise entstehende angeglichene Strafrecht bleibe nationalisiertes Strafrecht, welches die EG im strengen Wortsinne nicht selbst geschaffen habe. Diese „Harmonisierungskompetenz“ wurde entweder aus einer Annexkompetenz von Spezialvorschriften abgeleitet, als allgemeine Handlungsermächtigung oder Art. 94 und 95 EGV herangezogen, soweit ein Funktionszusammenhang mit der Förderung des gemeinsamen Marktes hergestellt werden könne.[233]

---

229 *Rosenau*, ZIS 2008, 9, 13; *Heger*, a.a.O., S. 311.

230 *Rosenau*, ebd. Auch Heger argwöhnte, dass sich die Kommission mit der Nichtigkeitsklage gegen die Einschränkung ihrer Mitwirkungsrechte innerhalb der dritten Säule zur Wehr setzen wollte, *Heger*, ebd.

231 *Rosenau*, ebd.; *Heger*, ebd.; *Satzger*, Stellungnahme zum 28.11.2007, S. 4f.

232 *Zimmermann*, NStZ 2008, 662, 663.

233 *Rosenau*, ZIS 2008, 9, 15.

II. Inhalt des EuGH-Urteils in der Rs. C-176/03

Auch wenn das EuGH-Urteil in der Rs. C-176/03[234] eine Entscheidung zum Umweltstrafrecht zum Gegenstand hatte,[235] gingen weniger der Inhalt,[236] als vielmehr die ihm beigemessenen Folgen,[237] weit über den konkreten Einzelfall hinaus. Im Kern widmete sich das Urteil der ungeklärten Streitfrage, ob die Mitgliedstaaten durch eine gemeinschaftsrechtliche Verpflichtung mittels Richtlinien zum Erlass von Strafrechtsvorschriften angewiesen werden dürfen.[238] Zuvor wurde teilweise die Auffassung vertreten, dass die gemeinschaftsrechtlichen Kompetenzen, durch die Zuweisung des Strafrechts zur polizeilichen und justiziellen Zusammenarbeit, von vornherein gesperrt seien.[239] Andere vertraten die Ansicht, dass dem Rat ein Beurteilungsspielraum verbleibe, innerhalb welcher Säule die strafrechtliche Maßnahme zu erlassen sei.[240] Eine dritte Ansicht betrachtete die EG bei ausschließlicher oder konkurrierender Kompetenz als zuständig.[241]

Im Verfahren brachte die Kommission vor, dass die strafrechtlichen Regelungen zum Umweltrecht durch eine Richtlinie, auf der Grundlage des Art. 175 Abs. 1 EGV, gefasst werden müssten. Die Wahl des Rahmenbeschlusses sei ungeeignet.[242] Der Kommission stehe eine Anweisungskompetenz zu, so dass sie

> „[…] zuständig ist, die Mitgliedstaaten aufzufordern, auf nationaler Ebene Sanktionen – gegebenenfalls auch strafrechtlicher Art – zu verhängen, wenn sich dies als erforderlich erweist, um ein Gemeinschaftsziel zu erreichen."[243]

---

234 EuGH v. 13.9.2005, C-176/03, S. I-7914 (Umweltstrafrecht).

235 Rahmenbeschluss 2003/80/JI v. 27.1.2003 in: ABl. EU Nr. L 29 v. 5.2.2003, S. 55–58.

236 Rechtsausschuss EP, Bericht über die Folgen des Urteils v. 13.9.2005, S. 10. So auch: Europäisches Parlament in: Die Folgen des Urteils des Gerichtshofs in der Rechtssache C-176/03, Entschließung in: ABl. EU Nr. C 300 E v. 9.12.2006, S. 257, lit.l; *Zimmermann*, NStZ 2008, 662, 663f.

237 EuGH v. 23.10.2007, C-440/05, S. I-9158, Rn 70 (Meeresverschmutzung); *Fromm*, ZIS 2008, 168, 169: „Auch das Urteil […] war an Bedeutung und Tragweite für das Europastrafrecht kaum zu überbieten".

238 *Eisele*, Anm. zu EuGH, Urt. v. 23.10.2007 – C-440/05 in: JZ 2008, 251, 252; *Fromm*, a.a.O., 168f.; *Zimmermann*, NStZ 2008, 662, 663; *Gercke*, CRi 2010, 75, 76.

239 *Braum*, JZ 2000, 493, 500. Kritisch: *Eisele*, JZ 2001, 1157, 1159; *Fromm*, a.a.O., S. 174.

240 *Heger*, Anm. zu EuGH, Urteil v. 13.9.2005 – C-176/03 (JZ 2006, S. 307–310) in: JZ 2006, 310, 312; *Vogel*, GA 2003, 314, 321, Fn 30.

241 *Böse*, GA 2006, 211, 222.

242 EuGH v. 13.9.2005, C-176/03, S. I-7914, Rn 11 (Umweltstrafrecht).

243 A.a.O., S. I-7915f., Rn. 15 (Umweltstrafrecht). Diese Erklärung ließ die Kommission, ausweislich des Urteils, bereits bei der Sitzung des Rates in das Protokoll aufnehmen, in deren Verlauf die Annahme des Rahmenbeschlusses erfolgt sei.

Diese Rechtsauffassung teilte das – im Verfahren als Streithelfer beteiligte – Europäische Parlament.[244] Auch das Parlament wäre bei der Erstellung von Richtlinien stärker zu beteiligen als beim Erlass von Rahmenbeschlüssen, im Rahmen dessen es lediglich angehört werden muss.

Demgegenüber war die Rolle des Europäischen Rates bei Maßnahmen innerhalb der dritten Säule gestärkt. Den Einwänden von Kommission und Parlament folgte dieser dementsprechend nicht. Im siebten Beweggrund gestand der Rat offen zu, dass er hierdurch die erforderliche Mehrheit, die zur Annahme einer Richtlinie notwendig gewesen wäre, umgehen wollte:

> „Der Rat hat den Vorschlag erörtert, ist jedoch zu der Schlussfolgerung gelangt, dass die für die Annahme im Rat erforderliche Mehrheit nicht zu erreichen ist.“[245]

Als Begründung trug er weiter vor, dass die Gemeinschaft „nicht befugt sei, die Mitgliedstaaten zu verpflichten, die im Rahmenbeschluss aufgeführten Verhaltensweisen strafrechtlich zu ahnden“.[246] Hierfür fehle es an einer ausdrücklichen Kompetenzzuweisung. Diese sei aber gerade wegen „der erheblichen Bedeutung des Strafrechts für die Souveränität der Mitgliedstaaten“[247] unerlässlich. Neben dieser fehlenden originären Zuständigkeit, ergebe sich aus speziellen materiellen Befugnissen, wie in Artikel 175 EG, auch keine derivative Kompetenz. Eine stillschweigende Übertragung sei ausgeschlossen.[248] In systematischer Hinsicht werde dieses Ergebnis durch Art. 135 EGV[249] und Art. 280 EGV[250] gestützt. Die darin enthaltenen Zusätze verdeutlichten, dass sowohl die Anwendung des Strafrechts als auch die Strafrechtspflege den Mitgliedstaaten vorbehalten bleibe.[251] Der Rat hielt im konkreten Fall weder die ausdrückliche Zielsetzung noch den Inhalt für ausreichend, eine vorrangige Zuständigkeit der Gemeinschaft zu begründen. Obwohl dieser ausdrücklich der

---

244 A.a.O., S. I-7914, Rn. 12, 13 (Umweltstrafrecht).

245 A.a.O., S. I-7915, Rn 14 (Umweltstrafrecht), Beweggrund 7.

246 A.a.O., S. I-7919, Rn 26.

247 A.a.O. , Rn 27.

248 Ebd.

249 Art. 135, S. 2 EGV: „Die Anwendung des Strafrechts der Mitgliedstaaten und ihre Strafrechtspflege bleiben von diesen Maßnahmen unberührt“.

250 Art. 280 Abs. 4, S. 2 EGV enthielt den inhaltsgleichen Passus wie in Art. 135 S. 2 EGV. Kritisch: *Tiedemann* in: FS Roxin, S. 1410f.

251 EuGH v. 13.9.2005, C-176/03, S. I-7919f., Rn 28 (Umweltstrafrecht). „Sie werde ferner dadurch bestätigt, dass der Vertrag über die Europäische Union der justiziellen Zusammenarbeit in Strafsachen einen eigenen Titel widme (vgl. die Artikel 29 EU, 30 EU und 31 Buchstabe e EU), der der Europäischen Union ausdrücklich eine Zuständigkeit in Strafsachen übertrage, insbesondere was die Bestimmung der Tatbestandsmerkmale strafbarer Handlungen und der anwendbaren Sanktionen betreffe“, a.a.O., S. I-7920, Rn 29.

„Harmonisierung des Strafrechts" und „der Bekämpfung von Umweltstraftaten" dienen solle, genüge dies nicht zur Begründung einer entsprechenden Befugnis der EG.[252]

Auch der EuGH hob in seinem Urteil nochmals hervor, dass weder das Strafrecht noch das Strafprozessrecht in die Zuständigkeit der Gemeinschaft fallen.[253] Einschränkend formulierte er jedoch, dass dies den Gemeinschaftsgesetzgeber nicht daran hindern könne, „Maßnahmen in Bezug auf das Strafrecht der Mitgliedstaaten zu ergreifen, die seiner Meinung nach erforderlich sind, um die volle Wirksamkeit der von ihm zum Schutz der Umwelt erlassenen Rechtsnormen zu gewährleisten, wenn die Anwendung wirksamer, verhältnismäßiger und abschreckender Sanktionen durch die zuständigen nationalen Behörden eine zur Bekämpfung schwerer Beeinträchtigungen der Umwelt unerlässliche Maßnahme darstellt".[254]

In einem solchen Falle könne eine stillschweigend übertragene Zuständigkeit aus einer spezifischen Rechtsgrundlage abgeleitet werden.[255] Strafrechtliche Maßnahmen seien im konkreten Fall unerlässlich.[256] Überdies verbleibe die Wahl der strafrechtlichen Sanktionen bei den Mitgliedstaaten.[257] Da der primäre Zweck der Schutz der Umwelt sei, hätte eine Regelung auf der Grundlage der Vorschriften des vorrangigen Gemeinschaftsrechts gem. Art. 175 EG in Form einer Richtlinie erlassen werden können und müssen.[258] Das Vorgehen des Rates verstoße daher gegen Art. 47 EUV, wonach das Unionsrecht das Gemeinschaftsrecht unberührt lasse.[259] Soweit eine Annexkompetenz vorliege, werde der Rückgriff auf die Regelungsinstrumente der dritten Säule gesperrt.

---

252 A.a.O., S. I-7921, Rn 34. Um dies zu bekräftigen, verwies der Rat außerdem auf den Umfang und die Reichweite der bisherigen EuGH-Urteile. Diese haben die Mitgliedstaaten ebenfalls nie zum Erlass strafrechtlicher Sanktionen verpflichtet. Auch der EuGH habe vielmehr klargestellt, dass die Wahl der Mittel den Mitgliedstaaten obliege, a.a.O., S. I-7920, Rn 31.

253 A.a.O., S. I-7925, Rn 47 (Umweltstrafrecht) m.w.N.

254 A.a.O., S. I-7926, Rn 49 (Umweltstrafrecht). Hierauf berief sich die Kommission iRd Verfahrens zu EuGH, 23.10.2007 – C-440/05, S. I-9146, Rn 24 (Meeresverschmutzung). Bestätigend EuGH, a.a.O., S. I-9157f., Rn 66.

255 A.a.O., S. I-9148, Rn 29 (Meeresverschmutzung).

256 EuGH v. 13.9.2005, C-176/03, S. I 7926, Rn 50 (Umweltstrafrecht).

257 A.a.O., Rn 49.

258 A.a.O., Rn 51.

259 Art. 47 EUV in: BGBl. II Nr. 12 v. 16.4.1998, S. 454.

Eine Regelung mittels Rahmenbeschluss sei dann unzulässig,[260] weshalb der EuGH auch den betreffenden Rahmenbeschluss für nichtig erklärte.[261]

III. Zusammenfassung zur Rs. C-176/03

Der Gerichtshof nutzte den vorgelegten Rahmenbeschluss damit, um seine Rechtsprechungspraxis – wie sie bereits in der Pupino-Entscheidung angedeutet wurde – fortzuschreiben und zur Rechtssetzungskompetenz auf dem Gebiet des Strafrechts Stellung zu nehmen, insbesondere zur Verteilung der Zuständigkeiten zwischen dem ersten und dritten Pfeiler.[262] Durch das Urteil hat der EuGH die Existenz von strafrechtlichen Annexkompetenzen der EG anerkannt, obwohl die ausdrückliche Ermächtigung auf supranationaler Ebene im Entwurf des Verfassungsvertrages zwar vorgesehen war, dieser zum Zeitpunkt des Urteils allerdings gescheitert war.[263] Kritiker äußerten, dass mit dem Urteil eine der „wenigen verbliebenen 'Bastionen' mitgliedsstaatlicher Souveränität gefallen" sei.[264] Auch wenn das Urteil keine explizite Aussage über die Rechtswirkung auf andere Rahmenbeschlüsse enthielt, wurde diesem durch die EU-Organe als auch von Stimmen in der Literatur eine verbindliche Folgewirkung für bereits gefasste und künftige Rahmenbeschlüsse beigemessen.[265]

IV. Reaktionen auf das Urteil

1. Mitteilung der Kommission vom 23. November 2005

In Übereinstimmung mit der aufgezeigten Interessenlage verlieh die Kommission diesem Urteil in ihrer Mitteilung vom 23. November 2005[266] Nachdruck.[267] Dieses habe nicht nur die Zuständigkeiten für strafrechtliche Maß-

---

260 *Fromm*, ZIS 2008, 168, 169, 173; *Eisele*, Anm. zu EuGH, Urt. v. 23.10.2007 – C-440/05 (JZ 2008, S. 248–251) in: JZ 2008, 251, 252.

261 EuGH v. 13.9.2005, C-176/03, S. I 7927, Rn 55; 1. Rechtsgrund; a.a.O, Rn 53 (Umweltstrafrecht).

262 So auch: Mitteilung der Kommission über die Folgen des Urteils des Gerichtshofs v. 13.9.2005 (Rs. C-176/03, Kommission gegen Rat) v. 23.11.2005 in: KOM(2005) 583 endg. v. 23.11.2005, S. 2, Ziff. 1.

263 *Pohl*, ZIS 2006, 213, 213; *Zimmermann*, NStZ 2008, 662, 662f.

264 Ebd., kritisch auch *Heger*, Anm. zu EuGH, Urteil v. 13.9.2005 – C-176/03 (JZ 2006, S. 307–310) in: JZ 2006, 310, 312f.; *Zimmermann*, NStZ 2008, 662, 663.

265 KOM(2005) 583 endg. v. 23.11.2005, S. 3, Ziff. 6. Kritisch: Rechtsausschuss EP, Bericht über die Folgen des Urteils v. 13.9.2005, S. 10.

266 KOM(2005) 583 endg. v. 23.11.2005.

267 Rechtsausschuss EP, Bericht über die Folgen des Urteils v. 13.9.2005, S. 9; *Zimmermann*, NStZ 2008, 662, 663: „Während das Urteil in der Rs. C-176/03 zumindest von der Kommission geradezu euphorisch gefeiert wurde […]".

nahmen zwischen der ersten und dritten Säule geklärt,[268] sondern auch der doppelten Gesetzgebung – durch die Überschneidung inhaltlich ähnlich gelagerter Rechtsakte auf verschiedenen Rechtsebenen – ein Ende bereitet.[269]

Es handele sich um ein Grundsatzurteil, das nicht nur den ergangenen Rahmenbeschluss und dessen Anwendungsbereich – das Umweltrecht – betreffe.[270] Im Anhang führte die Mitteilung alle potentiell betroffenen Rahmenbeschlüsse namentlich auf. Unter ihnen fand sich auch der EU-Rahmenbeschluss über Angriffe auf Informationssysteme.[271] Diese seien zeitnah zu berichtigen.[272]

Einen einheitlichen Lösungsansatz enthielt die Mitteilung nicht.[273] Sie sah vielmehr eine Stufung der Reaktionsmöglichkeiten vor.[274] Hinsichtlich des Rahmenbeschlusses 2005/222/JI über Angriffe auf Informationssysteme beschränkten sich die Hinweise der Kommission in der Anlage auf die Empfehlung eines Austausches der Ermächtigungsgrundlage. Einschlägig sei Art. 95 EGV.[275]

2. Die Bewertung durch das Europäische Parlament

Das Europäische Parlament begrüßte das EuGH-Urteil,[276] forderte allerdings die Kommission – in Übereinstimmung mit dem Rechtsausschuss[277] – auf: „[…] die Schlussfolgerungen des Gerichtshofs nicht automatisch auf jeden

268 KOM(2005) 583 endg. v. 23.11.2005, S. 2 Nr. 1; a.A.: *Eisele*, Anm. zu EuGH, Urt. v. 23.10.2007 – C-440/05 (JZ 2008, S. 248–251) in: JZ 2008, 251, 251f.

269 KOM(2005) 583 endg. v. 23.11.2005, S. 5, Ziff. 15. Aus diesem Urteil ergebe sich folgende Kompetenzverteilung: Die „horizontalen Bestimmungen“ sollten weiterhin im Zuständigkeitsbereich der dritten Säule verbleiben. Demgegenüber würden die allgemeinen Regeln zum Straf- und Verfahrensrecht und der polizeilichen und justiziellen Zusammenarbeit der ersten Säule obliegen, a.a.O., S. 4, Ziff. 11, 2. Spiegelstrich.

270 A.a.O., S. 3 Nr. 6.

271 A.a.O., Anhang, Liste der von dem Urteil des EuGH in der Rs. C-176/03 betroffenen Rechtsakte, S. 8.

272 A.a.O., S. 5, Ziff. 14.

273 A.a.O., S. 6, Ziff. 16ff.; *Gercke*, ZUM 2006, 284, 286.

274 Zuvörderst sollte die Aufhebung des entsprechenden Rahmenbeschlusses beantragt werden. Falls diese Frist bereits verstrichen ist, sollte eine Korrektur der Rechtsgrundlage erfolgen, der Kern des Rahmenbeschlusses jedoch gewahrt werden. Außerdem sei in diesem Falle die Zustimmung des Parlaments und des Rates erforderlich, vgl. Rechtsausschuss EP, Bericht über die Folgen des Urteils v. 13.9.2005, S. 9; KOM(2005) 583 endg. v. 23.11.2005, S. 4, Ziff. 11, 2. Spiegelstrich, S. 6, Ziff. 16ff.; a.a.O., Anhang, a.a.O., S. 7–9.

275 A.a.O., S. 8.

276 ABl. EU Nr. C 300 E v. 9.12.2006, S. 257, Ziff. 1f.

277 Rechtsausschuss EP, Bericht über die Folgen des Urteils v. 13.9.2005, S. 5, Ziff. 3, konkretisierend unter S. 6, Ziff. 5, S. 7, Ziff. 14, S. 12.

weiteren möglichen Themenbereich der ersten Säule auszudehnen".[278] Einigkeit mit der Kommission bestand hinsichtlich der künftigen Bestimmung der Zuständigkeit für strafrechtliche Maßnahmen nach der Zielsetzung des Rechtsaktes.[279] Für die Verlagerung ausgewählter Bereiche in die erste Säule spreche neben dem stärker demokratisch ausgerichteten Verfahren die „effiziente Entscheidungsfindung".[280] Allerdings müsse hierfür eine entsprechende gesetzliche Grundlage erst noch geschaffen werden.[281]

Die Rechtsakte, die fälschlicherweise innerhalb der dritten Säule erlassen wurden, seien rechtswidrig. Aus diesem Grunde bedürfe es neu zu schaffender Rechtsgrundlagen für einen wiederholten Erlass.[282] Allerdings sprach sich das Parlament in Übereinstimmung mit dem Rechtsausschuss[283] gegen eine „[...] interinstitutionelle Vereinbarung aus, die das Parlament zum Verzicht auf die Wahrnehmung seiner Rechte verpflichten soll"[284].

Bezüglich der *zulässigen inhaltlichen Vorgaben* durch gemeinschaftsrechtliche Rechtsakte, dürften auch künftig nur „Mindestregelungen" festgesetzt werden:[285]

„a) welche Verhaltensweisen einen Straftatbestand darstellen, und/oder

b) welche Art von Sanktionen verhängt werden sollten, und/oder

c) sonstige strafrechtliche, unmittelbar mit dem betreffenden Bereich verbundene Maßnahmen."[286]

---

278 ABl. EU Nr. C 300 E v. 9.12.2006, S. 257, Ziff. 3.

279 Danach sollen die horizontalen Vorschriften im Zuständigkeitsbereich der dritten Säule verbleiben, a.a.O., S. 259, Ziff. 16. Zustimmend:Rechtsausschuss EP, Bericht über die Folgen des Urteils v. 13.9.2005, S. 10.

280 ABl. EU Nr. C 300 E v. 9.12.2006, S. 257, Ziff. 4; *Vormbaum*, Schutz der Rechtsgüter von EU-Staaten, S. 49. So auch: Rechtsausschuss EP, Bericht über die Folgen des Urteils v. 13.9.2005, S. 6, Ziff. 4, übereinstimmend mit Ausschuss für bürgerliche Freiheiten, Justiz und Inneres, a.a.O., insbes. S. 15, Ziff. 2).

281 ABl. EU Nr. C 300 E, ebd. So auch: Rechtsausschuss EP, a.a.O., S. 10, 12. Dies klingt auch beim Ausschuss für bürgerliche Freiheiten, Justiz und Inneres an, a.a.O., insbes. S. 17, Ziff. 10. Auch das Legislativverfahren zu den „Alt"-Rahmenbeschlüssen sei neu einzuleiten und zu bewerten, a.a.O., S. 6, Ziff. 7–11.

282 A.a.O., S. 258, Ziff. 8, 15. Hinsichtlich der *Rechtswirkungen des Urteils* wies der Rechtsausschuss des Parlaments jedoch darauf hin, dass sich dem EuGH-Urteil nicht entnehmen lasse, dass das Urteil über den angefochtenen Rechtsakt hinaus Wirkung entfalten solle, Rechtsausschuss EP, Bericht über die Folgen des Urteils v. 13.9.2005, S. 10. So auch: ABl. EU Nr. C 300 E v. 9.12.2006, S. 257, lit.l.

283 Rechtsausschuss EP, Bericht über die Folgen des Urteils v. 13.9.2005, S. 10, 12. So auch: Ausschuss für bürgerliche Freiheiten, Justiz und Inneres, a.a.O., insbes. S. 15, Ziff. 2.

284 ABl. EU Nr. C 300 E v. 9.12.2006, S. 258, Ziff. 12.

285 A.a.O., S. 259, Ziff. 16.

Allerdings wies der Ausschuss in der Begründung ausdrücklich darauf hin, dass dies noch überprüft werden müsse. Auch hinsichtlich der Vereinbarkeit dieser Rechtsauffassung mit der bisherigen Rechtsprechung des EuGH äußerte der Rechtsausschuss Bedenken, da der Gerichtshof bislang lediglich eine Assimilationstechnik vorsah. Ohnehin könne eine Festsetzung von Sanktionen auf gemeinschaftsrechtlicher Ebene erst nach der Änderung des EG-Vertrages erfolgen.[287]

Am 23. Oktober 2006 folgte der parlamentarische Entschließungsantrag.[288] Darin wurde das Urteil wiederum positiv hervorgehoben.[289] Allerdings habe dies zu einem „rechtlichen Vakuum" für strafrechtliche Schutzmaßnahmen im Umweltrecht geführt.[290] Als bedauerlich würden sich die fortbestehenden Unsicherheiten erweisen.[291]

3. Die Stellungnahme des Bundesrates vom 10. Februar 2006

Der Rat begrüßte die Klarstellung durch die Kommission,[292] die zu mehr Transparenz verhelfe, und stimmte den darin festgestellten weitreichenden Folgen des EuGH-Urteils grundsätzlich zu. Allerdings hob der Bundesrat hervor, dass der Gemeinschaftsgesetzgeber auch weiterhin „keine eigene Rechtsetzungskompetenz hinsichtlich des Strafrechts und des Verfahrensrechts sowie für die justizielle und polizeiliche Zusammenarbeit in Strafsachen" besitze.[293] Eine Annexkompetenz könne daher – auch nach dem EuGH – nur vorliegen, wenn eine strafrechtliche Maßnahme „unerlässlich" sei.[294] Als zu weitgehend empfand der Bundesrat daher die von der Kommission in der Mitteilung benannten, möglichen Regelungsgehalte:

---

286 Rechtsausschuss EP, Bericht über die Folgen des Urteils v. 13.9.2005, S. 7, Ziff. 15.

287 A.a.O., S. 10, 12.

288 EU-Parlament, Entschließungsantrag v. 23.10.2006, S. 1–4.

289 A.a.O., S. 3, Ziff. 1

290 A.a.O., S. 3, Ziff. 2.

291 A.a.O. S. 3, Ziff. 6; EP, Bericht über die Folgen des Urteils v. 13.9.2005, S. 10.

292 Über den Inhalt der Kommissionsmitteilung wurde die Bundesregierung am 14.12.2005 offiziell unterrichtet, BR-Drs. 895/05 v. 14.12.2005; BT-Drs. 16/481 v. 27.1.2006, S. 1. Hierzu nahm der Bundesrat, auf der Grundlage der Ausschussempfehlungen, am 10.2.2006 Stellung, BR-Drs. 895/05 (Beschluss) v. 10.2.2006; BR, stenograph. Bericht, 819. Sitzung v. 10.2.2006, S. 2A, 33A, Punkt 54.

293 BR-Drs. 895/05 (Beschluss), a.a.O., S. 1f., Ziff. 3. Ähnlich zuvor bereits KOM(2005) 583 endg. v. 23.11.2005, S. 3.

294 Ebd.

> „[...] was die Gemeinschaft im Strafrecht den Mitgliedstaaten im Einzelfall vorschreiben darf, geht zu weit. So sollen der Grundsatz der strafrechtlichen Verfolgung, die Definition des Tatbestands, die Strafart und das Strafniveau oder eine sonstige Maßnahme im Bereich des Strafrechts festgeschrieben werden. Eine solche Vorgehensweise widerspräche dem Grundsatz der Subsidiarität des gemeinschaftlichen Handelns."[295]

Eine solch extensive Auffassung berge die Gefahr, dass den Mitgliedstaaten keine Wahlmöglichkeit für eine eigenständige Gestaltung mehr bliebe.[296] Dies sei gerade im Strafrecht unabdingbar.[297] Hinsichtlich des Rahmenbeschlusses über Angriffe auf Informationssysteme stimmte der Bundesrat mit der Kommission jedoch insoweit überein, dass „erhebliche Zweifel an einer Kompetenz zur Regelung in der ersten Säule bestehen".[298] Der Bundesrat stellte aber auch klar, dass nach seiner Auffassung „die Gültigkeit der deutschen Umsetzungsgesetze [...] von der Fehlerhaftigkeit des Rahmenbeschlusses nicht berührt"[299] werde.

Offensichtlich sollte diesem Umstand auch für die künftige Umsetzung von Rahmenbeschlüssen auf nationaler Ebene keine Bedeutung beigemessen werden. Zumindest leitete die Bundesregierung – ungeachtet der gerügten Fehlerhaftigkeit der Ermächtigungsgrundlage für den Erlass des Rahmenbeschlusses gegen Angriffe auf Informationssysteme – mit ihrem Gesetzesentwurf für das 41. Strafrechtsänderungsgesetz vom 22. September 2006 das Gesetzgebungsverfahren zur Umsetzung der europäischen Vorgaben in innerdeutsches Recht ein.

4. Reaktion des EuGH im Urteil zur Rs. C-440/05

Auch der Europäische Gerichtshof erhielt noch einmal Gelegenheit, zu seinem Urteil in der Rs. C-176/03 Stellung zu nehmen. In diesem neuen Urteil vom Oktober 2007 zur Rs. C-440/05, bestätigte der EuGH seine Rechtsprechung im

---

295 BR-Drs. 895/05 (Beschluss), a.a.O., S. 2, Ziff. 6.

296 A.a.O., S. 2, Ziff. 7.

297 A.a.O., S. 2f., Ziff. 7: „Denn die auf EU-Grundlage entstehende Strafnorm muss sich in das übrige nationale strafrechtliche System, etwa hinsichtlich des Vorsatz-Fahrlässigkeitskonzepts oder des Täterschafts-Teilnahmekonzepts kohärent einfügen. Entsprechendes gilt für die jeweilige Sanktion. Von dieser Wahlfreiheit geht auch der EuGH in Rnr. 49 des Urteils vom 13. September 2005 implizit aus und sie findet sich explizit im Vertrag über eine Verfassung für Europa (Artikel III-271 Abs. 2 „Mindestvorschriften"), der eine neue Kompetenzregel für strafrechtliche Nomen schaffen will. Über die Grenzen der Verfassungsvorschrift des Artikels III-271 hinaus wird das Urteil des EuGH vom 13. September 2005 jedoch keineswegs auszulegen sein".

298 A.a.O., S. 3, Ziff. 11.

299 A.a.O., S. 3, Ziff. 10.

Wesentlichen.[300] Eine ausdrückliche Stellungnahme, inwieweit das Urteil Wirkung für andere Rahmenbeschlüsse entfaltet, unterlieb jedoch.[301] In dem zweiten Urteil erklärte der Gerichtshof den streitgegenständlichen „Rahmenbeschluss 2005/667/JI des Rates vom 12. Juli 2005 zur Verstärkung des strafrechtlichen Rahmens zur Bekämpfung der Verschmutzung durch Schiffe“[302] wegen des Verstoßes gegen Art. 47 EUV mit vergleichbarer Begründung ebenfalls für nichtig.[303] Dass es sich hierbei wiederum um einen Rahmenbeschluss auf dem Gebiet des Umweltrechtes handelte, war eher zufällig, denn es war – nach dem ersten Urteil – der einzige Rahmenbeschluss, bei dem die Frist für die Erhebung einer Nichtigkeitsklage noch nicht abgelaufen war.[304]

Die Wirkung des ersten Urteils beschränkend, nahm der EuGH dieses Mal ausdrücklich zur zulässigen Reichweite strafrechtlicher Maßnahmen auf der Rechtsfolgenseite Stellung. Die Aufnahme von Direktiven für die nationale Strafrechtsharmonisierung in EG-Richtlinien sei zwar grundsätzlich zulässig, nicht jedoch hinsichtlich Art und Maß der Sanktion.[305] Damit erteilte der EuGH der diesbezüglich geäußerten Annahme der Kommission[306] eine deutliche Absage.[307] Aus der Anmerkung, dass diese Normen nicht gegen Art. 47 EUV verstießen, folgerte man, dass Vorschriften zu Art und Maß der Sanktionen zwar nicht durch Richtlinien vorgegeben werden dürfen, jedoch weiterhin durch Rahmenbeschlüsse.[308] Die dadurch erforderlich gewordene Kombination aus diesen beiden Rechtsinstrumenten sei nicht unüblich, da sie auch in anderen Regelungsbereichen praktiziert werde.[309]

---

300 EuGH, 23.10.2007 – C-440/05, S. I-9128–9160 (Meeresverschmutzung); vgl. *Eisele*, Anm. zu EuGH, Urt. v. 23.10.2007 – C-440/05 (JZ 2008, S. 248–251) in: JZ 2008, 251–254; *Fromm*, ZIS 2008, S. 168–177; *Zimmermann*, NStZ 2008, 662, 663.

301 *Zimmermann*, NStZ 2008, 662, 664.

302 Rahmenbeschluss 2005/667/JI v. 12.7.2005 in: ABl. EU Nr. L 255 v. 30.9.2005, S. 164–167.

303 EuGH, 23.10.2007 – C-440/05, S. I-9159, Rn 74; S. I 9160, Urteilsgrund 1.

304 KOM(2005) 583 endg. v. 23.11.2005, S. 5, Ziff. 15. Die Kommission hat am 23.11.2005 beschlossen, den Gerichtshof mit einer Klage zur Nichtigerklärung des Rahmenbeschlusses 2005/667/JAI des Rats vom 12.7.2005 zu befassen, der auf die Verstärkung der strafrechtlichen Bekämpfung gegen Verschmutzungen durch Schiffe abzielt.

305 EuGH, 23.10.2007 – C-440/05, S. I-9158, Rn 70 (Meeresverschmutzung); *Eisele*, Anm. zu EuGH, Urt. v. 23.10.2007 – C-440/05 (JZ 2008, S. 248–251) in: JZ 2008, 251, 253; *Fromm*, ZIS 2008, 168, 171f.; *Zimmermann*, NStZ 2008, 662, 665.

306 KOM(2005) 583 endg. v. 23.11.2005, S. 4, Ziff. 10. m.V.a. vier festgelegten Strafniveaus.

307 EuGH, 23.10.2007 – C-440/05, S. I-9158, Rn 71 (Meeresverschmutzung).

308 *Zimmermann*, NStZ 2008, 662, 665f.; *Eisele*, Anm. zu EuGH, Urt. v. 23.10.2007 – C-440/05 (JZ 2008, S. 248–251) in: JZ 2008, 251, 253.

309 *Zimmermann*, a.a.O., S. 663 m.w.N.

V. Bedeutung der EuGH-Rechtsprechung für die dritte Welle der Strafrechtsharmonisierung

Auch in dieser dritten Strafrechtsharmonisierungswelle ist eine Zunahme der Interventionsintensität auf EU-Ebene feststellbar. Während die Gestaltung in der ersten Phase zunächst durch indirekte Vorgaben auf der Ebene des sekundären Gemeinschaftsrechts erfolgte, schloss sich eine zweite Strafrechtsharmonisierungswelle an, die sich durch eine stärkere Nutzung der Instrumente der dritten Säule auszeichnete und damit die direkte Anweisung zur Strafrechtsangleichung durch die EU ermöglichte. In diese Phase fiel auch die Erarbeitung des Rahmenbeschlusses 2005/222/JI gegen Angriffe auf Informationssysteme.

Die beiden Urteile des EuGH zum Umweltstrafrecht bildeten die Grundlage für eine Neuordnung der Zuständigkeitsverteilung zwischen der EG und der EU, während der Versuch, durch den Verfassungsentwurf hierfür eine gesetzliche Grundlage zu schaffen, scheiterte. Der Gerichtshof bestätigte die implizite Regelungskompetenz der Kommission innerhalb der ersten Säule zur Verpflichtung der Mitgliedstaaten, strafrechtliche Sanktionen einzuführen. Die Entscheidung über Art und Maß der Sanktion oblag weiter dem nationalen Gesetzgeber. Die EuGH-Rechtsprechung ermöglichte damit eine Strafrechtsharmonisierung, basierend auf den konstituierten (Annex-)Kompetenzen des Gemeinschaftsrechts.[310] In institutioneller Hinsicht verhalf dies der Kommission, aber auch dem Europäischen Parlament, zu einer stärkeren Positionierung gegenüber dem Rat.

> „Gestützt auf Art. 5 Abs. 2 EGV in Verbindung mit verschiedenen Kompetenznormen in den Politikbereichen der EG sieht sich die Europäische Kommission selbst ermächtigt, die Strafrechtsangleichung voranzubringen. […] Dabei will sie mittels Richtlinien direkter und verbindlicher zum Ziel der Strafrechtsharmonisierung kommen.“[311]

Insgesamt wurde die „Zuständigkeitsfindung“ auf europäischer Ebene damit weiter vorangetrieben.[312] Der EuGH suchte die fehlende originäre Zuständigkeitsübertragung nach dem Prinzip der Einzelermächtigung mittels strafrechtlicher Annexkompetenz auszugleichen.[313] Anders als Schwarzenegger noch 2008 vermutete, ließ die Kommission die bereits in Kraft getretenen Rahmenbe-

---

310 EuZW 2005, 632, 632; *Pohl*, ZIS 2006, S. 213–221.

311 *Schwarzenegger*, ZSR 2008 II, S. 430.

312 A.a.O., S. 432.

313 Zustimmend: Kommission iRd Verfahrens zu EuGH, 23.10.2007 – C-440/05, S. I-9150, Rn 36 (Meeresverschmutzung).

schlüsse nicht unangetastet,[314] indem sie nur die künftige Strafrechtsharmonisierung durch Richtlinien anstrebte, sondern ersetzte bereits wirksame Rahmenbeschlüsse. Die erforderliche gesetzliche Ermächtigungsgrundlage folgte der impliziertеn Ermächtigung durch den EuGH mit dem Vertrag von Lissabon.[315]

G) Gemeinsamkeiten und Unterschiede zwischen der Convention on Cybercrime und dem Rahmenbeschluss

Angesichts der unterschiedlichen Herkunft beider Vorgaben kam beiden Rechtsakten nicht nur eine unterschiedlich starke, wenn auch im Einzelnen umstrittene, Bindungswirkung[316] zu. Auch ihr territorialer Geltungsbereich reichte unterschiedlich weit. Anders als der lediglich für Mitgliedstaaten verbindliche Rahmenbeschluss, wurde die Konvention bewusst für den internationalen Einbezug geöffnet. Gem. Art. 36 Abs. 1 CCC kamen alle Staaten als mögliche Vertragspartner in Betracht, die an der Ausarbeitung des Übereinkommens beteiligt waren, sowie die Staaten, die gem. Art. 37 Abs. 1 CCC nachträglich zum Beitritt eingeladen wurden.[317] Auch inhaltlich ging der Normenkatalog der Konvention über den des Rahmenbeschlusses hinaus. Während der materiell-rechtliche Teil bezüglich des hier relevanten Strafrechtsschutzes von Informationssystemen starke Parallelen aufwies, enthielt das Übereinkommen ergänzende materiell-rechtliche und strafprozessuale Vorschriften, sowie Vorgaben zur internationalen Zusammenarbeit. Ungeachtet dieser Verschiedenheit, begründeten sie gemeinschaftlich die internationalen Vorgaben

314 *Schwarzenegger*, ZSR 2008 II, S. 432.

315 Das Inkrafttreten des Vertrages von Lissabon zum 1.12.2009 (vgl. Bekanntachung in: BGBl. II Nr. 36 v. 24.11.2009, S. 1223–1224) brachte die Diskussion um die Kompetenzverteilung durch die Schaffung einer legislatorischen Grundlage zum Abschluss. Mit den Art. 82ff. AEUV erhielt die Rechtsnachfolgerin der EG ein weitergehendes Mandat zur Harmonisierung auf dem Gebiet des Strafrechts, *Gercke*, ZUM 2010, 633, 637; *Reinbacher*, Strafrecht im Mehrebenensystem, S. 106. In Art. 83 Abs. 1 AEUV wird der Zuständigkeitsbereich „Computerkriminalität" explizit aufgeführt.

316 Die Bindungswirkung der CCC trat durch die Unterzeichnung des Staatsoberhauptes als völkerrechtliche Vertretung ein, die des Rahmenbeschlusses ergab sich aus dem Beschluss selbst. Gem. Art. 13 CCC war deutsche Strafgesetzgeber bis zum 16.3.2007 zur Umsetzung verpflichtet. Allerdings habe der Europarat im Falle der Nichtumsetzung lediglich die Möglichkeit, gem. Art. 8 i.V.m. Art. 3 des Statutes des Europarates, das Stimmrecht eines Mitgliedsstaates zu suspendieren, was aus politischen Gründen unwahrscheinlich sei, *Reindl-Krauskopf*, ZaöRV 2014, 563, 567. Schwach sei auch die Umsetzungskontrolle durch die Kommission bezüglich der Umsetzung des Rahmenbeschlusses gewesen, a.a.O., S. 568.

317 Vgl. zum aktuellen Ratifiaktionsstand: http://conventions.coe.int/Treaty/Commun/ChercheSig.asp?NT=185&CM=&DF=&CL=GER, zuletzt abgerufen am 27.7.2017. Am 27.7.2017: 55 Ratifikationen und Beitritte und 4 Unterzeichungen ohne Ratifikationen.

für den deutschen Strafgesetzgeber für eine Novellierung des bestehenden Computerstrafrechts.

Auf die mitunter gezielte Bezugnahme des Rahmenbeschlusses auf den Konventionstext bei der inhaltlichen Ausgestaltung wurde bereits hingewiesen. Der Rahmenbeschluss beschränkte sich – ausweislich seines Titels – auf Regelungen zu Angriffen gegen Informationssysteme und enthielt daher nur drei Grunddelikte – der rechtswidrige Zugang zu Informationssystemen in Art. 2 des RB und der rechtswidrige System- und Dateneingriff gem. Art. 3 und 4 des RB. Weder zum rechtswidrigen Abfangen von Daten (wie in Art. 3 CCC) noch zum Missbrauch von Vorrichtungen (wie in Art. 6 CCC) machte der Rahmenbeschluss Vorgaben, so dass diesbezüglich einzig die Regelungen der Konvention für die Umsetzung in nationales Strafrecht maßgeblich waren.[318]

I. Mindestvorgaben hinsichtlich der Grundtermini gem. Art. 1 CCC und Art. 1 des RB

Nachdem während des Beratungsvorgangs über den Rahmenbeschluss bereits drei der anfänglich sieben enthaltenen Grundtermini gestrichen worden waren, verblieben in der Schlussfassung unter Art. 1 noch die Definitionen zum „Informationssystem" (lit.a), zu „Computerdaten" (lit.b), zur „juristische[n] Person" (lit.c) und zu „unbefugt" (lit.d). Die letzten beiden Begrifflichkeiten waren in Art. 1 CCC nicht enthalten. Dafür wurden die dort aufgenommenen Begriffe zum „Diensteanbieter" (Art. 1, lit.c CCC) und zu „Verkehrsdaten" (Art. 1, lit.d CCC), mangels Relevanz für den materiell-rechtlichen Teil des Rahmenbeschlusses, gestrichen.

Trotz der unterschiedlichen Nomenklatur der Angriffsobjekte als „Computersystem" in der Konvention und als „Informationssystem" im Rahmenbeschluss, wählten beide Ansätze den gleichen Ausgangspunkt für die zugrundeliegende Definition. Beide Systeme wurden als „eine Vorrichtung oder eine Gruppe miteinander verbundener oder zusammenhängender Vorrichtungen, die einzeln oder zu mehreren auf der Grundlage eines Programms die automatische Verarbeitung von Computerdaten durchführen"[319] beschrieben. Die

318 Die nachfolgende komparative Analyse nimmt deshalb nur Bezug auf die Tatbestände, die in beiden Direktiven enthalten waren.

319 Art. 1 lit.a RB in: Abl. EU L 69 v. 16.3.2005, S. 67f. bzw. in der CCC statt „automatische Verarbeitung von Computerdaten" kürzer: „automatische Datenverarbeitung", Art. 1 lit.a CCC in: BGBl. II Nr. 30 v. 10.11.2008, S. 1246.

Definition im Rahmenbeschluss erfasste durch einen entsprechenden Zusatz[320] außerdem Computerdaten. In der Konvention wurden diese über Art 1 lit.b CCC einbezogen. Das Begriffsverständnis war inhaltsgleich.[321] Auch wenn im Rahmenbeschluss eine Definition zu „unbefugt" (als lit.c) ergänzt wurde,[322] dürfte das dabei zugrunde gelegte weite Begriffsverständnis mit dem des Europarates übereinstimmen.

II. Computerspionage gem. Art. 2 CCC und Art. 2 des RB

Beide Regelungsinstrumente sahen zwingend die Pönalisierung der Computerspionage vor, beließen aber dem nationalen Gesetzgeber einen unterschiedlich großen Gestaltungsspielraum. Während die Strafbarkeit gem. Art. 2 S. 2 CCC von drei zusätzlichen Tatbestandsvoraussetzungen abhängig gemacht werden konnte – der Verletzung von Sicherheitsmaßnahmen, dem Vorliegen einer unredlichen Absicht oder der Vernetzung des betreffenden Computers – sah der Rahmenbeschluss lediglich zwei mögliche Einschränkungen vor. Gem. Art. 2 Abs. 1 des RB sollten – zur Vermeidung einer Überkriminalisierung – leichte Fälle nicht inkriminiert werden. Ergänzend sollte – wie bereits in der CCC – für die Strafbarkeit gemäß Absatz 2 optional die Verletzung von Sicherheitsmaßnahmen vorausgesetzt werden können.

Anders als die Konvention, sah der Rahmenbeschluss die Aufnahme einer Versuchsstrafbarkeit gem. Art. 5 Abs. 2 i.V.m. Art. 2 des RB vor. Absatz 3 enthielt jedoch eine entsprechende Rückausnahme, wonach jeder Mitgliedstaat beschließen konnte, Absatz 2 nicht anzuwenden.

Insgesamt reichten die Vorgaben des Rahmenbeschlusses, angesichts der geringeren Anzahl der Strafbarkeitsvoraussetzungen, sowohl hinsichtlich der Sanktionierung der vollendeten Computerspionage, als auch bezüglich der

---

320 Art. 1 lit.a RB erhielt den Zusatz „sowie die von ihr oder ihnen zum Zwecke des Betriebs, der Nutzung, des Schutzes und der Pflege gespeicherten, verarbeiteten oder übertragenen Computerdaten", Art. 1 lit.a RB in: Abl., ebd.

321 Art. 1 lit.b CCC in: BGBl. II Nr. 30 v. 10.11.2008, S. 1246; Art. 1 lit.b RB in: Abl., ebd. Der einzige sprachliche Unterschied bestand in der Bezugnahme auf das „Computersystem" in der CCC und das „Informationssystem" im Rahmenbeschluss, in Übereinstimmung mit dem jeweiligen Art. 1 lit.a.

322 Art. 1 lit.c RB in: Abl., a.a.O., S. 67, 69: „d) 'unbefugt' einen Zugang oder Eingriff, der vom Eigentümer oder einem anderen Rechtsinhaber des Systems oder eines Teils des Systems nicht gestattet wurde, oder der nach den einzelstaatlichen Rechtsvorschriften nicht zulässig ist". Vgl. bereits Recommendation No. R (89) 9 and final report, S. 35; auch Nr. 38 des Erläuternden Berichts, Anlage zur Denkschrift in: BT-Drs. 16/7218, S. 61; Denkschrift, als Anlage, a.a.O., S. 42.

ergänzten Versuchsstrafbarkeit, weiter, wenn auch mit einer Ausnahmemöglichkeit nach Absatz 3 versehen.

III. Datenveränderung gem. Art. 4 CCC und Art. 4 des RB

Sowohl das Übereinkommen als auch der Rahmenbeschluss sahen in ihrem jeweiligen vierten Artikel die Strafbarkeit der Datenveränderung als (rechtswidrigen) Eingriff in Daten vor. Übereinstimmend erfasst waren die Tathandlungen „Beschädigen, Löschen, Verändern oder Unterdrücken“. „Beeinträchtigen“ wurde im Rahmenbeschluss durch „Verstümmeln“ ersetzt und der Anwendungsbereich durch die Aufnahme des „Unzugänglichmachens“ erweitert.

Ähnlich wie bei Art. 2 des RB zur Regelung der Computerspionage sah Art. 4 des RB eine zwingende Ausnahme für leichte Fälle vor. Die Konvention enthielt einen optionalen Strafbarkeitsausschluss, sofern kein schwerer Schaden eingetreten war. Auch bezüglich der Datenveränderung reichte die tatbestandliche Fassung des Rahmenbeschlusses somit weiter als die Vorgaben der Konvention.

IV. Computersabotage gem. Art. 5 CCC und Art. 3 des RB

Neben dem Eingriff in Daten sollte auch der Eingriff in das Computer- bzw. Informationssystem sanktioniert werden. Allerdings erfasste der Rahmenbeschluss in Art. 3 nicht nur die „schwere Behinderung“, wie in Art. 5 CCC, sondern ließ jede „Störung des Betriebs“ für die Tatbestandsverwirklichung genügen.

Auch der Katalog der möglichen Tathandlungen wurde erweitert. Dieser erfasste, in Übereinstimmung mit den Korrekturen zum Dateneingriff in Art. 2 des RB, neben den Tathandlungen der Konvention – „Eingeben, Übermitteln, Beschädigen, Löschen, Verändern oder Unterdrücken“ – statt „Beeinträchtigen“ das „Verstümmeln“, ergänzend das „Unzugänglichmachen“.

Die Ausweitung bezüglich des Taterfolges und der Tathandlungen wurde durch die Neuaufnahme einer Strafbarkeitsbeschränkung korrigiert. Diese lag wiederum im Ausschluss von lediglich leichten Fällen. Trotz dieser Beschränkung dürften durch Art. 3 des RB mehr Fallkonstellationen erfasst werden als durch Art. 5 CCC.

V. Versuch, Beihilfe und Anstiftung gem. Art. 11 CCC und Art. 5 des RB

Sowohl Art. 13 Abs. 1 CCC als auch Art. 5 Abs. 1 des RB forderten die Sanktion der Anstiftung und Beihilfe zu allen aufgeführten Straftatbeständen. Hinsichtlich der im jeweiligen Absatz 2 kodifizierten Versuchsstrafbarkeit, mit entsprechenden Rückausnahmen in Absatz 3, erwies sich der Rahmenbeschluss als strenger. Während die Konvention generell keine Versuchsstrafbarkeit für den rechtswidrigen Zugang gem. Art. 2 CCC vorsah, bot der Rahmenbeschluss in Absatz 3 lediglich die Möglichkeit, hiervon Abstand zu nehmen. Die übrigen Versuchsstrafbarkeiten waren im Umkehrschluss zwingend.

VI. Sanktionen gem. Art. 13 CCC und Art. 6 und 7 des RB

Die Festlegung des Strafmaßes folgte in beiden Regelungsinstrumenten der Mindesttrias, wonach wirksamen, verhältnismäßigen und abschreckenden Sanktionen[323] eingeführt werden sollten. Während in Art. 13 Abs. 1 CCC der Einbezug einer Freiheitsentziehung lediglich erwähnt wurde, präzisierte Art. 6 Abs. 2 des RB diesen Leitsatz für den rechtswidrigen Daten- und Systemeingriff. Dieser solle mit „Freiheitsstrafe im Höchstmaß von mindestens einem bis drei Jahren geahndet werden".

Hinsichtlich der Tatbegehung unter erschwerenden Umständen gem. Art. 7 des RB, blieb der Rat hinter den Vorschlägen der Kommission zurück, die in Art. 7 Abs. 1 des RB-E eine Mindeststrafe von vier Jahren Freiheitsstrafe vorsah.[324] Der Rat verzichtete hingegen auf die Festsetzung einer Mindeststrafe und beschränkte sich auf die Einführung eines Höchstmaßes (von mindestens zwei bis fünf Jahren).[325]

Als Zwischenfazit lässt sich daher feststellen, dass die Vorschriften des Rahmenbeschlusses eine stärkere Konkretisierung gegenüber denen der Cybercrime Convention erfahren haben. Erweiterungen auf Tatbestandsebene führten zu einer Ausdehnung des Anwendungsbereichs, ergänzt um eine Konkretisierung auf der Rechtsfolgenseite. Auch wenn der Rat, insbesondere bezüglich der erschwerenden Umstände in Art. 7 des RB, hinter den Forderungen der Kommission zurückblieb, hat dieser in der Gesamtschau eine stärkere Pönalisierung der sog. CIA-Delikte befürwortet.

---

323 Vgl. Art. 13 Abs. 1 CCC und Art. 6 des RB.

324 „Artikel 7 Erschwerende Umstände

(1) Die Mitgliedstaaten stellen sicher, dass Straftaten nach Artikel 3, 4 und 5 mit einer Freiheitsstrafe von mindestens vier Jahren geahndet werden können, sofern sie unter den im Folgenden genannten Umständen begangen werden [...]" in: Abl. EG Nr. C 203 E v. 27.8.2002, S. 112, Art. 7 Abs. 1.

325 Auch Absatz 2 gestaltete der Rat offener, s.o.

Sechstes Kapitel: Bewertung der bisherigen Strafrechtsharmonisierung

In den Kapiteln 4 und 5 wurde festgestellt, dass bereits drei Harmonisierungswellen herausgearbeitet werden konnten, die durch eine Zunahme der Regelungsintensität gekennzeichnet sind. Die Expansion des europäischen Strafrechts vollzog sich hinsichtlich ihrer thematischen Breite als auch ihrer Regelungstiefe und spiegelte zugleich die stete Neujustierung der Strafrechtspolitik wider.[1] Als „grenzüberschreitende" Gefahr gelangte auch die Compu-

---

1 Die anfängliche Zielsetzung der Friedenssicherung während der Montanunion erweiternd, verstärkten sich die Bemühungen um die Schaffung eines gemeinsamen Wirtschaftsraums mit verbesserten innereuropäischen Bedingungen. Es sei nur konsequent, diesen Bereich auch strafrechtlich zu schützen (*Schünemann*, GA 2004, 193, 202; *Eser*, Brauchen wir ein Europäisches Strafgesetzbuch?, S. 138; *Tiedemann* in: FS Roxin, S. 1412; *Schwarzburg / Hamdorf*, NStZ 2002, 617, 617ff.; *Jescheck* in: FS Eser, S. 996; *Sieber* in: FS Geerds, S. 118; *Hecker* in: Ambos, Europäisches Strafrecht post-Lissabon, S. 14). Eine Form des sog. Verwaltungsstrafrechts bildete sich heraus (*Jescheck* in: FS Eser, S. 996f.; *Schulz*, StV 2001, 85, 85; *Sieber* in: FS Geerds, S. 116f., 120, 123f.; vgl. Art. 280 Abs. 4 S. 2 EGV). Auch dieser Ansatz wurde zunehmend erweitert. Am 26.7.1995 unterzeichneten die Mitgliedstaaten der EU das Übereinkommen über den Schutz der finanziellen Interessen der EG. Der „Corpus Iuris" mit Vorgaben auf dem Gebiet des Strafrechts zum Schutz finanzieller Interessen der EU wurde erarbeitet (*Jescheck* in: FS Eser, S. 997f.; *Zieschang*, ZStW 2001, 255, 256ff.; *Vogel*, GA 2003, 314, 320. Zum verfahrensrechtlichen Teil: *Brüner / Hetzer*, NStZ 2003, 113, 114f. Kritisch: *Vormbaum*, Schutz der Rechtsgüter von EU-Staaten, S. 83ff.; *Schulz*, StV 2001, 85, 85f.). *Weigend* in: FS Roxin, S. 1384: Dieser „verdient höchste (kritische) Aufmerksamkeit als Keimzelle eines (EU-) europäischen Strafrechts". Ein Entwurf der Arbeitsgruppe um Tiedemann zum „Wirtschaftsstrafrecht" der EU folgte, *Jescheck* in: FS Eser, S. 998. Seine Überarbeitung und Erweiterung zu einem Gesamtkatalog für „Europa-Delikte" schloss sich an. Dem historisch begründeten Argumentationsmuster folgend, wurde die Öffnung der Binnengrenzen durch die Schengener Abkommen (Schengen I, in: GMBl. 1986, S. 79ff. in: BMI, Schengener Zusammenarbeit, Textsammlung, S. 3–7; Schengen II in: BGBl. II Nr. 23 v. 23.7.1993, S. 1010–1093) für die Rechtfertigung einer Kompetenzausdehnung bemüht, *Weigend*, ZStW 1993, 774, 783f.; *Gusy / Schewe*, Polizeiliche und justizielle Zusammenarbeit, S. 186; *Silva Sánchez*: Die Expansion des Strafrechts, S. 44. *Schulz*, StV 2001, 85, 87: „[…] dann tritt das Verfassungsrecht als Gabe des Zeitgeists durch die Hintertür ein und die EU mutiert vom Palladium der Freiheit zu einer Festung Europa, in der nach den finanziellen Interessen der Festungsbauer auch der Rechtsstaat zum ökonomischen Kalkül verkommt und alsbald die ökonomisch motivierten Interessen an Inklusion und Exklusion strafrechtlich flankiert werden". Die Öffnung erfordere einen flankierenden Strafrechtsschutz zur Eindämmung grenzüberschreitender Kriminalität, wie etwa der organisierten Kriminalität, des Waffen- und Betäubungsmittelhandels oder des Terrorismus, *Weigend*, ZStW 1993, 774, 786; *Silva Sánchez*: Die Expansion des Strafrechts, S. 44; *Wilkitzki*, ZStW 1993, 821, 826; *Vogel*, GA 2002, 517, 526. Zur Harmonisierung im Besonderen Teil: *Ders.*, GA 2003, 314, 322ff. Auch der Wortlaut der auf diese Weise entstandenen

https://doi.org/10.1515/9783110623031-009

terkriminalität stärker in das Blickfeld der Anpassungsbemühungen. Bei näherer Betrachtung dürfte eine Subsumtion des Cybercrimes aber weniger der Öffnung der Binnenmarktgrenzen – der ursprünglichen Motivation für die Aufnahme des Regelungsbereiches – zuzuschreiben sein, sondern vielmehr ihrer virtuellen Begehung. Anders als bei „originär“ grenzüberschreitender Kriminalität, werden gerade keine körperlichen Gegenstände von einem europäischen Binnenland in ein anderes transportiert. Zur Kriminalitätsbegehung ist häufig nicht einmal ein Ortswechsel notwendig. Die Internetkriminalität dürfte damit allein in ihrer Wirkung der klassischen grenzüberschreitenden Kriminalität entsprechen. Ihr thematischer Einbezug in die Angleichungsbemühungen ist jedoch das Ergebnis einer kontinuierlichen Herabsetzung der strafrechtlichen Interventionsschwelle infolge der strukturellen Veränderungen, sowohl hinsichtlich der Regulierungsebenen, als auch hinsichtlich ihrer Gestaltungsmittel. Mit der Ausweitung der Anwendungsbereiche nahm auch die Regelungsintensität auf dem Gebiet des Internetstrafrechts zu, insbesondere auf der Rechtsfolgenseite.

Während die europäischen Vorgaben anfänglich noch auf konkretisierende Umsetzungsvorschriften verzichteten, damit die nationalen Parlamente den Regelungsort im Zivil-, Verwaltungs- oder Strafrecht frei wählen konnten, wurde diese Gestaltungsfreiheit zunehmend eingeschränkt. Durch die Einführung der Mindesttrias waren die Mitgliedstaaten gehalten, Sanktionen einzuführen, die „wirksam, verhältnismäßig und abschreckend“ waren, was in vielen Fällen einer Verpflichtung zur strafrechtlichen Sanktion gleichkam. Die Assimilierungsverpflichtung wurde verstärkt, wonach die Mitgliedstaaten dafür Sorge zu tragen hatten, dass Verstöße gegen das Gemeinschaftsrecht genauso geahndet werden, wie vergleichbare Eingriffe auf nationaler Ebene. Eine Phase der ausdrücklichen Festsetzung von Mindeststrafen, vornehmlich auf Unionsebene, schloss sich an, zu deren Umsetzung die nationalen Parlamente verpflichtet wurden. Von den darin festgeschriebenen Strafrahmen durften sie lediglich durch eine Anhebung des Strafmaßes, nicht jedoch durch dessen Herabsetzung abweichen.

A) Institutionelle Weiterentwicklung

Die treibende institutionelle Kraft für die voranschreitende Europäisierung bildete die Kommission, die durch den EuGH den erforderlichen Antrieb für

Kompetenznormen in Art. 29, 31 EUV spiegelt diese Argumentationskette wider, *Ders.*, GA 2002, 517, 526.

die Neuordnung des Kräfteverhältnisses auf europäischer Ebene erhielt. Sie wurde als „Motor strafrechtlicher Harmonisierungsinitiativen“[2] bezeichnet.

Mit der zunehmenden Verlagerung der Angleichungsinitiativen von der ersten in die dritte Säule änderte sich die ursprüngliche Kräfteverteilung. In deren Folge konnte der Rat nun seinen Einfluss verstärkt geltend machen, indem er von seinem Initiativrecht Gebrauch machte und über die Initiativen der Kommission entscheiden durfte, ohne dass ihr ein Mitbestimmungsrecht zuteil wurde. Auch die parlamentarischen Gestaltungs- und Einflussnahmemöglichkeiten waren gering.

B) Fortentwicklung der verwendeten Rechtsakte

Dieser Prozess wurde von der Angleichung der verfügbaren Rechtsinstrumente begleitet. Während eine umfassende Strafgesetzgebung innerhalb der ersten Säule ausgeschlossen blieb, waren es vor allem die Rechtsinstrumente der dritten Säule, die das Strafrecht in den Mitgliedstaaten prägen.

Anfänglich stand hierfür nur das schwerfällige Instrument des Übereinkommens zur Verfügung. Damit hätte eine parallele Angleichung vergleichbar zur Convention on Cybercrime des Europarates erfolgen können. Darauf wurde jedoch aus den dargestellten Gründen verzichtet. Daneben war lediglich die Nutzung Gemeinsamer Standpunkte und Gemeinsamer Maßnahmen möglich und damit Handlungsformen ohne hinreichend bindenden Charakter. Die erste Phase der Bemühungen um das Computer- und Internetstrafrecht zeichnete sich dementsprechend durch zurückhaltende Schritte wie der Formulierung von Aktionsplänen und ersten Erklärungen über die Bedeutung der neuartigen Technologie sowie das Erfordernis ihrer rechtlichen Erfassung aus.

Erst nachdem durch den Vertrag von Amsterdam die Rechtsinstrumente des Beschlusses und des Rahmenbeschlusses zur Verfügung gestellt wurden, wurde der erforderliche institutionelle Rahmen für eine erleichterte Strafrechtsharmonisierung geschaffen, sodass die zunehmende Konkretisierung dieser Vorhaben in die Erarbeitung des Rahmenbeschlusses gegen Angriffe auf Informationssysteme münden konnten.

Überschattet wurde dieser erste unionsrechtliche Schritt vom EuGH-Urteil zum Umweltstrafrecht und den daraus abgeleiteten Folgen. Der Rahmenbeschluss gegen Angriffe auf Informationssysteme beruhe auf der falschen Ermächtigungsgrundlage und sei deswegen rechtswidrig. Da dies nach Auffassung der deutschen Regierung für die Umsetzung jedoch irrelevant war, blieb

2 *Vogel*, GA 2003, 314, 321.

diese Feststellung für die Umsetzung in innerdeutsches Recht im Ergebnis bedeutungslos. Mit der daran anknüpfenden Rechtsprechung im EuGH-Urteil zur Meeresverschmutzung, wurde eine stärkere Verlagerung zu Rechtsakten innerhalb der ersten Säule vorgezeichnet und damit für eine künftige Anpassung mittels Richtlinien.

Diese Entwicklung verdeutlicht die Zunahme der Europäisierung auf dem Gebiet des Strafrechts. Angesichts der bereits angedeuteten Besonderheiten der Strafrechtsmaterie, wurde dieser Europäisierungsprozess in der Literatur kritisch beobachtet und eingehend untersucht.[3] Im Vordergrund stand dabei die Frage,

> „[…] ob die Grenzüberschreitung des Strafrechts als Mittel zur *Lösung* der zahlreichen Zukunftsprobleme gedacht ist – oder ob sie nicht vielleicht selbst ein Zukunfts*problem* ist […].“[4]

C) Notwendigkeit einer europäischen Strafrechtsharmonisierung

Innerhalb der streitenden Gruppen finden sich Extrempositionen, die sich durch eine nahezu uneingeschränkte Befürwortung europäischer Strafrechtsvorgaben auszeichneten,[5] während andere eine Angleichung prinzipiell für ausgeschlossen hielten.[6] Diese Minderansicht vertrat die Auffassung, dass nur eine Staatsgewalt über Strafgewalt verfügen könne, denn nur Staaten seien befugt, strafrechtliche Bestimmungen eigenverantwortlich zu gestalten und anzuwenden. Sie stelle geradezu den Kernbereich staatlicher Souveränität dar.[7] Hilgendorf hielt diese strenge Bindung für gerechtfertigt, da der Staat als Einziger an die Beachtung des Rechtsstaatsprinzips gebunden sei. Dieser Rechtsgedanke finde sich auch im Territorialitätsprinzip des § 3 StGB.[8] Aber weder die EG noch die EU verfüge über die erforderliche Staatsgewalt, so dass eine Ausübung – selbst bei unterstellter Bereitschaft zu einem diesbezüglichen Souveränitätsverzicht – ausgeschlossen sei.[9]

---

3 Vertiefend statt vieler: *Braum*, Europäische Strafgesetzlichkeit, 2003; *Satzger*, Die Europäisierung des Strafrechts, 2001; *Schröder*, Europäische Richtlinien und deutsches Strafrecht, 2002; *Vormbaum*, Schutz der Rechtsgüter von EU-Staaten durch das deutsche Strafrecht.

4 *Weigend*, ZStW 1993, 774, 774.

5 *Brüner / Hetzer*, NStZ 2003, 113, 113; *Zieschang*, ZStW 2001, 255, 256, 263; *Wilkitzki*, ZStW 1993, 821, 826ff.

6 *Braum*, StV 2003, 576, 576.

7 *Hilgendorf*, Nationales oder transnationales Strafrecht?, S. 339.

8 Ebd.

9 *Braum*, StV 2003, 576, 576.

> „Strenggenommen darf es ein europäisches Strafrecht gar nicht geben. Strafrecht ist Ausdruck staatlicher Souveränität. Es ist der Kern des staatlichen Gewaltmonopols. Europa ist – noch – kein Staat.“[10]

Überwiegend herrschte jedoch die Annahme vor, dass eine Ermächtigung durchaus in Betracht komme. Welche Voraussetzungen an eine wirksame Übertragung zu stellen seien und welche Grundsätze bei ihrer Ausübung beachtet werden müssen, wurde hingegen unterschiedlich beantwortet.

Zuvörderst ist jedoch die vielfach thematisierte und ebenfalls kontrovers diskutierte Frage nach dem Sinn einer europäischen Strafrechtsangleichung zu klären. Dieser wurde vor allem mit Verweis auf die kulturelle Heterogenität innerhalb Europas hinterfragt. Europakritikern zufolge macht dieser Umstand die strafrechtliche Harmonisierung entbehrlich,[11] oder erschwerte sie zumindest erheblich.[12] An diese Debatte anknüpfend, stellt sich die Frage nach dem „richtigen Strafrecht“, wollte man der Kulturpluralität gerecht werden.[13] Ob sich das hierbei zum Tragen kommende „wissenschaftliche System der Politik“ mit von Liszt an der „empirisch gegebenen Entwicklungsrichtung“[14] ausrichten oder an anderen Kriterien orientieren sollte, gilt es zu überprüfen.

Ausgangspunkt der Überlegung bildet die Erkenntnis, dass jedes nationale Strafrecht zugleich Produkt der eigenen Geschichte ist. Es reflektierte, die hierdurch nachhaltig geprägten nationalen Wertevorstellungen und Anschauungen, die in Wechselwirkung mit der individuellen Kultur gewachsen sind.[15]

---

10 Ebd.

11 *Rüter*, ZStW 1993, 30, 44; A.A.: *Schünemann*, GA 2004, 193, 197.

12 *Sieber*, ZStW 1991, 957, 963; *Weigend*, ZStW 1993, 774, 789; *Hilgendorf*, Nationales oder transnationales Strafrecht?, S. 342; *Silva Sánchez*: Die Expansion des Strafrechts, S. 45; *Zieschang*, ZStW 2001, 255, 269.

13 *Rüter*, ZStW 1993, 30, 42; *Sieber*, ZStW 1991, 957, 957ff.; *Schünemann*, GA 2004, 193, 197; *Zieschang*, ZStW 2001, 255, 264f.; *Weigend*, ZStW 1993, 774, 786, vertiefend S. 790ff.; *Hirsch* in: FS Spendel, 1992, S. 43, 58.

14 *V.Liszt*, ZStW 1907, 91, 95: „In der empirisch gegebenen Entwicklungsrichtung des im Staat organisierten gesellschaftlichen Lebens erblicke ich also das Kennzeichen des ‘richtigen Rechts’; nur auf dieser Grundlage läßt sich ein wissenschaftliches System der Politik aufbauen“; *Zieschang* wandte dagegen ein, dass auch die Tatsache, dass es sich bei einem Rechtsstreit um die herrschende Meinung handeln möge, nicht ausschlaggebend für deren Richtigkeit sein muss, *Ders.*, ZStW 2001, 255, 265.

15 Bereits *Häberle*, Verfassungslehre als Kulturwissenschaft, 1982; *Mayer*, Rechtsnormen und Kulturnormen, 1903; *Eser*, Brauchen wir ein Europäisches Strafgesetzbuch?, S. 138, 141; *Jescheck* in: FS Eser, S. 991, 999; *Rüter*, ZStW 1993, 30, 35f.; *Brüner / Hetzer*, NStZ 2003, 113, 118; *Reindl-Krauskopf*, ZaöRV 2014, 563, 569. *Sieber* spricht demgegenüber dem Strafrecht selbst eine identitätsbildende Wirkung zu, *Ders.*, ZStW 1991, 957, 963, 975f. A.A.: *Quintero Olivares* in: FS Tiedemann, S. 1340: „[…] Furcht vor dem Verlust der *kulturellen Identität* […] ungerechtfertigt“.

Diese Erkenntnis lässt europakritische Stimmen folgern, dass eine Konsensfindung daher weder möglich noch erstrebenswert sei.[16] Savigny formulierte 1814: „Das Recht wächst also mit dem Volke fort, bildet sich aus mit diesem, und stirbt endlich ab, so wie das Volk seine Eigenthümlichkeit verliert."[17] Auch Hassemer bestätigte, das Strafrecht sei „[...] stark kulturell verhaftet und deswegen interkulturell kaum beweglich [...]".[18] Das nationale Strafrecht sei daher für die eigene Rechtsordnung auch das „beste" Recht, da es natürlich gewachsen sei und daher eine ausgewogene Balance im Straf- und Strafverfahrensrecht geschaffen habe.[19]

> „Auf die Frage des deutschen Strafrechtslehrers, ob der Vorsatz zum Unrecht oder zur Schuld oder zu beiden gehöre, wird der englische barrister bzw. der französische maître bedauern, dass er die Begriffe Unrecht und Schuld nur als primär philosophische oder moralische, nicht als primär juristische Kategorie kenne; er wird zurückfragen, was juristisch von der Einordnung abhänge und wie es die deutschen Gerichte sähen, und das zu beantworten wird den Deutschen in einige Verlegenheit bringen."[20]

Auch die Akzeptanz der Strafrechtsordnung sei in starkem Maße davon abhängig, dass sie aus der nationalen Tradition erwachsen ist.[21] Das Urteil über die Strafwürdigkeit zeige sich nicht nur hinsichtlich der darin geschützten Rechtsgüter, sondern auch in der Stufung ihrer Wertigkeit und dem danach ausgerichteten Strafmaß.[22] Je weitreichender die Vorgaben auf europarechtlicher Ebene würden, desto größer sei auch die Wahrscheinlichkeit, dass dieses historisch gewachsene und kulturell geprägte Gleichgewicht ins Wanken gerate.[23] Binding formulierte bereits 1885:

---

16 A.A.: *Schünemann*, GA 2004, 193, 197; *Vogel*, GA 2010, 1, 2ff.

17 *v.Savigny*, Vom Beruf unserer Zeit, S. 11.

18 *Hassemer*, Vielfalt und Wandel eines interkulturellen Strafrechts in: Höffe, S. 157.

19 *Rüter*, ZStW 1993, 30, 42; *Weigend*, ZStW 1993, 774, 785; *Zimmermann*, Jura 2009, 844, 847; *Hilgendorf*, Nationales oder transnationales Strafrecht?, S. 339; *Vogel*, GA 2010, 1, 9.

20 *Vogel*, GA 2002, 517, 524.

21 Sie dürfe nicht europarechtlich überformt werden, *Rüter*, ZStW 1993, 30, 44; *Weigend*, ZStW 1993, 774, 785; *Eser*, Brauchen wir ein Europäisches Strafgesetzbuch?, S. 140. Als Beleg werden die unterschiedlichen Regelungen und Rechtsauffassungen etwa zum Schwangerschaftsabbruch oder der Sterbehilfe angeführt, *Rüter*, ZStW 1993, 30, 36f.; *Weigend*, ZStW 1993, 774, 787f.; *Sieber*, ZStW 1991, 957, 959; *Vogel*, GA 2003, 314, 317.

22 *Eser*, Brauchen wir ein Europäisches Strafgesetzbuch?, S. 138; *Fromm*, ZIS 2008, 168, 175f.

23 *Weigend*, ZStW 1993, 774, 790; *Jescheck* in: FS Eser, S. 999f.; a.A.: zumindest bzgl. des Schutzes finanzieller Interessen der EG, *Brüner / Hetzer*, NStZ 2003, 113, 113.

„Der Glaube an die Gerechtigkeit und an die Heiligkeit der Rechtspflicht wird erschüttert, wenn innerhalb einer national einigen und wesentlich auf gleicher Culturstufe stehenden Bevölkerung hier erlaubt, was dort verboten ist, hier dasselbe Delict mit Strenge, dort nur sehr mild geahndet wird, hier Strafen für unzulässig erklärt werden, die dicht jenseits der Grenze ihr Anwendungsgebiet besitzen.“[24]

Aus diesem Umstand ziehen kritische Stimmen die Schlussfolgerung, dass das Strafrecht für eine Harmonierung ungeeignet sei und deshalb darauf verzichtet werden müsse.[25] Die Gegenansicht gab zu bedenken, dass es keine Belege dafür gebe, dass das Strafrecht stärker kulturell geprägt sei als andere Rechtsbereiche.[26] Das nationale Strafrecht[27] und die Frage nach der Bereitschaft der Mitgliedstaaten zu dessen Internationalisierung seien politischer Natur.[28] Dies werde bei „kulturneutralen“ Tatbeständen wie dem Betrug deutlich, bei dessen Sanktionierung es innerhalb Europas ebenfalls erhebliche Unterschiede gebe. Der kulturelle Aspekt könne daher zumindest nicht der einzige prägende Faktor sein.[29]

Unabhängig von der kulturellen Verflechtung des Strafrechts innerhalb der Mitgliedstaaten, machten Protagonisten der europäischen Strafrechtsharmonisierung deutlich, dass keinesfalls eine europäische Überformung der innerstaatlichen Strafrechtsordnung angestrebt werde. Im Gegenteil, es habe sich bereits eine eigenständige europäische Kultur herausgebildet, die auch strafrechtlich zu schützen sei.[30] Diese ergebe sich aus den einheitlichen Traditionen und habe in der Präambel des Verfassungsentwurfs bereits ihren Niederschlag gefunden.[31]

„Nimmt man die Forderung ernst, daß Strafrecht das ‚ethische Minimum' bewehrt und ‚ultima ratio' ist, so kommt man in weiten Bereichen des Kernstrafrechts zu gemeinsamen europäischen Kulturvorstellungen.“[32]

---

24 *Binding*, Handbuch des Strafrechts, Bd 1, 1885, S. 47.

25 *Rüter*, ZStW 1993, 30, 44; a.A.: *Schünemann*, GA 2004, 193, 197.

26 *Weigend*, ZStW 1993, 774, 789; *Bacigalupo* in: FS Roxin, S. 1374.

27 *Silva Sánchez*, Die Expansion des Strafrechts, S. 44.

28 *Weigend*, ZStW 1993, 774, 789. Ähnlich auch Hilgendorf in: *Ders.*, Nationales oder transnationales Strafrecht?, S. 335.

29 *Weigend*, a.a.O., S. 788.

30 *Bacigalupo* in: FS Roxin, S. 1373: „Strafrechts-Kulturgemeinschaft“; *Sieber*, ZStW 1991, 957, 978; *Quintero Olivares* in: FS Tiedemann, S. 1342ff.

31 *Schünemann*, GA 2004, 193, 197; *Quintero Olivares* in: FS Tiedemann, S. 1342 demgegenüber verweisend auf Art. 151 Abs. 1, 4 EGV.

32 *Sieber*, ZStW 1991, 957, 976.

Überträgt man nun diese Überlegungen auf das Computer- und Internetstrafrecht, kann – angesichts der vergleichsweise jungen Regelungsmaterie – kaum von einer historisch gewachsenen Strafrechtsausprägung gesprochen werden. Dennoch hat der Regelungsbereich als Ergänzung zu den klassischen Delikten Aufnahme gefunden. Dahinter verbirgt sich nicht nur eine Wertentscheidung hinsichtlich der Schutzwürdigkeit neuer Interessen und Schutzgüter, sondern auch eine Einordnung in das bestehende Gesamtgefüge. Dies begründet – gerade bei neuen, nicht historisch gewachsenen und weniger stark kulturell geprägten, Deliktsformen – eine Gefahr für die bisherige Austarierung. Durch die Aufnahme von Mindeststrafen betrifft dies nicht nur die Art und Höhe der Sanktion, sondern das Gleichgewicht des gesamten strafrechtlichen Sanktionssystems. Auch die grundsätzliche Wertentscheidung über die Frage, inwieweit die Strafbarkeit in das Vor- und Nachtatverhalten verlagert werden soll und darf, wird hiervon berührt.

Auf die häufig gestellte Frage, was für die Harmonisierung auf dem „Altar Europas" geopfert werden müsse,[33] antwortete Sieber: „Teilweise aufzugeben ist das bisherige national-*staatliche* Recht, nicht der *Rechtsstaat*!"[34] Schünemann stimmte zu, nicht „[…] die rechtsstaatlich-liberale Strafrechtswissenschaft auf dem Altar einer Europäisierung um ihrer selbst willen zu opfern."[35]

D) Die thematische Begrenzung der Strafrechtsangleichung

Damit ist zugleich die Frage nach einer sinnvollen Begrenzung angesprochen. Dies folgt bereits aus dem europaweit anerkannten ultima ratio-Grundsatz,[36] wonach sich der zu gewährende Strafrechtsschutz auf einen Kernbereich beschränken müsse.[37]

Zur Bestimmung dieses Nukleus wurden verschiedene Ansätze formuliert. Einen möglichen Anknüpfungspunkt bilden übereinstimmende Wertentscheidungen, wie der ausdrückliche Verzicht auf die Todesstrafe. Daneben kommt eine Beschränkung auf einen gemeinsamen Kern von Straftatbeständen in Betracht.[38] Um diesem Kern Konturen zu verleihen, wurde eine Begrenzung

---

33 A.a.O., S. 979; *Schünemann*, GA 2004, 193, 203.

34 *Sieber*, ZStW 1991, 957, 979.

35 *Schünemann*, GA 2004, 193, 203.

36 *Sieber*, ZStW 1991, 957, 976; *Schünemann*, GA 2004, 193, 197; *Quintero Olivares* in: FS Tiedemann, S. 1347.

37 *Sieber*, ebd.; *Schünemann*, ebd.

38 *Bacigalupo* in: FS Roxin, S. 1373; *Vogel*, GA 2002, 517, 522, 527; *Quintero Olivares* in: FS Tiedemann, S. 1345.

auf solche Delikte vorgeschlagen, deren Strafwürdigkeit in der Europäischen Menschenrechtskonvention des Europarates festgeschrieben sind, bzw. in der am 7. Dezember 2000 in Nizza proklamierten Grundrechtscharta.[39] Eine Anbindung an die darin festgeschriebenen Grundsätze könnte ihre Durchsetzbarkeit fördern und zugleich einen Grundstein für die Strafrechtsharmonisierung schwerster Verbrechen bilden.

Negativ abgrenzend wären Vorgaben zu darüber hinausgehenden Vergehen unzulässig, weil sie sich außerhalb dieses Kerns befänden. Aus diesem Grunde empfanden einige Stimmen diese Grenzziehung als zu eng, da hierdurch ein zu geringer Kriminalitätsbereich abgedeckt würde. Für die Begrenzung sollte daher ergänzend die Ausrichtung und der Wandel der Zielstellung der Europäischen Gemeinschaft(en) herangezogen werden.[40] Auch die Idee eines europäischen Modellstrafgesetzbuches wurde mehrfach angebracht.[41] Teils wurde die Übernahme des deutschen Strafrechts propagiert,[42] da dieses am fortschrittlichsten sei.

Weigend gab zu bedenken, dass selbst ein einheitliches Recht nicht automatisch eine einheitliche Rechtsanwendung garantiere.[43] Dies hänge von vielen weiteren, auch prozessualen, Fragen ab.[44] Dennoch sei eine Harmonisierung grundsätzlich möglich, müsse aber von innen nach außen erfolgen und nicht von oben nach unten. Anderenfalls könnten die Gleichschaltungsbestrebungen nicht nur das historisch und kulturell gewachsene rechtliche Gesamtgefüge der Mitgliedstaaten aus dem Gleichgewicht bringen, sondern der bezweckten europäischen Einigung mangels Akzeptanz sogar entgegenwirken.[45]

> „Grenzen überwinden kann nur, wer seine eigenen Grenzen kennt und die der anderen achtet."[46]

Allerdings wurde nicht nur Kritik an dem prinzipiellen Erfordernis einer Strafrechtsangleichung auf Europaebene geäußert. Dieses „Ob" teils begrüßend,[47]

---

39 *Sieber*, ZStW 1991, 957, 971, 976; *Vogel*, GA 2002, 517, 530; *Ders.*, GA 2003, 314, 316; *Ders.*, GA 2010, 1, 14; *Albrecht*, StV 2001, 69, 72; *Quintero Olivares*, a.a.O., S. 1343ff.

40 *Sieber*, ZStW 1991, 957, 964; *Ders.* in: FS Geerds, S. 118; *Schünemann*, GA 2004, 193, 202.

41 *Sieber*, ZStW 1991, 957, 978 ein Modellstrafgesetzbuch nach lateinamerikanischen Vorbild favorisierend; auf S. 979 den deutschen Föderalismus befürwortend. Kritisch: *Eser*, Brauchen wir ein Europäisches Strafgesetzbuch?, S. 142.

42 Kritisch: *Weigend*, ZStW 1993, 774, 792.

43 *Zieschang*, ZStW 2001, 255, 268; *Quintero Olivares* in: FS Tiedemann, S. 1350.

44 Quintero Olivares, ebd.

45 *Rüter*, ZStW 1993, 30, 32, 45.

46 Ebd.

teils resignierend,[48] äußerten einige Stimmen des Schrifttums Kritik an der Ausgestaltung des Verfahrens zum Erlass strafrechtlicher Maßnahmen und an der Reichweite der darin enthaltenen Vorgaben.

Vorwiegend wurde die fehlende Legitimation moniert, die sich aus zwei Aspekten ergebe. Zum einen fehle die Kompetenz für ein generelles Tätigwerden und zum anderen sei das Verfahren bei zu erlassenden Rechtsakten für eine demokratische Legitimierung ungeeignet.[49]

Über die grundsätzliche Befugnis, supranationales und damit unmittelbar geltendes Recht zu schaffen, verfüge allein die EG. Zur Ausübung dieser Kompetenz müsse sie allerdings nach dem Prinzip der Einzelermächtigung gem. Art. 5 Abs. 1 EGV hierzu auch befugt sein. An dem hierfür erforderlichen ausdrücklichen und bereichsspezifischen Souveränitätsverzicht durch die Mitgliedstaaten[50] fehle es aber weiterhin.[51] Die Kodifizierung unmittelbar geltenden Europastrafrechts auf Gemeinschaftsebene muss damit ausscheiden. Daran anknüpfend stellte sich die Frage, ob stattdessen auf unionsrechtlicher Ebene strafrechtliche Anpassungen vorgenommen werden dürften, obwohl von einer Ermächtigung der EG bislang ausdrücklich Abstand genommen worden war. Da die EU – anders als die EG – keine supranationale Organisation darstellte, verfügte sie, kraft ihrer Stellung, von vornherein über keine Kompetenz, supranationales Recht zu schaffen, unabhängig von der betroffenen Rechtsmaterie. Damit konnte auch auf EU-Ebene kein unmittelbar geltendes Europastrafrecht geschaffen werden, wie der Wortlaut der Art. 29ff., Art. 34

---

47 *Eser*, Brauchen wir ein Europäisches Strafgesetzbuch?, S. 147; *Schünemann*, GA 2004, 193, 203.

48 *Fromm*, ZIS 2008, 168, 169. Ablehnend: *Weigend*, ZStW 1993, 774, 802; *Ders.* in: FS Roxin, S. 1376.

49 *Wilkitzki*, ZStW 1993, 821, 834.

50 *Schünemann*, GA 2002, 501, 501. Einschränkend *Tiedemann* mit dem Verweis, dass lediglich die Gründungsverträge zum Strafrecht schwiegen, eine Angleichung in den Verträgen von Maastricht und Amsterdam hingegen als Zielstellung benannt würde. Die EG habe durch den Vertrag von Amsterdam eine strafrechtliche Kompetenz erhalten und durch Art. 94 EGV eine allgemeine Harmonisierungskompetenz, aus der sich auch eine Annexkompetenz für das Strafrecht ergebe, *Ders.* in: FS Roxin, S. 1402f., 1412. So auch *Vogel*, GA 2002, 517, 521; *Jescheck* in: FS Eser, S. 996; *Sieber* in: FS Geerds, S. 126; a.A.: *Johannes*, ZStW 1971, 531, 550.

51 *Sieber*, ZStW 1991, 957, 969; *Dannecker*, Strafrecht der Europäischen Gemeinschaft, S. 26ff./1990ff.; *Wasmeier* in: v.d.Groeben / Schwarze, Art. 34 EUV, Rn 8; *Hilgendorf* in: Harmonisierung des Internetstrafrechts in: Schwarzenegger / Arter / Jörg, S. 261f.; *Ders.*, Nationales oder transnationales Strafrecht?, S. 340f.; *Zöller*, ZIS 2009, 340, 340f.; *Gercke*, ZUM 2010, 633, 637; *Ruhs*, ZJS 2011, 13, 13; *Braum*, StV 2003, 576, 576; *Schünemann*, GA 2004, 193, 195; *Weigend*, ZStW 1993, 774, 779; *Wilkitzki*, ZStW 1993, 821, 826; *Schulz*, StV 2001, 85, 85.

Abs. 2 lit.b S. 3 EUV zum Ausdruck brachte, der für den Rahmenbeschluss, anders als bei Richtlinien, eine unmittelbare Wirkung ausschloss.[52]

Von dieser (fehlenden) Rechtsetzungskompetenz sei jedoch die Anpassung mittels „harmonisierten Strafrechts" zu trennen. Dieses unterscheide sich von dem supranationalen Strafrecht dadurch, dass es nicht mit bindender Wirkung für die Mitgliedstaaten geschaffen wird. Damit es seine volle Wirksamkeit entfalten kann, muss es erst durch die nationalen Parlamente umgesetzt werden. Es entsteht kein supranationales europäisches Recht, sondern angeglichenes nationales Recht. Da die demokratische Legitimation grundsätzlich durch die Zustimmungsgesetze zu den Gründungsverträgen vermittelt wurde,[53] war diese Anweisungskompetenz innerhalb der dritten Säule unstreitig, vgl. Art. 29 Abs. 2, letzter Spiegelstrich EUV. Über den Verweis auf die Voraussetzungen des Art. 31 lit.e EUV fand der Rechtsgedanke des Prinzips der begrenzten Einzelermächtigung (Art. 5 Abs. 1 EGV) auch für die Harmonisierung auf Unionsebene Aufnahme. Der zweite Halbsatz enthielt außerdem einen Hinweis auf die Wahrung des Subsidiaritätsprinzips, welches für die EG in Art. 5 Abs. 2 EGV verankert war und im Art. 2 Abs. 2 EUV auch für die Union ausdrücklich erwähnt wurde. Damit konnte aus dem Zustimmungsgesetz zum EU-Vertrag eine demokratische Legitimation für eine Harmonisierung von Strafvorschriften zu den in Art. 31 lit.e EUV explizit benannten Regelungsbereichen „organisierte Kriminalität, Terrorismus und illegaler Drogenhandel" hergeleitet werden. Bliebe man diesem strengen Wortsinne verhaftet, würde das im Umkehrschluss auch bedeuten, dass die Anpassungsvorschriften durch den Rahmenbeschluss für den Bereich des Computer- und Internetstrafrechts nicht demokratisch legitimiert wären, da dieser zumindest nicht dem Kernbereich der Organisierten Kriminalität, des Terrorismus und dem illegalen Drogenhandel unterfällt, auch wenn die Kommission in ihren Erwägungen im Kommissionsentwurf den möglichen Missbrauch durch die Organisierte Kriminalität und für terroristische Ziele thematisierte.

Die tatsächliche Regelungspraxis lässt bereits erahnen, dass der Umfang der Harmonisierungskompetenz unterschiedlich weit interpretiert wurde. Nach Satzger handelt es sich um einen „offensichtliche[n] Fehler im Vertragstext".[54] Bereits die historische Auslegung ergebe, dass die Kriminalitätsbekämpfung

---

52 *Satzger*, Stellungnahme v. 28.11.2007, S. 3.

53 *Böse* in: FS Tiedemann, S. 1333.

54 *Satzger*, Stellungnahme v. 28.11.2007, S. 3.

durch den Vertrag von Amsterdam und von Nizza gestärkt werden sollte.[55] Für dieses weite Verständnis könnte eine systematische Auslegung sprechen. In Art. 29, Unterabsatz 1 EUV wird von dem „Raum der Freiheit, der Sicherheit und des Rechts“ gesprochen, der gemäß Unterabsatz 2 durch die „Verhütung und Bekämpfung der – organisierten oder nichtorganisierten – Kriminalität, insbesondere des Terrorismus, des Menschenhandels und der Straftaten gegenüber Kindern, des illegalen Drogen- und Waffenhandels, der Bestechung und Bestechlichkeit sowie des Betruges [...]“ sichergestellt werden soll. Damit geht die – in Art. 29, Unterabsatz 1 EUV benannte – Zielstellung über die benannten Regelungsbereiche des Art. 31 lit.e EUV hinaus. Vorangestellt wurde zudem ein „insbesondere“. Diese Regelbeispielstechnik zeigt, dass es sich hierbei nicht um eine abschließende Aufzählung handelt.[56]

Diese Erwägungen sowie die Ausführungen des Bundesverfassungsgerichts im sog. Maastricht-Urteil, wonach die Anforderungen an die demokratische Legitimation von Rechtsakten bei Staatengemeinschaften hinter denen bei demokratisch verfassten Staaten zurücktreten müssten,[57] sprechen für diese weitreichende Auslegung. Dennoch dürfte die Legitimierung des Rahmenbeschlusses gegen Angriffe auf Informationssysteme zur Angleichung des Computer- und Internetstrafrechts dennoch auf einer schwankenden Grundlage stehen.[58]

An diese Problematik anknüpfend wird deshalb von einigen Stimmen der Vorwurf der Unbestimmtheit dieser Ermächtigungsgrundlage in Art. 31 EUV erhoben. Die darin enthaltenen Vorgaben zu den in Betracht kommenden Regelungsbereichen seien konturenlos.[59] Dies gelte für die in Art. 31 lit.e EUV

---

55 Ebd. Demokratisch legitimiert werde aber nur der Vertragstext über die Zustimmungsgesetze. Ob auch eine – möglicherweise überdehnende – Anwendungspraxis erfasst würde, scheint fraglich.

56 Außerdem bezieht sich der Wortlaut explizit auf präventive und repressive Maßnahmen („Verhütung und Bekämpfung“) in den aufgeführten Tätigkeitsbereichen. Das gleiche Ergebnis ließe sich auch aus Art. 31 Abs. 1 EUV ableiten, der einleitend offen formuliert: „Das gemeinsame Vorgehen [...] schließt ein [...]“, *Eisele*, Anm. zu EuGH, Urt. v. 23.10.2007 – C-440/05 (JZ 2008, S. 248–251) in: JZ 2008, 251, 252; *Schünemann*, GA 2004, 193, 196.

57 BVerfGE 89, 155, 182 (Maastricht-Urteil).

58 Erinnernd sei darauf hingewiesen, dass die Kommission die demokratische Legitimation für den Rahmenbeschluss gegen Angriffe auf Informationssysteme, auf der Grundlage des EU-Vertrages, in ihrer Mitteilung v. 23.11.2005 (über die Folgen des EuGH-Urteils, Rs. C-176/03) im Ergebnis verneinte. Danach hätte der Rahmenbeschluss, gemäß der beigefügten Anlage, nicht auf Unionsebene, sondern auf der Grundlage von Art. 95 EGV erlassen werden müssen, KOM(2005) 583 endg. v. 23.11.2005, S. 8.

59 *Schünemann*, GA 2004, 193, 195.

erwähnte „organisierte Kriminalität“[60] ebenso wie für die, in diesem Zusammenhang harmonisierte, „Computerkriminalität“,[61] deren Abgrenzungsprobleme im Laufe der Arbeit bereits mehrfach thematisiert wurden.

E) Verfahrensbezogene Kritik zum Erlass konkreter Rechtsakte

Der Vorwurf bestehender „Demokratiedefizite“[62] richtete sich auch gegen die Ausgestaltung des Verfahrens und die „Kontrolllücken“ verfassungsrechtlicher und gerichtlicher Natur. Gerade die Sonderstellung des Strafrechts bedinge das höchstmögliche Legitimationsbedürfnis, da es besonders einschneidende Folgen mit sich bringt.[63] Die formellen Anforderungen an den Erlass eines Rahmenbeschlusses würden diesem Erfordernis aber nicht gerecht.[64]

> „[…] das europäische Strafrecht krankt an einem erheblichen Demokratiedefizit; seine Normen werden nicht von einem demokratisch legitimierten Parlament nach öffentlicher Diskussion verabschiedet, sondern [oft hinter verschlossenen Türen] von Exekutivvertretern dekretiert.“[65]

Grundsätzlich werde die gesetzgeberische Kompetenz der Mitgliedstaaten schon durch die Übertragung legislativer Befugnisse auf Gemeinschaftsebene geschwächt, da die nationalen Parlamente den Meinungsbildungsprozess kaum noch aktiv gestalten können. Dieser Verlust an Kontroll- und Korrekturkompetenzen wiege umso schwerer, wenn die demokratischen Anforderungen bei Gesetzesakten auf europäischer Ebene nur in unzureichendem Maße sichergestellt werden.[66] Dies sei gerade bei Ratsbeschlüssen, ohne nennenswerter Parlamentsbeteiligung mit vorangegangener öffentlicher Diskussion, zu bezweifeln.[67] Dieser Einwand müsse auch bei der Ausübung

---

60 Ebd.

61 Ebd.

62 Schünemann sprach von einem „gigantischen Demokratiedefizit“ und titelte in der Zwischenüberschrift: „Unerträgliche Defizite der demokratischen Legitimation gubernativen Strafrechts“, *Ders.*, GA 2004, 193, 200; *Vormbaum*, Schutz der Rechtsgüter von EU-Staaten, S. 79.

63 *Schünemann*, GA 2004, 193, 200f., 203.

64 A.a.O, S. 200.

65 *Hilgendorf*, Nationales oder transnationales Strafrecht?, S. 346.

66 A.a.O., S. 341; auch von Befürwortern zugestehend: *Vogel*, GA 2003, 314, 332.

67 *Hilgendorf*, Nationales oder transnationales Strafrecht?, S. 341; *Schünemann*, GA 2004, 193, 200. Dies biete aus Sicht der Regierungen den Vorteil des Initiativrechts gem. Art. 34 Abs. 2, S. 2 EUV und schwäche damit die Stellung der Kommission. Außerdem käme ihnen, wegen des zugrunde gelegten Einstimmigkeitsrechts, ein Vetorecht zu, *Vogel*, GA 2003, 314, 321; *Eisele*, Anm. zu EuGH, Urt. v. 23.10.2007 – C-440/05 (JZ 2008, S. 248–251) in: JZ 2008, 251, 251.

der Anweisungskompetenz auf unionsrechtlicher Ebene, etwa durch Rahmenbeschlüsse, Berücksichtigung finden. Das bloße Anhörungsrecht des Parlaments gem. Art. 39 Abs. 1 EUV genüge zur Wahrung dieses Erfordernisses nicht.[68] Der Rat selbst ist zwar ein aus Regierungsmitgliedern zusammengesetztes Organ, das an die nationalen Parlamente rückgekoppelt wird.[69] Gleichzeitig werfe gerade diese Form der gubernativen Rechtssetzung mit Blick auf das Gewaltenteilungsprinzip Fragen auf. Sie führe zu einer Machtverschiebung von der parlamentarischen Gesetzgebung hin zum exekutivischem Recht.[70] Für eine Legitimation quasistaatlicher Strafmacht sei dies zu wenig,[71] v.a. angesichts des höchstsensiblen Regelungsgegenstands.[72]

Demgegenüber vertrat das Bundesverfassungsgericht die Auffassung, dass diese untergeordnete Parlamentsbeteiligung bei Rahmenbeschlüssen auf europäischer Ebene ausnahmsweise genüge, weil die nationalen Parlamente bei der Umsetzung auch weiterhin über ausreichend Gestaltungsmacht verfügten und eine Umsetzung notfalls sogar verweigern könnten.[73] Formell werde dem Vorbehalt der lex parlamentaria Genüge getan, solange die nationalen Parlamente über (irgend) einen Entscheidungsspielraum verfügten, und sei es hinsichtlich der Sanktionsbestimmung.[74]

Teilweise wurde zugestanden, dass dem Parlamentsvorbehalt damit vielleicht formell genüge getan werde. Durch die Umsetzungspflicht bei Richtlinien und Rahmenbeschlüssen werde dieser aber zumindest materiell ausgehöhlt.[75] Die Umsetzung sei damit „nicht Ausdruck eigenen politischen Gestaltungswillens, sondern Anerkennung der politischen Gestaltungsmacht des Unionsgesetzgebers“.[76] Die Entscheidung über die Kriminalisierung werde auf Europaebene getroffen und könne durch eine bloße Entscheidungsbefugnis über die Strafhö-

---

68 *Schünemann*, ebd.

69 *Böse* in: FS Tiedemann, S. 1333.

70 *Albrecht*, StV 2001, 69, 72; *Hilgendorf*, Nationales oder transnationales Strafrecht?, S. 341.

71 *Albrecht*, StV 2001, 69, 72.

72 *Schünemann*, GA 2004, 193, 200f.

73 BVerfGE 113, 273, 301 (Europäischer Haftbefehl); a.A.: Sondervotum der Richterin *Lübbe-Wolff*, BVerfGE 113, 273, 336.

74 *Tiedemann* in: FS Roxin, S. 1404; *Vogel*, GA 2002, 517, 525. Kritisch: Sondervotum, ebd.; *Schönberger*, ZaöRV 2007, 1107, 1136.

75 *Vogel*, GA 2002, 517, 525; *Ders.*, GA 2003, 314, 320; *Braum*, ZRP 2002, 508, 511; *Böse* in: FS Tiedemann, S. 1333; *Schünemann*, GA 2004, 193, 200: „de facto Strafgesetzgebung“.

76 *Böse*, ebd.

he auf nationaler Ebene nicht ausreichend legitimiert werden.[77] Angesichts der Verpflichtung zur fristgemäßen Umsetzung der festgeschrieben Regelungen finde auf nationaler Ebene kein ausreichend parlamentarisch legitimierender Gesetzgebungsprozess mehr statt.[78]

Ein Teil der Literatur erachtete diesen Umstand als solange tragbar, wie das Einstimmigkeitsprinzip zur Anwendung gelange und damit nicht die Gefahr bestehe, dass ein Mitgliedstaat überstimmt werden könne.[79] Auf diese Weise komme den Mitgliedstaaten ein Vetorecht zu.[80]

Vogel sprach davon, dass sich die Mitgliedstaaten inzwischen mit diesem Demokratiedefizit abgefunden und die Harmonisierungsmaßnahmen des Rates „ihren Schrecken verloren" hätten.[81] „Tabu" sei lediglich noch die Formulierung „echtes Gemeinschaftsstrafrecht".[82] Diese vermeintliche Billigung will Vogel am faktischen Gebrauch und der wachsenden Anwendungspraxis festmachen sowie dem zunehmenden Regelungsgehalt und der Regelungsdichte.[83] Dieser Argumentation wird entgegensetzt, dass die Fortsetzung nur belege, dass die Schwelle zum Erlass von strafrechtlichen Maßnahmen gesunken sei.[84] Die Quantität könne aber nicht über die grundlegende Problematik hinwegtäuschen, sondern vertiefe noch die rechtsstaatlichen Bedenken. Der nulla poena sine lege-Grundsatz in Art. 103 Abs. 2 GG verbürge das Prinzip der Gewaltenteilung und stelle erhöhte Anforderungen an eine entsprechende Legitimationsgrundlage in concreto: nulla poena sine lege parlamentaria. Auch die europäischen Machtstrukturen müssten sich an der innerdeutschen Verfassungsmäßigkeit gem. Art. 23 Abs. 3 GG messen lassen.

> „Bei der zum Ausgleich von EU Struktur und Demokratieprinzip geschaffenen Regelung der Mitwirkung des Bundestages in Art 23 Abs. 3 GG ist offenbar übersehen worden, dass der Sonderstellung des Strafrechts Rechnung tragende nulla-poena-Grundsatz zu dem gemäß Art. 79 Abs. 3 GG unantastbaren harten Felsen

---

77 Ebd. Ein Teil der Literatur erachtet diesen Umstand dennoch für solange tragbar, wie das Einstimmigkeitsprinzip zur Anwendung gelange, da es nicht die Gefahr berge, dass einige Mitgliedstaaten überstimmt würden, *Vogel*, GA 2002, 517, 525; *Ders.*, GA 2003, 314, 332; *Böse*, a.a.O., S. 1334.

78 *Schünemann*, GA 2004, 193, 200. Krtisch: *Sieber*, ZStW 1991, 957, 972.

79 *Vogel*, GA 2002, 517, 525; *Ders.*, GA 2003, 314, 332; a.A.: *Schünemann*, ebd.

80 *Vogel*, GA 2003, 314, 321; *Eisele*, Anm. zu EuGH, Urt. v. 23.10.2007 – C-440/05 (JZ 2008, S. 248–251) in: JZ 2008, 251, 251.

81 *Vogel*, GA 2003, 314, 320.

82 Ebd.

83 Ebd.

84 *Vormbaum*, Schutz der Rechtsgüter von EU-Staaten, S. 81.

der Rechtstaatlichkeit gehört, an den erst der Vertrag von Amsterdam mit der Einführung der bindenden Rahmenbeschlüsse die Sprengladung gelegt hat."[85]

Neben der Problematik der demokratisch gebotenen Parlamentsbeteiligung, wurden auch die unzureichenden Kontrollmöglichkeiten kritisiert. Insbesondere bei Rahmenbeschlüssen bestehe eine „Kontrolllücke".[86] Wegen des fehlenden Mitspracherechts könne die Kommission keine Kontrollbefugnisse wahrnehmen, so dass der Rat die abschließenden Entscheidungen unbeeinflusst treffe.[87] Auch die Rechtsschutzmöglichkeiten durch den EuGH seien in der dritten Säule gem. Art. 35 EUV schwächer ausgestaltet.[88] Ebenfalls eingeschränkt sei die Prüfungskompetenz des Bundesverfassungsgerichts.[89] Dieses verzichte auf eine Prüfung verfassungsgerichtlicher Verstöße, solange auf EU-Ebene ein vergleichbarer Grundrechtsschutz gewährt werde, vgl. Art. 23 Abs. 1 S. 1.[90] Einige forderten daher eine Strafrechtsverfassung auf Europaebene, vergleichbar mit Art. 47ff. der Grundrechtecharta der EU, sowie die Einführung eines Rechtsschutzverfahrens ähnlich der Individualverfassungsbeschwerde auf Bundesebene.[91]

Die geäußerten Vorwürfe betreffen auch den Entstehungsprozess des Rahmenbeschlusses gegen Angriffe auf Informationssysteme. In diesem Rahmen machte die Kommission von ihrem Initiativrecht Gebrauch, ohne dass ihr eine Stellung als demokratisch legitimiertes Organ zukommt. Das Parlament, als legitimiertes Legislativorgan, nahm zwar zum Kommissionsentwurf Stellung, konnte ihn aber nicht nachhaltig beeinflussen, da sich der Rat über seine Änderungsvorschläge weitgehend hinwegsetzte. Die demokratische Legitimation wurde damit einzig durch das Zustimmungsgesetz zu den Gründungsverträgen vermittelt.

F) Kritik an der inhaltlichen Ausgestaltung der erlassenen Rechtsakte

Neben der Diskussion um die Notwendigkeit eines Tätigwerdens und der Kritik an der Ausgestaltung des Verfahrens zum Erlass gestaltender Rechtsakte

85 *Schünemann*, GA 2004, 193, 201.

86 *Vogel*, GA 2002, 517, 526.

87 *Vogel*, GA 2003, 314, 321.

88 Ebd.; *Eisele*, Anm. zu EuGH, Urt. v. 23.10.2007 – C-440/05 (JZ 2008, S. 248–251) in: JZ 2008, 251, 251.

89 *Vogel*, GA 2002, 517, 526.

90 BVerfGE 73, 339, 383f., 387 (Solange II); BVerfGE 89, 155, 174f. (Maastricht-Urteil); BVerfGE 102, 147, 164 (Bananenmarktordnung).

91 *Vogel*, GA 2002, 517, 526.

wurde auch die praktische Handhabung der gebotenen bzw. verschafften Handlungsmöglichkeiten kritisiert. Im Mittelpunkt dieser Diskussion stand die Frage nach der lex criminalis desiderata und deren Niederschlag in der lex criminalis lata.

> „Diese Festlegungen für das nationale Strafrecht 'expandieren' zur Zeit nicht nur im Hinblick auf ihren Anwendungsbereich, sondern auch in ihrem Regelungsinhalt. Die aktuelle Rechtsetzung der Europäischen Gemeinschaft zeigt die deutliche Tendenz, den Mitgliedstaaten nicht mehr wie früher nur die 'notwendigen Maßnahmen' zum Schutz der EG-Interessen vorzuschreiben, sondern – z.T. detaillierte – Pflichten zur Schaffung von Sanktionsnormen aufzuerlegen.“[92]

Art. 29 Abs. 2 EUV, letzter Spiegelstrich enthalte als Begrenzung zum weitreichenden Art. 31 lit.e EUV eine Erforderlichkeitsklausel, die nach h.M. auch praktikabel sei.[93] Allerdings finde sie in der Anwendungspraxis zu selten Berücksichtigung.[94] Die europäische Strafrechtspolitik lasse sich bei der Beurteilung der Erforderlichkeit weniger von dem defizitären Charakter bestehender nationaler Vorschriften leiten als von ihrer tagespolitischen Brisanz.[95] Maßgeblich seien das politische Kalkül und die öffentliche Debatte.[96] Dies berge zugleich die Gefahr der Emotionalisierung und Polemisierung.[97] Häufig werde zur Klärung dem Strafrecht der Vorzug gewährt, da dieses lediglich den Straftäter treffe, administrative Kontrollen jedoch alle Bürger.[98] Bezüglich der dritten Säule werde das Strafrecht als möglichst umfassendes Sicherheitsrecht betrachtet.[99] Das Gesetzlichkeitsprinzip müsse aber auch in der Weise zur Anwendung gelangen, dass es vor staatlicher Willkür schütze. Danach sei die bloße Existenz von Gesetzen nicht ausreichend. Diese müssten auch den Anforderungen des sozialen und demokratischen Rechtsstaates gerecht werden.[100]

Neben der damit gerügten Auswahl der Regelungsbereiche wurde auch die Erforderlichkeit und Geeignetheit einzelner strafrechtlicher Maßnahmen in Frage gestellt.

---

92 *Sieber*, ZStW 1991, 957, 965.

93 *Schünemann*, GA 2004, 193, 196. Auf gemeinschaftsrechtlicher Ebene erfolgt die Beurteilung auf der Grundlage von Art. 5 Abs. 2, welcher das Subsidiaritätsprinzip verankert.

94 Ebd. a.A.: *Gusy / Schewe*, Polizeiliche und justizielle Zusammenarbeit, S. 190.

95 *Vormbaum*, Schutz der Rechtsgüter von EU-Staaten, S. 80f.; *Vogel*, GA 2003, 314, 322, 333.

96 *Vormbaum*, a.a.O., S. 81.

97 A.a.O., S. 80; *Vogel*, GA 2003, 314, 333.

98 *Vogel*, GA 2002, 517, 527.

99 Ebd.; *Ders.*, GA 2003, 314, 316, 318; *Quintero Olivares* in: FS Tiedemann, S. 1350.

100 *Quintero Olivares*, a.a.O., S. 1348f.

> „Die Europäische Union ist derzeit weit davon entfernt, den Beweis für die Notwendigkeit europäischen Strafrechts vor dem Hintergrund der Erfordernisse eines freiheitsschützenden Strafrechts zu führen. […] Was – empirisch – zu seiner Begründung angeführt wird, sind untaugliche Legitimationsvokabeln, die nur politischen Gebrauchswert haben. Gebetsmühlenartig werden die Funktionstüchtigkeit des Gemeinsamen Marktes und die Don-Quichotterie des Kampfes gegen das Organisierte Verbrechen reflexionslos dahergeleiert."[101]

Inhaltlich hätten sich die Rechtsakte inzwischen von den anfänglichen Schutzbestimmungen zu eigenen, meist finanziellen, europäischen Interessen auf die Bereiche der grenzüberschreitenden Kriminalität ausgedehnt und über die – durch die EuGH-Rechtsprechung geschaffene – Annexkompetenz ein Einfallstor für weitereichende Regelungsbereiche auch auf gemeinschaftsrechtlicher Ebene geschaffen.[102] Diese Ausweitungstendenz zeige sich nicht nur hinsichtlich der Weite der Regelungsbereiche sondern auch in der Vorgehensweise, die wegen ihrer Punitivität als „Tough on crime"[103] bezeichnet wurde.

> „Die Union sieht ihre Aufgabe auf dem Gebiet des Strafrechts gegenwärtig offensichtlich allein in der Verhinderung einer zu laschen nationalen Gesetzgebung und präsentiert sich deshalb 'tough on crime', obwohl ein 'Raum der Freiheit, der Sicherheit und des Rechts' natürlich nicht nur Sicherheit durch das Strafrecht, sondern auch Freiheit und Sicherheit vor dem Strafrecht verlangt – was ein Gesetzgeber, der nur Mindestumfang und -schärfe, nicht aber die Obergrenze regelt, zwangsläufig aus den Augen verliert."[104]

Die Zunahme der Punitivität habe ihren Niederschlag auch in der gewählten Rhetorik gefunden. Häufig sei von „Bekämpfung", „Rechtsdurchsetzung" oder „Kriminaljustiz" die Rede.[105]

Angestrebt werde keine Harmonisierung für den strafrechtlichen Kernbereich, sondern eine „Breitbandkriminalisierung"[106].[107] Auf diese Weise potenziere sich auf europäischer Ebene die – national ebenfalls bereits beklagte[108] – Ten-

---

101 *Albrecht*, StV 2001, 69, 72.

102 *Vogel*, GA 2002, 517, 526.

103 *Schünemann*, GA 2004, 193, 197.

104 Ebd.

105 *Vogel*, GA 2002, 517, 528.

106 *Weigend*, ZStW 1993, 774, 785.

107 Ebd.; *Ders.* In: FS Roxin, S. 1381; *Schulz*, StV 2001, 85, 85; *Vogel*, GA 2003, 314, 316; *Vormbaum*, Schutz der Rechtsgüter von EU-Staaten, S. 80; zustimmend auch von grds. befürwortenden Ansichten: *Vogel*, GA 2003, 314, 332; *Quintero Olivares* in: FS Tiedemann, S. 1339, 1347f.

108 Statt vieler: *Popp*, GA 2008, S. 375–393; *Shimada*, CR 2009, S. 689–692. Bezüglich ihrer Ausübung wird nicht nur auf den Effekt der steigenden Punitivität hingewiesen, sondern auch eine vergleichbare Entwicklung auf nationaler Ebene gerügt. Auch innerhalb der

denz zur Ausweitung des klassisch-liberalen Kernstrafrechts zum „Risikostrafrecht".[109] Straflosigkeit – und damit sog. safe havens – würde nicht akzeptiert und dem Erfordernis eines bloß fragmentarischen Strafrechts bewusst entgegengewirkt.[110] Begründet werde dies mit der zwingenden Notwendigkeit, die Integration zu sichern.[111]

Augenscheinlich sei die Strafrechtsexpansion auch hinsichtlich der konkreten Ausgestaltung. Oftmals werde das inkriminierte Verhalten durch Gefährdungs- und Organisationsdelikte geregelt, um eine erleichterte Nachweisbarkeit sicherzustellen. Auch die Anknüpfungspunkte für eine Strafbarkeit in zeitlicher Hinsicht würden vielfach über die eigentliche Tatausführung hinaus in das Vor- und Nachfeld der Tat verlagert.[112] Diese Tendenz gelte auch für die Rechtsfolgenseite. Die anfänglich geforderte Umsetzung der sog. Mindesttrias und die später im sog. Mais-Urteil vor dem EuGH begründete Assimilierungspflicht wurde inzwischen durch konkretisierte Vorgaben, wie die Aufnahme von Mindesthöchststrafen, ergänzt.[113] Eine verbindliche Politik der Strafrahmenharmonisierung beschloss der Rat auf einem Treffen am 25./26. April 2002 in Luxemburg, auf dem er die Festsetzung konkreter Strafniveaus[114] für schwere Straftaten bekräftigte.[115]

Zusammenfassend wäre es daher wünschenswert, im Falle einer unerlässlichen Kodifizierung zumindest eine Beschränkung auf Höchst- statt auf Mindeststrafen vorzunehmen. Dadurch würde der „Raum der Sicherheit" ebenfalls gefördert, der „Raum der Freiheit" hingegen weniger gefährdet. Dies gilt insbesondere mit Blick auf den eingangs bereits erwähnten Zusammenhang zwischen dem historisch und kulturell geprägten nationalen Strafrecht, welches ein ausgeglichenes Gesamtsystem von schützenswerten Rechtsgütern mit unter-

---

Mitgliedstaaten lasse sich ein Trend zur Strafrechtsausweitung feststellen; a.A.: *Jescheck* in: FS Eser, S. 992ff.

109 *Hilgendorf*, Nationales oder transnationales Strafrecht?, S. 342; *Silva Sánchez*, Die Expansion des Strafrechts, S. 56; *Schulz*, StV 2001, 85, 85.

110 *Vogel*, GA 2002, 517, 527; *Ders.*, GA 2003, 314, 318, 332; *Schwarzburg / Hamdorf*, NStZ 2002, 617, 617; *Quintero Olivares* in: FS Tiedemann, S. 1341.

111 *Brüner / Hetzer*, NStZ 2003, 113, 118.

112 *Vogel*, GA 2003, 314, 333; *Zieschang*, ZStW 2001, 255, 269.

113 *Schünemann*, GA 2004, 193, 196f.; *Vogel*, GA 2002, 517, 528; *Ders.*, GA 2003, 314, 316.

114 „Niveau 1: Höchststrafen von mindestens 1 Jahr bis zu 3 Jahren Freiheitsstrafe, Niveau 2: Höchststrafen von mindestens 2 Jahren bis zu 5 Jahren Freiheitsstrafe, Niveau 3: Höchststrafen von mindestens 5 Jahren bis zu 10 Jahren Freiheitsstrafe, Niveau 4: Höchststrafen von mindestens 10 Jahren Freiheitsstrafe (Fälle, in denen sehr schwere Strafen erforderlich sind)", Rat der EU, Pressemitteilung 7991/02 v. 25./26.2002, S. 15.

115 A.a.O., S. 14f.

schiedlicher Wertigkeit und gestuften Sanktionen bei ihrer Verletzung hervorgebracht hat. Dieses System kann durch die Einführung von Mindeststrafen nachhaltig gestört werden, so dass dem nationalen Gesetzgeber nur zwei Optionen bleiben. Er kann entweder das Ungleichgewicht akzeptieren oder die übrigen Strafen anpassen, was im Zweifelsfalle jedoch zu einer Anhebung führt, um das ursprüngliche Gleichgewicht wieder herzustellen.

Die Gemeinschaft und die Union sehen sich außerdem dem Vorwurf ausgesetzt, dass sie strafrechtliche Kompetenzen an sich ziehen, um ihre Macht gegenüber den Mitgliedstaaten zu festigen. Das Strafrecht erweist sich hierfür – gerade wegen seiner Symbolkraft als Kern staatlicher Souveränität – als besonders geeignet. Hinzu kommt, dass die nationalen Gesetzgeber bei der Umsetzung der – meist ohnehin sehr weitreichenden – europäischen Vorgaben diese häufig bewusst übererfüllen und damit über das als notwendig erachtete Maß noch hinausgingen.

Auch in der Ausgestaltung des Rahmenbeschlusses gegen Angriffe auf Informationssysteme zeigen sich viele der erwähnten Kritikpunkte. Die Bekämpfung des Cybercrime – um bei der europarechtstypischen Ausdrucksweise zu bleiben – gehört zu den tagespolitischen Themen besonderer Brisanz. Dieser Rechtsbereich hat bereits divergierende Regelungen in den Mitgliedstaaten erfahren. Ihre Kodifizierung lag z.T. über 20 Jahre zurück. Dieses Faktum ist zwar kein zwingendes Indiz für eine etwaige Reformbedürftigkeit. Im Gegenteil, bei der Lektüre von Gesetzesvorschriften gewinnt man häufiger sogar den Eindruck, dass ältere Kodifizierungen den modernen Vorschriften sprachlich und inhaltlich überlegen sind. Im Computer- und Internetstrafrecht ist jedoch der enge Zusammenhang zwischen der technischen Entwicklung und der Fortbildung des kriminogenen Verhaltens zu berücksichtigen. Eine Überprüfung der Strafrechtsnormen war damit nicht nur tagespolitisch angezeigt, sondern auch geboten.

Allerdings belegt auch die Ausgestaltung des Rahmenbeschlusses die erwähnte Tendenz zur Punitivität. Dieser konzentrierte sich auf repressive Reaktionen und wählte damit hauptsächlich das Strafrecht als Mittel zur Eindämmung des Cybercrime. Angesichts der thematischen Schwerpunktsetzung auf „Angriffe gegen Informationssysteme" blieb der Inhalt des Rahmenbeschlusses zwar hinter den Vorgaben der Convention on Cybercrime zurück. Die Regelungen zum rechtswidrigen Zugang in Art. 2 des RB, dem rechtswidrigen Eingriff in das System gem. Art. 3 des RB und in Daten gem. Art. 4 des RB, waren jedoch bewusst offener gestaltet, um eine größere Anzahl kriminogener Verhaltensweisen erfassen zu können. Diese Zielstellung hob die Kommission mehrfach ausdrücklich hervor. Verstärkt wurde diese Tendenz durch die Streichung mehrerer einschränkender Strafbarkeitsvoraussetzungen durch den Rat.

Positiv hervorzuheben ist jedoch, dass der Rahmenbeschluss – anders als die Konvention in Art. 6 CCC – auf die Einführung einer Vorfeldstrafbarkeit verzichtet hat. Ebenfalls positiv zu bewerten sind die Vorgaben des Rahmenbeschlusses zur Rechtsfolge, die neben der sog. Mindesttrias, auf die sich das Übereinkommen in Art. 13 Abs. 1 CCC beschränkte, keine Mindest- sondern Höchststrafen vorsahen. Ob der deutsche Gesetzgeber diese Vorgaben erfüllt oder gegebenenfalls sogar übererfüllt, wird im anschließenden Kapitel zum umsetzenden 41. Strafrechtsänderungsgesetz zu erörtern sein.

Siebentes Kapitel: Die Umsetzung der europa- und völkerrechtlichen Vorgaben in nationales Recht

A) Das 41. Strafrechtsänderungsgesetz zur Bekämpfung der Computerkriminalität vom 7. August 2007

Die Umsetzungspflichten bildeten den Anstoß für den deutschen Gesetzgeber zu überprüfen, ob angesichts der technischen Weiterentwicklung[1] das 1986 eingeführte Computerstrafrecht, noch zeitgemäß und damit geeignet war, neuartige, als strafwürdig empfundene Verhaltensweisen im gewünschten Umfang zu erfassen. Das Ergebnis dieser Analyse stellte die Bundesregierung in ihrem Gesetzesentwurf vom 22. September 2006 vor.[2] Danach waren viele

---

1 BR-Drs. 676/06 v. 22.9.2006, S. 9f. = Entwurfsbegründung, Allgemeiner Teil, S. 5f. Vertiefend: Teil III, S. 8ff.; Rechtsausschuss und Ausschuss für Innere Angelegenheiten des Bundesrates in: BR-Drs. 676/06 (Beschluss) v. 3.11.2006, S. 1; *Hilgendorf* in: Stellungnahme zur öffentlichen Anhörung v. 21.3.2007, S. 1; *Kudlich* in: Stellungnahme zur öffentlichen Anhörung v. 21.3.2007, S. 2; Beschlussempfehlung und Bericht des Rechtsausschusses, BT-Drs.: 16/5449 v. 23.5.2007, S. 4; *Kauder* (Villingen-Schwenningen) (CDU/CSU), Rede in: Plenarprotokoll 16/100 v. 24.5.2007 als Anlage 13, S. 10324B; *Leutheusser-Schnarrenberger* (FPD), Rede in: Plenarprotokoll 16/100 v. 24.5.2007 als Anlage 13, S. 10326B. Außerparlamentarisch: *Schultz*, DuD 2006, 778, 778; *Ders.*, MIR 2006, Dok. 180, Rn 1; *Hilgendorf / Wolf*, K&R 2006, 541, 541; *Gercke*, ZUM 2008, 545, 545; *Schreibauer / Hessel*, K&R 2007, 616, 616; *Vassilaki*, CR 2008, 131, 131; *Marberth-Kubicki*, ITBR 2008, 17, 17.

2 BR-Drs. 676/06 v. 22.9.2006. Am 20.10.2006 folgte die Beschlussfassung über die Empfehlungen der beteiligten Ausschüsse im Bundesrat, BR-Drs. 676/1/06 v. 20.10.2006, S. 1–4. Nach der Annahme der Ausschussempfehlung am 3.11.2006 (BR, stenograph. Bericht 827. Sitzung v. 3.11.2006) äußerte der Bundesrat eine Prüfbitte zu § 202c-E. Der Regierungsentwurf wurde am 29.11.2006 dem Bundestag übermittelt. Die beigefügte Gegenäußerung der Bundesregierung teilte die Bedenken des Bundesrates nicht, Anlage 3 zu BT-Drs. 16/3656 v. 30.11.2006, S. 18f. Nach der erste Beratung am 14.12.2006 wurde der Gesetzesentwurf an die zuständigen Ausschüsse des Bundestages überwiesen. Beteiligt wurden der federführende Rechtsausschuss und die Ausschüsse für Kultur und Medien (mit Weiterverweisung an den Unterausschuss Neue Medien) sowie der Innenausschuss. Am 10.5.2007 folgte die Überweisung an den Ausschuss für Bildung, Forschung und Technikfolgenabschätzung. Letzterer verzichtete auf die Abgabe eines Votums (BT, stenograph. Bericht, 73. Sitzung v. 14.12.2006 mit Beschluss auf S. 7257A über die Überweisung der BT-Drs. 16/3656 an die Ausschüsse; BT-Drs. 16/5449 v. 23.5.2007, S. 4 = Bericht der Abgeordneten Siegfried Kauder [Villingen-Schwenningen] u.a., S. 1). Nach der abschließenden Beratung v. 23.5.2007 beschloss der Rechtsausschuss – gegen die Stimmen der Linken (Änderungsantrag der Abgeordneten Jan Korte, Ulla Jelpke, Wolfgang Neskovic und der Fraktion die Linke zu der zweiten Beratung des Gesetzentwurfs der Bundesregierung – Drucksachen 16/3656, 16/5449, BT-Drs. 16/5486 v. 23.5.2007)

https://doi.org/10.1515/9783110623031-010

der internationalen Vorgaben durch das geltende Computerstrafrecht bereits erfüllt,[3] dennoch ergebe sich für einige Teilbereiche Reformbedarf. Der ursprüngliche Gesetzesentwurf blieb – trotz vorgebrachter Kritik[4] – inhaltlich unverändert und trat am 11. August 2007 als „Einundvierzigstes Strafrechtsänderungsgesetz zur Bekämpfung der Computerkriminalität (41. StrÄndG)" in Kraft.[5] Die abschließende Ratifizierung des Übereinkommens folgte durch das

---

und trotz aller Kritik – die Empfehlung auszusprechen, den Entwurf unverändert anzunehmen, a.a.O., S. 3. Am Folgetag wurde der Entwurf angenommen, wiederum gegen die Stimmen der Fraktion der Linken. Der zuvor von einzelnen Abgeordneten und der Fraktion der Linken eingebrachte Änderungsantrag zur Anpassung des § 202c-E und § 303b-E (BR-Drs. 676/1/06 v. 20.10.2006, S. 5 = Bericht der Abgeordneten Siegfried Kauder [Villingen-Schwenningen] u.a., S. 2) wurde abgelehnt. An diesen Beschluss schloss sich der zweite Durchgang im Bundesrat an. Der Bundesrat verzichtete, wie zuvor der Wirtschaftsausschuss, auf die Anrufung des Vermittlungsausschusses, BR, stenograph. Bericht, 835. Sitzung v. 6.7.2007, S. 249D; BR-Drs. 389/07 v. 15.6.2007. Erklärungen zum Abstimmungsergebnis wurden gem. § 31 GO-BT zu Protokoll gegeben und als Anlagen beigefügt, ebenso wie überwiegend befürwortende Reden nach der erfolgreichen Annahme in Dritter Lesung, Plenarprotokoll 16/100 v. 24.5.2007 (Anlage 13), vgl. Gesetzesbeschluss v. 15.6.2007 in: BR-Drs. 389/07 v. 15.6.2007. Als Anlage 5 und 6 wurden die zu Protokoll gegebenen kritischen Stellungnahmen beigefügt.

3 Hierzu zählte auch der Teilbereich des ersten Titels zu „Straftaten gegen die Vertraulichkeit, Unversehrtheit und Verfügbarkeit von Computerdaten und -systemen", Titel 1, Vertragsgesetz zur CCC in: BGBl. II Nr. 30 v. 10.11.2008, S. 1246. Noch nicht umgesetzt wurden die inhaltsbezogenen Straftatbestände, (die, bis auf die Vorgaben zur Kinderpornographie, im Zusatzprotokoll enthalten waren,) die prozessualen Vorgaben und der Bereich zur internationalen Zusammenarbeit, *Gercke*, Stellungnahme zur öffentlichen Anhörung v. 21.3.2007, S. 2, Fn 4; BT-Drs. 16/3656 v. 30.11.2006, Begründung des Gesetzesentwurfs, S. 7.

4 Die beteiligten Ausschüsse des Bundesrates begrüßten die grundlegende Ausrichtung der Gesetzesinitiative. Allerdings kritisierten der federführende Rechtsausschuss, der Ausschuss für Innere Angelegenheiten und der Wirtschaftsausschuss die tatbestandliche Ausgestaltung, die teilweise als zu weit empfunden wurde, BR-Drs. 676/1/06 v. 20.10.2006, S. 1. Auch im Bundestag war der Rechtsausschuss federführend. Seine Arbeit wurde durch Stellungnahmen von externen Sachverständigen und einer gemeinsamen Beratung in einer öffentlichen Anhörung unterstützt, Protokoll Nr. 54, öffentliche Anhörung im Rechtsausschuss v. 21.3.2007. Zu ihnen gehörten Prof. Dr. Georg Borges; Michael Bruns, Bundesanwalt beim BGH; Dr. Marco Gercke, Rechtsanwalt; Dr. Jürgen-Peter Graf, Richter am BGH; Michael Hange, Vizepräsident des BSI; Prof. Dr. Dr. Erich Hilgendorf; Prof. Dr. Hans Kudlich; Felix Lindner, Geschäftsführer der SABRE Labs GmbH, Berlin und Dr. Carl-Friedrich Stuckenberg. In dieser Debatte wurde in erster Linie das handwerkliche Vorgehen kritisiert, wobei die Ausgestaltung des § 202c-E im Vordergrund stand. Allerdings blieben die Korrekturvorschläge, nicht zuletzt wegen der ohnehin schon überschrittenen Umsetzungsfrist zum 16.3.2007, ohne Auswirkung auf die Gesetzesfassung, *Kudlich* in: Stellungnahme zur öffentlichen Anhörung im Rechtsausschuss v. 21.3.2007, S. 2. Zu den vorgebrachten Kritikpunkten und Änderungsanträgen während der parlamentarischen Debatte vertiefend im Folgenden.

5 41. StrÄndG in: BGBl. I Nr. 38 v. 10.8.2007, S. 1786f.

„Gesetz zum Übereinkommen des Europarats vom 23. November 2001 über Computerkriminalität“ von 2008.[6]

I. Inhalt des 41. Strafrechtsänderungsgesetzes

Formell sollte der Gesetzesentwurf die Umsetzung der völkerrechtlichen Vorgaben bezüglich eines ersten materiell-rechtlichen Teils der Convention on Cybercrime von 2001[7] und die fristgerechte Umsetzung des Rahmenbeschlusses von 2005 sicherstellen. Allerdings war die Umsetzungsfrist des Rahmenbeschlusses bereits fast um ein halbes Jahr überschritten.[8] Inhaltlich sollte der angestrebte Mindeststandard für die Sanktionierung schwerer Formen von Computerkriminalität sichergestellt werden.[9] Hierfür sah der Entwurf eine Erweiterung des Computerstrafrechts durch die Neuaufnahme von §§ 202b-E und 202c-E vor, sowie die Reform der – durch das 2. WiKG eingeführten – §§ 202a, 303a und 303b.[10]

1. Bezugnahme auf die europäischen Begriffsdefinitionen

Hinsichtlich der Definitionen bestand zwar keine Umsetzungspflicht.[11] Das darin zum Ausdruck kommende Grundverständnis prägte jedoch auch die Reichweite des Anwendungsbereichs der einzelnen Normen.

Während sowohl die Konvention als auch der EU-Rahmenbeschluss auf „Computerdaten“ Bezug nehmen,[12] stützte sich der deutsche Gesetzgeber weiterhin auf den (allgemeinen) Datenbegriff.[13] Wie bereits im Rahmen der

---

6 Vertragsgesetz zur CCC in: BGBl. II Nr. 30 v. 10.11.2008, S. 1242–1275.

7 Zum Zeitpunkt der Umsetzung war die Konvention bereits von 19 Staaten ratifiziert worden.

8 *Gercke*, ZUM 2007, 282, 282; *Ders.*, ZUM 2008, 545, 545.

9 BR-Drs. 676/06 v. 22.9.2006, Vorblatt, S. 1f.

10 A.a.O., Vorblatt, S. 2.

11 Nr. 22 des Erläuternden Berichts, Anlage zur Denkschrift in: BT-Drs. 16/7218 v. 16.11.2007, S. 59; *Gercke*, MMR 2004, 728, 728f.

12 Art. 1 lit.b CCC: „jede Darstellung von Tatsachen, Informationen oder Konzepten in einer für die Verarbeitung in einem Computersystem geeigneten Form einschließlich eines Programms, das die Ausführung einer Funktion durch ein Computersystem auslösen kann“, Art. 1 lit.a CCC in: BGBl. II Nr. 30 v. 10.11.2008, S. 1246; Art. 2 lit.c RB: „die Darstellung von Tatsachen, Informationen oder Konzepten, die in einer für die Verarbeitung in einem Informationssystem geeigneten Form erzeugt oder in eine entsprechende Form gebracht werden, einschließlich eines Programms, das die Ausführung einer Funktion durch ein Informationssystem auslösen kann“, ABl. EG Nr. C 203 E v. 27.8.2002, S. 111, Art. 2 lit.c.

13 Außerparlamentarische Kritik: *Schultz*, DuD 2006, 778, 779; *Ders.*, MIR 2006, Dok. 180, Rn 8.

Reformarbeiten zum 2. WiKG erörtert, setzte § 202a Abs. 2 den Datenbegriff voraus und enthielt lediglich eine präzisierende Einschränkung. Die Ausgestaltung des § 202a reiht sich damit in die bisherige Gesetzgebungstradition zu §§ 263a, 268 Abs. 2 und 269 ein,[14] bei deren Kodifizierung ähnlich verfahren wurde.[15]

Unter „Daten" seien verallgemeinernd alle Informationen zu verstehen, die in codierter Form dargestellt werden und für den Menschen nicht unmittelbar wahrnehmbar sind.[16] Erst durch (Programmier-)Sprachen würden diese Informationen wieder sichtbar gemacht.[17] Damit ging der Datenbegriff und dementsprechend auch der Schutzbereich des § 202a Abs. 2 bereits über die europäischen Erfordernisse hinaus,[18] denn darin wurden als „Computerdaten" lediglich digital codierte Daten erfasst, die direkt mit dem Computer verarbeitet werden.[19]

2. Anpassungen im Bereich der Computerspionage

Bislang bot das nationale Strafrecht keinen autonomen Strafrechtsschutz für die Integrität von Informationssystemen.[20] Dies sollte durch die Umsetzung

---

14 Die Orientierung an DIN-Normen diente dem Gesetzgeber zwar als Ausgangspunkt für das technisch gebotene Verständnis. Allerdings erwiesen sich diese zur Begrenzung des Datenbegriffs nur als bedingt geeignet, um die gewünschten Fallkonstellationen zu erfassen. Die DIN-Norm 44300, Nr. 19 von 1972 stellte darauf ab, dass die maßgeblichen Informationen zur weiteren Verarbeitung geeignet seien. Nicht erfasst wurden damit die Resultate derartiger Datenverarbeitungen, *Schuh*, Computerstrafrecht, S. 56. Ebenfalls strafrechtlich nicht geschützt wurden Computerprogramme, da sie zwar zur Datenverarbeitung eingesetzt werden können, selbst aber nicht verarbeitet werden, ebd. Lediglich die Datenverarbeitungsergebnisse könnten unter Bezugnahme auf die neuere und auch weitere DIN-Norm von 1985 (DIN-Norm 44300 Teil 2-2:1.13) Aufnahme in den Strafrechtsschutz finden. Computerprogramme blieben weiter ungeschützt, a.a.O., S. 57. Ein solches Begriffsverständnis würde daher zu kurz greifen und entspräche nicht dem gewünschten Anwendungsbereich.

15 *Schuh*, ebd., Fn 40. Gleiches gelte für die StPO und das HGB, aber auch für das BDSG und das BZRG.

16 *Achenbach*, Jura 1991, 225, 227; *Hilgendorf*, JuS 1996, 509, 511; *Schuh*, a.a.O., S. 58; *Schultz*, DuD 2006, 778, 779; *Ders.*, MIR 2006, Dok. 180, Rn 8.

17 Außerparlamentarisch: *Schultz*, DuD 2006, 778, 779; *Ders.*, MIR 2006, Dok. 180, Rn 1.

18 *Schuh*, Computerstrafrecht, S. 58.

19 Ebd. Vgl. Art. 1 lit.b CCC in: BGBl. II Nr. 30 v. 10.11.2008, S. 1246; Art. 2 lit.c des RB, ABl. EG Nr. C 203 E v. 27.8.2002, S. 111, Art. 2 lit.c.

20 *Gercke* in: Stellungnahme zur öffentlichen Anhörung im Rechtsausschuss am 21.3.2007, S. 5. Außerparlamentarisch: *Ders.*, ZUM 2007, 282, 282; *Ders.*, MMR 2004, 728, 729: Zuvor sei die formelle Verfügungsbefugnis geschützt worden.

des Art. 2 CCC und Art. 2 des RB korrigiert werden.[21] Der novellierte erste Absatz in § 202a-E[22] erfasste expressis verbis das sog. Hacking, d.h. das unbefugte Zugangverschaffen zum System, ohne dass es auf eine Kenntnisnahme von Daten ankäme.[23]

> „(1) Wer unbefugt sich oder einem anderen Zugang zu Daten, die nicht für ihn bestimmt und die gegen unberechtigten Zugang besonders gesichert sind, unter Überwindung der Zugangssicherung verschafft, wird mit Freiheitsstrafe bis zu drei Jahren oder mit Geldstrafe bestraft."[24]

Obwohl sich der Gesetzgeber bei der Formulierung des 2. WiKG noch ausdrücklich gegen die strafrechtliche Erfassung ausgesprochen hatte,[25] sei diese Anpassung – so die Begründung – lediglich klarstellender Natur, da derartige Fälle nach h.M. de facto als von der Norm umfasst betrachtet würden.[26] Die Strafwürdigkeit und -bedürftigkeit ergebe sich aus den drohenden Schäden, da auch die Folgen der bloßen Systempenetration teilweise nur mit erheblichem Aufwand beseitigt werden könnten. Außerdem werde durch den Zugriff auf das System bereits die Integrität von Daten, des Computersystems oder von -programmen beeinträchtigt oder zumindest gefährdet. Strafrechtsrelevante

---

21 BR-Drs. 676/06 v. 22.9.2006, S. 15 = Entwurfsbegründung, Besonderer Teil, S. 11, Nr. 2; *Ernst*, NJW 2007, 2661, 2661 = *Ders.*, DS 2007, 335, 336.

22 „§ 202a Ausspähen von Daten (1) Wer unbefugt Daten, die nicht für ihn bestimmt und die gegen unberechtigten Zugang besonders gesichert sind, sich oder einem anderen verschafft, wird mit Freiheitsstrafe bis zu drei Jahren oder mit Geldstrafe bestraft. (2) Daten im Sinne des Absatzes 1 sind nur solche, die elektronisch, magnetisch oder sonst nicht unmittelbar wahrnehmbar gespeichert sind oder übermittelt werden" in: BGBl. I Nr. 21 v. 23.5.1986, S. 722, Art. 1 Nr. 7, § 202a.

23 BR-Drs. 676/06 v. 22.9.2006, S. 15 = Entwurfsbegründung, Besonderer Teil, S. 11, Zu Nummer 2 (§ 202a StGB), Nr. 1.

24 A.a.O., S. 5 = Entwurf, S. 1, Art. 1 Nr. 2 zu § 202a Abs. 1.

25 BGBl. I Nr. 21 v. 23.5.1986, S. 721; Beschlussempfehlung und Bericht des Rechtsausschusses, BT-Drs. 10/5858 v. 19.2.1986, S. 28f. Der Gesetzgeber des 2. WiKG hatte noch argumentiert, dass bei einem bloßen Zugangverschaffen, ohne tatsächlicher Kenntnisnahme von Daten, keine Rechtsgutsbeeinträchtigung gegeben sei und eine Sanktionierung daher eine Überkriminalisierung darstellen würde. Auf diesen ausdrücklich geäußerten Willen wies auch die Bundesregierung hin, vgl. BR-Drs. 676/06 v. 22.9.2006, S. 15 = Entwurfsbegründung, Besonderer Teil, S. 11, Zu Nummer 2 (§ 202a StGB), Nr. 2.

26 BR-Drs. 676/06, a.a.O., S. 10f. = Entwurfsbegründung, Allgemeiner Teil, Teil II, S. 6f., Nr. 1; a.a.O, S. 15f., Besonderer Teil, S. 11f., Zu Nr. 2 (§ 202a StGB), Nr. 2 m.w.N. *Kudlich* in: Stellungnahme zur öffentlichen Anhörung im Rechtsausschuss v. 21.3.2007, S. 3; *Montag*, (Bündnis 90/Die Grünen) Rede in: Plenarprotokoll 16/100 v. 24.5.2007 als Anlage 13, S. 10328C; *Hartenbach*, (Parl. Staatssekretär bei der Bundesministerin der Justiz) Rede in: Plenarprotokoll 16/100 v. 24.5.2007 als Anlage 13, S. 10329C. Außerparlamentarisch: *Schultz*, DuD 2006, 778, 779; *Ders.*, MIR 2006, Dok. 180; Rn 9; *Ernst*, NJW 2007, 2661, 2661 = *Ders.*, DS 2007, 336, 336.

Rechtsgutsbeeinträchtigungen des formellen Geheimhaltungsinteresses von Verfügungsberechtigten träten damit schon durch das Hacking ein.[27] Außerdem würden sie die Gefahr eines späteren Missbrauchs durch den Täter oder Dritte begründen.[28] Darüber hinaus sei es – so die zitierten Stimmen der Praxis[29] – unwahrscheinlich, dass der Hacker nach erlangter Zugriffsmöglichkeit nicht auch Kenntnis von den Daten nehme, bzw. dass eine solche Trennung technisch überhaupt möglich sei.[30] Bruns wies in seiner Stellungnahme für die öffentliche Anhörung vor dem Rechtsausschuss ergänzend darauf hin, dass diese Abgrenzung in der Rechtsprechung bislang keine Rolle gespielt habe.[31] Daher könne auf sie auch künftig verzichtet werden. Die Pönalisierung des „elektronischen Hausfriedensbruchs"[32] resultierte damit nicht nur aus der Umsetzungspflicht, sondern entsprach dem – revidierten – Willen des Gesetzgebers zum 41. Strafrechtsänderungsgesetz.

> „Die neue Vorschrift [„sich Zugang verschaffen"] mit ihrer vorverlagerten Strafbarkeit trifft das eigentliche Unrecht besser als das geltende Recht [„sich Daten verschaffen"]. […] Die generelle Gefährlichkeit und Schädlichkeit von Hacking-

---

27 BR-Drs. 676/06, a.a.O., S. 16 = Entwurfsbegründung, Besonderer Teil, S. 12, Zu Nr. 2 (§ 202a StGB), Nr. 2 verweisend auf: *Sieber*, CR 1995, 100, 103; *Dannecker*, BB 1996, 1285, 1289; ähnlich: *Schulze-Heiming*, Strafrechtlicher Schutz der Computerdaten, S. 82f.; *Jessen*, Zugangsberechtigung, S. 184; *Bruns* in: Stellungnahme zur öffentlichen Anhörung v. 21.3.2007, S. 4; *Kudlich* in: Stellungnahme zur öffentlichen Anhörung im Rechtsausschuss v. 21.3.2007, S. 3; *Kauder* (Villingen-Schwenningen) (CDU/CSU), Rede in: Plenarprotokoll 16/100 v. 24.5.2007 als Anlage 13, S. 10324D. Außerparlamentarisch: *Ernst*, NJW 2007, 2661, 2661 = *Ders.*, DS 2007, 335, 336.

28 BR-Drs. 676/06, ebd. = Entwurfsbegründung, ebd. Zustimmend: Rechtsausschuss und Ausschuss für Innere Angelegenheiten des Bundesrates in BR-Drs. 676/1/06 v. 20.10.2006, S. 2, Nr. 1a lit.aa). Der Bundesrat schloss sich an, a.a.O., S. 2.

29 BR-Drs. 676/06 v. 22.9.2006, S. 16 = Entwurfsbegründung, Besonderer Teil, S. 12, Zu Nr. 2 (§ 202a StGB) m.w.N.; *Jessen*, Zugangsberechtigung, S. 180. Außerparlamentarisch: *Schultz*, DuD 2006, 778, 779; *Ders.*, MIR 2006, Dok. 180; Rn 9.

30 BR-Drs. 676/06, ebd. = Entwurfsbegründung, ebd. m.V.a.: *Hauptmann*, jur-pc 1989, 215, 216; *Bruns* in: Stellungnahme zur öffentlichen Anhörung v. 21.3.2007, S. 3; *Graf* in: Stellungnahme zur öffentlichen Anhörung am 21.3.2007, S. 2f.; *Kudlich* in: Stellungnahme zur öffentlichen Anhörung im Rechtsausschuss am 21.3.2007, S. 3; *Kauder*, Siegfried (Villingen-Schwenningen) (CDU/CSU), Rede in: Plenarprotokoll 16/100 v. 24.5.2007 als Anlage 13, S. 10324D; *Montag*, (Bündnis 90/Die Grünen) Rede in: Plenarprotokoll 16/100 v. 24.5.2007 als Anlage 13, S. 10328C. Außerparlamentarisch: *Schultz*, DuD 2006, 778, 779; *Ders.*, MIR 2006, Dok. 180, Rn 9; *Gercke*, MMR 2004, 728, 729.

31 *Bruns* in: Stellungnahme zur öffentlichen Anhörung v. 21.3.2007, S. 4.

32 *Ernst*, NJW 2007, 2661, 2661 = *Ders.*, DS 2007, 335, 336.

> Angriffen zeigt sich vor allem in jüngster Zeit auch in Deutschland […], weshalb an ihrer Strafwürdigkeit und -bedürftigkeit keine Zweifel bestehen."[33]

Allerdings nutzte der Gesetzgeber die belassenen Einschränkungsmöglichkeiten gem. Art. 2 S. 2 CCC und des Art. 2 Abs. 2 des RB, um Bagatellfälle aus dem Anwendungsbereich auszuschließen.[34] Gemäß Absatz 1 muss sich der Täter Zugang zu Daten – und nicht die Daten selbst – verschaffen, die erstens „nicht für ihn bestimmt" und die zweitens „gegen unberechtigten Zugang besonders gesichert" sind.[35] Für die Beibehaltung dieser beiden Voraussetzungen stritten gleich mehrere Argumente. Zum einen wurden damit nur solche Daten in den Schutzbereich einbezogen, die der Berechtigte als besonders schutzwürdig empfand, wodurch die Zahl potentieller Angriffsobjekte sinnvoll beschränkt wurde. Die damit kodifizierte viktimodogmatische Komponente hatte überdies zur Folge, dass ein nachlässiger Schutz der eigenen Daten den Strafrechtsschutz entfallen ließ.[36] Insoweit wurde beim Nutzer ein entsprechendes Sicherheitsbewusstsein nicht nur gefordert, sondern auch gefördert. Ferner ließ der Tatbestand die bloße Existenz einer solchen Sicherung bewusst nicht genügen, sondern verlangte zusätzlich ihre Überwindung.[37] Die ahndenswerte kriminelle Energie des Täters komme – so die Begründung – gerade dadurch zum Ausdruck, dass er das auf diese Weise manifestierte Geheimhaltungsinteresse bewusst missachte.[38] Hinsichtlich der Anforderungen an die Sicherung und ihre Überwindung verwies der Entwurf auf die bisherige Auslegung der h.M.[39] Außerdem müsse der Täter dabei unbefugt handeln.[40] Die Umsetzung des Art. 7 Abs. 1 des RB unterblieb.

---

33 BR-Drs. 676/06 v. 22.9.2006, S. 16 = Entwurfsbegründung, Besonderer Teil, S. 12, Zu Nr. 2 (§ 202a StGB).

34 A.a.O., S. 17 = Entwurfsbegründung, Besonderer Teil, S. 13, Zu Nr. 2 (§ 202a StGB); Nr. 3; *Hilgendorf* in: Stellungnahme zur öffentlichen Anhörung v. 21.3.2007, S. 2.

35 BGBl. I Nr. 21 v. 23.5.1986, S. 722, Art. 1, Nr. 7, § 202a.

36 *Hilgendorf* in: Stellungnahme zur öffentlichen Anhörung v. 21.3.2007, S. 2.

37 BR-Drs. 676/06 v. 22.9.2006 S. 16 = Entwurfsbegründung, Besonderer Teil, S. 12, Zu Nr. 2 (§ 202a StGB); Nr. 3. „Daten sind gegen unberechtigten Zugang besonders gesichert, wenn Vorkehrungen getroffen sind, den Zugriff auf Daten auszuschließen oder wenigstens nicht unerheblich zu erschweren", BR-Drs. 676/06, ebd. = Entwurfsbegründung, Besonderer Teil, S. 13, Zu Nr. 2 (§ 202a StGB); Nr. 3 m.w.N.

38 A.a.O., S. 17 = Entwurfsbegründung, ebd.; *Bruns* in: Stellungnahme zur öffentlichen Anhörung v. 21.3.2007, S. 4; *Hilgendorf* in: Stellungnahme zur öffentlichen Anhörung v. 21.3.2007, S. 2f.

39 Vertiefend hierzu BR-Drs. 676/06, a.a.O., S. 17f. = Entwurfsbegründung, a.a.O., S. 13f., Zu Nr. 2 (§ 202a StGB); Nr. 3 m.w.N. Außerparlamentarisch: *Schultz*, DuD 2006, 778, 780 m.w.N.; *Ders.*, MIR 2006, Dok. 180; Rn 14: „[…] 'besonderen Sicherung' […], wenn die Maßnahmen zur Sicherung objektiv geeignet und nach dem Willen des Berech-

Ausgenommen bleiben sollten weiter die Fälle der bloß unbefugten Verwendung von Hardware und die Ingebrauchnahme von verschlossenen elektronischen Geräten und damit der Fall des sog. Zeit- bzw. Gebrauchsdiebstahls.[41]

Wie bereits erwähnt, wurde auch die Konkretisierung des Datenbegriffs in Absatz 2 aufrechterhalten, aus dem hervorgeht, dass taugliche Tatobjekte – über die europäischen Vorgaben hinausgehend – Daten im Allgemeinen und nicht nur Computerdaten seien.[42] Damit blieben die tatbestandsbegrenzenden Voraussetzungen erhalten.[43]

Außerdem machte die Bundesregierung von der – in Art. 5 Abs. 3 des RB eröffneten – Möglichkeit Gebrauch, auf die – gem. Absatz 2 vorgesehene – Einführung der Versuchsstrafbarkeit für das Hacking zu verzichten.[44] Begründet wurde dies mit der „Herabsetzung der Schwelle zur Tatbestandsverwirklichung"[45] durch das Erfassen von bloßen Systempenetrationen. Dieser Umstand blieb jedoch ohne Auswirkungen auf das Strafmaß. Absatz 1 sah auch weiterhin eine Freiheitsstrafe von bis zu drei Jahren oder Geldstrafe vor.

3. Hauptkritikpunkte in der parlamentarischen Diskussion

Da das sog. Hacking überwiegend als strafwürdig und strafbedürftig angesehen wurde, wurde die Entscheidung, das unbefugte Zugang verschaffen zum System ausdrücklich in Absatz 1 des Gesetzeswortlauts aufzunehmen, mehrheitlich begrüßt.[46] Auf den entgegenstehenden gesetzgeberischen Willen bei

---

tigten dazu bestimmt sind, eine Kenntnisnahme durch Unberechtigte zu verhindern oder zu erschweren. Sowohl nach der bisherigen h.M. als auch nach der Begründung zur Neuregelegung sollen all jene Fälle nicht erfasst werden, in denen die Durchbrechung des Schutzes ohne weiteres möglich ist und die Überwindung ohne erheblichen zeitlichen oder technischen Aufwand erfolgen kann".

40 BR-Drs. 676/06, a.a.O., S. 18 = Entwurfsbegründung, a.a.O., S. 14, Zu Nr. 2 (§ 202a StGB); Nr. 3. Ausgeschieden werden sollten durch das Merkmal vor allem die Fälle, in denen Sicherheitslücken im Auftrag des Verfügungsberechtigten aufgespürt werden.

41 A.a.O., S. 17 = Entwurfsbegründung, a.a.O., S. 13, Zu Nr. 2 (§ 202a StGB); Nr. 3.

42 A.a.O., S. 18 = Entwurfsbegründung, a.a.O., S. 14, Zu Nr. 2 (§ 202a StGB); Nr. 3.

43 A.a.O., S. 16f. = Entwurfsbegründung, , a.a.O., S. 12f., Zu Nr. 2 (§ 202a StGB); Nr. 3.

44 A.a.O., S. 18 = Entwurfsbegründung, , a.a.O., S. 14, Zu Nr. 2 (§ 202a StGB); Nr. 5.

45 A.a.O., ebd. = Entwurfsbegründung, Besonderer Teil, ebd.; Nr. 4.

46 Rechtsausschuss und Ausschuss für Innere Angelegenheiten des Bundesrates, BR-Drs. 676/1/06 v. 20.10.2006, S. 2, Nr. 1a lit.aa). Der Bundesrat schloss sich diesen Erwägungen an, BR-Drs. 676/06 (Beschluss) v. 3.11.2006, S. 2; *Bruns* in: Protokoll Nr. 54, öffentliche Anhörung v. 21.3.2007, S. 3; *Ders.* in: Stellungnahme zur öffentlichen Anhörung v. 21.3.2007, S. 2f.; *Graf* in: Stellungnahme zur öffentlichen Anhörung v. 21.3.2007, S. 2f.; *Kudlich* in: Stellungnahme zur öffentlichen Anhörung im Rechtsausschuss v. 21.3.2007, S. 3; *Stuckenberg* in: Stellungnahme zur öffentlichen Anhörung

der Einführung des § 202a a.F. wurde zwar hingewiesen, gleichzeitig aber auch auf den Umstand, dass die Systempenetration bereits nach alter Gesetzeslage, sowohl von der h.L. als auch der Rechtsprechung, als umfasst betrachtet wurde.[47]

Soweit Kritik geübt wurde,[48] richtete sich diese daher weniger gegen die klarstellende Aufnahme, sondern vielmehr gegen die tatbestandliche Ausgestaltung. Trotz der aufrechterhaltenen Tatbestandsbegrenzungen aus der ursprünglichen Gesetzesfassung des § 202a a.F. äußerten der federführende Rechtsausschuss und der Ausschuss für Inneres Bedenken, ob der Anwendungsbereich des § 202a, angesichts der technischen Entwicklung, nicht dennoch zu weit gefasst sei. Schließlich verfüge eine zunehmende Zahl von Alltagsgegenständen inzwischen über eine Datenspeicherung und -verarbeitung, wie etwa MP3-Spieler oder Pay-TV.[49] Zur Entkräftung dieses Einwandes zog sich die Bundesregierung auf den Hinweis zurück, dass diese Fragestellung nicht den Bereich der vorgesehenen Änderungen betreffe.[50] Dies überzeuge, so Hilgendorf, jedoch nicht, da die Problematik in der ursprünglichen Fassung zwar bereits angelegt gewesen sei, durch die Novellierung allerdings einen neuen Bedeutungsgehalt erhalten habe, da nun expressis verbis nur der Zugang

---

v. 21.3.2007, S. 1; *Kauder*, (Villingen-Schwenningen) (CDU/CSU) Rede in: Plenarprotokoll 16/100 v. 24.5.2007 als Anlage 13, S. 10324D, 10325A; *Manzewski*, (SPD) Rede in: Plenarprotokoll 16/100 v. 24.5.2007 als Anlage 13, S. 10325B; *Montag*, (Bündnis 90/Die Grünen) Rede in: Plenarprotokoll 16/100 v. 24.5.2007 als Anlage 13, S. 10328C. Außerparlamentarisch: *Gercke*, MMR 2004, 728, 729.

47 *Graf* in: Protokoll Nr. 54, öffentliche Anhörung v. 21.3.2007, S. 8; *Ders.* in: Stellungnahme zur öffentlichen Anhörung v. 21.3.2007, S. 2; *Bruns* in: Stellungnahme zur öffentlichen Anhörung v. 21.3.2007, S. 3; *Montag*, (Bündnis 90/Die Grünen) Rede in: Plenarprotokoll 16/100 v. 24.5.2007 als Anlage 13, S. 10328C; *Hartenbach*, (Parl. Staatssekretär bei der Bundesministerin der Justiz) Rede in: Plenarprotokoll 16/100 v. 24.5.2007 als Anlage 13, S. 10329C. Außerparlamentarisch a.A.: *Hilgendorf* in: Harmonisierung des Internetstrafrechts in: Schwarzenegger / Arter / Jörg, S. 277: „Im deutschen Strafrecht ist bisher nicht einmal das vollendete 'Hacken' pönalisiert, ohne dass dies als Strafbarkeitslücke empfunden wurde".

48 Kritisch: *Gercke* in: Stellungnahme zur öffentlichen Anhörung v. 21.3.2007, S. 5f.; a.A. und damit die Tatbestandsfassung als ausreichend erachtend, *Bruns* in: Protokoll Nr. 54, öffentliche Anhörung im Rechtsausschuss v. 21.3.2007, S. 3. Außerparlamentarisch: *Vassilaki*, CR 2008, 131, 131.

49 BR-Drs. 676/1/06 v. 20.10.2006, S. 2, Nr. 1a lit.aa. Der Bundesrat schloss sich diesen Erwägungen an, BR-Drs. 676/06 (Beschluss) v. 3.11.2006, S. 2. Außerparlamentarisch: die Subsumierbarkeit dieser Fälle ablehnend: *Ernst*, NJW 2007, 2661, 2662 = *Ders.*, DS 2007, 335, 336.

50 BT-Drs. 16/3656 v. 30.11.2006, Gegenäußerung der Bundesregierung als Anlage 3, S. 18, Zu Nr. 1 lit.aa). So auch *Graf* in: Stellungnahme zur öffentlichen Anhörung v. 21.3.2007, S. 3.

zum System maßgeblich sei, und nicht zu Daten. Als Lösungsmöglichkeit schlug Hilgendorf die Bezugnahme auf ein Zugang verschaffen zu „Datenspeichern“[51] vor, d.h. zu Geräten, deren Datenspeicherfunktion „wesentliches Element der Gesamtfunktionen des Gerätes“[52] sei. Allerdings gestand Hilgendorf ein, dass die Abgrenzung schwierig werde und eine immer stärkere Verschmelzung stattfinde.[53] Auch Graf war der Auffassung, dass diese Problematik tatbestandlich nicht zu lösen sei. Beide sahen lediglich Lösungsansätze in der Anwendungspraxis – Graf durch opportune Lösungen im Ermittlungsverfahren[54] und Hilgendorf durch eine „angemessene Interpretation der Norm (teleologische Reduktion)“.[55]

Gercke kritisierte vor allem, dass durch die Tatbestandsfassung nicht der, in der Konvention und im Rahmenbeschluss angestrebte, Integritätsschutz von Computersystemen gewährleistet werde, sondern weiterhin die Datenintegrität. Eine Strafbarkeit gem. § 202a n.F. lag nach Auffassung Gerckes auch künftig nur vor, wenn mit dem Zugang zum Computersystem zugleich ein Zugang zu Daten einher gehe.[56] Dies sei zwar meist der Fall, aber auch Ausnahmefälle seien denkbar, weshalb der Gesetzgeber seiner Umsetzungspflicht nicht vollständig gerecht werde.[57] Mit einer Präzisierung der Tathandlung des „Zugang

51 *Hilgendorf* in: Stellungnahme zur öffentlichen Anhörung v. 21.3.2007, S. 4.

52 *A.a.O.*, S. 3f. mit folgendem Gesetzesvorschlag: „Wer unbefugt sich oder einem anderen Zugang zu auf einem Datenträger gespeicherten oder an einen solchen übermittelten Daten, die nicht für ihn bestimmt und die gegen unberechtigten Zugang besonders gesichert sind, unter Überwindung der Zugangssicherung verschafft, wird mit Freiheitsstrafe bis zu drei Jahren oder Geldstrafe bestraft“.

53 A.a.O., S. 4.

54 *Graf* in: Protokoll Nr. 54, öffentliche Anhörung v. 21.3.2007, S. 8; *Ders.* in: Stellungnahme zur öffentlichen Anhörung v. 21.3.2007, S. 3.

55 *Hilgendorf* in: Stellungnahme zur öffentlichen Anhörung v. 21.3.2007, S. 4.

56 *Gercke* in: Stellungnahme zur öffentlichen Anhörung v. 21.3.2007, S. 5f. Dies sei u.a. bei einem unbefugten Zugang zu Benutzerkonten der Fall, welches aufgrund von eingeschränkten Nutzungsrechten weder einen Zugriff auf Daten noch deren Änderung erlaube, *Ders.* in: Protokoll Nr. 54, öffentliche Anhörung v. 21.3.2007, S. 6. Außerparlamentarisch: *Ders.*, ZUM 2007, 282, 283; *Vassilaki*, CR 2008, 131, 131; *Popp*, MR-Int. 2007, 84, 85: „Die Kriminalisierung auch dieser Fälle des ‘illegal access’ entspricht den Vorgaben in Art. 2 des EU-Rahmenbeschlusses bzw. in Art. 2 der Convention on Cybercrime, die allerdings nicht pauschal den Zugang zu irgendwelchen Daten(trägern), sondern nur den Zugang zu „Computer-“ bzw. „Informationssystemen“ betreffen“; *Schuh*, Computerstrafrecht, S. 52, 54.

57 *Gercke* in: Stellungnahme zur öffentlichen Anhörung v. 21.3.2007, S. 5f.; *Ders.* in: Protokoll Nr. 54, öffentliche Anhörung v. 21.3.2007, S. 6f. Außerparlamentarisch zustimmend: *Schuh*, ebd.

verschaffens" könne dies korrigiert werden, wenn diese „neben der Möglichkeit des Abrufens der Daten jegliche Datenveränderung" erfasse.[58]

Zum Merkmal der „besonderen" Sicherung gab Gercke, auf Rückfrage in der öffentlichen Anhörung, zu bedenken, dass der Rahmenbeschluss lediglich eine nicht näher spezifizierte Schutzmaßnahme zur Einschränkung vorsehe, nicht jedoch eine besonders qualifizierte.[59] Dies führe jedoch – wie aus anderen Vorschriften bereits bekannt – zu Auslegungsproblemen. In § 95a UrhG sei ebenfalls unklar, welche Anforderungen an die Sicherheitsmechanismen zu stellen seien.[60] Hinzu komme, dass der geforderte effektive Schutz technisch teils noch gar nicht zur Verfügung stehe.[61] Es spreche nichts gegen die Beibehaltung des früheren Gesetzeswortlautes.[62] Zustimmend äußerte Bruns, dass es nicht die Aufgabe des Gesetzgebers sei, technische Standards festzulegen.[63]

Im Zusammenhang mit den §§ 202a, 202b wurde außerdem die fehlende Aufnahme einer Versuchsstrafbarkeit diskutiert.[64] Der Verzicht habe systematische Unstimmigkeiten zur Folge, wenn künftig die vollendete Tat, entsprechende Vorbereitungshandlungen und sogar die abstrakte Gefährdung sanktioniert würden, der Versuch hingegen straflos bleibe.[65] Diese Entscheidung ließe sich zwar begründen, wenn – wie von Bruns vertreten[66] – § 202c

58 *Gercke* in: Stellungnahme zur öffentlichen Anhörung v. 21.3.2007, S. 6, *Ders.* in: Protokoll Nr. 54, öffentliche Anhörung im Rechtsausschuss v. 21.3.2007, S. 6. Allerdings räumte Gercke ein: „selbst dann deckt sich die Systemintegrität nicht mit der von § 202a StGB gewährleisteten Datenintegrität", ebd. Außerparlamentarisch: Dieses Problem stelle sich allerdings nicht, wenn das System zuvor eine Eingabeaufforderung verschickt habe, *Schuh*, a.a.O., S. 54 m.w.N.

59 *Gercke* in: Protokoll Nr. 54, öffentliche Anhörung v. 21.3.2007, S. 34.

60 A.a.O., S. 34f. Außerparlamentarisch: *Schultz*, DuD 2006, 778, 779f.; *Ders.*, MIR 2006, Dok. 180; Rn 16.

61 *Gercke* in: Protokoll Nr. 54, öffentliche Anhörung v. 21.3.2007, S. 34f.

62 A.a.O., S. 35.

63 *Bruns* in: Protokoll Nr. 54, öffentliche Anhörung v. 21.3.2007, S. 36. Außerparlamentarisch kritisch: *Schultz*, DuD 2006, 778, 780; *Ders.*, MIR 2006, Dok. 180; Rn 14, 16.

64 Die europäischen Vorgaben gestatteten einen solchen Verzicht, so dass die Entscheidung über die Kodifizierung letztlich eine politische war, *Kudlich* in: Protokoll Nr. 54, öffentliche Anhörung v. 21.3.2007, S. 29. Außerparlamentarisch: *Vassilaki*, CR 2008, 131, 131.

65 *Bruns* in: Stellungnahme zur öffentlichen Anhörung v. 21.3.2007, S. 6; *Kudlich* in: Protokoll Nr. 54, öffentliche Anhörung v. 21.3.2007, S. 29; *Stuckenberg* in: Stellungnahme zur öffentlichen Anhörung v. 21.3.2007, S. 2. Außerparlamentarisch: *Borges / Stuckenberg / Wegener*, DuD 2007, 275, 275; *Ernst*, NJW 2007, 2661, 2662 = *Ders.*, DS 2007, 335, 336; *Gröseling / Höfinger*, MMR 2007, 626, 628; *Vassilaki*, CR 2008, 131, 131.

66 *Bruns* in: Protokoll Nr. 54, öffentliche Anhörung v. 21.3.2007, S. 6, 35f.; *Kudlich* in: Protokoll Nr. 54, öffentliche Anhörung v. 21.3.2007, S. 29.

ein eigenständiger Unwertgehalt zugesprochen werde. Systematische Erwägungen sprächen aber für die Aufnahme einer Versuchsstrafbarkeit, denn § 201 Abs. 4 (als Parallelvorschrift zu § 202b-E) sanktioniere den Versuch.[67] Gleiches gelte für strukturell gleichgeartete Tatbestände wie §§ 149, 263a Abs. 2, 3 und 273, 275.[68] Auch mit Blick auf § 205-E führe diese Entscheidung zu Unstimmigkeiten, da die vollendete Tatbegehung nach §§ 202a-E und 202b-E nunmehr auf Antrag verfolgt werde, die abstrakte Gefährdung gem. § 202c-E von Amts wegen und der Versuch – und damit die konkrete Gefährdung – gar nicht.[69] Von einer historischen Auslegung sei im konkreten Fall Abstand zu nehmen, da bei der ursprünglichen Fassung noch bewusst auf eine stärkere Vorverlagerung der Strafbarkeit verzichtet worden sei.[70] Die inzwischen revidierte Intention und Neuausrichtung des § 202a lasse eine Versuchsstrafbarkeit nunmehr zu, ohne dass es systemwidrig wäre.[71]

4. Kodifizierung des § 202b n.F. über das Abfangen von Daten

Die Neuaufnahme des § 202b n.F. sollte dem technischen Fortschritt in der Kommunikationstechnologie Rechnung tragen und damit vor allem „Voice-over-IP-Telefonie" erfassen.[72] Strafrechtlich geschützt war gem. § 201 bislang lediglich das Abhören von Telefongesprächen und in § 148 i.V.m. § 89 TKG das Abfangen von Funknachrichten.[73] § 202b n.F. sollte nun subsidiär alle elektronischen Datenübermittlungen wie Email, Fax, aber auch Telefon erfassen, da alle Formen nichtöffentlicher Kommunikation, ungeachtet des hierfür eingesetzten Mittels, schutzwürdig seien.[74] Die Umsetzungspflicht ergab sich

67 *Kudlich* in: Protokoll Nr. 54, öffentliche Anhörung v. 21.3.2007, S. 30.

68 *Stuckenberg* in: Stellungnahme zur öffentlichen Anhörung v. 21.3.2007, S. 2. Außerparlamentarisch: *Borges / Stuckenberg / Wegener*, DuD 2007, 275, 275.

69 Ebd; *Ernst*, NJW 2007, 2661, 2662 = *Ders.*, DS 2007, 335, 338.

70 *Kudlich* in: Protokoll Nr. 54, öffentliche Anhörung v. 21.3.2007, S. 29f.; *Ders.* in: Stellungnahme zur öffentlichen Anhörung v. 21.3.2007, S. 4.

71 Befürwortend: *Kudlich* in: Protokoll Nr. 54, öffentliche Anhörung v. 21.3.2007, S. 30; *Ders.* in: Stellungnahme zur öffentlichen Anhörung v. 21.3.2007, S. 4; *Stuckenberg* in: Stellungnahme zur öffentlichen Anhörung v. 21.3.2007, S. 11.

72 Außerparlamentarisch: *Schultz*, DuD 2006, 778, 780; *Ders.*, MIR 2006, Dok. 180; Rn 19: Verwiesen wurde auf das bisher grds. straflose „Fremd-Sniffen" bei unverschlüsselten Datenpaketen. *Schuh*, Computerstrafrecht, S. 55; *Vassilaki*, CR 2008, 131, 132.

73 Darunter sollen nach Auffassung von Ernst auch unverschlüsselte WLAN-Funknetze fallen, *Ders.*, NJW 2007, 2661, 2662 = *Ders.*, DS 2007, 335, 336; *Gercke*, ZUM 2009, 526, 533.

74 BR-Drs. 676/06 v. 22.9.2006, S. 19 = Entwurfsbegründung, Besonderer Teil, S. 15, Zu Nr. 3 (§ 202b StGB); Nr. 1.

aus Art. 3 CCC.[75] Der Rahmenbeschluss enthielt für die Ausgestaltung keine Vorgaben.

Die Entwurfsfassung zum Abfangen von Daten lautete wie folgt:

> „§ 202b Abfangen von Daten
>
> Wer unbefugt sich oder einem anderen unter Anwendung von technischen Mitteln nicht für ihn bestimmte Daten (§ 202a Abs. 2) aus einer nichtöffentlichen Datenübermittlung oder aus der elektromagnetischen Abstrahlung einer Datenverarbeitungsanlage verschafft, wird mit Freiheitsstrafe bis zu zwei Jahren oder mit Geldstrafe bestraft, wenn die Tat nicht in anderen Vorschriften mit schwererer Strafe bedroht ist.“[76]

Das Abfangen elektromagnetischer Abstrahlungen wurde explizit in den Tatbestand aufgenommen.[77] Anders als bei § 202a-E war für die Strafbarkeit kein Zugang verschaffen zum System erforderlich, sodass auch sog. „side-channel-Angriffe“ erfasst werden.[78] Zeitlich begrenzt wurde die Anwendbarkeit auf den tatsächlichen, nicht öffentlichen Übertragungsvorgang.[79] Präzisierend machte Hilgendorf darauf aufmerksam, dass diese Beschränkung nicht für elektromagnetische Strahlen gelte, da diese auch im gespeicherten Zustand geschützt würden. Die Gesetzesbegründung sei insoweit missverständlich.[80] Darüber hinaus komme es für die Anwendung des Strafrechtsschutzes jedoch weder auf den Inhalt noch auf die Art der übertragenen Daten an. Für die „Nichtöffentlichkeit“ sei allein die Art des Übertragungsvorgangs maßgeblich.[81] Schutzgut sei damit – wie auch in § 202a – das formelle Geheimhal-

75 Ebd.; *Kusnik*, MMR 2011, 720, 720. Gercke verneinte das Vorliegen eines Umsetzungsbedarfs: „betrachtet man das aus dem Wortlaut des Art. 3 abgeleitete Rechtsgut, dann geht das geltende Recht mit § 202a StGB deutlich über den Schutzbereich des Art. 3 hinaus. […] Demnach wäre eine Anpassung des deutschen Strafrechts an die Konvention nicht erforderlich“, *Ders.*, MMR 2004, 728, 730.

76 BR-Drs. 676/06 v. 22.9.2006, S. 5 = Entwurf, S. 1, Art. 1 Nr. 2 zu § 202b.

77 BR-Drs. 676/06 , a.a.O., S. 19 = Entwurfsbegründung, Besonderer Teil, S. 15, Zu Nr. 3 (§ 202b StGB), Nr. 1.

78 *Hilgendorf* in: Stellungnahme für die öffentliche Anhörung v. 21.3.2007, S. 5. Außerparlamentarisch: *Kusnik*, MMR 2011, 720, 725.

79 BR-Drs. 676/06 v. 22.9.2006, S. 19 = Entwurfsbegründung, Besonderer Teil, S. 15, Zu Nr. 3 (§ 202b StGB); Nr. 1.

80 *Hilgendorf* in: Stellungnahme für die öffentliche Anhörung v. 21.3.2007, S. 4f.

81 BR-Drs. 676/06 v. 22.9.2006, S. 20 = Entwurfsbegründung, Besonderer Teil, S. 16, Zu Nr. 3 (§ 202b StGB); Nr. 2. Die Auslegung orientiere sich an § 201 Abs. 2 Nr. 2. Außerparlamentarisch: *Kusnik*, MMR 2011, 720, 721, 725; *Gercke*, ZUM 2009, 526, 534 m.V.a. das erste zu § 202b ergangene Urteil des AG Kamen, worin das Abfangen von Chat-Nachrichten als tatbestandsmäßig bewertet wurde.

tungsinteresse.[82] Anders als in § 202a werde jedoch keine „besondere Manifestation des Geheimhaltungswillens“ vorausgesetzt.[83] Die Schutzwürdigkeit ergebe sich vielmehr aus dem „allgemeinen Recht auf Nichtöffentlichkeit der Kommunikation“.[84] Auf eine Aufzeichnung des Dateninhalts solle es im Übrigen nicht ankommen. Die bloße Kenntnisnahme genüge.[85]

Im Verhältnis zu §§ 201 und 202a wurde dem § 202b-E, durch die Aufnahme einer ausdrücklichen Subsidiaritätsklausel lediglich eine Auffangfunktion zuteil.[86] Diese Subsidiarität gegenüber § 202a, der – wie bereits dargestellt – keine Versuchsstrafbarkeit enthielt und die geringeren Anforderungen zur Tatbestandsverwirklichung gegenüber § 202a-E, wurden zugleich als Argumente herangezogen, um auch bei § 202b-E auf die Einführung einer Versuchsstrafbarkeit gem. Art. 11 Abs. 2 CCC zu verzichten.[87] Art. 11 Abs. 3 CCC sah eine entsprechende Vorbehaltsmöglichkeit vor.

5. Geäußerte Kritik zur Neuaufnahme des § 202b

Hilgendorf kritisierte die Übernahme des Merkmals „sich oder einem anderen Daten verschaffen“ aus § 202a a.F., das die bisherigen Interpretationsschwierigkeiten nun auch bei § 202b-E hervorrufe.[88]

Graf fürchtete vor allem Abgrenzungsschwierigkeiten bei der geforderten „Nichtöffentlichkeit“ der Datenverbindung.[89] VPN-Verbindungen und ein behörden- bzw. firmeninternes Intranet seien zwar – wie nach der alten Fas-

---

82 BR-Drs. 676/06 v. 22.9.2006, S. 20 = Entwurfsbegründung, Besonderer Teil, S. 16, Zu Nr. 3 (§ 202b StGB), Nr. 6; *Hilgendorf* in: Stellungnahme für die öffentliche Anhörung v. 21.3.2007, S. 4.

83 BR-Drs. 676/06 , a.a.O., S. 11 = Entwurfsbegründung, Allgemeiner Teil, Teil II, S. 7, Nr. 2; a.a.O., S. 20, Besonderer Teil, S. 16, Zu Nr. 3 (§ 202b StGB), Nr. 6. Eine vergleichbare Tatbestandsbegrenzung wie in § 202a-E – durch die Aufnahme des Gedankens der Selbstverantwortung – hätte sich angesichts der rigideren Vorgaben in Art. 3 CCC als schwieriger erwiesen, *Hilgendorf* in: Stellungnahme für die öffentliche Anhörung v. 21.3.2007, S. 5.

84 BR-Drs. 676/06, a.a.O., S. 20 = Entwurfsbegründung, Besonderer Teil, S. 16, Zu Nr. 3 (§ 202b StGB), Nr. 6.

85 A.a.O., S. 19 = Entwurfsbegründung, a.a.O., S. 15, Zu Nr. 3 (§ 202b StGB); Nr. 1.

86 A.a.O., S. 20 = Entwurfsbegründung, a.a.O., S. 16, Zu Nr. 3 (§ 202b StGB); Nr. 4. Außerparlamentarisch: *Schultz*, DuD 2006, 778, 781; *Ders.*, MIR 2006, Dok. 180, Rn 24; *Ernst*, NJW 2007, 2661, 2662 = *Ders.*, DS 2007, 335, 337.

87 BR-Drs. 676/06, ebd. = Entwurfsbegründung, ebd. Außerparlamentarisch: *Schultz*, ebd.; *Ders.*, MIR 2006, ebd.

88 *Hilgendorf* in: Stellungnahme zur öffentlichen Anhörung v. 21.3.2007, S. 4.

89 *Graf* in: Stellungnahme zur öffentlichen Anhörung v. 21.3.2007, S. 3f.; a.A.: *Stuckenberg* in: Stellungnahme zur öffentlichen Anhörung v. 21.3.2007, S. 2.

sung – unter § 202a-E subsumierbar, problematischer verhalte es sich jedoch mit Emails. Wollte der Gesetzgeber ihre Einbeziehung, sei eine Klarstellung erforderlich.[90] Das Kriterium der Öffentlichkeit erweise sich auch deshalb als ungeeignet, da es letztlich vom Betreiberwillen des entsprechenden Netzwerks abhänge, ohne dass seine Entscheidung nach außen und damit für den Nutzer erkennbar wäre. Zur Vermeidung dieser Problematik schlug Graf daher die Bezugnahme auf das „Abfangen personenbezogener Daten" vor.[91] Hierdurch könnte auch die zu befürchtende Pönalisierung von Internetnutzern bei nicht gesicherten WLAN-Verbindungen vermieden werden.[92] Alternativ erwog Kudlich eine Präzisierung durch die Formulierung „ungewollte Abstrahlung".[93] Während insoweit offensichtlich Konkretisierungsbedarf gesehen wurde, wurde umgekehrt für die Streichung des Zusatzes „unter Anwendung technischer Mittel" plädiert, da eine Verwirklichung faktisch gar nicht anders möglich und der Zusatz daher funktionslos.[94]

6. Die Pönalisierung von Vorbereitungshandlungen durch § 202c-E

Eine der umstrittensten Neuerung war die umsetzungsbedingte Vorverlagerung der Strafbarkeit durch die Aufnahme des § 202c-E, der nicht nur für den Bereich der Computerspionage gem. § 202a-E Anwendung finden sollte, sondern über eine entsprechende Verweisung auch auf § 202b-E und §§ 303a, 303b.[95] Mit dieser Kodifizierung sollte Art. 6 CCC umgesetzt werden.[96] Der Rahmenbeschluss verlangte hingegen keine Vorfeldkriminalisierung.

Das Übereinkommen sah in Art. 6 Abs. 1 lit.a Nr. ii Tathandlungen vor, die zwingend aufzunehmen waren, ergänzt um Ausführungen unter Nr. i, hinsichtlich derer Absatz 3 eine Vorbehaltsmöglichkeit bot. Diese – als sachgerecht erachteten – Vorgaben versuchte die Bundesregierung vollständig umzusetzen

---

90 *Graf* in: Stellungnahme zur öffentlichen Anhörung v. 21.3.2007, S. 3f.

91 A.a.O., S. 4.

92 *Graf* in: Protokoll Nr. 54, öffentliche Anhörung v. 21.3.2007, S. 8; *Ders.* in: Stellungnahme zur öffentlichen Anhörung im Rechtsausschuss v. 21.3.2007, S. 4. Außerparlamentarisch: Ernst wies darauf hin, dass unverschlüsselte WLAN-Netzwerke bereits über §§ 89, 148 TKG erfasst würden, *Ders.*, NJW 2007, 2661, 2662 = *Ders.*, DS 2007, 335, 336f.

93 *Kudlich* in: Stellungnahme zur öffentlichen Anhörung v. 21.3.2007, S. 5.

94 *Hilgendorf* in: Protokoll Nr. 54, öffentliche Anhörung v. 21.3.2007, S. 13f.; *Ders.* in: Stellungnahme zur öffentlichen Anhörung im Rechtsausschuss v. 21.3.2007, S. 5, 12. Außerparlamentarisch zustimmend: *Ernst*, NJW 2007, 2661, 2662 = *Ders.*, DS 2007, 335, 337.

95 BR-Drs. 676/06 v. 22.9.2006, S. 11 = Entwurfsbegründung, Allgemeiner Teil, Teil II, S. 7, Nr. 4, S. 23; Entwurfsbegründung, Besonderer Teil, S. 19, Zu Nr. 5 (§ 303a StGB).

96 A.a.O., S. 11 = Entwurfsbegründung, Allgemeiner Teil, Teil II, S. 7, Nr. 4.

und machte lediglich von der Vorbehaltsmöglichkeit bezüglich des Merkmals „Vorrichtung“[97] und bezüglich der Tathandlung „Besitz“ Gebrauch.[98] Aus diesen Überlegungen ergab sich folgende Entwurfsfassung:

„§ 202c Vorbereiten des Ausspähens und Abfangens von Daten

(1) Wer eine Straftat nach § 202a oder § 202b vorbereitet, indem er

1. Passwörter oder sonstige Sicherungscodes, die den Zugang zu Daten (§ 202a Abs. 2) ermöglichen, oder
2. Computerprogramme, deren Zweck die Begehung einer solchen Tat ist,

herstellt, sich oder einem anderen verschafft, verkauft, einem anderen überlässt, verbreitet oder sonst zugänglich macht, wird mit Freiheitsstrafe bis zu einem Jahr oder mit Geldstrafe bestraft.

(2) § 149 Abs. 2 und 3 gilt entsprechend.“[99]

Bislang enthielt das nationale Computerstrafrecht eine Strafandrohung für Vorbereitungshandlungen lediglich in § 263a Abs. 3[100] und in § 108b Abs. 2 UrhG.[101] Allerdings vertrat die Bundesregierung die Auffassung, dass ein Teil dieser Vorbereitungshandlungen ohnehin bereits als Beihilfehandlungen zu § 202a Abs. 1 nach alter Gesetzeslage erfasst würden.[102] Da ihre Strafbarkeit jedoch vom Vorliegen einer entsprechenden Haupttat abhänge, werde das strafwürdige Unrecht nur unzureichend erfasst. Angesichts der hohen Gefährlichkeit von Vorbereitungshandlungen müsse deren Sanktion jedoch sichergestellt werden.[103] Bei sog. Hacker-Tools[104] ergebe sich die Gefährlichkeit vor

---

97 A.a.O., S. 21 = Entwurfsbegründung, Besonderer Teil, S. 17, Zu Nr. 3 (§ 202c StGB); Nr. 2.

98 A.a.O., S. 22 = Entwurfsbegründung, Besonderer Teil, S. 18, Zu Nr. 3 (§ 202c StGB); Nr. 5. Entsprechende Erklärungen mussten bei der Hinterlegung der Ratifizierungsurkunde gem. Art. 40, 42 CCC aufgenommen werden. Außerparlamentarisch: Ernst vertrat die Auffassung, dass der Besitz dennoch erfasst werde, da dieser beim „Verschaffen“ begriffslogisch vorausgesetzt werde, *Ders.*, NJW 2007, 2661, 2663 = *Ders.*, DS 2007, 335, 337.

99 A.a.O., S. 6 = Entwurf, S. 2, Art. 1 Nr. 3 zu § 202c.

100 A.a.O., S. 11 = Entwurfsbegründung, Allgemeiner Teil, Teil II, S. 7, Nr. 4. Die Einführung des § 263a war das Ergebnis der Umsetzung des Rahmenbeschlusses zur Bekämpfung von Betrug und Fälschung im Zusammenhang mit bargeldlosen Zahlungsmitteln v. 28.5.2001 (2001/413/JI) in: ABl. EG Nr. L 149 v. 2.6.2001, S. 2, Art. 4; *Gercke* in: Protokoll Nr. 54, öffentliche Anhörung v. 21.3.2007, S. 6. Außerparlamentarisch: *Popp*, MR-Int. 2007, 84, 86.

101 *Gercke* in: Stellungnahme zur öffentlichen Anhörung v. 21.3.2007, S. 3.

102 BR-Drs. 676/06 v. 22.9.2006, S. 21 = Entwurfsbegründung, Besonderer Teil, S. 17, Zu Nr. 3 (§ 202c StGB); Nr. 2.

103 Außerparlamentarisch wurde die Widersprüchlichkeit zwischen der vermeintlich „hohen Gefährlichkeit“ und der vergleichsweise niedrigen Höchststrafe von einem Jahr gerügt, *Gröseling / Höfinger*, MMR 2007, 626, 628.

allem aus der Zwecksetzung zur illegalen Verwendung sowie aus der Einfachheit ihrer Benutzung.[105] In der Gesetzesbegründung nicht ausdrücklich erwähnt, aber in der parlamentarischen Diskussion hervorgehoben, werde durch § 202c Abs. 1 Nr. 1-E zugleich der Kernbereich des sog. Phishing erfasst.[106]

Bei § 202c Abs. 1 Nr. 2 sollte die tatbestandliche Begrenzung – in Anlehnung an § 263a Abs. 3 – durch das Erfordernis der objektivierten Zweckbestimmung des Computerprogramms erreicht werden. Dies sollte gewährleisten, dass lediglich sog. Hacker-Tools erfasst würden, nicht jedoch andere Programmierer-Tools und Anwendungsprogramme.[107] Diese Klarstellung verlor allerdings durch den Zusatz, dass es hierfür genüge, wenn das Tool zumindest auch zur Begehung der benannten Straftaten bestimmt sei,[108] an Kontur. Nach der Gesetzesbegründung könnten der Vorschrift § 202c-E auch sog. dual-use-Werkzeuge unterfallen.

Vergleichbar dem § 149 Abs. 2 und 3 fand der Strafaufhebungsgrund der tätigen Reue in § 202c Abs. 2 Aufnahme.[109]

7. Die parlamentarische Debatte zu § 202c-E

Die meiste Kritik erfuhr die geplante Kodifizierung des § 202c-E. Neben Vorbehalten an der rechtspolitischen Entscheidung einen weiteren Tatbestand zur Vorfeldkriminalisierung zu schaffen,[110] wurde Kritik an der tatbestandlichen

104 Vertiefende Übersicht zu „sicherheitstechnisch relevanten Computerprogrammen" in: *Lindner* in: Stellungnahme zur öffentlichen Anhörung v. 21.3.2007, S. 2ff.

105 BR-Drs. 676/06, v. 22.9.2006, S. 21 = Entwurfsbegründung, Besonderer Teil, S. 17, Zu Nr. 3 (§ 202c StGB); Nr. 2.

106 *Borges* in: Protokoll Nr. 54, öffentliche Anhörung v. 21.3.2007, S. 2; *Ders.* in: Stellungnahme zur öffentlichen Anhörung v. 21.3.2007, S. 5; *Graf* in: Protokoll Nr. 54, öffentliche Anhörung v. 21.3.2007, S. 9; *Hilgendorf* in: Protokoll Nr. 54, öffentliche Anhörung v. 21.3.2007, S. 13; *Ders.* in: Stellungnahme zur öffentlichen Anhörung v. 21.3.2007, S. 10; *Kudlich* in: Stellungnahme zur öffentlichen Anhörung v. 21.3.2007, S. 6; *Stuckenberg* in: Stellungnahme zur öffentlichen Anhörung v. 21.3.2007, S. 10. Außerparlamentarisch zustimmend: *Popp*, MR-Int. 2007, 84, 86; *Borges / Stuckenberg / Wegener*, DuD 2007, 275, 278; *Schultz*, DuD 2006, 778, 781, 784 allerdings die Höhe des Strafmaßes rügend; *Ders.*, MIR 2006, Dok. 180, Rn 34. A.A.: *Marberth-Kubicki*, ITBR 2008, 17, 19.

107 BR-Drs. 676/06, v. 22.9.2006 S. 22 = Entwurfsbegründung, Besonderer Teil, S. 18, Zu Nr. 3 (§ 202c StGB); Nr. 3.

108 A.a.O., S. 22 = Entwurfsbegründung, Besonderer Teil, S. 18, Zu Nr. 3 (§ 202c StGB); Nr. 4.

109 A.a.O., S. 22 = Entwurfsbegründung, Besonderer Teil, S. 18, Zu Nr. 3 (§ 202c StGB); Nr. 6.

110 *Gercke* in: Stellungnahme zur öffentlichen Anhörung v. 21.3.2007, S. 3f, 7; *Ders.* in: Protokoll Nr. 54, öffentliche Anhörung v. 21.3.2007, S. 5; *Kudlich* in: Protokoll Nr. 54, öffentliche Anhörung v. 21.3.2007, S. 14; *Ders.* in: Stellungnahme zur öffentlichen Anhö-

Ausgestaltung erhoben. Angesichts der Bindungswirkung der europäischen Vorgaben soll auf eine Darstellung der berechtigten Kritik zur zunehmenden Strafrechtsexpansion in den Vorfeldbereich verzichtet werden, da dies im konkreten Fall der Disposition des Gesetzgebers entzogen war und nachträglich erhobene Einwände angesichts jener Bindungswirkung nicht mehr zielführend sein konnten.[111] Eine Begrenzung (zu) weitreichender Strafbarkeit durch § 202c-E konnte dementsprechend nur noch unter Ausnutzung verbliebener tatbestandlicher Einschränkungsmöglichkeiten in Art. 6 Abs. 3 CCC erreicht werden, und genau an diesem Punkt setzte die parlamentarische Debatte an. Alle kritischen Stellungnahmen hatten den Vorwurf gemein, dass der verbliebene Umsetzungsspielraum nur unzureichend genutzt worden sei, da zur Tatbestandsverwirklichung lediglich eine objektivierte Zweckbestimmung und das Vorliegen eines bedingten Vorsatzes vorausgesetzt wurden.

a) Kritik zur Reichweite des § 202c Abs. 1 Nr. 2-E

Die Diskussion um die Tatbestandsfassung des § 202c Abs. 1 Nr. 2-E wurde maßgeblich von der IT- und Sicherheitsindustrie[112] geprägt. Den Anlass hierfür bildeten die verbliebenen Unklarheiten darüber, inwieweit sog. dual-use-Software tatbestandlich erfasst werde und, ob eine Kriminalisierung verwendeter Schadsoftware auch für die Fälle vorgesehen ist, in denen diese für legale Zwecke verwendet wird, wie etwa für die Durchführung von Sicherheits-

---

rung v. 21.3.2007, S. 7; *Graf* gab zu bedenken, dass hierdurch Sachverhaltskonstellationen im Internet strenger gehandhabt würden als vergleichbare Handlungen im Offlinebereich, *Ders.* in: Protokoll Nr. 54, öffentliche Anhörung v. 21.3.2007, S. 9f.; *Lindner* sprach sich für eine vollständige Streichung des § 202c-E aus, *Ders.* in: Protokoll Nr. 54, öffentliche Anhörung v. 21.3.2007, S. 19; *Hilgendorf* in: Protokoll Nr. 54, öffentliche Anhörung v. 21.3.2007, S. 31; *Stuckenberg* in: Stellungnahme zur öffentlichen Anhörung v. 21.3.2007, S. 3; *Gehb* (CDU/CSU) in der Fragerunde zur öffentlichen Anhörung in: Protokoll Nr. 54, öffentliche Anhörung v. 21.3.2007, S. 23. Außerparlamentarisch: *Gröseling / Höfinger*, MMR 2007, 626, 626; *Vassilaki*, CR 2008, 131, 135f.

111 *Gercke* in: Stellungnahme zur öffentlichen Anhörung v. 21.3.2007, S. 3f.; *Ders.* in: Protokoll Nr. 54, öffentliche Anhörung v. 21.3.2007, S. 5f.; Grundsätzlich zustimmend *Kudlich* in: Protokoll Nr. 54, öffentliche Anhörung v. 21.3.2007, S. 14. Allerdings hielt Ders. eine Nichtumsetzung – zumindest des – § 202c Abs. 1 Nr. 2 mit der CCC für vereinbar, *Ders.* in: Stellungnahme zur öffentlichen Anhörung v. 21.3.2007, S. 8; *Stuckenberg* in: Stellungnahme zur öffentlichen Anhörung v. 21.3.2007, S. 1; *Manzewski*, (SPD) Rede in: Plenarprotokoll 16/100 v. 24.5.2007 als Anlage 13, S. 10325C.

112 Spielkamp sprach in diesem Zusammenhang sogar davon, dass die Kodifizierung einem Berufsverbot gleichkäme, *Lindner* in: *Ders.*, Stellungnahme zur öffentlichen Anhörung v. 21.3.2007, S. 8. Außerparlamentarisch: *Schultz*, DuD 2006, 778, 781; *Ernst*, NJW 2007, 2661, 2663 = *Ders.*, DS 2007, 335, 338; *Böhlke / Yilmaz*, CR 2008, S. 261–266; *Vassilaki*, CR 2008, 131, 135; *Marberth-Kubicki*, ITBR 2008, 17, 18.

tests.[113] Gem. Art. 6 Abs. 2 CCC sollte ihre Verwendung „zum genehmigten Testen oder zum Schutz eines Computersystems“[114] ausdrücklich aus dem Anwendungsbereich ausgenommen werden.[115]

Dies bekräftigend wurde argumentiert, dass sich eine Pönalisierung nachteilig auf die Entwicklung von Sicherheitssoftware auswirken könnte. IT-Spezialisten könnten sich gegebenenfalls nicht mehr zur Durchführung von erforderlichen Tests bereit erklären bzw. Unternehmen entsprechende Aufträge nicht mehr erhalten. Wenn sich diese Befürchtung bewahrheiten sollte, könnte sich die gesetzgeberische Zielstellung ins Gegenteil verkehren und zur Entstehung großer Sicherheitslücken beitragen. Angesichts einer dann ebenfalls zu befürchtenden Abwanderung der Sicherheitsindustrie ins Ausland, könne eine solche Entwicklung zudem wirtschaftliche Einbußen nach sich ziehen.[116] Dies gelte auch für den konkreten Einzelfall, denn mitunter genüge der bloße Verdacht gegen ein Unternehmen, um das Vertrauen von (potentiellen) Kunden in dessen Arbeitsweise – mitunter existenzbedrohlich – zu stören. Hierzu könne

---

113 Wirtschaftsausschuss des Bundesrates in: BR-Drs. 676/1/06 v. 20.10.2006, S. 4f., Nr. 2a. Der Bundesrat schloss sich diesen Erwägungen an, BR-Drs. 676/06 (Beschluss) v. 3.11.2006, S. 2–4; *Borges* in: Protokoll Nr. 54, öffentliche Anhörung v. 21.3.2007, S. 2, Beispiele hierzu *Ders.* in: Stellungnahme zur öffentlichen Anhörung v. 21.3.2007, S. 7f.; *Lindner* in: Protokoll Nr. 54, öffentliche Anhörung v. 21.3.2007, S. 17, 27f.; *Kudlich* in: Stellungnahme zur öffentlichen Anhörung v. 21.3.2007, S. 7; *Gehb* (CDU/CSU) in der Fragerunde zur öffentlichen Anhörung vor dem Rechtsausschuss in: Protokoll der 54. Sitzung v. 21.3.2007, S. 23; *Tauss* (SPD) in der Fragerunde zur öffentlichen Anhörung vor dem Rechtsausschuss, in: Protokoll der 54. Sitzung v. 21.3.2007, S. 24. Außerparlamentarisch: *Borges / Stuckenberg / Wegener*, DuD 2007, 275, 277; *Gercke*, ZUM 2007, 282, 283; *Böhlke / Yilmaz*, CR 2008, 261, 262ff.; *Vassilaki*, CR 2008, 131, 135f.; *Marberth-Kubicki*, ITBR 2008, 17, 18; *Ernst*, NJW 2007, 2661, 2663 = *Ders.*, DS 2007, 335, 338. In der Folge dieser Diskussionen schloss sich die Frage nach der Verfassungsmäßigkeit der Norm insgesamt an, *Popp*, MR-Int. 2007, 84, 87f.

114 BGBl. II Nr. 30 v. 10.11.2008, S. 1248, Art. 6 Abs. 2 CCC.

115 Das Merkmal der Unbefugtheit – über das sich solche Fallkonstellationen ausschließen ließe – fand sich lediglich in §§ 202a-E und 202b-E, auf die § 202c-E verwies.

116 *Lindner* in: Protokoll Nr. 54, öffentliche Anhörung v. 21.3.2007, S. 17f., 49f.; *Ders.* in: Stellungnahme zur öffentlichen Anhörung v. 21.3.2007, S. 4f.; *Borges* in: Protokoll Nr. 54, öffentliche Anhörung v. 21.3.2007, S. 2; *Borges* in: Stellungnahme zur öffentlichen Anhörung v. 21.3.2007, S. 1; *Gercke* in: Stellungnahme zur öffentlichen Anhörung v. 21.3.2007, S. 8. *Stuckenberg* gab jedoch zu bedenken, dass Länder wie die USA ebenfalls an die Vorgaben der CCC gebunden seien, *Ders.* in: Protokoll Nr. 54, öffentliche Anhörung v. 21.3.2007, S. 26; *Hilgendorf* in: Protokoll Nr. 54, öffentliche Anhörung v. 21.3.2007, S. 30f. Außerparlamentarisch: *Schultz*, DuD 2006, 778, 781f.; *Ders.*, MIR 2006, Dok. 180, Rn 28, 51; *Vassilaki*, CR 2008, 131, 136.

es genügen, wenn die Rechnertechnik zu Ermittlungszwecken beschlagnahmt werde, ohne dass es auf den Ausgang des Verfahrens ankomme.[117]

Trotz der Bedenken des Wirtschaftsausschusses des Bundesrates und nahezu aller Sachverständigen in der öffentlichen Anhörung[118] sowie einzelner Abgeordneten[119] insbesondere der Fraktion der Linken,[120] hielt die Bundesregierung die vorgebrachten Einwände für unbegründet. Der Anwendungsbereich werde auf Tatbestandsebene bereits hinreichend durch zwei gesetzliche Tatbestandsmerkmale eingeschränkt, so dass es einer expliziten Ausnahme gem. Art. 6 Abs. 2 CCC nicht bedürfe.[121] Angesichts der geäußerten Zweifel hinsichtlich der Erfassung von sog. dual-use-Software wurde klargestellt, dass

> „bei Programmen, deren funktionaler Zweck nicht eindeutig ein krimineller ist und die erst durch ihre Anwendung zu einem Tatwerkzeug eines Kriminellen oder zu einem legitimen Werkzeug […] werden [sog. dual use tools], […] der objektive Tatbestand des § 202c StGB-E nicht erfüllt [ist].“[122]

---

117 *Lindner* in: Protokoll Nr. 54, öffentliche Anhörung v. 21.3.2007, S. 17; *Ders.* in: Stellungnahme zur öffentlichen Anhörung v. 21.3.2007, S. 5. Außerparlamentarisch: *Borges / Stuckenberg / Wegener*, DuD 2007, 275, 277; a.A. *Graf* in: Protokoll Nr. 54, öffentliche Anhörung v. 21.3.2007, S. 33.

118 *Borges* in: Protokoll Nr. 54, öffentliche Anhörung v. 21.3.2007, S. 2; *Ders.* in: Stellungnahme zur öffentlichen Anhörung v. 21.3.2007, S. 8f.; *Gercke* in: Stellungnahme zur öffentlichen Anhörung v. 21.3.2007, S. 7; nachträglich allerdings die Auffassung der Bundesregierung teilend, *Ders.* in: Taeger / Wiebe, S. 304; *Bruns* in: Protokoll Nr. 54, öffentliche Anhörung v. 21.3.2007, S. 4; *Hilgendorf* in: Protokoll Nr. 54, öffentliche Anhörung v. 21.3.2007, S. 13f., 29f.; *Kudlich* in: Protokoll Nr. 54, öffentliche Anhörung v. 21.3.2007, S. 15; *Ders.* in: Stellungnahme zur öffentlichen Anhörung v. 21.3.2007, S. 7; *Lindner* in: Protokoll Nr. 54, öffentliche Anhörung v. 21.3.2007, S. 17, 27f.; a.A.: *Hange* in: Protokoll Nr. 54, öffentliche Anhörung v. 21.3.2007, S. 11; *Ders.* in: Stellungnahme zur öffentlichen Anhörung v. 21.3.2007, S. 2; *Graf* in: Protokoll Nr. 54, öffentliche Anhörung v. 21.3.2007, S. 33f.; *Bruns* in: Protokoll Nr. 54, öffentliche Anhörung v. 21.3.2007, S. 42f.

119 *Gehb* (CDU/CSU) in der Fragerunde zur öffentlichen Anhörung vor dem Rechtsausschuss in: Protokoll der 54. Sitzung v. 21.3.2007, S. 23; *Tauss* (SPD) a.a.O., S. 24; Nach Ablehnung des Änderungsantrages, vgl. Erklärung nach § 31 GO-BT, Monika *Griefahn* u.a. in: Plenarprotokoll 16/100 v. 24.5.2007 als Anlage 5, S. 10290Dff. und Erklärung nach § 31 GO-BT, *Tauss* u.a. in: Plenarprotokoll 16/100 v. 24.5.2007 als Anlage 6, S. 10291Aff; a.A.: *Manzewski*, (SPD) Rede in: Plenarprotokoll 16/100 v. 24.5.2007 als Anlage 13, S. 10325Cff.; *Montag*, (Bündnis 90/Die Grünen) Rede in: Plenarprotokoll 16/100 v. 24.5.2007 als Anlage 13, S. 10328D.

120 BT-Drs. 16/5449 v. 23.5.2007, S. 5f. = Bericht der Abgeordneten Siegfried Kauder u.a., S. 2f.

121 BT-Drs. 16/3656 v. 30.11.2006, Gegenäußerung der Bundesregierung als Anlage 3, S. 18, Zu Nr. 2 lit.a.

122 A.a.O., S. 19, Zu Nr. 2 lit.a; Gercke stimmte dieser Auffassung insoweit zu, wie die Vornahme durch das Einverständnis des Berechtigten gedeckt sei, *Ders.* in: Stellungnah-

Dieser, nachträglich noch einmal akzentuierte, gesetzgeberische Wille, die sog. dual-use-Software aus dem Anwendungsbereich der Norm auszunehmen, wurde begrüßt, seine Umsetzung jedoch kritisiert, da eine dahingehende Einschränkung zwar der Gesetzesbegründung zu entnehmen sei, jedoch nicht dem Wortlaut der Norm, wie von Art. 103 Abs. 2 GG gefordert.[123] Daher sprachen sich die Kritiker für eine klarstellende Formulierung aus,[124] die dieses Anliegen deutlicher werden lasse und damit die nötige Bestimmtheit und Rechtssicherheit für den Anwender schaffe. Auch die Konvention belasse dem Gesetzgeber genügend Gestaltungsspielraum. Das Übereinkommen wurde hinsichtlich seines Aussagegehalts überwiegend sogar als präziser empfunden als der nationale Gesetzesvorschlag,[125] weil die Konvention ausdrücklich verlange, dass die Programme in erster Linie („primarily") zu einem kriminellen Zweck geschaffen wurden.[126] Diese konkretisierende Ergänzung sei das Ergebnis einer früheren Debatte im internationalen Raum, mit der auf Befürchtungen der Sicherheitsindustrie reagiert worden sei.[127]

---

me zur öffentlichen Anhörung v. 21.3.2007, S. 8. Zustimmend: *Hange* in: Stellungnahme zur öffentlichen Anhörung v. 21.3.2007, S. 3.

123 Statt vieler: *Stuckenberg* in: Protokoll Nr. 54, öffentliche Anhörung v. 21.3.2007, S. 19f.; *Ders.* in: Stellungnahme zur öffentlichen Anhörung v. 21.3.2007, S. 5, 7; *Hilgendorf* in: Protokoll Nr. 54, öffentliche Anhörung v. 21.3.2007, S. 13, 31; *Lindner* in: Stellungnahme zur öffentlichen Anhörung v. 21.3.2007, S. 5; a.A.: *Hange* in: Stellungnahme zur öffentlichen Anhörung v. 21.3.2007, S. 3; *Graf* in: Protokoll Nr. 54, öffentliche Anhörung v. 21.3.2007, S. 34; *Bruns* in: Protokoll Nr. 54, öffentliche Anhörung v. 21.3.2007, S. 42f.

124 *Borges* in: Protokoll Nr. 54, öffentliche Anhörung v. 21.3.2007, S. 2; *Lindner* in: Protokoll Nr. 54, öffentliche Anhörung v. 21.3.2007, S. 17; *Ders.* in: Stellungnahme zur öffentlichen Anhörung v. 21.3.2007, S. 5; *Stuckenberg*, a.a.O., S. 19f., 56; *Hilgendorf* in: Stellungnahme zur öffentlichen Anhörung v. 21.3.2007, S. 6, 12. Außerparlamentarisch: *Borges / Stuckenberg / Wegener*, DuD 2007, 275, 276; a.A.: *Hange* in: Protokoll Nr. 54, öffentliche Anhörung v. 21.3.2007, S. 12; *Stuckenberg* in: Protokoll Nr. 54, öffentliche Anhörung v. 21.3.2007, S. 19f.

125 *Stuckenberg*, a.a.O., S. 19; *Borges* in: Stellungnahme zur öffentlichen Anhörung v. 21.3.2007, S. 9; *Gercke* in: Stellungnahme zur öffentlichen Anhörung v. 21.3.2007, S. 8; *Borges* in: Protokoll Nr. 54, öffentliche Anhörung v. 21.3.2007, S. 37; *Lindner* in: Stellungnahme zur öffentlichen Anhörung v. 21.3.2007, S. 2; Hilgendorf schlug daher die klarstellenden Formulierungen „deren offensichtlicher Zweck" oder „deren überwiegender Zweck" vor, *Ders.* in: Stellungnahme zur öffentlichen Anhörung v. 21.3.2007, S. 7. Außerparlamentarisch: *Borges / Stuckenberg / Wegener*, DuD 2007, 275, 277.

126 *Stuckenberg*, a.a.O., S. 19f, 56; *Ders.* in: Stellungnahme zur öffentlichen Anhörung v. 21.3.2007, S. 4, 11.

127 Klarstellung in Nr. 77 des Erläuternden Berichts, Anlage zur Denkschrift in: BT-Drs. 16/7218 v. 16.11.2007, S. 65: „Absatz 2 macht deutlich, dass Werkzeuge, die für das befugte Testen oder für den Schutz des Computersystems geschaffen wurden, nicht von dieser Bestimmung erfasst werden. Dies ist schon in dem Ausdruck 'unbefugt' enthalten. So werden z.B. Testvorrichtungen ('Knackvorrichtungen') und Vorrichtungen für die

Die Lösungsvorschläge der zahlreichen Kritiker setzten an den beiden – als unzureichend empfundenen – begrenzenden Tatbestandsvoraussetzungen an und schlugen Konkretisierungen in objektiver und subjektiver Hinsicht vor.

Auf objektiver Tatbestandsebene rügte Hilgendorf, dass § 202c-E gar keinen klaren Unrechtstypus umfasse.[128] Bruns bezweifelte, ob eine Unterscheidung nach dem objektiven Zweck sprachlogisch überhaupt möglich sei, und gab zu bedenken, dass man mit einem Auto genauso gut in den Urlaub fahren könne, wie zu einem Bankraub.[129] Auch Hilgendorf führte aus, dass Programme lediglich Funktionen hätten, die mit ihrem Einsatz verfolgten Zwecke aber einzig ihre Verwender bestimmten.[130] Das Programm selbst sei beliebig einsetzbar.[131] Auf eine solche Vorstellung solle es jedoch weder nach dem Übereinkommen noch nach der Entwurfsbegründung ankommen, maßgeblich sei allein die „objektive Zweckbestimmung".[132] Anders als Bruns,[133] vertrat Hilgendorf jedoch nicht die Auffassung, dass die Weite des Tatbestands damit hinreichend korrigiert würde.[134] Bei der Ausarbeitung der Entwurfsfassung habe man von dem erwogenen Austausch des Begriffs „Zweck" durch „Zweckbestimmung" bewusst Abstand genommen, da hierfür kein Korrekturbedarf gesehen worden sei. Durch die Belassung des Wortlauts wurden Folgeanpassungen in § 263a StGB und § 22b StVG vermieden, die diesen Begriff ebenfalls enthielten.[135] Dennoch favorisierte Hilgendorf aus praktischen Erwägungen eine Korrektur auf objektiver Tatbestandsebene, „da der subjektive Tatbestand ja notorisch

---

Netzanalyse, die von der Industrie verwendet werden, um die Zuverlässigkeit ihrer Informationstechnologieprodukte zu kontrollieren oder um die Systemsicherheit zu prüfen, zu rechtmäßigen Zwecken hergestellt und als 'befugt' verwendet angesehen".

128 *Hilgendorf* in: Protokoll Nr. 54, öffentliche Anhörung v. 21.3.2007, S. 13, 31; *Ders.* in: Stellungnahme zur öffentlichen Anhörung v. 21.3.2007, S. 6.

129 *Bruns* in: Protokoll Nr. 54, öffentliche Anhörung v. 21.3.2007, S. 4; *Ders.* in: Stellungnahme zur öffentlichen Anhörung v. 21.3.2007, S. 4.

130 Außerparlamentarisch zustimmend: *Popp*, MR-Int. 2007, 84, 87; *Gröseling / Höfinger*, MMR 2007, 626, 629; *Schreibauer / Hessel*, K&R 2007, 616, 619; *Böhlke / Yilmaz*, CR 2008, 261, 262.

131 *Hilgendorf* in: Protokoll Nr. 54, öffentliche Anhörung v. 21.3.2007, S. 31.

132 Außerparlamentarisch zustimmend: *Popp*, MR-Int. 2007, 84, 87; *Cornelius*, CR 2007, 682, 685ff.; *Bruns* in: Protokoll Nr. 54, öffentliche Anhörung v. 21.3.2007, S. 4; *Ders.* in: Stellungnahme zur öffentlichen Anhörung v. 21.3.2007, S. 4.

133 *Bruns* in: Protokoll Nr. 54, ebd; *Ders.* in: Stellungnahme, ebd.

134 *Hilgendorf* in: Protokoll Nr. 54, öffentliche Anhörung v. 21.3.2007, S. 31.

135 *Kauder*, (Villingen-Schwenningen) (CDU/CSU) Rede in: Plenarprotokoll 16/100 v. 24.5.2007 als Anlage 13, S. 10324D; *Manzewski*, (SPD), Rede in: a.a.O., S. 10326A.

schwer nachzuweisen ist."[136] Denkbar sei eine präzisierende Ergänzung des Wortes „gezielt" im objektiven Tatbestand.[137]

Aber auch auf subjektiver Ebene wurden Verbesserungsvorschläge eingebracht. So wurde für die Tatbestandsverwirklichung zumindest dolus directus zweiten Grades und damit Wissentlichkeit gefordert.[138] Eine strengere Ausgestaltung wurde vielfach als konventionsnäher empfunden. Dort sei gerade von „intent" die Rede – in der deutschen Übersetzung von „Vorsatz"[139] – und eben nicht vom bloßen Inkaufnehmen.[140]

Insgesamt erinnerte die Diskussion damit an die Debatte um strafwürdige Beihilfehandlungen durch alltägliche Verhaltensweisen, die sich hier in umgekehrter Weise offenbarte. Ging es doch vorliegend nicht um die Strafrechtsrelevanz sozialadäquater Verhaltensweisen, sondern um die Ausnahme „krimineller" Verhaltensweisen bzw. Tatmittel aus dem Anwendungsbereich der Norm, wegen ihrer ausnahmsweise sozialadäquaten Verwendung. Insoweit zeigten sich auch

136 *Hilgendorf* in: Protokoll Nr. 54, öffentliche Anhörung v. 21.3.2007, S. 13f.; so auch *Ders.* in: Stellungnahme zur öffentlichen Anhörung v. 21.3.2007, S. 6, 12; a.A.: *Kudlich* gab diesbezüglich zu bedenken, dass der gezielte Einsatz nicht weniger leicht nachzuweisen seien dürften, *Ders.* in: Protokoll Nr. 54, öffentliche Anhörung v. 21.3.2007, S. 15f.

137 *Ders.* in: Protokoll Nr. 54, öffentliche Anhörung v. 21.3.2007, S. 58; *Ders.*, in: Stellungnahme zur öffentlichen Anhörung v. 21.3.2007, S. 7, 12: „Wer gezielt eine Straftat nach § 202a oder § 202b vorbereitet, indem er …".

138 Rechtsausschuss und Ausschuss für Innere Angelegenheiten des Bundesrates in: BR-Drs. 676/1/06 v. 20.10.2006, S. 2f., Nr. 1a lit.bb). Der Bundesrat schloss sich diesen Erwägungen an, BR-Drs. 676/06 (Beschluss) v. 3.11.2006, S. 2f.; *Borges* in: Protokoll Nr. 54, öffentliche Anhörung v. 21.3.2007, S. 2; *Ders.* in: Stellungnahme zur öffentlichen Anhörung v. 21.3.2007, S. 8f.; *Stuckenberg* in: Stellungnahme zur öffentlichen Anhörung v. 21.3.2007, S. 5f., 11. *Hilgendorf* wollte sogar ein Absichtserfordernis aufnehmen, *Ders.* in: Protokoll Nr. 54, öffentliche Anhörung v. 21.3.2007, S. 13f.; *Ders.* in: Stellungnahme zur öffentlichen Anhörung v. 21.3.2007, S. 6, 12. Außerparlamentarisch zustimmend: *Borges / Stuckenberg / Wegener*, DuD 2007, 275, 277; *Popp*, MR-Int. 2007, 84, 87: „Eine den Entstehungskontext berücksichtigende Auslegung des künftigen § 202c Abs. 1 Nr. 2 StGB könnte demgegenüber gerade den Ausschluss bloßen Eventualvorsatzes begründen, zumal der Wortlaut 'vorbereiten' ein mehr oder weniger finales Verständnis durchaus nahelegt"; *Borges / Stuckenberg / Wegener*, DuD 2007, 275, 277; a.A.: *Schuh*, Computerstrafrecht, S. 66.

139 BGBl. II Nr. 30 v. 10.11.2008, S. 1248, Art. 6 Abs. 1 lt.a CCC.

140 *Borges* in: Stellungnahme zur öffentlichen Anhörung v. 21.3.2007, S. 9; *Stuckenberg* in: Protokoll Nr. 54, öffentliche Anhörung v. 21.3.2007, S. 20, 56. Außerparlamentarisch zustimmend: *Popp*, MR-Int. 2007, 84, 87; *Borges / Stuckenberg / Wegener*, DuD 2007, 275, 277.

Parallelen zur Diskussion um das Begriffsverständnis zum gefährlichen Werkzeug, die nach dem 6. Strafrechtsreformgesetz belebt wurde.[141]

Neben dieser kontrovers diskutierten Problematik wiesen Kritiker auf weitere Zweifelsfragen zu § 202c-E hin. Moniert wurde die Formulierung „wer eine Straftat vorbereitet, indem er […]". Wie schon in §§ 149, 263a Abs. 3[142] sowie § 275, werde daraus nicht deutlich, ob die Verursachung einer abstrakten Gefahr oder das Vorbereiten einer konkreten Tat inkriminiert werden solle. Dies habe jedoch Auswirkungen auf die Frage, worauf sich der Vorsatz im Sinne der Norm richten müsse.[143] Da die Gesetzesbegründung von einem abstrakten Gefährdungsdelikt spreche, sei die Formulierung nicht präzise genug und damit – so Stuckenberg – „sachlich falsch".[144] Ein Verzicht auf die Tathandlung „Vorbereiten" sei weniger irreführend. Schließlich werde „kein konkretes Vorbereiten", sondern eher ein „abstraktes Ermöglichen" verlangt.[145] Außerdem werde das „Vorbereiten" auch in der Konvention nicht ausdrücklich genannt.[146]

Auch die präventive Wirkung der Vorschrift insgesamt wurde bezweifelt.[147] Graf bezweifelte die Tauglichkeit des § 202c Abs. 1 Nr. 2-E mit dem Verweis darauf, dass die zu erfassende Malware häufig aus dem Ausland stamme, die präventive Wirkung aber auf die territoriale Reichweite des Gesetzes im Inland beschränkt bleibe.[148] Kudlich ging ohnehin von einer geringen praktischen

---

141 *Kudlich* in: Stellungnahme zur öffentlichen Anhörung v. 21.3.2007, S. 7f.; *Ders.*, JA 2009, 739, 741.

142 Außerparlamentarisch: *Borges / Stuckenberg / Wegener*, DuD 2007, 275, 276; *Schuster*, DuD 2009, 742, 744. Differenzierend: *Popp*, MR-Int. 2007, 84, 87: „Der deutsche Entwurf spricht in § 202c Abs. 1 Nr. freilich (anders als etwa § 149 Abs. 1 Nr. 1 StGB) gerade nicht von der Eignung des Programms seiner Art nach, sondern (wie schon § 263a Abs. 3 StGB) von dessen 'Zweck'".

143 *Stuckenberg* in: Protokoll Nr. 54, öffentliche Anhörung v. 21.3.2007, S. 20; *Bruns*, in: Stellungnahme zur öffentlichen Anhörung v. 21.3.2007, S. 4; *Borges* in: öffentlicher Anhörung vor dem Rechtsausschuss in: Protokoll der 54. Sitzung v. 21.3.2007, S. 38. Außerparlamentarisch: *Borges / Stuckenberg / Wegener*, ebd.; *Popp*, ebd.; *Schuster*, ebd.; *Gröseling / Höfinger*, MMR 2007, 626, 629.

144 *Stuckenberg*, a.a.O., S. 21, 51, *Ders.* in: Stellungnahme zur öffentlichen Anhörung v. 21.3.2007, S. 8f. Außerparlamentarisch zustimmend: *Gröseling / Höfinger*, ebd.; *Schuster*, ebd.

145 *Gröseling / Höfinger*, MMR 2007, 626, 629.

146 Außerparlamentarisch: *Borges / Stuckenberg / Wegener*, DuD 2007, 275, 276.

147 Abgeschreckt würde die Sicherheitsindustrie und damit v.a. diejenigen, die nicht abgeschreckt werden sollten, *Hilgendorf* in: Protokoll Nr. 54, öffentliche Anhörung v. 21.3.2007, S. 31.

148 *Graf* in: Stellungnahme zur öffentlichen Anhörung v. 21.3.2007, S. 5. Außerparlamentarisch zustimmend: *Schultz*, DuD 2006, 778, 784; *Ders.*, MIR 2006, Dok. 180, Rn 50; Be-

Relevanz der Norm aus.[149] Aus diesem Grunde und wegen der schweren strafprozessualen Beweisbarkeit der Tat prognostizierten auch außerparlamentarische Kritiker eine lediglich symbolische Bedeutung der Norm.[150] Hilgendorf bevorzugte im Falle einer unveränderten Aufrechterhaltung der Entwurfsfassung letztlich sogar ihre Streichung:[151]

> „Wenn solche Änderungen nicht erfolgen, dann würde ich, wenn ich die Macht dazu hätte, dafür plädieren, auf den § 202c E-StGB lieber ganz zu verzichten. Also so, wie er jetzt hier steht, sollte er nicht beschlossen werden, weil er zu weit und ein Beispiel für schlechtes, nicht praktikables Strafrecht ist. Sie tun dem deutschen Strafrecht nichts Gutes, wenn Sie eine Norm dieser Art in die Wirklichkeit entlassen."[152]

b) Kritische Äußerungen zur Fallgruppe des sog. Phishing

Im Zusammenhang mit der Aufnahme des § 202c-E wurde auch die Sanktionierung des sog. Phishing diskutiert.[153] Dieses Phänomen sei zwar bereits zehn Jahre alt und ursprünglich unter dem Namen „man-in-the-middle-Angriff" bekannt und diskutiert worden.[154] Die Zahl der täglich versendeten Phishing-Emails übersteige inzwischen aber bereits die Zahl der Emails mit (sonstiger) Schadsoftware.[155] Dennoch enthielt weder der Rahmenbeschluss, noch die

---

züglich europaweiter Vorgaben zum Internetstrafrecht im Allgemeinen: *Hilgendorf* in: Harmonisierung des Internetstrafrechts in: Schwarzenegger / Arter / Jörg, S. 288.

149 *Kudlich* in: Stellungnahme zur öffentlichen Anhörung v. 21.3.2007, S. 6.

150 *Popp*, MR-Int 2007, 84, 88; Bezüglich europaweiter Vorgaben zum Internetstrafrecht im Allgemeinen: *Hilgendorf* in: Harmonisierung des Internetstrafrechts in: Schwarzenegger / Arter / Jörg, S. 289.

151 *Hilgendorf* in: Protokoll Nr. 54, öffentliche Anhörung v. 21.3.2007, S. 58; zustimmend: *Lindner* in: Stellungnahme zur öffentlichen Anhörung v. 21.3.2007, S. 6.

152 *Hilgendorf*, ebd. Dieser Aussage trat Bruns entgegen: „[...] natürlich könnte man aus psychologischen Gründen da jetzt noch hier und da ein Wort anfügen, vielleicht noch einen zweiten Absatz, in dem man die Sicherungsunternehmen möglicherweise noch mit Bezeichnung der Firmennamen von der Strafbarkeit ausnimmt, das wäre Feuilleton, das wäre gesetzgeberischer Feuilleton", *Ders.* in: Protokoll Nr. 54, öffentliche Anhörung v. 21.3.2007, S. 59; *Manzewski* (SPD), Rede in: Plenarprotokoll 16/100 v. 24.5.2007 als Anlage 13, S. 10325D.

153 Wirtschaftsausschuss des Bundesrates in: BR-Drs. 676/1/06, S. 5, Nr. 2b. Außerparlamentarisch: *Schultz*, DuD 2006, 778, 778f.; *Ders.*, MIR 2006, Dok. 180, Rn 3ff., 26; *Gercke*, ZUM 2005, 612, 617f.; *Marberth-Kubicki*, ITBR 2008, 17, 19.

154 *Hilgendorf* in: Stellungnahme zur öffentlichen Anhörung im Rechtsausschuss am 21.3.2007, S. 9f.; *Borges, Stuckenberg und Wegener* sprachen bei den sog. man-in-the middle-Angriffen einschränkend nur von einem Teilbereich des Phishing, *Dies.*, DuD 2007, 275, 278. So auch Ernst, der nur sog. man-in-the-middle-Angriffe als vom § 202b erfasst betrachtete, nicht jedoch die (übrigen) Phishing-Fälle, *Ders.*, NJW 2007, 2661, 2662 = *Ders.*, DS 2007, 335, 337.

155 *Gercke*, ZUM 2007, 282, 287.

Konvention eine ausdrückliche Regelung. Angesichts der zunehmenden Verbreitung,[156] wurde eine Aufnahme in das 41. Strafrechtsänderungsgesetz angeregt. Während der Gesetzesentwurf keinerlei Ausführungen enthielt, sprach sich der Wirtschaftsausschuss für eine Aufnahme aus und wollte damit zugleich den Verbraucherschutz erhöhen.[157]

> „Da § 202c Abs. 1 Nr. 1 StGB-E bereits einen guten Ansatz für einen entsprechenden 'Phishing-Straftatbestand' enthält, wird vorgeschlagen, den bisherigen Entwurf so zu erweitern, so dass er auch eindeutig 'Phishing' als Straftatbestand erfasst."[158]

Auf den Einwand der fehlenden Ergänzung entgegnete die Bundesregierung in ihrer Stellungnahme, dass ein solcher Vorschlag vorab durchaus geprüft, aber bewusst davon Abstand genommen worden sei.[159] Außerdem gebe es bislang keine Rechtsprechung zu Phishingfällen, da die Täter meist nicht gefasst würden, nicht zuletzt, weil sie häufig aus dem Ausland agierten.[160] Das BMJ[161] und die im Vorfeld des Gesetzgebungsverfahrens befragten Landesjustizverwaltungen sahen ebenfalls keine Notwendigkeit für eine Kodifizierung, da sie den bisherigen strafrechtlichen Schutz als ausreichend erachteten.[162] In der Literatur wurde hierüber bereits kontrovers diskutiert.[163]

---

156 Wirtschaftsausschuss des Bundesrates, in: BR-Drs. 676/1/06 v. 20.10.2006, S. 5, Nr. 2b: Darin wurde auf eine BITKOM-Studie verwiesen, wonach 2006 allein im ersten Halbjahr ein Anstieg der „Phishing-Opfer" um 50 Prozent zu verzeichnet gewesen sein soll, mit einem durchschnittlichen Schaden von ungefähr 4.000 €. *Borges* in: Stellungnahme zur öffentlichen Anhörung v. 21.3.2007, S. 2f., einschließlich Verweis auf eine US-amerikanische Studie der Anti Phishing Working Group (APWG) v. Oktober 2006, wonach die Zahl der Phishing-Seiten im Dezember 2006 ungefähr viermal so hoch war wie im Jahr zuvor; *Gercke* in: Protokoll Nr. 54, öffentliche Anhörung v. 21.3.2007, S. 7; *Hilgendorf* in: Stellungnahme zur öffentlichen Anhörung v. 21.3.2007, S. 10. Außerparlamentarisch: *Schultz*, DuD 2006, 778, 778f.; *Ders.*, MIR 2006, Dok. 180, Rn 3ff.

157 Wirtschaftsausschuss des Bundesrates in: BR-Drs. 676/1/06 v. 20.10.2006, S. 5, Nr. 2b. Der Bundesrat bat den Bundestag in seinem Beschluss ebenfalls um Prüfung, BR-Drs. 676/06 (Beschluss) v. 3.11.2006, S. 4.

158 Wirtschaftsausschuss des Bundesrates in: BR-Drs. 676/1/06 v. 20.10.2006, S. 5, Nr. 2b.

159 BT-Drs. 16/3656 v. 30.11.2006, Gegenäußerung der Bundesregierung als Anlage 3, S. 19, Zu Nr. 2 lit.b.

160 *Borges* in: Stellungnahme zur öffentlichen Anhörung v. 21.3.2007, S. 3.

161 *BMJ*, Pressemitteilung v. 20.9.2006, S. 1.

162 BT-Drs. 16/3656 v. 30.11.2006, Gegenäußerung der Bundesregierung als Anlage 3, S. 19, Zu Nr. 2 lit.b. Zustimmend: *Stuckenberg* in: Stellungnahme zur öffentlichen Anhörung v. 21.3.2007, S. 9; *Leutheusser-Schnarrenberger*, (FPD) Rede in: Plenarprotokoll 16/100 v. 24.5.2007 als Anlage 13, S. 10326B. Außerparlamentarisch zustimmend: *Borges / Stuckenberg / Wegener*, DuD 2007, 275, 277; a.A.: *Hilgendorf* in: Stellungnah-

Einige Stimmen sprachen sich für die Einführung eines eigenständigen Tatbestandes aus.[164] Erwogen wurde dies nicht nur in der Literatur,[165] sondern auch von Wirtschaftsverbänden[166] und dem Bundesrat[167].

Borges sah hierfür keine Notwendigkeit.[168] Er vertrat die Auffassung, dass die Sanktionierung derartiger Sachverhaltskonstellationen bereits gewährleistet werde und darüber hinaus verbliebene Strafbarkeitslücken durch § 202b-E und § 202c-E geschlossen würden.[169] Etwa verbleibende Zweifel könnten durch eine

---

me zur öffentlichen Anhörung v. 21.3.2007, S. 10; *Graf* in: Stellungnahme zur öffentlichen Anhörung v. 21.3.2007, S. 6f.

163 Für eine Neuregelung: *Gercke*, CR 2005, S. 606–612; *Ernst*, NJW 2007, 2661, 2665 = *Ders.*, DS 2007, 335, 339; *Graf*, NStZ 2007, S. 129–132; *Hilgendorf / Frank / Valerius*, Computer- und Internetstrafrecht, Rn. 760ff.; *Knupfer*, MMR 2004, 641, 641f.; *Marberth-Kubicki*, Computer- und Internetstrafrecht, Rn. 118ff.; *Dies.*, ITBR 2008, 17, 18; *Popp*, NJW 2004, 3517, 3517f.; *Ders.*, MMR 2006, S. 84–86; *Stuckenberg*, ZStW 2006, S. 878–912; *Weber*, HRRS 2004, S. 406–410; *Werner* in: Borges, Internet-Auktion, S. 190ff.; *Schultz*, DuD 2006, 778, 778f.; *Ders.*, MIR 2006, Dok. 180, Rn 3ff, 26; a.A.: *Borges / Stuckenberg / Wegener*, DuD 2007, 275, 277; *Gercke*, ZUM 2005, 612, 617f.; *Ders.*, ZUM 2007, 282, 287ff. m.V.a. bereits ergangene Rechtsprechung; hierzu auch *Ders.*, ZUM, 2006, 284, 289.

164 *Graf* formulierte folgenden Gesetzesvorschlag: „§ 202d betrügerische Erlangung von Passworten oder sonstigen Zugangsdaten“: „Wer es unter Vortäuschung einer falschen Identität unternimmt, durch schriftliche oder elektronische Mitteilungen sowie sonstige Möglichkeiten der Telekommunikation andere Personen zur Herausgabe von geheim zu haltenden Informationen, insbesondere Passworten oder sonstigen Zugangsdaten, zu veranlassen, welche den Zugang zu Daten- und Mediendiensten oder deren Benutzung ermöglichen, wird mit Freiheitsstrafe bis zu einem Jahr oder mit Geldstrafe bestraft“, *Ders.* in: Stellungnahme zur öffentlichen Anhörung v. 21.3.2007, S. 8. Der etwas schlankere Vorschlag von *Hilgendorf* lautete: „Wer es in der Absicht, einem anderen Nachteil zuzufügen, unternimmt, in den Kommunikationsdiensten des Internet den Empfänger durch unzutreffende Angaben zur Preisgabe von Passwörtern oder anderer Zugangsdaten zu bewegen, wird mit Freiheitsstrafe bis zu einem Jahr oder mit Geldstrafe bestraft, wenn die Tat nicht in anderen Vorschriften mit schwererer Strafe bedroht ist“, *Ders.* in: Stellungnahme zur öffentlichen Anhörung v. 21.3.2007, S. 11.

165 Siehe etwa *Graf*, NStZ 2007, 129, 132; *Osthaus* in: Borges, Internet-Auktion, S. 204ff. mit einem Formulierungsvorschlag; *Graf*, in: Stellungnahme zur öffentlichen Anhörung v. 21.3.2007, S. 7.

166 Vgl. BR-Drs. 676/01/06 v. 20.10.2006, S. 5; *Borges* in: Stellungnahme zur öffentlichen Anhörung v. 21.3.2007, S. 4, Fn 13 m.w.N.

167 Vgl. Empfehlung der Ausschüsse zu § 202c E-StGB in: BR-Drs. 676/01/06 v. 20.10.2006, S. 5 = BR-Drs. 676/06 (Beschluss) v. 3.11.2006, S. 4, die insoweit nahezu wörtlich auf die Stellungnahme des BITKOM zurückgehen.

168 Borges merkte aber an, dass es durchaus strafpolitische Gründe gebe, Passwort-Erschleichungen im Onlinebereich härter zu bestrafen, *Ders.* in: Protokoll Nr. 54, öffentliche Anhörung v. 21.3.2007, S. 36f.

169 A.a.O., S. 1; *Ders.* vertiefend in: Stellungnahme zur öffentlichen Anhörung v. 21.3.2007, S. 5f., 9; *Kudlich* in: Stellungnahme für die öffentliche Anhörung v. 21.3.2007, S. 6. Au-

ergänzende Verweisung in § 202c-E beseitigt werden, um künftig auch Vorbereitungshandlungen zur Verwirklichung von §§ 263[170] bzw. 263a[171] zu erfassen. Ferner schlug Hilgendorf vor, § 202c-E als Vermögensdelikt auszugestalten.[172]

Bruns und Stuckenberg warnten demgegenüber vor einer Kodifizierung „en passant." Das Phänomen des Phishing sei lediglich ein Teilbereich des Identitätsdiebstahls, der weit über das Computerrecht hinausgehe,[173] da ein ganz anderes Rechtsgut betroffen sei,[174] welches zwar auch mittels Computer beeinträchtigt werden könne, aber eben auch persönlich oder telefonisch.[175]

c) Stellungnahme des Rechtsausschusses

Der Rechtsausschuss betonte in seinem Schlussbericht, dass alle vorgebrachten Bedenken – insbesondere hinsichtlich des Anwendungsbereichs von § 202c Abs. 1 Nr. 2-E – sorgfältig geprüft worden seien. Allerdings sei auch nach erneuter Prüfung keine Überkriminalisierung feststellbar. Um jedoch „Missverständnisse zu vermeiden", nutzte der Rechtausschuss den Schlussbericht für klarstellende Ausführungen.[176] § 202c müsse im Lichte des Art. 6 CCC ausgelegt werden:

ßerparlamentarisch: Ernst sprach sich auch nach der Neufassung durch das 41. StrÄndG weiter für eine Reform aus, *Ders.*, NJW 2007, 2661, 2665 = *Ders.*, DS 2007, 335, 339.

170 *Borges* in: Protokoll Nr. 54, öffentliche Anhörung v. 21.3.2007, S. 2. Hierzu vertiefend *Ders.*, in: Stellungnahme für die öffentliche Anhörung v. 21.3.2007, S. 3ff.; *Kudlich* in: Protokoll Nr. 54, öffentliche Anhörung v. 21.3.2007, S. 15. Außerparlamentarisch befürwortend: *Gröseling / Höfinger*, MMR 2007, 626, 628.

171 *Hilgendorf* in: Protokoll Nr. 54, öffentliche Anhörung v. 21.3.2007, S. 14; *Ders.* in: Stellungnahme zur öffentlichen Anhörung v. 21.3.2007, S. 11.

172 Konsequenterweise könne in diesem Fall auch das Erfordernis der Nachteilzufügungsabsicht gestrichen werden und die Strafbarkeit vom Vorliegen einer Absicht, sich oder einem anderen einen Vermögensvorteil zu verschaffen, abhängig gemacht werden, *Hilgendorf* in: Protokoll Nr. 54, öffentliche Anhörung v. 21.3.2007, S. 14.

173 Vertiefend zu den verschiedenen Begehungsformen *Bruns* in: Stellungnahme zur öffentlichen Anhörung v. 21.3.2007, S. 9.

174 Ebd. Derartige Tathandlungen könnten insbesondere zur Vorbereitung verschiedener Delikte dienen, z.B. von Vermögensdelikten, aber auch von Stalking.

175 *Bruns* in: Protokoll Nr. 54, öffentliche Anhörung v. 21.3.2007, S. 4f.; *Ders.* in: Stellungnahme zur öffentlichen Anhörung v. 21.3.2007, S. 3, 8ff.; *Stuckenberg* in: Protokoll Nr. 54, öffentliche Anhörung v. 21.3.2007, S. 21.

176 Beschlussempfehlung und Bericht des Rechtsausschusses in: BT-Drs.: 16/5449 v. 23.5.2007, S. 4 = Bericht der Abgeordneten *Kauder* (Villingen-Schwenningen) u.a., S. 1. Begrüßend: *Leutheusser-Schnarrenberger*, (FPD) Rede in: Plenarprotokoll 16/100 v. 24.5.2007 als Anlage 13, S. 10327A.

„Danach seien nur Computerprogramme betroffen, die in erster Linie dafür ausgelegt oder hergestellt würden, um damit Straftaten nach den §§ 202a, 202b StGB zu begehen."[177]

Eine bloße Geeignetheit zur Tatbegehung genüge nicht, um eine Strafbarkeit zu begründen. Vielmehr müsse die geforderte Zweckbestimmung eine Eigenschaft des Computerprogramms in der Weise darstellen, dass es sich um sog. Schadsoftware handele.[178] Dennoch betonte der Rechtsausschuss:

„Der Gesetzgeber werde die Auswirkungen der neuen Strafvorschriften genau zu beobachten haben. Sollten doch Programmentwickler und Firmen, die nicht aus krimineller Energie heraus handelten, durch diese neuen Strafvorschriften in Ermittlungsverfahren einbezogen werden, werde auf solche Entwicklungen zeitnah reagiert werden müssen."[179]

d) Änderungsantrag einzelner Abgeordneter und der Fraktion der Linken vom 23. Mai 2007

Nachdem der Rechtsausschuss auf eine Wortlautanpassung in den umstrittenen Bereichen verzichtet hatte, reichten einzelne Abgeordnete zusammen mit der Fraktion der Linken vor der zweiten Beratung des Entwurfs im Bundestag – unter Wiederholung der bereits dargestellten Argumente – einen Änderungsantrag zu § 202c-E und § 303b-E ein.[180] Dieser enthielt einen Formulierungsvorschlag, der von der Möglichkeit des Art. 6 Abs. 3 CCC Gebrauch machte.

„§ 202c Vorbereiten des Ausspähens und Abfangens von Daten

(1) Wer eine Straftat nach § 202a oder § 202b vorbereitet, indem er Passworte oder sonstige Sicherungscodes, die den Zugang zu Daten (§ 202a Abs. 2) ermöglichen, herstellt, sich oder einem anderen verschafft, verkauft, einem anderen überlässt, verbreitet oder sonst zugänglich macht, wird mit Freiheitsstrafe bis zu einem Jahr oder mit Geldstrafe bestraft.

(2) § 149 Abs. 2 und 3 gilt entsprechend."[181]

---

177 BT-Drs.: 16/5449 v. 23.5.2007, S. 4.

178 Ebd. Dabei stützte sich der Rechtsausschuss auf den Beschluss des Bundesverfassungsgerichts v. 19.5.2006 zur sog. Verfälschungssoftware bei Tachometermanipulationen zum Anwendungsbereich des § 22b StVG, Beschluss v. 19.5.2006, Az: 2 BvR 1589/05, Rn 1–11; vgl. NJW 2006, 2318f.

179 BT-Drs.: 16/5449 v. 23.5.2007, S. 5.

180 Änderungsantrag der Abgeordneten *Korte* u.a. in: BT-Drs.: 16/5486 v. 23.5.2007, S. 5; *Korte*, (Die Linke), Rede in: Plenarprotokoll 16/100 v. 24.5.2007 als Anlage 13, S. 10327D.

181 Änderungsantrag der Abgeordneten *Korte* u.a. in: BT-Drs.: 16/5486 v. 23.5.2007, S. 1, 5 = Bericht der Abgeordneten *Kauder* (Villingen-Schwenningen), u.a., S. 2.

Die darin vorgeschlagene Anpassung sollte im Wesentlichen drei Zielen dienen – der Begrenzung der Vorfeldkriminalisierung, der Vermeidung von Abgrenzungsschwierigkeiten (gerade in Bezug auf sog. dual-use-Werkzeuge) und der Wahrung der Bestimmtheitsanforderungen des Art. 103 Abs. 2 GG.[182] Dieser Änderungsantrag wurde jedoch, trotz geschlossener Zustimmung der Linken, mit den Gegenstimmen aller übrigen Fraktionen am 24. Mai 2007 abgelehnt.[183]

e) Zusammenfassung zur Reichweite des Art. 202c-E

Die eingangs erörterten Auslegungsfragen dürften nach den dargestellten Stellungnahmen – trotz des unveränderten Wortlautes – wie folgt zu beantworten sein. Sog. dual-use-Software soll nicht unter § 202c Abs. 2-E subsumiert werden. Würde sie objektiv tatbestandlich erfasst, hinge die Sanktionierung letztlich nur vom Tätervorsatz und damit von der Gesinnung des Täters ab – „[…] ein Ergebnis, dass mit dem anerkannten Prinzip des Tatstrafrechts nicht ohne weiteres vereinbar wäre und von der Convention on Cybercrime auch gar nicht gewollt ist".[184]

Gleiches muss für die Verfolgung legaler Zwecke – wie der Durchführung von Sicherheitstests – unter Verwendung tatbestandsmäßiger Software gelten, denn auch derartige Fallkonstellationen sollten, insbesondere nach der Klarstellung der Bundesregierung, nicht erfasst werden. Der Ausschluss erfolgt bereits über das Erfordernis der „Unbefugtheit".[185] Dieses wurde zwar in § 202c-E nicht ausdrücklich aufgenommen, hielt allerdings über §§ 202a-E, 202b-E und 303a-E, 303b-E Einbezug, auf die § 202c-E verweist.[186]

---

182 Ebd.

183 Plenarprotokoll 16/100 v. 24.5.2007, S. 10283B; BT-Drs.: 16/5449 v. 23.5.2007, S. 5. Die der SPD zugehörigen Abgeordneten Griefahn, Pries und Graf (Rosenheim) gaben ihre Bedenken zum Abstimmungsergebnis zu Protokoll. Darin wurden Überlegungen zu möglichen negativen Auswirkungen auf die IT-Sicherheitsforschung aufgegriffen. Unter Wiederholung der dazu benannten Argumente, verweigerten die Abgeordneten Tauss, Schmidt (Nürnberg) und Ehrmann – ebenfalls SPD – dem Gesetzesentwurf ihre Zustimmung und gaben ebenfalls eine entsprechende Erklärung gem. § 31 GO-BT ab, Erklärung nach § 31 GO-BT, *Tauss* u.a. in: Plenarprotokoll 16/100 v. 24.5.2007 als Anlage 6, S. 10291Bff.

184 *Popp*, MR-Int. 2007, 84, 87.

185 Außerparlamentarisch: *Schultz*, DuD 2006, 778, 779; *Ders.*, MIR 2006, Dok. 180, Rn 33; *Schuh*, Computerstrafrecht, S. 51; *Gröseling / Höfinger*, MMR 2007, 626, 629; *Gercke*, ZUM 2007, 282, 284.

186 Da dieses Normenverständnis lediglich in die Klarstellung der Bundesregierung Eingang gefunden hat, nicht jedoch in die Gesetzesfassung, bestanden die Unsicherheiten, vor al-

8. *Erste Reaktionen zur Reichweite des § 202c in der Strafrechtspraxis*

Ob sich die umstrittene Gesetzesfassung des § 202c bewähren würde, war hauptsächlich von seiner praktischen Handhabung abhängig.

a) Handhabung durch die Staatsanwaltschaft

Um gerichtliche Entscheidungen zum Anwendungsbereich und damit zur Reichweite dieser Norm zu erhalten wurden Entscheidungen anfänglich sogar erzwungen. Die erste Strafanzeige ist vom IT-Online-Magazin TecChannel am 14. September 2007 gestellt worden und richtete sich gegen das BSI.[187] Da es im konkreten Fall für eine Strafbarkeit gem. § 202c allerdings bereits am erforderlichen Vorsatz fehlte, da durch ihre Bereitstellung eines direkten Links zu einer Spionagesoftware die Vermeidung von Straftaten intendiert gewesen sei, nicht aber ihre Begehung, blieb die Frage nach der prinzipiellen Anwendbarkeit der Norm ungeklärt.[188] Dieses Verfahren wurde als Indiz für die fortbestehenden Unsicherheiten zur Reichweite des objektiven Tatbestandes bei § 202c bewertet.[189]

b) Nichtannahmebeschluss des Bundesverfassungsgerichts vom 18. Mai 2009

Angesichts der bereits im Gesetzgebungsverfahren aufgetretenen Unsicherheiten zur Auslegung des § 202c-E wurden Zweifel an der hinreichenden Bestimmtheit der Norm erhoben, soweit hierdurch die Vorbereitung einer Datenveränderung bzw. die Computersabotage durch eine Datenveränderung geahndet werden soll.[190]

---

lem in der Sicherheitsindustrie, auch nach dem Inkrafttreten des § 202c-E zunächst fort, *Cornelius*, CR 2007, S. 682–688.

187 *Böhlke / Yilmaz*, CR 2008, 261, 261; *Schuster*, DuD 2009, 742, 745: Die Anzeige richtete sich gegen die Verbreitung der Software „John the Ripper“ über einen direkten Download-Link sowie als Bestandteil ihrer Software-Sammlung (BOSS). Damit sollen fremde Passworte ausgespäht werden können; *Gercke*, ZUM 2008, 545, 546, 552.

188 *Schuster*, DuD 2009, 742, 744 m.w.N.; *Gercke*, ZUM 2008, 545, 553; *Böhlke / Yilmaz*, CR 2008, 261, 261.

189 *Gercke*, ebd.

190 „Soweit es schließlich um die Vorbereitung einer Datenveränderung (§ 303a Abs. 1 StGB) bzw. einer Computersabotage durch Datenveränderung (§ 303b Abs. 1 Nr. i.V.m. § 303a Abs. 1 StGB) geht (§ 202c i.V.m. § 303a Abs. 3 bzw. § 303b Abs. 5 StGB-E), dürfte der neue § 202c StGB den verfassungs- und menschenrechtlichen Standards der Strafgesetzgebung nicht genügen. Denn der Bezugstatbestand des § 303a Abs. 1 StGB ist mangels hinreichender tatbestandlicher Bestimmtheit mit Art. 7 Abs. S. 1 EMRK ebenso wenig vereinbar wie mit Art. 103 Abs. 2 GG“, *Popp*, MR-Int. 2007, 84, 88; kritisch auch *Schultz*, DuD 2006, 778, 782f.; *Ders.*, MIR 2006, Dok. 180, Rn 49.

Mangels erforderlicher unmittelbarer Betroffenheit der Beschwerdeführer wurden die eingereichten Individualverfassungsbeschwerden vom Bundesverfassungsgericht nicht zur Entscheidung angenommen. Gleichwohl war das Gericht gehalten, sich im Rahmen der Zulässigkeitsvoraussetzungen mit der Subsumierbarkeit der vorgetragenen Fallkonstellationen der Beschwerdeführer zu befassen und damit indirekt zum Anwendungsbereich des § 202c Stellung zu nehmen.[191]

Der höchstrichterlichen Entscheidung lagen genau jene Sachverhaltskonstellationen zugrunde, die wegen der bestehenden Unsicherheiten bereits im Gesetzgebungsverfahren thematisiert worden waren, insbesondere die Objekttauglichkeit der sog. dual-use-Software.[192] Die Beschwerdeführer rügten einen verfassungswidrigen Verstoß des § 202c gegen die Berufsfreiheit in Art. 12 Abs. 1 GG[193] sowie gegen Art. 2 Abs. 1 GG.[194] Ein Beschwerdeführer monierte zudem einen Verstoß gegen Art. 5 Abs. 3 GG.[195] Außerdem trage die Ausgestaltung der Norm weder den Anforderungen der Art. 103 Abs. 2 GG Rechnung,[196] noch sei das Zitiergebot gem. Art. 19 Abs. 1 S. 2 GG gewahrt worden.[197]

---

191 Wegen der Umzumutbarkeit des fachgerichtlichen Rechtsschutzes wäre bei Strafnormen die unmittelbare Betroffenheit bereits gegeben, wenn das „grundrechtlich geschützte[s] Verhalten vom Wortlaut der Strafnorm noch erfasst sein kann“, *Kudlich*, JA 2009, 739, 740.

192 Der *erste Beschwerdeführer* war Geschäftsführer der Firma (F) und setzte in Ausübung dieser Funktion sog. dual-use-Werkzeuge und Malware für die Durchführung von Penetrationstests ein. Allerdings handelte er dabei ausschließlich im Auftrag, BVerfG, Beschluss v. 18.5.2009 (§ 202c), Rn 35f. *Der zweite Beschwerdeführer* war ein Hochschullehrer (Prof. Dr. W), der Vorlesungen im Fachbereich Informatik und Medien hielt und in diesem Rahmen auch sog. Sicherheitsanalysewerkzeuge einsetzte. Deren Verwendung sei zur Wissensvermittlung unabdinglich, allerdings könne er ihren Missbrauch durch Studenten nicht ausschließen. Er machte geltend, er „stehe praktisch vor der Wahl, entweder die bezeichneten Lehrinhalte nicht mehr zu unterrichten – womit er seine Dienstpflichten verletzen würde – oder das latente Risiko einer Strafverfolgung einzugehen“, a.a.O., Rn 43. Der *dritte Beschwerdeführer* (K) war Nutzer des Computerbetriebssystems Linux und verwendete sog. Linux-Distributionen, die im Internet frei verfügbar sind. Hierzu gehört auch das Programm „nmap“, das „häufig von Hackern vor einem Angriff auf einen fremden Rechner benutzt wird, um möglichst viele Informationen über diesen Rechner zu erhalten“, a.a.O., Rn 41.

193 Vorgebracht v. ersten (F) und zweiten Beschwerdeführer (Prof. Dr. W), a.a.O., Rn 37ff., 42ff.

194 Vorgebracht v. zweiten (Prof. Dr. W) und dritten Beschwerdeführer (K), a.a.O., Rn 42, 45.

195 Vorgebracht v. zweiten Beschwerdeführer (Prof. Dr. W), a.a.O., Rn 42.

196 Vorgebracht v. ersten Beschwerdeführer (F) und dritten Beschwerdeführer (K), a.a.O., Rn 38, 45; *Gröseling / Höfinger*, MMR 2007, 626, 630; *Gercke*, ZUM 2008, 545, 554.

197 Vorgebracht v. zweiten Beschwerdeführer (Prof. Dr. W), a.a.O., Rn 44.

Das Gericht stellte zunächst fest, dass sog. dual-use-Werkzeuge keine tauglichen Gegenstände im Sinne des § 202 c Abs. 1 Nr. 2 seien.[198] Die tatbestandliche Erfassung sei weder das Anliegen der Konvention[199] noch des deutschen Gesetzgebers gewesen, wie aus dem Gesetzgebungsverfahren deutlich hervorgehe.[200] Danach fehle es in den vorgetragenen Konstellationen bereits an einem objektiv geeigneten Tatmittel, soweit es sich um sog. dual-use-Werkzeuge handle. Bei dem Einsatz objektiv erfasster Malware, sei der – als ausreichend erachtete[201] – erforderliche Eventualvorsatz nicht gegeben.[202]

Im Übrigen fehle es bei Auftragsarbeiten an der erforderlichen Unbefugtheit der Tatausführung.[203]

Nach Auffassung des Gerichts setzt ein taugliches Tatobjekt in § 202c Abs. 1 Nr. 2 StGB voraus, dass es sich um ein Programm handelt, das in der Absicht modifiziert wurde, den Tatbestand einer der aufgeführten Strafvorschriften zu verwirklichen, und dass sich diese Absicht zusätzlich objektiv manifestiert hat.[204] Neben der historischen Auslegung, unter Anknüpfung an das Gesetzgebungsverfahren, ergebe sich dies – entgegen dem Vorwurf der Unbestimmtheit – aus dem Wortlaut, dass es

> „[…] nicht ausreichend wäre, dass ein Programm – wie das für so genannte dual use tools gilt – für die Begehung der genannten Computerstraftaten lediglich geeignet oder auch besonders geeignet ist."[205]

Gestützt werde diese Auslegung in systematischer Hinsicht durch §§ 149 und 275, die anders als § 202c ausdrücklich auf die Eignung Bezug nehmen.[206]

Damit entstand hinsichtlich der sog. dual-use-Werkzeuge eine Rechtslage, die von Kudlich mit der bei ärztlichen Heileingriffen verglichen wurde. Beide

---

198 Vgl. Leitsatz Nr. 2 in: *Kudlich*, JA 2009, 739, 739, LS 2; *Schuster*, DuD 2009, 742, 742.

199 Für die Konvention ergebe sich dies deutlich aus dem Erläuternden Bericht zu Art. 6 CCC, BVerfG, Beschluss v. 18.5.2009 (§ 202c), Rn 26: „Im Wege eines vernünftigen Kompromisses beschränke das Übereinkommen seine Anwendbarkeit auf Fälle, in denen Vorrichtungen objektiv in erster Linie dazu gestaltet oder eingerichtet worden sind, eine Straftat zu begehen. Dies allein werde 'dual-use-Vorrichtungen' in der Regel ausschließen".

200 Für § 202c Abs. 1 Nr. 2 gehe dies aus der Gesetzesbegründung und späteren Klarstellung der Bundesregierung hervor, a.a.O., Rn 27–34.

201 A.a.O., Rn 72 m.w.N.

202 A.a.O., Rn 74 unter Bezugnahme auf den zweiten Beschwerdeführer.

203 A.a.O., Rn 72 m.w.N.

204 *Kudlich*, JA 2009, 739, 741.

205 A.a.O., Rn 61, lit.aa.

206 A.a.O., Rn 61f.

Handlungen hätten sich als objektiv tatbestandsmäßig erwiesen, würden aber wegen des mangelnden Vorsatzes und aufgrund der vorliegenden Einwilligung nicht sanktioniert.[207]

c) Stellungnahmen in der Literatur

Die intensive Auseinandersetzung des Bundesverfassungsgerichts mit der Auslegung des § 202c wurde im Allgemeinen positiv hervorgehoben und der Klärungsversuch der – als berechtigt empfundenen[208] – Zweifel der Sicherheitsindustrie überwiegend begrüßt.[209]

Nach Schuster hat das Urteil die erhoffte Rechtssicherheit hinsichtlich der sog. dual-use-Werkzeuge hergestellt.[210]

Dennoch sprachen sich einige Kritiker auch nach dem Beschluss weiter für eine Präzisierung des Tatbestandes aus. Der Beschluss sei nicht geeignet, die Auslegungsschwierigkeiten vollständig zu beseitigen. Schuh rügte etwa, dass für die Klassifizierung der Computerprogramme der Herstellerwillen maßgeblich sei, denn dieser sei gerade bei anonym eingestellten Produkten aus dem Internet nicht immer erkennbar.[211] Aus diesem Grunde müsse auf eine objektive Komponente zurückgegriffen werden, unter Zugrundelegung einer normativ verstandenen Verkehrsauffassung.[212] Wenn sich das Programm danach als für einen deliktischen Gebrauch wie geschaffen erweise, also eine gewisse „finale Dimension"[213] besitze, werde es erfasst.[214] Holzner nahm demgegenüber die Bestätigung der subjektiven Anforderungen zum Ausgangspunkt für seine Kritik. Auch das Bundesverfassungsgericht habe das damit zusammenhängen-

207 *Kudlich*, JA 2009, 739, 742.

208 *Ernst*, NJW 2007, 2661, 2663 = *Ders.*, DS 2007, 335, 338; *Gercke*, ZUM 2007, 282, 283; *Ders.*, ZUM 2008, 545, 545.

209 *Schuster*, DuD 2009, 742, 746; *Kudlich*, JA 2009, 739, 742; *Gröseling / Höfinger*, MMR 2007, 626, 629. Kritisch: *Holzner*, ZRP 2009, 177, 178: „Damit bleibt die Reichweite des Tatbestands des § 202c I Nr. 2 StGB auch nach dem Beschluss des BVerfG weiterhin unklar".

210 *Schuster*, ebd. Begrüßend auch Kudlich: „[…] ist es so wichtig, dass das Verfassungsgericht in der Entscheidung klarstellt, dass auch ein 'nur' im subjektiven Tatbestand oder gar auf Rechtfertigungsebene verwurzeltes Strafbarkeitskorrektiv nicht zu einer unmittelbaren Selbstbetroffenheit führt – das bedeutet dann aber auch aus umgekehrtem Blickwinkel: kein ethisch-moralisches Manko einer bestimmten beruflichen Tätigkeit begründet", *Ders.*, ebd.

211 *Schuh*, Computerstrafrecht, S. 65.

212 *Popp*, GA 2008, 375, 381; *Schuh*, ebd.

213 *Holzner*, ZRP 2009, 177, 178.

214 *Popp*, GA 2008, 375, 389; *Schuh*, Computerstrafrecht, S. 65.

de latente Strafbarkeitsrisiko für gutwillige Hacker-Tool-Nutzer gesehen.[215] Zur Lösung schlug Holzner daher eine Ausgestaltung wie in § 184b StGB vor, der den Zusatz „ausschließlich der Erfüllung rechtmäßiger dienstlicher oder beruflicher Pflichten" enthält.[216] Eine explizite Beschränkung des Anwendungsbereichs von § 202c wie es Art. 6 Abs. 3 CCC nahelege, sei hingegen nicht wünschenswert, da dies „den drohenden Gefahren nicht gerecht" werde.[217]

Damit wiederholte sich nach dem Urteil die schon während des Gesetzgebungsverfahrens geführte Argumentation und zeigt, dass mit dem Beschluss nicht alle Zweifel beseitigt wurden. Auch höchstrichterliche Rechtsprechung könne den Gesetzgeber nicht nachträglich von der Wahrung verfassungsrechtlich gebotener Maximen bei der Gesetzesfassung befreien. Dementsprechend kann eine Kompensation gesetzgeberischer Ungenauigkeiten von der Rechtsprechung weder gefordert, noch geleistet werden. Gröseling und Höfinger ist daher zuzustimmen, wenn sie formulieren:

> „Bei § 202c Abs. 1 Nr. 2 wäre […] ein größeres Bemühen um Normenklarheit angezeigt gewesen oder aber die Beherzigung der montesquieuschen Maxime: 'Wenn es nicht notwendig ist, ein Gesetz zu machen, dann ist es notwendig, kein Gesetz zu machen'."[218]

9. Antragserfordernis

Mit der Neueinführung der §§ 202b-E und 202c-E ergaben sich auch Folgeänderungen in § 205. Das Antragserfordernis zu § 202a a.F. sollte zwar auch nach der Neufassung aufrechterhalten werden, allerdings wurde es zu einem relativen Antragsdelikt umgestaltet. Dies sollte gleichermaßen für die Fälle des § 202a-E als auch des § 202b-E gelten.[219] Eine diesbezügliche Erweiterung sei für eine effektive Verfolgung vor allem in solchen Fällen zwingend erforderlich, in denen Daten von Dritten betroffen seien, da diese als Verletzte nach h.M. nicht antragsberechtigt seien.[220]

Demgegenüber sei § 202c-E nicht als Antragsdelikt auszugestalten, da § 202c-E lediglich ein abstraktes Gefährdungsdelikt darstelle und es demzufolge, mangels Rechtsgutsverletzung, keinen Antragsberechtigten geben könne. Für die

---

215 *Holzner*, ZRP 2009, 177, 178.

216 Ebd.

217 *Schuh*, Computerstrafrecht, S. 65.

218 *Gröseling / Höfinger*, MMR 2007, 626, 630.

219 BR-Drs. 676/06 v. 22.9.2006, S. 23 = Entwurfsbegründung, Besonderer Teil, S. 19, Zu Nr. 4 (§ 205 StGB).

220 Ebd. m.w.N.

Fälle des § 202c-E verblieben damit nur die prozessualen Filterungsmöglichkeiten über §§ 153, 153a StPO und gegebenenfalls gem. §§ 45, 47 JGG.[221]

10. Vorgaben zur Datenveränderung und Computersabotage

Die Regelungen zur „virtuellen Sachbeschädigung"[222] in § 303a a.F. blieben unverändert und sollten lediglich um einen Absatz 3 ergänzt werden, um die Anwendung des § 202c-E auf die Fälle des § 303a sicherzustellen. Der Zusatz diente damit der Umsetzung des Art. 6 Abs. 1 lit.a CCC.[223]

Größerer Reformbedarf wurde für die Regelungen zur Computersabotage in § 303b attestiert[224] Entsprechende Vorgaben enthielten sowohl Art. 5 CCC als auch Art. 3 des RB. Anders als § 263a Abs. 1 verwendete § 303b-E nicht den Begriff der „Datenverarbeitung", sondern beschränkte sich auf eine weitere Fassung, wonach lediglich das Vorliegen einer „Verarbeitung" maßgeblich sei.[225] Damit werde „zunächst der gesamte Umgang mit elektronisch gespeicherten Daten [d.h. von ihrer Erhebung bis zu ihrer Verwendung] erfasst. Der Ratio entsprechend sind aber nur elektronische Formen des Umgangs gemeint [...]."[226]

Die größte Neuerung lag in der Erweiterung des Schutzbereichs, der gem. § 303b Abs. 1-E künftig jede Datenverarbeitung erfassen sollte und nicht nur die von fremden Betrieben, Unternehmen oder Behörden[227].[228] Die Anwendbarkeit der Norm war in objektiver Hinsicht nunmehr nur noch davon abhän-

---

221 Ebd. Außerparlamentarisch: *Ernst*, NJW 2007, 2661, 2664 = *Ders.*, DS 2007, 335, 338. Kritisch: *Gröseling / Höfinger*, MMR 2007, 626, 630.

222 *Ernst*, NJW 2007, 2661, 2664 = *Ders.*, DS 2007, 335, 338.

223 BR-Drs. 676/06 v. 22.9.2006, S. 23 = Entwurfsbegründung, Besonderer Teil, S. 19, Zu Nr. 5 (§ 303a StGB).

224 „(1) Wer eine Datenverarbeitung, die für einen fremden Betrieb, ein fremdes Unternehmen oder eine Behörde von wesentlicher Bedeutung ist, dadurch stört, daß er

1. eine Tat nach § 303a Abs. 1 begeht oder

2. eine Datenverarbeitungsanlage oder einen Datenträger zerstört, beschädigt, unbrauchbar macht, beseitigt oder verändert,

wird mit Freiheitsstrafe bis zu fünf Jahren oder mit Geldstrafe bestraft" in: BGBl. 1986 I, Nr. 21 v. 23.5.1986, S. 724, Art. 1 Nr. 17, § 303b Abs. 1.

225 Außerparlamentarisch: *Schultz*, DuD 2006, 778, 783; *Ders.*, MIR 2006, Dok. 180, Rn 39.

226 Ebd.

227 Vgl. § 303b Abs. 1 i.d.F. des 2. WiKG in: BGBl. 1986 I, Nr. 21 v. 23.5.1986, S. 724, Art. 1 Nr. 17, § 303b Abs. 1.

228 BR-Drs. 676/06 v. 22.9.2006, S. 11 = Entwurfsbegründung, Allgemeiner Teil, Teil II, S. 7, Nr. 3, S. 24; a.a.O., S. 24 = Entwurfsbegründung, Besonderer Teil, S. 20, Zu Nr. 6 (§ 303b StGB), Nr. 1a.

gig, dass sie für den „beliebigen“ Nutzer „von wesentlicher Bedeutung“[229] war und der Eingriff zu einer „erheblichen Störung“[230] führte.[231] Die Aufrechterhaltung der bisherigen tatbestandlichen Begrenzung hielt die Bundesregierung mit den internationalen Vorgaben für vereinbar,[232] denn sowohl die Konvention als auch der Rahmenbeschluss wollten Bagatellfälle von der Anwendung ausnehmen. Art. 5 CCC verlangte für den Einbezug positiv das Vorliegen einer „schwere[n] Behinderung“. Der weitergehende Art. 3 des RB nahm eine Negativabgrenzung vor, wonach die Computersabotage nur zu ahnden sei, „wenn kein leichter Fall vorliegt“.

Da der Anwendungsbereich der neuen Fassung über die Reichweite des früheren § 303a hinausgehen sollte, wurde der Strafrahmen mit bis zu drei Jahren Freiheitsstrafe festgesetzt und damit niedriger.[233] Die Regelung des früheren Absatzes 1 wurde als Qualifikationstatbestand mit erhöhtem Strafmaß von bis zu fünf Jahren Freiheitsstrafe als Absatz 2 aufgenommen.[234]

> „(1) Wer eine Datenverarbeitung, die für einen anderen von wesentlicher Bedeutung ist, dadurch erheblich stört, dass er
>
> 1. eine Tat nach § 303a Abs. 1 begeht,
> 2. Daten (§ 202a Abs. 2) in der Absicht, einem anderen Nachteil zuzufügen, eingibt oder übermittelt oder
> 3. eine Datenverarbeitungsanlage oder einen Datenträger zerstört, beschädigt, unbrauchbar macht, beseitigt oder verändert,

---

229 Bei Privatpersonen müsse die sabotierte Datenverarbeitung eine zentrale Funktion für die Lebensgestaltung haben, z.B. wenn sie der Erwerbstätigkeit diene und nicht lediglich zum Kommunikationsaustausch oder Computerspielen, a.a.O., S. 24f. = Entwurfsbegründung, Besonderer Teil, S. 20f., Zu Nr. 6 (§ 303b StGB), Nr. 1a, Nr. 1c.

230 Dem Zusatz „erheblich“ wurde lediglich eine klarstellende Funktion beigemessen, a.a.O., S. 25 = Entwurfsbegründung, Besonderer Teil, S. 21, Zu Nr. 6 (§ 303b StGB), Nr. 1c.

231 A.a.O., S. 24f. = Entwurfsbegründung, Besonderer Teil, S. 20f., Zu Nr. 6 (§ 303b StGB), Nr. 1a, Nr. 1c. Zur Tatbestandsverwirklichung mussten alternativ noch Nr. 1 bis 3 gegeben sein. Kritisch: *Vassilaki*, CR 2008, 131, 134: „Diese Eingrenzung betrifft aber Qualität oder Quantität der Beeinträchtigung. Die Wichtigkeit des IT-Systems für den Nutzer spielt laut der internationalen Texte keine Rolle“.

232 A.a.O., S. 24 = Entwurfsbegründung, Besonderer Teil, S. 20, Zu Nr. 6 (§ 303b StGB), Nr. 1a.

233 Ebd.

234 A.a.O. S. 7 = Entwurf, S. 3, Art. 1 Nr. 7 zu § 303c, S. 24.; a.a.O., S. 24f., 26 = Entwurfsbegründung, Besonderer Teil, S. 20f., 22, Zu Nr. 6 (§ 303b StGB), Nr. 1, Nr. 1a, Nr. 1d. Angesichts dieser Umstrukturierung wurde der bisherige Absatz 2 zu Absatz 3, Entwurf, S. 3, Art. 1 Nr. 6 zu § 303b lit.b. Außerdem wurde eine Folgeanpassung in § 303c-E erforderlich, der nunmehr auf „303a Abs. 1 und 2 sowie § 303b Abs. 1 bis 3“ verwies, statt auf „bis § 303b“.

wird mit Freiheitsstrafe bis zu drei Jahren oder mit Geldstrafe bestraft.

(2) Handelt es sich um eine Datenverarbeitung, die für einen fremden Betrieb, ein fremdes Unternehmen oder eine Behörde von wesentlicher Bedeutung ist, ist die Strafe Freiheitsstrafe bis zu fünf Jahren oder Geldstrafe.“[235]

Die Tathandlungen wurden erweitert, indem das „Eingeben“ und „Übermitteln“ ebenfalls in den Tatbestand unter Nummer 3 aufgenommen wurde.[236] Hierbei handelte es sich zwar um neutrale Handlungen, deren strafwürdiger Gehalt sich aus der Zusammenschau mit den tatbegleitenden Umständen und der dabei verfolgten Schädigungsabsicht ergeben sollte.[237] Tatbestandlich erfasst werden sollten mit dieser Neuregelung vor allem die sog. DoS- und DDoS-Attacken.[238]

Durch das subjektive Korrektiv der Nachteilszufügungsabsicht in Nummer 2 sollten vor allem gängige Aktivitäten des Netzwerkbetriebs und zulässige Maßnahmen aus dem Tatbestand ausgeschieden werden. Für die Auslegung sollte auf die Ansätze zu § 274 Abs. 1 zurückgegriffen werden.[239]

Die Versuchsstrafbarkeit – auch für den Grundtatbestand in § 303b Abs. 1 – war durch Art. 5 Abs. 2 CCC zwingend vorgeschrieben und blieb dementsprechend als Absatz 3 erhalten.[240]

---

235 A.a.O., S. 7 = Entwurf, S. 3, Art. 1 Nr. 6 zu § 303b lit.a.

236 A.a.O., S. 11 = Entwurfsbegründung, Allgemeiner Teil, Teil II, S. 7, Nr. 3; a.a.O, S. 24f. = Entwurfsbegründung, Besonderer Teil, S. 20f., Zu Nr. 6 (§ 303b StGB), Nr. 1, Nr. 1b.

237 Außerparlamentarisch: *Schultz*, DuD 2006, 778, 783; *Ders.*, MIR 2006, Dok. 180, Rn 40; *Schuh*, Computerstrafrecht, S. 70.

238 A.a.O., S. 25 = Entwurfsbegründung, Besonderer Teil, S. 21, Zu Nr. 6 (§ 303b StGB), Nr. 1b. Außerparlamentarisch: *Schultz*, DuD 2006, 778, 783; *Ders.*, MIR 2006, Dok. 180, Rn 40; *Gercke*, ZUM 2007, 282, 284; *Ernst*, NJW 2007, 2661, 2665 = *Ders.*, DS 2007, 335, 339; *Gröseling / Höfinger*, MMR 2007, 626, 626; *Vogelsang / Möllers / Potel*, MMR 2017, 291, 292. Die Diskussion um die Aufnahme und vor allem um die Reichweite eines entsprechenden Strafrechtsschutzes wurde im Zusammenhang mit der Onlineblockade auf der Lufthansa-Homepage entfacht. Gegenstand des Verfahrens war ein gezielter Angriff für zwei Stunden durch eine sog. DDos-Attacke. Das AG Frankfurt verurteilte den Angeklagten gem. § 111. Eine mögliche Strafbarkeit gem. § 303a wurde nicht thematisiert. Das OLG Frankfurt verneinte hingegen das Vorliegen einer Nötigung und darüber hinaus § 303a, da kurzfristige Blockaden keine Unterdrückung darstellen würden und damit keine relevante Tathandlung vorliege, OLG Frankfurt/M.: Beschluss v. 22.5.2006 – 1 Ss 319/05 (AG Frankfurt/M.). Kritisch: *Gercke*, ZUM 2007, 282, 286, welcher § 303a als verwirklicht ansah. Vertiefend: *Wengenroth*, Zur Strafbarkeit von virtuellen Sit-Ins, 2014.

239 BR-Drs. 676/06 v. 22.9.2006, S. 24 = Entwurfsbegründung, Besonderer Teil, S. 20, Zu Nr. 6 (§ 303b StGB), Nr. 1b.

240 A.a.O., S. 26 = Entwurfsbegründung, Besonderer Teil, S. 22, Zu Nr. 6 (§ 303b StGB), Nr. 1d. Dies galt auch für den Qualifikationstatbestand. Dies war keine Neuerung, da

Über die europäischen Vorgaben hinausgehend sah die Bundesregierung die Kodifizierung einer nicht abschließenden Strafzumessungsregel für besonders schwere Fälle in Absatz 4 vor, da diese vom Strafmaß in Absatz 2 nur unzureichend erfasst würden:[241]

> „(4) In besonders schweren Fällen des Absatzes 2 ist die Strafe Freiheitsstrafe von sechs Monaten bis zu zehn Jahren. Ein besonders schwerer Fall liegt in der Regel vor, wenn der Täter
>
> 1. einen Vermögensverlust großen Ausmaßes herbeiführt,
> 2. gewerbsmäßig oder als Mitglied einer Bande handelt, die sich zur fortgesetzten Begehung von Computersabotage verbunden hat,
> 3. durch die Tat die Versorgung der Bevölkerung mit lebenswichtigen Gütern oder Dienstleistungen oder die Sicherheit der Bundesrepublik Deutschland beeinträchtigt.“[242]

Die Notwendigkeit der Einführung der Nummer 3 ergebe sich insbesondere daraus, dass für die Strafbarkeit gem. § 303b-E grundsätzlich kein qualifizierter Störungsgrad erforderlich sei, anders als in § 313b. Bedingt durch die technische Weiterentwicklung seien allerdings auch schwere Folgen für die Allgemeinheit denkbar, weshalb das Regelbeispiel des § 316b Abs. 3 in § 303b Abs. 4 Nr. 3 inkorporiert worden sei.[243] Diese Anpassung sei der Ubiquität technischer Verfahrensabläufe wie beispielsweise in Krankenhäusern, öffentlichen Versorgungswerken und der Energie- und Bankenwirtschaft, geschuldet.[244] Angesichts des Schweregrads der möglichen Folgen, sei ein erhöhter Strafrahmen geboten und angemessen, auch wenn die Wahrscheinlichkeit solcher Angriffe durchaus unterschiedlich beurteilt wurde.[245]

---

die Versuchsstrafbarkeit bereits in der alten Gesetzesfassung des § 303b Abs. 2 a.F. enthalten war.

241 A.a.O., S. 26 = Entwurfsbegründung, Besonderer Teil, S. 22, Zu Nr. 6 (§ 303b StGB), Nr. 2.

242 A.a.O., S. 7 = Entwurf, S. 3, Art. 1 Nr. 6 zu § 303b lit.c.

243 A.a.O., S. 26 = Entwurfsbegründung, Besonderer Teil, S. 22, Zu Nr. 6 (§ 303b StGB), Nr. 2. Die Auslegung des Begriffs „Sicherheit der Bundesrepublik Deutschland“ sollte sich an der Begriffsbestimmung zu § 92 Abs. 3 Nr. 2 StGB orientieren, a.a.O., S. 26 = Entwurfsbegründung, Besonderer Teil, S. 22, Zu Nr. 6 (§ 303b StGB), Nr. 3.

244 A.a.O., S. 26f. = Entwurfsbegründung, Besonderer Teil, S. 22f., Zu Nr. 6 (§ 303b StGB), Nr. 2.

245 *Hilgendorf* in: Harmonisierung des Internetstrafrechts in: Schwarzenegger / Arter / Jörg, S. 258f. A.A.: *Gercke* in: Taeger / Wiebe, S. 301, 307 m.w.N.: „[…] erscheint die Aussage berechtigt, dass derzeit von umstürzenden Bäumen eine höhere Gefährdung für die Energieversorgung ausgeht, als von gezielten Computerangriffen“.

Als Absatz 5 schloss sich – gem. Art. 6 CCC – die Sanktion entsprechender Vorbereitungshandlungen – über den Verweis auf § 202c-E – an.[246] Die Ausgestaltung als Antragsdelikt sollte für den erweiterten Tatbestand bestehen bleiben.[247]

11. Kritische Stellungnahmen zur Novellierung durch §§ 303a-E und 303b-E

Auch die Novellierungen der §§ 303a und 303b erfuhren Kritik.

a) Einwände gegen die Anpassung des § 303a a.F.

Aus Anlass der Reform des § 303a a.F. wurde auf die bereits bestehenden Streitigkeiten zur alten Fassung verwiesen. Umstritten war in diesem Zusammenhang vor allem die Frage der Verfügungsberechtigung, deren Bestimmung sich beim Einsatz von Netzwerktechnologie als noch schwieriger erweise.[248] Hilgendorf verneinte zwar einen entsprechenden Reformbedarf mit Hinweis darauf, dass dies in der Strafrechtspraxis bisher keine großen Probleme verursacht habe.[249] Auch die Bundesregierung machte in ihrer Gegenäußerung deutlich, dass sie keine (verfassungsrechtliche) Bedenken gegen Absatz 1 habe und verwies auf ein Urteil des Bayerischen Obersten Landesgerichts,[250] welches – ohne Problematisierung der Verfassungsmäßigkeit der Norm – eine Verurteilung nach § 303a bestätigt hatte.[251] Hinsichtlich der Verfügungsbefugnis machte die Bundesregierung auf die Entwurfsbegründung aufmerksam, die

---

246 BR-Drs. 676/06, S. 7 = Entwurf, S. 3, Art. 1 Nr. 6 zu § 303b lit.d, S. 26; a.a.O., S. 26, Entwurfsbegründung, Besonderer Teil, S. 22, Zu Nr. 6 (§ 303b StGB), Nr. 3.

247 A.a.O., S. 26 = Entwurfsbegründung, Besonderer Teil, S. 22, Zu Nr. 6 (§ 303b StGB), Nr. 1f. Die Neugestaltung des § 303b führte zu redaktionellen Folgeanpassungen in § 303c, a.a.O., S. 26 = Entwurfsbegründung, Besonderer Teil, S. 22, Zu Nr. 7 (§ 303c StGB).

248 Rechtsausschuss und Ausschuss für Innere Angelegenheiten des Bundesrates in: BR-Drs. 676/1/06 v. 22.9.2006, S. 3, Nr. 1a lit.cc) m.w.N. Der Bundesrat schloss sich diesen Erwägungen an, BR-Drs. 676/06 (Beschluss) v. 10.2.2006, S. 3. Nach *Hilgendorf* komme dieser Einwand zu spät und sei in der Kürze der Zeit nicht zu klären, *Ders.* in: Protokoll Nr. 54, öffentliche Anhörung v. 21.3.2007, S. 13; *Ders.* in: Stellungnahme zur öffentlichen Anhörung v. 21.3.2007, S. 7f.

249 *Hilgendorf* in: Protokoll Nr. 54, öffentliche Anhörung v. 21.3.2007, S. 46; *Ders.* in: Stellungnahme zur öffentlichen Anhörung v. 21.3.2007, S. 8.

250 BayObLG v. 24.6.1993 – 5St RR 5/93 (Strafbarer Missbrauch einer ec-Karte an ec-Geldautomaten), vorgehend: LG Augsburg, 11.9.1992, Az: 7 Ns 311 Js 58274/91.

251 BT-Drs. 16/3656 v. 30.11.2006, Gegenäußerung der Bundesregierung als Anlage 3, S. 18, Zu Nummer 1 lit.cc) mit Verweis auf Az.: 5 St RR 5/93, a.A. *Hilgendorf* in: Stellungnahme zur öffentlichen Anhörung v. 21.3.2007, S. 8.

sich ausdrücklich auf das Verfügungsrecht des Speichernden als auch des, vom Inhalt der Daten Betroffenen bezog.[252]

b) Kritik an der Ausgestaltung des § 303b-E

Die Fassung des § 303b Abs. 1 Nr. 2-E wurde überwiegend begrüßt, da sie die entstandenen Unsicherheiten beseitige.[253] Es wurden jedoch vereinzelt Zweifel an der Strafwürdigkeit geäußert.[254] Abgeordnete von Bündnis 90/Die Grünen fürchteten insbesondere die Kriminalisierung politisch motivierter Massenproteste im Internet.[255] Stuckenberg gab jedoch zu bedenken, dass diese nur dem Anwendungsbereich unterfallen würden, wenn sie mit Nachteilszufügungsabsicht ausgeführt werden.[256] Klarstellend formulierte der Rechtsausschuss in seiner Schlussempfehlung, dass „Massen-E-Mail-Proteste nicht den Tatbestand des § 303b StGB erfüllten, sondern ohne Nachteilszufügungsabsicht geschähen und von der Meinungsfreiheit nach Artikel 5 des Grundgesetzes (GG) gedeckt seien".[257]

---

252 BT-Drs. 16/3656 v. 30.11.2006, Gegenäußerung der Bundesregierung als Anlage 3, S. 18, Zu Nummer 1 lit.cc) m.V.a.: BT-Drs. 10/5058 v. 19.2.1986, S. 34.

253 Gemeint waren die Unsicherheiten, die anlässlich der OLG-Entscheidung zur Lufthansa-Blockade entstanden waren, *Gercke* in: Stellungnahme zur öffentlichen Anhörung v. 21.3.2007, S. 9; *Bruns* in: Stellungnahme zur öffentlichen Anhörung v. 21.3.2007, S. 6; *Hilgendorf* in: Stellungnahme zur öffentlichen Anhörung v. 21.3.2007, S. 9; *Kudlich* in: Protokoll Nr. 54, öffentliche Anhörung v. 21.3.2007, S. 16; *Kudlich* in: Stellungnahme zur öffentlichen Anhörung v. 21.3.2007, S. 10; *Kauder*, (Villingen-Schwenningen) (CDU/CSU), Rede in: Plenarprotokoll 16/100 v. 24.5.2007 als Anlage 13, S. 10325A; *Hartenbach*, Rede in: a.a.O., S. 10329B. Außerparlamentarisch: *Gercke*, ZUM 2007, 282, 284, 287; *Ernst*, NJW 2007, 2661, 2665 = *Ders.*, DS 2007, 335, 339. a.A.: *Gröseling / Höfinger*, MMR 2007, 626, 628.

254 *Kudlich* in: Protokoll Nr. 54, öffentliche Anhörung v. 21.3.2007, S. 16; *Ders.* in: Stellungnahme zur öffentlichen Anhörung v. 21.3.2007, S. 9; *Bruns* in: Stellungnahme zur öffentlichen Anhörung v. 21.3.2007, S. 10; a.A.: *Kauder*, (Villingen-Schwenningen) (CDU/CSU), Rede in: Plenarprotokoll 16/100 v. 24.5.2007 als Anlage 13, S. 10325A.

255 *Montag* (Bündnis 90/Die Grünen) in der Fragerunde zur öffentlichen Anhörung v. 19.3.2007 in: Protokoll Nr. 54, öffentliche Anhörung v. 21.3.2007, S. 42; *Dies.*: Rede in: Plenarprotokoll 16/100 v. 24.5.2007 als Anlage 13, S. 10329A. So auch *Korte* (Die Linke), Rede in: Plenarprotokoll 16/100 v. 24.5.2007 als Anlage 13, S. 10327D; S. 10328A; a.A.: *Kauder*, (Villingen-Schwenningen) (CDU/CSU), Rede in: Plenarprotokoll 16/100 v. 24.5.2007 als Anlage 13, S. 10325A.

256 *Stuckenberg* in: Protokoll Nr. 54, öffentliche Anhörung v. 21.3.2007, S. 53.

257 Beschlussempfehlung und Bericht des Rechtsausschusses in: BT-Drs.: 16/5449 v. 23.5.2007, S. 5 = Bericht der Abgeordneten *Kauder* (Villingen-Schwenningen), u.a., S. 2. Zustimmend: *Leutheusser-Schnarrenberger* (FPD), Rede in: Plenarprotokoll 16/100 v. 24.5.2007 als Anlage 13, S. 10327A; *Montag* (Bündnis 90/Die Grünen), Rede in: a.a.O., S. 10329A.

Neben dem Sonderfall des elektronischen Massenprotestes äußerten der Rechtsausschuss und der Ausschuss für Innere Angelegenheiten auch Bedenken zur tatbestandlichen Weite der Norm. Diese Vorbehalte bezogen sich – ähnlich wie zuvor bei § 202a-E – auf den möglichen Einbezug von Alltagsgegenständen, insbesondere durch die Ausdehnung des Schutzbereichs auf den privaten Bereich. Denkbar seien danach etwa die Sanktionierung von Beeinträchtigungen an Wasch- oder Spülmaschinen.[258] Diesem Einwand begegnete die Bundesregierung mit Hinweis darauf, dass bei der Ausgestaltung bereits die engste Fassung gewählt worden sei.[259] Hilgendorf argumentierte weiter, dass es sich gerade bei Alltagsgegenständen nur selten um Gegenstände von wesentlicher Bedeutung handeln dürfte.[260] Die tatbestandliche Korrektur durch diese Tatbestandsvoraussetzung war Kudlich wiederum zu eng.[261] Sie werde überdies nicht von den europäischen Vorgaben gefordert, welche lediglich den Ausschluss bei „leichten oder in nicht schweren Fällen" vorsehen. Dabei beziehe sich diese Einschränkung gerade nicht auf die Bedeutung des betroffenen Systems für das Opfer, sondern auf die Schwere der Beeinträchtigung. Die Aufnahme dieses Merkmals führe daher nur zu unerwünschten Abgrenzungsschwierigkeiten.[262] Auch außerparlamentarisch wurde die Aufnahme einer solchen Beschränkung als inkonsequent bezeichnet, da sie einerseits die Strafbarkeit für lediglich kurze DoS-Attacken oder sog. Flood-Pings ausschließe. Andererseits werde die Beschaffung solcher Programme über Absatz 5 i.V.m. § 202 Abs. 1 Nr. 2 c-E sanktioniert.[263]

---

258 Rechtsausschuss und Ausschuss für Innere Angelegenheiten des Bundesrates in: BR-Drs. 676/1/06 v. 20.10.2006, S. 3, Nr. 1a lit.dd). Der Bundesrat schloss sich diesen Erwägungen am 3.11.2006 an, BR-Drs. 676/06 (Beschluss) v. 3.11.2006, S. 3f.

259 BT-Drs. 16/3656 v. 30.11.2006, Gegenäußerung der Bundesregierung als Anlage 3, S. 18, Zu Nr. 1 lit.dd).

260 *Hilgendorf* in: Stellungnahme zur öffentlichen Anhörung v. 21.3.2007, S. 9; *Stuckenberg* in: Stellungnahme zur öffentlichen Anhörung v. 21.3.2007, S. 11.

261 *Kudlich* in: Protokoll Nr. 54, öffentliche Anhörung v. 21.3.2007, S. 16; *Ders.* in: Stellungnahme zur öffentlichen Anhörung v. 21.3.2007, S. 9.

262 Die Unbestimmtheit wurde auch von *Hilgendorf* kritisiert, *Ders.* in: Protokoll Nr. 54, öffentliche Anhörung v. 21.3.2007, S. 46. In systematischer Hinsicht führte *Kudlich* an, dass § 303a-E im Kontext der Sachbeschädigungsdelikte zu verstehen sei. Danach müsse die Zerstörung eines Telefons, auch wenn es lediglich zum Führen von Privatgesprächen verwendet werde, gleichermaßen strafbar sein wie ein anderweitig genutztes, *Ders.* in: Protokoll Nr. 54, öffentliche Anhörung v. 21.3.2007, S. 16; *Ders.* in: Stellungnahme zur öffentlichen Anhörung v. 21.3.2007, S. 9f.

263 *Schultz*, DuD 2006, 778, 783; *Ders.*, MIR 2006, Dok. 180, Rn 41.

Für Bruns bildete hingegen das subjektive Erfordernis einer Schadenszufügungsabsicht Anlass für Kritik, da bei § 247 Abs. 1 diesbezügliche Uneinigkeit herrschte.[264]

c) Änderungsantrag einzelner Abgeordneter und der Fraktion der Linken zu § 303b-E

Der Änderungsantrag enthielt eine Neufassung des § 303b-E, in der die neueingeführten Tathandlungen des „Eingebens und Übermittelns" in Absatz 1 gestrichen wurden und die Absätze 2 bis 4, auf Grund von Verhältnismäßigkeitserwägungen, Anpassungen erfuhren.[265]

Die Aufnahme der neutralen Tathandlungen sei durch die europäischen Vorgaben nicht gedeckt, da diese eine unbefugte Begehungsweise voraussetzten, wovon im konkreten Fall nicht ausgegangen werden könne.[266] Die dadurch bezweckte Pönalisierung von Online-Demonstrationen sei inakzeptabel. Eine solche Kodifizierung stehe im „eklatanten Widerspruch" zur Rechtsprechung des Bundesverfassungsgerichts über die sog. Sitzblockaden. Danach sei die bloße Anwesenheit nicht strafbar, was auch für den virtuellen Raum gelten müsse. Sanktioniert würde die bloße Absicht und damit letztlich die Gesinnung. Höchstrichterliche Rechtsprechung zum verfassungsrechtlichen Schutz von Online-Demonstrationen fehle bislang. Dieses Thema werde auch im Bundestag kontrovers diskutiert. Es sei jedoch zu befürchten, dass die Kodifizierung die Entscheidung zu Lasten des gebotenen Grundrechtsschutzes vorwegnehmen könnte.[267]

---

264 Um dies zu vermeiden, schlug Bruns folgende Formulierung vor: wer „Daten … in dem Wissen, einem anderen einen Nachteil zuzufügen, eingibt", vertiefend: *Ders.* in: Stellungnahme zur öffentlichen Anhörung v. 21.3.2007, S. 7f.

265 Änderungsantrag der Abgeordneten *Korte* u.a. v. 23.5.2007 in: BT-Drs.: 16/5486 v. 23.5.2007, S. 1f., 4; BT-Drs.: 16/5449 v. 23.5.2007, S. 5f. = Bericht der Abgeordneten *Kauder* (Villingen-Schwenningen) u.a., S. 2f.; *Korte*, (Die Linke), Rede in: Plenarprotokoll 16/100 v. 24.5.2007 als Anlage 13, S. 10327B; Abgedruckte Entwurfsfassung zu § 303b in: Änderungsantrag der Abgeordneten *Korte* u.a. v. 23.5.2007, a.a.O., S. 2f.; BT-Drs.: 16/5449 v. 23.5.2007, S. 5 = Bericht der Abgeordneten *Kauder* (Villingen-Schwenningen) u.a., S. 2.

266 Änderungsantrag der Abgeordneten *Korte* u.a. v. 23.5.2007 in: BT-Drs.: 16/5486 v. 23.5.2007, S. 1f., 4; BT-Drs.: 16/5449 v. 23.5.2007, S. 3, 5.

267 Änderungsantrag der Abgeordneten *Korte* u.a. v. 23.5.2007, a.a.O., S. 3f. m.w.N; BT-Drs.: 16/5449 v. 23.5.2007, S. 5 = Bericht der Abgeordneten *Kauder* (Villingen-Schwenningen) u.a., S. 2 m.w.N; *Korte* (Die Linke), Rede in: Plenarprotokoll 16/100 v. 24.5.2007 als Anlage 13, S. 10328A.

Der Änderungsantrag wurde mit den Gegenstimmen aller anderen Fraktionen am 24. Mai 2007 abgelehnt.[268]

12. Sonstige Kritikpunkte

Nicht nur die Fassung der Straftatbestände war Gegenstand der Kritik, auch die Reichweite des 41. Strafrechtsänderungsgesetzes allgemein wurde moniert. Gercke kritisierte vor allem, dass die Umsetzung erst sechs Jahre nach der Unterzeichnung der Cybercrime Convention erfolge und diese noch immer unvollständig sei, da lediglich ein ausgewählter materiell-rechtlicher Teilbereich umgesetzt werde.[269]

Auch Hilgendorf ging der Gesetzesentwurf offensichtlich nicht weit genug, denn er forderte, über einen zusätzlichen Tatbestand zur „Pönalisierung der Leichtfertigkeit im Netzverkehr"[270] nachzudenken. Leichtfertiges Verhalten im „Datenverkehr" schaffe die Ausgangsbedingungen für die schnelle und weite Verbreitung von Malware. Dem Internetnutzer solle – wie dem Teilnehmer am Straßenverkehr – die Einhaltung grundlegender Sicherheitsmaßnahmen abverlangt und ihre Nichteinhaltung sanktioniert werden. Hierfür sei eine zivilrechtliche Gefährdungshandlung genauso denkbar, wie ein Unterlassens- oder ein Fahrlässigkeitstatbestand.[271]

Hinterfragt wurde auch die Reichweite der tauglichen Angriffsobjekte, da sich die europäischen Vorgaben auf Computerdaten bezögen, der Gesetzentwurf demgegenüber auf einen weiteren Datenbegriff.[272] Dies versuchten Stuckenberg und Borges damit zu rechtfertigen, dass sich die europäischen Regelungsinstrumente und insbesondere der angloamerikanische Rechtskreis traditionell auf den engeren Begriff der Computerdaten bezögen, der nationale Gesetzentwurf aber der bisherigen Ausrichtung des Strafgesetzbuches – ohne Differenzierung zwischen Daten im Allgemeinen und Computerdaten im Besonderen –

---

268 Plenarprotokoll 16/100 v. 24.5.2007, S. 10283B = Bericht der Abgeordneten *Kauder* (Villingen- Schwenningen), u.a., S. 2.

269 *Gercke* in: Stellungnahme zur öffentlichen Anhörung v. 21.3.2007, S. 2; *Ders.*, CRi 2012, 78, 84. Ebenfalls die verspätete Umsetzung rügend, *Zöller*, ZIS 2009, 340, 340.

270 *Hilgendorf* in: Stellungnahme zur öffentlichen Anhörung v. 21.3.2007, S. 11f.; *Ders.* in: Harmonisierung des Internetstrafrechts in: Schwarzenegger / Arter / Jörg, S. 290f.

271 *Ders.* in: Stellungnahme zur öffentlichen Anhörung v. 21.3.2007, S. 11. Außerparlamentarisch: *Ders.*, ZStW 2006, 202, 204; *Ders.* in: Schwarzenegger / Arter / Jörg, ebd.

272 *Montag* (Bündnis 90/Die Grünen), in der Fragerunde zur öffentlichen Anhörung vor dem Rechtsausschuss in: Protokoll Nr. 54, öffentliche Anhörung v. 21.3.2007, S. 23.

verhaftet bleibe.[273] Angesichts der europäischen Vorgaben, sprach sich Kudlich dennoch für eine Begrenzung auf Computerdaten (bei § 202a-E) aus bzw. schlug als Kompromiss den Einbezug von „persönlichen Daten" vor.[274]

II. Die Beurteilung durch die Kommission

Gem. Art. 12 des RB erstellte die Kommission am 14. Juli 2008 einen Schlussbericht über die Umsetzung der Vorgaben des Rahmenbeschlusses für den Rat.[275] Diesen Anlass nutzte sie, um – mit Verweis auf die DoS-Attacke in Estland vom Mai 2007[276] – die Notwendigkeit einer vollständigen Umsetzung der europäischen Vorgaben zu bekräftigen.[277] Den individuellen Lösungsansätzen der einzelnen Mitgliedsstaaten begegnet die Kommission gerade wegen der angestrebten Harmonisierung skeptisch.[278] Außerdem habe sich zwischenzeitlich weiterer Reformbedarf ergeben, der über die Vorgaben des Rahmenbeschlusses hinausgehe. Dies gelte insbesondere in Anbetracht der verstärkt auftretenden, „massive[n] gleichzeitige[n] Angriffe auf Informationssysteme"[279] mittels Botnetze.

Der Maßstab für die Bewertung der Umsetzung folgte aus der Bindungswirkung des Rechtsinstruments. Bindend und damit überprüfbar waren folglich nur die Einhaltung der, mit dem vorgegebenen Rahmen verfolgten, Zielstellung, nicht jedoch die hierfür gewählten Mittel, vgl. Art. 34 Abs. 2, S. 2 lit.b EUV.[280]

> „Insbesondere müssen die Vorschriften zur Umsetzung des RB gewährleisten, dass dessen Zielen wirksam Rechnung getragen wird, die Erfordernisse der Klarheit und der Rechtssicherheit erfüllt sind sowie der Wortlaut des RB hinreichend klar und präzise in vollem Umfang angewandt und innerhalb der vorgegebenen Frist umgesetzt wird."[281]

---

273 *Stuckenberg* in: Protokoll Nr. 54, öffentliche Anhörung v. 21.3.2007, S. 25; *Borges* in: Protokoll Nr. 54, öffentliche Anhörung v. 21.3.2007, S. 36.

274 *Kudlich* in: Stellungnahme zur öffentlichen Anhörung v. 21.3.2007, S. 3f. „Persönliche Daten" seien allerdings nicht synonym zu „personenbezogenen Daten".

275 KOM(2008) 448 endg v. 14.7.2008.

276 Dieser Angriff setzte die meisten öffentlichen Online-Dienste, die Server der estischen Polizei sowie der Regierung, des Parlaments und der Polizei vorübergehend außer Betrieb, Kommission, Pressemitteilung IP/10/1239 v. 30.9.2010, S. 2; KOM(2008) 448 endg v. 14.7.2008, S. 2.

277 Ebd.

278 A.a.O., S. 3, 10f.

279 Ebd.

280 Die konkrete Ausgestaltung oblag danach einzig den umsetzenden Staaten, so auch a.a.O., S. 3.

281 Ebd.

Um eine objektive Bewertung zu ermöglichen, wurden allgemeine Kriterien entwickelt, auf deren Grundlage die formale Umsetzung, nicht jedoch die tatsächliche Normenanwendung überprüft werden sollte.[282] Danach ließ sich allgemein feststellen, dass die Vorgaben sehr unterschiedlich umgesetzt worden waren. Die Variationsbreite erwies sich nicht nur als schwierig für die Beurteilung ihrer Geeignetheit. Sie wirkte auch der angestrebten Harmonisierung als solcher entgegen.[283]

1. Grundlegende Kritikpunkte

Im Schlussbericht monierte die Kommission zunächst die schleppende Umsetzung. Alle Mitgliedstaaten – mit Ausnahme von Schweden – hätten die Umsetzungsfrist verstreichen lassen. Die Reaktionen auf das versandte Mahnschreiben fehlten von vier Staaten vollständig und die Antworten von Irland, Griechenland und dem Vereinigten Königreich seien derart vage ausgefallen, dass eine Bewertung auf dieser Grundlage nicht möglich gewesen sei.[284] Dementsprechend konnte die Beurteilung der Umsetzung im Schlussbericht nur auf Grundlage von 20 (statt 27) Mitgliedstaaten erfolgen.[285]

Kritische Anmerkungen inhaltlicher Art beschränkten sich bei der innerdeutschen Umsetzung auf die des Art. 3 des RB. Diesbezüglich seien zwar alle Mitgliedstaaten ihrer Hauptverpflichtung nachgekommen, die vorsätzliche schwere Behinderung oder Störung des Betriebs eines Informationssystems unter Strafe zu stellen.[286] Deutschland hatte mit dem zusätzlichen Erfordernis, dass das betroffene Informationssystem von „wesentlicher Bedeutung" seien müsste, allerdings einen Sonderweg beschritten.[287] Nach Auffassung der Kommission wurden bei Art. 3 des RB unter minder schweren Fällen solche verstanden, „in denen der Systemeingriff als solcher von geringer Bedeutung ist oder in denen die Integrität des Informationssystems nur in geringem Maße angetastet wurde."[288] Infolge dessen sei der deutsche Sonderweg – anders als die Vorschriften Österreichs, der Tschechischen Republik, Estlands und Litauens – nur schwer mit dem Begriffsverständnis des Rahmenbeschlusses vereinbar, da die nationale Vorschrift auf „die Bedeutung für einen anderen" verweise und

282 Ebd.

283 A.a.O, S. 3, 11.

284 A.a.O., S. 3.

285 Ebd.

286 A.a.O., S. 5.

287 A.a.O., S. 6. Vertiefend zu den abweichenden Ansätzen anderer Länder, siehe dort. Zustimmend: *Vassilaki*, CR 2008, 131, 133f.

288 KOM(2008) 448 endg v. 14.7.2008, S. 6.

nicht auf den Schweregrad der Beeinträchtigung. Dies lasse an der Vereinbarkeit mit der Zielstellungen des Rahmenbeschlusses zweifeln.[289] Durch derartige Alleingänge würden die angestrebte Harmonisierung gefährdet.[290]

2. Begrüßende Ausführungen im Schlussbericht

Der Hauptverpflichtung *gem. Art. 2 des RB*, vorsätzliche und unbefugte Systempenetration zu pönalisieren, seien alle 20 Mitgliedstaaten nachgekommen. Von der Option, die Strafbarkeit davon abhängig zu machen, dass „kein leichter Fall vorliegt", haben nur vier Länder[291] Gebrauch gemacht, nicht jedoch Deutschland. Allerdings wurden alle vier Lösungsansätze als unvereinbar mit dem Rahmenbeschluss angesehen.[292] Die deutsche Strafrechtsnorm wählte bei der Umsetzung in § 202a die Ausnahmeregelung des Art. 2 Abs. 2 RB, wonach die Strafbarkeit von der Verletzung einer Sicherheitsmaßnahme abhängig gemacht werden durfte.[293]

Auch bezüglich der Umsetzungspflicht aus *Art. 4 des RB* seien alle Mitgliedsstaaten ihren Hauptverpflichtungen nachgekommen.[294] Lediglich drei Mitgliedstaaten nutzten die offerierte Ausnahme, „wenn kein leichter Fall vorliegt" – die Tschechische Republik und Estland in zulässiger und Lettland, nach Auffassung der Kommission, in unvereinbarer Art und Weise.[295]

Auch der Verpflichtung aus *Art. 5 des RB* zu „Anstiftung, Beihilfe und Versuch" seien die Meisten – einschließlich Deutschland – nachgekommen.[296] Die

289 „Nach Auffassung der Kommission weisen diese Vorschriften einen unzureichenden Bezug zur Integrität der Informationssysteme auf, so dass nicht bewertet werden kann, ob sie mit der RB-Option vereinbar sind, wonach minder schwere Fälle nicht geahndet werden brauchen. Außerdem ist die Kommission der Ansicht, dass dies nicht in Einklang mit dem Ziel des RB steht, die einzelstaatlichen Strafrechtsvorschriften für Angriffe auf Informationssysteme anzugleichen", ebd.

290 Ebd.

291 A.a.O., S. 4.

292 Ebd.

293 A.a.O., S. 5. Österreich, Finnland, Ungarn, Italien, Lettland und Litauen entschieden sich ebenfalls für eine vergleichbare Regelung.

294 A.a.O., S. 6.

295 A.a.O., S. 7.

296 Finnland und Portugal haben bisher lediglich die Versuchsstrafbarkeit nachgewiesen, nicht jedoch die Strafbarkeit der Anstiftung und Beihilfe. Nicht vereinbar sei hingegen die bisherige Ausgestaltung des schwedischen Strafrechts, welches keine Ahndung der Anstiftung, Beihilfe oder des Versuches für minder schwere Fälle vorsah, ebd.

Option, das versuchte Hacken straflos zu stellen, hat neben Deutschland lediglich Slowenien Gebrauch genutzt.[297]

Auch den Anforderungen an die Sanktionsschwere aus *Art. 6 und 7 des RB* sei in allen Mitgliedstaaten entsprochen worden.[298]

B) Das Vertragsgesetz zur Convention on Cybercrime

Wie bereits erörtert,[299] war für das Übereinkommen des Europarats vom 23. November 2001 über Computerkriminalität – als völkerrechtlicher Vertrag – eine Ratifizierung gem. Art. 59 Abs. 2 S. 1 GG erforderlich und damit der Erlass eines Vertragsgesetzes. Dieser Verpflichtung wollte die Bundesregierung mit dem vorgelegten Gesetzesentwurf vom 28. September 2007 nachkommen.[300] Zu diesem Zeitpunkt war das 41. Strafrechtsänderungsgesetz vom 7. August 2007, als eines der Ausführungsgesetze, bereits in Kraft getreten.[301] Weitere Gesetzesentwürfe zur Umsetzung der Konventionsvorgaben lagen vor.[302] Die amtliche Verkündung des Vertragsgesetzes folgte am 10. November 2008.[303]

---

297 A.a.O., S. 8: 17 von 20 Mitgliedstaaten haben die Vorschrift nach Auffassung der Kommission ordnungsgemäß umgesetzt.

298 A.a.O., S. 8: Stärkere Abweichungen gäbe es lediglich bei der Berücksichtigung „krimineller Vereinigungen“ als strafverschärfenden „erschwerenden Umstand“.

299 Vgl. Viertes Kapitel, B) Die Convention on Cybercrime vom 23. November 2001.

300 BR-Drs. 666/07 v. 28.9.2007, S. 7–39 = BT-Drs. 16/7218 v. 16.11.2007.

301 BGBl. I Nr. 38 v. 10.8.2007, S. 1786f.; in Kraft ab 11.8.2007.

302 Gesetzesentwurf der Bundesregierung in: BR-Drs. 666/07 v. 28.9.2007, Vorblatt, S. 1 = BT-Drs. 16/7218 v. 16.11.2007, Vorblatt, S. 1 m.V.a.: Gesetzesentwurf zur Neuregelung der Telekommunikationsüberwachung und anderer verdeckter Ermittlungsmaßnahmen sowie zur Umsetzung der Richtlinie 2006/24/EG v. 15.3.2006 (vgl. ABl. EU L 105 v. 13.4.2006, S. 54–63) in: BT-Drs. 16/5846 v. 27.6.2007, Gesetzesentwurf zur Umsetzung des Rahmenbeschlusses zur Bekämpfung der sexuellen Ausbeutung von Kindern und der Kinderpornographie (in: ABl. EU Nr. L 013 v. 20.1.2004, S. 44–48) in: BT-Drs. 16/3439 v. 16.11.2006.

303 BGBl. II Nr. 30 v. 10.11.2008, S. 1242–1275. Zuvor war der Gesetzesentwurf an den Bundesrat übersandt worden und in den Ausschüssen geprüft, (BR-Drs. 666/07 v. 28.9.2007, S. 3 = Anschreiben, S. 1 = BT-Drs. 16/7218 v. 16.11.2007, S. 3 = Anschreiben, S. 1). Beteiligt wurden – wie beim Ausführungsgesetz – der Ausschuss für Innere Angelegenheiten und der Ausschuss für Kulturfragen. Die Federführung oblag dem Rechtsausschuss. Nach erfolgter Ausschussberatung brachte jedoch keiner der beteiligten Ausschüsse Einwände vor, (BR, stenograph. Bericht, 838. Sitzung v. 9.11.2007, Plenarprotokoll 838 Anlage 1 zu Umdruck Nr. 9/2007, V; Punkt 18 der Tagesordnung, S. 383C.) Dieser Auffassung folgte auch der Bundesrat, (BR, stenograph. Bericht, 838. Sitzung v. 9.11.2007, S. 368D, Anlage 1 zu Umdruck Nr. 9/2007, V). Die Entwurfsfassung wurde damit unverändert zur Beratung im Bundestag vorgelegt (vgl. BR-Drs. 666/07

Dieses Gesetz enthielt den Konventionstext in englischer, französischer und deutscher Fassung,[304] welcher mit seiner Unterzeichnung am 23. November 2001 in Budapest[305] für den deutschen Gesetzgeber bindend geworden war.

Allerdings blieb es den Unterzeichnerstaaten überlassen, hiervon, in den von Art. 40, 42 CCC gesetzten Grenzen, abzuweichen. Sofern die Unterzeichnerstaaten hiervon Gebrauch machen wollten, mussten sie entsprechende Erklärungen abgeben.[306] Eine diesbezügliche Mitteilungspflicht traf den deutschen Gesetzgeber gem. Art. 40 CCC für die zusätzliche Tatbestandsvoraussetzung der

---

v. 16.11.2007 mit BT-Drs. 16/7218 v. 16.11.2007). Am 16.11.2007 wurde der Regierungsentwurf – nunmehr als BT-Drs. 16/7218 – beraten, (BT, stenograph. Bericht, 133. Sitzung v. 13.12.2007, S. 13909C) und an den federführenden Rechtsausschuss, den Innenausschuss, den Ausschuss für Bildung, Forschung und Technikfolgenabschätzung sowie an den Ausschuss für Kultur und Medien überwiesen, (BT, stenograph. Bericht, 133. Sitzung v. 13.12.2007, S. 13909D, Tagesordnungspunkt 39a; Beschlussempfehlung und Bericht des Rechtsausschusses zu dem Gesetzentwurf der Bundesregierung – BT-Drs. 16/7218 v. 16.11.2007 – in: BT-Drs. 16/9645 v. 18.6.2008, S. 3). Diese brachten trotz Gegenstimmenkeine Einwendungen und haben am 18.6.2008 mit Gegenstimmen beschlossen, die Annahme des Gesetzentwurfs zu empfehlen. Zum selben Ergebnis kam auch der Rechtsausschuss mit den Stimmen der Fraktionen der CDU/CSU und SPD gegen die Stimmen der Fraktionen FDP, Die Linken und Bündnis90/Die Grünen (in: BT-Drs. 16/9645 v. 18.6.2008, S. 3, Beschlussempfehlung, S. 2; BT, stenograph. Bericht, 170. Sitzung v. 20.6.2008 S. 18101B). Der Gesetzesentwurf wurde durch die Koalition unverändert angenommen, (BT-Drs. 16/9645 v. 18.6.2008, S. 1, BT, stenograph. Bericht, 170. Sitzung v. 20.6.2008, S. 18101B). Im Bundesrat folgte die erneute Ausschusszuweisung an den Rechtsausschuss. Dieser empfahl, keinen Antrag gem. Art. 77 Abs. 2 GG zu stellen, (BR, stenograph. Bericht, 847. Sitzung v. 19.9.2008, Anlage 5, Umdruck 7/2008, 301D; 302B). Der Bundesrat folgte dieser Empfehlung, (a.a.O, Anlage 5, Umdruck 7/2008, 301D; 302B, Tagesordnungspunkt 16).

304 BGBl. II Nr. 30 v. 10.11.2008, S. 1242–1275.

305 Erläuternder Bericht, Anlage zur Denkschrift in BR-Drs.: 666/07 v. 28.9.2007, S. 57, I. Unterzeichnet wurde lediglich das Übereinkommen, nicht jedoch der Erläuternde Bericht. Dieser stellte „kein Instrument dar, das die Auslegung des Übereinkommens maßgeblich bestimmt, es kann jedoch dazu dienen, die Anwendung der Bestimmungen des Übereinkommens zu erleichtern", a.a.O., S. 57, II. Dementsprechend wurde dieser auch nicht mit dem Vertragsgesetz im Amtsblatt abgedruckt.

306 Um den unterschiedlichen Auffassungen rechtlicher oder lediglich begrifflicher Art in den einzelnen Ländern Rechnung zu tragen, wurde den Unterzeichnerstaaten durch Art. 40 CCC (Art. 40 CCC in: BGBl. II Nr. 30 v. 10.11.2008, S. 1272) ein gewisser Spielraum bei der Ausgestaltung des materiellen Strafrechts gewährt. Demgegenüber dienten Vorbehalte gem. Art. 42 CCC (a.a.O., S. 1272f.) dazu, die rechtliche Wirkung bestimmter Verpflichtungen der Konvention auszuschließen oder zu verändern, Gesetzentwurf der Bundesregierung, BT-Drs. 16/7218 v. 16.11.2007, Erläuternder Bericht, Anlage zur Denkschrift, S. 99, Nr. 314.

„Verletzung von Sicherheitsmaßnahmen“ gem. Art. 2 S. 2 CCC in § 202a.[307] Der Entschluss für diesen Sonderweg ist positiv hervorzuheben, da er eine stärkere Begrenzung des Anwendungsbereichs von § 202a zur Folge hatte und damit der Strafrechtsexpansion entgegenwirkte.

Weitergehende Gestaltungsmöglichkeiten zur Begrenzung des Anwendungsbereichs in Art. 3 S. 2 CCC zum rechtswidrigem Abfangen[308] und Art. 6 Abs. 1 lit.b, S. 2 CCC zum Missbrauch von Vorrichtungen[309] blieben hingegen ungenutzt. Dafür machte der Gesetzgeber bezüglich dieser Vorgaben von der Vorbehaltsmöglichkeit in Art. 42 CCC Gebrauch. Genutzt wurde dieser Vorbehalt bei der Kodifizierung von § 202c n.F. Dies ermöglichte einen Verzicht auf die Aufnahme des Tatmittels „Vorrichtungen“ aus Art. 6 Abs. 1 lit.i und die Inkriminierung des bloßen Besitzes aus Art. 6 Abs. 1 lit.b CCC. Außerdem nutzte der Gesetzgeber die Möglichkeit, von der vorgesehenen Einführung der Versuchsstrafbarkeit zum rechtswidrigen Abfangen in § 202b n.F. Abstand zu nehmen.[310]

Keinen Gebrauch machte der Gesetzgeber von der Vorbehaltsmöglichkeit zu Art. 4 Abs. 2 CCC.[311] Danach hätte die Strafbarkeit für Eingriffe in Daten vom Vorliegen eines „schweren Schadens“ abhängig gemacht werden dürfen.

C) Zusammenfassung zur Umsetzung

Durch das 41. Strafrechtsänderungsgesetz sollten kumulativ sowohl die Regelungen des Übereinkommens, als auch die des Rahmenbeschlusses umgesetzt

---

307 Die hierzu abgegebene Erklärung gem. Art. 40 CCC lautete: „In Übereinstimmung mit Artikel 40 des Übereinkommens wird erklärt, dass von der Möglichkeit Gebrauch gemacht wird, a) nach Artikel 2 Satz 2 das zusätzliche Merkmal der Begehung der Straftat unter Verletzung von Sicherheitsmaßnahmen als Voraussetzung für die nach Artikel 2 Satz 1 im deutschen Recht umschriebene Straftat des Ausspähens von Daten in § 202a des Strafgesetzbuches und […] vorzusehen“, Gesetzentwurf der Bundesregierung, BT-Drs. 16/7218 v. 18.6.2008, Erläuternder Bericht, Denkschrift, S. 41.

308 „Eine Vertragspartei kann als Voraussetzung vorsehen, dass die Straftat in unredlicher Absicht oder in Zusammenhang mit einem Computersystem, das mit einem anderen Computersystem verbunden ist, begangen worden sein muss“, Art. 3 S. 2 CCC in: BGBl. II Nr. 30 v. 10.11.2008, S. 1247.

309 „[…] Eine Vertragspartei kann als gesetzliche Voraussetzung vorsehen, dass die strafrechtliche Verantwortlichkeit erst mit Besitz einer bestimmten Anzahl dieser Mittel eintritt“, Art. 6 Abs. 1 lit.b, S. 2 CCC, a.a.O., S. 1247f.

310 Gesetzentwurf der Bundesregierung, BT-Drs. 16/7218 v. 16.11.2007, Erläuternder Bericht, Denkschrift, S. 41.

311 „Eine Vertragspartei kann sich das Recht vorbehalten, als Voraussetzung vorzusehen, dass das in Absatz 1 beschriebene Verhalten zu einem schweren Schaden geführt haben muss“, Art. 4 Abs. 2 CCC in: BGBl. II Nr. 30 v. 10.11.2008, S. 1247.

werden. Für die Erfüllung der Umsetzungspflicht ist es dabei unschädlich, wenn die Novellierungen über die Mindestvorgaben hinausgehen. Deutlich wurde dies anhand des verwendeten weiten Datenbegriffs im deutschen Strafrecht.

Aus völkerrechtlicher Perspektive erwies sich die Ausgestaltung des § 303b als problematisch, wie es bereits im Schlussbericht der Kommission anklang. Den Anstoß für diese Bewertung bildete die Aufnahme des Merkmals der „wesentlichen Bedeutung". Während Art. 3 des RB immerhin eine Beschränkung auf Fälle zuließ, „wenn kein leichter Fall" vorliege, enthielt der Wortlaut des Art. 5 CCC keine zusätzliche Begrenzungsmöglichkeit.

Trotz der bereits dargestellten Kritikpunkte dürfte der deutsche Gesetzgeber damit seinen Umsetzungsverpflichtungen weitestgehend gerecht geworden sein. Dieser teilte die zugrunde liegenden Intentionen vielfach und erkannte ebenfalls ein entsprechendes Reformbedürfnis auf dem Gebiet des Computerstrafrechts. Den gemeinsamen Ausgangspunkt bildeten Überlegungen zur Erforderlichkeit einer Anpassung infolge der technischen Weiterentwicklung, auch wenn Kritiker äußerten:

> „Der große Wurf ist das neue Computerstrafrecht nicht – die mögliche und angesichts der hohen praktischen Bedeutung angezeigte grundsätzliche Beschäftigung mit dem Thema Computerkriminalität und Strafrecht über die Umsetzung der Cybercrime Convention hinaus wurde versäumt."[312]

Dennoch finden sich in den Begründungen und in der konkreten Ausgestaltung Bezüge zur Weiterentwicklung der Technologie.[313] Dementsprechend enthält § 202b n.F. eine Parallelisierung zum klassischen Abhören, der den künftigen Strafrechtsschutz der „Voice over IP"-Technologie gewährleistet. § 202c erfasst künftig sog. Hackertools, die inzwischen vorwiegend über das Internet weit verbreitet sind. Gleichzeitig regelte § 202c einen Teilbereich des sog. Phishing. Die Sanktionierung von DoS- und DDoS-Attacken sollte durch § 303b Abs. 4 sichergestellt werden.

Am deutlichsten kam der erzielte Konsens in der Streitfrage zur Inkriminierung des Hackings zum Ausdruck. Hierzu äußerte sich der umsetzende Gesetzgeber diametral entgegengesetzt zum implementierenden Gesetzgeber des § 202a während des 2. WiKG und sprach sich ausdrücklich gegen die bisherige Intention und für eine Pönalisierung entsprechend der bisherigen Strafrechtspraxis aus.

---

312 *Ernst*, NJW 2007, 2661, 2665 = *Ders.*, DS 2007, 335, 339. Die eigentlichen Schwierigkeiten dürften sich eher aus der Strafrechtspraxis ergeben, statt aus ihrer normativen Grundlage, *Ders.*, NJW 2007, 2661, 2666 = *Ders.*, DS 2007, 336, 340.

313 Erläuternder Bericht zum Übereinkommen über Computerkriminalität (ETS Nr. 185), Anlage zur Denkschrift in: BR-Drs. 666/07 v. 28.9.2007, S. 57, Einleitung, Nr. 2f.

Insgesamt lässt sich daher feststellen, dass die Grundentscheidungen nicht nur vom deutschen Gesetzgeber in das Strafgesetzbuch übertragen, sondern von der (aktualisierten) Intention auch getragen wurden. Die Novellierung ging damit über die bloße Erfüllung der Umsetzungsverpflichtung hinaus.

Achtes Kapitel: Die Richtlinie 2013/40/EU vom 12. August 2013

A) Die vierte Harmonisierungswelle nach dem Vertrag von Lissabon

Die größten strukturellen Veränderungen vollzogen sich mit dem Vertrag von Lissabon,[1] welcher die erörterte Trennung zwischen der EG und EU beendete. Die hierdurch hervorgebrachte „Union" trat gemäß Art. 1 UA 3 S. 3 EUV als Rechtsnachfolgerin an die Stelle der EG und führte zugleich zur Auflösung der Säulenstruktur. Die dritte Säule wurde in den supranationalen Bereich überführt (Art. 67, 82–89 AEUV),[2] womit die Zuständigkeit für Strafsachen nicht länger der intergouvernementalen Zusammenarbeit unterfiel.[3] Eine originäre Rechtssetzungskompetenz erhielt die Union allerdings nicht.[4] Die wesentlichen Grundprinzipien, wie das Prinzip der Einzelermächtigung (Art. 5 Abs. 1 S. 1, Abs. 2 EUV n.F., Art. 2 Abs. 1 AEUV) und die Kompetenzausübungsschranken des Subsidiaritäts- und Verhältnismäßigkeitsprinzips (Art. 5 Abs. 1 S. 2, Abs. 3 EUV n.F. und Art. 5 Abs. 1 S. 2, Abs. 4 EUV n.F.), wurden aufrechterhalten. Dennoch brachte die strukturelle Neuordnung bedeutsame Änderungen für die Harmonisierung im Strafrecht mit sich.[5] Mit der Überführung des Zuständigkeitsbereichs konnte die Angleichung fortan nicht mehr auf der Grundlage von Rahmenbeschlüssen erfolgen, sondern war gem. Art. 83 Abs. 2 AEUV[6] durch den Erlass von Richtlinien zu gestalten.[7]

---

1 Vertrag von Lissabon, Zur Änderung des Vertrags über die Europäische Union und des Vertrags zur Gründung der Europäischen Gemeinschaft v. 13.12.2007 in: Abl. EU Nr. C 306 E v. 17.12.2007, S. 1–271, in Kraft seit dem 1.12.2009; Bekanntmachung in: BGBl. II Nr. 36 v. 24.11.2009, S. 1223–1224. In diesem Rahmen wurde die alte Fassung des EUV durch eine neue Fassung ersetzt und der EGV durch den Vertrag über die Arbeitsweise der Europäischen Union abgelöst (AEUV).

2 *Hecker* in: Ambos, Europäisches Strafrecht post-Lissabon, S. 13, 19.

3 *Zimmermann*, Jura 2009, 844, 844; *Gercke*, CRi 2010, 75, 79; *Ders.*, StV 2016, 391, 391f.

4 *Hecker* in: Ambos, Europäisches Strafrecht post-Lissabon, S. 16f. Allerdings galt das Assimilierungsprinzip. Danach sind die Mitgliedstaaten nach dem Grundsatz der Unionstreue (Art. 4 Abs. 3 UA 2, 3 EUV n.F.), verpflichtet, das nationale Strafrecht „in den Dienst der Unionsinteressen" zu stellen, a.a.O., S. 17.

5 *Zimmermann*, Jura 2009, 844, 845, 848; *Gercke*, CRi 2010, 75, 79.

6 Art. 83 Abs. 2 (ex-Artikel 31 EUV) in: ABl. EG Nr. C 115 v. 9.5.2008, S. 81.

7 *Gercke*, StV 2016, 391, 392. „Following the entry into force of the Treaty of Lisbon, the possibility of amending the FD does not exist anymore. According to the new

https://doi.org/10.1515/9783110623031-011

Damit wurde durch den Vertrag von Lissabon die zunächst als strafrechtliche Annexkompetenz konstruierte Zuständigkeit kodifiziert,[8] die bereits Gegenstand der beiden kontrovers diskutierten Urteile des EuGH zum Umweltstrafrecht waren. Die damit einhergehende Umgestaltung der zulässigen Rechtsinstrumente beeinflusste die Strafrechtsharmonisierung sowohl in materieller als auch in formeller Hinsicht und förderte ihre effizientere Durchsetzung.[9]

Im Gegensatz zur inhaltlichen Begrenzung des EuGH noch im Juli 2006 (Rs C-440/05) sollte der Regelungsbereich der Richtlinie künftig auch die Möglichkeit zur Festsetzung eines Strafmaßes einschließen. Inhaltlich erstreckte sich der Zuständigkeitsbereich gem. Art. 83 Abs. 1 AEUV auf alle Formen „besonders schwerer grenzüberschreitender Kriminalität" sowie gemäß Absatz 2 auf solche Politikfelder, in denen bereits Harmonisierungsmaßnahmen ergriffen wurden.[10]

---

legislative framework in place, the existing FD can only be repealed via a Directive, which is foreseen in the Commission's Work Programme 2010", SEC(2010) 1122 final v. 30.9.2010, S. 5.

8 *Satzger* in: Streinz, EUV/AEUV, Art. 83 (ex.-Art. 31 EUV), Rn 1; *Hecker* in: Ambos, Europäisches Strafrecht post-Lissabon, S. 16ff.; *Gercke*, CRi 2010, 75, 79.

9 *Zimmermann*, Jura 2009, 844, 845; *Hecker* in: Ambos, Europäisches Strafrecht post-Lissabon, S. 16. Die Einführung der Richtlinie änderte nichts an der fortbestehenden Trennung zwischen supranationaler Rechtssetzung und Rechtsangleichung, da auch keine Kompetenz zur Schaffung supranationaler Strafrechtsvorschriften auf Europaebene bestand, *Satzger*, in: Streinz, EUV/AEUV, Art. 83 (ex.-Art. 31 EUV), Rn 2. Einschränkend *Zimmermann*, Jura 2009, 844, 846, der aus dem fehlenden Vorbehalt zugunsten der Strafrechtskodifizierung der Mitgliedstaaten in Art. 325 IV AEUV im Unterschied zu Art. 280 IV 2 EGV a.F. eine EU-Kompetenz zur Strafrechtssetzung zumindest für den Betrugsbereich und ggf. für weitere „Europadelikte" ableitet. Wie schon bei der „Pupino-Entscheidung" ausgeführt, darf weder die rahmenbeschluss- noch die richtlinienkonforme Auslegung zur Strafbarkeitsbegründung bzw. zur Strafschärfung führen. Käme der Richtlinie die gleiche Rechtswirkung wie der eines supranationalen und damit unmittelbar geltenden Gesetzes zu, bedürfte es keines weiteren konkretisierenden Aktes mehr, *Satzger* in: Streinz, EUV/AEUV, Art. 83 (ex.-Art. 31 EUV), Rn 2.

10 Inhaltlich abzugrenzen ist die europäische Strafrechtsharmonisierung von der Aufrechterhaltung der öffentlichen Ordnung und dem Schutz der inneren Sicherheit, wofür die Mitgliedstaaten gem. Art. 72 AEUV weiter zuständig bleiben. Allerdings wird auch in diesem Bereich eine europaweite Koordinierung angestrebt, in: Rat der EU, Vermerk, Dok. 6699/11 v. 21.2.2011, S. 3. Im Unterschied zu Art. 29 Abs. 2 EUV a.F. wurde Art. 83 Abs. 1 UA 2 AEUV abschließend ausgestaltet, vorbehaltlich einer Erweiterung unter den Voraussetzungen des Unterabsatzes 3. Außerdem enthielten Art. 82f. im jeweiligen Absatz 3 eine sog. Notbremse, wodurch ein Mitgliedstaat erwirken kann, dass sich der Rat mit der Angelegenheit befasst und das Gesetzgebungsverfahren (S. 2) ausgesetzt wird, sofern er sich in den „grundlegenden Aspekten seiner Strafrechtsordnung" berührt sieht, Art. 83 Abs. 3 (ex-Artikel 31 EUV) in: ABl. EG Nr. C 115 v. 9.5.2008, S. 81.

In formeller Hinsicht unterschieden sich beide Handlungsformen sowohl hinsichtlich ihres Erlassverfahrens als auch der Durchsetzungsmöglichkeiten. Anders als Rahmenbeschlüsse folgen Richtlinien dem ordentlichen Gesetzgebungsverfahren, welches in Art. 289 Abs. 1, 294 AEUV geregelt wurde. Die hierdurch erzielte Stärkung des Europäischen Parlaments wurde begrüßt.[11] Während dem Parlament bei Rahmenbeschlüssen gem. Art. 39 Abs. 1 EUV a.F. lediglich ein Anhörungsrecht zukam, ist bei Richtlinien nunmehr eine vorhergehende parlamentarische Billigung erforderlich. Weitere Änderungen ergaben sich für die Beschlussfassung im Rat. Künftig genügte für die Abstimmungen bereits eine (qualifizierte) Mehrheitsentscheidung (Art. 16 Abs. 3, 4 EUV bzw. Art. 238 Abs. 2 AEUV), das Einstimmigkeitserfordernis nach Art. 34 Abs. 2 S. 2 EUV a.F. entfiel. Während die parlamentarischen Gestaltungsmöglichkeiten und mit ihnen die demokratische Legitimation auf Europaebene gestärkt wurde, wurde die Rolle der Mitgliedstaaten geschwächt. Diese besitzen gem. Art. 76 lit.b AEUV künftig nur noch ein Initiativrecht, wenn sie eine Gruppe von mindestens einem Viertel auf sich vereinigen können.[12]

Außerdem schließen sich unterschiedliche Rechtsfolgen an, die nicht nur die unterschiedliche Bindungswirkung der beiden Rechtsinstrumente betrifft, sondern auch die daran anknüpfenden Möglichkeiten zur Durchsetzungs- und Umsetzungskontrolle. Bezüglich der Cybercrime Convention hatte der Europarat kaum eine Handhabe, die Umsetzung der Konventionsvorgaben zu forcieren.[13] Dieser Umstand bildete zugleich einen maßgeblichen Grund für die Kommission zur Aufnahme der Arbeiten am Rahmenbeschluss. Anders als die Konvention enthielt der Rahmenbeschluss eine Umsetzungsfrist. Gewahrt wurde diese jedoch nur von Schweden.[14]

---

11 *Zimmermann*, Jura 2009, 844, 844, 847; *Satzger* in: Streinz, EUV/AEUV, Art. 83 (ex.-Art. 31 EUV), Rn 1; *Hecker* in: Ambos, Europäisches Strafrecht post-Lissabon, S. 20.

12 Um eine effektive Zusammenarbeit mit den europäischen Organen sicherzustellen, wurde in Art. 2 Abs. 3 des neuen Protokolls (Nr. 1) eine Verpflichtung zur zeitgleichen Unterrichtung aller beteiligten EU-Organe kodifiziert, Protokoll (Nr. 1) über die Rolle der nationalen Parlamente in der Europäischen Union in: ABl. EU Nr. C 115 v. 9.5.2008, S. 203, Art. 2, Abs. 3. Begleitet wird diese Regelung durch eine Sperrfrist von acht Wochen gem. Art. 4 des Protokolls, vor deren Ablauf keine Abstimmung durchgeführt werden darf, a.a.O., Art. 4. Auf diese Weise soll den Mitgliedstaaten ebenfalls die Möglichkeit zur vorherigen Stellungnahme gegeben werden.

13 Der Europarat könne lediglich das Stimmrecht eines Mitgliedstaaten suspendieren oder diesen ausschließen, gem. Art. 8 i.V.m. Art. 3 des Statutes des Europarates. Eine solche Vorgehensweise sei aber aus politischen Gründen unwahrscheinlich, *Reindl-Krauskopf*, ZaöRV 2014, 563, 567; *Gercke*, CRi 2010, 75, 80.

14 KOM(2008) 448 endg v. 14.7.2008, S. 3.

Die erleichterte Durchsetzung fördernd, gelten für die Richtlinie, im Unterschied zur Konvention und zum Rahmenbeschluss, außerdem weitergehende Sanktionsmöglichkeiten.[15] Gem. Art. 258 AEUV kann ein Vertragsverletzungsverfahren eingeleitet werden, durch das dem verletzenden Mitgliedstaat gem. Art. 260 AEUV Pauschalbeträge und Zwangsgelder auferlegt werden können.

Die angesprochenen Unterschiede zwischen der bisherigen Harmonisierung durch Rahmenbeschlüsse und der künftigen Gestaltung durch Richtlinien, repräsentieren zugleich die Charakteristika dieser neuen Strafrechtsharmonisierungswelle. Wie bereits bei den vorherigen Entwicklungsschritten beruht auch diese Welle auf den vorangegangenen strukturellen Veränderungen, nunmehr eingeleitet durch den Vertrag von Lissabon. Die damit einhergehende Neuordnung führte, durch den Wegfall der Säulenstruktur, nicht nur zur Verlagerung der Zuständigkeitsbereiche, sondern bildete damit zugleich das Fundament für die Neuordnung der Machtverhältnisse unter den beteiligten Organen und damit zugleich für die Neuordnung der ihnen zur Verfügung stehenden Rechtsinstrumente. Diese erwiesen sich als besonders vorteilhaft, um die Strafrechtsharmonisierung zu effektivieren, indem der zulässige Regelungsumfang vergrößert wurde, die Bindung der Mitgliedstaaten erweitert und ihre Umsetzung durch ausgeweitete Kontroll- und Sanktionsmöglichkeiten sichergestellt wurde. Mit diesem Übergang vollzog sich damit ein weiterer Schritt auf dem Weg der europäischen Strafrechtsexpansion, zu Lasten der gesetzgeberischen Gestaltungsfreiräume in den Mitgliedstaaten.

B) Die Richtlinie 2013/40/EU vom 12. August 2013

I. Phänomenologische Veränderungen

Im Schlussbericht vom 14. Juli 2008 hatte die Kommission bereits weitergehenden Reformbedarf auf dem Gebiet des Cybercrime attestiert.[16] Nachdem mit dem Vertrag von Lissabon auch in formeller Hinsicht die Voraussetzungen geschaffen worden waren, intensivierte die Kommission ihre Angleichungsbemühungen. Den Ausgangspunkt und zugleich Maßstab für die Beurteilung des konkreten Anpassungsbedarfs bildeten wiederum die phänomenologischen Entwicklungen, unter Abgleich ihrer tatbestandlichen Erfassung, durch die bisherigen europäischen Vorgaben.[17] In der Folgenabschätzung vom 3. Sep-

15 *Hecker* in: Ambos, Europäisches Strafrecht post-Lissabon, S. 20; *Reindl-Krauskopf*, ZaöRV 2014, 563, 568.

16 Vgl. oben.

17 KOM(2008) 448 endg. v. 14.7.2008; SEC(2010) 1122 final v. 30.9.2010, S. 4.

tember 2010[18] gelangte die Kommission insbesondere zu der Auffassung, dass eine zunehmende Bedrohung von Großangriffen ausgehe. Dabei handelte es sich um Ausprägungen, die in dieser Form weder Gegenstand der Erörterung zur Convention on Cybercrime, noch zum Rahmenbeschluss waren.[19] Aus diesem Grund werden, so die Kommission, die Vorgaben beider Instrumente den gegenwärtigen Anforderungen nicht gerecht.[20]

> „In addition to the existing Framework Decision on attacks, the Council of Europe's Convention on Cybercrime addresses the problem of cyber attacks. Whereas the Convention remains the only international legal instrument to date, it shows certain weaknesses due to the fast-moving developments in cybercrime. The Convention does not specifically address the above-highlighted weaknesses regarding large-scale attacks [...].“[21]

Bei einer weitergehenden Harmonisierung der Strafrechtsvorschriften müsse gerade wegen der erhöhten Abhängigkeit und der damit einhergehenden erhöhten Anfälligkeit ein besonderes Augenmerk auf den Schutz kritischer Infrastrukturen gelegt werden. Als besonders gefährliche Begehungsweise für alle IT-Systeme wurde die Verwendung von Botnetzen bewertet,[22] die bislang weder auf Tatbestands- noch auf Rechtsfolgenseite adäquat erfasst seien[23] und daher einen weiteren Schwerpunkt der Anpassungsbemühungen bilden sollten.[24]

> „The current legal framework has two major weaknesses. [...] This is due to the absence of specific legal provisions addressing botnets and similar tools used to

---

18 SEC(2010) 1122 final, ebd.

19 KOM(2008) 448 endg. v. 14.7.2008, S. 11; SEC(2010) 1122 final v. 30.9.2010, S. 4, 8, 16.

20 SEC(2010) 1122 final v. 30.9.2010, S. 17.

21 Ebd.

22 Die Kommission berief sich hierbei auf eine Studie von Symantec, wonach 2008 ein Anstieg von 624 267 Fälle auf 1 656227 Fälle verzeichnet wurde, a.a.O., S. 7; SEK(2010) 1123 final v. 30.9.2010, S. 2 m.w.N. Dieses Ergebnis dürfte den Interessen der Studien initiierenden Sicherheitsindustrie entgegenkommen. Besonders stark ausgebreitet hat sich danach das Botnetz „Conficker“, auch bekannt als Downup, Downadup oder Kido, SEC(2010) 1122 final v. 30.9.2010, S. 7, 12; SEK(2010) 1123 final v. 30.9.2010, S. 2. „The threat is particularly linked to botnets due to the wide variety of activities for which they are increasingly used, such as to mount denial of service attacks, host 'phishing' websites for identity theft, financial fraud, and distribute malware“, SEC(2010) 1122 final v. 30.9.2010, S. 11.

23 „This makes prosecution more difficult, as the formal criminal offence linked to a large-scale attack may not be regarded as severe enough to justify rapid cross-border law enforcement and judicial cooperation“, SEC(2010) 1122 final v. 30.9.2010, S. 16.

24 KOM(2010) 517 endg. v. 30.9.2010, S. 9; KOM(2008) 448 endg. v. 14.7.2008, S. 11; SEC(2010) 1122 final v. 30.9.2010, S. 16.

prepare and conduct attacks against information systems; and due to the absence of dissuasive penalties associated with large-scale attacks."[25]

Allerdings ergeben sich nicht nur ernstzunehmende Entwicklungen bezüglich des Angriffsobjekts und der Handlungsmodalitäten, sondern auch bei den Tatmotivationen. Danach bildet immer häufiger ein finanzielles Interesse den maßgeblichen Antrieb für die Tatbegehung,[26] auch wenn die Höhe der sog. Primärschäden zurückgeht, nimmt die Höhe der Sekundärschäden, wie der Verlust persönlicher Daten, zu. Auch diese Daten können anschließend wirtschaftlich nutzbar gemacht werden.[27]

Nach Auffassung der Kommission könnte die Tatbegehung zwar auch durch nationale Reaktionsmöglichkeiten stärker eingedämmt werden. Es seien nach der Umsetzung der europäischen Vorgaben in den Mitgliedstaaten auch tatsächlich bereits weitere Reformen durchgeführt wurden,[28] welche die Kommission als eindeutige Anzeichen für einen entsprechenden Handlungs- und Koordinierungsbedarf auf Europaebene wertete.[29] Territorial begrenzte Lösungsansätze würden der angestrebten Harmonisierung entgegenwirken und die „Gefahr von Uneinheitlichkeit und Effizienzverlust in Europa" in sich bergen.[30] Die unterschiedlichen nationalen Strategien und die fehlende systematische und grenzübergreifende Zusammenarbeit schränke die Wirksamkeit der Gegenmaßnahmen erheblich ein.[31] Durch die Uneinheitlichkeit werde die Anfälligkeit der IT-Systeme verstärkt und damit würden sich auch die Risiken für ein reibungsloses Funktionieren des Binnenmarktes verstärken.[32] Eine derartige Zerklüftung schwäche wiederum das Vertrauen der Verbraucher in Online-Dienste und wirke damit einem der vorrangigen Ziele – der Stärkung

---

25 SEC(2010) 1122 final, ebd.

26 A.a.O., S. 11.

27 Ebd.

28 KOM(2010) 517 endg. v. 30.9.2010, S. 3; SWD(2013) 32 final v. 7.2.2013, S. 13, 23f.; SEC(2010) 1122 final v. 30.9.2010, S. 18 benennt Malta, Portugal und Lettland als Beispiele.

29 KOM(2010) 517 endg. v. 30.9.2010, S. 9.

30 KOM(2009) 149 endg. v. 30.3.2009, S. 6, so auch: SEC(2010) 1122 final v. 30.9.2010, S. 18; SEK(2010) 1123 final v. 30.9.2010, S. 3.

31 KOM(2008) 448 endg. v. 14.7.2008, S. 11; SEC(2010) 1122 final v. 30.9.2010, S. 4, 8, 16.

32 KOM(2009) 149 endg. v. 30.3.2009, S. 6; SWD(2013) 31 final v. 7.2.2013, S. 3, 5; SWD(2013) 32 final v. 7.2.2013, S. 12, 32f.; Digitale Agenda 2010 in: KOM(2010) 245 endg. v. 19.5.2010, S. 6; SEC(2010) 1122 final v. 30.9.2010, S. 18; KOM(2010) 673 endg. v. 22.11.2010, S. 10.

des Vertrauens in die Netz- und Informationssicherheit (NIS)[33] – entgegen.[34] Gerade wegen der beträchtlichen grenzübergreifenden Dimension könne ihre Sicherheit nicht im zureichenden Maße von den einzelnen Mitgliedstaaten realisiert werden.[35] Außerdem nehme die Bedrohung von Angriffen auf Informationssysteme zu.[36] Aus diesem Grunde sprach sich die Kommission für ein Eingreifen auf europäischer Ebene aus. Die „Bekämpfung der organisierten Kriminalität, Erhöhung der Abwehrfähigkeit von Computernetzen, Schutz kritischer Informationsinfrastrukturen[37]" [38] und die Verwirklichung des Datenschutzes müssten gezielter verfolgt werden.[39] Auch die Mitgliedstaaten votierten überwiegend für eine weitergehende Harmonisierung auf europäischer Ebene:[40]

> „The main outcome of the consultations was a wide consensus in favour of the Commission updating the existing legislation."[41]

Entsprechend dieser Zielsetzung wurden bei der strafrechtlichen Erfassung von Botnetzen, dem verbesserten Schutz kritischer Infrastruktur und der Strafrahmenerhöhung zur effektiveren Strafverfolgung von Großangriffen auf Informa-

---

33 In SWD(2013) 32 final v. 7.2.2013, S. 6: „'network and information security' means the ability of a network or an information system to resist, at a given level of confidence, accidental events or unlawful or malicious actions that compromise the availability, authenticity, integrity and confidentiality of stored or transmitted data and the related services offered by or accessible via these networks and systems." Vertiefend zu den bereits durchgeführten Maßnahmen, a.a.O., S. 2f. und zu den bestehenden Problemlagen, S. 3f. mit Lösungsansätzen, S. 4ff. m.w.N.

34 KOM(2006) 251 endg. v. 31.5.2006, S. 4; KOM(2009) 149 endg. v. 30.3.2009, S. 3, 5; Digitale Agenda 2010 in: KOM(2010) 245 endg. v. 19.5.2010, S. 6, 13ff.; Kommission, Pressemitteilung IP/10/581 v. 19.5.2010, S. 2; KOM(2010) 517 endg. v. 30.9.2010, S. 3; SWD(2013) 32 final v. 7.2.2013, S. 20; Kommission, MEMO/10/200 v. 19.5.2010, S. 3, 5.

35 KOM(2009) 149 endg. v. 30.3.2009, S. 6; KOM(2010) 517 endg. v. 30.9.2010, S. 8. Vertiefend: 18 aufgeführte Erwägungen, a.a.O., S. 11–14; SWD(2013) 31 final v. 7.2.2013, S. 5; SWD(2013) 32 final v. 7.2.2013, S. 12, 32f.

36 Digitale Agenda 2010 in: KOM(2010) 245 endg. v. 19.5.2010, S. 6; SEC(2010) 1122 final v. 30.9.2010, S. 10f.; SEK(2010) 1123 final v. 30.9.2010, S. 2, 7; SWD(2013) 32 final v. 7.2.2013, S. 13ff.; Kommission, Pressemitteilung IP/10/1239 v. 30.9.2010, S. 2.

37 SEC(2010) 1122 final v. 30.9.2010, S. 2: „Critical Information Infrastructure (CII) – Information and Communication Technologies (ICT) systems that are critical infrastructures for themselves or that are essential for the operation of critical infrastructures (telecommunications, computers/software, Internet, satellites, etc.)".

38 KOM(2010) 517 endg. v. 30.9.2010, S. 5; SEK(2010) 1123 final v. 30.9.2010, S. 4.

39 Ebd.

40 SEC(2010) 1122 final v. 30.9.2010, S. 19.

41 Ebd.

tionssysteme Schwerpunkte gesetzt und die bisherigen Vorgaben auf ihre Aktualität überprüft.

II. Zentrale Anknüpfungspunkte des Reformvorhabens

Die intensive Erörterung von *Botnetzen* ist vor allem auf ihren Bedeutungsgewinn bei der Tatbegehung zurückzuführen. Durch ihre vielfältigen Einsatzmöglichkeiten und ihre hohe Effektivität, bei reduzierter Entdeckungswahrscheinlichkeit, erfreut sich ihr Einsatz größter Beliebtheit.

> „Botnets have become an increasingly significant part of the cybercrime landscape, and are used to send spam and phishing e-mails, as well as to launch large-scale denial of service attacks, or similar […] i.e. any attack that disables an information network to fulfil its normal function […].“[42]

Ein Definitionsansatz zu „Botnetzen“ sowie eine Beschreibung der Vorgehensweise fanden im Kommissionsvorschlag und in der Folgenabschätzung vom 30. September 2010 Aufnahme.[43] Die bisherigen Regelungen würden der Tragweite dieser Missbrauchsform nicht gerecht.[44] Bereits der Schlussbericht zur Umsetzung des Rahmenbeschlusses schlug daher vor:

> „So könnte unter anderem erwogen werden, bestimmte Aktivitäten, die die kriminelle Nutzung von Botnets erleichtern, auf besondere Weise zu ahnden sowie här-

---

42 A.a.O., S. 8.

43 Danach werden „Botnetze“ aus einem Zusammenschluss von infizierten Rechnern (sog. Zombies) gebildet, die ferngesteuert für gezielte Angriffe eingesetzt werden, ohne dass der Computerbesitzer hiervon Kenntnis erlangen muss, KOM(2010) 517 endg. v. 30.9.2010, S. 3; SEC(2010) 1122 final v. 30.9.2010, S. 2; ähnlich: Rat der EU, Pressemitteilung 7012/11 v. 24./25.2.2011, S. 10, Fn 1; ABl. EU C 218 v. 23.7.2011, S. 131, Punkt 1.8, Fn 6; a.a.O., S. 133, Punkt 3.4.; Rat der EU, Pressemitteilung 11008/11 v. 9./10.6.2011, S. 18; *Ders.*, Vermerk, Dok. 10751/11 v. 30.5.2011, S. 5. Nach dem Aufbau eines solchen Netzwerkes könne dieses beispielsweise zur Erpressung, Sabotage oder zur Datenspionage genutzt werden, SEC(2010) 1122 final v. 30.9.2010, S. 8. Die hierdurch verursachten Störungen und finanziellen Schäden würden durch ihre rasche räumliche Ausdehnung potenziert. Schätzungen zu Folge könne ein größeres Botnetz innerhalb von 24 Stunden 40.000 bis 100.000 Verbindungen zu (infizierten) Computern aufbauen, a.a.O., S. 3; KOM(2010) 517 endg. v. 30.9.2010, S. 4; SEC(2010) 1122 final v. 30.9.2010, S. 2; ABl. C 218 v. 23.7.2011, S. 133, Punkt 3.4. Gerade weil die Vernetzung ohne Wissen des Computerinhabers durchführbar ist, bleibe die Tat oft unbemerkt. Das Opferverhalten erschwere die Strafverfolgung, SEK(2010) 1123 final v. 30.9.2010, S. 3, KOM(2010) 517 endg. v. 30.9.2010, S. 2f.; SWD(2013) 32 final v. 7.2.2013, S. 12f., 25. Bezüglich der geltenden Rechtslage verwies die Kommission darauf, dass Manipulationen von Computern und ihre Umwandlung in Botnetze schon aus Datenschutzgründen in „verwaltungsrechtlicher Hinsicht“ verboten seien, KOM(2010) 517 endg. v. 30.9.2010, S. 4 m.V.a: Datenschutzrichtlinie für elektronische Kommunikation i.d.F. Richtlinie 2009/136/EG in: ABl. EU Nr. L 337 v. 18.12.2009, S. 11–36.

44 KOM(2010) 517 endg. v. 30.9.2010, S. 4f.

tere Mindestsanktionen für Straftaten in Form von massiven und besonders gefährlichen Angriffen auf Informationssysteme zu verhängen."[45]

Bekräftigt wurde dieses Anliegen in der Folgenabschätzung der Kommission.[46]

Neben der strafrechtlichen Erfassung von Botnetzen konzentrierten sich die Reformbemühungen auf den verbesserten Schutz *kritischer Infrastrukturen.* Bereits das Grünbuch der Kommission von 2005 enthielt einen Definitionsansatz.[47] Maßgebend für die Subsumtion ist ihr „Potenzial, bei einem Störfall über das Gebiet des Mitgliedstaats, in dem sie sich befindet, hinaus gravierende Wirkungen zu entfalten".[48] Dieses Begriffsverständnis spiegelt sich auch in der Definition zur Folgenabschätzung vom 30. September 2010 wider.[49]

Zuvor wurde die Notwendigkeit einer präventiven Reaktion mehrfach betont. Bereits 2006 verfasste die Kommission eine Strategie[50] für einen entsprechenden Rechtsrahmen.[51] Im Verlaufe der Vorbereitungen für die Richtlinie verla-

---

45 KOM(2008) 448 endg. v. 14.7.2008, S. 11.

46 SEC(2010) 1122 final v. 30.9.2010, S. 4.

47 „Als kritische EU-Infrastrukturen können gelten natürliche Ressourcen, Dienste, informationstechnologische Einrichtungen, Netze und sonstige Infrastruktureinrichtungen, deren Störung oder Vernichtung gravierende Auswirkungen hätte auf die Gesundheit, die Sicherheit oder das wirtschaftliche oder soziale Wohlergehen [...]", KOM(2005) 576 endg. v. 17.11.2005, S. 7.

48 Ebd.

49 SEC(2010) 1122 final v. 30.9.2010, S. 2: „Critical Information Infrastructure (CII) – Information and Communication Technologies (ICT) systems that are critical infrastructures for themselves or that are essential for the operation of critical infrastructures (telecommunications, computers/software, Internet, satellites, etc.)".

50 KOM(2006) 251 endg. v. 31.5.2006 als Konkretisierung von: KOM(2001) 298 v. 6.6.2001.

51 KOM(2006) 251 endg. v. 31.5.2006, S. 3. Dieser enthielt spezielle Maßnahmen für die Gewährleistung der Netz- und Informationssicherheit (NIS). Der Mitteilung in KOM(2001) 298 v. 6.6.2001, S. 3 folgend, umfasst diese „die Fähigkeit eines Netzes oder Informationssystems, mit einem vorgegebenen Niveau Störungen oder böswillige Aktionen abzuwehren, die die Verfügbarkeit, Authentizität, Integrität und Vertraulichkeit von gespeicherten oder übermittelten Daten und damit zusammenhängenden Diensten, die über dieses Netz oder Informationssystem angeboten werden bzw. zugänglich sind, beeinträchtigen", Bezugnahme auch in: KOM(2006) 251 endg. v. 31.5.2006, S. 3. In einer weiteren Mitteilung hob die Kommission die starke Abhängigkeit von der kritischen Infrastruktur hervor und rügte zugleich, dass trotz ihrer Anfälligkeit ein entsprechendes Problembewusstsein bislang kaum erkennbar sei, KOM(2009) 149 endg. v. 30.3.2009, S. 1–13, insbes. S. 5f. Rat der EU, Vermerk, Dok. 7120/10 v. 8.3.2010, S. 4. Als Beleg für eine ernstzunehmende Bedrohung wurde auf die Cybergroßangriffe gegen Estland, Litauen und Georgien hingewiesen, wobei die Wiederholungsgefahr eines vergleichbaren Angriffs bei 10 bis 20% liege und in einem solchen Fall mit Kosten in Höhe von etwa 250 Mrd. US-Dollar gerechnet werden muss, a.a.O., S. 2 m.w.N, S. 5; SEC(2010) 1122 final v. 30.9.2010, S. 7. Zu ihrer Ver-

gerten sich diese Bemühungen stärker in den repressiven Bereich. Statt wie zuvor in der Convention on Cybercrime und im Rahmenbeschluss, sollten die geschilderten Reformanliegen verstärkt auf der Rechtsfolgenseite berücksichtigt werden.

In der Folgenabschätzung vom 30. September 2010 konstatierte die Kommission, dass kein direkter Zusammenhang zwischen der *Höhe des Strafrahmens* in einem Mitgliedstaat und dem dort begangenen Umfang der Straftatbegehung bestehe.[52] Strafe sei zwar ein wichtiger Faktor, aber auch andere Umstände würden in die Entscheidung für eine Tatbegehung einfließen. Einkalkuliert würden der zu erwartende Gewinn und der vorhandene Sicherheitsstandard des anvisierten Computernetzwerkes.[53] An anderer Stelle, in derselben Folgenabschätzung, äußerte die Kommission dennoch, dass der Kriminalitätszunahme mit einer Strafschärfung begegnet werden könne und dadurch ihre negativen Folgewirkungen begrenzt werden könnten.[54]

Aus diesem Grund sprach sich die Kommission für eine Strafrahmenerhöhung aus: „A higher level of penalisation is required […]“.[55] Die Mindesthöchststrafe sollte auf fünf Jahre festgesetzt werden.[56]

> „Such an increase in the minimum level of penalties will not only send a clear message that the European Union is regarding this type of criminality with increased seriousness, but is also likely to have a deterrent effect.“[57]

---

meidung formulierte die Mitteilung zunächst ausschließlich prophylaktische Ansätze, wie die Stärkung der Abwehrbereitschaft, die Schaffung eines entsprechenden Problembewusstseins sowie einen Plan mit Sofortmaßnahmen, KOM(2009) 149 endg. v. 30.3.2009, S. 2.

52 Die Kommission verneint einen Zusammenhang in: SEC(2010) 1122 final v. 30.9.2010, S. 13. Vertiefte Darstellung zu den Vorfällen, a.a.O., S. 9f. „For that reason, it is incorrect to assume there is a dominant link between the level of penalties in one Member State and the number of attacks originating from this Member State“, a.a.O., S. 13.

53 Ebd.

54 A.a.O., S. 46.

55 Ebd. Einschränkend: „The legislative changes that were introduced by Estonia are too recent to establish a link between the higher penalties and the number of large-scale attacks“.

56 Die bislang vorgesehene Freiheitsstrafe von meist drei Jahren steht nach Auffassung der Kommission außer Verhältnis zum Unrechtsgehalt, a.a.O., S. 46. Unterstützt diese Ansicht v.a. von Ländern, die sich in jüngster Vergangenheit massiver Angriffe ausgesetzt sahen, insbesondere Estland und Lettland, a.a.O., S. 14, 16. „The minimum of the maximum penalty should therefore be set at five years, which corresponds to the level in those Member States which recently increased their penalties for cyber attacks, as well as to the generally perceived notion of what constitutes serious crime“, a.a.O., S. 46.

57 Ebd.

Der maßgebliche Grund für die geplante Anhebung des Strafrahmens dürfte jedoch eher die intendierte Aufwertung zum „serious crime“ gewesen sein. Als Vorteil einer solchen Zuordnung pries die Kommission die Bereitstellung größerer Ressourcen, die den Gesetzen zu einer effektiveren Durchsetzung verhelfe.[58] Hierdurch solle der erhöhte Kostenaufwand durch den Einbezug des technischen Equipments und der teuren Fachkräfte kompensiert werden.[59] Ihr Einsatz sei gemäß dem Verhältnismäßigkeitsgrundsatz in einigen Ländern, wegen der Gefährdung von Freiheitsrechten, von der Einstufung der zu verfolgenden Kriminalität abhängig. Aus diesem Grund wählte die Kommission einen eher zweckmäßigen Umgang mit dieser verfassungsrechtlichen Hürde, indem sie der Internetkriminalität durch die Strafrahmenerhöhung einen erhöhten Schweregrad zuwies.[60] Bekräftigend gelangte die Kommission daher in der Folgenabschätzung schließlich doch zu dem Schluss, dass von einer höheren Strafe auch eine größere Abschreckungswirkung ausgehe.[61]

> „The higher the penalties, the higher their deterrent function is. [...] This goes hand-in-hand with a stronger and more publicly visible prosecution of the crimes.“[62]

Angesichts der konstatierten Unzulänglichkeit geltender rechtlicher Lösungsansätze erwog die Kommission fünf gestufte *Reaktionsmöglichkeiten*, die von einer Belassung des durch den Rahmenbeschluss geschaffenen status quo (Option 1)[63] bis hin zur Neufassung der Convention on Cybercrime (Option 5)[64] reichten. Da ein Tätigwerden zwingend angezeigt sei, entschied sich die Kommission gegen den ersten Ansatz. Auch eine Beschränkung auf bloß flankierende, nichtlegislative Maßnahmen würde den aktuellen Begebenheiten nicht gerecht (Option 2).[65] Umgekehrt müsse die umfassendste Reaktionsmöglichkeit ausgeschlossen werden, da ein Konsens für die Erarbeitung eines neuen Übereinkommens innerhalb kürzester Zeit nicht erzielt werden könnte.[66]

---

58 Ebd. „General experience shows that a higher level of penalties tends to have the quasi-automaticeffect that more resources are earmarked for law enforcement and judicial authorities to fight the corresponding crime“, a.a.O., S. 14.

59 Ebd.

60 Ebd.

61 Ebd.

62 Ebd.

63 A.a.O., S. 23; SEK(2010) 1123 final v. 30.9.2010, S. 4, 6; KOM(2010) 517 endg. v. 30.9.2010, S. 6.

64 SEC(2010) 1122 final v. 30.9.2010, S. 26; SEK(2010) 1123 final v. 30.9.2010, S. 5; KOM(2010) 517 endg. v. 30.9.2010, S. 7.

65 SEC(2010) 1122 final a.a.O., S. 23, 30ff.; SEK(2010) 1123 final v. 30.9.2010, S. 4, 6; KOM(2010) 517 endg. v. 30.9.2010, S. 6.

66 SEC(2010) 1122 final v. 30.9.2010, S. 26; KOM(2010) 517 endg. v. 30.9.2010, S. 7.

Insofern war die Kommission gehalten, einen Kompromiss zwischen der gezielten Überarbeitung des Rahmenbeschlusses (Option 3)[67] und der Einführung einer umfassenden Regelung zu finden, die neben der Cyberkriminalität auch die hierdurch verwirklichte Finanzkriminalität (Option 4) einbezog.[68]

Schließlich entschied sich die Kommission für eine Aktualisierung des Rahmenbeschlusses durch eine Richtlinie gemäß der dritten Option,[69] sowie den ergänzenden Einbezug flankierender, nichtlegislativer Ansätze gemäß der zweiten Option.[70] Übereinstimmend mit Option 2 sollte ein Programm zur „Stärkung der Abwehrbereitschaft, Sicherheit und Stabilität kritischer Informationsinfrastrukturen"[71] erarbeitet werden.[72] Der Gesetzentwurf sollte ausdrücklich auf den bestehenden Regelungen aufbauen.[73] Für eine entsprechende Novellierung konnte sich die Kommission auf einen Konsens der zuvor beteiligten Sachverständigen,[74] der Mitgliedstaaten,[75] der Vertretern

67 SEC(2010) 1122 final v. 30.9.2010 S. 24, 29f.; SEK(2010) 1123 final v. 30.9.2010, S. 4, 6; KOM(2010) 517 endg. v. 30.9.2010, S. 6.

68 SEC(2010) 1122 final v. 30.9.2010, S. 26; SEK(2010) 1123 final v. 30.9.2010, S. 5, 7; KOM(2010) 517 endg. v. 30.9.2010, S. 6.

69 KOM(2010) 517 endg. v. 30.9.2010, S. 6.

70 SEC(2010) 1122 final v. 30.9.2010, S. 7, 45ff. mit vertiefender Analyse, ab S. 27; KOM(2010) 517 endg. v. 30.9.2010, S. 7, 9.

71 SEK(2010) 1123 final v. 30.9.2010, S. 4.

72 Dieses Programm sollte die Kontaktstellen der Strafverfolgungsbehörden durch das eingerichtete 24/7-Netzwerk fördern, a.a.O., S. 45, 47; KOM(2010) 517 endg. v. 30.9.2010, S. 6. Außerdem sollte ein EU-Mustervertrag für ihre Zusammenarbeit mit dem privaten Sektor erstellt werden. Ferner wurden Schulungsprogramme auf dem Gebiet der Internetkriminalität erwogen, ebd. Außerdem sollte die statistische Erfassung verbessert werden, ebd.

73 Kommission, Pressemitteilung IP/10/1239 v. 30.9.2010, S. 2; SEC(2010) 1122 final v. 30.9.2010, S. 19; KOM(2010) 517 endg. v. 30.9.2010, S. 7.

74 „The consulted experts represented 27 EU member states law enforcement agencies, Switzerland, Norway and member countries of the Council of Europe, OSCE, G8, Interpol, Europol and Eurojust. Consultations with the private sector included industry federations, such as EuroISPA, Eco, the Irish Banking Federation, ECTA and a number of private companies including Symantec, eBay, Microsoft, MasterCard, Blueprint Partners, KPN, Telefonica, Bouygues Telecom, HP, CA, SAP, Business Software Alliance", SEC(2010) 1122 final v. 30.9.2010, S. 19, Fn 62.

75 „A large majority of Member States have, insofar as they have expressed an opinion (23 out of 27), agreed on the objectives and possible actions that the Commission has suggested in its 2007 Communication […]. Some Member States have underlined the importance of the Council of Europe Cybercrime Convention and made clear that they would be unlikely to give full support to an EU proposal which is not fully in line with the Convention. Overall, Member States have welcomed further development of the EU policy in this area, as efforts at European level would complement the Council of Europe Convention and different global international and national action programmes. None of

des privaten Sektors[76] sowie auf die Zustimmung der beteiligten Drittländer[77] stützen.

Aus den zentralen Anknüpfungspunkten ergab sich für die auszugestaltende Richtlinie folgende Zielstellung: „[…] to deter the occurrence of, and decrease the number of large-scale attacks originating from and/or targeting the EU".[78] Ihre Umsetzung stützte sich auf drei Hauptpfeiler – die Harmonisierung der materiell-rechtlichen Vorschriften,[79] die Verbesserung der Zusammenarbeit[80] und die Erweiterung präventiver Ansätze[81]. Durch die Richtlinie sollte der Rahmenbeschluss zwar aufgehoben werden, dessen Bestimmungen aber erhalten bleiben.[82]

---

the other Member States have voiced objections against the convention, but, […], it is unclear when ratification will happen. Only up to 5 Member States spoke in favour of comprehensive EU legislation against all forms of cybercrime", a.a.O., S. 19.

76 „Private sector experts agreed on the problem description and objectives outlined by the Commission in this impact assessment, and have thereby underlined the need to formulate the legislation in a way, which ensures that private sector can develop security products and test them in all legality. They have also pointed at the need to take action in this context against identity theft and fraud crimes, which are also committed at large scale. The need for a global legal instrument covering all types of cybercrime has also been highlighted in the long-term perspective", a.a.O., S. 19f.

77 „Third country experts declared that the problems described and policy objectives of the Commission are in principle identical to problems and objectives in other countries", a.a.O., S. 20.

78 A.a.O., S. 21.

79 „A Specific objective: Prosecute and convict criminals responsible for large-scale attacks, through the approximation of criminal law dealing with attacks against information systems

Operational objectives:

A1 To ensure the criminalisation of large-scale attacks, through the criminalisation of the sale, use and putting at the disposal of tools;

A2 To facilitate prosecution of cross-border cybercrime cases;

A3 To impose effective, proportionate and dissuasive penalties", SEC(2010) 1122 final v. 30.9.2010, S. 21.

80 Ebd.

81 SEC(2010) 1122 final v. 30.9.2010, S. 4, 21f.; Stockholmer Programm in: Abl. EU Nr. C 115 v. 4.5.2010, S. 22; SEK(2010) 1123 final v. 30.9.2010, S. 3f.; KOM(2010) 517 endg. v. 30.9.2010, S. 7f.; SWD(2013) 32 final v. 7.2.2013, S. 34; Kommission, Pressemitteilung IP/10/1239 v. 30.9.2010, S. 2.

82 KOM(2010) 517 endg. v. 30.9.2010, S. 7, 10. Die folgenden Ausführungen werden sich, entsprechend der Themensetzung, auf die relevanten materiell-rechtlichen Vorschriften beschränken.

III. Einleitung des Gesetzgebungsverfahrens durch die Kommission

Der Rat hatte bereits in seinem Vermerk vom 8. März 2010 betont, dass die Cyberkriminalität zu den „hauptsächlichen Kriminalitätsrisiken und -bedrohungen“[83] gehöre, mit denen Europa konfrontiert sei. Ähnlich wie die Technik selbst, passten sich auch ihre Missbrauchsmöglichkeiten extrem schnell an die wissenschaftlichen und technologischen Änderungen an.[84] Für eine stärkere Eindämmung verfasste die Kommission daher zwei Maßnahmen mit unterschiedlichen Anknüpfungspunkten zum verbesserten Schutz der Netz- und Informationssicherheit.[85] Die erste Maßnahme formulierte einen Richtlinienentwurf zur Erfassung von „Cyber-Großangriffen“.[86] Die Zweite enthielt einen Vorschlag für eine Verordnung zur Unterstützung der Europäischen Agentur für Netz- und Informationssicherheit (ENISA)[87].[88]

Inhaltlich orientierte sich der Kommissionsentwurf für die Richtlinie[89] stark an Aufbau und Inhalt des zu ersetzenden Rahmenbeschlusses und erweiterte die darin enthaltenen Vorschriften um solche der Cybercrime Convention.[90] Ge-

---

83 Rat der EU, Vermerk, Dok. 7120/10 v. 8.3.2010, S. 2.

84 A.a.O., S. 2, 6.

85 Kommission, Pressemitteilung IP/10/1239 v. 30.9.2010, S. 1. Beide Maßnahmen wurden am 30.9.2010 bekannt gegeben, Rat der EU in: Dok. 14436/10 v. 4.10.2010, S. 1. Vertiefend zum Ablauf der vorausgegangen Debatten, Vorarbeiten und Konsultationen: SEC(2010) 1122 final v. 30.9.2010, S. 5ff. Sie dienten der Umsetzung des Stockholmer Programms (in: Abl. EU Nr. C 115 v. 4.5.2010, S. 15: „[…] Vorrangig sollte[n] hier […] Computerkriminalität berücksichtigt werden“) und der Digitalen Agenda für Europa 2010 (in: KOM[2010] 245 endg. v. 19.5.2010, S. 20f., 45). Die Digitale Agenda war die erste von sieben Leitinitiativen der Strategie Europa 2020 (KOM[2010] 2020 endg. v. 3.3.2010, S. 6, 16f., 37), Kommission, Pressemitteilung IP/10/581 v. 19.5.2010, S. 1; Kommission, MEMO/10/199 v. 19.5.2010, S. 1. Sie enthielt etwa 100 Folgemaßnahmen, darunter 31 Legislativvorschläge, ebd.

86 Kommission, MEMO/10/200 v. 19.5.2010, S. 10f.; Dies., Pressemitteilung, IP/10/1239 v. 30.9.2010, S. 1; Liste der von der Kommission angenommenen Legislativvorschläg in: Abl. EU Nr. C 121 v. 19.4.2011, S. 25.

87 KOM(2010) 520 endg. v. 30.9.2010, S. 1–23; KOM(2009) 149 endg. v. 30.3.2009, S. 3; KOM(2006) 251 endg. v. 31.5.2006, S. 4.

88 Kommission, MEMO/10/200 v. 19.5.2010, S. 10; Dies., Pressemitteilung, IP/10/1239 v. 30.9.2010, S. 1. Beide Entwürfe wurden zusammen an das Europäische Parlament und den EU-Ministerrat zur Verabschiedung weitergeleitet, ebd. 1. Am 13.10.2010 folgte die Weiterleitung an die Gruppe „Allgemeine Angelegenheiten einschließlich Bewertung“, Rat der EU, Vermerk, Dok. 8795/11 v. 8.4.2011, S. 2.

89 Entsprechend dieser Ausrichtung beschränken sich die nachfolgenden Ausführungen auf die erste Maßnahme und damit auf die Reformbestrebungen i.R.d. Richtlinie 2013/40/EU v. 12.8.2013, da nur diese Anpassungsvorschläge auf dem Gebiet des Strafrechts enthält.

90 SEC(2010) 1122 final v. 30.9.2010, S. 19; SEK(2010) 1123 final v. 30.9.2010, S. 4; KOM(2010) 517 endg. v. 30.9.2010, S. 7. Im Anschluss an die 18 vorangestellten Erwä-

genüber dem Rahmenbeschluss neu eingeführt wurde in Art. 6 RL-E[91] eine Regelung zum rechtswidrigen Abfangen.[92] Die Vorgaben orientierten sich an Art. 3 CCC. Ebenfalls neu aufgenommen wurde mit Art. 7 RL-E eine Regelung zu Tatwerkzeugen[93] und damit zur Vorfeldstrafbarkeit wie sie bereits in Art. 6 CCC erwogen wurde.

IV. Überarbeitung des Kommissionsvorschlags im Rat

Nach der Zuleitung des Richtlinienvorschlages an den Rat begann eine umfassende Erörterung unter Beteiligung verschiedener Ausschüsse und Fachgremien.[94] Um eine erste verbindliche Ausrichtung beschließen zu können, kon-

---

gungen (KOM[2010] 517 endg., S. 11–14, Erwägründe 1–18) konturierte die Kommission in Art. 1 des Entwurfes den Regelungsgegenstand, a.a.O., S. 14, Art. 1: „Diese Richtlinie legt Straftatbestände für Angriffe auf Informationssysteme und Mindestvorschriften für Sanktionen fest. Sie enthält überdies gemeinsame Vorschriften, um solchen Angriffen entgegenzuwirken und die europäische justizielle Zusammenarbeit in Strafsachen auf diesem Gebiet zu verbessern." In Art. 2 RL-E schlossen sich Begriffsdefinitionen zum „Informationssystem", „Computerdaten", „juristische Person" und „unbefugt" an, a.a.O., S. 14f., Art. 2, (angelehnt an Art. 1 CCC, Art. 1 des RB). Art. 3 RL-E regelte die Computerspionage, a.a.O., S. 15, Art. 3 (angelehnt an Art. 2 CCC, Art. 2 des RB). Art. 4 RL-E enthielt die Computersabotage, a.a.O., S. 15, Art. 4 (angelehnt an Art. 5 CCC, Art. 3 des RB). Art. 5 kodifizierte die Datenveränderung, a.a.O., S. 15, Art. 5 (angelehnt an Art. 4 CCC, Art. 4 des RB). Art. 8 RL-E befasst sich mit der Versuchs- und Teilnehmerstrafbarkeit, a.a.O., S. 16, Art. 8 (angelehnt an Art. 11 CCC, Art. 5 des RB). Zu den Sanktionen enthielt Art. 9 RL-E weitergehende Ausführungen, a.a.O., S. 16, Art. 9 (angelehnt an Art. 13 CCC, Art. 6 des RB). Diese werden in Art. 10 RL-E um erschwerende Umstände ergänzt, a.a.O., S. 16f., Art. 10. Art. 11 RL-E regelt die Verantwortlichkeit juristischer Personen, a.a.O., S. 17, Art. 11 (angelehnt an Art. 12 CCC, Art. 8 des RB) und Art. 12 RL-E ihre Sanktionierung, a.a.O., S. 17f., Art. 12 (angelehnt an Art. 13 Abs. 2 CCC, Art. 9 des RB). Daran schlossen sich in Art. 13 RL-E Vorgaben zur gerichtlichen Zuständigkeit, in Art. 14 RL-E zum Informationsaustausch, in Art. 15 RL-E zur Kontrolle und Statistiken, in Art. 16 RL-E zur Aufhebung des Rahmenbeschlusses 2005/222/JI, in Art. 17 zur Umsetzung, in Art. 18 RL-E zur Berichterstattung, in Art. 19 RL-E zum Inkrafttreten und in Art. 20 RL-E zu den Adressaten der Richtlinie an, a.a.O., S. 18–20, Art. 13–20. Die Notwendigkeit ihrer Umsetzung hob die Kommission nochmals hervor, KOM(2010) 673 endg. v. 22.11.2010, a.a.O., S. 2, 4, 10f.

91 Alle nachfolgenden Artikel mit dem Suffix „RL-E" sind solche des Kommissionsentwurfs i.d.F.: KOM(2010) 517 endg. v. 30.9.2010.

92 A.a.O., S. 15, Art. 6 (angelehnt an Art. 3 CCC).

93 A.a.O., S. 15f., Art. 7 (angelehnt an Art. 6 CCC).

94 Auf der ersten Ratstagung v. 8./9.11.2010 wurde der Koordinierungsausschuss für den Bereich der polizeilichen und justiziellen Zusammenarbeit in Strafsachen (CATS) mit der Ausarbeitung von strategischen Vorgaben für die Arbeiten in der Gruppe „Materielles Strafrecht" betraut, Rat der EU, Vermerk, Dok. 10751/11 v. 30.5.2011, S. 2; *Ders.*, Vermerk, Dok. 8795/11 v. 8.4.2011, S. 2. Auch die Vorbereitungsgremien wurden ersucht, die Beratungen zügig fortzusetzen, *Ders.*, Pressemitteilung, 15848/10 v. 8./9.11.2010, S. 13. Intensiviert wurde die Diskussion am 11.2.2011, *Ders.*, Vermerk, Dok. 10751/11 v. 30.5.2011,

zentrierte sich die Debatte auf die wichtigsten Kernpunkte. Diskussionsschwerpunkte wurden bei der Klärung der gerichtlichen Zuständigkeit, der Pönalisierung des Einsatzes von Werkzeugen zur Tatbegehung und dem Umgang mit dem sog. Identitätsdiebstahl gesetzt.[95] Ein erstes umfassendes Kompromisspaket konnte bereits im Mai erarbeitet werden.[96]

Nach Abschluss der Debatte legte der Rat im Juni 2011 eine allgemeine Ausrichtung für die Verhandlung mit dem Europäischen Parlament fest,[97] die mit

---

S. 2; *Ders.*, Vermerk, Dok. 8795/11 v. 8.4.2011, S. 2. Den Schwerpunkt der Erörterung bildete Art. 10 Abs. 3 RL-E, welcher den Identitätsmissbrauch als erschwerenden Umstand klassifizierte, ebd. Am 22.3.2011 folgte eine Stellungnahme, in der die Vorgaben zu „leichten Fällen" im Allgemeinen, die Kodifizierung des Art. 3 RL-E zum rechtswidrigen Zugang, das Strafmaß und die Bestimmung der gerichtlichen Zuständigkeit erörtert wurden, *Ders.*, Vermerk, Vermerk, Dok. 10751/11 v. 30.5.2011, S. 2. Neben dem CATS-Ausschuss befasste sich auch der Europäische Wirtschafts- und Sozialausschuss mit der Entwurfsanpassung, ABl. EU Nr. C 218 v. 23.7.2011, S. 130. Einen Monat später debattierten die Justizminister über die jüngste Entwurfsfassung, Rat der EU, Pressemitteilung 7012/11 v. 24./25.2.2011, S. 2, 10. Das Hauptaugenmerk lag auf Angriffen, „die unter missbräuchlicher Verwendung von Identitätsdaten" begangen werden. Diskutiert wurde damit vornehmlich die rechtliche Würdigung von Fallkonstellationen, in denen der Angreifer seine wahre Identität verschleiert und den rechtmäßigen Eigentümer der Identität schädigt, a.a.O., S. 10. Auf der Tagung vom 11./12.4.2011 folgte eine öffentliche Orientierungsaussprache zur Festsetzung eines politischen Rahmens für die anschließende Arbeit in den Vorbereitungsgremien, *Ders.*, Pressemitteilung, Dok. 8692/11 v. 11./12.4.2011, S. 2, 15; *Ders.*, Vermerk, Dok. 10751/11 v. 30.5.2011, S. 3f.; *Ders.*, Vermerk, 8795/11 v. 8.4.2011, S. 3f. Danach sollte der Kommissionsentwurf nur insoweit modifiziert werden, wie es die technische Weiterentwicklung erforderlich macht, *Ders.*, Pressemitteilung, Dok. 8692/11 v. 11./12.4.2011, S. 15.

95 *Ders.*, Pressemitteilung, Dok. 8692/11 v. 11./12.4.2011, S. 15; *Ders.*, Vermerk, Dok. 8795/11 v. 8.4.2011, S. 3ff. Zu weiteren Fragestellungen, ebd. Auf der Tagung v. 12.4.2011 konnte ein erster Grundkonsens erzielt werden, doch billigte der Rat die Gestaltungsvorschläge nur vorläufig.

96 Dieses resultierte v.a. aus den Ergebnissen der Sitzungen der JI-Referenten v. 13.5.2011 und den „Freunden des Vorsitzes" v. 24.5.2011, *Ders.*, Vermerk, Dok. 10751/11 v. 30.5.2011, S. 2. Die Korrekturen konzentrierten sich auf drei Kernbereiche. Dazu zählte weiterhin die strafrechtliche Erfassung von Tatwerkzeugen gem. Art. 7 RL-E, die Anpassungsvorschläge zu „erschwerenden Umständen" nach Art. 9 RL-E (*Ders.*, Vermerk, Dok. 8795/11 v. 8.4.2011, S. 4) und die Ergänzung eines weiteren Erwäggrundes (als Nr. 10) zur Kodifizierung der gerichtlichen Zuständigkeit (*Ders.*, Vermerk, Dok. 10751/11 v. 30.5.2011, S. 6). Deutschland hatte einen allgemeinen Prüfungsvorbehalt bezüglich der Wortlautfassung v. Art. 7 Abs. 1 lit.a RL-E zur Vorfeldstrafbarkeit eingelegt. Gleiches galt für die Verpflichtung, eine Tabelle mit den nationalgesetzlichen Umsetzungsvorschriften erstellen zu müssen, *Ders.*, Vermerk, Dok. 10751/11 v. 30.5.2011, S. 1; *Ders.*, Vermerk, Dok. 8795/11 v. 8.4.2011, S. 1.

97 Tagung am 9./10.6.2011, *Ders.*, Pressemitteilung 11008/11 v. 9./10.6.2011, S. 2, 18; *Ders.*, Pressemitteilung, Dok. 8692/11 v. 11./12.4.2011, S. 15.

dem Anliegen der Kommission übereinstimmte.[98] Zur Erstellung der Schlussfassung bezog der Rat ferner die Stellungnahme des Wirtschafts- und Sozialausschuss[99] ein.[100]

Der Ausschuss wählte die Darstellung der phänomenologischen Ausprägungen der Computer- und Internetkriminalität als Ausgangspunkt für die Analyse des Lagebildes, welches stark vom Zusammenhang zur technischen Funktionsweise des Internets geprägt ist.[101] Insgesamt sei, so der Ausschuss, eine Tendenz zu häufigeren und immer gefährlicheren Großangriffen zu verzeichnen, welche unter Einsatz ständig perfektionierter Technik begangen würden.[102] Der Ausschuss hielt die Richtlinie, übereinstimmend mit der Kommission, für ebenso dringend erforderlich, wie die Ratifizierung der Konvention durch die letzten zehn Mitgliedstaaten.[103] In einer früheren Stellungnahme sprach sich der Ausschuss sogar für einen noch umfassenderen Regelungsansatz, unter Einbezug von Vorschriften zur Finanzkriminalität, aus.[104] Allerdings räumte der Ausschuss, wie schon zuvor die Kommission, ein, dass sich eine Konsensbildung als schwierig erweisen dürfte.[105] Aus diesem Grunde beschränkte sich dieser auf die nachdrückliche Forderung eines umfassenden Rechtsrahmens zur Bekämpfung der Cyberkriminalität,[106] denn der geltende Rahmenbeschluss weise einige Unzulänglichkeiten auf. Als Begründung führte der Ausschuss die beschränkte Anzahl an Straftatbeständen an, die dem Unwert der Tathandlun-

98 *Ders.*, Pressemitteilung 11008/11 v. 9./10.6.2011, S. 18. Übereinstimmend mit der Kommission betonte der Rat, dass eine Anhebung des Strafmaßes erforderlich sei, um effektiv auf neuartige Bedrohungen reagieren zu können. Angemessen sei ein Höchstmaß von mindestens zwei Jahren, welches auf drei Jahre Freiheitsstrafe erhöht werden muss, sofern eine große Anzahl von Informationssystemen geschädigt wurde. Eine Anhebung auf fünf Jahre sei für solche Angriffe erforderlich, die von kriminellen Vereinigungen verübt oder gegen einen Teil der kritischen Infrastruktur gerichtet werden, a.a.O., S. 18f.

99 Im Folgenden verkürzend als „Ausschuss" bezeichnet.

100 ABl. C 218 v. 23.7.2011, S. 130–134.

101 A.a.O., S. 132ff. So schon in der Stellungnahme in: Abl. EU Nr. C 97 v. 24.8.2007, S. 22f.

102 ABl. C 218 v. 23.7.2011, S. 134, Punkt 3.8.

103 A.a.O., S. 130, Punkt 1.1.–1.5. Zum damaligen Zeitpunkt hatten Österreich, Belgien, die Tschechische Republik, Griechenland, Irland, Luxemburg, Malta, Polen, Schweden und das Vereinigte Königreich die Konvention noch immer nicht ratifiziert.

104 A.a.O., S. 132, Punkt 2.9 m.V.a.: Abl. EU Nr. C 97 v. 24.8.2007, S. 21. Auf S. 24 forderte der Ausschuss u.a. „energischere Kommissionsvorschläge", eine „dynamischere und innovativere Gemeinschaftsstrategie", „stärkere und verantwortungsvolle Koordinierungsmaßnahmen der EU".

105 ABl. C 218 v. 23.7.2011, S. 132, Punkt 2.10. m.V.a.: SEK(2010) 1122 v. 30.9.2010, Folgenabschätzung zu KOM(2010) 517 endg.

106 ABl. , a.a.O., Punkt 2.10.

gen mitunter nur unzureichend Rechnung trügen.[107] Das „derzeitige zwanglose und strukturlose Konzept für die Internetnutzung“[108] reiche keinesfalls mehr aus. Der Ausschuss befürwortete daher eine Richtlinienfassung, die geeignet sei, Botnetze und DoS-Angriffe[109] zu erfassen.[110] Die Vorschläge zur Sanktionierung des rechtswidrigen Abfangens und zur Vorverlagerung der Strafbarkeit wurden vom Ausschuss begrüßt.[111] Ergänzend zu den materiellrechtlichen Gestaltungs- und Anpassungsvorschlägen forderte der Ausschuss auf institutioneller Ebene den Aufbau einer zuständigen Regulierungsbehörde, wie sie für andere Spezialbereiche, etwa die Luftverkehrssicherheit, bereits existierte.[112] Auch der Prävention müsse mehr Beachtung geschenkt werden,[113] um gewisse technische Standards gewährleisten zu können.[114]

V. Zentrale Gestaltungsvorschläge

Die Kernpunkte der Gestaltungsvorschläge zur materiell-rechtlichen Erfassung der sog. CIA-Delikte des Rates und den ihm zuarbeitenden Ausschüssen und Fachgremien lassen sich wie folgt zusammenfassen.

Ähnlich wie bei den Arbeiten zum Rahmenbeschluss sprach sich der Rat für eine Beschränkung der Kriminalisierung auf schwere Fälle aus.[115] Diese Begrenzung sollte durch den expliziten Ausschluss von „leichten Fällen“ aus der Anwendbarkeit aller Straftatbestände (Art. 3 bis 7 RL-E) umgesetzt werden.[116]

---

107 A.a.O., S. 133, Punkt 3.5.

108 A.a.O., S. 130, Punkt 1.6.

109 „Denial-of-Service (DoS)-Attacken machen durch außerordentliche Überbelastung einen IT-Dienst (bspw. eine Website oder einen Internetdienst) unbenutzbar. Der betreffende Server oder Dienst wird für die Nutzer als nicht erreichbar bzw. nicht verfügbar angezeigt. Durch eine solche Attacke können bspw. Online-Bezahlungssysteme funktionsunfähig gemacht werden und den Nutzern Verluste verursachen“, A.a.O., S. 131, Punkt 1.8., Fn 7.

110 A.a.O., S. 131, Punkt 1.8; a.a.O., S. 133, Punkt 3.3; a.a.O., S. 134, Punkt 3.10.

111 A.a.O., S. 131, Punkt 1.9; a.a.O., S. 134, Punkt 3.10, 3.12(a), (c), (e).

112 A.a.O., S. 130, Punkt 1.6.

113 A.a.O., S. 130, Punkt 1.7.

114 Schließlich sei es untragbar, dass die Sicherheit der angeschlossenen Geräte und damit letztlich auch die des gesamten Netzwerks von den Launen ihrer Besitzer abhänge, ebd.; a.a.O., S. 133, Punkt 2.12. Zu erwägen sei daher ein elektronisches Identifikationssystem, gekoppelt mit dem nötigen Privatsphärenschutz, a.a.O., Punkt 1.7. Außerdem müsse die gesamte Informationssicherheitsindustrie gefördert (a.a.O., S. 132, Punkt 1.17) und verstärkt an der Entwicklung eines Früherkennungs- und Reaktionssystems gearbeitet werden (a.a.O., S. 131, Punkt 1.14).

115 Rat der EU, Vermerk, Dok. 10751/11 v. 30.5.2011, S. 3; *Ders.*, Pressemitteilung, Dok. 8692/11 v. 11./12.4.2011, S. 16; *Ders.* Vermerk, Dok. 8795/11 v. 8.4.2011, S. 3.

116 Ebd.; *Buono*, CRi 2013, 103, 105.

Allerdings sollte keine verbindliche Definition des „leichten Falls" erfolgen. Stattdessen schlug der Rat eine Aufzählung von Beispielsfällen innerhalb des vorangestellten Erwägungsgrundes Nr. 6a[117] vor.[118]

Der Rat sprach sich außerdem dafür aus, die Versuchsstrafbarkeit gem. *Art. 8 Abs. 2 RL-E* auf Straftaten gem. Art. 4 und 5 RL-E zu beschränken.[119]

Auch der Anwendungsbereich von *Art. 3 RL-E* zum rechtswidrigen Zugang sollte durch die Einführung einer zusätzlichen Voraussetzung – einem Verstoß gegen Sicherheitsmaßnahmen – begrenzt werden.[120] Diese Einschränkung war im Übereinkommen lediglich optional vorgesehen.[121]

Bezüglich der Kriminalisierung von Vorbereitungshandlungen gem. *Art. 7 RL-E* sprach sich der Rat im April 2011 für eine Straflosstellung des „Besitzes von Instrumenten" aus.[122] Im Kompromisspaket von Mai 2011 wurde außerdem das „Herstellen oder Verfügbarmachen jener Vorrichtungen, die zur Durchführung von Cyberangriffen benutzt werden könnten", gestrichen.[123] Auch der Begriff des Instruments sollte enger gefasst werden als noch im Kommissionsentwurf.[124] Bereits zuvor hatte der Rat kritisiert, dass die Anwendbarkeit von Art. 7 RL-E – anders als bei Art. 6 Abs. 3 CCC – nicht vom Vorliegen einer Vorrichtung abhängig gemacht wurde, die „in erster Linie dafür ausgelegt oder hergerichtet" worden ist, Cyberangriffe zu begehen.[125]

---

117 „Diese Richtlinie sieht zumindest dann strafrechtliche Sanktionen vor, wenn kein leichter Fall vorliegt. Die Mitgliedstaaten können festlegen, was gemäß ihrem einzelstaatlichen Recht und ihrer einzelstaatlichen Praxis als leichter Fall gilt. Ein Fall kann beispielsweise dann als leicht eingestuft werden, wenn der damit verbundene Schaden und/oder die damit verbundene Gefahr für öffentliche oder private Interessen, wie etwa die Integrität eines Computersystems oder von Computerdaten oder die Integrität, die Rechte und andere Interessen einer Person geringfügig oder so geartet ist, dass die die Verhängung einer strafrechtlichen Sanktion innerhalb der gesetzlichen Grenzen oder die Begründung einer strafrechtlichen Verantwortung nicht notwendig ist", *Ders.*, Vermerk, Dok. 10751/11 v. 30.5.2011, Anlage, S. 9 = *Ders.*, Vermerk, Dok. 8795/11 v. 8.4.2011, S., Anlage I, S. 10.

118 *Ders.*, Vermerk, Dok. 10751/11 v. 30.5.2011, S. 3; *Ders.*, Pressemitteilung, Dok. 8692/11 v. 11./12.4.2011, S. 16; *Ders.*,Vermerk, Dok. 8795/11 v. 8.4.2011, S. 10.

119 *Ders.*, Vermerk, Dok. 10751/11 v. 30.5.2011, S. 3.

120 Ebd.; *Ders.*, Vermerk, Dok. 8795/11 v. 8.4.2011, S. 3.

121 Art. 2 CCC in: BGBl. II Nr. 30 v. 10.11.2008, S. 1246f.

122 Rat der EU, Vermerk, Dok. 8795/11 v. 8.4.2011, S. 3.

123 *Ders.*, Vermerk, Dok. 10751/11 v. 30.5.2011, S. 4; a.a.O., Anlage, S. 15, Art. 7.

124 A.a.O., S. 4.

125 *Ders.*, Vermerk, Dok. 8795/11 v. 8.4.2011, S. 3 mit beigefügtem Formulierungsvorschlag für Art. 7 Abs. 2: „Die Mitgliedstaaten können ferner die erforderlichen Maßnahmen treffen, um sicherzustellen, dass das Herstellen, Verkaufen, Beschaffen zwecks Gebrauchs, Einführen, Verbreiten oder anderweitige Verfügbarmachen aller anderen Vorrichtungen,

Ebenfalls intensiv diskutiert wurden die Vorgaben zum Strafmaß, insbesondere die konkrete Ausgestaltung der erschwerenden Umstände. Das generelle Strafmaß in *Art. 9 Abs. 2 RL-E*, mit einem Höchstmaß von mindestens zwei Jahren Freiheitsstrafe, sollte beibehalten werden.[126] Unberücksichtigt blieben damit die Bedenken der Mitgliedstaaten, die sich für eine Herabsetzung auf ein Höchstmaß von einem Jahr ausgesprochen hatten.[127] Anders als die Kommission präferierte der Rat eine flexiblere Handhabung bezüglich der erschwerenden Umstände gem. *Art. 10 RL-E*. Darin war ein Höchstmaß von mindestens fünf Jahren Freiheitsstrafe für alle erschwerenden Umstände festgesetzt. Der Rat befürwortete die Einführung eines weiteren, reduzierten Höchstmaßes von mindestens drei Jahren Freiheitsstrafe (als Art. 9 Abs. 3 und 4),[128] da durch diese Stufung der Schweregehalt der Tatbegehung adäquater erfasst werden könne. Darüber hinaus sollte die Möglichkeit der strafschärfenden Berücksichtigung auf die Fallkonstellationen der Datenveränderung und Computersabotage gem. Art. 4 und 5 RL-E begrenzt werden.[129] Allerdings sollten auch zwei weitere erschwerende Umstände hinzugefügt werden – der „Eintritt eines schweren Schadens“ und „Angriffe gegen kritische Infrastrukturen“.[130]

Der Kommissionsvorschlag klassifizierte die Fallgruppe „durch Verschleierung der wahren Identität des Täters und Schädigung des rechtmäßigen Identitätseigentümers“ unter Art. 10 Abs. 3 RL-E als erschwerenden Umstand. Der Rat sprach sich im April 2011 zwar ebenfalls für die Aufnahme als „missbräuchliche Verwendung der Identität eines Dritten“[131] unter Art. 9 Abs. 5 aus. Die diesbezügliche Strafzumessung sollte jedoch bewusst nicht geregelt wer-

---

die in erster Linie dafür ausgelegt oder hergerichtet worden sind, eine Straftat im Sinne der Artikel 3 bis 6 zu begehen, zumindest dann, wenn kein leichter Fall vorliegt, als Straftat unter Strafe gestellt wird, wenn die Vorrichtung vorsätzlich und unbefugt in der Absicht verwendet wurde, eine Straftat im Sinne der Artikel 3 bis 6 zu begehen“.

126 *Ders.*, Vermerk, Dok. 10751/11 v. 30.5.2011, S. 3: „Der Grund hierfür liegt insbesondere in der begrenzten Strafbarkeit, wie sie sich aus den Beratungen in den Vorbereitungsgremien des Rates ergibt. Der Geltungsbereich der Vorschrift wurde weiter beschränkt, und zwar auf die Artikel 3 bis 6, während für Artikel 7 mithin nicht mehr die Verpflichtung gilt, dieses spezifische Strafmaß vorzusehen“, *Ders.*, Pressemitteilung, Dok. 8692/11 v. 11./12.4.2011, S. 16; *Ders.*, Vermerk, Dok. 8795/11 v. 8.4.2011, S. 3.

127 *Ders.*, Vermerk, Dok. 8795/11 v. 8.4.2011, S.3.

128 Ebd.; *Ders.*, Pressemitteilung, Dok. 8692/11 v. 11./12.4.2011, S. 16; *Ders.*, Vermerk des Vorsitzes in: Ratsdok. 8795/11, S. 4. Diese Klassifizierung war nicht unbestritten, a.a.O., S. 5.

129 *Ders.*, Vermerk, Dok. 10751/11 v. 30.5.2011, S. 3; *Ders.* Vermerk, Dok. 8795/11, S. 4.

130 *Ders.*, Pressemitteilung, Dok. 8692/11 v. 11./12.4.2011, S. 16.

131 *Ders.*, Vermerk, Dok. 8795/11, S. 5.

den.[132] Der Rat betonte weiter, dass diese Fallgruppe vom Identitätsdiebstahl unterschieden werden müsse, da dieser „eine teilweise anders gelagerte komplexe Erscheinung“ darstelle.[133] Einige Delegationen setzten sich für die Streichung dieses Absatzes ein und bevorzugten stattdessen eine eigenständige Regelung zum Identitätsdiebstahl.[134] Nachdem mehrere Delegationen Bedenken geäußert hatten, ob die Entwurfsfassung die derzeitigen Bedrohungen in zureichender Weise erfasse, beschloss der Rat, weitere Ergänzungen in die Erwäggründe 3[135] und 7[136] aufzunehmen. Auf eine Anpassung im verfügenden Teil verzichtete der Rat bewusst, um die notwendige „Flexibilität und technische Neutralität“ zu wahren.[137] Gestrichen wurde zunächst auch der fünfte Absatz[138] zur „missbräuchliche[n] Verwendung personenbezogener Daten einer anderen Person, um das Vertrauen eines Dritten zwecks erleichterter Durchführung von Cyberangriffen zu gewinnen“, dessen Kodifizierung der Rat in der Apriltagung noch befürwortet hatte. Damit wiederholte sich die Diskussion auf europäischer Ebene, die in Deutschland bereits bei der Umsetzung des Rahmenbeschlusses durch das 41. Strafrechtsänderungsgesetz zum sog. Phishing geführt worden war.[139]

Am 23. Juli 2011 bekräftigte der Europäische Wirtschafts- und Sozialausschuss die generelle Notwendigkeit eines erhöhten Strafmaßes, welches wegen der Bedeutung des Vertrauens in die Sicherheit und den verursachten Kosten gerechtfertigt sei.[140] Es solle die Gelegenheit genutzt werden „[…] durch schärfere Strafen eine klare Botschaft an die Cyberkriminellen einerseits und die der Rückversicherung bedürfenden Bürger andererseits zu richten“.[141] Der europaweite Vergleich zeige, dass Großangriffe auf Informationssysteme im Vereinigten Königreich bereits mit bis zu 10 Jahren Freiheitsstrafe geahndet

---

132 Ebd.

133 Ebd.

134 Ebd.

135 Im 3. Erwäggrund wurde eine Definition für Botnetze aufgenommen, die mit dem bereits erörterten Begriffsverständnis übereinstimmte, vgl. *Ders.*, Vermerk, Dok. 10751/11 v. 30.5.2011, S. 8, Erwäggrund 3.

136 In der Auflistung zu schweren Fällen im 7. Erwäggrund wurde ein Verweis auf den Einsatz von Botnetzen ergänzt, vgl. a.a.O., Anlage, S. 9, Erwäggrund 7.

137 A.a.O., S. 5.

138 A.a.O., Anlage, S. 16, Art. 9.

139 Vgl. dort.

140 ABl. C 218 v. 23.7.2011, S. 131, Punkt 1.10; a.a.O., S. 134, Punkt 3.12(b).

141 A.a.O., S. 131, Punkt 1.11.

werden könnten, in Estland betrage die Höchststrafe sogar 25 Jahre, sofern der Angriff auf terroristischen Motivationen beruhe.[142]

Zusammenfassend lassen sich die Anpassungsvorschläge des Rates gegenüber der ursprünglichen Entwurfsfassung als überwiegend strafbarkeitsbegrenzend charakterisieren. Dies galt vor allem für die tatbestandliche Reichweite der Computerspionage gem. Art. 3 RL-E, die Vorfeldstrafbarkeit gem. Art. 7 RL-E, die Versuchsstrafbarkeit gem. Art. 8 Abs. 2 RL-E und die Anwendbarkeit der Normen auf lediglich schwere Fälle insgesamt. Hinsichtlich der Rechtsfolgenseite befürwortete der Rat zwar eine explizite Aufnahme weiterer erschwerender Umstände, sprach sich aber zugleich für die Begrenzung ihrer Anwendbarkeit auf die Fälle der Computersabotage und die Datenveränderung aus, sowie für die Einführung einer weiteren, im Höchstmaß herabgesetzten Sanktionsstufe.

VI. Die Erarbeitung der Schlussfassung durch das Parlament

Das Europäische Parlament wurde zeitgleich mit dem Rat am 30. September 2010 konsultiert.[143] Mit der Parlamentsarbeit wurde der Ausschuss für bürgerliche Freiheiten, Justiz und Inneres (LIBE-Ausschuss) als federführender Ausschuss betraut; unterstützt wurde er durch den mitberatenden Ausschuss für Industrie, Forschung und Energie (ITRE-Ausschuss),[144] sowie den Ausschuss für Auswärtige Angelegenheiten (AFET-Ausschuss).[145] Bereits die Arbeiten im LIBE-Ausschuss brachten insgesamt 129 Änderungsanträge zum Kommissionsvorschlag hervor.[146] Während sich die ersten 128 Anträge auf

---

142 Ebd.; SEC(2010) 1122 final v. 30.9.2010, S. 14; *Buono*, CRi 2013, 103, 104.

143 Schlussbericht v. 18.6.2013 in: Dok. A7-0224/2013, S. 70.

144 Stellungnahme des ITRE-Ausschusses v. 11.11.2011, S. 20. Dieser prüfte den Entwurf am 13.4.2011 und 6.10.2011 und nahm die Beratungsergebnisse am 10.11.2011 mit 49 Stimmen bei einer Enthaltung an.

145 Schlussbericht v. 18.6.2013 in: Dok. A7-0224/2013, S. 38–50, 70. Die Bekanntgabe folgte im Plenum am 7.4.2011. Ebenfalls beteiligt wurde der Haushaltsausschuss (BUDG). Dieser gab jedoch mit Beschluss v. 20.10.2010 keine Stellungnahme ab.

146 Der erste Entwurf eines Berichts v. 24.11.2011 enthielt die ersten 33 Änderungsanträge in: Entwurf einer legislativen Entschließung des EU-Parlaments v. 24.11.2011, a.a.O., S. 5–29. Dieser wurde am 27.1.2012 durch die „Änderungsanträge 34–128" vom LIBE-Ausschuss ergänzt in: Änderungsanträge 34–128 des LIBE-Ausschusses v. 27.1.2012, a.a.O., S. 3–63. Der abschließende Bericht des federführenden LIBE-Ausschusses v. 18.6.2013 enthielt Änderungsantrag 129, Schlussbericht v. 18.6.2013 in: Dok. A7-0224/2013, S. 6–38. Als Grundlage für die Erarbeitung dieses Schlussberichts des federführenden Ausschusses dienten die vorbereitende Stellungnahme des AFET-Ausschusses v. 28.11.2011 mit den darin befindlichen 21 Änderungsanträgen (in: Stellungnahme des AFET-Ausschusses v. 28.11.2011, a.a.O., S. 39–51) sowie die vorbereitende Stellungnahme des ITRE-Ausschusses v. 11.11.2011 mit 28 Änderungsanträgen (in: Stellung-

ausgewählte Teilbereiche des Kommissionsvorschlags bezogen, umfasste der letzte Änderungsantrag die Schlussfassung des vollständig modifizierten Richtlinienentwurfs.[147] Schon vor Fertigstellung dieser Diskussionsgrundlage für die erste Lesung[148] führten die beteiligten Organe informelle Gespräche.[149] Der frühzeitige Einbezug aller beteiligten Organe[150] ermöglichte den angestrebten Verzicht auf eine zweite Lesung und machte die Einleitung eines Vermittlungsverfahrens entbehrlich,[151] führte allerdings auch zu einer Verlagerung des Willensbildungsprozesses von der parlamentarischen Diskussion in die „informelle Vorbesprechung". Dies beeinträchtigte die Transparenz des Verfahrens und erschwerte die Nachvollziehbarkeit, welche Änderungsvorschläge letztlich von welchem Organ noch vor der ersten Lesung durchgesetzt wurden.

Übereinstimmend mit diesem Beratungsergebnis[152] wurde am 4. Juli 2013 eine legislative Entschließung nebst Standpunkt formuliert,[153] die vom Parlament als „Kompromissabänderung" nach erster Lesung angenommen wurde.[154] Mit

---

nahme des ITRE-Ausschusses v. 11.11.2011, a.a.O., S. 52–69). Die folgende Darstellung beschränkt sich auf die wichtigsten Änderungsanträge.

147 Dieser wurde zusammen mit dem Entwurf für eine legislative Entschließung eingereicht und im Schlussbericht v. 18.6.2013 veröffentlicht, Schlussbericht v. 18.6.2013 in: Dok. A7-0224/2013; Rat der EU, Vermerk, Dok. 11680/13 v. 9.7.2013, S. 2.

148 Rat der EU, Vermerk, a.a.O., S. 1.

149 Ebd.; Rat der EU, Vermerk, Dok. 11967/13 v. 12.7.2013, S. 1; ABl. EU C 145 v. 30.6.2007, Grundsätze, S. 6, Nr. 7, 8: „7. Die Zusammenarbeit der Organe im Rahmen des Mitentscheidungsverfahrens erfolgt häufig in Form von Dreiertreffen ('Triloge') […]". „8. Solche Triloge finden gewöhnlich in informellem Rahmen statt […]".

150 Dies gestattete die „Gemeinsamen Erklärung zu den praktischen Modalitäten des neuen Mitentscheidungsverfahrens (Art. 251 EG-Vertrag)", ABl., a.a.O., S. 5–9.

151 Rat der EU, Vermerk, Dok. 11680/13 v. 9.7.2013, S. 1; *Ders.*, Vermerk, Dok. 11967/13 v. 12.7.2013, S. 1; ABl., a.a.O., Erste Lesung, S. 6, Nr. 11: „Die Organe arbeiten im Hinblick auf eine weitestgehende Annäherung ihrer Standpunkte loyal zusammen, damit der Rechtsakt möglichst in erster Lesung angenommen werden kann".

152 Dieser Standpunkt wurde auf der Grundlage der überarbeiteten Entwurfsfassung und dem Entwurf einer legislativen Entschließung des federführenden Ausschusses formuliert, vgl. Schlussbericht v. 18.6.2013 in: Dok. A7-0224/2013, Entwurf einer legislative Entschließung des Europäischen Parlaments vom LIBE-Ausschuss, S. 5–38. Die Schlussfassung folgte am 4.7.2013, Legislative Entschließung v. 4.7.2013 in: Rat der EU, Vermerk, Dok. 11680/13 v. 9.7.2013, S. 2ff.; EU-Parlament, Standpunkt v. 4.7.2013, S. 1–33; Rat der EU, Vermerk, Dok. 11967/13 v. 12.7.2013, S. 2.

153 Rat der EU, ebd.

154 Ebd. In der Plenardebatte für eine Annahme des Entwurfs votierend, statt vieler: Hohlmeier (Berichterstatterin des LIBE-Ausschusses); Reding, (Vizepräsidentin der Kommission); Ojuland (Berichterstatterin des AFET-Ausschusses) in: Plenardebatte im Europäischen Parlament v. 3.7.2013, veröffentlicht unter: http://www.europarl.europa.eu/

der Billigung durch den Rat am 22. Juli 2013 galt die Richtlinie als erlassen. Ihr endgültiger Wortlaut entsprach nahezu vollständig[155] dem ausgefertigten Standpunkt des Parlaments vom 4. Juli 2013. Die Richtlinie trat am 3. September 2013 in Kraft.[156]

1. Änderungsvorschläge zu den vorangestellten Erwägungen

Präzisiert und erweitert wurden die vorangestellten Erwägungen des Kommissionsentwurfs,[157] in denen die Zielstellung und der modus procedendi zur verbesserten Eindämmung von Angriffen auf Informationssysteme erläutert wurden.[158] Trotz der umfassenden Anpassung blieb die Grundausrichtung der Richtlinie gewahrt, die dieses Ziel durch eine Angleichung der Strafrechtsvorschriften und eine verbesserte Zusammenarbeit[159] zu erreichen suchte.[160] Au-

---

sides/getDoc.do?type=CRE&reference=20130703&secondRef=ITEM-018&language=DE&ring=A7-2013-0224. Kritisch: *Albrecht*, (Verts/ALE-Fraktion) in: Plenardebatte, a.a.O. Anschließend wurde der Ausschuss der Ständigen Vertreter gebeten, dem Erlass der modifizierten Fassung zuzustimmen und dem Rat die Annahme zu empfehlen, Rat der EU, Vermerk, Dok. 11967/13 v. 12.7.2013, S.

155 Die Übernahme erfolgte überwiegend wortlautgetreu, mit Ausnahme einiger Randkorrekturen, wie etwa die Fehlerkorrektur im Erwäggrund Nr. 17 grammatikalischer Art oder etwa statt der Bezeichnung „Gemäß Artikel 3 des dem Vertrag über die Europäische Union" nun „Gemäß Artikel 3 des Protokolls dem Vertrag über die Europäische Union" im Erwäggrund Nr. 31 sowie die Ergänzung eines Semikolons bei Art. 9 Nr. 4 lit.b: „b) sie einen schweren Schaden verursachen; oder".

156 ABl. EU L 218 v. 14.8.2013, S. 8–14; ABl. EU C 145 v. 30.6.2007, Allgemeine Bestimmungen, S. 8f., Nr. 46, 48. Unterzeichnet wurde die Richtlinie am 12.8.2013.

157 Aus dem parlamentarischen Standpunkt als Resultat der vorherigen Ausschussarbeit ergaben sich die nachfolgenden Anpassungsvorschläge zum Richtlinienentwurf. Der Ursprung der darin zusammengefassten Ergebnisse des Mitentscheidungsverfahrens wird jeweils in den Fußnoten ausgewiesen.

158 Die 18 Erwäggründe des Kommissionsentwurfes wurden um 16 weitere ergänzt, vertiefend: KOM(2010) 517 endg. v. 30.9.2010, S. 11–14, Erwäggrund Nr. 1–18; EU-Parlament, Standpunkt v. 4.7.2013, S. 2–18, Erwäggrund Nr. 1–34.

159 Über die im Entwurf angestrebte Intensivierung der Zusammenarbeit zwischen der „Justiz und sonstigen zuständigen Behörden […] in den Mitgliedstaaten" hinausgehend (KOM[2010] 517 endg. v. 30.9.2010, S. 11, Erwäggrund Nr. 1; EU-Parlament, Standpunkt v. 4.7.2013, S. 2, 16, Erwäggrund Nr. 1, 28) wurde in Erwägung Nr. 1 die Förderung der Kooperation mit europäischen Agenturen und Einrichtungen gefordert, (EU-Parlament, Standpunkt v. 4.7.2013, S. 2, Erwäggrund Nr. 1. Ähnlich bereits: Änderungsantrag 1 zu Erwägung 1a [neu] in: Stellungnahme des ITRE-Ausschusses v. 11.11.2011, S. 3; Änderungsantrag 11 zu Erwägung 12 in: Stellungnahme des AFET-Ausschusses v. 28.11.2011, S. 8). Außerdem müsse auf internationaler Ebene stärker zusammengearbeitet werden und den europäischen Mindestanforderungen zur Durchsetzung verholfen werden, (Änderungsantrag 13, 15f. zu Erwägung 13, 16a und b [neu], a.a.O., S. 10f.; Änderungsantrag 35f., 65 v. *Enciu*, zur Erwägung 1, 2 und 13 in: Änderungsanträge 34–128 des LIBE-Ausschusses v. 27.1.2012, S. 3f., 23f.). Dabei soll die ENISA eine Schlüsselrolle einneh-

ßerdem wurde eine verstärkt präventive Orientierung zur Vermeidung von Cyberkriminalität in der 26. Erwägung gefordert.[161] Auf einen repressiven Ansatz könne allerdings nicht gänzlich verzichtet werden, so die 33. Erwägung des Schlussberichts.[162] Insbesondere die grundlegende Bedeutung von Infor-

---

men, (vgl. Änderungsantrag 58 v. *Ders.*, zur Erwägung 12 c [neu], a.a.O., S. 18f.; begrüßend: *Hohlmeier* in: Plenardebatte v. 3.7.2013, a.a.O). Auch das Verhältnis zwischen den Behörden und der Privatwirtschaft ist gemäß dem 23. Erwäggrund stärker einzubeziehen, (EU-Parlament, Standpunkt v. 4.7.2013, S. 12, Erwäggrund Nr. 23. Vgl. Änderungsantrag 9 zu Erwägung 11a [neu] in: Stellungnahme des AFET-Ausschusses v. 28.11.2011, S. 7; Änderungsantrag 7 zu Erwägung 6, a.a.O., S. 6; Änderungsantrag 35f. v. *Enciu*, zur Erwägung 1 und 2 in: Änderungsanträge 34–128 des LIBE-Ausschusses v. 27.1.2012, S. 3f.). Dies schließt nach Erwägung Nr. 28 eine verbesserte Schulung der Beteiligten zur Sensibilisierung ebenso ein, (EU-Parlament, Standpunkt v. 4.7.2013, S. 16, Erwäggrund Nr. 28. Ähnlich bereits Änderungsantrag 1 zu Erwägung 1a [neu] in: Stellungnahme des ITRE-Ausschusses v. 11.11.2011, S. 3; vgl. auch Änderungsantrag 42 v. *Marinescu*, zur Erwägung 6 in: Änderungsanträge 34–128 des LIBE-Ausschusses v. 27.1.2012, S. 7; Änderungsantrag 127 sah hierfür sogar die Neuaufnahme eines Art. 15a zur „Schulung" vor, Änderungsantrag 127 v. *Vergiat, Triantaphyllides*, zu Art. 15a [neu], a.a.O., S. 62f. Begrüßend: *Hohlmeier* in: Plenardebatte v. 3.7.2013, a.a.O) wie eine umfangreichere Datenerhebung über die begangenen Straftaten im Sinne dieser Richtlinie gemäß Erwägung Nr. 24, (EU-Parlament, Standpunkt v. 4.7.2013, S. 13, Erwäggrund Nr. 24. Ähnlich auch Änderungsantrag 12 zu Erwägung 12a [neu] in: Stellungnahme des AFET-Ausschusses v. 28.11.2011, S. 9). Ergänzend wurde ein verbesserter Informationsaustausch über die Netz- und Informationssicherheit gefordert, (Änderungsantrag 19, 21 zu Vorschlag für eine Richtlinie Art. 14 Abs. 2c [neu] und Art. 15 Abs. 3a [neu], a.a.O., S. 12; Änderungsantrag 58 v. *Enciu*, zur Erwägung 12c [neu] in: Änderungsanträge 34–128 des LIBE-Ausschusses v. 27.1.2012, S. 18f.).

160 KOM(2010) 517 endg. v. 30.9.2010, S. 11, 14, Erwägung 1, Art. 1; EU-Parlament, Standpunkt v. 4.7.2013, S. 2, 19, Erwägung 1, Art. 1; so bereits: Stellungnahme des AFET-Ausschusses v. 28.11.2011, S. 7, Änderungsantrag 9 zu Erwägung 11a (neu). Vgl. auch die Begrüßungsworte von *Hohlmeier* in: Plenardebatte v. 3.7.2013, a.a.O. Zustimmend: *Pirker* (PPE) in: Plenardebatte v. 3.7.2013, a.a.O.; *Weidenholzer* (S&D) in: Plenardebatte v. 3.7.2013, a.a.O.

161 EU-Parlament, Standpunkt v. 4.7.2013, S. 14, Erwäggrund Nr. 26. Das Erfordernis einer stärker präventiven Ausrichtung bekräftigte Änderungsantrag 14 zu Erwägung 12a (neu) in: Stellungnahme des ITRE-Ausschusses v. 11.11.2011, S. 11f. Vgl. auch Änderungsantrag 39 von *Enciu*, zur Erwägung 6 in: Änderungsanträge 34–128 des LIBE-Ausschusses v. 27.1.2012, S. 5f. sowie Änderungsantrag 42 v. *Marinescu*, zur Erwägung 6, a.a.O., S. 7. Eine Definition zu „Präventivmaßnahmen" enthielt Änderungsantrag 83 v. *Alvaro*, zu Art. 2a (neu), a.a.O., S. 35f. Die Änderungsanträge 114–117 sahen eine Ergänzung von Art. 10 durch Abs. 3b (neu) bis Abs. 3e (neu) vor, Änderungsantrag 114–117 v. *Albrecht / Vergiat*, zu Art. 10 Abs. 3b (neu) bis 3e (neu), a.a.O., S. 54–56. Änderungsantrag 128 enthielt einen Vorschlag für die Neueinführung eines Art. 15b über ein „vorschriftsmäßiges Sicherheitsniveau", Änderungsantrag 128 v. *Vergiat*, zu Art. 15b (neu), a.a.O., S. 63. Zustimmend: *Albrecht* in: Plenardebatte v. 3.7.2013, a.a.O.

162 EU-Parlament, Standpunkt v. 4.7.2013, S. 14, Erwäggrund Nr. 26: „[…] kann die Union im Einklang mit dem in Artikel 5 des Vertrags über die Europäische Union niedergelegten Subsidiaritätsprinzip tätig werden. Entsprechend dem in demselben Artikel genannten

mationssystemen mache ein Eingreifen erforderlich.[163] Dabei sei das Hauptaugenmerk auf den Schutz kritischer Infrastrukturen[164] und der Bekämpfung von botnetzgesteuerten Angriffen[165] zu legen. Dieses Anliegen wurde in dem nun-

---

Grundsatz der Verhältnismäßigkeit geht diese Richtlinie nicht über das für die Erreichung dieser Ziele erforderliche Maß hinaus." Kritisch: *Albrecht* in: Plenardebatte v. 3.7.2013, a.a.O. Der Subsidiaritätsgrundsatz werde gewahrt, da „[...] die Ziele dieser Richtlinie, [...] auf Ebene der Mitgliedstaaten nicht ausreichend verwirklicht werden können, und daher aufgrund ihres Ausmaßes oder ihrer Wirkung besser auf Unionsebene zu verwirklichen sind [...]", EU-Parlament, Standpunkt v. 4.7.2013, S. 18, Erwäggrund Nr. 33. Vertiefend hierzu bereits Änderungsantrag 3 zu Erwägung 2 in: Stellungnahme des ITRE-Ausschusses v. 11.11.2011, S. 4f., vgl. auch Änderungsantrag 7 zu Erwägung 6 in: Stellungnahme im AFET-Ausschusses v. 28.11.2011, S. 6; vgl. auch Änderungsantrag 67 v. *Paksas* zur Erwägung 13 in: Änderungsanträge 34–128 des LIBE-Ausschusses v. 27.1.2012, S. 25f. Der 71. Änderungsantrag, a.a.O., konkretisierte: „Sie darf den Grundsatz der Neutralität des Internets nicht antasten", Änderungsantrag 71 v. *Vergiat* zur Erwägung 16a (neu), a.a.O., S. 29.

163 EU-Parlament, Standpunkt v. 4.7.2013, S. 2, Erwäggrund Nr. 2: „[...] Das reibungslose Funktionieren und die Sicherheit dieser Systeme in der Union sind entscheidend für die Entwicklung des Binnenmarktes und für die Entwicklung einer wettbewerbsfähigen und innovativen Wirtschaft. Zu einem wirksamen Gesamtrahmen mit Vorbeugemaßnahmen zur Flankierung der strafrechlichen Reaktionen auf Cyberkriminalität sollte auch die Gewährleistung eines angemessenen Schutzniveaus bei Informationssystemen gehören." Ähnlich bereits Änderungsantrag 2 und 3 zu Erwägung 1a (neu) und zu Erwägung 2 in: Stellungnahme des ITRE-Ausschusses v. 11.11.2011, S. 3ff.; Änderungsantrag 2 zu Erwägung 1a (neu) in: Stellungnahme des AFET-Ausschusses v. 28.11.2011, S. 4. Bekräftigend: *Pirker* (PPE) und *Weidenholzer* (S&D) in: Plenardebatte v. 3.7.2013, a.a.O.

164 Um diesen Handlungsschwerpunkten mehr Nachdruck zu verleihen, wurde in der vierten Erwägung ein Definitionsvorschlag zu „kritischen Infrastrukturen" aufgenommen, welcher mit dem bisherigen Begriffsverständnis übereinstimmte, (Standpunkt des EP v. 4.7.2013, S. 3, Erwäggrund Nr. 4. Bereits hervorgehoben in Änderungsantrag 1 zu Erwägung 1a [neu] in: Stellungnahme des ITRE-Ausschusses v. 11.11.2011, S. 3. Vgl. auch Änderungsantrag 44 v. *Enciu*, zur Erwägung 7 in: Änderungsanträge 34–128 des LIBE-Ausschusses v. 27.1.2012, S. 8). Allerdings wurde nicht nur die Bedeutung des IT-Systems als solchem hervorgehoben. Die Begründung des LIBE-Ausschusses betonte in den Vorarbeiten auch den Wert der Information selbst, die „eine wesentliche Funktion der Arbeitsweise des Immunsystems für die IT" bilde, Begründung zum Änderungsantrag 45 von *Albrecht*, zur Erwägung 10, a.a.O., S. 9.

165 Auch die Gefährlichkeit von Botnetzen, die sich aus ihrer Funktionsweise und den verursachten Schäden ergebe, wurde besonders betont. Zur Veranschaulichung verwies *Hohlmeier* in der Plenardebatte auf das Botnetz Bredolab, welches 2010 bis zu 30 Millionen Computer umfasste und den Versand von 3,6 Milliarden Spammails täglich ermöglichte. Sie berief sich auf Schätzungen, wonach inzwischen jeder vierte Rechner als „Zombie-Computer" für ein solches Botnetz missbraucht werde, meist ohne dass die Betroffenen hiervon Kenntnis hätten, *Dies.*, in: Plenardebatte v. 3.7.2013, a.a.O. Zustimmend: *Pirker* (PPE), ebd. Erschwerend komme hinzu, dass solche Botnetze für Organisierte Kriminalität und insbesondere für Straftaten im Zusammenhang mit Menschenhandel und Kinderpornographie genutzt würden. Dabei wurden, so *Hohlmeier*, erst kürzlich bei einer „einzigen Art von finanziellem Angriff" 400 Millionen Euro erzielt, *Dies.* in: Plenardebatte v. 3.7.2013, a.a.O.

mehr fünften Erwäggrund[166] zum Ausdruck gebracht, welcher unterstreicht, dass eine „Tendenz zu immer gefährlicheren und häufigeren Großangriffen" mit „immer ausgefeiltere[n] Methoden" bestehe,[167] wobei danach die größte Gefahr von Botnetzen ausgehe.[168] Ausführungen zu ihrer Funktionsweise wurden ergänzt.[169] Trotz der angesprochenen Gefährlichkeit sollte ihre Pönalisierung vom Vorliegen weiterer Umstände abhängig gemacht werden können, wie etwa vom Vorliegen einer „Störung von Systemdiensten von erheblicher öffentlicher Bedeutung", von der „Verursachung größerer finanzieller Kosten" oder vom „Verlust personenbezogener Daten[170] oder „vertraulicher Informationen".[171]

Das Parlament sprach sich außerdem für die Neuaufnahme weiterer Tatbestände aus, wozu auch der „Identitätsdiebstahl und andere identitätsbezogene Straftaten" zählten (14. Erwäggrund).[172] Während der Arbeiten im LIBE-Ausschuss ebenfalls erwogen, aber nicht in den abschließenden Standpunkt übernommen, wurde die Einführung einer verstärkten Haftung von Verkäufern und Betreibern „für den angemessenen Schutz von Informationssystemen".[173]

---

166 Im Kommissionsentwurf war es noch die dritte Erwägung, KOM(2010) 517 endg. v. 30.9.2010, S. 11, Erwäggrund Nr. 3. Hierzu bereits Änderungsantrag 3 zu Erwägung 2 in: Stellungnahme des ITRE-Ausschusses v. 11.11.2011, S. 4f.

167 KOM(2010) 517 endg., ebd.; EU-Parlament, Standpunkt v. 4.7.2013, S. 4.7.2013, S. 4, Erwäggrund Nr. 5. Konkretisierend in Änderungsantrag 5 zu Erwägung 3 in: Stellungnahme des ITRE-Ausschusses v. 11.11.2011, S. 5f. Bereits Änderungsantrag 4 zu Erwägung 2a (neu), a.a.O., S. 5; Änderungsantrag 4 zu Erwägung 3 in: Stellungnahme des AFET-Ausschusses v. 28.11.2011, S. 5.

168 Vgl. Änderungsanträge 38, 44 v. *Enciu* zu Erwägung 3, 7 in: Änderungsanträge 34–128 des LIBE-Ausschusses v. 27.1.2012, S. 5, 8.

169 „[...] Einrichtung einer ferngesteuerten Kontrolle über eine bedeutende Anzahl von Computern, indem diese durch gezielte Cyberangriffe mit Schadsoftware infiziert werden. Sobald es eingerichtet ist, kann das infizierte Netz von Computern, die das Botnetz bilden, ohne Wissen der Computerbenutzer aktiviert werden, um einen breit angelegten Cyberangriff zu starten, der in der Regel erheblichen Schaden anrichten kann, wie er in dieser Richtlinie beschrieben wird", KOM(2010) 517 endg. v. 30.9.2010, S. 11, Erwäggrund Nr. 3; EU-Parlament, Standpunkt v. 4.7.2013, S. 4, Erwäggrund Nr. 5.

170 EU-Parlament, Standpunkt v. 4.7.2013, S. 17, Erwäggrund Nr. 30: „Der Schutz personenbezogener Daten ist ein Grundrecht gemäß Artikel 16 Absatz 1 AEUV und Artikel 8 der Charta der Grundrechte der Europäischen Union. Daher sollte jede Verarbeitung von Daten im Rahmen der Umsetzung dieser Richtlinie uneingeschränkt dem einschlägigen Unionsrecht über Datenschutz entsprechen".

171 A.a.O., S. 4, Erwäggrund Nr. 5, konkretisierend in Erwäggrund Nr. 6 auf S. 5. Als Angriffsobjekt und mögliche Schadensfolge v.a. im Zusammenhang mit DDoS-Angriffen in der Stellungnahme des ITRE-Ausschusses v. 11.11.2011, S. 6, Änderungsantrag 5 zu Erwägung 3 gesondert hervorgehoben.

172 EU-Parlament, Standpunkt v. 4.7.2013, S. 7, Erwäggrund Nr. 14.

173 Änderungsantrag 51 v. *Albrecht* zur Erwägung 12a (neu) in: Änderungsanträge 34–128 des LIBE-Ausschusses v. 27.1.2012, S. 13; vgl. auch Änderungsantrag 64 v. *Vergiat* zur

Diesen 51. Änderungsantrag hatte zuvor auch die Berichterstatterin des federführenden Ausschusses, Monika Hohlmeier, ausdrücklich befürwortet. Sie war der Auffassung, dass die Festsetzung von Mindeststandards nicht genüge, wenn keine Anreize geschaffen würden, um ihrer Durchsetzung Nachdruck zu verleihen.[174] Der 98. Änderungsantrag schlug hierfür die Aufnahme eines Art. 8a vor.[175] Diese Empfehlung aufgreifend, formulierte der 117. Änderungsantrag für derartige Versäumnisse eine strafrechtliche Haftung für juristische Personen als Art. 10 Abs. 3e.[176] Angesichts des geforderten beträchtlichen Schadens als Erheblichkeitsschwelle für die Strafbarkeit, sei die Inkriminierung gerechtfertigt. Außerdem werde durch die Fahrlässigkeitsstrafbarkeit ein besonderer Anreiz für verbesserte Sicherheitsstandards geschaffen.[177]

Umgekehrt begrenzte der parlamentarische Standpunkt den Anwendungsbereich der Straftatbestände durch konkretisierende Ausführungen. Der 16. Erwäggrund präzisierte etwa das taugliche Tatobjekt „Instrument“, welches auch vom Rat als zu weitreichend kritisiert wurde.[178] Die subjektiven Anforderun-

---

Erwägung 12e (neu), a.a.O., S. 23; einschränkend im Änderungsantrag 62 v. *Ders.* zur Erwägung 12d (neu), a.a.O., S. 21f. Auch der Änderungsantrag 52 zur Erwägung 12a (neu) unterstrich die Bedeutung eines angemessenen Schutzniveaus, verzichtete jedoch auf die Prämisse einer Haftbarmachung, Änderungsantrag 52 v. *Ders.* zur Erwägung 12a (neu), a.a.O., S. 14; ähnlich auch Änderungsantrag 53 v. *Hohlmeier* zur Erwägung 12a (neu), a.a.O., S. 14f.; Änderungsantrag 54 v. *Enciu* zur Erwägung 12b (neu), a.a.O., S. 15; Änderungsantrag 55 v. *Albrecht* zur Erwägung 12b (neu), a.a.O., S. 15f.

174 Begründung zum Änderungsantrag 51 v. *Albrecht* zur Erwägung 12a (neu), a.a.O., S. 14 m.V.a.: „Änderungsantrag 9 der Berichterstatterin“.

175 „Die Mitgliedstaaten treffen die erforderlichen Maßnahmen, um sicherzustellen, dass die Hersteller für die Produktion, das Inverkehrbringen, die Vermarktung und den Betrieb oder den Mangel an ausreichender Sicherheit von Produkten und Systemen strafrechtlich haftbar gemacht werden, die fehlerhaft sind oder festgestellte Sicherheitsmängel aufweisen, die Cyberangriffe oder den Verlust von Daten erleichtern können“, Änderungsantrag 98 v. *Vergiat* zu Art. 8a, a.a.O., S. 44f.

176 „Haben es juristische Personen offensichtlich versäumt, ein angemessenes Schutzniveau zu bieten, und ist der durch dieses Versäumnis verursachte Schaden beträchtlich, müssen die Mitgliedstaaten dafür sorgen, dass gegen diese juristische Person abschreckende Sanktionen verhängt werden können und dass sie wegen Fahrlässigkeit verfolgt werden kann“, Änderungsantrag 117 v. *Vergiat* zu Art. 10 Abs. 3e (neu), a.a.O., S. 56.

177 Begründung ebd. Zustimmend: *Albrecht* in: Plenardebatte v. 3.7.2013, a.a.O.

178 KOM(2010) 517 endg. v. 30.9.2010, S. 12, Erwäggrund Nr. 9. Es wurde klargestellt, dass solche Instrumente, die für rechtmäßige Zwecke hergestellt werden, auch dann nicht kriminalisiert werden sollen, wenn sie zur Straftatbegehung geeignet oder sogar besonders geeignet wären, wie etwa bei Sicherheitssoftware. Derartige Fallkonstellationen sollen über das Erfordernis eines direkten Vorsatzes aus dem Anwendungsbereich der Norm ausscheiden, a.a.O., S. 8, Erwäggrund Nr. 16. Zuvor bekräftigend schon Änderungsantrag 10 zu Erwägung 10 in: Stellungnahme des ITRE-Ausschuss v. 11.11.2011, S. 8f.: „Angesichts der manchmal nicht ganz klaren Grenze zwischen Eingriffen mit und ohne böse

gen aufgreifend präzisierte das Europäische Parlament in der 17. Erwägung auch die Voraussetzungen für die übrigen Vorschriften der Richtlinie.[179] Die Anpassungen zur Rechtsfolgenseite wurden ebenfalls intensiv diskutiert. Aufrechterhalten wurde die sog. Mindesttrias, die aus dem sechsten Erwäggrund[180] in die zehnte Erwägung übertragen wurde.[181] Aus der Strafbarkeit ausgenommen werden sollten, übereinstimmend mit dem Rat, lediglich „leichte Fälle". Auch wenn das Parlament die Präzisierung ebenfalls den Mitgliedstaaten überließ, wurde eine Konkretisierung des LIBE-Ausschusses[182] als 11. Erwäggrund im Standpunkt übernommen.[183]

Absicht (automatische Updates usw.) soll deutlich gemacht werden, dass beispielsweise der Einsatz von Anti-Virus-Software oder Tools zur Entfernung von Viren oder eine Quarantäne für Systeme, die mit Viren infiziert sind, ganz aus dem Anwendungsbereich der Richtlinie ausgenommen sind." Zustimmend: *Weidenholzer* (S&D) in: Plenardebatte v. 3.7.2013, a.a.O.

179 Der 10. Erwäggrund des Kommissionsvorschlages schloss noch die strafrechtliche Haftung für „Handlungen ohne kriminelle Absicht" aus (KOM[2010] 517 endg. v. 30.9.2010, S. 12, Erwäggrund Nr. 10; vgl. auch Änderungsantrag 113 v. *Albrecht* / *Vergiat*, zu Art. 10 Abs. 3a [neu] in: Änderungsanträge 34–128 des LIBE-Ausschusses v. 27.1.2012, S. 53f.). Das Parlament erweiterte den Haftungsausschluss in seinem Standpunkt auf Taten „ohne strafrechtlichen Vorsatz" und benannte hierfür Beispielsfälle, EU-Parlament, Standpunkt v. 4.7.2013, S. 9, Erwäggrund Nr. 17. Demgegenüber setzte der 46. und 68. Änderungsantrag von *Vergiat* und der 47. Änderungsantrag von *Hohlmeier* im LIBE-Ausschuss, noch explizit eine kriminelle Absicht voraus, Änderungsantrag 46, 68 v. *Vergiat* zur Erwägung 10, 14, a.a.O., S. 10, 26f.; Änderungsantrag 47 v. *Hohlmeier* zur Erwägung 10, a.a.O., S. 10 präzisierend: „[…] soll keine strafrechtliche Haftung in Fällen begründet werden, in denen […] die Handlungen aber ohne kriminelle Absicht, beispielsweise zum Testen unter Einhaltung der Gesetze oder zum Schutz eines Informationssystems, vorgenommen werden, oder in denen die Verweigerung einer Gestattung des Zugangs zu einem System selbst einen Rechtsmissbrauch darstellt".

180 KOM(2010) 517 endg. v. 30.9.2010, S. 12, Erwäggrund Nr. 6.

181 Durch den Zusatz, dass dies die Verhängung von „Freiheitsstrafen und/oder Geldstrafen" einschließe, wurde die Notwendigkeit einer strafrechtlichen Ahndung unterstrichen, EU-Parlament, Standpunkt v. 4.7.2013, S. 6, Erwäggrund Nr. 10. So auch Änderungsantrag 40 v. *Mulder* zur Erwägung 6 in: Änderungsanträge 34–128 des LIBE-Ausschusses v. 27.1.2012, S. 5f.

182 Voss schlug im 43. Änderungsantrag eine Präzisierung des „leichten Falles" vor, Änderungsantrag 43, zur Erwägung 7a (neu) in: Änderungsanträge 34–128 des LIBE-Ausschusses v. 27.1.2012, S. 7f. Demgegenüber sprachen der 99. und 102. Änderungsantrag zu Art. 9 Abs. 1 von „Geldbußen", Änderungsantrag 99 v. Mulder zu Art. 9 Abs. 1, a.a.O., S. 45f.

183 „Ein Fall kann beispielsweise als leicht eingestuft werden, wenn der durch die Straftat verursachte Schaden und/oder die Gefahr für öffentliche oder private Interessen, wie etwa die Integrität eines Computersystems oder von Computerdaten oder die Integrität, die Rechte oder andere Interessen einer Person geringfügig oder so geartet ist, dass die Verhängung einer Strafe innerhalb der gesetzlichen Grenzen oder die Begründung einer straf-

Nach Auffassung des LIBE-Ausschusses stellt die Regelung zu leichten Fällen ein „wesentliches Element dieser Richtlinie" dar,[184] weshalb eine Definition unabdingbar ist.[185] Diese soll der rechtlichen Praxis Anhaltspunkte zur Verfügung stellen.[186]

Der neu eingefügte 13. Erwäggrund erhielt, angelehnt an die siebente Erwägung im Kommissionsvorschlag,[187] Präzisierungen zu „schweren Strafen". Diese sollen etwa bei Angriffen verhängt werden, die dazu dienen, ein Botnetz aufzubauen oder ein solches zu verwenden, sowie bei Angriffen gegen kritische Infrastrukturen.[188] Gemäß dem 19. Erwägrund sollten die Regelungen für „erschwerende Umstände" durch die Mitgliedstaaten näher ausgestaltet werden, denn die Letztentscheidung über das Strafmaß obliege im konkreten Einzelfall ohnehin dem Richter.[189]

Zur geltenden Rechtslage insgesamt[190] führte die Richtlinie in Erwägung Nr. 34 aus:

> „Mit dieser Richtlinie sollen die Bestimmungen des Rahmenbeschlusses 2005/222/JI des Rates vom 24. Februar 2005 über Angriffe auf Informationssysteme geändert und ausgeweitet werden. Da die vorzunehmenden Änderungen sowohl bezüglich der Zahl als auch hinsichtlich des Inhalts erheblich sind, sollte der Rahmenbeschluss 2005/222/JI aus Gründen der Klarheit für die sich an der

---

rechtlichen Verantwortung nicht erforderlich ist", EU-Parlament, Standpunkt v. 4.7.2013, S. 6, Erwäggrund Nr. 11.

184 Begründung zum Änderungsantrag 43, 81 v. *Voss* zu Erwägung 7a (neu) und Art. 2 lit.d, a (neu) in: Änderungsanträge 34–128 des LIBE-Ausschusses v. 27.1.2012, S. 8, 34.

185 Der 81. Änderungsantrag enthielt einen Definitionsvorschlag zur Ergänzung v. Art. 2 RL-E, Änderungsantrag 81 v. *Voss*, zu Art. 2 lit.d, a (neu), a.a.O., S. 34.

186 Ebd.

187 Vgl. KOM(2010) 517 endg. v. 30.9.2010, S. 12, Erwäggrund Nr. 7.

188 EU-Parlament, Standpunkt v. 4.7.2013, S. 7, Erwäggrund Nr. 13.

189 A.a.O., S. 10, Erwäggrund Nr. 19.

190 Auch eine Wertschätzung der Convention on Cybercrime klingt in der Richtlinie im 15. Erwäggrund an, welche ausführt: „Eine möglichst baldige Ratifizierung dieses Übereinkommens durch alle Mitgliedstaaten sollte als Priorität betrachtet werden", a.a.O., S. 7, Erwäggrund Nr. 15. Hierzu hatten bereits der ITRE- und der AFET-Ausschuss in ihren Stellungnahmen angeregt (Änderungsantrag 9 zu Erwägung 8 in: Stellungnahme des ITRE-Ausschusses v. 11.11.2011, S. 4f. Die Notwendigkeit betonend auch Änderungsantrag 3 zu Erwägung 2, a.a.O., S. 4f.; Änderungsantrag 8 zu Erwägung 8a [neu] in: Stellungnahme des AFET-Ausschusses v. 28.11.2011, S. 7). Der Rat sprach sich ebenfalls dafür aus. Zur Beurteilung eines weitergehenden gesetzgeberischen Anpassungsbedarfs sollte die Kommission, dem 25. Erwäggrund zufolge, einen Bericht über die Anwendung der Richtlinie anfertigen, EU-Parlament, Standpunkt v. 4.7.2013, S. 13, Erwäggrund Nr. 25.

Annahme dieser Richtlinie beteiligenden Mitgliedstaaten vollständig ersetzt werden.“[191]

Zusammenfassend lässt sich feststellen, dass die Anpassungen innerhalb der Erwäggründe vor allem dazu dienten, das Hauptanliegen der Richtlinie deutlicher herauszuarbeiten und Handlungsschwerpunkte zu formulieren. Neben repressiven Reaktionsansätzen wurde die Notwendigkeit einer verbesserten Zusammenarbeit auf nationaler, europäischer und internationaler Ebene, staatlicher und privatwirtschaftlicher Natur, hervorgehoben und präventive Ansätze stärker einbezogen. Zu den Regelungsschwerpunkten zählten der verbesserte Schutz kritischer Infrastrukturen, die verstärkte Bekämpfung von Botnetzen sowie Maßnahmen gegen identitätsbezogene Straftaten. Erleichtert werden sollte die Harmonisierung durch die Aufnahme von Definitionsansätzen für „leichte Fälle“, „Instrumente“ und für das „Abfangen“.

2. Überarbeitung der materiell-rechtlichen Vorgaben

Bedeutender für die spätere Umsetzung waren die Korrekturen der materiellrechtlichen Vorgaben,[192] auch wenn ihr Umfang hinter den Anpassungen innerhalb der Erwäggründe zurückblieb.

Art. 2 RL-E zu den Definitionen blieb unverändert, obwohl in den Ausschüssen Änderungsanträge gestellt worden waren. Diese bezogen sich auf die bereits enthaltenen Begriffsbestimmungen zur „juristischen Person“[193] und zu „unbefugt“.[194] Ferner wurde die Neuaufnahme einer Definition zum „leichten Fall“[195], zum „Abfangen“[196] und zu „Präventivmaßnahmen“[197] erwogen.[198]

---

191 A.a.O., S. 18, Erwäggrund Nr. 34.

192 Die nachfolgende Darstellung fasst die relevanten Änderungen zusammen, vertiefend zu den übrigen Anpassungen, vgl. EU-Parlament, Standpunkt v. 4.7.2013.

193 Vertiefend zu den Anpassungsvorschlägen zum Merkmal „juristische Person“, Änderungsanträge 74–76 in: Änderungsanträge 34–128 des LIBE-Ausschusses v. 27.1.2012, S. 30–32.

194 Vertiefend zu den Anpassungsvorschlägen zum Merkmal „unbefugt“, Änderungsanträge 77–80, a.a.O., S. 32–34.

195 Änderungsantrag 81 v. *Voss* zu Art. 2 lit.d a (neu), a.a.O., S. 34: „‘leichter Fall’ einen Fall, bei dem die Schuld des Täters, das öffentliche Interesse an einer Strafverfolgung und die durch die Tat verursachten Folgen gering sind“.

196 Ebd., S. 34f.: „ das Abhören, die Überwachung und die Kontrolle des Inhalts von Kommunikationen sowie das Ausforschen des Inhalts von Daten, direkt oder indirekt durch die Benutzung elektronischer Abhör- oder Mithörvorrichtungen mit technischen Hilfsmitteln“.

197 Änderungsanträge 83 v. *Alvaro* zu Art. 2a (neu), a.a.O., S. 35f.

198 Kritisch: *Kelam* (PPE) in: Plenardebatte v. 3.7.2013, a.a.O.: „I would have wished for clearer definitions of the kinds of threat that would have minor or major impacts on infra-

Etwaige Ergänzungen beschränkten sich allerdings auf Anpassungen in den Erwäggründen.

In *Art. 3 RL-E* wurde die Strafbarkeit des „rechtswidrigen Zugangs zu Informationen“ vom obligatorischen Vorliegen einer „Verletzung von Sicherheitsmaßnahmen“ abhängig gemacht.[199] Unberücksichtigt blieben alle weiteren tatbestandlichen Begrenzungsvorschläge der Ausschüsse. Hierzu zählten die im LIBE-Ausschuss vorgebrachten Änderungsanträge 85 und 86. Danach sollte ergänzend vorausgesetzt werden, dass „[...] der Betreiber oder Verkäufer des Systems nicht in vollem Umfang über die Anfälligkeit rechtzeitig informiert wird“[200] und die Tatbegehung kumulativ „[...] mit krimineller Absicht erfolgt und schwere und schädliche Folgen für die Existenz oder das Funktionieren des Informationssystems bzw. der Informationssysteme hat.“[201]

Sowohl in *Art. 4 der RL*[202] zur Computersabotage[203] als auch in *Art. 5 der RL* zur Datenveränderung[204] wurde der Wortlaut gegenüber dem Kommissionsvorschlag nur geringfügig angepasst. Die vom LIBE-Ausschuss vorgebrachte Tatbestandsbegrenzung wurde wie in Art. 3 RL-E nicht übernommen. Auf das Vorliegen einer „kriminellen Absicht“ sollte es demzufolge genauso wenig ankommen wie auf den Eintritt „schwerer und schädlicher Folgen für die Exis-

---

structure or information systems. Here the directive remains somewhat vague and could offer opportunities for ambiguous interpretation“.

199 EU-Parlament, Standpunkt v. 4.7.2013, S. 20, Art. 3. So bereits der Änderungsantrag 84 v. *Alvaro* zu Art. 3 in: Änderungsanträge 34–128 des LIBE-Ausschusses v. 27.1.2012, S. 36, der als zweiten Absatz vorsah: „Jeder Mitgliedstaat beschließt, dass Handlungen nach Absatz 1 nur geahndet werden, sofern sie durch eine Verletzung von wirksamen Sicherheitsmaßnahmen erfolgen.“ Demgegenüber sah der 87. Änderungsantrag lediglich eine „Kann“-Bestimmung vor, *Hohlmeier* zu Art. 3, a.a.O., S. 38.

200 Änderungsantrag 86 v. *Albrecht* zu Art. 3, a.a.O., S. 37f.

201 Änderungsantrag 85 v. *Vergiat* zu Art. 3, a.a.O., S. 36f. Im Rahmen der Begründung des 76. Änderungsantrags zu Art. 2 lit.c RL-E und damit aus Anlass der Definition zu „juristischen Personen“ stellte der LIBE-Ausschuss zur Reichweite der Pönalisierung außerdem klar: „Wir wollen nicht, dass staatliches ‘Hacking’ legalisiert wird, da dies das ‘Grundrecht auf Gewährleistung der Vertraulichkeit und Integrität informationstechnischer Systeme’ verletzen würde, wie das deutsche Bundesverfassungsgericht festgestellt hat,“ Begründung zum Änderungsantrag 76 v. *Albrecht* zu Art. 2 lit.c, a.a.O., S. 32.

202 Die Angabe des Artikels mit dem Zusatz „der RL“ kennzeichnet, dass es sich – im Unterschied zur Entwurfsfassung der Kommission („RL-E“) – um die Fassung der Richtlinie im parlamentarischen Standpunkt v. 4.7.2013 handelt, die, sofern nicht anders angegeben, identisch mit der Schlussfassung der Richtlinie v. 14.8.2013 ist.

203 EU-Parlament, Standpunkt v. 4.7.2013, S. 21, Art. 4.

204 A.a.O., Art. 5.

tenz oder das Funktionieren des Informationssystems bzw. der Informationssysteme".[205]

Bei *Art. 6 RL-E* zum „rechtswidrigen Abfangen" wurde am Ende des Absatzes lediglich die einschränkende Voraussetzung, „wenn kein leichter Fall vorliegt", hinzugefügt.[206] Dieser Anpassungsvorschlag war bereits im 90. und 92. Änderungsantrag des LIBE-Ausschusses enthalten.[207] Die Vorschläge für eine begriffliche Präzisierung (als Art. 2 lit.d der RL) gemäß dem 81. Änderungsantrag wurden nicht in den parlamentarischen Standpunkt übernommen.[208] Auch eine begriffliche Präzisierung als Art. 6 Abs. 2 der RL zur „Datenübermittlung" und zu „technischen Hilfsmitteln", wie im 90. Änderungsantrag erwogen,[209] hielt der abschließenden Prüfung nicht stand. Ebenfalls nicht aufgenommen wurden die schon bei Art. 3 bis 5 RL-E erwogenen Tatbestandsbegrenzungen.[210]

Die Regulierungsempfehlung zu „Tatwerkzeugen" in *Art. 7 RL-E* und damit zur Pönalisierung von Vorbereitungshandlungen wurde, trotz beantragter Streichung im LIBE-Ausschuss,[211] aufrechterhalten.[212] Die tatbestandlichen

---

205 Änderungsantrag 88 v. *Vergiat / Triantaphyllides* zu Art. 4 in: Änderungsanträge 34–128 des LIBE-Ausschusses v. 27.1.2012, S. 38f. und Änderungsantrag 89 v. *Vergiat*, zu Art. 5, a.a.O., S. 39.

206 EU-Parlament, Standpunkt v. 4.7.2013, S. 22, Art. 6.

207 Änderungsantrag 90 v. *Voss* zu Art. 6 in: Änderungsanträge 34–128 des LIBE-Ausschusses v. 27.1.2012, S. 40; Änderungsantrag 92 v. *Albrecht*, zu Art. 6 Abs. 1, a.a.O., S. 41.

208 Danach zählt zum „Abfangen" das „[…] Abhören, die Überwachung und die Kontrolle des Inhalts von Kommunikationen sowie das Ausforschen des Inhalts von Daten, direkt oder indirekt durch die Benutzung elektronischer Abhör- oder Mithörvorrichtungen mit technischen Hilfsmitteln", Änderungsantrag 81 v. *Voss* zu Art. 2 lit.d b (neu) in: Änderungsanträge 34–128 des LIBE-Ausschusses v. 27.1.2012, S. 34f.

209 Zweiter Absatz zum Änderungsantrag 90 v. *Ders.* zu Art. 6, a.a.O., S. 40: „Das Abfangen kann auch eine Aufzeichnung betreffen. Die Datenübermittlung umfasst die Zeitspanne des Transports von Daten, leitungsgebunden oder per Funk, zwischen dem Absenden beim Sender und dem Ankommen beim Empfänger. Zu den technischen Hilfsmitteln gehören technische Vorrichtungen, die an Übertragungsleitungen angebracht werden, sowie Vorrichtungen zur Sammlung und Aufzeichnung kabelloser Kommunikation, einschließlich Software, Passwörtern und Codes".

210 Erwogen wurde das Erfordernis einer „kriminellen Absicht" und der Eintritt „schwerer und schädlicher Folgen", Änderungsantrag 91 v. *Vergiat* zu Art. 6, a.a.O., S. 40f.

211 Änderungsantrag 93 v. *Albrecht* zu Art. 7 – Einleitung in: a.a.O., S. 42. Für die Streichung von Art. 7 lit.b: Änderungsantrag 95 v. *Vergiat* zu Art. 7 lit.b, a.a.O., S. 43. Begründet wurde der angeregte Verzicht auf eine Inkriminierung im 93. Änderungsantrag mit dem Informationsschutz. Dieser müsse auch sog. „Hacker Tools" einschließen, die für die Durchführung von Sicherheitstest unverzichtbar seien, ebd.

Voraussetzungen wurden jedoch modifiziert. Neben der ergänzenden Prämisse: „wenn kein leichter Fall vorliegt", wurde, wie auch vom Rat erwogen, die Tathandlung des Besitzens von der Strafbarkeit ausgenommen. Außerdem wurde in Art. 7 lit.a RL-E der Zusatz: „einer Vorrichtung einschließlich" vor „eines Computerprogramms" gestrichen.[213]

Im LIBE-Ausschuss wurde die Streichung von *Art. 8 RL-E* über „Anstifung, Beihilfe und Versuch" mit der Begründung beantragt,[214] dass ihre Kodifizierung anderenfalls zu einer Kriminalisierung von Informanten führen könnte, die Schwachstellen offenbaren. Außerdem werde damit, so der Ausschuss weiter, die Strafbarkeit zu sehr in das Vorfeld der Tatbegehung verlagert.[215] Die abschließende Stellungnahme des Europäischen Parlaments ließ Art. 8 RL-E dennoch unverändert.

Modifiziert und unter der Überschrift „Strafen" zu einem neuen Art. 9 der RL zusammengefasst wurden *Art. 9 RL-E* („Sanktionen") und *Art. 10 RL-E* („Erschwerende Umstände"). Insbesondere die Vorgaben zu Art. 10 RL-E wurden im Standpunkt umfassend überarbeitet. Nach Auffassung des AFET-Ausschusses erfordert die grenzüberschreitende Natur der Cyberkriminalität eine Harmonisierung auf der Rechtsfolgenseite, um Unterschiede bei der Sanktionierung zu verringern.[216]

Für Art. 9 Abs. 2 der RL sah das Europäische Parlament weiterhin ein Höchstmaß von mindestens[217] zwei Jahren Freiheitsstrafe vor. Die Absätze 3 und 4 des neugefassten Art. 9 der RL umfassten nunmehr die „erschwerenden Umstände" des vormaligen Art. 10 RL-E, dessen ersatzlose Streichung im

---

212 *Hohlmeier* in: Plenardebatte v. 3.7.2013, a.a.O. Kritisch: *Albrecht* im Namen der Verts/ALE-Fraktion, ebd.

213 EU-Parlament, Standpunkt v. 4.7.2013, S. 22, Art. 7. Auf den vorgeschlagenen Zusatz am Ende des Art. 7 lit.a „mit Ausnahme des Computers" wurde verzichtet, Änderungsantrag 94 v. *Vergiat* zu Art. 7 lit.a in: Änderungsanträge 34–128 des LIBE-Ausschusses v. 27.1.2012, S. 43.

214 Änderungsantrag 96 v. *Albrecht* zu Art. 8, a.a.O., S. 43f. Demgegenüber sprach sich Vergiat lediglich für die Streichung des ersten Absatzes aus und damit für die Streichung der Anstiftung und Beihilfe, unter Aufrechterhaltung der Versuchsstrafbarkeit in Absatz 2, Änderungsantrag 97 v. *Vergiat* zu Art. 8 Abs. 1, a.a.O., S. 44.

215 Begründung zum Änderungsantrag 96 v. *Albrecht* zu Art. 8, a.a.O., S. 44.

216 Änderungsantrag 7 zu Erwägung 6 in: Stellungnahme des AFET-Ausschusses v. 28.11.2011, S. 7.

217 Der 103. Änderungsantrag zu Art. 9 Abs. 2 und der 106. Änderungsantrag zu Art. 10 Abs. 1 sowie der 109. Änderungsantrag zu Art. 10 Abs. 2 im LIBE-Ausschuss sprachen sich für die Streichung des Wortes „mindestens" aus, da dies widersprüchlich sei, Änderungsantrag 103, 106 v. *Vergiat* zu Art. 9 Abs. 2; Art. 10 Abs. 1 und 2, a.a.O., S. 47, 49f., 51.

105. Änderungsantrag im LIBE-Ausschuss befürwortet worden war.[218] Anders als die Kommissionsfassung, die in Art. 10 Abs. 1 RL-E einen erhöhten Strafrahmen für „Straftaten im Sinne der Artikel 3 bis 7", bzw. in Art. 10 Abs. 2 und 3 RL-E für „Straftaten im Sinne der Artikel 3 bis 6" vorsah,[219] beschränkte die Parlamentsfassung die Anwendbarkeit dieser Strafrahmenerhöhung auf die Fälle der Computersabotage und der Datenveränderung.[220] Diese Anpassung entsprach gleichermaßen der Ratsauffassung wie die Einführung einer weiteren, herabgesetzten Sanktionsstufe beim Vorliegen der dort aufgeführten erschwerenden Umstände. Dementsprechend setzte das Parlament in Art. 9 Abs. 3 der RL das im Entwurf noch einheitliche Höchstmaß von fünf Jahren Freiheitsstrafe (Art. 10 Abs. 2, 1. Alt. RL-E) auf mindestens drei Jahre Freiheitsstrafe für die Fälle herab,[221] in denen es sich um Straftaten handelte, die vorsätzlich begangen wurden und „eine beträchtliche Anzahl von Informationssystemen unter Verwendung eines in Artikel 7 genannten Instruments" betrafen.

Damit präzisierte das Parlament zugleich die dortigen Ausführungen zum „Instrument". Umgekehrt wurden die Angaben zum Vorliegen eines „erheblichen Schadens" gekürzt. Statt der zuvor beispielhaft formulierten relevanten Schadensarten „in Form gestörter elektronischer Dienste, finanzieller Verluste oder des Verlusts persönlicher Daten", beschränkte sich die Neufassung des Art. 9 Abs. 4 lit.b der RL auf: „wenn [...] b) sie einen schweren Schaden verursachen".[222]

Modifiziert wurde auch Art. 10 Abs. 3 RL-E, welcher das Höchstmaß für solche Taten bestimmte, die unter „Verschleierung der wahren Identität des Täters und Schädigung des rechtmäßigen Identitätseigentümers" begangen

---

218 Änderungsantrag 105 v. *Alvaro* zu Art. 10, a.a.O., S. 48f.

219 Änderungsantrag 101 v. *Mulder* zu Art. 9 Abs. 1, a.a.O., S. 46.

220 Auch der 104. Änderungsantrag im LIBE-Ausschuss sprach sich gegen einen Einbezug der Art. 6f. des Kommissionsvorschlags in Art. 9 Abs. 2 aus, da keine Gründe angegeben werden von den Vorgaben des Rahmenbeschlusses 2005/222/JI abzuweichen, Änderungsantrag 103 v. *Albrecht* zu Art. 9 Abs. 2, a.a.O., S. 48.

221 Im LIBE-Ausschuss wurde sogar eine Herabsetzung des Höchstmaßes auf „zwei bis fünf" Jahre beantragt, um die Kongruenz mit den Vorgaben des Rahmenbeschlusses 2005/222/JI zu wahren, vgl. Änderungsantrag 107, 110 v. *Albrecht* zu Art. 10 Abs. 1 und 2, a.a.O., S. 50, 52.

222 Der ITRE-Ausschusses sprach sich im Änderungsantrag 20 zum Vorschlag für Art. 8 Abs. 1a (neu) in seiner Stellungnahme v. 11.11.2011, auf S. 15 für eine eigenständige Strafbarkeit aus: „1a. Die Mitgliedstaaten sorgen dafür, dass die unzulässige Übermittlung von Identifikationsdaten an andere Personen in Form der in den Artikeln 3 bis 7 genannten Vorgehensweisen eine Straftat ist".

wurden.[223] Stattdessen soll gem. Art. 9 Abs. 5 der RL der „Missbrauch der personenbezogenen Daten einer anderen Person mit dem Ziel, das Vertrauen eines Dritten zu gewinnen, wodurch dem rechtmäßigen Identitätseigentümer ein Schaden zugefügt wird“ bei der Tatbegehung einer Computersabotage (Art. 4 der RL) oder einer Datenveränderung (Art. 5 der RL) als erschwerender Umstand klassifiziert werden, „soweit der betreffende Umstand nicht bereits eine andere Straftat im Sinne des nationalen Rechts darstellt“. In Art. 9 Abs. 4 lit.a der RL fand der erschwerende Umstand des Art. 10 Abs. 1 RL-E Aufnahme, der die Tatbegehung durch eine „kriminelle Vereinigung im Sinne des Rahmenbeschlusses 2008/841/JI“ erfasst. Übereinstimmend mit den vorangestellten Erwäggründen wurde außerdem ein neuer erschwerender Umstand in Art. 9 Abs. 4 lit.c der RL ergänzt. Danach findet das Höchstmaß von fünf Jahren Freiheitsstrafe für Angriffe auf kritische Infrastrukturen Anwendung.[224]

Nicht kodifiziert wurde der Vorschlag des ITRE-Ausschusses, welcher den Missbrauch beruflich eröffneter Zugangsmöglichkeiten zur Tatbegehung als erschwerenden Umstand ahnden wollte.[225] Ebenfalls nicht in den Standpunkt übernommen wurde die Empfehlung für einen neuen Art. 10a der RL[226] über mildernde Umstände, der im LIBE-Ausschuss eingebracht wurde.[227]

Art. 16 und 17 der RL enthielt Korrekturen die Umsetzung der Richtlinie betreffend. Darin wurde klargestellt, dass die Richtlinie nur Wirkung gegenüber

223 Für die Streichung, Änderungsantrag 111 v. *Albrecht* zu Art. 10 Abs. 3 in: Änderungsanträge 34–128 des LIBE-Ausschusses v. 27.1.2012, S. 52f.; a.A. und damit die Kodifizierung befürwortend: *Hohlmeier* in: Plenardebatte v. 3.7.2013, a.a.O.; *Reding*, ebd.: „We also welcome that the report calls for the inclusion of a new aggravating circumstance when the offences are committed by misusing personal data of another person and causing prejudice to the rightful identity owner. We believe that including this specific measure is important, as it has become one of the most common ways to commit cyber-attacks today“.

224 So auch der 108. Änderungsantrag im LIBE-Ausschuss, welcher auch den Verlust von sensiblen Informationen oder persönlichen Daten umfasst wissen wollte, Änderungsantrag 108 v. *Enciu* zu Art. 10 Abs. 2 in: Änderungsanträge 34–128 des LIBE-Ausschusses v. 27.1.2012, S. 50f.

225 Änderungsantrag 21, Vorschlag für Art. 8 Abs. 1b (neu) in: Stellungnahme des ITRE-Ausschusses v. 11.11.2011, S. 15.

226 Änderungsantrag 118 v. Alvaro, zu Art. 10a (neu) in: Änderungsanträge 34–128 des LIBE-Ausschusses v. 27.1.2012, S. 56ff.

227 Nach dessen Absatz 1 sollte die Tatbegehung ohne kriminelle Absicht vollständig aus der Strafbarkeit ausgenommen werden. Absatz 2 des vorgeschlagenen Art. 10a enthielt eine Fürsorgepflicht der Mitgliedstaaten für leicht erkennbare Bedrohungen, welche wiederum nach Absatz 3 die „für die Daten Verantwortlichen und die Datenverarbeiter“ zum Schutz der Daten verpflichten sollten, angemessene Sicherheitsvorkehrungen zu implementieren. Ihr Unterlassen sollte gemäß Art. 10a Abs. 5 geahndet werden, wobei sich ein entsprechendes Versäumnis i.S.d. vierten Absatzes als strafmildernd auswirken sollte, ebd.

den Mitgliedstaaten entfalten kann, die sich „an der Annahme der Richtlinie" beteiligen. Art. 17 der RL lockerte die Mitteilungspflichten der Mitgliedstaaten gleichermaßen wie die Berichterstattungspflichten der Kommission.[228]

VII. Inhalt der Richtlinie – Gemeinsamkeiten und Unterschiede zu den bisherigen Harmonisierungsvorschriften

Nach Abschluss der ersten und einzigen Lesung im Parlament wurde die Schlussfassung der Richtlinie mit folgendem Inhalt formuliert.

1. Gegenstand und Erwägungen für den Erlass der Richtlinie

Art. 1 der RL[229] bezeichnet den Regelungsgegenstand, dem 34 Erwäggründe[230] vorangestellt wurden. Darin wird als Zielrichtung – wie schon im Rahmenbeschluss – die effektive Bekämpfung von Angriffen auf Informationssysteme durch die Angleichung von Strafrechtsvorschriften benannt,[231] was die Festlegung von Straftaten und die Festsetzung des Strafmaßes beinhaltet.[232] Daneben soll die polizeiliche und justizielle Zusammenarbeit[233] sowie die Zusammenarbeit zwischen den zuständigen Behörden und Agenturen, unter Einbezug der Privatwirtschaft,[234] verbessert werden.[235] Da dies durch national begrenzte

---

228 Anders als Art. 16 RL-E, setzte der neue Art. 17 Abs. 1 der RL im parlamentarischen Standpunkt für eine Umsetzung der Richtlinie keinen Tabellenanhang mit einer Gegenüberstellung der Vorschriften der Richtlinie mit denen der innerstaatlichen Rechtsvorschriften mehr voraus. Die Mitteilung des Wortlauts der umsetzenden Vorschrift, wie bereits von Art. 17 Abs. 2 RL-E gefordert, soll hierzu genügen. Auch die Berichterstattungspflichten der Kommission gem. Art. 18 Abs. 1 RL-E lockerte das Parlament in Art. 17 der RL so weit, dass die Kommission lediglich einen Bericht zu fertigen hat. Die Kommissionsfassung forderte neben der Vorlage dieses Schlussberichts vier Jahre nach Annahme der Richtlinie, die Erstellung weiterer Berichte alle drei Jahre. Darin sollte zur Anwendung der Richtlinie Stellung genommen und gegebenenfalls sollten Änderungsvorschläge unterbreitet werden. So auch der ITRE-Ausschusses in seiner Stellungnahme v. 11.11.2011, S. 18, Änderungsantrag 27, Vorschlag für Art. 18 Abs. 1. Auf die Regelung des Art. 18 Abs. 2 RL-E, wonach die Mitgliedstaaten alle hierfür erforderlichen Informationen zu übermitteln hatten, verzichtete die Neufassung.

229 Art. 1 der Richtlinie in: Abl. EU L 218 v. 14.8.2013, S. 12.

230 A.a.O., S. 8–11, Erwägungen 1–34.

231 Rat der EU, Vermerk, Dok. 7120/10 v. 8.3.2010, S. 10; Abl., a.a.O., S. 9, Erwägung Nr. 8.

232 Rat der EU, Vermerk des Vorsitzes, ebd.; Abl., a.a.O., S. 8, Erwägung Nr. 1; Art. 1, a.a.O., S. 12.

233 Rat der EU, Vermerk des Vorsitzes, ebd.; Abl., a.a.O., S. 11, Erwägung Nr. 27.

234 „KII-Strategien werden zwar letztendlich von den Mitgliedstaaten bestimmt, ihre Umsetzung erfordert allerdings die Beteiligung des Privatsektors, der eine große Zahl von KII besitzt oder kontrolliert. Zudem bieten die Märkte dem Privatsektor nicht immer hinreichend Anreize, in den Schutz von KII in dem von staatlicher Seite normalerweise gefor-

Regelungen nur unzureichend verwirklicht werden könne, sei ein, wenn auch grundsätzlich subsidiäres, Tätigwerden auf EU-Ebene erforderlich.[236] Da die Bestimmungen des Rahmenbeschlusses durch die Richtlinie weitgehend abgeändert wurden, sprach sich die Richtlinie in der 34. Erwägung dafür aus, dass „der Rahmenbeschluss 2005/222/JI aus Gründen der Klarheit […] vollständig ersetzt" wird.[237]

Zu den nichtlegislativen Maßnahmen zähle auch die angestrebte verbesserte statistische Erfassung von strafrechtsrelevanten Handlungen im Sinne dieser Richtlinie.[238] In diesem Rahmen sollten Anreize für die Meldung von Sicherheitslücken geschaffen werden.[239] Außerdem seien die Mitarbeiter der zuständigen Behörden besser zu schulen.[240] Die Notwendigkeit entsprechender Maßnahmen ergebe sich aus der Bedeutung von Informationssystemen, welche inzwischen für die Interaktion in der Union in politischer, gesellschaftlicher und wirtschaftlicher Hinsicht und damit auch für die Entwicklung des Binnenmarktes, unverzichtbar seien.[241] Aus diesem Grund müsse ein angemessenes Schutzniveau gewährleistet werden.[242] Die zunehmende Abhängigkeit vom Funktionieren dieser Systeme und insbesondere von der kritischen Infrastruktur[243] erhöhe das Interesse an Informationssystemen als Angriffsziele für Terroranschläge und politisch motivierte Angriffe.[244] Auch die organisierte Kri-

---

derten Maß zu investieren. Zur Lösung dieses Governance-Problems wurden auf nationaler Ebene als Referenzmodell öffentlich-private Partnerschaften (ÖPP) geschaffen", KOM(2009) 149 endg. v. 30.3.2009, S. 6.

235 KOM(2010) 673 endg. v. 22.11.2010, S. 11, 24; Art. 1 in: Abl. EU L 218 v. 14.8.2013, S. 12; a.a.O., S. 8, Erwägung Nr. 1, vertiefend, a.a.O., S. 10, Erwägung Nr. 22f.

236 KOM(2009) 149 endg. v. 30.3.2009, S. 6; Abl., a.a.O., S. 11, Erwägung Nr. 33.

237 Abl., ebd., Erwägung Nr. 34. „Dies war notwendig, da, gemäß Art. 9 des Protokolls Nr. 36 zum Vertrag von Lissabon, Rahmenbeschlüsse so lange in Kraft bleiben, bis sie aufgehoben, für nichtig erklärt oder geändert werden", *Gercke*, ZUM 2014, 641, 647.

238 Rat der EU, Vermerk, Dok. 7120/10 v. 8.3.2010, S. 10; vertiefend in: Abl., a.a.O., S. 10, Erwägung Nr. 24.

239 Abl., a.a.O., S. 9, Erwägung Nr. 12; KOM(2010) 673 endg. v. 22.11.2010, S. 11.

240 Abl., a.a.O., S. 11, Erwägung Nr. 28; KOM(2010) 673, ebd.

241 Bereits 2006: KOM(2006) 251 endg. v. 31.5.2006, S. 5: „Die Bedeutung der IKT-Branche für die europäische Wirtschaft und die europäische Gesellschaft als Ganzes ist unbestreitbar. Die IKT sind ein wichtiger Baustein der Innovation und für fast 40% des Produktivitätswachstums verantwortlich. Außerdem entfallen auf diese hoch innovative Branche mehr als ein Viertel der gesamten europäischen Forschungs- und Entwicklungstätigkeiten, und sie spielt eine Schlüsselrolle beim Wirtschaftswachstum und bei der Schaffung von Arbeitsplätzen in allen Wirtschaftszweigen".

242 Abl. EU L 218 v. 14.8.2013, S. 8, Erwägung Nr. 2.

243 A.a.O., Erwägung Nr. 3.

244 Ebd.; *Gercke*, CR 2007, 62, 62ff.

minalität nutze die Vorteile der Technologie umfassend. Diese Bedrohungslage gefährde den „Raum der Freiheit, der Sicherheit und des Rechts“, dessen Schaffung und Wahrung sich die EU zur Aufgabe gemacht hat.[245] Allerdings habe sich durch die Ubiquität dieser neuen Technologie nicht nur eine höhere Anfälligkeit zentraler Systeme entwickelt, auch die Angriffsintensität zeichne sich durch eine neuartige Qualität aus.[246] Die Ausführung derartiger Angriffe werde durch immer ausgefeiltere Methoden ermöglicht, wobei die Bedeutung eingesetzter Botnetze[247] für die Tatbegehung besonders hervorgehoben wird.[248] Was im Einzelnen unter einem „schweren Schaden“ zu verstehen ist, solle nicht verbindlich geregelt werden. Dieser könne sich aus der Höhe der Wiederherstellungskosten, aus der Betroffenheit personenbezogener Daten bzw. anderer vertraulicher Informationen, oder aus dem Angriffsziel als solchem ergeben, wenn es sich hierbei um einen Systemdienst von erheblicher öffentlicher Bedeutung handele.[249] Um dem Bedeutungszuwachs der Technologie und der dargestellten Gefährdungslage gerecht zu werden, sollten nicht nur Tatbestände erfasst, sondern vor allem ihre Sanktionierung durch „schwere Strafen“[250] sichergestellt werden, um die Abschreckungswirkung zu erhöhen.[251] Den zentralen Ausgangspunkt und zugleich den maßgeblichen Rechtsrahmen für die Ausgestaltung der Richtlinie bildet, in Übereinstimmung mit den Schlussfolgerungen des Rates vom 27. und 28. November 2008, ausdrücklich die Convention on Cybercrime. Die Richtlinie solle dieses Übereinkommen jedoch nicht ersetzen. Im Gegenteil, die Notwendigkeit seiner Ratifizierung wird in den Erwägungen zur Richtlinie nochmals betont.[252]

2. Begriffsbestimmungen gem. Art. 2 der RL

Art. 2 der RL regelt die selben Begriffsbestimmungen wie schon Art. 1 des RB. Auch wenn die Definitionen zum „Informationssystem“ in lit.a[253] (vor-

---

245 Ebd.

246 A.a.O., Erwägung Nr. 5.

247 Ebd.

248 Ebd.

249 Ebd.

250 Dies gelte insbesondere für die Begehung durch kriminelle Vereinigungen, bei einer beträchtlichen Anzahl von Angriffen, beim Einbezug von Botnetzen und dem Eintritt schwerer Schäden sowie bei Angriffen gegen kritische Infrastrukturen, a.a.O., S. 9, Erwägung Nr. 13.

251 Ebd.

252 A.a.O., S. 9, Erwägung Nr. 15.

253 Art. 2 lit.a in: a.a.O., S. 12.

mals „Computersystem“ in Art. 1 lit.a CCC[254]), zu „Computerdaten“ in lit.b,[255] zur „juristischen Person“ in lit.c[256] und zu „unbefugt“ in lit.d[257] nicht wortgetreu übernommen wurden, blieb ihr Wesenskern unverändert, weshalb auf die diesbezüglichen Ausführungen verwiesen werden kann.[258]

3. Computerspionage gem. Art. 3 der RL

Alle drei Regelungsinstrumente sahen zwingend die Sanktionierung der Computerspionage einschließlich des sog. Hackings vor, beließen dem nationalen Gesetzgeber aber einen unterschiedlich großen Gestaltungsspielraum. Während die Strafbarkeit nach den Vorgaben der Konvention gem. Art. 2, S. 2 CCC noch von drei zusätzlichen Tatbestandsvoraussetzungen alternativ oder auch kumulativ abhängig gemacht werden konnte,[259] sah der Rahmenbeschluss lediglich zwei Einschränkungen vor. Danach durfte für die Strafbarkeit gem. Art. 2 Abs. 2 des RB ebenfalls die Verletzung von Sicherheitsmaßnahmen gefordert werden. Neben dieser fakultativen Tatbestandsbegrenzung waren „leichte Fälle“ gem. Art. 2 Abs. 1 des RB zwingend von der Strafbarkeit auszunehmen. In Art. 3 der RL[260] waren beide Voraussetzungen zwingend. Eine verbindliche Definition zu den „leichten Fällen“ enthielt die Richtlinie nicht.[261]

Allerdings formulierte der 11. Erwäggrund eine beispielhafte Aufzählung, die den Mitgliedstaaten als Auslegungshilfe bei der Umsetzung dienen sollte:

---

254 In konsequenter Fortsetzung spiegelt sich diese Anpassung in allen nachfolgend dargestellten Tatbeständen wieder, weshalb die dortige Wortlautänderung nicht noch einmal gesondert hervorgehoben wird.

255 Art. 2 lit.b, ebd.

256 Art. 2 lit.c, ebd.

257 Art. 2 lit.d, ebd.

258 Die beiden darüber hinausgehenden Definitionen der Konvention (zu „Diensteanbieter“ in Art. 1 lit.d CCC und zu „Verkehrsdaten“ in Art. 1 lit.d CCC) wurden mangels Relevanz für die kodifizierten Straftatbestände nicht übernommen.

259 Art. 2 CCC in: BGBl. II Nr. 30 v. 10.11.2008, S. 1246f.: „Eine Vertragspartei kann als Voraussetzung vorsehen, dass die Straftat unter Verletzung von Sicherheitsmaßnahmen, in der Absicht, Computerdaten zu erlangen, in anderer unredlicher Absicht oder in Zusammenhang mit einem Computersystem, das mit einem anderen Computersystem verbunden ist, begangen worden sein muss“.

260 Art. 3 in: Abl. EU L 218 v. 14.8.2013, S. 12: „Die Mitgliedstaaten treffen die erforderlichen Maßnahmen, um sicherzustellen, dass der vorsätzliche unbefugte Zugang zu einem Informationssystem als Ganzem oder zu einem Teil davon, wenn dieser Zugang durch eine Verletzung von Sicherheitsmaßnahmen erfolgt, zumindest dann unter Strafe gestellt wird, wenn kein leichter Fall vorliegt“.

261 *Buono*, CRi 2013, 103, 105. Kritisch: *Reindl-Krauskopf*, ZaöRV 2014, 563, 571f.

„Ein Fall kann beispielsweise als leicht eingestuft werden, wenn der durch die Straftat verursachte Schaden und/oder die Gefahr für öffentliche oder private Interessen, wie etwa die Integrität eines Computersystems oder von Computerdaten oder die Integrität, die Rechte oder andere Interessen einer Person geringfügig oder so geartet ist, dass die Verhängung einer Strafe innerhalb der gesetzlichen Grenzen oder die Begründung einer strafrechtlichen Verantwortung nicht erforderlich ist".[262]

4. Computersabotage und Datenveränderung gem. Art. 4 und 5 der RL

Die Ausgestaltung beider Vorschriften orientierte sich ebenfalls stark an den bereits bestehenden europäischen Vorgaben. Anders als die Konvention, die in Art. 5 CCC für die Strafbarkeit das Vorliegen einer „schweren Behinderung" voraussetzte, sollte nach Art. 3 des RB und nach Art. 4 der RL[263] jedwede „Störung des Betriebs" genügen. Auch der Katalog der möglichen Tathandlungen wurde gegenüber dem Übereinkommen erweitert. Aus Art. 4f. CCC wurden die Tathandlungen: „Beschädigen, Löschen, Verändern und Unterdrücken" übernommen und in Art. 3f. des RB sowie in Art. 4f. der RL[264] um ein „Unzugänglichmachen von Computerdaten" erweitert. Außerdem wurde der Wortlaut der Richtlinie dahingehend angepasst, dass statt des „Verstümmelns" in Art. 3f. des RB wieder das „Beeinträchtigen" und damit die Nomenklatur von Art. 4f. CCC eingeführt wurde.

Während die Konvention in Art. 4 Abs. 2 CCC eine fakultative Begrenzung der Anwendbarkeit auf Fälle mit „schweren Schäden" vorsah,[265] begrenzten die Art. 3f. des RB sowie die Art. 4f. der RL die Anwendbarkeit auf nicht lediglich „leichte Fälle".[266]

Darüber hinaus enthielten alle drei Rechtsinstrumente eine Versuchsstrafbarkeit (Art. 11 Abs. 2 CCC, Art. 5 Abs. 2 des RB und Art. 8 Abs. 2 der RL[267]).

---

262 Abl. EU L 218 v. 14.8.2013, S. 9, Erwägung Nr. 11.

263 Art. 4, a.a.O., S. 12.

264 Art. 5, ebd.: „Die Mitgliedstaaten treffen die erforderlichen Maßnahmen, um sicherzustellen, dass das vorsätzliche und unbefugte Löschen, Beschädigen, Beeinträchtigen, Verändern, Unterdrücken von Computerdaten eines Informationssystems und das Unzugänglichmachen solcher Daten zumindest dann unter Strafe gestellt wird, wenn kein leichter Fall vorliegt".

265 Art. 4 Abs. 2 CCC in: BGBl. II Nr. 30 v. 10.11.2008, S. 1247: „Eine Vertragspartei kann sich das Recht vorbehalten, als Voraussetzung vorzusehen, dass das in Absatz 1 beschriebene Verhalten zu einem schweren Schaden geführt haben muss".

266 Nach *Reindl-Krauskopf*, ZaöRV 2014, 563, 572 waren die beiden Vorgaben damit „im Grunde deckungsgleich".

267 Art. 8 Abs. 2 in: Abl. EU L 218 v. 14.8.2013, S. 12.

Während das Übereinkommen den Mitgliedstaaten in Art. 11 Abs. 3 CCC noch eine Vorbehaltsmöglichkeit gewährte, sahen der Rahmenbeschluss und die Richtlinie ihre Kodifizierung zwingend vor.

5. Neuaufnahme des rechtwidrigen Abfangens gem. Art. 6 der RL

Wie schon in Art. 3 CCC wurde das rechtswidrige Abfangen auch durch Art. 6 der RL[268] inkriminiert, nachdem der Rahmenbeschluss auf eine Kodifizierung verzichtet hatte. Gemäß der neunten Erwägung der Richtlinie umfasst das Abfangen im Sinne der Richtlinie:

> „[…] unter anderem das Abhören, die Überwachung und die Kontrolle des Inhalts von Kommunikationen sowie das Ausforschen des Inhalts von Daten entweder direkt durch den Zugang zum Informationssystem und seine Benutzung oder indirekt durch die Benutzung elektronischer Abhör- oder Mithörvorrichtungen mit technischen Hilfsmitteln."[269]

Die beiden einschränkenden Voraussetzungen des Übereinkommens[270] zur Anwendbarkeit der Norm wurden, ähnlich wie bei der Computerspionage, nicht übernommen. Eine zusätzliche Korrektur des Anwendungsbereichs erhielt Art. 6 der RL nur durch den Ausschluss von „leichten Fällen".

6. Aufnahme der Vorfeldstrafbarkeit in Art. 7 der RL

Wie bereits die Neuaufnahme des rechtswidrigen Abfangens übernahm die Richtlinie auch die Pönalisierung der Vorfeldhandlungen aus Art. 6 CCC. Die Tathandlungen des Art. 6 Abs. 1 lit.a CCC wurden zusammen mit den darin aufgeführten Angriffsobjekten vollständig in Art. 7 Abs. 1 der RL[271] über-

---

268 Art. 6, a.a.O., S. 12: „Die Mitgliedstaaten treffen die erforderlichen Maßnahmen, um sicherzustellen, dass das vorsätzliche und unbefugte, mit technischen Hilfsmitteln bewirkte Abfangen nichtöffentlicher Computerdatenübermittlungen an ein Informationssystem, aus einem Informationssystem oder innerhalb eines Informationssystems einschließlich elektromagnetischer Abstrahlungen aus einem Informationssystem, das Träger solcher Computerdaten ist, zumindest dann unter Strafe gestellt wird, wenn kein leichter Fall vorliegt".

269 A.a.O., S. 9, Erwägung Nr. 9.

270 Diese betraf die Voraussetzungen der „unredlichen Absicht" und die „Vernetzung des betreffenden Computers".

271 Art. 7, a.a.O., S. 12: „Die Mitgliedstaaten treffen die erforderlichen Maßnahmen, um sicherzustellen, dass das vorsätzliche und unbefugte Herstellen, Verkaufen, Beschaffen zwecks Gebrauchs, Einführen, Verbreiten oder anderweitige Verfügbarmachen folgender Instrumente, das mit der Absicht erfolgt, eine Straftat im Sinne der Artikel 3 bis 6 zu begehen, zumindest dann unter Strafe gestellt wird, wenn kein leichter Fall vorliegt:

a) eines Computerprogramms, das in erster Linie dafür ausgelegt oder hergerichtet worden ist, eine Straftat im Sinne der Artikel 3 bis 6 zu begehen;

nommen. Gemäß Art. 6 Abs. 3 CCC durften sich die Mitgliedstaaten bei einem entsprechenden Vorbehalt jedoch auf die Aufnahme der Tathandlungen des „Verkaufens, Verbreitens oder anderweitigen Verfügbarmachens“ beschränken, da die Sanktionierung des „Herstellens, Beschaffens zwecks Gebrauchs und des Einführens“ nach Art. 6 Abs. 1 lit.a CCC nicht obligatorisch war und ein entsprechender Vorbehalt von den Mitgliedstaaten eingelegt werden konnte. Gleiches galt für die Pönalisierung des „Besitzes“ gem. Art. 6 Abs. 1 lit.b CCC. Demgegenüber war die Kodifizierung aller aufgeführten Tathandlungen in der Richtlinie obligatorisch ausgestaltet, dafür aber auf die Aufnahme des „Besitzens“ verzichtet worden. Auch die subjektiven Anforderungen unterschieden sich von denen der Konvention, denn die Richtlinie verlangte nicht nur eine vorsätzliche Tatbegehung (wie in Art. 6 Abs. 1 CCC), sondern forderte ausdrücklich eine absichtliche Verwirklichung der Tatumstände (vgl. 16. Erwägung), wobei das Vorliegen eines dolus directus 2. Grades zur Tatbestandsverwicklichung genügen dürfte.[272] Hierdurch sollte vermieden werden, dass auch die Herstellung zu rechtmäßigen Zwecken kriminalisiert wird, wie der 16. Erwäggrund zur Richtlinie hervorhebt:[273]

> „Da eine Kriminalisierung in den Fällen vermieden werden muss, in denen diese Instrumente für rechtmäßige Zwecke – wie beispielsweise Prüfung der Zuverlässigkeit von Produkten der Informationstechnologie oder der Sicherheit von Informationssystemen – hergestellt und in Verkehr gebracht worden sind, muss neben dem allgemeinen Vorsatz der direkte Vorsatz gegeben sein, diese Instrumente für das Begehen von in der Richtlinie vorgesehenen Straftaten zu verwenden.“[274]

In konsequenter Fortsetzung zu den übrigen Tatbeständen sah Art. 7 der RL als weitere Einschränkung vor, dass es sich nicht um einen lediglich leichten Fall handeln darf. Demgegenüber wurde auf die Übernahme der Klarstellung des Art. 6 Abs. 2 CCC verzichtet, wonach keine Inkriminierung des „genehmigten Testens“ oder von Handlungen „zum Schutz des Computersystems“ erfolgen soll. Zum gleichen Ergebnis dürfte man jedoch auch bei Art. 7 der RL über die Tatbestandsvoraussetzung einer „unbefugten“ Begehung kommen. Der 17. Erwäggrund macht deutlich, dass derartige Konstellationen auch nach der Richtlinienfassung aus dem Anwendungsbereich ausscheiden sollten. Darin wird beispielhaft auf Konstellationen hingewiesen, in denen:

---

b) eines Computerpassworts, eines Zugangscodes oder ähnlicher Daten, die den Zugang zu einem Informationssystem als Ganzem oder zu einem Teil davon ermöglichen“.

272 A.a.O., S. 9, Erwägung Nr. 16.

273 Ebd.

274 Ebd.

„[…] eine Person nicht weiß, dass sie keine Zugangsbefugnis hatte, beispielsweise bei in Auftrag gegebenen Tests von Informationssystemen oder bei deren Schutz, wenn beispielsweise eine Person von einem Unternehmen oder Verkäufer beauftragt wird, die Stärke des Sicherheitssystems eines Informationssystems zu testen",[275]

Umgekehrt sollte durch die Richtlinie nicht das Recht auf Zugang zu Informationen berührt werden und auch keine Regelung zur Rechtfertigung eines eigenmächtigen oder rechtswidrigen Zugangs geschaffen werden.[276]

7. Vorgaben zu Anstiftung, Beihilfe und Versuch gem. Art. 8 der RL

Alle drei Regelungsinstrumente enthielten Vorgaben zur Teilnahme- und Versuchsstrafbarkeit. Gem. Art. 11 Abs. 1 CCC, Art. 5 Abs. 1 des RB und Art. 8 Abs. 1 der RL[277] waren die Anstiftung und Beihilfe zur Tat zwingend zu sanktionieren. Im jeweiligen zweiten Absatz wurde die Versuchsstrafbarkeit kodifiziert, allerdings mit unterschiedlicher Reichweite. Nicht sanktioniert werden sollten nach der Konvention die versuchte Computerspionage i.S.d. Art. 2 CCC und der versuchte Missbrauch von Vorrichtungen i.S.d. Art. 6 CCC. Das Übereinkommen überließ hingegen den Unterzeichnerstaaten die Möglichkeit, gegen die Versuchsstrafbarkeit beim Abfangen von Daten (Art. 3 CCC), der Datenveränderung (Art. 4 CCC) und der Computersabotage (Art. 5 CCC) gem. Art. 11 Abs. 3 CCC einen Vorbehalt einzulegen.

Der Rahmenbeschluss kodifizierte in Art. 5 Abs. 2 des RB eine Versuchsstrafbarkeit, gewährte den Mitgliedstaaten allerdings in Art. 5 Abs. 3 des RB ebenfalls die Möglichkeit, diese nicht einzuführen. Auf eine solche Ausnahmeregelung verzichtete die Richtlinie, weshalb die Mitgliedstaaten gem. Art. 8 Abs. 2 der RL[278] verpflichtet waren, die versuchte Computersabotage und die versuchte Datenveränderung unter Strafe zu stellen.

8. Anhebung des Strafrahmens gem. Art. 9 der RL

Den Ausgangspunkt für die Strafzumessung bildete gem. Art. 9 Abs. 1 der RL[279] wiederum die sog. Mindesttrias (vgl. Art. 13 Abs. 1 CCC und Art. 6

---

275 A.a.O., S. 9, Erwägung Nr. 17.

276 Ebd.

277 Art. 8 Abs. 1, a.a.O., S. 12: „(1) Die Mitgliedstaaten stellen sicher, dass die Anstiftung oder Beihilfe zur Begehung einer Straftat im Sinne der Artikel 3 bis 7 unter Strafe gestellt wird".

278 Art. 8 Abs. 2, ebd.: „(2) Die Mitgliedstaaten stellen sicher, dass der Versuch der Begehung einer Straftat im Sinne der Artikel 4 und 5 unter Strafe gestellt wird".

279 Art. 9 Abs. 1, ebd.: „(1) Die Mitgliedstaaten treffen die erforderlichen Maßnahmen, um sicherzustellen, dass die Straftaten im Sinne der Artikel 3 bis 8 mit wirksamen, angemes-

Abs. 1 des RB). Während die Konvention keine darüber hinausreichende Vorgaben enthielt, erweiterte die Richtlinie die konkretisierenden Vorschriften des Rahmenbeschlusses.

Dieser hatte für die Computersabotage und für die Datenveränderung in Art. 6 Abs. 2 des RB ein Höchstmaß von einem bis zu drei Jahren Freiheitsstrafe festgesetzt. Art. 9 der RL sah nun eine modifizierte Staffelung vor.

Für nicht lediglich leichte Fälle enthielt Art. 9 Abs. 2 der RL[280] ein Höchstmaß von mindestens zwei Jahren Freiheitsstrafe. Dieses Höchstmaß sollte auch für die Computerspionage (Art. 3 der RL), das rechtswidrige Abfangen von Daten (Art. 6 der RL) und für die Vorbereitungshandlungen (Art. 7 der RL) gelten.

Bezüglich des Strafrahmens für erschwerende Umstände differenzierte die Richtlinie.[281] Art. 7 Abs. 1 des RB setzte bei einer Tatbegehung durch eine kriminelle Vereinigung[282] für die Computerspionage i.S.d. Art. 2 Abs. 2 des RB, die Computersabotage und Datenveränderung in den Art. 3 und 4 des RB fakultativ ein Höchstmaß von mindestens zwei bis fünf Jahren Freiheitsstrafe fest. Für die Computerspionage war eine vergleichbare Regelung in der Richtlinie nicht mehr enthalten. Demgegenüber unterfiel die Tatbegehung der Computersabotage oder der Datenveränderung durch kriminelle Vereinigungen nunmehr dem zwingend ausgestalteten Art. 9 Abs. 4 lit.a der RL[283] und war künftig mit einer Freiheitsstrafe von mindestens fünf Jahren im Höchstmaß zu sanktionieren. Gleiches galt für den schweren Schadenseintritt nach Art. 9

---

senen und abschreckenden Strafen geahndet werden." Vgl. auch a.a.O., S. 9, Erwägung Nr. 10: „Diese Strafen sollten wirksam, verhältnismäßig und abschreckend sein […]".

280 Art. 9 Abs. 2, a.a.O., S. 12: „(2) Die Mitgliedstaaten treffen die erforderlichen Maßnahmen, um sicherzustellen, dass Straftaten im Sinne der Artikel 3 bis 7 zumindest dann mit Freiheitsstrafen im Höchstmaß von mindestens zwei Jahren geahndet werden, wenn kein leichter Fall vorliegt".

281 Ihr Vorliegen sollte zusammen mit den übrigen Sachumständen bei der Bildung des Strafmaßes vom Richter einbezogen werden, a.a.O., S. 10, Erwägung Nr. 19.

282 Für die Beurteilung, ob eine kriminelle Vereinigung vorliegt, änderte sich außerdem der Bezugsrahmen. Während der Rahmenbeschluss in Art. 7 Abs. 1 hierzu noch auf die Gemeinsame Maßnahme 98/733/JI verwies, bezog sich die Richtlinie in Art. 9 Abs. 4 lit.a auf den Rahmenbeschluss 2008/841/JI. Durch die Klassifizierung dieser Begehungsform als erschwerenden Umstand sollte vor allem der Organisierten Kriminalität verstärkt entgegengetreten werden, a.a.O., S. 9, Erwägung Nr. 13.

283 Art. 9 Abs. 4 lit.a, a.a.O., S. 13: „(4) Die Mitgliedstaaten treffen die erforderlichen Maßnahmen, um sicherzustellen, dass Straftaten im Sinne der Artikel 4 und 5 mit Freiheitsstrafen im Höchstmaß von mindestens fünf Jahren geahndet werden, wenn

a) sie im Rahmen einer kriminellen Vereinigung im Sinne des Rahmenbeschlusses 2008/841/JI ungeachtet der dort genannten Strafen begangen wurden […]".

Abs. 4 lit.b der RL[284], sowie für Angriffe auf kritische Infrastrukturen gem. Art. 9 Abs. 4 lit.c der RL[285].

Mindestens drei Jahre Freiheitsstrafe im Höchstmaß forderte der Strafrahmen des Art. 9 Abs. 3 der RL für die Fälle der Computersabotage und Datenveränderung, wenn diese eine „beträchtliche Anzahl von Informationssystemen" beeinträchtigen.[286]

Nach Art. 9 Abs. 5 der RL[287] sollen die Mitgliedstaaten ferner sicherstellen, dass der Missbrauch von personenbezogenen Daten als erschwerender Umstand eingestuft werden kann, wenn der rechtmäßige Identitätseigentümer dadurch geschädigt wird.

9. Formelle Vorgaben in Art. 15 bis 19 der RL

Art. 15 der RL[288] verdeutlicht, dass der Rahmenbeschluss durch die Richtlinie zwar ersetzt wird, die Mitgliedstaaten, als Adressaten gem. Art. 19 der RL,[289] hierdurch aber nicht von seiner fristgemäßen Umsetzung entbunden werden. Auch Verweise auf den Rahmenbeschluss sollen ihre Gültigkeit behalten. Für die Umsetzung der Richtlinienvorgaben verblieb den Mitgliedstaaten gem. Art. 16 Abs. 1 der RL[290] bis zum 4. September 2015 Zeit. Hierzu ist der Wortlaut der umsetzenden Vorschriften mit ausdrücklicher Bezugnahme auf die

---

284 Art. 9 Abs. 4 lit.b, a.a.O., S. 13: „(4) Die Mitgliedstaaten treffen die erforderlichen Maßnahmen, um sicherzustellen, dass Straftaten im Sinne der Artikel 4 und 5 mit Freiheitsstrafen im Höchstmaß von mindestens fünf Jahren geahndet werden, wenn

b) sie einen schweren Schaden verursachen oder […]".

285 Art. 9 Abs. 4 lit.c, ebd.: „c) sie gegen ein Informationssystem einer kritischen Infrastruktur verübt wurden".

286 Art. 9 Abs. 3, a.a.O., S. 12f.: „(3) Die Mitgliedstaaten treffen die erforderlichen Maßnahmen, um sicherzustellen, dass die Straftaten im Sinne der Artikel 4 und 5 mit Freiheitsstrafen im Höchstmaß von mindestens drei Jahren geahndet werden, wenn sie vorsätzlich begangen werden und eine beträchtliche Anzahl von Informationssystemen unter Verwendung eines in Artikel 7 genannten Instruments, das in erster Linie dafür ausgerichtet oder hergerichtet wurde, beeinträchtigt wird".

287 Art. 9 Abs. 4 lit.b, a.a.O., S. 13.

288 Art. 9 Abs. 4 lit.c in: Abl. EU L 218 v. 14.8.2013, S. 14: „Der Rahmenbeschluss 2005/222/JI wird in Bezug auf die Mitgliedstaaten ersetzt, die sich an der Annahme dieser Richtlinie beteiligen, unbeschadet der Pflichten der Mitgliedstaaten im Zusammenhang mit den Fristen für die Umsetzung des Rahmenbeschlusses in innerstaatliches Recht. In Bezug auf die Mitgliedstaaten, die sich an der Annahme dieser Richtlinie beteiligen, gelten Verweise auf den Rahmenbeschluss 2005/222/JI als Verweise auf die vorliegende Richtlinie".

289 Art. 19, ebd.

290 Art. 16 Abs. 1, ebd.

Richtlinie[291] an die Kommission zu übermitteln, Art. 16 Abs. 2 der RL.[292] Eine Eruierung durch die Kommission soll gem. Art. 17 der RL[293] innerhalb von zwei Jahren nach Ablauf der Umsetzungsfrist erfolgen, worin die Kommission auf der Grundlage der technischen Weiterentwicklungen weitere erforderliche Gesetzgebungsvorschläge unterbreiten kann.[294] Gem. Art. 18 der RL[295] tritt die Richtlinie am zwanzigsten Tag nach ihrer Veröffentlichung im Amtsblatt der EU in Kraft.[296]

C) Zusammenfassung

Mit dem Inkrafttreten der Richtlinie wurde die Geschichte der Strafrechtsexpansion auf europäischer Ebene fortgeschrieben. Sie ist zugleich Ausdruck einer neuen Strafrechtsharmonisierungswelle, die sich durch eine höhere Regelungsintensität auszeichnet. Begünstigt wurde diese Entwicklung durch die bereits erörterten strukturellen Veränderungen mit dem Vertrag von Lissabon, auf dessen Grundlage künftig Richtlinien als maßgebliches Gestaltungsmittel auch für strafrechtliche Belange zur Verfügung gestellt wurden. Dies ermöglichte umfangreichere und für Mitgliedstaaten im stärkeren Maße bindende Vorgaben für die Novellierung des nationalen Strafrechts.

Den Anlass bildeten wiederum die fortgeschrittene Technisierung und die mit ihr einhergehenden wachsenden Missbrauchsmöglichkeiten. Insbesondere der verstärkte Einsatz von sog. Botnetzen und die Bedrohung kritischer Infrastrukturen durch mögliche Sabotageakte machte eine gesetzgeberische Reaktion erforderlich. Anders als etwa beim sog. Hacking sollte die diesbezügliche Anpassung vor allem auf der Ebene der Strafzumessung erfolgen. Da sowohl die Novellierungen des Rahmenbeschlusses als auch die der Richtlinie auf der Convention on Cybercrime beruhten, zeigten sich bei der inhaltlichen Ausgestaltung deutliche Parallelen. Während der Rahmenbeschluss – im Gegensatz zum Übereinkommen in Art. 3 und 6 CCC – keine Vorgaben für die Sanktionierung des Abfangens von Daten und zur umstrittenen Pönalisierung von

291 Art. 16 Abs. 3, ebd.

292 Art. 16 Abs. 2, ebd.

293 Art. 17, ebd.

294 A.a.O., S. 10, Erwägung Nr. 25.

295 Art. 18, a.a.O., S. 14.

296 Das Vereinigte Königreich und Irland haben mitgeteilt, dass sie die Richtlinie ebenfalls umsetzen wollen, a.a.O., S. 11, Erwägung Nr. 31. Dänemark möchte sich nicht beteiligen, (ebd., Erwägung Nr. 32; Rat der EU, Pressemitteilung, Dok. 8692/11 v. 11./12.4.2011, S. 15) obwohl der Europäischen Wirtschafts- und Sozialausschuss auch Dänemark ausdrücklich zur Kooperation aufgefordert hat, ABl. C 218 v. 23.7.2011, S. 132, Punkt 1.18.

Vorbereitungshandlungen enthielt, griff die Richtlinie diese Vorgaben in Art. 6 und 7 der RL wieder auf. In prophylaktischer Hinsicht wurde das Erfordernis einer verbesserten Zusammenarbeit betont und eine Verpflichtung zur verbesserten statistischen Erhebung über Cyberkriminalität eingeführt.

Neuntes Kapitel: Umsetzung der Richtlinienvorgaben in innerdeutsches Recht

A) Strafbarkeit der Datenhehlerei gem. § 202d StGB

Nachdem durch das 41. Strafrechtsänderungsgesetz von 2007 mit § 202c StGB bereits eine Strafbarkeit im Vorfeld der Datenerhebung eingeführt worden war,[1] sollte eine eigenständige Sanktionierung der rechtswidrigen Verwertung im Anschluss an die Datenerfassung folgen.[2] Der florierende Markt des An- und Verkaufs von Datenbeständen auf dem Schwarzmarkt und ihre lückenhafte Erfassung durch bestehende Strafrechtsnormen,[3] trotz wachsendem Bedeutungsgehalt von anerkannt grundrechtlicher Relevanz,[4] bildeten den zentralen Anstoß für das nachdrücklich bekundete Interesse an einer Novellierung.

Auf Initiative der 83. Konferenz der Justizministerinnen und Justizminister in Wiesbaden[5] reichte Hessen einen Gesetzesantrag[6] für die Pönalisierung der Datenhehlerei ein.[7] Am 10. Juli 2013 legte der Bundesrat dem Bundestag einen

---

1 BGBl. I Nr. 38 v. 10.8.2007, S. 1786.

2 Beschluss der 83. Konferenz der Justizministerinnen und Justizminister am 13./14.7.2012 in Wiesbaden, Top II. 2, abrufbar unter: https://justizministerium.hessen.de/sites/default/files/ HMdJIE/top_ii.2_datenhehlerei.pdf; 69. DJT, Bd. II/1, S. L 56 Nr. 3a): Beschluss bzgl. eines neuen Straftatbestandes zur „Datenhehlerei" mit 45:16:19 angenommen; a.a.O., Bd. II/2, S. L 184 Nr 3a); Arbeitsentwurf des Landes Hessen, veröffentlicht unter: https://netzpolitik.org/wp-upload/Gesetzentwurf-Datenhehlerei.pdf, S. 1, 6ff.; Entwurf eines Gesetzes zur Strafbarkeit der Datenhehlerei, S. 4ff. in: BR-Drs. 284/13 v. 16.4.2013; *Gercke*, ZUM 2013, 605, 605f.; *Ders.*, ZUM 2015, 772, 775; *Ders.*, ZUM 2016, 825, 827; *Golla / von zur Mühlen*, JZ 2014, 668, 668, 674; *Beck / Meinicke*, CR 2015, 481, 482.

3 Arbeitsentwurf des Landes Hessen, a.a.O., S. 1, 6ff.; Entwurf eines Gesetzes zur Strafbarkeit der Datenhehlerei, a.a.O., S. 6f.

4 Arbeitsentwurf des Landes Hessen, a.a.O., S. 1, 6 m.V.a. das Postulat eines „Grundrechts auf Gewährleistung der Vertraulichkeit und Integrität informationstechnischer Systeme" durch das Bundesverfassungsgericht in: BVerfG, Urteil v. 27.2.2008 (Online-Durchschung), Rn 1–333; so auch: Entwurf eines Gesetzes zur Strafbarkeit der Datenhehlerei, S. 5 in: BR-Drs. 284/13 v. 16.4.2013.

5 Beschluss der 83. Konferenz der Justizministerinnen und Justizminister am 13./14.7.2012 in Wiesbaden, Top II. 2, a.a.O.: Einführung eines Straftatbestandes der Datenhehlerei, Nr. 4.

6 Arbeitsentwurf des Landes Hessen, a.a.O.

7 BR-Drs. 284/13 v. 16.4.2013, S. 1.

https://doi.org/10.1515/9783110623031-012

umfassend überarbeiteten Entwurf zur Beratung vor,[8] nachdem der hessische Arbeitsentwurf zuvor zahlreiche Kritik erfahren hatte.[9] Beide Entwürfe einte ihre gemeinsame Zielstellung. Bezüglich der angestrebten Lösungsansätze unterschieden sie sich jedoch voneinander. Auch der vorgeschlagene § 202a StGB-E[10] wich deutlich von dem hessischen Entwurf eines § 259d StGB-E ab.[11] Außerdem setzte der Bundesrat einen neuen Schwerpunkt auf die Ausweitung der Straftatbestände des Ausspähens und Abfangens von Daten gem. §§ 202a, 202b StGB.[12] Beide Entwürfe beruhten auf dem Standpunkt, dass die Fälle der Datenhehlerei durch die §§ 202a, 202c StGB nicht umfassend abgedeckt würden.[13] Dies gelte insbesondere für solche Daten, die ohne Computer erlangt worden seien, etwa telefonisch oder auf dem Postweg.[14] Selbst bei der Computernutzung entfalle eine Strafbarkeit gem. §§ 202a, 202b StGB, sobald die Täter arbeitsteilig interagieren, was, so die Entwürfe, oft der Fall sei.[15] Eine Strafbarkeit wegen Beihilfe oder Anstiftung zur Vortat entfalle ebenfalls, wenn der Kontakt zwischen den Datenerlangenden und den Händlern erst nach der Tat hergestellt werde.[16] § 202c StGB sei in diesem Fall nicht einschlägig, da dieser die Weitergabe von Daten nur sanktioniere, wenn dies der Vorberei-

---

8 BT-Drs. 17/14362 v. 10.7.2013; BR, stenograph. Bericht, 909. Sitzung v. 3.5.2013, S. 226C-227C; BR, stenograph. Bericht, 910. Sitzung v. 7.6.2013, S. 317A–317C; BR-Drs. 284/13 (Beschluss) v. 7.6.2013; *Gercke*, ZUM 2013, 605, 607f.

9 *Gercke*, ZUM 2013, 605, 606ff.; *Ders.*, ZUM 2015, 772, 774.

10 Vgl. Fassung des § 202d StGB-E zur Datenhehlerei im Entwurf eines Gesetzes zur Strafbarkeit der Datenhehlerei, S. 3 in: BR-Drs. 284/13 v. 16.4.2013.

11 Vgl. Fassung des § 259a StGB-E im Arbeitsentwurf des Landes Hessen, online a.a.O., S. 2, 5. Auch wenn der Bundesrat, anders als der hessisches Entwurf, keinen Schwerpunkt im Strafprozessrecht setzte, enthielt dieser strafprozessuale Novellierungsansätze, vgl. BR-Drs. 284/13 v. 16.4.2013, S. 3.

12 BR-Drs. 284/13 v. 16.4.2013, S. 2f.

13 Arbeitsentwurf des Landes Hessen, online a.a.O., S. 8: Gleiches gelte für die übrigen in Betracht kommenden Normen: „§§ 263, 263a, 269 StGB, §§ 106 ff. UrhG, §§ 43, 44 BDSG, §§ 17ff. UWG", a.a.O., S. 8f.; so auch: Entwurf eines Gesetzes zur Strafbarkeit der Datenhehlerei, S. 7 in: BR-Drs. 284/13 v. 16.4.2013. Zustimmend: BR-Drs. 249/15 v. 28.5.2015, S. 3, 23; BT-Drs. 18/5088 v. 9.6.2015, S. 25. Einschränkend: *Golla / von zur Mühlen*, JZ 2014, 668, 671f.; *Beck / Meinicke*, CR 2015, 481, 481f.

14 Arbeitsentwurf des Landes Hessen, online a.a.O., S. 9; Entwurf eines Gesetzes zur Strafbarkeit der Datenhehlerei, S. 8 in: BR-Drs. 284/13 v. 16.4.2013.

15 Arbeitsentwurf des Landes Hessen, online a.a.O., S. 8; Entwurf eines Gesetzes zur Strafbarkeit der Datenhehlerei, S. 7 in: BR-Drs. 284/13 v. 16.4.2013. Zustimmend: BR-Drs. 249/15 v. 28.5.2015, S. 23; BT-Drs. 18/5088 v. 9.6.2015, S. 25; *Sieber*, Gutachten zum 69. DJT 2012, C 93.

16 Arbeitsentwurf des Landes Hessen, online a.a.O., S. 8; Entwurf eines Gesetzes zur Strafbarkeit der Datenhehlerei, S. 7 in: BR-Drs. 284/13 v. 16.4.2013. Kritisch: *Beck / Meinicke*, CR 2015, 481, 482.

tung einer Tatbegehung nach §§ 202a oder 202b StGB diene. Außerdem beschränkten sich die Händler häufig auf den Verkauf, ohne dass sie an der späteren Verwertung beteiligt werden, die regelmäßig den Straftatbeständen des (Computer-)Betrugs oder der Erpressung unterfalle.[17]

Die Straflosigkeit der Datenweitergabe suchte der Bundesrat, neben der Einführung eines § 202d StGB-E, über die Anpassung der §§ 202a, 202b StGB auf strafbegründender wie strafschärfender Ebene zu beheben. Als Qualifikationstatbestände wurde der gewerbs- und der bandenmäßige Handel aufgenommen.[18] Für eine Tatbegehung in Bereicherungs- oder Schädigungsabsicht sollte der Strafrahmen von bis zu zwei bzw. drei Jahren auf bis zu fünf Jahre Freiheitsstrafe erhöht werden.[19] Ergänzend sah der Entwurf eine Versuchsstrafbarkeit vor, auf die im 41. Strafrechtsänderungsgesetz noch ausdrücklich verzichtet worden war:[20]

> „2. Dem § 202a Absatz 2 werden folgende Absätze 3 bis 6 angefügt:
>
> (3) Handelt der Täter in den Fällen des Absatzes 1 in der Absicht, sich oder einen anderen zu bereichern oder einen anderen zu schädigen, so ist die Strafe Freiheitsstrafe bis zu fünf Jahren oder Geldstrafe.
>
> (4) Handelt der Täter in den Fällen des Absatzes 3 gewerbsmäßig oder als Mitglied einer Bande, die sich zur fortgesetzten Begehung von Straftaten nach den §§ 202a, 202b, 202d, 263 bis 264, 267 bis 269, 303a oder 303b verbunden hat, so ist die Strafe Freiheitsstrafe von sechs Monaten bis zu zehn Jahren.
>
> (5) Der Versuch ist strafbar.
>
> (6) In den Fällen des Absatzes 4 ist § 73d anzuwenden."[21]

> „3. § 202b wird wie folgt geändert:
>
> a) Der Wortlaut wird Absatz 1.
>
> b) Folgende Absätze 2 bis 5 werden angefügt:
>
> (2) Handelt der Täter in den Fällen des Absatzes 1 in der Absicht, sich oder einen anderen zu bereichern oder einen anderen zu schädigen, so ist die Strafe Freiheitsstrafe bis zu fünf Jahren oder Geldstrafe.

---

17 Arbeitsentwurf des Landes Hessen, online a.a.O., S. 8f.; Entwurf eines Gesetzes zur Strafbarkeit der Datenhehlerei, S. 7 in: BR-Drs. 284/13 v. 16.4.2013.

18 BR-Drs. 284/13 v. 16.4.2013, S. 3, 11f.

19 A.a.O., S. 2, 11.

20 A.a.O., S. 3, 12; vgl. BGBl. I Nr. 38 v. 10.8.2007, S. 1786f.

21 Entwurf eines Gesetzes zur Strafbarkeit der Datenhehlerei, S. 1 in: BR-Drs. 284/13 v. 16.4.2013.

(3) Handelt der Täter in den Fällen des Absatzes 2 gewerbsmäßig oder als Mitglied einer Bande, die sich zur fortgesetzten Begehung von Straftaten nach den §§ 202a, 202b, 202d, 263 bis 264, 267 bis 269, 303a oder 303b verbunden hat, so ist die Strafe Freiheitsstrafe von sechs Monaten bis zu zehn Jahren.

(4) Der Versuch ist strafbar.

(5) In den Fällen des Absatzes 3 ist § 73d anzuwenden."[22]

Neben dem weit verbreiteten Datenverkauf im Untergrundmarkt verwies der Bundesratsentwurf auf die vorzunehmende Klärung des, nicht nur rechtlich, umstrittenen Ankaufs sog. Steuer-CDs durch den Staat.[23] Schließlich scheiterte der Gesetzesentwurf jedoch mit Ablauf der 17. Legislaturperiode am Grundsatz der Diskontinuität.[24]

In der folgenden Legislaturperiode formulierte die hessische Landesregierung erneut einen Gesetzesantrag. Mit Beschluss vom 14. März 2014 brachte der Bundesrat seinen Entwurf in der beschlossenen Fassung vom 7. Juni 2013 in den Bundestag ein.[25] In ihrer Stellungnahme befürwortete die Bundesregierung das Anliegen des Bundesrates und die Notwendigkeit strafrechtlicher Novellierungsmaßnahmen in Bezug auf die Datenhehlerei, behielt sich jedoch vor, einen eigenen Gesetzesentwurf einzubringen.[26]

Dieser folgte am 28. Mai 2015 im Rahmen einer Gesetzesinitiative zur Vorratsdatenspeicherung.[27] Der Diskussionsschwerpunkt verlagerte sich damit erneut.[28] Die vom Bundesrat angestrebte Reform der §§ 202a bis 202c StGB geriet aus dem Fokus. Stattdessen verwies die Bundesregierung auf die inzwischen in Kraft getretene Richtlinie 2013/40/EU vom 12. August 2013,[29] woraus sich die Anhebung des Strafrahmens bei § 202c StGB als einzige Umsetzungspflicht ergibt. Diese Anpassung sollte allerdings im Rahmen des

---

22 A.a.O., S. 1f.

23 BR-Drs. 284/13 v. 16.4.2013, S. 19. Der hessische Gesetzesantrag enthielt hierzu keinen Hinweis. Zuvor aber: Beschluss der 83. Konferenz der Justizministerinnen und Justizminister am 13./14.7.2012 in Wiesbaden, Top II. 2, Nr. 3, online, a.a.O. Kritisch: *Klengel / Gans*, ZRP 2013, S. 16–19.

24 *Gercke*, ZUM 2015, 772, 774.

25 BR-Drs. 70/1/14 v. 13.3.2014, S. 1; BR-Drs. 70/14 (Beschluss) v. 14.3.2014, S. 1; BT-Drs. 18/1288 v. 30.4.2014. Kritisch: *Golla / von zur Mühlen*, JZ 2014, S. 668–674.

26 Stellungnahme der Bundesregierung in: BT-Drs. 18/1288 v. 30.4.2014, S. 20 als Anlage 2.

27 „Entwurf eines Gesetzes zur Einführung einer Speicherpflicht und einer Höchstspeicherfrist für Verkehrsdaten" in: BR-Drs. 249/15 v. 28.5.2015. Kritisch: *Beck / Meinicke*, CR 2015, S. 481–484; *Franck*, RDV 2015, S. 180–183; *Gercke*, ZUM 2015, 772, 772f., 775; *Dix / Kipker / Schaar*, ZD 2015, S. 300–305; *Nachbaur*, ZRP 2015, S. 215–217.

28 Kritisch: *Dix / Kipker / Schaar*, ZD 2015, 300, 303; *Gercke*, ZUM 2015, 772, 773.

29 Abl. EU L 218 v. 14.8.2013, S. 8–14.

„Gesetzes zur Bekämpfung der Korruption" erfolgen.[30] Das „Gesetz zur Einführung einer Speicherpflicht und einer Höchstspeicherfrist für Verkehrsdaten" trat am 18. Dezember 2015 in Kraft.[31] Gegen § 202d StGB[32] wurde Verfassungsbeschwerde eingelegt.[33]

B) Korruptionsbekämpfungsgesetz

Am 13. Juni 2014 legte das BMJ einen Referentenentwurf zum „Entwurf eines Gesetzes zur Bekämpfung der Korruption" vor,[34] dessen Überschrift und thematische Ausrichtung einen inhaltlichen Zusammenhang zur Richtlinie über Angriffe auf Informationssysteme vom 12. August 2013 nicht vermuten lässt.[35] Für eine Verknüpfung streitet ihre grenzüberschreitende Begehungsweise mit zunehmender Ausdehnung in den internationalen Bereich und die damit verbundene Einflussnahme internationaler Organisationen.[36] Als weiterer Begründungsansatz könnte der historisch gewachsene Zusammenhang des Computer- und Internetstrafrechts zur Wirtschaftskriminalität dienen, wie bereits aus den Diskussionen um die Erfassung durch das 2. WiKG von 1986 hervor-

---

30 BR-Drs. 249/15 v. 28.5.2015, S. 22. Auf diesen Verweis beschränkte sich auch der parlamentarische Gesetzesentwurf der Fraktionen der CDU/CSU und SPD v. 9.6.2015, BT-Drs. 18/5088 v. 9.6.2015, S. 24. Hierdurch verlagerte sich die Debatte auf die Reformbestrebungen im Umfeld des Korruptionsbekämpfungsgesetzes, so dass auf die Darstellung des weiteren Gesetzgebungsprozesses verzichtet wird.

31 Gesetz zur Einführung einer Speicherpflicht und einer Höchstspeicherfrist für Verkehrsdaten v. 10.12.2015 in: BGBl. I Nr. 51 v. 17.12.2015, S. 2218–2228.

32 Vertiefend zum Regelungsgehalt: *Stam*, StV 2017, 488, S. 488–492; *Singelnstein*, ZIS 2016, 432, S. 432–439; *Stuckenberg*, ZIS 2016, 526, S. 526–533; *Gercke*, ZUM 2016, 825, 827f.; *Brodowski / Marnau*, NStZ 2017, S. 377–388.

33 Vgl.: Verfassungsbeschwerde gegen die „Datenhehlerei" v. 16.12.2016, Az. 1 BvR 2821/16, veröffentlicht unter: https://freiheitsrechte.org/home/wp-content/uploads/2017/01/Verfassungsbeschwerde_Datenhehlerei_public.pdf.

34 Referentenentwurf des BMJ, Stand 13.6.2014, abrufbar unter: http://www.bmjv.de/SharedDocs/ Gesetzgebungsverfahren/Dokumente/RefE_KorrBekG.html.

35 Dennoch sollten durch den Entwurf nicht nur die Vorgaben zur Korruptionsbekämpfung umgesetzt werden, sondern auch die der Richtlinie 2013/40/EU, Referentenentwurf des BMJ, online, a.a.O., S. 1; 3, Fn 1; S. 11. So auch: BR-Drs. 25/15 v. 23.1.2015, S. 1. Angesichts dieser, wenn auch geringfügigen Anpassung, schlug der Nationale Normenkontrollrat in seiner Stellungnahme vor, die Überschrift durch einen Zusatz zu ergänzen, aus dem hervorgeht, dass der Gesetzentwurf auch der Umsetzung der „EU-Richtlinie 2013/40 über Angriffe auf Informationssystemen" dient, Stellungnahme des Nationalen Normenkontrollrates als Anlage, S. 1, zu BR-Drs. 25/15 v. 23.1.2015, S. 35. Zuvor fand sich ein entsprechender Hinweis als Fußnote zur Überschrift in: BR-Drs. 25/15 v. 23.1.2015, S. 5 = Entwurf, S. 1, Fn 1.

36 Referentenentwurf des BMJ, online, a.a.O., S. 1, 10. So auch: BR-Drs. 25/15 v. 23.1.2015, S. 1.

geht. Allerdings dürften vor allem praktische Erwägungen für diese Entscheidung maßgeblich gewesen sein. Nachdem das BMJ dem deutschen Strafrecht bereits attestiert hatte, dass dieses den Richtlinienvorgaben weitgehend entspricht,[37] beschränkte sich der Reformbedarf danach auf eine Strafrahmenanpassung in § 202c Abs. 1 StGB:

> „Artikel 9 Absatz 2 der EU-Richtlinie sieht eine Mindesthöchststrafe von zwei Jahren vor, die in den genannten Vorschriften (mit Ausnahme des § 202c StGB) bereits gegeben ist.“[38]

Der Gesetzentwurf der Bundesregierung stimmte diesbezüglich mit dem Vorschlag des BMJ überein.[39]

> „In § 202c Absatz 1 werden die Wörter ‘einem Jahr’ durch die Wörter ‘zwei Jahren’ ersetzt.“[40]

Nachdem sich auch der Bundesrat der Annahmeempfehlung des federführenden Rechtsausschusses angeschlossen hatte,[41] wurde der beschlossene Gesetzesentwurf dem Bundestag zugeleitet,[42] dessen erste Beratung in die Überweisung an die zuständigen Ausschüsse mündete.[43] Außerdem wurden sechs

---

37 Referentenentwurf des BMJ, online, a.a.O., S. 3, Fn 1, S. 12, 14, 19. „Auch den Vorgaben der EU-Richtlinie über Angriffe auf Informationssysteme genügt das deutsche Rechts [sic] bereits heute nahezu vollständig“, a.a.O., S. 14 = BR-Drs. 25/15 v. 23.1.2015, S. 16 = Entwurf, S. 12.

38 Referentenentwurf des BMJ, online, a.a.O., S. 14 = BR-Drs. 25/15 v. 23.1.2015, S. 16 = Entwurf, S. 12.

39 Referentenentwurf des BMJ, online, a.a.O., S. 3, Fn 1, S. 12–14, 19; BR-Drs. 25/15 v. 23.1.2015, S. 1, 15f., 22 = Entwurf, S. 11f., 18.

40 Referentenentwurf des BMJ, online, a.a.O., S. 4, Art. 1, Nr. 5 = BR-Drs. 25/15 v. 23.1.2015, S. 2, Art. 1, Nr. 5.

41 Am 23.1.2015 wurde der Entwurf mit Begründung und Stellungnahme des Nationalen Normenkontrollrates an den Bundesrat weitergeleitet. Der Finanzausschuss und der Ausschuss für Innere Angelegenheiten beschränkten sich in ihrer Stellungnahme auf die ebenfalls geplanten Anpassungen zu §§ 298 Abs. 1, 299 StGB, BR-Drs. 25/1/15 v. 20.2.2015, S. 1. Dementsprechend konzentrierten sich auch die anschließenden Beratungen auf diese umstrittenen Kernpunkte. Die Ausschussempfehlung des Rechtsausschusses wurde in der 931. Sitzung des Bundesrates am 6.3.2015 angenommen, BR, stenograph. Bericht (Erläuterungen), 931. Sitzung v. 26.2.2015, S. 30 = Top 10, S. 10, 10 (a); vgl. BR-Drs. 25/15 (Beschluss) v. 6.3.2015.

42 BT-Drs. 18/4350 v. 18.3.2015, S. 1–32. Dieser enthielt die Stellungnahme des Bundesrates gemäß Abstimmung v. 6.3.2015 als Anlage 3, a.a.O., S. 30 und die beigefügte Stellungnahme der Bundesregierung als Anlage 4, a.a.O., S. 31, in der die Umsetzung der hier relevanten Richtlinienvorgaben nicht thematisiert wurde.

43 BT, stenograph. Bericht, 97. Sitzung v. 26.3.2015, S. 9288D–9289A; BT-Drs. 18/6389 v. 14.10.2015, S. 6. Der Ausschuss für Recht und Verbraucherschutz war federführend, der Innenausschuss war mitberatend tätig.

Reden zu Protokoll gegeben.[44] Während Wiese (SPD) die EU-Richtlinie nur erwähnte,[45] nahm Tempel (Die Linke) zu ihrer geplanten Umsetzung Stellung. Dieser kritisierte vor allem die „gängige Praxis von Omnibus- bzw. Huckepackgesetzgebungen“ bei der „ohne Not [...] inhaltsfremde Passagen in einer Gesetzesänderung untergebracht“ werden.[46] Im konkreten Fall erweise sich die Umsetzung der EU-Richtlinie, so Tempel, als „zu spät, viel zu lückenhaft“ und als „ein unnötiger 'Passagier' im 'Omnibus'“.[47] Ähnlich argumentierte auch Beck (Köln) (Bündnis 90/Die Grünen). Der Hackerparagraph sei gezielt im Gesetzesentwurf versteckt worden,[48] ohne diesen „endlich auf seine tatsächliche Sinnhaftigkeit und möglicherweise höchst kontraproduktiven Effekte zu überprüfen [...]“.[49] Beck kritisierte ferner, dass die Richtlinie ausdrücklich zwischen leichten, straflosen und nicht lediglich leichten, strafbaren Fällen unterscheidet, eine solche Differenzierung § 202c StGB allerdings nicht enthalte.[50]

Auch außerparlamentarisch mehrte sich die Kritik an der Umsetzung der EU-Richtlinie. Zu den Hauptkritikpunkten zählte auch hier die beiläufig wirkende Kodifizierung, die eine intensive Auseinandersetzung mit einem weitergehenden Anpassungsbedarf vermissen lasse.[51] Zwar sei der Umsetzungsbedarf in den Ländern relativ gering, in denen die bisherigen völker- und europarechtlichen Vorgaben, namentlich die der Convention on Cybercrime und des Rahmenbeschlusses, bereits vollständig umgesetzt wurden.[52] Allerdings müsse aus diesem Grund auch analysiert werden, inwieweit der daraus resultierende Reformbedarf bereits aufgearbeitet worden sei.

---

44 *Grindel* (CDU/CSU) in: BT, stenograph. Bericht, 97. Sitzung v. 26.3.2015, S. 9307A–9308A; *Hoffmann* (CDU/CSU), a.a.O., S. 9308A–9308D; *Wiese* (SPD), S. 9308D–9309C; *Tempel* (Die Linke), S. 9309D–9310C; *Beck* (Köln) (Bündnis 90/Die Grünen), S. 9310C–9311A und *Lange* (Parl. Staatssekretär beim Bundesminister der Justiz und für Verbraucherschutz), S. 9311B–D.

45 *Wiese*, a.a.O., S. 9309B.

46 *Tempel*, a.a.O., S. 9310C. Zustimmend: *Gercke*, StV 2016, 391, 393. Ähnlich auch *Brodowski / Marnau* zur Einführung des § 202d durch das „Gesetz zur Einführung einer Speicherpflicht und einer Höchstspeicherfrist für Verkehrsdaten“, *Dies.*, NStZ 2017, 377, 377.

47 Ebd.

48 *Beck*, a.a.O., S. 9310D, 9311A. So auch: *Gercke*, ZUM 2015, 772, 772.

49 *Beck*, a.a.O., S. 9311A.

50 Ebd.

51 Organisationsbüro der Strafverteidigervereinigung, Stellungnahme v. 7.9.2014, S. 5; *Gercke*, ZUM 2014, 641, 647; *Ders.*, StV 2016, 391, 393.

52 *Gercke*, a.a.O., 648.

Angesichts des engen Zusammenhangs mit dem bisherigen Ratifikationsstand wiederholten sich auch die zuvor erhobenen Einwände. Die Ungenauigkeiten der früheren Umsetzung rügend, vertraten Kritiker deshalb die Auffassung, dass weiterer Anpassungsbedarf bestehe.[53] Hierzu wiederholte Gercke,[54] dass Art. 3 der RL die Bestrafung des unbefugten Zugangs zu „Informationssystemen“ vorsehe und nicht zu „Daten“, wie in § 202a StGB kodifiziert. Dementsprechend forderte Gercke – wie schon bei der Umsetzung von Art. 2 CCC und Art. 2 RB – die Korrektur des § 202a StGB, da die Verlagerung des Tat- und Schutzobjekts diesen Vorgaben nicht gerecht werde.[55] Aus diesem Grunde hätte überprüft werden müssen, so Gercke, ob dieser „Sonderweg“ Deutschlands künftig fortgesetzt werden solle.[56]

Auch die Kritik an den subjektiven Anforderungen des § 202c StGB wiederholte sich,[57] denn für die Tatbestandsverwirklichung genügt dolus eventualis. Kritisiert wurde daher, dass der Anwendungsbereich über die Voraussetzungen des Art. 7 der RL hinausgehe, der eine absichtliche Begehung voraussetze.[58] Allerdings erfüllt das deutsche Strafrecht damit die europarechtlichen Vorgaben, die lediglich Mindestanforderungen enthalten, die zwar nicht unter-, aber überschritten werden dürfen. Dennoch hätte, so das Organisationsbüro der Strafverteidigervereinigung, zuvor sorgfältig überprüft werden müssen, ob diese Abweichung unter dem Aspekt der Rechtsangleichung sinnvoll ist.[59] In diesem Zusammenhang wurde auf bereits bestehende engere subjektive Voraussetzungen in Italien, Frankreich und im Vereinigten Königreich hingewiesen.[60] Das Organisationsbüro der Strafverteidigervereinigung unterbreitete folgenden Formulierungsvorschlag für § 202c StGB:

---

53 Organisationsbüro der Strafverteidigervereinigung, Stellungnahme v. 7.9.2014, S. 5; *Gercke*, ZUM 2014, 641, 647; *Ders.*, StV 2016, 391, 394.

54 *Gercke*, ZUM 2014, 641, 647; *Ders.*, ZUM 2015, 772, 772f., 776; *Ders.*, StV 2016, 391, 394.

55 *Ders.*, CRi 2011, S. 142–145; *Ders.*, ZUM 2014, 641, 648; *Ders.*, ZUM 2015, 772, 772f., 776; *Ders.*, StV 2016, 391, 394.

56 *Ders.*, ZUM 2014, 641, 648; *Ders.*, StV 2016, 391, 394.

57 Organisationsbüro der Strafverteidigervereinigung, Stellungnahme v. 7.9.2014, S. 5f., in: Fn 1 m.w.N.

58 Ebd.

59 A.a.O., S. 5.

60 A.a.O., S. 6: Italien: Art. 615-quater Codice penale setze „eine Art Bereicherungs- oder Schädigungsabsicht voraus (‘al fine di procurare a sé o ad altri un profitto o di arrecare ad altri un danno’) und Art. 615-quinquies Codice penale spricht von ‘allo scopo’, was man mit ‘zwecks’, ‘mit dem Ziel’ übersetzen kann und was auch als Absicht verstanden werden kann.“ Frankreich enthalte in Art. 323-3-1 Code Pénal „eine Art Strafausschließungs-

„Wer

1. Passwörter oder sonstige Sicherungscodes, die den Zugang zu Daten (§ 202a Abs. 2) ermöglichen, oder
2. Computerprogramme, deren Zweck die Begehung einer solchen Tat ist,

in der Absicht eine Straftat nach § 202a oder § 202b vorzubereiten herstellt, sich oder einem anderen verschafft, verkauft, einem anderen überlässt, verbreitet oder sonst zugänglich macht, wird mit Freiheitsstrafe bis zu zwei Jahren oder mit Geldstrafe bestraft.

(2) § 149 Abs. 2 und 3 gilt entsprechend.“[61]

Gercke zufolge hätte auch der Strafrahmen der §§ 303a, 303b StGB angepasst werden müssen. Art. 9 Abs. 3 der RL verpflichte zur Einführung eines erhöhten Strafrahmens für rechtswidrige Eingriffe in Informationssysteme und Daten, sofern sie unter Einsatz illegaler Tatmittel begangen würden und eine größere Anzahl von Systemen betroffen ist. Die Strafschärfung in §§ 303a, 303b StGB entspreche, so Gercke, diesen Richtlinienvorgaben jedoch nicht.[62] Ebenfalls nicht abgebildet werde im deutschen Strafrecht der erschwerende Umstand des Art. 9 Abs. 5 der RL zum Identitätsmissbrauch. Da eine eigenständige Pönalisierung des sog. Identitätsdiebstahls[63] bislang nicht geschaffen worden sei, müsse dieser als erschwerender Umstand Berücksichtigung finden.[64] Gercke bezweifelte in diesem Zusammenhang, ob ein Verweis auf § 269 StGB zur Erfassung genügt.[65]

Die vorgebrachte Kritik blieb in der weiteren parlamentarischen Debatte unberücksichtigt.[66] Der Gesetzesentwurf wurde schließlich mit den Stimmen der

---

grund [...] ('sans motif légitime, notamment de recherche ou de sécurité informatique'), für legitime Beweggründe, insbesondere Recherche oder Daten-/Computersicherheit, was ebenso zu einer Einschränkung der Strafbarkeit führt.“ Das Vereinigte Königreich setzt im Amendement 3A des Computer Misuse Act 1990 Absicht voraus („intending“).

61 Ebd.

62 *Gercke*, ZUM 2014, 641, 648.

63 Ebd. m.w.N.

64 Ebd.; *Ders.*, StV 2016, 391, 394.

65 *Gercke*, ZUM 2014, 641, 648, 648f.

66 Dies galt für den Abschlussbericht der Ausschüsse i.d.F. der BT-Drs. 18/4350 v. 18.3.2015 durch den Innenausschuss in: BT-Drs. 18/6389 v. 14.10.2015 und den Ausschuss für Recht und Verbraucherschutz nach öffentlicher Anhörung, a.a.O., S. 6f., (jeweils durch die Fraktionen der CDU/CSU und SPD, unter Annahme ihres Änderungsantrages, entgegen der Stimmen der Fraktionen Die Linke und Bündnis 90/Die Grünen, unter Ablehnung ihres Änderungsantrags, ebd.) und für die zweite parlamentarische Beratung v. 15.10.2015, BT, stenograph. Bericht, 130. Sitzung v. 15.10.2015, S. 12697D–12702A.

Koalition angenommen[67] und konnte am 26. November 2015 in Kraft treten. Seine Auswirkung auf das nationale Internetstrafrecht beschränkte sich gem. Art. 1 Nr. 5 auf die Erhöhung des Strafrahmens von einem auf zwei Jahre Freiheitsstrafe in § 202c StGB.[68]

C) Gesetzentwurf zum „digitalen Hausfriedensbruch"

Einen über das Korruptionsbekämpfungsgesetz hinausgehenden Anpassungsbedarf konstatierte ein weiteres Mal das Land Hessen, das am 17. Juni 2016 einen Gesetzentwurf zur „Strafbarkeit der unbefugten Benutzung informationstechnischer Systeme – Digitaler Hausfriedensbruch" einbrachte.[69] Anders als im Gesetzgebungsverfahren zur Kodifizierung der Datenhehlerei verzichtete der Bundesrat auf eine umfassende Überarbeitung.[70] Die Bundesregierung[71] begrüßte zwar die Zielrichtung des Entwurfs, bezweifelte jedoch das Bestehen gravierender Strafbarkeitslücken[72] und kritisierte die Ausgestaltung des § 202e StGB-E. Sie behielt sich daher die Einbringung eines eigenen Gesetzesentwurfs vor.[73] Bislang[74] liegt kein Referentenentwurf zur parlamentarischen Beratung vor. Dafür mehren sich die kritischen Stimmen an dem Erfordernis eines § 202e StGB-E.[75]

---

67 BT, stenograph. Bericht, 130. Sitzung v. 15.10.2015, S. 12702A; Gesetzesbeschluss, BR-Drs. 468/15 (neu) v. 16.10.2015. Der erste Entwurf für das Korruptionsbekämpfungsgesetz war in der vorigen Legislaturperiode gescheitert, *Wunderlich* (Die Linke), BT, stenograph. Bericht, 130. Sitzung v. 15.10.2015, S. 12699B.

68 BGBl. I Nr. 46 v. 25.11.2015, S. 2025–2028.

69 BR-Drs. 336/16 v. 17.6.2016; vgl. Antrag der Fraktionen der CDU und Bündnis 90/Die Grünen in: Hessischer Landtag, Drs. 19/3507 v. 21.6.2016. In der Bundesratssitzung v. 8.7.2016 wurde der Entwurf dem federführenden Rechtsausschuss und dem mitberatenden Ausschuss für Innere Angelegenheiten überwiesen, BR, stenograph. Bericht, 947. Sitzung v. 8.7.2016, S. 292A, nach befürwortenden Wortmeldungen von *Kühne-Hörmann* (Hessen), a.a.O., S. 290D–291B und *Kutschaty* (NRW), a.a.O., S. 291B–292A. Bereits in der folgenden Sitzung schloss sich der Bundesrat der Annahmeempfehlung beider Ausschüsse mehrheitlich an, BR-Drs. 336/1/16 v. 9.9.2016, S. 1; BR, stenograph. Bericht, 948. Sitzung v. 23.9.2016, S. 351A–351B, ebenfalls nach einer befürwortenden Wortmeldung von *Kühne-Hörmann* (Hessen), a.a.O., 350D–351A; BR-Drs. 338/16 (Beschluss) v. 23.9.2016.

70 BT-Drs. 18/10182 v. 2.11.2016.

71 Stellungnahme der Bundesregierung als Anlage 2, a.a.O., S. 19–20.

72 A.a.O., S. 19.

73 A.a.O., S. 20.

74 Stand: 15.5.2017.

75 A.a.O., S. 19–20; *Mavany*, KriPoZ 2016, 106, 106; *Ders.*, ZRP 2016, 221, 222; *Tassi*, DuD 2017, S. 175–179; *Buermeyer / Golla*, K&R, 2017, S. 14–18; *Basar*, jurisPR-StrafR 26/2016 Anm. 1.

I. Anknüpfungspunkt und Zielstellung des Entwurfs

Auf die Sicherheitslage hat der Gesetzgeber bereits 2015 mit dem Erlass des IT-Sicherheitsgesetzes[76] reagiert. Im Fokus standen dabei die Einführung technischer Mindeststandards für kritische Infrastrukturen und damit vorwiegend präventive Gesichtspunkte.[77] Zu diesem Zweck konkretisierte die „Verordnung zur Bestimmung Kritischer Infrastrukturen" (BSI-KritisV)[78] den Anwendungsbereich des „Gesetzes über das Bundesamt für Sicherheit in der Informationstechnik (BSI-Gesetz)"[79]. Anhand der darin aufgeführten Berechnungen und Schwellenwerte sollen Unternehmen überprüfen, ob sie den Regelungen des IT-Sicherheitsgesetzes unterfallen und damit der darin kodifizierten Meldepflicht für Sicherheitsvorfälle. Der vielfach gerügten fehlenden Anzeigebereitschaft sollte damit entgegengewirkt werden und hierdurch die Sicherheitslage verbessert. Strafrechtlich abgesichert wurden diese Verhaltenspflichten nicht. Berührungspunkte zum repressiven Umgang mit den geschilderten Bedrohungslagen ergaben sich lediglich aus der erweiterten Zuständigkeit des BKA.[80]

---

76 Vgl. IT-Sicherheitsgesetz in: BGBl. I Nr. 31 v. 24.7.2015, S. 1324, Art. 1. Vertiefend zum Gesetz: *Roßnagel*, DVBl 2015, S. 1206–1212; *Eckhardt*, ZD 2014, S. 599–605; *Leisterer / Schneider*, CR 2014, S. 574–578; *Roos*, MMR 2014, 723ff.; *Selk / Gierschmann*, CR 2015, S. 273–276, *Lurz / Scheben / Dolle*, BB 2015, S. 2755–2762; *Bräutigam / Klindt*, NJW 2015, 1137, 1140ff.; *Schweda*, ZD-Aktuell 2015, 04737; *Jensen*, ZD-Aktuell 2015, 04651; *Roth*, ZD 2015, S. 17–22; *Bräutigam / Wilmer*, ZRP 2015, S. 38–42; *Hornung*, NJW 2015, S. 3334–3340; *Könen*, DuD 2016, S. 12–16; *Gitter / Meißner / Spauschus*, DuD 2016, S. 7–11, *Rockstroh / Kunkel*, MMR 2017, 77, 77ff.; *Grobauer / Kossakowsi / Schreck*, DuD 2016, S. 17–21; *Grudzien*, DuD 2016, S. 29–33; *Pohlmann*, DuD 2016, 38, 40; *Spindler*, CR 2016, S. 297–312; *Taeger*, NJW 2016, 3764, 3766; *Schallbruch*, CR 2016, S. 663–670; *Voigt*, MMR 2016, S. 429–430; *Gercke*, ZUM 2016, 825, 828.

77 *Gercke*, ZUM 2015, 772, 772; *Rockstroh / Kunkel*, MMR 2017, 77, 77ff.; *Grudzien*, DuD 2016, 29, 29.

78 BSI-KritisV v. 22.4.2016 in: BGBl. I Nr. 20 v. 2.5.2016, S. 958–969; vgl. auch: *Grobauer / Kossakowsi / Schreck*, DuD 2016, S. 17–21; *Taeger*, NJW 2016, 3764, 3766. Bereits angepasst durch: „Erste Verordnung zur Änderung der BSI-Kritisverordnung" v. 21.6.2017 in: BGBl. I Nr. 40 v. 29.6.2017, S. 1903–1922.

79 Vgl. § 2 Abs. 10 i.V.m. § 10 Abs. 1 BSIG i.d.F. BSIG v. 14.8.2009 in: BGBl. I Nr. 54 v. 19.8.2009, S. 2821–2826.

80 Vgl. Art. 7 zur „Änderung des Bundeskriminalamtgesetzes" in: BGBl. I Nr. 31 v. 24.7.2015, S. 1330. Gem. § 4 Abs. 1 S. 1 Nr. 5 BKAG n.F. ist das BKA künftig, über die Fälle der Computersabotage hinaus, auch für die Fälle der „§§ 202a, 202b, 202c, 263a, 303a" zuständig. Auch die Zuständigkeit des BSI wurde erweitert, vgl. a.a.O., S. 1330, Art. 1.

Auf europäischer Ebene folgten 2016 mit der NIS-Richtlinie[81] erstmals Vorgaben für einen einheitlichen IT-Sicherheitsstandard.[82] Diese richteten sich nicht nur an die Anbieter kritischer Infrastrukturen, sondern auch an Anbieter digitaler Dienste.[83]

Im Unterschied zu diesen beiden präventiv-orientierten Regelungsinstrumenten zur Verbesserung der IT-Sicherheit[84] strebte der hessische Gesetzesentwurf die Verschärfung des Strafrechts für einen umfassenden Schutz informationstechnischer Systeme an. Zur Verdeutlichung der gegenwärtigen Bedrohungslage rekurriert der Entwurf auf aktuelle Meldungen zu prominenten Vorfällen im In- und Ausland[85] sowie statistische Hochrechnungen, die das praktische Bedürfnis einer intensiveren Strafverfolgung belegen sollen. Danach gelten bis zu 40% aller internetfähigen informationstechnischen Systeme bereits als infiziert.[86] 14 Mio. ausgespähte Datensätze wurden 2014 bei Botnetzermittlungen gefunden.[87]

Das Gefahrenpotential solcher Botnetze ergibt sich nicht nur aus den Folgewirkungen für das infiltrierte System und die darin gespeicherten und verarbeiteten Daten, sondern auch aus ihren weitreichenden Verwendungsmöglichkeiten. Sie gehören, so die Entwurfsbegründung, inzwischen zu den „wichtigsten

---

81 Richtlinie 2016/1148 des Europäischen Parlaments und des Rates v. 6.7.2016 über Maßnahmen zur Gewährleistung eines hohen gemeinsamen Sicherheitsniveaus von Netz- und Informationssystemen in der Union (NIS-Richtlinie) in: Abl. EU L 194 v. 19.7.2016, S. 1–30.

82 *Voigt / Gehrmann*, ZD 2016, 355, 355. Einschränkend: *Gercke*, CR 2016, 28, 28f.

83 Art. 4 Abs. 6 NIS-Richtlinie in: Abl. EU L 194 v. 19.7.2016, S. 13. Vorgaben zu einem flankierenden Strafrechtsschutz enthält die NIS-Richtlinie nicht. Vertiefend zur NIS-Richtlinie: *Gercke*, CR 2016, S. 28–30; *Ders.*, ZUM 2016, 825, 829; *Voigt / Gehrmann*, ZD 2016, S. 355–358; *Spindler*, CR 2016, 297, 304ff.; *Witt / Freudenberg*, CR 2016, S. 657–663; *Schallbruch*, CR 2016, S. 663–670; *Voigt*, MMR 2016, S. 429–430; *Gercke*, ZUM 2016, 825, 829f. Zur Umsetzung der NIS-Richtlinie: Referentenentwurf in: BR-Drs. 64/17 v. 27.1.2017; Empfehlungen der Ausschüsse des Bundesrates in: BR-Drs. 64/1/17 v. 28.2.2017; Stellungnahme des Bundesrates in: BR-Drs. 64/17 Beschluss v. 10.3.2017; Unterrichtung durch die Bundesregierung in: BT-Drs. 18/11620 v. 22.3.2017; Beschlussempfehlung und Bericht des Innenausschusses in: BT-Drs. 18/11808 v. 30.3.2017; Gesetzesbeschluss in: BR-Drs. 335/17 v. 28.4.2017. Vertiefend: *Kipker*, MMR 2007, S. 143–147.

84 Das IT-Sicherheitsgesetz reguliert Verstöße auf der Ebene des Ordnungswidrigkeitenrechts, *Witt / Freudenberg*, CR 2016, 657, 663; vgl. Art. 21 in: Abl. EU L 194 v. 19.7.2016, S. 24. Angesichts dieser Schwerpunktsetzung wird auf die umfassende Darstellung des IT-Sicherheitsgesetzes und der NIS-Richtlinie verzichtet.

85 BT-Drs. 18/10182 v. 2.11.2016, S. 1.

86 A.a.O., S. 2.

87 Ebd.

Täterinfrastrukturen im Bereich der Cyberkriminalität".[88] Die damit einhergehenden Gefahren für die Integrität und Vertraulichkeit der betroffenen informationstechnischen Systeme[89] potenzieren sich mit dem wachsenden Grad ihrer Vernetzung[90] und vergrößern auf diese Weise das Risiko für den Eintritt „existenzgefährdender Situationen".[91]

Durch die bisherigen gesetzlichen Regelungen wird das Strafbedürfnis nach Auffassung des hessischen Entwurfs nur unzureichend erfasst[92] und macht deshalb die Kodifizierung eines umfassenden § 202e StGB-E erforderlich. Den Anknüpfungspunkt bildet dabei das Desiderat, den von Botnetzen ausgehenden Gefahren wirksam zu begegnen.[93] Anlass und Zielrichtung der Initiative stimmen mit der Richtlinie 2013/40/EU überein. Die angestrebte Kriminalisierung des sog. digitalen Hausfriedensbruchs – als „computertechnisches Eindringen in ein informationstechnisches System"[94] – geht jedoch über die bisherigen nationalen und internationalen Vorgaben hinaus. Angesichts der gegenwärtigen technischen Bedrohungslage,[95] der eingeschränkten Selbstschutzmöglichkeiten ihrer Nutzer[96] und der verfassungsrechtlichen Gebotenheit eines umfassenden Strafrechtsschutzes,[97] sei die Einführung – so der Entwurf – dringend erforderlich.[98]

II. Schutzlücken de lege lata

Die Entwurfsbegründung lässt eine hinreichende Auseinandersetzung mit den Schutzlücken de lege lata vermissen. Anderenfalls wären das Land Hessen bzw. der Bundesrat vielleicht zu dem gleichen Ergebnis wie die Bundesregierung gelangt:

> „Nahezu sämtliche Aktivitäten beim Aufbau und Betrieb eines Botnetzes unterfallen bereits nach geltendem Recht Straftatbeständen des Strafgesetzbuches."[99]

---

88 Ebd.

89 A.a.O., S. 3.

90 A.a.O., S. 2.

91 Ebd.

92 A.a.O., S. 3, 11.

93 Gesetzesantrag des Landes Hessen in: BR-Drs. 338/16 v. 17.6.2016, S. 1ff., vgl. auch BT-Drs. 18/10182 v. 2.11.2016, S. 1ff.

94 *Mavany*, KriPoZ 2016, 106, 112.

95 BT-Drs. 18/10182 v. 2.11.2016, S. 1ff.

96 A.a.O., S. 3, 11.

97 A.a.O., S. 3.

98 A.a.O., S. 5.

99 Stellungnahme der Bundesregierung in: BT-Drs. 18/1288 v. 30.4.2014, S. 19 als Anlage 2. Zustimmend: *Mavany*, ZRP 2016, 221, 223; *Buermeyer / Golla*, K&R 2017, 14, 15.

Auffällig ist zunächst, dass der erste Beispielsfall,[100] der in der Begründung zur Veranschaulichung der Rechtslage aufgeführt wird, gar keinen Bezug zur Botnetzkriminalität und damit zum Hauptanliegen des Entwurfs herstellt. Geschildert wird darin das Entwenden eines Handys mit anschließender Eingabe der erspähten PIN, um die darauf befindlichen Daten auszulesen, bevor das Handy wieder heimlich zurück in die Tasche des Opfers gesteckt wird.[101]

Überdies weist der Entwurf in einer dazugehörigen Fußnote selbst darauf hin, dass die Straflosigkeit in diesem Fall nicht unstreitig ist.[102] Bemerkenswert ist weiter, dass die Begründung z.T. pauschalisierend von Botnetzkriminalität spricht, zwischen den einzelnen Verfahrensschritten[103] jedoch nicht hinreichend differenziert.[104] Diese lassen sich in wenigstens drei grundlegende Etappen einteilen – die Vorbereitung, den Aufbau und den Betrieb von Botnetzen.[105] In der Praxis können diese einzelnen Verfahrensabschnitte von getrennt agierenden Tätern verwirklicht werden.[106]

Die Gefahren, die vom Betrieb des zusammengeschlossenen Botnetzes in der *dritten Phase* ausgehen werden in der Entwurfsbegründung ausführlich geschildert. Den Verweis auf die vielschichtigen Verwendungsmöglichkeiten, etwa für DDoS-Angriffe,[107] massenhaften Spamversand, Erpressungszwecke mithilfe von Krypto-Trojanern[108] oder den Verkauf bzw. Missbrauch der erspähten digitalen Identitäten[109] nutzt der Entwurf zur Verdeutlichung ihres Gefahrenpotentials und um die Notwendigkeit einer verschärften Sanktionierung des Botnetzaufbaus bereits in der *zweiten Phase* zu begründen.

---

100 Vgl. BT-Drs. 18/10182 v. 2.11.2016, S. 4.

101 *Buermeyer / Golla*, K&R 2017, 14, 16.

102 BT-Drs. 18/10182 v. 2.11.2016, S. 4, Fn 5.

103 Auch wenn die Anzahl der zu unterscheidenden Verfahrensabschnitte differiert, dürfte unstreitig sein, dass es sich bei der sog. Botnetzkriminalität nicht um ein einaktiges Delikt handelt. Stellungnahme der Bundesregierung in: BT-Drs. 18/1288 v. 30.4.2014, S. 19 als Anlage 2; *Mavany*, KriPoZ 2016, 106, 108; *Buermeyer / Golla* unterscheiden vier Schritte, *Dies.*, K&R, 2017, 14, 15; noch differenzierter: *Kochheim*, Cybercrime, S. 215ff., 239ff.

104 *Buermeyer / Golla*, K&R, 2017, 14, 15.

105 *Roos / Schumacher*, MMR 2014, 377, 379; *Mavany*, KriPoZ 2016, 106, 108.

106 BT-Drs. 18/10182 v. 2.11.2016, S. 4; *Roos / Schumacher*, ebd.; *Singelnstein*, ZIS 2016, 432, 432.

107 Diese erfüllen den Tatbestand der Computersabotage gem. § 303b Abs. 1 Nr. 2 StGB.

108 Verwirklicht wird hierdurch eine Erpressung i.S.d. § 253 Abs. 1 StGB, ggf. auch i.S.d. Abs. 4.

109 Zu denken ist etwa an eine Strafbarkeit gem. § 202d StGB.

In dieser Phase wird Schadsoftware durch das sog. Spreading verteilt[110] und begründet damit die eigentliche Gefahr für den digitalen Hausfrieden, dessen Bruch durch § 202e StGB-E kriminalisiert werden soll. Dabei kann die Verteilung auf ganz unterschiedliche Weise erfolgen, z.B. über einen maliziösen Emailanhang oder durch eine drive-by-Infektion auf präparierten Webseiten.[111] Während sich die Anlieferung der Botware noch als harmlos erweise und ihre strafrechtliche Relevanz nicht über das Versuchsstadium hinausreiche,[112] gehe von der Injektion der Malware in das Zielsystem bereits eine Gefahr für die Integrität und Vertraulichkeit aus.[113] Während der Injektion werde eine Schutzlücke überwunden, die das Passieren einer Schnittstelle im Angriffsobjekt gestatte.[114] Verhindere die Firewall dies nicht,[115] gelange die Botware in den Hauptspeicher. Von dort aus könne die Initialisierung des Programms gestartet werden.[116] Ziel der Botware sei der aktive Datenverarbeitungsprozess des angegriffenen informationstechnischen Systems.[117] Die Infektion des Zielsystems beginne.[118] Nach erfolgreicher Täuschung könne die Schadsoftware erste Veränderungen im Hauptspeicher vornehmen und dadurch ihre dauerhafte Installation und Funktionsausübung sicherstellen.[119] Um die fortdauernde Nutzung der eroberten Ressourcen zu gewährleisten, werde die Botware meist getarnt.[120]

Auch wenn die strafrechtliche Relevanz dieser Aufbauphase vom Einzelfall und damit vor allem von der exakten Funktionsweise der implementierten Botware abhängt, verdeutlicht die nachfolgende Darstellung, dass diese zweite Phase schon nach gegenwärtiger Gesetzeslage regelmäßig strafbewehrt ist.

Gem. § 303a Abs. 1 StGB macht sich strafbar, „wer rechtswidrig Daten (§ 202a Abs. 2) löscht, unterdrückt, unbrauchbar macht oder verändert“. Bereits das Abschalten der Firewall stellt eine tatbestandliche Datenveränderung i.S.d. § 303a Abs. 1 StGB dar.[121] Gleiches gilt für das Abschalten des Virenscan-

110 *Mavany*, KriPoZ 2016, 106, 107.

111 BT-Drs. 18/10182 v. 2.11.2016, S. 2; *Mavany*, KriPoZ 2016, 106, 107; *Kochheim*, Cybercrime, S. 227, Rn 644; *Roos / Schumacher*, MMR 2014, 377, 378.

112 *Kochheim*, a.a.O., S. 226, Rn 640.

113 A.a.O., S. 228, Rn 649.

114 Ebd.

115 A.a.O., S. 229, Rn 649.

116 A.a.O., S. 229, Rn 649, 625.

117 A.a.O., S. 225, Rn 636.

118 A.a.O., S. 229, Rn 649, 652.

119 A.a.O., S. 229f., Rn 649, 652; *Buermeyer / Golla*, K&R, 2017, 14, 15.

120 A.a.O., S. 232, Rn 664.

121 A.a.O., S. 231, Rn 660.

ners.[122] Das bloße Hinzufügen von Daten im Wege der Installation genügt indes nicht.[123] Geht dies jedoch mit der Veränderung bereits gespeicherter Daten einher, wie das regelmäßig der Fall sein wird, ist der objektive Tatbestand erfüllt.[124] Eine dauerhafte Installation und damit die Gewährleistung des angestrebten Funktionsumfangs beim späteren Botnetzbetrieb dürfte ohne Datenveränderungen im Hauptspeicher oder im Prozessor kaum zu realisieren sein, so dass regelmäßig schon im Aufbaustadium Daten verändert werden.[125]

Über die Datenveränderung hinausgehend, könnte sogar ein Fall der Computersabotage i.S.d. § 303b StGB verwirklicht werden, sofern eine Funktionsbeeinträchtigung des Systems herbeigeführt wird.[126] Überwiegend stellt sich diese zweite Phase jedoch nicht als derartig eingriffstintensiv dar. Häufiger wird erst in der dritten Phase – der Realisationsphase der Botnetzkriminalität – das geschützte Interesse der Betreiber und Nutzer am störungsfreien Betrieb der Datenverarbeitungsanlagen[127] gefährdet.[128]

Hingegen wird die zweite Phase zumeist mit einer Datenspionage i.S.d. § 202a StGB einhergehen. Diese setzt das unbefugte Zugang verschaffen zu Daten unter Überwindung einer bestehenden Zugangssicherung voraus, welche in Form eines Log-ins, einer Tastensperre[129] oder im Ausnutzen einer Sicherheitslücke bei der verwendeten Software bestehen kann.[130] Wenn der Täter sodann auf gespeicherte Daten Zugriff nehmen könnte, gilt die Zugangssicherung bereits als überwunden.[131] Dies wird in der Regel der Fall sein, denn das

---

122 A.a.O., S. 231f., Rn 656, 661.

123 *Mavany*, KriPoZ 2016, 106, 109.

124 Ebd.; *Buermeyer / Golla*, K&R 2017, 14, 15.

125 *Mavany*, KriPoZ 2016, 106, 109; *Buermeyer / Golla*, K&R, 2017, 14, 15; *Roos / Schumacher*, MMR 2014, 377, 379; Stellungnahme der Bundesregierung in: BT-Drs. 18/1288 v. 30.4.2014, S. 19 als Anlage 2.

126 *Kochheim*, Cybercrime, S. 239, Rn 684.

127 BT-Drs. 18/10182 v. 2.11.2016, S. 11; *Roos / Schumacher*, MMR 2014, 377, 379.

128 *Buermeyer / Golla*, K&R, 2017, 14, 15; *Mavany*, KriPoZ 2016, 106, 109; Stellungnahme der Bundesregierung in: BT-Drs. 18/1288 v. 30.4.2014, S. 19 als Anlage 2: Allerdings richten sich die Angriffe in dieser Phase zumeist nicht gegen die Rechner im Netzwerkverbund, sondern es ihre Ressourcen werden gebündelt, um gegen Dritte vorzugehen, z.B. durch DDoS-Attacken.

129 *Mavany*, ebd.; *Roos / Schumacher*, MMR 2014, 377, 379.

130 *Buermeyer / Golla*, K&R 2017, 14, 15.

131 *Mavany*, KriPoZ 2016, 106, 109; *Roos / Schumacher*, MMR 2014, 377, 379; *Buermeyer / Golla*, K&R, 2017, 14, 15; Stellungnahme der Bundesregierung in: BT-Drs. 18/1288 v. 30.4.2014, S. 19 als Anlage 2. Auch der Verweis auf den BGH-Beschluss in: BT-Drs. 18/10182 v. 2.11.2016, S. 12f., steht dieser Bewertung nicht entgegen, da die Strafbarkeit

Ausspähen der gespeicherten Nutzerdaten und -aktivitäten, sowie die gezielte Fernsteuerungsmöglichkeit des infizierten Rechners bilden häufig die Grundlage für den späteren Botnetzbetrieb.[132]

Sofern es sich bei den betroffenen Daten um personenbezogene Daten i.S.d. § 3 Abs. 1 BDSG handelt, kommt außerdem eine Strafbarkeit nach dem Bundesdatenschutzgesetz in Betracht.[133] Technisch erforderlich ist ihre Verarbeitung in der Aufbauphase nicht. Dennoch werden häufig nicht nur Systemdaten, sondern auch Nutzerdaten erfasst, um Passwörter zu erlangen oder vollständige digitale Identitäten auszulesen, um etwa einen späteren Computerbetrug zu ermöglichen.[134] In einem solchen Fall wäre nicht nur § 43 Abs. 2 BDSG verwirklicht, sondern auch § 44 Abs. 1 BDSG, der ergänzend ein Handeln gegen Entgelt, in Bereicherungs- oder Schädigungsabsicht voraussetzt.[135]

Werden bei der Infektion nicht nur gespeicherte Daten ausgespäht, sondern auch Daten im Übermittlungsstadium abgefangen und weitergeleitet, ist außerdem eine Strafbarkeit nach § 202b StGB gegeben. Erfasst wird beispielsweise das Abfangen von Emails, die anschließend mit beigefügtem maliziösem Anhang weitergeleitet werden.[136] Auch Voice over IP-Anrufe, Faxnachrichten, VPN-, WLAN- und Bluetooth-Übertragungen sind taugliche Angriffsziele.[137] Die Vorschriften des TKG wären ebenfalls zu prüfen.

Zusammenfassend lässt sich daher feststellen, dass der Aufbau eines Botnetzes schon de lege lata nicht straflos gestellt ist, sondern regelmäßig die §§ 202a, 303a StGB, § 44 Abs. 1 i.V.m. § 43 Abs. 2 Nr. 1, 4 BDSG, gegebenenfalls auch § 202b StGB verwirklicht.

Daraus resultiert zugleich ein bereits bestehender Strafrechtsschutz für die Verwirklichung der *ersten Phase*. In dieser Vorbereitungsphase wird die erforderliche Schadsoftware entwickelt. Schon dieses Vorgehen wird durch § 202c

---

gem. § 202a StGB im konkreten Fall nicht aus rechtlichen, sondern aus tatsächlichen Gründen verneint wurde.

132 *Roos / Schumacher*, ebd.; *Mavany*, ebd.; *Buermeyer / Golla*, ebd.; BT-Drs. 18/10182 v. 2.11.2016, S. 2.

133 *Mavany*, ebd.

134 Ebd.; *Roos / Schumacher*, MMR 2014, 377, 379.

135 Ebd.

136 *Mavany*, KriPoZ 2016, 106, 109.

137 *Roos / Schumacher*, MMR 2014, 377, 379; *Mavany*, ebd.

Abs. 1 StGB sanktioniert, wenn es dem späteren Ausspähen und Abfangen von Daten dient.[138] Wie soeben festgestellt, wird dies regelmäßig der Fall sein.

Die gerügte Strafbarkeitslücke[139] besteht für die meisten Fälle daher nicht.[140] Eine auf ihrer Annahme begründete Notwendigkeit der Einführung eines § 202e StGB-E ist daher zu verneinen.

III. Schutzlücken bei der Strafverfolgung

Neben den gerügten materiell-rechtlichen Lücken soll der Normenerlass auch wegen der praktischen Probleme bei der Strafverfolgung erforderlich sein, so der Entwurf.[141] Hierfür spreche die große Diskrepanz zwischen den hohen Opfer- und „auffällig niedrigen"[142] Verurteilungszahlen.[143] Der hierzu angebrachte Verweis auf die höchstrichterliche Rechtsprechung scheint dies zu bestätigen.[144] Nähere Ausführungen zu den möglichen Ursachen finden sich in der Entwurfsbegründung nicht.

In Anbetracht der höchsten Prävalenzquote weist die IuK-Kriminalität in der Tat niedrige Verurteilungszahlen auf. Dies ist aber nicht auf eine starke Kluft zwischen den angezeigten und den ausgeurteilten Fällen zurückzuführen, sondern vorwiegend auf eine hohe Dunkelziffer.[145] Als zentralen Faktor für die Kodifizierung verweist der Entwurf sogar auf die seltene Entdeckung strafrechtsrelevanter Vorfälle durch die Opfer und der sich daraus ergebenden besonderen Gefährlichkeit.[146] Dieser Umstand lässt sich durch die Einführung einer neuen Strafvorschrift aber genauso wenig beheben wie die niedrige An-

---

138 Stellungnahme der Bundesregierung in: BT-Drs. 18/1288 v. 30.4.2014, S. 19 als Anlage 2; *Buermeyer / Golla*, K&R, 2017, 14, 15; *Roos / Schumacher*, ebd.

139 BT-Drs. 18/10182 v. 2.11.2016, S. 3ff., 11.

140 So auch: Stellungnahme der Bundesregierung in: BT-Drs. 18/1288 v. 30.4.2014, S. 19 als Anlage 2: „Der Aufbau eines Botnetzes mit Hilfe von Schadprogrammen ist in aller Regel als Ausspähen von Daten (§ 202a StGB) strafbar. Soweit die Schadsoftware Daten verändert, liegt der Straftatbestand der Datenveränderung (§ 303a StGB) vor". *Roos / Schumacher*, MMR 2014, 377, 383: „Wie die Erarbeitungen zeigen, lassen sich nach deutschem Strafrecht sämtliche der Aktivitäten, die mit dem Aufbau und Betrieb eines Botnetzes in Verbindung stehen, sanktionieren." Zustimmend: *Buermeyer / Golla*, K&R 2017, 14, 15; *Mavany*, KriPoZ 2016, 106, 111.

141 BT-Drs. 18/10182 v. 2.11.2016, S. 5.

142 A.a.O., S. 17.

143 Diese belege die „mangelnde Effektivität der geltenden Normen", ebd.

144 A.a.O., S. 12f.

145 So auch a.a.O., S. 14.

146 A.a.O., S. 3.

zeigebereitschaft im Falle ihrer Entdeckung. Insoweit sind die Lösungsansätze der NIS-Richtlinie und des IT-Sicherheitsgesetzes zielführender.

Auch wenn sich der Entwurf durch eine ausufernde Tatbestandsgestaltung nachdrücklich bemüht, eine strafrechtliche Drohkulisse aufzubauen, hierzu sogleich mehr, sieht sich auch diese Vorschrift den vorgebrachten Bedenken einer begrenzten Abschreckungswirkung durch Strafvorschriften im Allgemeinen ausgesetzt.

In der Strafverfolgungspraxis erweist sich vor allem als hinderlich, dass der planvoll handelnde und damit besonders gefährliche Täter die technisch gebotenen Verschlüsselungs- und Anonymisierungsmöglichkeiten sowohl gegenüber den Opfern, als auch gegenüber kooperierenden Tätern für sich zu nutzen weiß und die Rückverfolgung durch eine vernetzte Begehung über Ländergrenzen erschwert.[147] Neben den damit verbundenen technischen Hürden werden die Ermittlungsinstanzen durch die erschwerte internationale Zusammenarbeit an einer schnellen und effektiven Aufklärung gehindert.[148] Eine verbesserte internationale Koordination für die erleichterte Zusammenarbeit kann der hessische Gesetzesentwurf zwar nicht leisten. Wenn aus diesem Umstand jedoch der Schluss gezogen wird, dass die offenbarten Ermittlungsschwierigkeiten durch eine Anpassung der materiellen Strafbarkeitsvoraussetzungen zu lösen seien, greift die Argumentation zu kurz.

Als hilfreich könnte sich in diesem Zusammenhang die Stärkung der Ermittlungstätigkeiten auf der Ebene des technischen Equipments und der IT-Kompetenzen erweisen.[149] Ergänzende Maßnahmen zur Verbesserung der Sicherheitslage durch die Festsetzung von Mindeststandards, wie z.T. bereits durch das IT-Sicherheitsgesetz und der NIS-Richtlinie geschehen, eine stärkere Zusammenarbeit mit der Computerindustrie[150] oder die Abkopplung kritischer Infrastrukturen vom Netz, nach dem historischen Vorbild der US-amerikanischen Abspaltung des MILNET vom ARPANET, kämen als weniger eingriffsintensive Maßnahmen in Betracht, um den Problemen auf der Ebene der Strafverfolgung zu begegnen.

Resümierend lässt sich daher feststellen, dass materiell-rechtliche Schutzlücken in dem gerügten Umfang nicht bestehen und die offenbarten Probleme bei der Strafverfolgung durch den Entwurf nur bedingt gelöst werden könnten.

---

147 *Buermeyer / Golla*, K&R 2017, 14, 16; BT-Drs. 18/10182 v. 2.11.2016, S. 2.

148 *Buermeyer / Golla*, K&R 2017, 14, 16f. Vgl. entsprechende Schwerpunktsetzung i.R.d. NIS-Richtlinie, *Witt / Freudenberg*, CR 2016, 657, 658.

149 A.a.O., 14, 16.

150 *Roos / Schumacher*, MMR 2014, 377, 382; *Pohlmann*, DuD 2016, 38, 40ff.

IV. Stellungnahmen zum Strafrechtsschutz de lege ferenda

Die Ausgestaltung des § 202e StGB-E als Auffangtatbestand zum bereits bestehenden und vom Entwurf durchaus anerkannten Strafrechtsschutz in §§ 202a, 303a und 303b StGB[151] zeigt das Hauptanliegen des Entwurfs zur Schaffung eines „lückenlosen Strafrechtsschutzes".[152]

1. Grundtatbestand, § 202e Abs. 1 StGB-E

Der Grundtatbestand der Zentralnorm umfasst drei Tathandlungen, deren alternatives Vorliegen für die Strafbarkeit genügt.

a) Zugang, § 202e Abs. 1 S. 1 Nr. 1 StGB-E

Der rechtswidrige Zugang zu Daten wird de lege lata durch § 202a Abs. 1 StGB sanktioniert, weshalb dieser bereits den Beinamen „digitaler bzw. elektronischer Hausfriedensbruch"[153] trägt. Allerdings wurde der hierdurch kodifizierte Strafrechtsschutz der formellen Verfügungsbefugnis wegen seiner Schutzrichtung wiederholt kritisiert. Die europäischen Vorgaben würden nicht die Pönalisierung des rechtswidrigen Zugangs zu Daten fordern, sondern zum System selbst.[154] Dieser Ansicht folgte auch der Gesetzesentwurf.[155] Allerdings sprach sich dieser nicht für eine mögliche Anpassung des § 202a StGB aus,[156] sondern für eine eigenständige Kodifizierung des sog. digitalen Hausfriedensbruchs. Auf diese Weise konnte § 202e Abs. 1 S. 1 Nr. 1 StGB-E unabhängig von der tatbestandlichen Begrenzung des § 202a Abs. 1 StGB formuliert werden:

> „(1) Wer unbefugt
>
> > 1. sich oder einem Dritten den Zugang zu einem informationstechnischen System verschafft, […] wird mit Geldstrafe oder Freiheitsstrafe bis zu einem Jahr bestraft, wenn die Tat nicht in anderen Vorschriften mit schwererer Strafe bedroht ist. Die Tat nach Satz 1 ist nur strafbar, wenn sie geeignet ist, berechtigte Interessen eines anderen zu beeinträchtigen."[157]

---

151 BT-Drs. 18/10182 v. 2.11.2016, S. 3ff., 11f. Zustimmend: *Mavany*, ZRP 2016, 221, 222.

152 BT-Drs. 18/10182 v. 2.11.2016, S. 3.

153 *Gröseling / Höfinger*, MMR 2007, 549, 551; *Mavany*, KriPoZ 2016, 106, 109.

154 *Gercke* in: Spindler / Schuster, Teil 10, § 202a, Rn 1.

155 BT-Drs. 18/10182 v. 2.11.2016, S. 12.

156 Ebd.

157 Gesetzesentwurf für ein Strafrechtsänderungsgesetz zur Strafbarkeit der unbefugten Benutzung informationstechnischer Systeme – Digitaler Hausfriedensbruch als Anlage 1, a.a.O., S. 9, Art. 1, Nr. 2.

Kriminalisiert wird demnach das Zugangverschaffen zu einem „informationstechnischen System“[158]. Der Zugang gilt nach der Entwurfsbegründung als erlangt,

> „[…] wenn das System infiltriert, also eine etwaige Sperre überwunden und der Täter in der Lage ist, Eingaben unmittelbar vorzunehmen.“[159]

Auch wenn diese Definition auf das Überwinden einer Sperre hinweist, wurde auf ihre Kodifizierung als strafbarkeitsbegrenzende Voraussetzung – im Unterschied zu § 202a Abs. 1 StGB – ausdrücklich verzichtet. Diese Hürde hatte der deutsche Gesetzgeber bei der Umsetzung der europäischen Vorgaben durch das 41. Strafrechtsänderungsgesetz 2007 eingeführt, um einer anderenfalls drohenden Überkriminalisierung entgegenzuwirken.[160] Ihre Übernahme steht, so die Entwurfsbegründung, jedoch nicht im Einklang mit dem angestrebten „lückenlosen Strafrechtsschutz“. Dieser könne nicht erst am Überwinden einer hierfür erforderlichen Zugangssicherung ansetzen, sondern müsse bereits im Vorfeld gewährt werden.[161] Angestrebt wird damit nicht nur ein vorgelagerter Datenschutz, sondern zugleich der Schutz der sie verarbeitenden Systeme,[162] ohne dass es hierfür auf eine Zugangsberechtigung ankommt. Schließlich könne Schadsoftware inzwischen so konzipiert werden, dass sie keine Spuren hinterlässt und dadurch eine computerforensische Feststellung zumindest erschwert.[163] Diese bringe außerdem Unannehmlichkeiten für die Opfer mit sich, wenn Sachverständige den gesamten Datenbestand spiegeln würden.[164] Die Beweisschwierigkeiten bekräftigend, verweist der Entwurf außerdem auf den BGH-Beschluss vom 21. Juli 2015,[165] dem die Verurteilung zweier Heranwachsender nach § 202a StGB und § 303a Abs. 1 StGB zugrunde lag.[166] Der BGH hob das Ausgangsurteil mit der Begründung auf, dass weder das Beste-

---

158 Vgl. zum Begriffsverständnis die Legaldefinition in Absatz 6, a.a.O., S. 10.

159 A.a.O., S. 17.

160 *Basar*, jurisPR-StrafR 26/2016 Anm. 1.

161 BT-Drs. 18/10182 v. 2.11.2016, S. 3f., 17.

162 A.a.O., S. 5, 11.

163 A.a.O., S. 5.

164 A.a.O., S. 13.

165 A.a.O., S. 12f. m.w.N.

166 BGH-Beschluss v. 21.7.2015, Az.: 1 StR 16/15, S. 4, Abs. 7. Die Angeklagten hatten Schadsoftware programmiert, um diese über ein Netzwerk zu verteilen. Diese konnte die Firewall des Betriebssystems umgehen und dahingehend verändern, dass die Daten der infizierten Rechner ausgelesen und an die Botnetzinitiatoren automatisiert übermittelt wurden, a.a.O., S. 3f.

hen einer Zugangssicherung, noch ihre Überwindung hinreichend festgestellt worden sei.[167]

Damit trägt das Urteil die Begründung des Entwurfs nicht. Grund für die Aufhebung war nicht die faktisch unmögliche Feststellbarkeit einer Zugangssicherung und ihre Überwindung, sondern lediglich ihre unzureichende Feststellung durch die Tatsacheninstanz in einem scheinbar schlecht ermittelten Verfahren.[168] Auch die daraus resultierende Rechtsfolge der Straflosigkeit im Falle des Nichtvorliegens entspricht damit dem ausdrücklichen Willen des Gesetzgebers.

Den viktimologischen Ansatz, der dieser Hürde ebenfalls innewohnt, erkennt der Entwurf an.[169] Die darin enthaltene Aufforderung zur Sicherung besonders schützenswerter Daten wertet dieser jedoch nicht als sinnvolle Ergänzung für die Aufrechterhaltung eines Mindestschutzes, sondern als unangemessene Lastenverteilung.[170] Dies sei nicht zeitgemäß. Es sei nicht abzusehen, inwieweit sich der Einzelne künftig selbst noch schützen könne.[171] Die Bundesregierung hält diese Einschränkung hingegen weiter für „sachgerecht und vorzugswürdig".[172] Sie begründet diese Ansicht mit einem Vergleich zur analogen Welt, in der „das unbefugte Aufschlagen und Lesen eines fremden Notiz- oder Tagebuchs wie bisher straflos bleibt".[173]

Statt der Übernahme der Tatbestandsbegrenzung aus § 202a StGB wählte der Entwurf eine Bagatellklausel nach dem Vorbild des § 201 StGB.[174] Danach muss die Tat geeignet sein, „berechtigte Interessen eines anderen zu beeinträchtigen". Allerdings werden hiervon alle rechtlich schützenswerten privaten und öffentlichen Interessen, egal ob materieller oder ideeller Natur, umfasst.[175] Da die bloße Geeignetheit gefordert wird, kommt es auf ihre tatsächliche Verletzung nicht an.[176] Trotz der damit verbundenen Weite bestehen, so der Entwurf, keine verfassungsrechtlichen Bedenken aufgrund fehlender Bestimmt-

---

167 A.a.O., S. 2, 5. „Ob diese Voraussetzungen in den der Verurteilung zugrunde liegenden Fällen gegeben sind, vermag der Senat anhand der unvollständigen Feststellungen im Urteil nicht abschließend zu beurteilen", a.a.O., S. 5, Abs. 10.

168 So auch: *Buermeyer / Golla*, K&R 2017, 14, 15; *Basar*, jurisPR-StrafR 26/2016 Anm. 1.

169 BT-Drs. 18/10182 v. 2.11.2016, S. 17.

170 A.a.O., S. 4, 17.

171 A.a.O., S. 3, 11, 17.

172 Stellungnahme der Bundesregierung in: BT-Drs. 18/1288 v. 30.4.2014, S. 19 als Anlage 2.

173 Ebd.

174 BT-Drs. 18/10182 v. 2.11.2016, S. 16. Kritisch: *Mavany*, ZRP 2016, 221, 223.

175 BT-Drs. 18/10182 v. 2.11.2016, S. 16.

176 Ebd.

heit.[177] Schließlich sei die Bagatellklausel des § 201 StGB in der Entscheidung des Bundesverfassungsgerichts von 2001 nicht beanstandet worden.[178] Hierzu gab die Bundesregierung indes zu bedenken, dass der übrige Tatbestand des § 201 StGB auch enger umgrenzt sei, denn Tathandlung und geschütztes Rechtsgut seien leichter zu bestimmen. Überdies sei das Vorliegen von berechtigten Interessen v.a. anzunehmen, wenn es sich um geschützte Interessen handele. Diese würden aber bereits von §§ 202a, 303a StGB umfasst.[179]

Die Aufnahme des Wortes „unbefugt" dient lediglich der Ausnahme sozialadäquater Handlungen aus dem Tatbestand,[180] weshalb die Begrenzungswirkung des allgemeinen Rechtfertigungselements[181] ebenfalls gering ausfallen dürfte.

Immerhin wurde der Strafrahmen gegenüber § 202a Abs. 1 StGB von bis zu drei Jahren auf bis zu einem Jahr herabgesetzt. Allerdings wurde die Ausurteilung der Strafe nach § 202e Abs. 1 S. 1 Nr. StGB-E unter die Prämisse gestellt, dass die zu ahndende Straftat nicht bereits durch eine andere Strafnorm mit einer schwereren Strafe bedroht ist.[182]

Dieser Zusatz zum Konkurrenzverhältnis überrascht in Anbetracht der gerügten Strafbarkeitslücken, zu deren Schließung die Kodifizierung des § 202e StGB-E zwingend erforderlich sei.

b) Gebrauchsrecht, § 202e Abs. 1 S. 1 Nr. 2 StGB-E

Über die Kriminalisierung des digitalen Hausfriedensbruchs hinausgehend, pönalisiert der Grundtatbestand in seiner Nummer 2 den bloßen Gebrauch informationstechnischer Systeme:

> „(1) Wer unbefugt […] 2. ein informationstechnisches System in Gebrauch nimmt […]."[183]

Bereits im Vorfeld zum Erlass des 2. WiKG wurde die Inkriminierung des furtum usus unter dem Stichwort Zeitdiebstahl diskutiert. Allerdings bildeten

177 Ebd. A.A.: *Mavany*, ZRP 2016, 221, 223. Kritisch auch: Stellungnahme der Bundesregierung in: BT-Drs. 18/1288 v. 30.4.2014, S. 20 als Anlage 2.

178 BT-Drs. 18/10182 v. 2.11.2016, S. 16.

179 A.a.O., S. 20 als Anlage 2.

180 A.a.O., S. 16.

181 A.a.O., S. 15.

182 A.a.O., S. 9: „[…] wird mit Geldstrafe oder Freiheitsstrafe bis zu einem Jahr bestraft, wenn die Tat nicht in anderen Vorschriften mit schwererer Strafe bedroht ist".

183 Gesetzentwurf für ein Strafrechtsänderungsgesetz zur Strafbarkeit der unbefugten Benutzung informationstechnischer Systeme – Digitaler Hausfriedensbruch als Anlage 1, ebd., Art. 1 Änderung des Strafgesetzbuches, Nr. 2.

in den 1980er Jahren noch die begrenzten und damit vor allem kostenintensiven Rechenkapazitäten den Anstoß für die Debatte.[184] Den Anknüpfungspunkt für die gegenwärtige Überlegung bildet diametral hierzu die Ubiquität der Computer- und Internettechnik und die damit einhergehende Abhängigkeit und Verletzlichkeit der vernetzten Systeme.[185] Darüber hinausgehende Überlegungen zum Erfordernis eines solch weit gefassten Tatbestandes ersetzt die Entwurfsbegründung durch einen pauschalen Verweis auf die Existenz des § 248b StGB.[186] Dieser sanktioniere schon seit 1953 den Gebrauchsdiebstahl[187] und ein Fahrrad kann, so die Begründung, nicht besser geschützt werden als die IT-Infrastruktur.[188]

c) Beeinflussen oder Ingangsetzen, § 202e Abs. 1 S. 1 Nr. 3 StGB-E

Die dritte Handlungsalternative des Grundtatbestands in Nummer 3 lautet:

> „(1) Wer unbefugt […] 3. einen Datenverarbeitungsvorgang oder einen informationstechnischen Ablauf auf einem informationstechnischen System beeinflusst oder in Gang setzt, […].“[189]

Den maßgeblichen Bezugspunkt bildet wiederum das informationstechnische System, welches in Absatz 6 Nr. 1 definiert wird:

> „(6) Im Sinne dieser Vorschrift ist
>
> 1. informationstechnisches System
>
> nur ein solches, das
>
> a) zur Verarbeitung personenbezogener Daten geeignet oder bestimmt ist oder
>
> b) Teil einer Einrichtung oder Anlage ist, die wirtschaftlichen, öffentlichen, wissenschaftlichen, künstlerischen, gemeinnützigen oder sportlichen Zwecken dient oder die den Bereichen Energie, Telekommunikation, Transport und Verkehr,

---

184 Nixdorf AG, Gutachten, S. 7 als Anlage zum stenograph. Protokoll, 26. Sitzung des Rechtsausschusses v. 6.6.1984, S. 45; *Sieber*, Stellungnahme v. 6.6.1984 zum 2. WiKG, S. 35 als Anlage, a.a.O., S. 271. Kritisch: Empfehlung 21, 12. Arbeitstagung der SVK, S. 98, S. 99 mit Beschluss von 11:0:0 Stimmen, a.a.O., S. 100, 113; Schlussbericht der SVK, S. 156; BT, stenograph. Protokoll, 71. Sitzung des Rechtsausschusses v. 22.1.1986, S. 33–40.

185 BT-Drs. 18/10182 v. 2.11.2016, S. 3, 11; *Roßnagel*, DVBl 2015, 1206, 1206.

186 A.a.O., S. 11, 16.

187 A.a.O., S. 16.

188 A.a.O., S. 5. Bekräftigend: *Kühne-Hörmann* in: BR, stenograph. Bericht, 948. Sitzung v. 23.9.2016, S. 350D.

189 Gesetzentwurf für ein Strafrechtsänderungsgesetz zur Strafbarkeit der unbefugten Benutzung informationstechnischer Systeme – Digitaler Hausfriedensbruch als Anlage 1 in: BT-Drs. 18/10182 v. 2.11.2016, S. 9, Art. 1, Nr. 2.

Gesundheit, Wasser, Ernährung, Versorgung, Haustechnik oder Haushaltstechnik angehört."[190]

Ausgenommen werden sollen hierdurch vor allem Unterhaltungsgeräte, Spielzeug und Taschenrechner.[191]

Im Unterschied zu den §§ 303a und 303b StGB soll sich der Strafrechtsschutz der Nummer 3 allerdings nicht auf die Datenverarbeitung und die sie verarbeitenden Anlagen erstrecken, sondern darüber hinausgehen.[192] Verwiesen wird auf den ähnlich weiten Anwendungsbereich des – allerdings präventiv ausgerichteten – BSI-Gesetzes.[193] Dieses bezieht gem. § 2 Abs. 1 BSI-Gesetz als Informationstechnik „alle technischen Mittel zur Verarbeitung oder Übertragung von Informationen" in den Anwendungsbereich ein.

Aus diesem Grund umfasst § 202e Abs. 1 S. 1 Nr. 3 StGB-E nicht nur den Datenverarbeitungsvorgang,[194] sondern außerdem „informationstechnische Abläufe". Hierdurch sollen auch elektronisch ferngesteuerte Geräte geschützt werden, die lediglich An-Aus-Befehle erhalten und damit zwar Signale empfangen und umsetzen, bei denen eine darüber hinausgehende Datenverarbeitung aber gerade nicht stattfindet.[195] Gezielt erfasst wird damit selbst das Schleusentor.[196]

2. Erhöhte Strafandrohung

Absatz 2 enthält eine Qualifikation nach dem Vorbild des § 44 Abs. 1 BDSG,[197] die eine Anhebung des Strafrahmens auf bis zu fünf Jahren vorsieht, sofern der Täter gegen Entgelt (Nr. 1), mit Bereicherungs- oder mit Schädigungsabsicht (Nr. 2) handelt:

---

190 A.a.O., S. 10.

191 A.a.O., S. 16.

192 A.a.O., S. 17.

193 A.a.O., S. 16.

194 Dieser wird in der Entwurfsbegründung definiert als „Arbeitsablauf, der durch eine elektronische Verarbeitung zu einem konkreten Ergebnis führt. Auf Grund bestimmter Eingabedaten (Input) muss mit dem im Computer gespeicherten Programm – ggf. ergänzt durch weitere Eingaben zur Steuerung – ein Arbeitsergebnis erzielt und ausgegeben werden (Output)", ebd.

195 Ebd.

196 Ebd.

197 „Wer eine in § 43 Abs. 2 bezeichnete vorsätzliche Handlung gegen Entgelt oder in der Absicht, sich oder einen anderen zu bereichern oder einen anderen zu schädigen, begeht, wird mit Freiheitsstrafe bis zu zwei Jahren oder mit Geldstrafe bestraft".

„(2) Mit Geldstrafe oder Freiheitsstrafe bis zu fünf Jahren wird bestraft, wer eine in Absatz 1 bezeichnete Handlung

1. gegen Entgelt oder
2. in der Absicht, sich oder einen Dritten zu bereichern oder einen Dritten zu schädigen,

begeht, wenn die Tat nicht in anderen Vorschriften mit schwererer Strafe bedroht ist.“[198]

Absatz 3 führt besonders schwere Fälle in der Regelbeispielstechnik an, die sich an der Ausgestaltung des § 263 Abs. 3 StGB orientieren:[199]

„(3) In besonders schweren Fällen ist die Strafe Freiheitsstrafe von sechs Monaten bis zu zehn Jahren. Ein besonders schwerer Fall liegt in der Regel vor, wenn der Täter

1. gewerbsmäßig oder als Mitglied einer Bande handelt, die sich zur fortgesetzten Begehung von Straftaten unter Nutzung von informationstechnischen Systemen verbunden hat,
2. den Zugang zu einer großen Anzahl von informationstechnischen Systemen verschafft oder eine große Anzahl von informationstechnischen Systemen in Gebrauch nimmt oder eine große Anzahl von Datenverarbeitungsvorgängen oder informationstechnischen Abläufen beeinflusst oder in Gang setzt oder
3. in der Absicht handelt,
   a) eine Gefahr für die öffentliche Sicherheit,
   b) eine gemeingefährliche Straftat oder
   c) eine besonders schwere Straftat gegen die Umwelt nach § 330 herbeizuführen oder zu ermöglichen.“[200]

Danach kann die gewerbs- und die bandenmäßige Begehung (Nr. 1), aber auch die Betroffenheit einer nicht näher bestimmten „großen Anzahl von informationstechnischen Systemen“ (Nr. 2) einen gesteigerten Unwertgehalt begründen. Bei den erfassten Absichten in Nummer 3 handelt es sich um eine deliktsspezifische Regelung, die bedeutsame Industrieanlagen besser schützen soll.[201]

---

198 A.a.O., S. 9, Art. 1, Nr. 2.

199 BT-Drs. 18/10182 v. 2.11.2016, S. 17.

200 Gesetzesentwurf für ein Strafrechtsänderungsgesetz zur Strafbarkeit der unbefugten Benutzung informationstechnischer Systeme – Digitaler Hausfriedensbruch als Anlage 1 in: BT-Drs. 18/10182 v. 2.11.2016, S. 9, Art. 1, Nr. 2.

201 BT-Drs. 18/10182 v. 2.11.2016, S. 17.

„(4) Handelt der Täter in der Absicht, einen Ausfall oder eine Beeinträchtigung der Funktionsfähigkeit kritischer Infrastrukturen zu bewirken, so ist die Strafe Freiheitsstrafe von einem Jahr bis zu zehn Jahren.“[202]

Sowohl für die Verwirklichung des Absatzes 2 Nummer 3 als auch für die Anwendbarkeit des Verbrechenstatbestands nach Absatz 4 genügt damit bereits das Vorliegen einer spezifizierten Absicht, ohne dass es auf eine konkrete oder auch nur abstrakte Rechtsgutsgefährdung ankommt.[203] Selbst bei Annahme einer gesteigerten Strafbedürftigkeit führt das Strafmaß bei § 202e Abs. 3, S. 2 Nr. 3b) StGB-E jedoch zu einem inkonsistenten Ergebnis, denn danach wird die bloße Absicht zur Verwirklichung einer Tat nach § 330 StGB mit dem gleichen Strafmaß bedroht wie ihre tatsächliche Verwirklichung.[204]

Bezüglich der Legaldefinition des anvisierten Tatobjekts orientiert sich der Gesetzesentwurf ebenfalls am BSI-Gesetz und formuliert, übereinstimmend mit § 2 Abs. 10 BSIG,[205] in Absatz 6 Nummer 2:

„2. kritische Infrastruktur

eine Einrichtung, Anlage oder Teile davon, die

a) den Bereichen Energie, Informationstechnik und Telekommunikation, Transport und Verkehr, Gesundheit, Wasser, Ernährung oder Finanz- und Versicherungswesen angehören und

b) von hoher Bedeutung für das Funktionieren des Gemeinwesens sind, weil durch ihren Ausfall oder ihre Beeinträchtigung ein erheblicher Versorgungsengpass oder eine Gefährdung für die öffentliche Sicherheit eintreten würde.“[206]

Den hierdurch ermöglichten Rückgriff auf das BSI-Gesetz und die sie präzisierende Verordnung[207] hält Mavany mit Blick auf den Wesentlichkeitsgrundsatz für problematisch.[208] Auch die Zusammenschau mit dem BSI-Gesetz und der sie konkretisierenden Verordnung sei nicht geeignet, die erforderliche Bestimmtheit zu wahren.[209] Abgrenzungsschwierigkeiten hatten sich zuvor auch bei der Ausgestaltung der NIS-Richtlinie auf europäischer Ebene gezeigt, in deren Folge die Europäische Kommission auf den pauschalen Einbezug des

202 A.a.O., S. 10.

203 Stellungnahme der Bundesregierung in: BT-Drs. 18/1288 v. 30.4.2014, S. 20 als Anlage 2.

204 Kritisch: *Mavany*, ZRP 2016, 221, 223.

205 BT-Drs. 18/10182 v. 2.11.2016, S. 17f.

206 A.a.O., S. 10.

207 A.a.O., S. 17f. Kritisch: *Mavany*, ZRP 2016, 221, 223.

208 *Mavany*, ebd.

209 Ebd.

„Internets“ als kritische Infrastruktur verzichtete.[210] Bei der Aufnahme der „kritischen Infrastrukturen“ sind, so Mavany, auch die dogmatischen Konsequenzen unberücksichtigt geblieben.[211] Mit der Ausdehnung des Schutzbereichs auf ihre Funktionsfähigkeit erstreckt sich der vierte Absatz nunmehr auf ein Kollektivrechtsgut, weshalb dieser, anders als im Entwurf statuiert,[212] keine Qualifikation zu Absatz 1 und 2 bilden kann.[213] Folgerichtig muss auch eine rechtfertigende Einwilligung für die Fälle des vierten Absatzes ausscheiden.[214]

3. Versuchsstrafbarkeit und prozessuale Einkleidung

Ein Hauptanliegen für die Aufnahme der Versuchsstrafbarkeit in Absatz 5 bildete die Kriminalisierung des untauglichen Versuchs.[215]

> „(5) Der Versuch ist strafbar.“[216]

Formell wurden die Fälle des Absatz 1 und 2 als relative Antragsdelikte ausgestaltet und finden dementsprechend Aufnahme in § 205 Abs. 1 S. 2 StGB.[217] § 202e Abs. 7 StGB-E präzisiert das Antragserfordernis für ausgewählte Personengruppen, um die persönlichen Beziehungen zwischen Täter und Opfer nicht von Amts wegen zu stören.[218] Durch eine Anpassung des § 374 Abs. 1 Nr. 3 StPO wird für die Fälle des Absatzes 1 und 2 der Privatklageweg eröffnet, wodurch die Staatsanwaltschaft entlastet werden soll.[219]

V. Stellungnahmen zur Schutzrichtung

Neben dem anvisierten Strafrechtsgeleit für den verfassungsrechtlich begründeten Schutz der Vertraulichkeit und Integrität informationstechnischer Systeme, kurz IT-Grundrecht,[220] klingen im Entwurf die Schutzgedanken des Haus-

---

210 *Schallbruch*, CR 2016, 663, 663f. m.w.N. Es ist auch weiterhin umstritten, welche Internetdienste diesem Anwendungsbereich zugeordnet werden können, ebd.

211 *Mavany*, ZRP 2016, 221, 223.

212 BT-Drs. 18/10182 v. 2.11.2016, S. 17.

213 *Mavany*, ZRP 2016, 221, 222.

214 A.a.O., S. 223.

215 BT-Drs. 18/10182 v. 2.11.2016, S. 17. Dies soll die Strafbarkeit des Täters gewährleisten, selbst wenn nicht offen ermittelnde Polizeibeamten involviert waren, a.a.O., S. 10.

216 Ebd.

217 A.a.O., S. 18.

218 Ebd., S. 18. „(7) Ist in den Fällen des Absatzes 1 und 2 ein Angehöriger, der Vormund oder der Betreuer verletzt oder lebt der Verletzte mit dem Täter in häuslicher Gemeinschaft, so wird die Tat nur auf Antrag verfolgt,“ a.a.O., S. 10.

219 A.a.O., S. 18.

220 BT-Drs. 18/10182 v. 2.11.2016, S. 3, 11 m.w.N.

rechts aus § 123 StGB sowie des Gebrauchsrechts aus § 148b StGB an.[221] Durch die Implementierung des § 202e StGB-E soll diesen Rechtsgedanken Ausdruck verliehen und der Botnetzkriminalität wirksam begegnet werden.[222]

Den Aspekt der Vertraulichkeit hebt die systematische Einordnung des § 202e StGB-E in den Fünfzehnten Abschnitt über die „Verletzung des persönlichen Lebens- und Geheimbereichs“ hervor. Die dadurch betonte Nähe zu §§ 202a bis 202c StGB (in Abgrenzung zu den Sachbeschädigungsdelikten, denen die §§ 303a, 303b StGB zugeordnet werden) könnte auf ein ebenfalls geschütztes formelles Geheimhaltungsinteresse des Verfügungsberechtigten hinweisen. Erklärtes Telos des Gesetzesvorhabens ist jedoch nicht die Anpassung des bestehenden Strafrechtsschutzes, sondern seine Ausweitung durch die Kodifizierung einer neuen Strafvorschrift.[223]

Für Nummer 1 des Grundtatbestandes wählte der Entwurf den Zugang zu informationstechnischen Systemen als maßgeblichen Anknüpfungspunkt.[224] Im Unterschied zu § 202a StGB wird damit der Schutz des Systems stärker in den Vordergrund gerückt. Allerdings werden die informationstechnischen Systeme auch vom IT-Grundrecht nicht um ihrer selbst willen geschützt, sondern weil der Zugang zum System die entscheidende Hürde für eine mögliche Rechtsgutsverletzung der darauf gespeicherten Daten bildet.[225]

> „Soweit der heimliche Zugriff auf ein informationstechnisches System dazu dient, Daten auch insoweit zu erheben, als Art. 10 Abs. 1 GG nicht vor einem Zugriff schützt, bleibt eine Schutzlücke, die durch das allgemeine Persönlichkeitsrecht in seiner Ausprägung als Schutz der Vertraulichkeit und Integrität von informationstechnischen Systemen zu schließen ist.“[226]

Der Grundtatbestand wurde aber nicht auf diesen, dem IT-Grundrecht zuzuordnenden, Anwendungsbereich beschränkt, sondern geht in Nummer 2 und 3 über diesen hinaus. Nummer 2 stellt eine Erweiterung auf der Ebene der Tathandlung dar, indem ergänzend die Ingebrauchnahme pönalisiert wird. Die kriminalisierte Gebrauchsanmaßung zielt damit gerade nicht auf den vorgelagerten Datenschutz im Sinne des IT-Grundrechts, sondern schützt vor dem furtum usus des Systems.[227] Demgegenüber dehnt Nummer 3 den Anwen-

---

221 A.a.O., S. 5.

222 Ebd.

223 A.a.O., S. 15.

224 A.a.O., S. 9.

225 *Mavany*, ZRP 2016, 221, 222.

226 BVerfG, Urteil v. 27.2.2008 (Online-Durchschung), Rn 187.

227 *Mavany*, ZRP 2016, 221, 222.

dungsbereich auf weitere Tathandlungen und auf weitere Schutzobjekte aus.[228] Hierdurch wird ein lückenloser Schutz angestrebt,[229] der in dieser Weite weder vom IT-Grundrecht gefordert noch gedeckt ist, will man (weiterhin) eine Überkriminalisierung vermeiden.[230] Der Entwurf geht also insoweit über sein selbstgesetztes Ziel hinaus.

Diesen Umstand womöglich selbst erkennend, versucht die Entwurfsbegründung, zwei weitere Rechtsgedanken fruchtbar zu machen – das Hausrecht aus § 123 StGB sowie das Gebrauchsrecht aus § 248b StGB.[231]

Eine gleichermaßen verfassungsrechtliche Herleitung des Hausrechts aus Art. 13 GG parallel zum IT-Grundrecht verbietet sich, denn letzteres wurzelt im allgemeinen Persönlichkeitsrecht und konnte nur deshalb in der Entscheidung des Bundesverfassungsgerichts bemüht werden, weil das anderenfalls vorrangig zu berücksichtigende Grundrecht aus Art. 13 GG bei heimlichen Zugriffen gerade nicht einschlägig ist.[232]

Für die Herleitung eines ergänzenden Schutzgedankens bliebe der Rückgriff auf den einfachgesetzlichen § 123 StGB. Was hiervon umfasst wird, ist jedoch bereits beim Hausfriedensbruch umstritten.[233] Nach h.M. wird das Hausrecht geschützt und damit das Recht zu entscheiden, wer sich in einer konkreten räumlichen Sphäre aufhalten darf oder wer hiervon ausgeschlossen werden kann.[234]

Während der Entwurf die Übertragbarkeit dieses Rechtsgedankens nicht thematisiert, erweist sich sowohl die Bestimmung des Schutzbereichs als auch die Rolle des Rechteinhabers im digitalen Raum als schwierig,[235] denn hier fehlt es gerade an einem körperlich umgrenzten bzw. umgrenzbaren Raum. Versucht man das hierdurch verursachte Bestimmtheitsproblem unter Bezugnahme auf den körperlichen Datenträger aufzulösen, etwa die betroffene Festplatte, ergeben sich weitere Folgefragen, z.B. inwieweit sich das Hausrecht auf externe Datenträger, wie USB-Sticks, erstrecken kann.[236] Weiter bliebe zu klären, ob

228 Vgl. § 202e Abs. 1 Nr. 3 StGB-E in: BT-Drs. 18/10182 v. 2.11.2016, S. 9.

229 A.a.O., S. 3.

230 *Basar*, jurisPR-StrafR 26/2016 Anm. 1.

231 BT-Drs. 18/10182 v. 2.11.2016, S. 5.

232 *Tassi*, DuD 2017, 175, 179; *Mavany*, ZRP 2016, 221, 222.

233 *Mavany*, ebd.; *Ders.*, KriPoZ 2016, 106, 110.

234 BGH zum Flughafenverbot für Abschiebungsgegnerin in: BGH Urteil v. 20.1.2006, V ZR 134/05, S. 5; *Tassi*, DuD 2017, 175, 177; *Mavany*, KriPoZ 2016, 106, 110.

235 *Mavany*, KriPoZ 2016, 106, 110.

236 Ebd.

sich der Schutz nur auf die Funktionseinheit mit dem originär datenverarbeitenden System erstreckt oder ob das digitale Hausrecht an den Daten gleichsam mitwandert.[237] Die Parallelisierung der körperlichen Schutzobjekte gerät bereits bei mobilen Speichermedien und den wachsenden Cloudstrukturen an ihre Grenzen.[238]

Unter konsequenter Fortsetzung dieses Gedankens müsste bei der klassischen Anknüpfung an die körperliche Umgrenzung auch die Person des Berechtigten unter Einbezug der Eigentumsverhältnisse ermittelt werden.[239] Dies dürfte der zivilrechtlichen Betrachtungsweise eines „virtuellen Hausrechts" entgegenkommen.[240] Bei einer gemeinschaftlichen Nutzung durch mehrere Personen, wie z.B. im familiären Umfeld, könnte dies in Missbrauchsfällen jedoch zu einer unerwünschten Pönalisierung führen.[241] Abhilfe könnte die bei § 123 StGB ebenfalls anerkannte Ausdehnung des persönlichen Schutzbereichs auf mehrere Personen schaffen.[242] Ob dies allerdings zu wünschenswerten Ergebnissen führt, wird insbesondere bei Leasingkonstruktionen zu überprüfen sein.[243] Die Praxisrelevanz dieser Fragestellung ist in Anbetracht der Vielzahl der verwendeten leasingbasierten Endgeräte hoch. Hierzu zählen angemietete Router des Internetanbieters sowie die zur Verfügung gestellten Endgeräte des Arbeitgebers, ob für die heimische Nutzung oder als Firmenhardware für das Büro. Gleiches gilt für Endgeräte, die unter Eigentumsvorbehalt erworben werden, wie es bei den meisten Handyverträgen der Fall sein dürfte.[244] Gegen eine Differenzierung nach den Eigentumsverhältnissen spricht außerdem die Tatbestandsfassung, in der auf die Aufnahme der Voraussetzung „fremd" bewusst verzichtet wurde, um auch den Eigentümer erfassen zu können. Seine Privilegierung wird damit ausdrücklich nicht gewünscht,[245] so dass es für die strafrechtliche Beurteilung auf die Eigentumsverhältnisse nicht ankommen kann.[246]

---

237 Ebd.

238 *Mavany*, ZRP 2016, 221, 222.

239 *Mavany*, KriPoZ 2016, 106, 110.

240 Zu den sachenrechtlichen Bezügen des zivilrechtlichen Verständnisses, *Tassi*, DuD 2017, 175, 177f. m.w.N. auf zivilrechtliche Rechtsprechung; *Schwenke*, K&R 2012, 305, 306 m.w.N.

241 Durch das Strafantragsrecht in Absatz 7 kann diese Folge bei persönlichen Näheverhältnissen begrenzt werden.

242 *Mavany*, KriPoZ 2016, 106, 110.

243 Ebd.

244 Ebd.

245 BT-Drs. 18/10182 v. 2.11.2016, S. 16.

246 *Mavany*, ZRP 2016, 221, 222.

Die Gesetzesbegründung wählt daher den rechtmäßigen Dateninhaber als maßgeblichen Bezugspunkt. Dies scheint unter Berücksichtigung der aufgezeigten Reibungspunkte konsequent und für eine sachgerechte Übertragung des Hausrechts auf den digitalen Anwendungsbereich naheliegend.[247] Nur führt die Entscheidung zu Konflikten mit der vorgelagerten Zielrichtung, denn der rechtmäßige Dateninhaber kann lediglich ein berechtigtes Interesse an der Vertraulichkeit, Verfügbarkeit und Integrität seiner Daten geltend machen, nicht jedoch zwingend am informationstechnischen System selbst. Die Begrenzung des persönlichen Schutzbereichs auf den rechtmäßigen Dateninhaber müsste dementsprechend eine Begrenzung des sachlichen Schutzbereichs auf das formelle Geheimhaltungsinteresse zur Folge haben.[248] Dieses wird jedoch bereits von § 202a StGB und, soweit personenbezogene Daten betroffen sind, von § 43 II Nr. 4 BDSG geschützt.[249]

Angesichts der aufgezeigten Fragestellungen wird deutlich, dass der angestrebte Schutz eines digitalen Hausrechts zwar ebenfalls anerkennenswert ist, die technischen Besonderheiten aber zahlreiche Abgrenzungsfragen aufwerfen. Sie erschweren die Übertragung auf den digitalen Raum und führen in Anbetracht der daraus resultierenden Konfliktpunkte zu einer verfassungsrechtlich bedenklichen Unbestimmtheit.

Auch der Rechtsgedanke des § 248b StGB kann den Schutzbereich nicht hinlänglich präzisieren. Der Gesetzesinitiative ist insoweit zuzustimmen, als der bloße Gebrauch informationstechnischer Systeme bislang nicht strafbewehrt ist.[250] Der Schluss, dass hierdurch eine Strafbarkeitslücke entstanden ist, die dringend geschlossen werden muss, ist jedoch keinesfalls zwingend. § 248b StGB verdeutlicht zwar, dass auch der bloße Gebrauch strafrechtlichen Schutz genießen kann. Allerdings verkennt der Entwurf, dass § 248b StGB gerade eine Ausnahmevorschrift darstellt und damit eine denkbare Kriminalisierung nur unter strengen Voraussetzungen nahelegt. Die Notwendigkeit der Einbeziehung in § 202e StGB-E begründet der Entwurf mit dem ubiquitären Gebrauch informationstechnischer Systeme,[251] die eine gewisse Vergleichbarkeit zur Fahrrad- und Kfz-Nutzung aufweise. In Zusammenschau mit der anvisierten Erfassung der Botnetzkriminalität unterliegt der Entwurf jedoch einem

247 *Mavany*, KriPoZ 2016, 106, 111.

248 Ebd.

249 Ebd. Diese Problematik könnte durch die Fokussierung auf den rechtmäßigen Nutzer umgangen werden, führt aber, je nach Nutzungsanteil, mitunter nur zur Problemverlagerung, a.a.O., S. 110.

250 BT-Drs. 18/10182 v. 2.11.2016, S. 11; *Mavany*, ZRP 2016, 221, 222.

251 BT-Drs. 18/10182 v. 2.11.2016, S. 3, 11.

Zirkelschluss, denn er begründet die Strafbedürftigkeit unter anderem damit, dass der Einbezug in den Botnetzbetrieb vom Nutzer häufig kaum bemerkt wird, da hierfür zumeist bis dato ungenutzte Kapazitäten verwendet werden.[252] Es scheint daher gerade zweifelhaft, ob in diesen Fällen die Erheblichkeitsschwelle erreicht wird.[253]

Neben dieser grundlegend zu beantwortenden Vorfrage nach der Strafwürdigkeit stellen sich vergleichbare Fragen bei der konkreten Ausgestaltung des Tatbestands. Ähnlich wie bereits zuvor bei § 123 StGB resultieren diese wiederum aus der Übertragung eines Rechtsgedankens aus dem klassischen Strafrecht auf den digitalen Bereich, deren fehlende Klärung Zweifel an der Bestimmtheit der Norm weckt.[254] Überdies führt eine am § 248b StGB orientierte Sanktionierung der Gebrauchsanmaßung ebenfalls zu Unstimmigkeiten gegenüber dem angestrebten Hauptziel, denn hierdurch lassen sich zwar fehlende Nutzungsrechte in den Blick nehmen, nicht jedoch die Verletzung des persönlichen Lebens- und Geheimbereichs. Letztlich würden unterschiedliche Unrechtsgehalte in einem Auffangtatbestand vermischt.[255]

Dementsprechend kann die überschießende Tatbestandsgestaltung nach den Maßgaben des IT-Grundrechts nicht durch den ergänzenden Rückgriff auf den Hausfrieden in § 123 StGB oder das Gebrauchsrecht in § 248b StGB abgeleitet werden.

VI. Zusammenfassung

Das angestrebte Ziel einer verbesserten Bekämpfung bestehender Botnetzkriminalität durch ein intensiviertes strafrechtliches Geleit des IT-Grundrechts ist damit grundsätzlich anerkennenswert. Mangels nennenswerter Schutzlücken ist die Kodifizierung des § 202e StGB-E jedoch weder geboten noch erforderlich. Der bisherige Strafrechtsschutz ist für die Erfassung von Botnetzkriminalität hinreichend. Angesichts der ausufernden Tatbestandsweite des § 202e StGB-E sowie der aufgezeigten Friktionen kann sie im Falle ihrer Umsetzung nicht den gewünschten Effekt erzielen, sondern lediglich die Geschichte des – aus rechtsstaatlicher Perspektive unerwünschten – Weges einer „expansiven,

252 A.a.O., S. 3.

253 *Mavany*, ZRP 2016, 221, 222.

254 Auch in diesem Zusammenhang stellt sich die Frage nach der Übertragbarkeit des Rechtgedankens vom strafbewährten Gebrauch an Fahrzeugen auf informationstechnische Systeme. Als Anknüpfungspunkt käme erneut das Eigentum in Betracht. Während die Strafbarkeit des Eigentümers in § 248b StGB ausgenommen ist, soll diese bei § 202e Abs. 1 S. 1 Nr. 2 StGB jedoch ausdrücklich einbezogen werden.

255 *Tassi*, DuD 2017, 175, 178.

symbolischen Strafgesetzgebung“[256] fortschreiben, wie sie das Computer- und Internetstrafrecht auf (inter-)nationaler Ebene bestätigt.

VII. Alternativen

Gesetzesbegründungen werden oft von der – dadurch formelhaft wirkenden – Behauptung ihrer Alternativlosigkeit begleitet, so auch die Begründung zu § 202e StGB-E:

> „C. Alternativen
>
> Keine.“[257]

Dabei gebietet der ultima ratio-Grundsatz des Strafrechts, Lösungsansätze zunächst im weniger eingriffsintensiven präventiven Bereich zu suchen,[258] auch wenn diese unter „E. Haushaltsangaben“[259] Mehraufwand begründen könnten.

Durch die repressive Ausrichtung des Entwurfs beschränkt sich der Lösungsansatz auf die Kriminalisierung des Täterverhaltens. Diese Perspektive beschreibt aber nur einen Bruchteil der relevanten Risikofaktoren für die Entstehung der IuK-Kriminalität. Wie bereits dargestellt,[260] wurzeln diese auch in den strukturellen Besonderheiten der verwendeten Technik sowie im Nutzerverhalten. Beide Anknüpfungspunkte sind gleichermaßen eng mit der Tatbegehung verbunden und sollten daher auch bei den Reformbestrebungen berücksichtigt werden. Vorschläge für eine erleichterte Strafverfolgung und eine stärkere Orientierung an den technischen Besonderheiten wurden bereits unterbreitet.[261]

Für einen ergänzenden Einbezug des potentiellen Opferkreises streiten praktische Erwägungen, da sich der Betreiber des betroffenen Systems bzw. der Hersteller der betroffenen Software leichter ermitteln lässt als der häufig unauffindbare Angreifer. Eine entsprechende Schwerpunktsetzung lässt die NIS-Richtlinie auf europäischer und das IT-Sicherheitsgesetz auf nationaler Ebene bereits erkennen. Die darin kodifizierten Meldepflichten[262] sind auch insoweit

---

256 *Buermeyer / Golla*, K&R 2017, 14, 14, 17; *Mavany*, KriPoZ 2016, 106, 110.

257 BT-Drs. 18/10182 v. 2.11.2016, S. 5. Ebenfalls rügend: *Buermeyer / Golla*, K&R, 2017, 14, 18.

258 *Buermeyer / Golla*, K&R, 2017, 14, 18.

259 BT-Drs. 18/10182 v. 2.11.2016, S. 6.

260 Vgl. hierzu Teil 3, Kapitel 1.

261 Vgl. Ausführungen zu „Schutzlücken bei der Strafverfolgung“ unter Abschnitt C) III.

262 Darin werden u.a. Meldepflichten für Schadensfälle kodifiziert, vgl. Art. 14 NIS-Richtlinie und § 8b Abs. 4 BSIG. Kritisch: *Leisterer / Schneider*, CR 2014, 574, 575; *Bräutigam / Wilmer*, ZRP 2015, 38, 39ff.; *Roth*, ZD 2015, 17, 22; *Grobauer / Kossakowsi / Schreck*, DuD 2016, 17, 21.

sinnvoll, als auf Sicherheitsvorfälle höchst empfindlicher Systeme, die sich gerade durch ihre weitreichende Fernwirkung auszeichnen, adäquat reagiert werden kann.

Ergänzend könnte eine Gefährdungshaftung nach dem Vorbild der Straßenverkehrsdelikte für die Nutzung von „Datenautobahnen" erwogen werden. Die Einbeziehung unzuverlässiger Betreiber oder Hersteller störanfälliger Software auf repressiver Ebene käme damit jedoch dem sprichwörtlichen Schießen mit „strafrechtlichen Kanonen" nur auf andere „Spatzen" gleich.

Allerdings bräuchte eine Haftungsregelung nicht zwingend strafrechtlich ausgestaltet zu werden.[263] Auch eine Kodifizierung im weniger eingriffsintensivem zivilrechtlichen Bereich, etwa nach dem Vorbild der Produkthaftung, wäre denkbar.[264] In diesem Fall könnte sich die Meldepflicht des BSIG im Einzelfall jedoch in eine Selbstanzeigepflicht verkehren.

Sollten sich präventive Ansätze zwar als milder, nicht aber als ebenso effektiv erweisen wie strafrechtliche Novellierungsansätze, sind diese zumindest umfassend auf ihre Notwendigkeit zu prüfen und entsprechend zu begrenzen.

Statt der Einführung eines § 202e StGB-E käme zunächst die Anpassung der bestehenden Strafvorschriften in Betracht. Denkbar wäre die Novellierung des § 202a StGB, der bereits den rechtswidrigen Zugang erfasst. Diesbezüglich könnte der wiederholt gerügte Bezugspunkt der Norm in „Zugang zum System" – statt wie bisher „Zugang zu Daten" – korrigiert werden, um die geäußerten Zweifel an der vollständigen Umsetzung zu beseitigen. Die häufige Überschneidung beider Fallkonstellationen in der Praxis dürfte die Ausweitung des Anwendungsbereichs hinreichend begrenzen. Beizubehalten ist demgegenüber die Bagatellklausel, da sie einen hinlänglichen Strafrechtsschutz gewährt und ihr Fortbestand mit den europäischen Vorgaben vereinbar ist. Die gerügten Beweisschwierigkeiten, die eine solche Strafbarkeitshürde, in Form des Erfordernisses einer Zugangssicherung und ihrer Überwindung, mit sich bringen, sind einer solchen immanent und daher nicht zu beanstanden. Es gilt vielmehr, sich auf die ursprüngliche gesetzgeberische Motivation zurückzubesinnen und damit auch auf den Schutz vor einer Überkriminalisierung.

---

263 Das IT-Sicherheitsgesetz beschränkt sich ebenfalls auf eine Sanktionierung im Rahmen des Ordnungswidrigkeitenrechts, *Witt / Freudenberg*, CR 2016, 657, 663. Vgl. auch: Referentenentwurf zur Umsetzung der NIS-Richtlinie in: BR-Drs. 64/17 v. 27.1.2017.

264 *Buermeyer / Golla*, K&R, 2017, 14, 18; *Pohlmann*, DuD 2016, 38, 40. Vertiefend zur Rechtslage: *Rockstroh / Kunkel*, MMR 2017, S. 77–82, *Bräutigam / Klindt*, NJW 2015, 1137, 1141f.; *Spindler*, CR 2016, 297, 312; *Hornung*, NJW 2015, 3334, 3339f.

VIERTER TEIL

Zehntes Kapitel: Würdigung

Das Internet(straf)recht erweist sich als ebenso weit wie das Internet selbst. Es stellt ein die gesamte Rechtsordnung umspannendes Normennetz dar, dessen Abläufe und Verknüpfungen ähnlich komplex sind. Ein eigenständiges, abgrenzbares Internetstrafrecht vergleichbar dem Betäubungsmittel- oder Umweltstrafrecht existiert nicht.

Eine verbindliche *Definition* und damit eine trennscharfe Abgrenzung des Internetstrafrechts vom klassischen Strafrecht fehlten bislang. Als Ursache für die fortbestehende Konturenlosigkeit kann lediglich vermutet werden, dass die Zuordnung für die Strafrechtspraxis letztlich bedeutungslos ist. Maßgeblich für die Gesetzesanwendung ist einzig, ob ein bestimmtes Verhalten unter Strafe gestellt wird, gleich welcher besonderen thematischen Strafrechtsgruppierung der Tatbestand unterfällt. Allerdings lässt erst die fokussierte Bearbeitung spezifizierter Sachbereiche die Verschiedenartigkeit ihrer gesellschaftlichen wie politischen Hintergründe der zum Teil stark abweichenden gesetzgeberischen Reaktionen erkennen.

Maßgeblich für die Klassifizierung als *Internetstrafrecht* im hier verstandenen Sinne war damit nicht die Zugehörigkeit zu einem in sich geschlossenen Normenkatalog, sondern die Schutzrichtung der betreffenden Tatbestände. Übereinstimmend mit dem ersten, durch die Convention on Cybercrime 2001 erzielten internationalen Konsens, beschränkt sich die Arbeit auf die Analyse des Internetstrafrechts im engeren Sinne und damit auf den Deliktsbereich der sog. CIA-Delikte. Untersucht wurden daher solche Delikte, die sich gegen die Vertraulichkeit (confidentiality), Unversehrtheit (integrity) und Verfügbarkeit (availability) von Computerdaten und -systemen richten. Im deutschen Strafrecht weisen vor allem die §§ 202a–202c sowie 303a und 303b Bezüge zu diesen Schutzrichtungen auf. Die prägenden Faktoren ihres Novellierungsprozesses bilden den Schwerpunkt der Untersuchung.

A) Technisch-phänomenologische Grundlegung

Die Analyse beruht auf der Grundannahme, dass die gesetzlichen Rahmenbedingungen stark von der *technischen* (*Weiter-*)*Entwicklung* geprägt wurden. Es wurde weiter vermutet, dass es sich bei diesem Wechselwirkungsprozess um *kein gesetzgeberisches Novum* auf dem Gebiet des Strafrechts handelt, sondern lediglich um eine Fortsetzung der bereits mit der (zweiten) industriellen Revolution eingeleiteten Reform auf dem Gebiet „Technik und Recht". Vorausge-

hhttps://doi.org/10.1515/9783110623031-013

gangen war bereits die Fortbildung des klassischen Strafrechts zum Maschinenstrafrecht. Beispielhaft erwähnt wurden die Reformbestrebungen auf dem Gebiet der Straßenverkehrsdelikte infolge der wachsenden Automobilindustrie.

Zur Überprüfung der Richtigkeit dieser Einordnung des darzustellenden Kodifizierungsprozesses in die Strömung der *Rechtsfortbildung aus Anlass des Technisierungsprozesses* wurden zunächst die zentralen technischen Entwicklungsetappen erörtert. Diese *technische Kontextualisierung* erleichtert die Einordung in das Zeitgeschehen, gibt zugleich einen Überblick über den Aufbau und die Funktionsweise der verwendeten Technik sowie über ihre Auswirkungen auf die Entstehung neuartiger Missbrauchsmöglichkeiten. Diese bildeten nicht nur den Anlass für die anschließende Reformdebatte, sondern prägten auch den Deliktsbereich der Computer- und Internetkriminalität. Eben jene technisch-phänomenologischen Besonderheiten präzisieren zugleich den weiten Begriff der Computer- und Internetkriminalität auf deskriptiver Ebene. Die herausgearbeiteten Charakteristika stehen wiederum im engen Zusammenhang mit den Spezifika der dabei verwendeten Daten und Systeme.

Bei *Daten* handelt es sich um komprimierte Informationen. Diese können auf kleinstem Raum gespeichert, beliebig oft kopiert und kombiniert werden. Anders als beim Diebstahl brauchen Daten für die Tatbegehung nicht vom ursprünglichen Speicherort fortgeschafft zu werden. Dies senkt die Entdeckungswahrscheinlichkeit der Tat. Strebt der Täter hingegen gerade die Zerstörung der Daten an ihrem Ursprungsort an, erleichtert ihre hohe Komprimierbarkeit die Schnelligkeit und Reichweite der Tatbegehung, die infolge der Computervernetzung um ein Vielfaches gestiegen ist, ohne dass der Täter hierzu das eigene Haus auch nur zu verlassen braucht.

Erleichtert wird die Tatausführung außerdem durch ihre leichte Wiederholbarkeit aufgrund der zunächst mechanischen, später automatisiert ablaufenden *Datenverarbeitungsprozesse*. Dies ermöglicht ein zeitliches Auseinanderfallen von Tathandlung und Wirkung. Auf diese Weise werden Manipulationen mitunter erst verzögert festgestellt. Die Redundanz der Abläufe bei reduzierter Entdeckungswahrscheinlichkeit erweist sich für Täter auch wegen der hierdurch leichter erzielbaren hohen wirtschaftlichen Erträge als vorteilhaft.

Diese Besonderheiten und zugleich *taterleichternden Begehungsmöglichkeiten*, resultierten aus den technischen Entwicklungsstufen. Sie bildeten die logische Voraussetzung für ihre (il)legitimen Nutzungsmöglichkeiten. Für ihre *Fortentwicklung* maßgeblich war vor allem die Beschleunigung der ablaufenden Prozesse, die dadurch erzielte Leistungssteigerung, die zu einer Ausdehnung des Einsatz- und Verwendungsspektrums geführt hat sowie die Miniaturisierung der verwendeten Hardware, die eine Kostensenkung im Erwerb und Betrieb ermöglichte.

Zur Eruierung einer möglichen *Parallelität* zwischen den Auswirkungen dieser Entwicklungsschritte und den Veränderungen infolge der Automobilindustrie wurden drei kennzeichnende Merkmale[1] auf ihre Übertragbarkeit untersucht. Die von *Asholt* für die Automobilindustrie attestierte Zunahme der *Abhängigkeit von der Technik* fand sich auf dem Gebiet der Computer- und Internetkriminalität bestätigt. Mit der Ausdehnung der faktischen Zugriffsmöglichkeiten vergrößerte sich der potentielle Täter- und Opferkreis. Auch *Veränderungen innerhalb des Täterkreises* wurden sichtbar. Das ebenfalls wachsende Einsatzspektrum begünstigte die Verlagerung vom „Wirtschafts-" zum „Jedermanns-Delikt". Die kumulierten Datenbestände wichtiger Informationen und die zunehmende Abhängigkeit von ihrer Integrität, Verfügbarkeit und Vertraulichkeit ließen die Attraktivität für eine Tatbegehung ansteigen. Die *Einstellung* gegenüber der verwendeten Technik *wandelte sich.* Während man den ersten Rechenanlagen noch überwiegend mit Desinteresse begegnet war, herrschte in den 1960er Jahren die Sorge vor (staatlichen) Persönlichkeitsverletzungen vor. Der zunehmende Einsatz und Missbrauch der Computertechnik in der Wirtschaft ließen in den 1970er Jahren verstärkt die Angst vor Vermögensverletzungen in das Bewusstsein der Computernutzer treten. Im Zuge der Vernetzung bereits bestehender Computeranlagen wandelte sich das Bedrohungsempfinden wegen der einerseits reizvollen, andererseits aber auch beängstigenden technischen Besonderheiten, wie der Anonymisierung und der damit zusammenhängenden diffusen Wahrnehmung des Tatorts und der Agitation der Täter. Dabei gingen die Gefahren nicht nur von den Sicherheitslücken der verwendeten Technik aus, sondern auch von der Nachlässigkeit der Nutzer selbst.

Zusammenfassend lässt sich daher feststellen, dass sich die Leistungssteigerung, Beschleunigung und Miniaturisierung als zentrale technische Entwicklungsstufen erwiesen haben, da sie die qualitative und quantitative Verwendung der Computertechnik erhöhten. Ihr Einsatz wurde vom staatlichen Gebrauch über eine wirtschaftliche auf die private (un)befugte Nutzbarmachung ausgedehnt. Die Abhängigkeit von der Funktionsfähigkeit wuchs und mit ihr eine neue Verletzlichkeit. Zu den zentralen Angriffsobjekten gehörten Computerdaten und -systeme, die vom Eingabe- bis zum Ausgabeprozess reichten. Ihre Vernetzung potenzierte die bestehenden Gefahren und ließ neue Angriffsziele entstehen. Gefährdet waren fortan auch Daten im onlinebasierten Übermittlungsstadium sowie die technische Infrastruktur ihrer Übertragung.

1 *Asholt*, Straßenverkehrsstrafrecht, S. 3f.

Damit sind zugleich die unterschiedlichen Schutzbereiche des Computer- und Internetstrafrechts skizziert, die keinesfalls isoliert nebeneinander stehen, sondern korrespondierend zur technischen Verknüpfung zugleich den Zugang für die jeweils andere Deliktsgruppe bieten. Mit der technischen Fortbildung veränderten sich nicht nur die Missbrauchsformen, sondern auch die beteiligten Täterkreise. Die anfängliche „Computergläubigkeit“ wich einer zunehmenden „Computerskepsis“.

B) Legislatorische Grundlegung – Kodifizierung des Computerstrafrechts durch das 2. WiKG

Während die einberufene Sachverständigenkommission zur Vorbereitung des Gesetzgebungsverfahrens zum Zweiten Gesetz zur Bekämpfung der Wirtschaftskriminalität das Phänomen der Computerkriminalität 1978 anerkannte, beschränkten sich ihre Anpassungsvorschläge auf den Bereich des Computerbetrugs und die Urkundendelikte. Übereinstimmend mit dieser Kommissionsempfehlung konzentrierten sich die ersten Gesetzesentwürfe zum 2. WiKG ebenfalls auf diese beiden Deliktsbereiche. Der langwierige Abstimmungsprozess und die vorzeitige Auflösung des Bundestages verhinderten jedoch den erfolgreichen Abschluss in der 9. Wahlperiode. Dieses Anliegen wurde in der folgenden Wahlperiode zwar erneut aufgegriffen. Allerdings führten die bereits verstrichenen acht Jahre seit dem Einbringen des ersten Gesetzesentwurfes zu einer vollständigen Neubewertung der Rechtslage. Inzwischen war deutlich geworden, dass nicht nur die technische Entwicklung der US-amerikanischen nachfolgte, sondern auch die Kriminalitätslage. Der Rechtsausschuss attestierte daher einen umfassenden Reformbedarf, der sich in einer ergänzenden Normierung der Computerspionage als § 202a, der Datenveränderung als § 303a und der Computersabotage als § 303c niederschlagen sollte.

Die *Gesetzesfassung des § 202a* entsprach weitestgehend der Entwurfsfassung, die aus der Sachverständigenanhörung vom 6. Juni 1984 hervorgegangen war. Geschützt wurde fortan, nach streitiger Auffassung, das Geheimhaltungsinteresse und damit die Vertraulichkeit von Daten. Auf den Inhalt und Wert der Informationen sollte es entgegen der ursprünglich vermögensorientierten Ausrichtung nicht ankommen. Bestätigt wurde diese Entscheidung durch den gewählten Standort im fünfzehnten Abschnitt über die „Verletzung des persönlichen Lebens- und Geheimbereichs“. Zu den zentralen Diskussionspunkten gehörten die ergänzende Aufnahme einer Versuchsstrafbarkeit sowie die Pönalisierung des Hackings, d.h. die bloße Systempenetration ohne die Kenntnisnahme von Daten. Der Rechtsausschuss entschied sich jedoch gegen beide Vorschläge, um eine Überkriminalisierung zu vermeiden.

§ 303a diente ebenfalls dem Strafrechtsschutz von Computerdaten. Im Unterschied zur Computerspionage lag das Hauptaugenmerk der kodifizierten *Datenveränderung* jedoch nicht auf dem Schutz der Vertraulichkeit von Daten, sondern nach überwiegender Ansicht auf ihrer Verfügbarkeit und Verwendbarkeit. Den Anstoß für die Kodifizierung bildete die zuvor herrschende Uneinigkeit über den Einbezug von Computerdaten in den Anwendungsbereich des § 303 a.F. Da jedenfalls Daten im Übermittlungsstadium unstreitig nicht erfasst seien, wurde der Normenkatalog um einen § 303a ergänzt. Die Parallelisierung zur Sachbeschädigung spiegelte sich auch in der Tatbestandsgestaltung wider. Auf die Aufnahme einer der Fremdheit nachgebildeten Voraussetzung wurde jedoch verzichtet. Im Gegensatz zu § 202a kodifizierte der zweite Absatz des § 303a außerdem eine Versuchsstrafbarkeit.

Im Hinblick auf die gestiegene Abhängigkeit von der Vertraulichkeit, Verfügbarkeit und Integrität der verwendeten Daten sollten die sie verarbeitenden Systeme ebenfalls in den Strafrechtsschutz einbezogen werden. Durch die Einführung der *Computersabotage* in *§ 303b* als systembezogenes Delikt sollte nach herrschender Ansicht auch der Schutz der Verfügbarkeit und Verwendbarkeit von Datenverarbeitungsanlagen gewährleistet werden. Anders als bei der Erfassung von Daten wurden Beeinträchtigungen der Hardware zwar unstreitig vom Sachbegriff und damit von § 303 a.F. erfasst. Den Anlass für die Normierung des § 303b bildeten vielmehr die zu erwartenden hohen Schäden, weshalb der Strafrahmen des § 303 a.F. als unzureichend erachtet wurde. Um den Unwertgehalt der Tat hinreichend abbilden zu können, sah § 303b einen Strafrahmen von bis zu 5 Jahren Freiheitsstrafe vor.

Abschließend lässt sich daher feststellen, dass die Fortdauer des Gesetzgebungsprozesses eine neue Schwerpunktsetzung erforderlich werden ließ. Der ursprünglich angestrebte Vermögensschutz öffnete sich dem ergänzenden Schutz der Vertraulichkeit, Verfügbarkeit und Integrität von Daten und Datenverarbeitungssystemen. Bezug nehmend auf die wachsende Abhängigkeit von der Technisierung wurde der Normenkatalog um daten- und systembezogene Delikte erweitert, wodurch neue Angriffsformen und Schutzrichtungen im Strafgesetzbuch Aufnahme fanden. Trotz vereinzelter kritischer Stimmen aus der Strafrechtswissenschaft blieben diese Tatbestände bis zum 41. Strafrechtsänderungsgesetz von 2007 unverändert, da es sich hierbei meist nur um punktuelle Kritik handelte, nicht jedoch um einen umfassenden Reformansatz.

C) Zusammenhang zwischen der technischen Weiterentwicklung und der Verlagerung gesetzgeberischer Initiativen in den internationalen Raum

Erneut war es nicht nur die tagespolitische Brisanz Aufsehen erregender Fälle, sondern die technische Weiterentwicklung, die den Anlass für eine Neubewertung der Rechtslage bot. Während der Fokus des nationalen Gesetzgebers bei der Erarbeitung des Computerstrafrechts durch das 2. WiKG auf der Erfassung kriminogenen Verhaltens an dezentralen Rechenanlagen in Behörden und Unternehmen lag, entwickelte sich die Technik weiter. Mit der wachsenden Vernetzung verlagerte sich die technische Reichweite von anfänglich lokal begrenzten Netzwerken auf den internationalen Raum und ermöglichte eine länderübergreifende Nutzung auf legitime und illegitime Weise. Mit der Entstehung der heutigen „Netzwerkgesellschaft" vertieften sich die geschilderten Einzelrisiken und dehnten sich durch konzeptionelle Schwächen der informationstechnischen Infrastruktur und die Nachlässigkeit ihrer Nutzer weiter aus.

Die Untersuchung dieser Schwachstellen ergab, dass es sich hierbei um ein Produkt zentraler Grundentscheidungen bei *Aufbau* und *Funktionsweise* der Netzwerkstruktur handelte und damit zugleich um ein Abbild der technischen Entwicklungsetappen. Ein Rückblick auf die Anfänge des ARPANET, als ein bedeutender Vorläufer des Internets, lässt erkennen, dass die Entwicklung der Netzwerkidee auf der Annahme beruhte, dass lediglich ausgewählte Nutzer miteinander verbunden werden. Auf die Implementierung von Kontrollinstanzen zur Abwehr von Gefahren aus der Netzwerkumgebung wurde deshalb zugunsten eines schnellen und stabilen Datenversandes verzichtet. Dieser sollte durch eine dezentrale Struktur mit weitreichenden, verteilten Vernetzungen sichergestellt werden, die eine Weiterleitung selbst bei Überlastung einzelner Übertragungswege garantierten. Der grundlegende *Aufbau* war damit beschlossen. Allerdings verbanden schon die ersten Netzwerkknoten an der Forschung beteiligte Universitäten, weshalb sich das ARPANET aus einem militärisch-staatlichen Umfeld heraus, schon bald zu einem Wissensspeicher und schließlich zu einem Ressourcenverteiler entwickelte. Mit dieser Öffnung des Netzwerks für neue Aufgaben und Bereiche vergrößerte sich die Gefahr von Angriffen aus der Netzwerkumgebung, da es sich nicht länger um einen überschaubaren Benutzerkreis handelte.

Es etablierten sich weitere Netzwerke, die in diesen Verbund einbezogen werden sollten, um die Reichweite zu erhöhen und um die Vorteile der unterschiedlichen Netzwerkstrukturen nutzbar machen zu können. Bislang fehlten für die Datenübertragungswege jedoch gemeinsame „Schnittstellen" und auch für die verschiedenen Dateiformate gab es keine einheitliche Standardisierung. Behoben wurde dieses Kompatibilitätsproblem schließlich durch ein Protokoll mit verbindlichen Vorgaben für einen einheitlichen Datentransport, das den Transport in einheitlichen „Kapseln" vorsah, so dass die darin übermittelten Datenpakete ihr ursprüngliches Format beibehalten konnten. Für die Übertragung wurden die Informationen in kleine Datenpakete zerlegt und getrennt voneinander übermittelt. Entsprechend der neu eingeführten End-to-End-Struktur wurden diese Datenpakete erst am Zielort wieder zusammengesetzt und sichtbar gemacht. Die grundlegende *Funktionsweise* des TCP/IP-Protokolls – des Internets – war gefunden. Übermittelt werden sollten die Datenpakete dabei stets auf dem schnellsten, nicht jedoch zwingend auf dem kürzesten Weg, was den Versand über internationale Datenverbindungen einschloss und damit die Grundlage für den globalen Datenverkehr bildete.

Diese Funktionsweise prägt bis heute die (missbräuchliche) Nutzung des Internets. Auf der Ebene der technischen Infrastruktur erleichtern insbesondere der offene Zugang zum Internet, die fehlenden Kontrollinstrumente innerhalb der dezentralen Netzwerkarchitektur sowie Anonymisierungs- und Verschlüsselungsdienste die Tatbegehung. Die Attraktivität onlinebasierter Missbrauchsformen stieg mit der Reichweite der Netzwerke. Diese erweiterten nicht nur den potentiellen Opferkreis, sondern auch den Umfang der abrufbaren Datenbestände mit der zunehmenden Verflechtung wichtiger sozialer, wirtschaftlicher und technischer Netzwerke. Das Internet entwickelte sich zum Kommunikations- und Massenmedium und damit auch zu einer wichtigen Informationsquelle für kriminelle Zwecke. Ihre Umsetzung wurde wiederum durch die Automatisierung der ablaufenden Prozesse, die Beschleunigung der Datenübertragung und die offerierten Zugriffsmöglichkeiten auf vernetzte Ressourcen erleichtert. Die hierdurch erzielte internationale Dimension machte nicht nur Taterfolge jenseits des Begehungsortes möglich, sondern erschwerte zugleich die grenzüberschreitende Strafverfolgung. Die hierdurch ausgelösten Debatten im europäischen Raum entwickelten sich zu direkten Impulsgebern für die anschließende Reform des nationalen Computerstrafrechts und prägten ihren Inhalt nachhaltig.

D) Völker- und europarechtliche Angleichungsbemühungen

Neben der Analyse der technischen Ausgangsbedingungen als logische Voraussetzung für ihre Verwendung und zugleich prägendem Element ihrer Nutzungs- und Funktionsweise wurde der zweite Schwerpunkt der Arbeit deshalb auf die Erörterung der völker- und europarechtlichen Angleichungsbemühungen gesetzt.

In diesem Rahmen konnte eine Wechselwirkung zwischen den strukturellen Veränderungen im europäischen Raum unter Einbezug verschiedener Rechtsebenen und beteiligter Interessenvertretern einerseits und ihrer divergierenden Regelungsgehalte sowie Bindungswirkungen andererseits festgestellt und herausgearbeitet werden. Ausgehend von ihrer Entstehung, der sie begleitenden Regulierungsdebatten und ihrer endgültigen Ausgestaltung wurde ihr Einfluss auf das nationale Computerstrafrecht untersucht. Als gemeinsamen Ausgangspunkt für die Angleichung wählten alle Regulierungsinstrumente die Convention on Cybercrime des Europarates. Die Regelungsbreite und Regelungstiefe nahm jedoch im Verlaufe der Europäisierung zu und bildeten in ihrer Gesamtheit die normative Grundlage für die anschließende Umsetzung in innerdeutsches Recht.

I. Convention on Cybercrime des Europarates vom 23. November 2001

Parallel zum Abschluss des Gesetzgebungsverfahrens zum 2. WiKG und damit zur Kodifizierung des nationalen Computerstrafrechts wurde auf völkerrechtlicher Ebene eine Expertenkommission mit der Erstellung von Leitlinien für das künftige Vorgehen auf dem Gebiet des cybercrimes beauftragt. Diese Leitlinien bildeten die Grundlage für die Empfehlung Nr. R (89) 9 vom 13. September 1989. Da eine solche Empfehlung jedoch keine Bindungswirkung entfalten konnte und eher mit einer unverbindlichen Stellungnahme zu vergleichen war, beschloss der Lenkungsausschuss für Strafrechtsangelegenheiten sieben Jahre später, ein verbindliches Rechtsinstrument zu erarbeiten – die spätere Convention on Cybercrime. Den Schwerpunkt dieses Übereinkommens bildeten die Vorschriften zu „Straftaten gegen die Vertraulichkeit, Unversehrtheit und Verfügbarkeit von Computerdaten und -systemen".

Art. 2 CCC enthielt Vorgaben zum „rechtswidrigen Zugang". Im Unterschied zur eingeführten Computerspionage durch § 202a i.d.F. des 2. WiKG[2] stellte Art. 2 CCC das Hacking ausdrücklich unter Strafe. Der Europarat begründete diese Entscheidung mit der besonderen Gefährlichkeit der Folgewirkungen und führte im Wesentlichen drei Argumente an. Zum einen könne bereits die bloße Systempenetration hohe Wiederherstellungskosten zur Folge haben. Zudem seien alle auf dem System befindlichen Daten dem möglichen Zugriff des Hackers ausgesetzt. Ferner könne die aufgedeckte Sicherheitslücke noch

2 Alle nachfolgenden Paragraphen ohne Gesetzesangaben sind solche des StGB i.d.F. des 2. WiKG in: BGBl. I, Nr. 21 v. 23.5.1986, S. 721–729; vgl. *Vormbaum / Welp*, Strafgesetzbuch, Bd. 3, S. 252–259.

zu einem späteren Zeitpunkt vom Hacker selbst oder von einem Dritten missbraucht waren.

Die völkerrechtlichen Vorgaben gingen insoweit über die des 2. WiKG hinaus. Von der Einführung einer Versuchsstrafbarkeit nahm die Konvention jedoch ebenfalls Abstand.

Bislang nicht im nationalen Computerstrafrecht enthalten war eine Strafvorschrift zum „rechtswidrigen Abfangen" von nicht öffentlich übermittelten Computerdaten i.S.d. *Art. 3 CCC* als Pendant zum „klassischen Abhören".

Art. 4 CCC formulierte Vorgaben für den „Eingriff in Daten". Mit § 303a hatte der deutsche Gesetzgeber zwar eine Strafvorschrift zur Datenveränderung geschaffen, die den ontologischen Spezifika der betroffenen Daten gerecht werden sollte. Die aufgeführten Tathandlungen des Art. 4 CCC gingen jedoch über die Tatbestandsfassung des § 303a hinaus, denn die Konvention inkriminierte expressis verbis auch das „Beschädigen" und „Beeinträchtigen". Bei der Umsetzung dieser Vorgaben in innerdeutsches Recht war deshalb zu prüfen, ob diese Tathandlungen durch das bereits enthaltene „Verändern" und „Unbrauchbarmachen" umfasst werden.

Flankierend zum Strafrechtsschutz der Computerdaten enthielt *Art. 5 CCC* den „Eingriff in ein System". Durch das 2. WiKG ist zwar ebenfalls eine Vorschrift zur Computersabotage als § 303b inkorporiert worden. Allerdings reichten die internationalen Vorgaben über diese hinaus. Art. 5 CCC forderte u.a. die Aufnahme zweier neutraler Tathandlungen. Das „Eingeben" und „Übermitteln" von Computerdaten zur unbefugten schweren Behinderung des Betriebs eines Computersystems wurde von § 303b jedoch nicht explizit sanktioniert. Aber nicht nur die Ausgestaltung strafrechtsrelevanter Tathandlungen reichten weiter, sondern auch der Umfang der zu erfassenden tauglichen Angriffsobjekte. Im Unterschied zu § 303b erfasste Art. 5 CCC neben der „Datenverarbeitung, die für einen fremden Betrieb, ein fremdes Unternehmen oder eine Behörde von wesentlicher Bedeutung ist" außerdem private Computer- und Telekommunikationsanlagen.

Für den deutschen Gesetzgeber ergab sich damit bei § 303b sowohl hinsichtlich der Tathandlungen als auch des erfassten Schutzgutes Anpassungsbedarf.

Anlass für die meisten Diskussionen während und nach der Umsetzung in das deutsche Strafrecht bot die Vorverlagerung der Strafbarkeit durch *Art. 6 CCC* zum „Missbrauch von Vorrichtungen". Hierdurch sollten Vorbereitungshandlungen zur Verwirklichung von Taten i.S.d. Art. 2 CCC (Datenspionage) und von Taten i.S.d. Art. 5 CCC (Computersabotage) inkriminiert werden. Auf die Einführung einer entsprechenden Norm hatte der deutsche Gesetzgeber

– ähnlich wie beim sog. Hacking – zur Vermeidung einer Überkriminalisierung ausdrücklich verzichtet.

Zusammenfassend lässt sich daher feststellen, dass die Vorgaben der Konvention über die bisherigen nationalen Strafrechtsvorschriften hinausreichten. Bei ihrer Umsetzung müsste die Regelung des § 202a zur Computerspionage explizit auf die Fälle des sog. Hackings ausgedehnt werden, eine Norm für das rechtswidrige Abfangen von nichtöffentlichen Daten geschaffen, die Tathandlungen und tauglichen Angriffs- und Schutzobjekte des § 303b zur Computersabotage erweitert und die Vorbereitung der Computerspionage und -sabotage sanktioniert werden. Mit der Unterzeichnung der Konvention am 23. November 2001 ist Deutschland eine freiwillige Verpflichtung eingegangen, diesen multilateralen völkerrechtlichen Vertrag in innerdeutsches Recht umzusetzen. Die Umsetzung sollte sich mangels verbindlicher Fristsetzung jedoch noch verzögen.

II. Der Rahmenbeschluss 2005/222/JI des Rates vom 24. Februar 2005

Auch die Europäische Union widmete sich der strafrechtlichen Erfassung neuer technischer Phänomene auf dem Gebiet der Computer- und Internetkriminalität. Am 19. April 2002 und damit kein halbes Jahr nach der Unterzeichnung der Convention on Cybercrime legte die Kommission einen eigenen Vorschlag für einen Rahmenbeschluss des Rates zu Angriffen auf Informationssysteme vor, da die Europäische Union der Konvention in ihrer Gesamtheit nicht beitreten konnte. Die Umsetzungspflicht traf damit ausschließlich die unterzeichnenden Vertragsstaaten, weshalb sich die Kommission für einen eigenen Lösungsansatz entschied.

Sowohl die Konvention als auch der Rahmenbeschluss sahen zwingend die Sanktion der Computerspionage vor, allerdings beließen sie dem nationalen Gesetzgeber bei der Ausgestaltung unterschiedlich großen Gestaltungsspielraum. Während die Strafbarkeit im Übereinkommen gem. Art. 2 S. 2 CCC von drei zusätzlichen Tatbestandsvoraussetzungen abhängig gemacht werden konnte – der Verletzung von Sicherheitsmaßnahmen, dem Vorliegen einer unredlichen Absicht und der Vernetzung des betreffenden Computers – sah der Rahmenbeschluss lediglich zwei mögliche Einschränkungen vor. Gemäß *Art. 2 Abs. 2 des RB* zum „rechtswidrigen Zugang zu Informationssystemen" durfte die Strafbarkeit ebenfalls vom Vorliegen einer Verletzung von Sicherheitsmaßnahmen abhängig gemacht werden. Außerdem seien lediglich „leichte Fälle" von der Strafbarkeit auszunehmen. Diese zweite Einschränkung fand in nahezu allen hier relevanten Vorschriften Aufnahme, um eine Überkriminalisierung zu vermeiden. Eine Konkretisierung, was hierunter zu verstehen sei, findet sich im Rahmenbeschluss jedoch nicht.

Art. 4 des RB sanktionierte den „rechtswidrigen Eingriff in Daten". Übereinstimmend mit dem Abkommen sollten die Tathandlungen „Beschädigen, Löschen, Verändern oder Unterdrücken" in den Tatbestand aufgenommen werden. Die Tathandlung „Beeinträchtigen" wurden im Rahmenbeschluss durch „Verstümmeln" von Daten ersetzt. Ergänzt wurde außerdem ein „Unzugänglichmachen". Ähnlich wie bereits bei Art. 2 des RB zur Computerspionage, sah Art. 4 des RB eine zwingende Ausnahme von leichten Fällen aus der Strafbarkeit vor. Die Konvention enthielt demgegenüber einen optionalen Strafbarkeitsausschluss, wenn kein schwerer Schaden eingetreten ist. Auch der Anwendungsbereich des Art. 4 des RB zur Datenveränderung ging damit über den des Übereinkommens hinaus.

Ebenfalls sanktioniert werden sollte der „rechtswidrige Systemeingriff". Anders als die Konvention, die für die Strafbarkeit das Vorliegen einer „schwere[n] Behinderung" voraussetzte, sollte nach *Art. 3 des RB* jedwede „Störung des Betriebs" genügen. Auch der Katalog möglicher Tathandlungen wurde erweitert. Dieser erfasste, in Übereinstimmung mit den bereits dargestellten Korrekturen zur Datenveränderung in Art. 2 des RB, neben den Tathandlungen des Übereinkommens („Eingeben, Übermitteln, Beschädigen, Löschen, Verändern oder Unterdrücken") statt „Beeinträchtigen" das „Verstümmeln" und zusätzlich das „Unzugänglichmachen". Anders als in der Konvention sah der Rahmenbeschluss ebenfalls eine Strafbarkeitsbeschränkung vor, die lediglich für leichte Fälle gelten sollte.

Neu eingefügt wurden in *Art. 6 des RB* Anweisungen zu den „Sanktionen". Danach waren die Fälle der Datenveränderung und Computersabotage mit einer „Freiheitsstrafe im Höchstmaß von mindestens einem bis drei Jahren" zu ahnden, beim Vorliegen von erschwerenden Umständen i.S.d. *Art. 7 des RB* „mit einem Höchstmaß von zwei bis fünf Jahren". Diese wurden gem. Art. 7 Abs. 1 des RB bei einer Tatbegehung von „kriminellen Vereinigungen" angenommen. In Absatz 2 wurde es den Mitgliedstaaten überlassen, außerdem erschwerende Umstände bei „schweren Schäden" oder bei Beeinträchtigungen von „wesentlichen Interessen" zu kodifizieren.

Resümierend orientierte sich die Ausgestaltung des Rahmenbeschlusses zwar an den Vorgaben des Übereinkommens, sein Anwendungsbereich wurde aber bewusst offener gestaltet, um eine weitergehende Sanktion zu ermöglichen. Umgekehrt hatte der Rahmenbeschluss auf die Übernahme einer Strafvorschrift zum rechtswidrigen Abfangen von Computerdaten vergleichbar zu

Art. 3 CCC und auf die Sanktion von Vorbereitungshandlungen nach dem Vorbild von Art. 6 CCC verzichtet. Für den deutschen Gesetzgeber verblieb jedoch die diesbezüglich übernommene Umsetzungspflicht aus der Konvention.

III. Die Umsetzung in nationales Strafrecht

Durch das 41. Strafrechtsänderungsgesetz vom 7. August 2007 zur Bekämpfung der Computerkriminalität sollten sowohl die Vorgaben der Convention on Cybercrime von 2001 als auch die des Rahmenbeschlusses 2005/222/JI von 2005 Umsetzung finden.[3] Der Gesetzesentwurf sah die Neuaufnahme eines § 202b n.F. über das „Abfangen von Daten" und eines § 202c n.F. über das „Vorbereiten des Ausspähens und Abfangens von Daten" vor. Der Anwendungsbereich der bereits kodifizierten Vorschriften in §§ 202a, 303a und 303b a.F. wurde erweitert.

Nachdem der deutsche Gesetzgeber bei der Kodifizierung der *Computerspionage* in *§ 202a a.F.* noch ausdrücklich auf die Inkriminierung des Hackings verzichtet hatte, verpflichteten ihn die Vorgaben in Art. 2 CCC und Art. 2 des RB zu dessen Einbezug. Der erste Absatz stellte deshalb nicht mehr auf die Datenverschaffung ab, sondern bereits auf das Zugang verschaffen zu Daten, ohne dass es auf ihre Kenntnisnahme ankommt. Trotz der damit verbundenen Ausweitung machte sich der deutsche Gesetzgeber die Argumentation zu eigen und betonte, dass diese Reform dem revidierten Willen des Gesetzgebers entspreche und dass das „eigentliche Unrecht" durch die novellierte Fassung viel besser abgebildet werden könne. Diese Auffassung wurde überwiegend geteilt, so dass sich die diesbezüglich geäußerte Kritik vornehmlich gegen den dabei gewählten Anknüpfungspunkt richtete, denn gefordert wird die Sanktion des Zugangsverschaffens zum System und nicht zu Daten. § 202a n.F. beschränkt sich jedoch weiterhin auf den Datenschutz. Der Gesetzgeber machte außerdem von der optionalen Begrenzungsmöglichkeit Gebrauch, die Strafbarkeit von einer „Überwindung der Zugangssicherung" abhängig zu machen. Die für diesen Fall des Art. 2 Abs. 2 des RB ergänzend in Art. 7 Abs. 1 des RB geforderte Einführung eines erschwerenden Umstandes bei einer Tatbestandsverwirklichung durch kriminelle Vereinigungen, fand jedoch keine Umsetzung.

Der neu eingefügte *§ 202b n.F.* resultierte aus der selbst auferlegten Bindung an die Vorgaben der Konvention in Art. 3 CCC. Darin wurde sowohl das unbefugte *Abfangen von Daten* aus einer nichtöffentlichen Datenübertragung als auch von elektromagnetischen Abstrahlungen mit einer Freiheitsstrafe von bis

---

3 Bezüglich der Convention on Cybercrime folgte außerdem das Vertragsgesetz, BGBl. II Nr. 30 v. 10.11.2008, S. 1242–1275.

zu zwei Jahren sanktioniert und damit ein Pendant zum „klassischen Abhören" geschaffen. Grundlegende Bedenken gegen die Inkriminierung des Abfangens von Daten wurden nicht erhoben.

Am stärksten in der Kritik stand die Vorfeldkriminalisierung durch *§ 202c n.F.* Dieser dehnte gem. Art. 6 CCC den erörterten Anwendungsbereich der §§ 202a, 202b auf die Vorbereitung ihrer Begehung aus. Nach Absatz 1 sollte das „Vorbereiten des Ausspähens und Abfangens von Daten" mit einer Freiheitsstrafe von bis zu einem Jahr bestraft werden. Ähnlich wie bei der Pönalisierung des Hackings schloss sich die Bundesregierung der Argumentation des Übereinkommens für die Notwendigkeit einer Normierung an. Angesichts der Selbstverpflichtung zu ihrer Umsetzung äußerten die Kritiker weniger prinzipielle Kritik an der damit verbundenen rechtsstaatlich bedenklichen Ausweitung. Im Fokus stand vielmehr der befürchtete Einbezug sog. dual-use-Werkzeuge in den Tatbestand, obwohl bereits während des Gesetzgebungsverfahrens betont wurde, dass ihre Inkriminierung durch den Normenerlass nicht intendiert sei. Eine klarstellende Korrektur des Tatbestandes unterblieb indes.

In Zusammenschau mit der Vorverlagerung der Strafbarkeit durch § 202c schienen sich bei den Kritikern nicht nur die anfänglich vorgebrachten Bedenken gegen eine Pönalisierung des Hackings zerstreut zu haben, sondern auch gegen die aus den gleichen Gründen abgelehnte Normierung einer Versuchsstrafbarkeit. Den Hauptgrund für den diesbezüglichen Meinungswechsel dürfte jedoch weniger eine gewandelte Auffassung gegenüber der Strafbedürftigkeit gebildet haben, sondern eher das Ansinnen, systematische Friktionen zu vermeiden. Die Novellierung des Computerstrafrechts hätte nämlich insoweit zu einem inkonsistenten Ergebnis geführt, als Vorbereitungshandlungen nach § 202c sanktioniert würden, nicht jedoch die versuchte Begehung, auch wenn diese gesetzgeberische Entscheidung im Einklang mit den europäischen Vorgaben stand.

Die Tatbestandsfassung des *§ 303a a.F.* zur *Datenveränderung* blieb unverändert. Allerdings wurde über den eingefügten dritten Absatz künftig § 202c n.F. entsprechend anwendbar.

Aus Art. 5 CCC und aus Art. 3 des RB ergab sich weiterer Umsetzungsbedarf für die kodifizierte *Computersabotage* in *§ 303b a.F.* Der frühere erste Absatz mit einer Schutzbereichsbegrenzung auf Datenverarbeitungsanlagen in fremden Betrieben, Unternehmen und Behörden wurde unverändert – nunmehr als Qualifikation – als zweiter Absatz eingefügt und weiterhin mit bis zu fünf Jahren Freiheitsstrafe sanktioniert. Die damit ebenfalls aufrechterhaltene Tatbestandsbegrenzung einer betroffenen Datenverarbeitung „von wesentlicher

Bedeutung“ wurde von der Kommission jedoch als „Sonderweg“ kritisiert. Der Bezugspunkt sei falsch gewählt worden. Es käme für die Bewertung der Tat auf den Schweregrad der Störung an und nicht auf die Bedeutung der Technik als solcher. Die besonders schweren Fälle wurden gemäß dem hinzugefügten vierten Absatz mit sechs Monaten bis zu zehn Jahren Freiheitsstrafe geahndet. Der neu eingefügte erste Absatz erfuhr gegenüber dem früheren ersten Absatz insoweit eine Ausweitung, als dessen Anwendungsbereich nun auch auf den privaten Bereich ausgedehnt wurde, um der ubiquitären Technikverwendung Rechnung zu tragen. Dieser enthielt gegenüber dem nunmehr dritten Absatz einen reduzierten Strafrahmen von bis zu drei Jahren Freiheitsstrafe. Ergänzend wurde außerdem eine neue Nummer 2 eingefügt, die die Dateneingabe und -übermittlung sanktioniert, sofern diese mit Nachteilszufügungsabsicht ausgeführt wurde. Diese Schutzbereichsöffnung wurde von dem ergänzten Erfordernis einer „erheblichen“ Störung begrenzt. Auf die Vorbereitung einer Tat nach diesem ersten Absatz fand über den beigefügten fünften Absatz § 202c entsprechend Anwendung.

Im Fokus der Kritik zum reformierten § 303b standen verbliebene Unsicherheiten über die Anwendbarkeit des § 303b Abs. 1 Nr. 2-E auf onlinebasierte Massenproteste. Bereits während des Gesetzgebungsverfahrens war dies vom Rechtsausschuss ausdrücklich verneint worden.

Zusammenfassend lässt sich feststellen, dass sich die Auffassungen über die erforderliche Reichweite des Strafrechtsschutzes zwischen den völker- und europarechtlichen Vorgaben einerseits und dem gesetzgeberischen Willen zum Erlasszeitpunkt des Computerstrafrechts durch das 2. WiKG von 1986 andererseits zum Teil stark voneinander unterschieden. Dennoch handelte es sich bei der Anpassung des nationalen Strafrechts an die fortschreitende Vernetzung und der aus ihr hervorgegangen devianten Verhaltensweisen keinesfalls um eine oktroyierte Umsetzung fremdbestimmter internationaler Vorgaben. Auch in Ansehung der damit verbundenen Ausweitung bereits bestehender Strafvorschriften und der Normierung ergänzender Tatbestände wurde während des Gesetzgebungsverfahrens mehrfach betont, dass nicht nur die verfolgte Zielsetzung, sondern auch der Regelungsumfang vom revidierten Willen des Gesetzgebers getragen wird. Auch die dem Gesetz entgegengebrachte Kritik war weniger prinzipieller Natur.

IV. Richtlinie 2013/40/EU vom 12. August 2013 und ihre Umsetzung

Den entscheidenden Anstoß für die Erarbeitung der Richtlinie zur „effektiven Bekämpfung von Angriffen auf Informationssysteme durch die Angleichung von Strafrechtsvorschriften“ bildete in *formaler* Hinsicht die Aufhebung des Rahmenbeschlusses 2005/222/JI von 2005 und in *technisch-phänomenologischer* Hinsicht die zunehmende Verbreitung von Botnetzen sowie die Gefährdung kritischer Infrastrukturen. Die Richtlinie vereinte die Vorschriften des Rahmenbeschlusses und die der Convention on Cybercrime auf dem Gebiet der CIA-Delikte und passte diese unter Berücksichtigung der technisch-kriminogenen Weiterentwicklung insbesondere auf der *Rechtsfolgenebene* an.

Dabei bildete die sog. Mindesttrias den Ausgangspunkt für alle drei Regulierungsbestimmungen. Während sich die Convention on Cybercrime auf das Erfordernis wirksamer, verhältnismäßiger und abschreckender Sanktionen beschränkte, ging der Rahmenbeschluss über diesen pauschalen Verweis in Art. 6 Abs. 1 des RB hinaus. Art. 6 Abs. 2 des RB forderte die Einführung eines Strafrahmens von mindestens einem bis zu drei Jahren Freiheitsstrafe im Höchstmaß für den „rechtswidrigen Systemeingriff" gem. Art. 3 des RB und den „rechtswidrigen Eingriff in Daten" gem. Art. 4 des RB. Die Richtlinie enthielt in Art. 9 Abs. 1 der RL ebenfalls die zu wahrende Mindesttrias. Absatz 2 dehnte das darin festgeschriebene Höchstmaß von mindestens zwei Jahren für nicht lediglich leichte Fälle auf alle zu kodifizierenden Tatbestände aus.

Der Strafrahmen des § 202a Abs. 1 i.d.F. des 41. StrafRÄndG[4] zur Computerspionage und des § 202b zum Abfangen von Daten sah eine Freiheitsstrafe von bis zu drei Jahren vor und erfüllte damit bereits die Richtlinienvorgaben des Art. 9 Abs. 2 der RL. Anders verhielt es sich mit § 202c Abs. 1, der für das Vorbereiten dieser beiden Tatbestände lediglich eine Freiheitsstrafe von bis zu einem Jahr enthielt und damit zwar mit den Vorgaben der Konvention und denen des Rahmenbeschlusses vereinbar war, nicht jedoch mit Art. 9 Abs. 2 der RL.

Das in Art. 6 Abs. 2 des RB für die Datenveränderung und die Computersabotage geforderte Höchstmaß von mindestens einem bis zu drei Jahren Freiheitsstrafe und das gem. Art. 9 Abs. 2 der RL geforderte Höchstmaß von mindestens zwei Jahren wurde durch §§ 303a, 303b erfüllt. § 303a Abs. 1 drohte für die Datenveränderung eine Freiheitsstrafe von bis zu zwei Jahren Freiheitsstrafe an. Die Computersabotage wurde gem. § 303b Abs. 1 Nr. 3 mit bis zu drei Jahren Freiheitsstrafe bestraft.

Bezüglich der Grundtatbestände ergab sich damit lediglich ein Anpassungsbedarf bei § 202c, dessen Strafrahmen von bis zu einem Jahr Freiheitsstrafe auf bis zu zwei Jahre Freiheitsstrafe heraufzusetzen war. Eine solche vorgabengetreue Novellierung hat allerdings auch zur Folge, dass sich der Strafrahmen für

---

4 Alle nachfolgenden Paragraphen ohne Gesetzesangaben sind solche des StGB i.d.F. des 41. StrafRÄndG in: BGBl. I Nr. 38 v. 10.8.2007, S. 1786f.

das vollendete Abfangen von Daten gem. § 202b und der vollendeten Datenveränderung gem. § 303a Abs. 1 nicht mehr von der lediglich vorbereitenden Tat in § 202c Abs. 1 unterscheidet.

Ergänzend enthielten sowohl der Rahmenbeschluss als auch die Richtlinie ein erhöhtes Strafmaß für die Fälle, denen ein gesteigerter Unwertgehalt zugeschrieben wurde. Die Vorgaben zu „erschwerenden Umständen" in Art. 7 Abs. 1 des RB beschränkten sich auf die Tatbestandsverwirklichung der Computerspionage nach Art. 2 Abs. 2 des RB, der Computersabotage nach Art. 3 des RB und der Datenveränderung gem. Art. 4 des RB durch kriminelle Vereinigungen, die mit einer obligatorischen Freiheitsstrafe von zwei bis zu fünf Jahren Freiheitsstrafe im Höchstmaß zu ahnden sind.

Eine entsprechende Regelung zur Computerspionage in § 202a fehlte indes bislang. Lediglich § 303b enthielt seit dem 41. Strafrechtsänderungsgesetz von 2007 Regelbeispiele für erschwerende Umstände in seinem vierten Absatz. Dieser umfasste in Nr. 2 auch die gewerbs- und bandenmäßige Begehung mit einem Strafrahmen von sechs Monaten bis zu zehn Jahren Freiheitsstrafe. Insofern ergab sich ein fortbestehender Umsetzungsbedarf aus dem Rahmenbeschluss hinsichtlich der Begehung einer Computerspionage durch eine kriminelle Vereinigung gem. Art. 2 Abs. 2 des RB i.V.m. Art. 7 Abs. 1 des RB, vgl. Art. 15 der RL.

Fakultativ konnte gem. Art. 7 Abs. 2 des RB außerdem der Eintritt eines schweren Schadens und die Beeinträchtigung wesentlicher Interessen als erschwerender Umstand nach dem Vorbild des ersten Absatzes ausgestaltet werden. Strenger erwiesen sich die Vorgaben der Richtlinie. Durch Art. 9 Abs. 3 der RL wurde das Höchstmaß auf mindestens drei Jahre für die Fälle des „rechtswidrigen Systemeingriffs" gem. Art. 4 der RL und die des „rechtswidrigen Eingriffs in Daten" gem. Art. 5 der RL auf mindestens drei Jahre angehoben, wenn die Tatbestandsverwirklichung vorsätzlich erfolgt ist, hiervon eine „beträchtliche Anzahl von Informationssystemen" betroffen war und Tatwerkzeuge i.S.d. Art. 7 der RL verwendet worden sind. Art. 9 Abs. 4 der RL ordnet demgegenüber ein obligatorisches Höchstmaß von mindestens fünf Jahren Freiheitsstrafe für die Verwirklichung der Computersabotage und Datenveränderung an, wenn diese von einer kriminellen Vereinigung begangen wurde (lit.a), einen schweren Schaden verursacht hat oder gegen eine kritische Infrastruktur gerichtet war (lit.b). Für die Computerspionage war im Unterschied zum Rahmenbeschluss hingegen kein Erschwernisgrund vorgesehen. Neu eingefügt wurde – ebenfalls obligatorisch – der Missbrauch personenbezogener Daten zur Schädigung des Identitätseigentümers in Art. 9 Abs. 5 der RL.

Der Strafrahmen des § 303b Abs. 4 S. 2 Nr. 2 – der die Begehung durch kriminelle Vereinigungen sanktionierte – erfüllte mit dem erhöhten Strafmaß bereits die Vorgaben des Rahmenbeschlusses und die der Richtlinie. Der erhöhte Unwertgehalt bei „schweren Schäden" gem. Art. 9 lit.b der RL war in § 303b Abs. 4 S. 2 Nr. 2 ebenfalls bereits enthalten. Auch Angriffe gegen „kritische Infrastrukturen" konnten als von § 303b Abs. 4 S. 2 Nr. 3 umfasst betrachtet werden. Die Aufnahme des Art. 9 Abs. 5 der RL bezüglich der „missbräuchlichen Verwendung personenbezogener Daten zum Nachteil des Identitätseigentümers" fehlte jedoch ebenso wie die erschwerend zu berücksichtigende Betroffenheit einer „beträchtlichen Anzahl von Informationssystemen" in Art. 9 Abs. 3 der RL. Ob die nicht abschließende Ausgestaltung des § 303b Abs. 4 in der Regelbeispielstechnik die fehlende explizite Aufnahme dieser beiden Fallgruppen in den Wortlaut der Vorschrift ersetzen kann, scheint fraglich. Umsetzungsbedarf auf der Rechtsfolgenebene ergab sich damit jedenfalls bezüglich des Strafrahmens in § 202c gem. Art. 9 Abs. 2 der RL.

Auch auf *Tatbestandsseite* führte die Richtlinie die Vorschriften der Convention on Cybercrime und des Rahmenbeschlusses zusammen und modifizierte ihre Voraussetzungen.

Art. 3 der RL begrenzte den Tatbestand des „rechtswidrigen Zugangs zu Informationen" nach dem Vorbild des Art. 2 CCC und Art. 2 Abs. 2 des RB durch das zwingende Erfordernis der – zuvor noch optional ausgestalteten – „Zugangsüberwindung". Diese wurde in § 202a Abs. 1 jedoch bereits vorausgesetzt.

Die Vorschriften zum „rechtswidrigem Systemeingriff" in Art. 4 der RL und zum „rechtswidrigen Eingriff in Daten" in Art. 5 der RL beschränkten sich gegenüber Art. 3 und 4 des RB auf geringfügige Wortlautkorrekturen, aus denen für den deutschen Gesetzgeber ebenfalls kein Umsetzungsbedarf resultierte.

Im Unterschied zum Rahmenbeschluss normierte die Richtlinie Vorschriften zum „Abfangen von Daten" als Art. 6 der RL und zu „Tatwerkzeugen" als Art. 7 der RL. Sie nahm dabei ausdrücklich Bezug auf Art. 3 und 6 CCC. Die in Art. 3 S. 2 CCC für zulässig erklärte Begrenzung des Anwendungsbereichs auf solche Straftaten, die in unredlicher Absicht begangen worden sind oder im Zusammenhang mit einem vernetzten Computersystem, übernahm Art. 6 der RL jedoch nicht und beschränkte die Anwendbarkeit pauschal auf nicht lediglich leichte Fälle. Von den Begrenzungsmöglichkeiten der Konvention hatte das 41. Strafrechtsänderungsgesetz keinen Gebrauch gemacht, so dass die Tatbestandsfassung des § 202b den Richtlinienvorgaben bereits entsprach.

Art. 7 der RL verzichtete im Unterschied zu Art. 6 Abs. 1 lit.b CCC auf die Inkriminierung des bloßen Besitzes, gestaltete dafür aber den ersten Absatz als zwingend aus, im Unterschied zu Art. 6 Abs. 3 CCC.

Die Tathandlungen des § 202c Abs. 1: „herstellt, sich oder einem anderen verschafft, verkauft, einem anderen überlässt, verbreitet oder sonst zugänglich macht“ unterschieden sich von der Fassung der Richtlinie: „Herstellen, Verkaufen, Beschaffen zwecks Gebrauch, Einführen und Verbreiten oder anderweitig Verfügbarmachen“. Ihr Wesenskern dürfte durch die sich bewusst überschneidenden Tathandlungen allerdings erfasst sein.

Zusammenfassend lässt sich daher feststellen, dass sich der unmittelbar aus der Richtlinie resultierende Umsetzungsbedarf auf eine vorzunehmende Strafrahmenerhöhung bei § 202c Abs. 1 beschränkte. Der Strafrahmen wurde richtliniengemäß durch das Korruptionsbekämpfungsgesetz von 2015 angepasst und damit verdoppelt. Hierdurch fanden die aktuellen Reformdiskussionen allerdings nur ihren vorläufigen Abschluss. Nachdem die Pönalisierung der CIA-Delikte mit dem ebenfalls 2015 eingeführten § 202d zur Datenhehlerei bereits auf das Nachtatverhalten ausgedehnt wurde, verstärkten sich auch die Bemühungen um eine Ausweitung in den Vorfeldbereich durch die Einführung eines § 202e-E zum digitalen Hausfriedensbruch.

E) Abschließende Würdigung

Die Fortbildung des Computerstrafrechts lässt sich ausgehend von den aufgezeigten Erkenntnissen, als ein vernetztes *Spannungsverhältnis* zwischen der *dynamischen Technikentwicklung* einerseits und der *relativen Statik des Rechts* andererseits beschreiben. Zur Explikation dieses Geflechts wurden die technischen Spezifika der neuartigen Kriminalitätsform herausgearbeitet und ihre Impulswirkung auf die Gesetzgebungsgeschichte erörtert.

Die untersuchten Thesen zur wachsenden Abhängigkeit von der Technisierung und die dadurch bedingte Anfälligkeit der anfänglich mechanischen später automatisierten Abläufe, ihrer Einflussnahme auf den sich wandelnden Täterkreis und den sich damit vollziehenden Einstellungswandel gegenüber der verwendeten Computer- und Netzwerktechnik fanden sich bestätigt. Sie verstärkten das Bedürfnis nach einer präventiven Einflussnahme, um möglichst bereits im Vorfeld die Entstehung neuer Kriminalitätsformen verhindern zu können. Techniknahes Recht ist jedoch zumeist reaktives Recht, was gelegentlich als „Hinterherhinken“ des Gesetzgebers kritisiert wird. Für den präventiven Bereich mag dies Geltung beanspruchen. Bezüglich repressiver Regelungsansätze ist hingegen Vorsicht geboten, da eine pauschale Inkriminierung aller künftigen strafrechtsrelevanten Verhaltensweisen weder möglich noch erstrebenswert ist. Zu groß wäre die Gefahr einer Überkriminalisierung. Balancierend zwischen neuartigen ambivalenten Nutzungsmöglichkeiten und begrenzender Strafrechtswissenschaft suchte der Gesetzgeber vermeintliche Strafbarkeitslücken gleichwohl mit technikneutralen Strafrechtsvorschriften zu begegnen, um die fortdauernde Anwendbarkeit bestehenden Rechts zu gewährleisten. Dies schmälert jedoch nicht die Bedeutung der Technikgeschichte für den Reformprozess. Sie war gleichermaßen Anlass(er) und Motor für die legislatorische Entwicklung des Computer- und Internetstrafrechts wie die Entwicklung der Automobilindustrie für das Straßenverkehrsstrafrecht.

Nachdem das fragmentarische Strafrecht in der modernen Zeitgeschichte bereits eine kontinuierliche Ausweitung vom Rechtsschutz über den Rechtsgüterschutz bis hin zum Risikostrafrecht erfahren hatte, stellten die zentralen Angriffsziele dieser neuartigen kriminogenen Verhaltensweisen den Gesetzgeber – in Form von Daten, Datenverarbeitungsanlagen und onlinebasierten Übertragungswege – vor eine neue Herausforderung. Zunehmend diskutiert wurde ein Strafrechtsschutz, der über die klassischen Rechtsgüter – wie die Unversehrtheit körperlicher Gegenstände und den Vermögensschutz – hinausgehen sollte. Die aufgezeigten Novellierungsbestrebungen im Vorfeld des Zweiten Gesetzes zur Bekämpfung der Wirtschaftskriminalität von 1986 haben gezeigt, dass es sich hierbei um kein Novum handelte. Ihre Regulierung reiht sich vielmehr in die Reihe der sich öffnenden Normenkataloge ein. Schon der kodifizierte Elektrizitätsdiebstahl in § 248c[5] schützt mit der Verfügungsbefugnis über die elektrische Energie[6] ein immaterielles Schutzgut, nachdem das Reichsgericht der Energie die Sacheigenschaft abgesprochen hatte.[7] Auch Computerdaten fanden zuvor bereits in Datenschutzgesetzen und im parallel novellierten Urheberrecht Aufnahme. Der zunächst intendierte Schutz vor den mittelbaren wirtschaftlichen Folgen missbräuchlich verwendeter Rechentechnik wandelte sich während des langandauernden Gesetzgebungsprozesses zum 2. WiKG und orientierte sich zunehmend an den unmittelbar betroffenen Tatobjekten. Die damit einhergehende „Dematerialisierung" ließ die rechtsgutsbezogenen Grenzen des Strafrechts verschwimmen. Der Schutz von Computerdaten durch und

---

5 RGBl. I Nr. 15 v. 23.4.1990 S. 228–229, § 1f.

6 *Hohmann*, MüKo StGB Bd. 4, § 248c, Rn 1; *Fischer*, § 248c, Rn 1; *Brodowski*, ZJS 2010, 144, 145.

7 RG v. 20.10.1896, Rep. 2069/96 in: RGSt 29, 111, 114f.; RG v. 1.5.1899, Rep. 739/99 in: RGSt 32, 165, 185ff. Vertiefend: *Schumann*, Technischer Fortschritt in: Kuhli / Asholt, S. 59ff.

jenseits des 2. WiKG liegt damit auf der Linie der expansiven Strafrechtsgesetzgebung, die durch einen stärkeren Einbezug der sie verarbeitenden Anlagen in den Strafrechtsschutz flankiert wurde. Die Integrität, Vertraulichkeit und Verfügbarkeit von Daten und der sie verarbeitenden Anlagen geriet zunehmend in den Fokus legislatorischer Anpassungsbemühungen.

Mit der wachsenden technischen Reichweite durch die Vernetzung bestehender Rechnerstrukturen, verlagerte sich auch die Reformdiskussion stärker in den internationalen Raum und führte zur Herausbildung eines zweiten zentralen Einflussfaktors – die internationalen Harmonisierungsbestrebungen. Anders als bei der Normierung des nationalen Computerstrafrechts beschränkten sich diese nicht auf ein konstituierendes Moment. Die Angleichungsbemühungen vollzogen sich wellenartig und spiegelten darin nicht nur den technischen Fortschritt (il)legitimer Nutzungsmöglichkeiten wider, sondern auch die strukturellen Veränderungen auf Europaebene sowie ihren wachsenden Einfluss auf die Regelungsweite und -intensität auf dem Gebiet des Strafrechts im Allgemeinen wie auch auf dem Gebiet des cybercrimes im Besonderen. Ihre inhaltliche Ausgestaltung orientierte sich an den völkerrechtlichen Vorgaben der Convention on Cybercrime. Dieses multilaterale Übereinkommen verkörpert deshalb nicht nur den ersten internationalen Konsens auf dem Gebiet des cybercrimes, sondern bildete zugleich den zentralen Bezugspunkt für die inhaltliche Ausgestaltung und Fortentwicklung der stärker bindenden europäischen Vorgaben.

Mit zunehmender Regelungsdichte von zunächst unverbindlichen Stellungnahmen über konkretisierende Empfehlungen, den Rahmenbeschluss und die Richtlinie, wuchsen auch die Regelungsintensität und die Bindung des deutschen Gesetzgebers. Seiner Umsetzungsverpflichtung suchte dieser durch das 41. Strafrechtsänderungsgesetz von 2007 beizukommen. 2015 folgte mit dem Korruptionsbekämpfungsgesetz eine Strafrahmenkorrektur bei § 202c und mit dem Gesetz zur Einführung einer Speicherpflicht die Inkriminierung der Datenhehlerei durch § 202d. Der aktuellste Gesetzesentwurf zur Einführung eines § 202e-E zur verschärften Sanktion des digitalen Hausfriedensbruchs hat angesichts seines expansiven Regelungsgehalts erfreulicherweise bislang keinen erfolgreichen Abschluss gefunden.

ANHANG

Quellenverzeichnis

1 Bundesrat

1.1 Bundesratsdrucksachen (BR-Drs.)

1.1.1 BR-Drs. 219/82 v. 4.6.1982: Gesetzentwurf der Bundesregierung zum 2. WiKG, S. 1–54.

1.1.2 BR-Drs. 219/1/82 v. 5.7.1982: Empfehlungen der Ausschüsse zu BR-Drs. 219/82 v. 4.6.1982, S. 1–17.

1.1.3 BR-Drs. 150/83 v. 8.4.1983: Gesetzentwurf der Bundesregierung zum 2. WiKG, S. 1.

1.1.4 BR-Drs. 150/83 (Beschluss) v. 29.4.1983: Stellungnahme des Bundesrates zu BR-Drs. 150/83 v. 8.4.1983, S. 1.

1.1.5 BR-Drs. 215/83 v. 13.5.1983: Gesetzesantrag des Landes Hessen zum Entwurf eines Gesetzes zur Bekämpfung der Wirtschaftskriminalität, S. 1–16.

1.1.6 BR-Drs. 215/1/83 v. 20.6.1983: Empfehlungen der Ausschüsse zu BR-Drs. 215/83 v. 13.5.1983, S. 1–10.

1.1.7 BR-Drs. 215/2/83 v. 30.6.1983: Antrag der Freien und Hansestadt Hamburg zum Entwurf eines Gesetzes zur Bekämpfung der Wirtschaftskriminalität, S. 1f.

1.1.8 BR-Drs. 215/3/83 v. 30.6.1983: Antrag der Freien und Hansestadt Hamburg zum Entwurf eines Gesetzes zur Bekämpfung der Wirtschaftskriminalität, S. 1f.

1.1.9 BR-Drs. 215/4/83 v. 30.6.1983: Antrag der Freien und Hansestadt Hamburg zum Entwurf eines Gesetzes zur Bekämpfung der Wirtschaftskriminalität, S. 1f.

1.1.10 BR-Drs. 155/86 v. 28.3.1986: Gesetzesbeschluß des Deutschen Bundestages zum 2. WiKG, S. 1.

1.1.11 BR-Drs. 155/1/86 v. 7.4.1986: Empfehlungen der Ausschüsse zum 2. WiKG, S. 1–4.

1.1.12 BR-Drs. 155/2/86 v. 16.4.1986: Antrag der Länder Hessen, Nordrhein-Westfalen und Saarland zum 2. WiKG, S. 1–12.

1.1.13 BR-Drs. 895/05 v. 14.12.2005: Unterrichtung durch die Bundesregierung. Mitteilung der Kommission der Europäischen Gemein-

https://doi.org/10.1515/9783110623031-014

schaften an das Europäische Parlament und den Rat über die Folgen des Urteils des Gerichtshofs v. 13.9.2005 (Rechtssache C-176/03), S. 1–10.

1.1.14 BR-Drs. 895/05 (Beschluss) v. 10.2.2006: Mitteilung der Kommission der Europäischen Gemeinschaften an das Europäische Parlament und den Rat über die Folgen des Urteils des Gerichtshofs v. 13.9.2005 (Rechtssache C-176/03), S. 1–4.

1.1.15 BR-Drs. 676/06 v. 22.9.2006: Gesetzentwurf der Bundesregierung für ein Entwurf eines StrÄndG, S. 1–29.

1.1.16 BR-Drs. 676/1/06 v. 20.10.2006: Empfehlungen der Ausschüsse zum Entwurf eines StrÄndG, S. 1–6.

1.1.17 BR-Drs. 676/06 (Beschluss) v. 3.11.2006: Stellungnahme des Bundesrates zum Entwurf eines StrÄndG, S. 1–4.

1.1.18 BR-Drs. 389/07 v. 15.6.2007: Gesetzesbeschluss des Deutschen Bundestages zum Strafrechtsänderungsgesetz zur Bekämpfung der Computerkriminalität, S. 1.

1.1.19 BR-Drs. 666/07 v. 28.9.2007: Gesetzentwurf der Bundesregierung für ein Gesetz zum Übereinkommen des Europarats v. 23.11.2001 über Computerkriminalität, S. 1–102.

1.1.20 BR-Drs. 284/13 v. 16.4.2013: Gesetzesantrag des Landes Hessen zum Entwurf eines Gesetzes zur Strafbarkeit der Datenhehlerei, S. 1–27.

1.1.21 BR-Drs. 284/13 (Beschluss) v. 7.6.2013: Gesetzentwurf des Bundesrates für ein Gesetz zur Strafbarkeit der Datenhehlerei, S. 1–31.

1.1.22 BR-Drs. 70/1/14 v. 13.3.2014: Antrag der Länder Bayern, Rheinland-Pfalz zum Entwurf eines Gesetzes zur Strafbarkeit der Datenhehlerei – Antrag des Landes Hessen, S. 1.

1.1.23 BR-Drs. 70/14 (Beschluss) v. 14.3.2014: Beschluss des Bundesrates zum Entwurf eines Gesetzes zur Strafbarkeit der Datenhehlerei, S. 1.

1.1.24 BR-Drs. 25/15 v. 23.1.2015: Gesetzentwurf der Bundesregierung für ein Gesetz zur Bekämpfung der Korruption, S. 1–36.

1.1.25 BR-Drs. 25/1/15 v. 20.2.2015: Empfehlungen der Ausschüsse zu BR-Drs. 25/15 v. 23.1.2015, S. 1–2.

1.1.26 BR-Drs. 25/15 (Beschluss) v. 6.3.2015: Stellungnahme des Bundesrates zu BR-Drs. 25/15 v. 23.1.2015, S. 1–2.

1.1.27 BT-Drs. 18/4350 v. 18.3.2015: Gesetzentwurf der Bundesregierung für ein Gesetz zur Bekämpfung der Korruption, S. 1–32.

1.1.28 BR-Drs. 249/15 v. 28.5.2015: Gesetzentwurf der Bundesregierung für ein Gesetzes zur Einführung einer Speicherpflicht und einer Höchstspeicherfrist für Verkehrsdaten, S. 1–72.

1.1.29 BR-Drs. 468/15 (neu) v. 16.10.2015: Gesetzesbeschluss des Deutschen Bundestages zum Gesetz zur Bekämpfung der Korruption, S. 1–3.

1.1.30 BR-Drs. 336/16 v. 17.6.2016: Gesetzesantrag des Landes Hessen zum Entwurf eines Strafrechtsänderungsgesetzes – Strafbarkeit der unbefugten Benutzung informationstechnischer Systeme – Digitaler Hausfriedensbruch, S. 1–6.

1.1.31 BR-Drs. 336/1/16 v. 9.9.2016: Empfehlungen der Ausschüsse zu BR-Drs. 336/16 v. 17.6.2016, S. 1.

1.1.32 BR-Drs. 338/16 (Beschluss) v. 23.9.2016: Gesetzentwurf des Bundesrates zu BR-Drs. 336/16 v. 17.6.2016, S. 1–29.

1.1.33 BR-Drs. 64/17 v. 27.1.2017: Gesetzentwurf der Bundesregierung für ein Gesetz zur Umsetzung der Richtlinie (EU) 2016/1148 des Europäischen Parlaments und des Rates v. 6.7.2016 über Maßnahmen zur Gewährleistung eines hohen gemeinsamen Sicherheitsniveaus von Netz- und Informationssystemen in der Union, S. 1–67.

1.1.34 BR-Drs. 64/1/17 v. 28.2.2017: Empfehlungen der Ausschüsse zu BR-Drs. 64/17 v. 27.1.2017, S. 1–6.

1.1.35 BR-Drs. 64/17 (Beschluss) v. 10.3.2017: Stellungnahme des Bundesrates zu BR-Drs. 64/17 v. 27.1.2017, S. 1–5.

1.1.36 BR-Drs. 335/17 v. 28.4.2017: Gesetzesbeschluss des Deutschen Bundestages zu BR-Drs. 64/17 v. 27.1.2017, S. 1–3.

1.2 Stenographische Berichte des Bundesrates

1.2.1 BR, stenograph. Bericht, 514. Sitzung v. 16.7.1982, S. 294A–294B.

1.2.2 BR, stenograph. Bericht, 521. Sitzung v. 29.4.1983, S. 111C.

1.2.3 BR, stenograph. Bericht, 819. Sitzung v. 10.2.2006, S. 2A; 33A.

1.2.4 BR, stenograph. Bericht, 827. Sitzung v. 3.11.2006, S. 347A–347B.

1.2.5 BR, stenograph. Bericht, 835. Sitzung v. 6.7.2007, S. 220C; 249D.

1.2.6 BR, stenograph. Bericht, 838. Sitzung v. 9.11.2007, S. 368D; 383C.

1.2.7 BR, stenograph. Bericht, 847. Sitzung v. 19.9.2008, S. 301D; 302B.

1.2.8 BR, stenograph. Bericht, 909. Sitzung v. 3.5.2013, S. 226C–227C.

1.2.9 BR, stenograph. Bericht, 910. Sitzung v. 7.6.2013, S. 317A–317C.

1.2.10. BR, stenograph. Bericht, 931. Sitzung v. 26.2.2015, S. 1–59.

1.2.11 BR, stenograph. Bericht, 947. Sitzung v. 8.7.2016, S. 290D–292A.

1.2.12 BR, stenograph. Bericht, 948. Sitzung v. 23.9.2016, S. 351A–351B.

2 Bundestag

2.1 Bundestagsdrucksachen (BT-Drs.)

2.1.1 BT-Drs. 4/650 v. 4.10.1962: E 1962, S. 1–711.

2.1.2 BT-Drs. 5/2072 v. 11.8.1967: Mündliche Anfrage des Abgeordneten Dr. Müller-Emmert, S. 15 mit schriftlicher Antwort des Staatssekretärs Prof. Dr. Ernst, S. 15–17.

2.1.3 BT-Drs. 5/3355 v. 7.10.1968: Bericht der Bundesregierung über die Anwendung der elektronischen Datenverarbeitung in der Bundesverwaltung, S. 1–12.

2.1.4 BT-Drs. 7/1027 v. 21.9.1973: Gesetzentwurf der Bundesregierung für ein Bundes-Datenschutzgesetz – BDSG, S. 1–41.

2.1.5 BT-Drs. 7/1949 v. 2.4.1974: Kleine Anfrage der Abgeordneten Dürr, Prinz zu Sayn-Wittgenstein-Hohenstein, Kirst und Genossen betr. „Computer-Kriminalität", S. 1–2.

2.1.6 BT-Drs. 7/2067 v. 9.5.1974: Antwort der Bundesregierung auf BT-Drs. 7/1949 v. 2.4.1974, S. 1–7.

2.1.7 BT-Drs. 9/2008 v. 30.9.1982: Gesetzentwurf der Bundesregierung für ein 2. WiKG, S. 1–60.

2.1.8 BT-Drs. 10/119 v. 8.6.1983: Gesetzentwurf der Abgeordneten Schmidt (München), Bachmaier, Dr. Emmerlich, Fischer (Osthofen), Klein (Dieburg), Dr. Kübler, Lambinus, Schröder (Hannover),

Stiegler, Dr. de With, Dr. Schwenk (Stade) und der Fraktion der SPD für ein 2. WiKG, S. 1–16.

2.1.9 BT-Drs. 10/318 v. 26.8.1983: Gesetzentwurf der Bundesregierung für ein 2. WiKG, S. 1–60.

2.1.10 BT-Drs. 10/5058 v. 19.2.1986: Beschlußempfehlung und Bericht des Rechtsausschusses (6. Ausschuß) a) zu BT-Drs. 10/119 v. 8.6.1983 b) zu BT-Drs. 10/318 v. 26.8.1983, S. 1–44.

2.1.11 BT-Drs. 14/9200 v. 12.6.2002: Schlussbericht der Enquete-Kommission. Globalisierung der Weltwirtschaft, S. 1–624.

2.1.12 BT-Drs. 16/481 v. 27.1.2006: Unterrichtung über die gemäß § 93 der Geschäftsordnung an die Ausschüsse überwiesenen Unionsvorlagen und Unionsdokumente (Eingangszeitraum 18.–24.1.2006), S. 1–4.

2.1.13 BT-Drs. 16/3439 v. 16.11.2006: Gesetzentwurf der Bundesregierung für ein Gesetz zur Umsetzung des Rahmenbeschlusses des Rates der Europäischen Union zur Bekämpfung der sexuellen Ausbeutung von Kindern und der Kinderpornographie, S. 1–16.

2.1.14 BT-Drs. 16/3656 v. 30.11.2006: Gesetzentwurf der Bundesregierung für ein StrÄndG zur Bekämpfung der Computerkriminalität, S. 1–20.

2.1.15 BT-Drs. 16/5449 v. 23.5.2007: Beschlussempfehlung und Bericht des Rechtsausschusses (6. Ausschuss) zu BT-Drs. 16/3656 v. 30.11.2006, S. 1–8.

2.1.16 BT-Drs. 16/5486 v. 23.5.2007: Änderungsantrag der Abgeordneten Jan Korte, Ulla Jelpke, Wolfgang Neskovic und der Fraktion DIE LINKE zu der zweiten Beratung des Gesetzentwurfs der Bundesregierung – Drucksachen 16/3656, 16/5449, S. 1–4.

2.1.17 BT-Drs. 16/5846 v. 27.6.2007: Gesetzentwurf der Bundesregierung für ein Gesetz zur Neuregelung der Telekommunikationsüberwachung und anderer verdeckter Ermittlungsmaßnahmen sowie zur Umsetzung der Richtlinie 2006/24/EG, S. 1–100.

2.1.18 BT-Drs. 16/7218 v. 16.11.2007: Gesetzentwurf der Bundesregierung für ein Gesetz zu dem Übereinkommen des Europarats v. 23.11.2001 über Computerkriminalität, S. 1–104 mit Erläuterndem Bericht zum Übereinkommen (ETS Nr. 185) als Anlage zur Denkschrift, S. 57–102.

2.1.19 BT-Drs. 16/9645 v. 18.6.2008: Beschlussempfehlung und Bericht des Rechtsausschusses (6. Ausschuss) zu BT-Drs. 16/7218 v. 16.11.2007, S. 1–4.

2.1.20 BT-Drs. 16/12410 v. 24.3.2009: Gesetzentwurf der Fraktionen der CDU/CSU und SPD für ein Gesetz zur Änderung des Grundgesetzes (Artikel 91c, 91d, 104b, 109, 109a, 115, 143d), S. 1–16.

2.1.21 BT-Drs 17/14362 v. 10.7.2013: Gesetzentwurf der Bundesrates für ein Gesetz zur Strafbarkeit der Datenhehlerei, S. 1–20.

2.1.22 BT-Drs. 18/1288 v. 30.4.2014: Gesetzentwurf des Bundesrates für ein Gesetz zur Strafbarkeit der Datenhehlerei, S. 1–20.

2.1.23 BT-Drs. 18/4350 v. 18.3.2015: Gesetzentwurf der Bundesregierung für ein Gesetz zur Bekämpfung der Korruption, S. 1–32.

2.1.24 BT-Drs. 18/5088 v. 9.6.2015: Gesetzentwurf der Fraktionen der CDU/CSU und SPD für ein Gesetz zur Einführung einer Speicherpflicht und einer Höchstspeicherfrist für Verkehrsdaten, S. 1–48.

2.1.25 BT-Drs. 18/6389 v. 14.10.2015: Beschlussempfehlung und Bericht des Ausschusses für Recht und Verbraucherschutz (6. Ausschuss) zu BT-Drs. 18/4350 v. 18.3.2015, S. 1–16.

2.1.26 BT-Drs. 18/10182 v. 2.11.2016: Gesetzentwurf des Bundesrates für ein Strafrechtsänderungsgesetz – Strafbarkeit der unbefugten Benutzung informationstechnischer Systeme – Digitaler Hausfriedensbruch, S. 1–20.

2.1.27 BT-Drs. 18/11620 v. 22.3.2017: Unterrichtung durch die Bundesregierung. Entwurf eines Gesetzes zur Umsetzung der Richtlinie (EU) 2016/1148 des Europäischen Parlaments und des Rates v. 6.7.2016 über Maßnahmen zur Gewährleistung eines hohen gemeinsamen Sicherheitsniveaus von Netz- und Informationssystemen in der Union – Drucksache 18/11242, S. 1–9.

2.1.28 BT-Drs.: 18/11808 v. 30.3.2017: Beschlussempfehlung und Bericht des Innenausschusses (4. Ausschuss) zum Gesetzentwurf der Bundesregierung – Drucksache 18/11242, 18/11620, S. 1–13.

2.2 Verhandlungen des Bundestages

2.2.1 Plenarprotokolle des Bundestages

2.2.1.1 Plenarprotokoll 9/118: BT, stenograph. Bericht, 118. Sitzung v. 1.10.1982, S. 7201.

2.2.1.2 Plenarprotokoll 10/25: BT, stenograph. Bericht, 25. Sitzung des Rechtsausschusses v. 29.9.1983, S. 1664D–1674D.

2.2.1.3 Plenarprotokoll 10/201: BT, stenograph. Bericht, 201. Sitzung v. 27.2.1986, S. 15433D–15445A.

2.2.1.4 Plenarprotokoll 16/73: BT, stenograph. Bericht, 73. Sitzung v. 14.12.2006, S. 7255D–7257A.

2.2.1.5 Plenarprotokoll 16/100: BT, stenograph. Bericht, 100. Sitzung v. 24.5.2007:

2.2.1.5.1 Erklärung nach § 31 GO-BT der Abgeordneten Monika Griefahn, Christoph Pries und Angelika Graf (Rosenheim) (alle SPD) zur Abstimmung über den Entwurf eines StrÄndG zur Bekämpfung der Computerkriminalität, a.a.O. als Anlage 5, S. 10290D–1029B; zit.: Monika Griefahn u.a. in: Plenarprotokoll 16/100 v. 24.5.2007 als Anlage 5, S.

2.2.1.5.2 Erklärung nach § 31 GO-BT der Abgeordneten Jörg Tauss, Renate Schmidt (Nürnberg) und Siegmund Ehrmann, a.a.O. als Anlage 6, S. 10291B–10292A; zit.: Tauss u.a. in: Plenarprotokoll 16/100 v. 24.5.2007 als Anlage 6, S.

2.2.1.5.3 Rede v. Kauder, Siegfried (Villingen-Schwenningen) (CDU/CSU), a.a.O. als Anlage 13, S. 10324B–10325B; zit.: Kauder, (Villingen-Schwenningen) (CDU/CSU) Rede in: Plenarprotokoll 16/100 v. 24.5.2007 als Anlage 13, S.

2.2.1.5.4 Rede v. Manzewski, Dirk (SPD a.a.O. als Anlage 13, S. 10325B–10326A; zit.: Manzewski, (SPD) Rede in: Plenarprotokoll 16/100 v. 24.5.2007 als Anlage 13, S.

2.2.1.5.5 Rede v. Leutheusser-Schnarrenberger, Sabine (FPD), a.a.O. als Anlage 13, S. 10326B–10327A; zit.: Leutheusser-Schnarrenberger, (FPD) Rede in: Plenarprotokoll 16/100 v. 24.5.2007 als Anlage 13, S.

2.2.1.5.6 Rede v. Korte, Jan (Die Linke) a.a.O. als Anlage 13, S. 10327B–10328B; zit.: Korte, (Die Linke), Rede in: Plenarprotokoll 16/100 v. 24.5.2007 als Anlage 13, S.

2.2.1.5.7 Rede v. Montag, Jerzy (Bündnis 90/ Die Grünen) a.a.O. als Anlage 13, S. 10328B–10329B; zit.: Montag, (Bündnis 90/Die Grünen) Rede in: Plenarprotokoll 16/100 v. 24.5.2007 als Anlage 13, S.

2.2.1.5.8 Rede v. Hartenbach, Alfred (Parl. Staatssekretär bei der Bundesministerin der Justiz) a.a.O. als Anlage 13, S. 10329B–10329D;

zit.: Hartenbach, Rede in: Plenarprotokoll 16/100 v. 24.5.2007 als Anlage 13, S.

2.2.1.6 Plenarprotokoll 16/133: BT, stenograph. Bericht, 133. Sitzung v. 13.12.2007, S. 13909C–D.

2.2.1.7 Plenarprotokoll 16/170: BT, stenograph. Bericht, 170. Sitzung v. 20.6.2008, S. 18101B.

2.2.1.8 Plenarprotokoll 18/97: BT, stenograph. Bericht, 97. Sitzung v. 26.3.2015, S. 9288D–9289A mit zu Protokoll gegebenen Reden v. Grindel (CDU/CSU) in: BT, a.a.O., S. 9307A–9308A; Hoffmann (CDU/ CSU), a.a.O., S. 9308A–9308D; Wiese (SPD), S. 9308D–9309C; Tempel (Die Linke), S. 9309D–9310C; Beck (Köln) (Bündnis 90/Die Grünen), S. 9310C–9311A und Lange (Parl. Staatssekretär beim Bundesminister der Justiz und für Verbraucherschutz), S. 9311B–D.

2.2.1.9 Plenarprotokoll 18/130: BT, stenograph. Bericht, 130. Sitzung v. 15.10.2015, S. 12697D–12702A.

2.2.2 Stenographische Protokolle des Rechtsausschusses

2.2.2.1 BT, stenograph. Protokoll, 14. Sitzung v. 25.1.1984, S. 14/1–14/88.

2.2.2.2 BT, stenograph. Protokoll, 16. Sitzung v. 22.2.1984, S. 16/1–16/5.

2.2.2.3 BT, stenograph. Protokoll, 17. Sitzung v. 14.3.1984, S. 17/1–17/73.

2.2.2.4 BT, stenograph. Protokoll, 26. Sitzung v. 6.6.1984, S. 26/1–26/195.

2.2.2.5 BT, stenograph. Protokoll, 42. Sitzung v. 23.1.1985, S. 42/1–42/97.

2.2.2.6 BT, stenograph. Protokoll, 60. Sitzung v. 9.10.1985, S. 60/1–60/30.

2.2.2.7 BT, stenograph. Protokoll, 63. Sitzung v. 23.10.1985, S. 63/1–63/51.

2.2.2.8 BT, stenograph. Protokoll, 69. Sitzung v. 15.1.1986, S. 69/1–69/199.

2.2.2.9 BT, stenograph. Protokoll, 71. Sitzung v. 22.1.1986, S. 71/1–71/82.

2.2.2.10 BT, redigiertes Wortprotokoll, 54. Sitzung v. 21.3.2007, S. 1–59.

3. Europäische Kommission

3.1 Aktionspläne / Grünbuch

3.1.1 KOM(94) 347 endg. v. 19.7.1994: Europas Weg in die Informationsgesellschaft, S. 1–27; zit.: KOM(94) 347 endg. v. 19.7.1994, S.

3.1.2 COM(2000) 330 final v. 24.5.2000: eEurope 2002, S. 1–30; zit.: COM(2000) 330 final v. 24.5.2000, S.

3.1.3 KOM(2005) 576 endg. v. 17.11.2005: Grünbuch über ein europäisches Programm für den Schutz kritischer, S. 1–28; zit.: KOM(2005) 576 endg. v. 17.11.2005, S.

3.2 Berichte

3.2.1 Bangemann-Report v. 1994: Europe and the global information society. Recommendations of the high-level group on the information society to the Corfu European Council (Bangemann group), S. 5–39, in: European Commission: Growth, competitiveness and employment. White Paper follow-up. Report on Europe and the global information society. Interim report on trans-European networks. Progress report on employment. Extracts of the conclusions of the Presidency of the Corfu European Council, Bulletin of the European Union, Supplement 2 / 94, Brussels, Luxembourg (Office for Official Publication of the European Communities); zit.: Bangemann-Report, S.

3.2.2 KOM(2008) 448 endg. v. 14.7.2008: Bericht der Kommission an den Rat, auf der Grundlage v. Art. 12 des Rahmenbeschlusses des Rates v. 24.2.2005 über Angriffe auf Informationssysteme, S. 1–11; zit.: KOM(2008) 448 endg. v. 14.7.2008, S.

3.3 Mitteilungen

3.3.1 KOM(2000) 890 endg. v. 26.1.2001: eEurope 2002, S. 1–40; zit.: KOM(2000) 890 endg. v. 26.1.2001, S.

3.3.2 KOM(2001) 298 endg. v. 6.6.2001: Sicherheit der Netze und Informationen: Vorschlag für einen europäischen Politikansatz, S. 1–30; zit.: KOM(2001) 298 endg. v. 6.6.2001, S.

3.3.3 KOM(2005) 583 endg. v. 23.11.2005: Mitteilung über die Folgen des Urteils des Gerichtshofs v. 13.9.2005 (Rs. C-176/03), S. 1–9; zit.: KOM(2005) 583 endg. v. 23.11.2005, S.

3.3.4 KOM(2006) 251 endg. v. 31.5.2006: Eine Strategie für eine sichere Informationsgesellschaft – „Dialog, Partnerschaft und Delegation der Verantwortung“(SEK[2006] 656), S. 1–11; zit.: KOM(2006) 251 endg. v. 31.5.2006, S.

3.3.5 KOM(2009) 149 endg. v. 30.3.2009: Mitteilung über den Schutz kritischer Informationsinfrastrukturen. „Schutz Europas vor Cyber-Angriffen und Störungen großen Ausmaßes: Stärkung der Abwehrbereitschaft, Sicherheit und Stabilität" (SEK[2009] 399) (SEK[2009] 400), S. 1–13; zit.: KOM(2009) 149 endg. v. 30.3.2009, S.

3.3.6 KOM(2010) 2020 endg. v. 3.3.2010: Europa 2020. Eine Strategie für intelligentes, nachhaltiges und integratives Wachstum, S. 1–40; zit.: KOM(2010) 2020 endg. v. 3.3.2010, S.

3.3.7 KOM(2010) 245 endg. v. 19.5.2010: Eine Digitale Agenda für Europa, S. 1–49; zit.: KOM(2010) 245 endg. v. 19.5.2010, S.

3.3.8 KOM(2010) 673 endg. v. 22.11.2010: EU-Strategie der inneren Sicherheit: Fünf Handlungsschwerpunkte für mehr Sicherheit in Europa, S. 1–28; zit.: KOM(2010) 673 endg. v. 22.11.2010, S.

3.4 Vorschläge

3.4.1 KOM(2002) 173 endg. v. 19.4.2002: Vorschlag für einen Rahmenbeschluss des Rates über Angriffe auf Informationssysteme – 2002/0086(CNS), S. 1–28; zit.: KOM(2002) 173 endg. v. 19.4.2002, S.

3.4.2 KOM(2010) 517 endg. v. 30.9.2010: Vorschlag für eine Richtlinie des Europäischen Parlaments und des Rates über Angriffe auf Informationssysteme und zur Aufhebung des Rahmenbeschlusses 2005/222/JI des Rates. 2010/0273 (COD). C7-0293/10. (SEK[2010] 1122 final) (SEK[2010] 1123 final) v. 30.9.2010, S. 1–20; zit.: KOM(2010) 517 endg. v. 30.9.2010, S.

3.4.3 KOM(2010) 520 endg. v. 30.9.2010: Vorschlag für eine Verordnung des Europäischen Parlaments und des Rates zur Änderung der Verordnung (EG) Nr. 460/2004 zur Errichtung der Europäischen Agentur für Netz- und Informationssicherheit bezüglich deren Bestehensdauer v. 30.9.2010 (2010/0274), S. 1–23; zit.: KOM(2010) 520 endg. v. 30.9.2010, S.

3.5 Pressemitteilungen

3.5.1 IP/02/601 v. 23.4.2002: Kommission verabschiedet Vorschlag zur Bekämpfung der Computerkriminalität, S. 1–2; zit.: IP/02/601 v. 23.4.2002, S.

3.5.2 IP/10/581 v. 19.5.2010: Digitale Agenda: Kommission präsentiert Aktionsplan für Wachstum und Wohlstand in Europa, S. 1–5; zit.: IP/10/581 v. 19.5.2010, S.

3.5.3 IP/10/1239 v. 30.9.2010: Kommission verstärkt Europas Abwehrmaßnahmen gegen Cyberangriffe, S. 1–3; zit.: IP/10/1239 v. 30.9.2010, S.

3.6 Bekanntmachungen in Amtsblättern

3.6.1 Abl. EG Nr. C 203 E v. 27.8.2002: Vorschlag für einen Rahmenbeschluss des Rates über Angriffe auf Informationssysteme (2002/C 203 E/16), KOM(2002) 173 endg. – 2002/0086(CNS), von der Kommission vorgelegt am 19.4.2002, S. 109–113; zit.: Abl. EG Nr. C 203 E v. 27.8.2002, S.

3.6.2 Abl. EU Nr. C 121 v. 19.4.2011: Liste der von der Kommission angenommenen Legislativvorschläge (2011/C 121/08), S. 25–27; zit.: Abl. EU Nr. C 121 v. 19.4.2011, S.

3.7 Arbeitsdokumente

3.7.1 SEC(2010) 1122 final v. 30.9.2010: Accompanying document to the Proposal for a Directive of the European Parliament and the Council on attacks against information systems, and repealing Council Framework Decision 2005/222/JHA (COM[2010] 517 final) (SEC[2010] 1123 final), S. 1–56; zit.: SEC(2010) 1122 final v. 30.9.2010, S.

3.7.2 SEK(2010) 1123 final v. 30.9.2010: Zusammenfassung der Folgenabschätzung. Begleitunterlage zum Vorschlag für eine Richtlinie des Europäischen Parlaments und des Rates über Angriffe auf Informationssysteme und zur Aufhebung des Rahmenbeschlusses 2005/222/JI des Rates, S. 1–7; zit.: SEK(2010) 1123 final v. 30.9.2010, S.

3.7.3 SWD(2013) 31 final v. 7.2.2013: Executive Summary of the Impact Assessment. Accompanying the document. Proposal for a Directive of the European Parliament and of the Council. Concerning measures to ensure a high level of network and information security across the Union. (COM[2013] 48 final) (SWD[2013] 32 final), S. 1–7; zit.: SWD(2013) 31 final v. 7.2.2013, S.

3.7.4 SWD(2013) 32 final v. 7.2.2013: Accompanying the document. Proposal for a Directive of the European Parliament and of the Council. Concerning measures to ensure a high level of network and information security across the Union. (COM[2013] 48 final) (SWD[2013] 31 final), S. 1–160; zit.: SWD(2013) 32 final v. 7.2.2013, S.

3.8. Memos

3.8.1 MEMO/10/199 v. 19.5.2010: Digitale Agenda für Europa: Was bringt sie für mich?, S. 1–8; zit.: MEMO/10/199 v. 19.5.2010, S.

3.8.2 MEMO/10/200 v. 19.5.2010: Digitale Agenda für Europa: Schlüsselinitiativen v. 19.5.2010, S. 1–14; zit.: MEMO/10/200 v. 19.5.2010, S.

4. Europäisches Parlament

4.1 Entwürfe

4.1.1 Entwurf eines Berichts über den Vorschlag für eine Richtlinie des Europäischen Parlaments und des Rates über Angriffe auf Informationssysteme und zur Aufhebung des Rahmenbeschlusses 2005/222/JI des Rates (KOM[2010]0517 – C7-0293/2010 – 2010/0273[COD]). 2010/0273 (COD). Ausschuss für bürgerliche Freiheiten, Justiz und Inneres v. 24.11.2011, Berichterstatterin: Monika Hohlmeier, S. 1–29. Mit Entwurf einer legislativen Entschließung des Europäischen Parlaments zum Vorschlag, ebd. Ordentliches Gesetzgebungsverfahren: erste Lesung. A.a.O., S. 5–29; zit.: Entwurf eines Berichts v. 24.11.2011, S.

4.1.2 Entwurf eines Berichts. Änderungsanträge 34–128 des Ausschusses für bürgerliche Freiheiten, Justiz und Inneres zum Vorschlag für eine Richtlinie des Europäischen Parlaments und des Rates über Angriffe auf Informationssysteme und zur Aufhebung des Rahmenbeschlusses 2005/222/JI des Rates v. 27.1.2012. Berichterstatterin: Monika Hohlmeier, S. 1–64; zit.: Änderungsantrag Ziff. v. Antragsteller zur Erwägung Ziffer in: Änderungsanträge 34–128 des LIBE-Ausschusses v. 27.1.2012, S.

4.2. Berichte

4.2.1 Dok. A5-0328/2002 endg.: Bericht über den Vorschlag der Kommission für einen Rahmenbeschluss des Rates über Angriffe auf Informationssysteme (KOM[2002] 173 – C5-0271/2002 – 2002/0086[CNS]). Ausschuss für Freiheiten und Rechte der Bürger, Justiz und innere Angelegenheiten. Berichterstatterin: Charlotte Cederschiöld v. 4.10.2002, S. 1–33; zit.: Bericht zu KOM(2002) 173 endg. v. 4.10.2002, S.

4.2.1.1 Geschäftsordnungsseite, a.a.O., S. 4; zit.: Geschäftsordnungsseite in: Bericht zu KOM(2002) 173 endg. v. 4.10.2002, S.

4.2.1.2 Entwurf einer Legislativen Entschließung. Legislative Entschließung des Europäischen Parlaments zu dem Vorschlag der Kommission für einen Rahmenbeschluss des Rates über Angriffe auf Informationssysteme (KOM[2002] 173 – C5-0271/2002 – 2002/0086[CNS]). (Verfahren der Konsultation) A.a.O., S. 5–16; zit.: Entwurfs einer legislativen Entschließung in: Bericht zu KOM(2002) 173 endg. v. 4.10.2002, S.

4.2.1.3 Begründung, a.a.O., S. 17–20; zit.: Begründung, a.a.O., S.

4.2.1.4 Minderansichten: v. Marc Cappato, a.a.O., S. 21; Ilka Schröder, S. 22; zit.: Bericht zu KOM(2002) 173 v. 4.10.2002, Minderansicht, Verf., S.

4.2.1.5 Stellungnahme des Ausschusses für Industrie, Außenhandel, Forschung und Energie für den Ausschuss für die Freiheiten und Rechte der Bürger, Justiz und innere Angelegenheiten zu dem Vorschlag für einen Rahmenbeschluss des Rates über Angriffe auf Informationssysteme (KOM[2002] 173 – C5-0271/2002 – 2002/0086[CNS]) v. 11.9.2002, a.a.O., S. 23–25 mit Änderungsanträgen, S. 26–33. Verfasser: Marco Cappato; zit.: Stellungnahme des Ausschusses für Industrie, Außenhandel, Forschung und Energie v. 11.9.2002 in: Bericht zu KOM(2002) 173 endg. v. 4.10.2002, S.

4.2.2 A6-0172/2006 v. 8.5.2006: Rechtsausschuss: Bericht über die Folgen des Urteils des Gerichtshofs v. 13.9.2005 (Rs. C-176/03) (2006/2007[INI]). Berichterstatter: Giuseppe Gargani. Verfasser der Stellungnahme: Jean-Marie Cavada, Ausschuss für bürgerliche Freiheiten, Justiz und Inneres; zit.: Rechtsausschuss EP, Bericht über die Folgen des Urteils v. 13.9.2005, S.

4.2.3 Dok. A7-0224/2013: Schlussbericht v. 18.6.2013. Bericht über den Vorschlag für eine Richtlinie des Europäischen Parlaments und des Rates über Angriffe auf Informationssysteme und zur Aufhebung des Rahmenbeschlusses 2005/222/JI des Rates (KOM[2010]0517 – C7-0293/2010 – 2010/0273[COD]). Ausschuss für bürgerliche Freiheiten, Justiz und Inneres v. 18.6.2013. Plenarsitzungsdokument A7-0224/2013. Berichterstatterin: Monika Hohlmeier, S. 1–70.; zit.: Schlussbericht v. 18.6.2013 in: Dok. A7-0224/2013, S.

4.2.3.1 Stellungnahme des Ausschusses für auswärtige Angelegenheiten für den Ausschuss für bürgerliche Freiheiten, Justiz und Inneres zu dem Vorschlag für eine Richtlinie des Europäischen Parlaments und des Rates über Angriffe auf Informationssysteme und zur Aufhebung des Rahmenbeschlusses 2005/222/JI des Rates, KOM(2010)0517 – C7-0293/2010 – 2010/0273(COD) v. 28.11.2011. 2010/0273 (COD). Verfasserin: Kristiina Ojuland, S. 39–51.

4.2.3.1 Stellungnahme des Ausschusses für Industrie, Forschung und Energie für den Ausschuss für bürgerliche Freiheiten, Justiz und Inneres zu dem Vorschlag für eine Richtlinie des Europäischen Parlaments und des Rates über Angriffe auf Informationssysteme und zur Aufhebung des Rahmenbeschlusses 2005/222/JI des Rates, KOM(2010)0517 – C7-0293/2010 – 2010/0273(COD) v. 11.11.2011. 2010/0273 (COD), S. 52–69.

4.2.4 Standpunkt des Europäischen Parlaments, festgelegt in erster Lesung am 4.7.2013 im Hinblick auf den Erlass der Richtlinie 2013/.../EU des Europäischen Parlaments und des Rates über Angriffe auf Informationssysteme und zur Ersetzung des Rahmenbeschlusses 2005/222/JI des Rates (EP-PE_TC1-COD[2010]0273) v. 4.7.2013, S. 1–33. Konsolidierter Legislativtext; zit.: EU-Parlament, Standpunkt v. 4.7.2013, S.

4.3 Bekanntmachungen im Amtsblatt

4.3.1 Abl. EU Nr. C 300 E v. 11.12.2003: Angriffe auf Informationssysteme. Legislative Entschließung des Europäischen Parlaments zu dem Vorschlag der Kommission für einen Rahmenbeschluss des Rates über Angriffe auf Informationssysteme v. 22.10.2002. P5_TA (2002)0495. (KOM[2002] 173. C5-0271/2002 – 2002/0086[CNS]), Legislative Entschließung (EP) in: Abl. EU Nr. C 300 E, S. 152–156; zit.: Legislative Entschließung (EP) in: Abl. EU Nr. C 300E v. 11.12.2003, S.

4.3.2 ABl. EU Nr. C 300 E v. 9.12.2006: P6_TA(2006)0260. Die Folgen des Urteils des Gerichtshofs in der Rechtssache C-176/03, Entschließung des Europäischen Parlaments zu den Folgen des Urteils des Gerichtshofs v. 13.9.2005 (Rs. C-176/03) (2006/2007[INI]), S. 255–258; zit.: Entschließung in: ABl. EU 2006 Nr. C 300 E v. 9.12.2006, S.

4.4. Entschließungsantrag

B6-0544/2006 v. 23.10.2006: Entschließungsantrag, eingereicht im Anschluss an die mündlichen Anfragen B6-0438/2006 und B6-0439/2006, gemäß Art. 108 Abs. 5 der Geschäftsordnung, von Karl-Heinz Florenz und Ria Oomen-Ruijten, im Namen des Ausschusses für Umweltfragen, Volksgesundheit und Lebensmittelsicherheit zur Weiterbehandlung der Stellungnahme des Parlaments zum Umweltschutz: Strafrechtliche Verfolgung, Straftatbestände und Sanktionen, S. 1–4; zit.: EU-Parlament, Entschließungsantrag v. 23.10.2006, S.

4.5. Verhandlungsergebnisse

4.5.1 Stellungnahme des Ausschusses für Industrie, Forschung und Energie für den Ausschuss für bürgerliche Freiheiten, Justiz und Inneres zu dem Vorschlag für eine Richtlinie des Europäischen Parlaments und des Rates über Angriffe auf Informationssysteme und zur Aufhebung des Rahmenbeschlusses 2005/222/JI des Rates (KOM[2010]0517 – C7-0293/2010 – 2010/0273[COD]) v. 11.11.2011. Verfasser: Christian Ehler, S. 1–20; zit.: Stellungnahme des ITRE-Ausschusses v. 11.11.2011, S.

4.5.2 Plenardebatte im Europäischen Parlament zu Angriffe auf Informationssysteme, Aussprache v. 3.7.2013, veröffentlicht unter: http://www.europarl.europa.eu/sides/getDoc.do?type=CRE&reference=20130703&secondRef=ITEM-018&language=DE&ring=A7 2013-0224, zuletzt aufgerufen am: 28.7.2017.

5 Rat der Europäischen Union

5.1 Ratsdokumente

5.1.1 6946/03 v. 28.2.2003: Beratungsergebnisse v. 27./28.2.2003 zum Vorschlag für einen Rahmenbeschluss des Rates über Angriffe auf Informationssystem, LIMITE, DROIPEN 12, TELECOM 31, S. 1–14 mit Anlage I: Vorschlag für einen Rahmenbeschluss des Rates über Angriffe auf Informationssysteme, S. 2–13. Als Anlage II: Erklärung für das Protokoll über die Ratstagung, auf der der Entwurf eines Rahmenbeschlusses über Angriffe auf Informationssysteme angenommen wird, S. 14; zit.: Rat der EU, Beratungsergebnisse v. 27./28.2.2003, S.

5.1.2 6906/03 v. 25.3.2003: Protokollentwurf zur 2489. Tagung des Rates der EU (Justiz, Inneres und Katastrophenschutz) v. 27./28.2.2003 in Brüssel, LIMITE, PV/CONS 11, JAI 16, S. 1–8; zit.: Rat der EU, Protokollentwurf v. 25.3.2003, S.

5.1.3 5869/05 v. 4.2.2005: I/A-Punkt-Vermerk. Sekretariat des Rates der EU für den AStV/Rat zur Annahme eines Rahmenbeschlusses über Angriffe auf Informationssysteme, 5869/05, S. 1–3; zit.: Rat der EU, Vermerk v. 4.2.2005, 5869/05, S.

5.1.4 6588/05 v. 23.2.2005: Liste der A-Punkte für die 2642. Tagung des Rates der EU (Justiz und Inneres) am 24.2.2005 in Brüssel, PTS A 7, S. 1–4; zit.: Rat der EU, Liste der A-Punkte für die 2642. Tagung v. 24.2.2005, S.

5.1.5 7120/10 v. 8.3.2010: Vermerk des Vorsitzes für den Europäischen Rat über den Entwurf einer Strategie der inneren Sicherheit der EU: „Hin zu einem europäischen Sicherheitsmodell“, S. 1–18; zit.: Rat der EU, Vermerk, Dok. 7120/10 v. 8.3.2010, S.

5.1.6 14436/10 v. 4.10.2010: Vorschlag der Europäischen Kommission v. 30.9.2010 für eine Richtlinie des Europäischen Parlaments und des Rates über Angriffe auf Informationssysteme und zur Aufhebung des Rahmenbeschlusses 2005/222/JI des Rates. Interinstitutionelles Dossier: 2010/0273 (COD), S. 1–21; zit.: Rat der EU in: Dok. 14436/10 v. 4.10.2010, S.

5.1.7 6699/11 v. 21.2.2011: Vermerk des Vorsitzes für den AStV / Rat zum Entwurf von Schlussfolgerungen des Rates zu der Mitteilung der Kommission zur EU-Strategie der inneren Sicherheit, S. 1–6; zit.: Rat der EU, Vermerk, Dok. 6699/11 v. 21.2.2011, S.

5.1.8 8795/11 v. 8.4.2011: Vermerk des Vorsitzes für den Rat über Vorschlag für eine Richtlinie des Europäischen Parlaments und des Rates über Angriffe auf Informationssysteme und zur Ersetzung des Rahmenbeschlusses 2005/222/JI des Rates – Orientierungsaussprache und Sachstand, S. 1–32; zit.: Rat der EU, Vermerk, Dok. 8795/11 v. 8.4.2011, S.

5.1.9 10751/11 v. 30.5.2011: Vermerk für den AStV / Rat über den Vorschlag für eine Richtlinie des Europäischen Parlaments und des Rates über Angriffe auf Informationssysteme und zur Ersetzung des Rahmenbeschlusses 2005/222/JI des Rates – Allgemeine

Ausrichtung, S. 1–21; zit.: Rat der EU, Vermerk in: Dok. 10751/11 v. 30.5.2011, S.

5.1.10 11680/13 v. 9.7.2013: Informatorischer Vermerk des Generalsekretariats für den Ausschuss der Ständigen Vertreter/Rat zum Vorschlag für eine Richtlinie des Europäischen Parlaments und des Rates über Angriffe auf Informationssysteme und zur Ersetzung des Rahmenbeschlusses 2005/222/JI des Rates – Ergebnis der ersten Lesung des Europäischen Parlaments (Straßburg, 1.–4.7.2013), S. 1–36; zit.: Rat der EU, Vermerk, Dok. 11680/13 v. 9.7.2013, S.

5.1.11 11967/13 v. 12.7.2013: I/A-Punkt-Vermerk. Generalsekretariat des Rates an den Ausschuss der Ständigen Vertreter/Rat zum Vorschlag für eine Richtlinie des Europäischen Parlaments und des Rates über Angriffe auf Informationssysteme und die Aufhebung des Rahmenbeschlusses 2005/222/JI des Rates (erste Lesung). Annahme des Gesetzgebungsaktes (GA), S. 1–2; zit.: Rat der EU, Vermerk, Dok. 11967/13 v. 12.7.2013, S.

5.2 Pressemitteilungen

5.2.1 7991/02 (Presse 104) v. 25./26.4.2002: 2423. Tagung des Rates – Justiz, Inneres und Katastrophenschutz – am 25./26.4.2002. Luxemburg. S. 1–23; zit.: Rat der EU, Pressemitteilung 7991/02 v. 25./26.2002, S.

5.2.2 6162/03 (Presse 42) v. 27./28.2.2003: 2489. Tagung des Rates, Justiz und Inneres, am 27./28.2.2003, C/03/42. Brüssel. S. 1–20; zit.: Rat der EU, Pressemitteilung 6162/03 v. 27./28.2.2003, S.

5.2.3 6228/05 (Presse 28) v. 24.2.2005: 2642. Tagung des Rates, Justiz und Inneres, am 24.2.2005, C/05/28. Brüssel. S. 1–16; zit.: Rat der EU, Pressemitteilung 6228/05 v. 24.2.2005, S.

5.2.4 15848/10 (Presse 291) v. 8./9.11.2010: 3043. Tagung des Rates, Justiz und Inneres, am 8./9.11.2010. Brüssel. S. 1–24; zit.: Rat der EU, Pressemitteilung, 15848/10 v. 8./9.11.2010, S.

5.25 7012/11 (Presse 38) v. 24./25.2.2011: 3071. Tagung des Rates, Justiz und Inneres, am 24./25.2.2011. Brüssel. S. 1–20; zit.: Rat der EU, Pressemitteilung 7012/11 v. 24./25.2.2011, S.

5.2.6 8692/11 (Presse 93) v. 11./12.4.2011: 3081. Tagung des Rates, Justiz und Inneres, am 11./12.4.2011. Luxemburg. S. 1–24; zit.: Rat der EU, Pressemitteilung, Dok. 8692/11 v. 11./12.4.2011, S.

5.2.7 11008/11 (Presse 161) v. 9./10.6.2011: 3096. Tagung des Rates, Justiz und Inneres, am 9./10.6.2011. Luxemburg. S. 1–38; zit.: Rat der EU, Pressemitteilung 11008/11 v. 9./10.6.2011, S.

5.3 Bekanntmachungen im Amtsblatt

5.3.1 Abl. EU Nr. C 97 v. 24.8.2007: Stellungnahme des Europäischen Wirtschafts- und Sozialausschusses zu der „Mitteilung der Kommission an den Rat, das Europäische Parlament, den Wirtschafts- und Sozialausschuss und den Ausschuss der Regionen – Eine Strategie für eine sichere Informationsgesellschaft – Dialog, Partnerschaft und Delegation der Verantwortung" v. 24.8.2007, KOM(2006) 251 endg.,(2007/C 97/09), S. 21–26; zit.: Abl. EU Nr. C 97 v. 24.8.2007, S.

5.3.2 Abl. EU Nr. C 115 v. 4.5.2010: Das Stockholmer Programm – Ein offenes und sicheres Europa im Dienste und zum Schutz der Bürger (2010/C 115/01), S. 1–38; zit.: Stockholmer Programm in: Abl. EU Nr. C 115 v. 4.5.2010, S.

5.3.3 ABl. EU Nr. C 218 v. 23.7.2011: Stellungnahme des Europäischen Wirtschafts- und Sozialausschusses zu dem „Vorschlag für eine Richtlinie des Europäischen Parlaments und des Rates über Angriffe auf Informationssysteme und zur Aufhebung des Rahmenbeschlusses 2005/222/JI des Rates" KOM(2010) 517 endg. – 2010/0273 (COD) (2011/C 218/27). Hauptberichterstatter: Peter Morgan, S. 130–134; zit.: ABl. EU Nr. C 218 v. 23.7.2011, S.

6 Europarat

6.1 Report

SG/Inf(2010)4 v. 16.2.2010: Contribution of the Secretary General of the Council of Europe to the twelfth United Nations Congress on Crime Prevention and Criminal Justice, report, Salvador, Brazil, 12.–19.4.2010, S. 1–25; zit.: SG/Inf(2010)4 v. 16.2.2010, S., Nr.

6.2 Empfehlungen

6.2.1 Recommendation No. R (81) 12 v. 25.6.1981: Recommendation No. R (81) 12 of the Committee of Ministers to Member States on Economic Crime, adopted by the Committee of Ministers on 25 June 1981 at the 335th meeting of the Ministers' Deputies, S. 1–4; zit.: Recommendation No. R (81) 12 v. 25.6.1981, S.

6.2.1 Council of Europe, Recommendation No. R (89) 9 of the Committee of Ministers to Member States on Computer-related Crime, adopted by the Committee of Ministers on 13 September 1989 at the 428th meeting of the Ministers' Deputies, p. 1; zit.: Recommendation No. R (89) 9 v. 13.9.1989, S.

6.2.2 Recommendation No. R (89) 9 and final report: European Committee on Crime Problems: Computer-related crime, prefaced by August Bequai. Computer-related crime. Recommendation No. R (89) 9 on computer-related crime and final report of the European Committee on Crime Problems, Strasbourg, Council of Europe, Publishing and Documentation Service, 1990; zit.: Recommendation No. R (89) 9 and final report, S.

6.3 Entwurf

PC-CY, Draft N° 19 v. 25.4.2000: European Committee on Crime Problems (CDPC), Committee of Experts on Crime in Cyber-Space (PC-CY), Draft Convention on Cybercrime (Draft N° 19), Prepared by the Secretariat Directorate General I (Legal Affairs) Declassified – Public version, Strasbourg, 25.4.2000; zit.: PC-CY, Draft N° 19 v. 25.4.2000, Art. Abrufbar unter: http://www.iwar.org.uk/law/resources/eu/cybercrime.htm. Zuletzt abgerufen am 28.7.2017.

7. Resolutionen der Vereinten Nationen

7.1 A/RES/55/63 v. 22.1.2001: General Assembly. Resolution adopted by the General Assembly on the report of the Third Committee (A/55/593). Combating the criminal misuse of information technologies. Fifty-fifth session. Agenda item 105, S. 1–3; zit.: A/RES/55/63 v. 22.1.2001.

7.2 A/RES/56/121 v. 23.1.2001: General Assembly. Resolution adopted by the General Assembly on the report of the Third Committee (A/56/574). 56/121. Combating the criminal misuse of information technologies. Fifty-sixth session. Agenda item 110, S. 1–2; zit.: A/RES/56/121 v. 23.1.2001.

7.3 A/RES/65/230 v. 1.4.2011: General Assembly. Resolution adopted by the General Assembly on 21 December 2010 on the report of the Third Committee (A/65/457) 65/230. Twelfth United Nations Congress on Crime Prevention and Criminal Justice Sixty-fifth session. Agenda item 105, S. 1–12; zit.: A/RES/65/230 v. 1.4.2011, S.

8 Gutachten, Stellungnahmen, Interviews

8.1 Gutachten / Stellungnahmen

8.1.1 BARAN, Paul: On Distributed Communications. V. History, Alternative Approaches, and Comparisons. Memorandum RM-3097-PR. Prepared for United States Air Force Project RAND – Contract No. AF 49(638)-700 monitored by the Directorate of Development Plans, Deputy Chief of Staff. Research and Development, Hq USAF. The Rand Corporation 1964; zit.: *Baran*, Memorandum RM-3097-PR, S. 1–51.

8.1.2 BARAN, Paul: On Distributed Communications. XI Summary Overview. Memorandum RM-3767-PR. Prepared for United States Air Force Project RAND – Contract No. AF 49(638)-700 monitored by the Directorate of Development Plans, Deputy Chief of Staff. Research and Development, Hq USAF. The Rand Corporation 1964; zit.: *Baran*, Memorandum RM-3767-PR, S. 1–23.

8.1.3 BAYERISCHES LANDESKRIMINALAMT: Kurze Zusammenfassung der Beantwortung des Fragenkataloges Computerkriminalität für die öffentliche Anhörung vor dem Rechtsausschuß des Deutschen Bundestages, S. 1–25 als Anlage zum Stenographischen Protokoll über die 26. Sitzung des Rechtsausschusses v. 6.6.1984, S. 53–82; zit.: Bayrisches Landeskriminalamt, Gutachten, S. als Anlage zum stenograph. Protokoll, 26. Sitzung des Rechtsausschusses v. 6.6.1984, S.

8.1.4 BOLT BERANEK AND NEWMAN, INC.: Defense Advanced Research Projects Agency. A History of The Arpanet. The First Decade. 1 April 1981. Report No. 4799. Approved for Public Release. Distribution un-limited. DTTC File Copy AD A115440; zit.: BBN, Report, S.

8.1.5 BORGES, Georg: Stellungnahme zum Gesetzentwurf der Bundesregierung – Entwurf eines … Strafrechtsänderungsgesetzes zur Bekämpfung der Computerkriminalität (...StrÄndG) für die öffentliche Anhörung am 21. März 2007 v. 19.3.2007, S. 1–12; zit.: *Borges* in: Stellungnahme zur öffentlichen Anhörung v. 21.3.2007, S.

8.1.6 BRUNS, Michael: Stellungnahme für die öffentliche Anhörung des Rechtsausschusses des Deutschen Bundestages am 21. März 2007 zu dem Gesetzentwurf der Bundesregierung „Entwurf eines ... Strafrechtsänderungsgesetzes zur Bekämpfung der Computerkriminalität (... StrÄndG) – BT-Drucks. 16/3656“ vom 19. März 2007, S. 1–10; zit.: *Bruns* in: Stellungnahme zur öffentlichen Anhörung v. 21.3.2007, S.

8.1.7 BUNDESMINISTERIUM DER JUSTIZ (Hrsg.): Bekämpfung der Wirtschaftskriminalität: Schlussbericht d. Sachverständigenkommission zur Bekämpfung der Wirtschaftskriminalität – Reform des Wirtschaftsstrafrechts – Über die Beratungsergebnisse. Bonn 1980; zit.: Schlussbericht der SVK, S.

8.1.8 BUNDESMINISTERIUM DER JUSTIZ: Pressemitteilung: Besserer Schutz vor Hackern, Datenklau und Computersabotage, Pressemitteilung des BMJ. 20.9.2006, hrsg. v. Referat Presse- und Öffentlichkeitsarbeit des BMJ, verantwortlich: Eva Schmierer, S. 1–2; zit.: BMJ, Pressemitteilung v. 20.9.2006, S.

8.1.9 CALLIESS, Christian: Stellungnahme als Sachverständiger im Rahmen des öffentlichen Expertengesprächs des Unterausschusses Europarecht des Rechtsausschusses des deutschen Bundestages zum Thema „Entsteht ein einheitliches europäisches Strafrecht?“ am 28. November 2007 v. 23.10.2007, S. 1–42; zit.: *Calliess*, Stellungnahme v. 23.10.2007, S.

8.1.10 DATENSCHUTZGRUPPE: Stellungnahme 4/2001 zum Entwurf einer Konvention des Europarates über Cyberkriminalität, angenommen am 22.3.2001. 5001/01/DE/endg., WP 41, S. 1–10; abrufbar über: http://ec.europa.eu/justice/policies/privacy/docs/wpdocs/2001/wp41de.pdf. Zuletzt abgerufen am 28.7.2017; zit.: Datenschutzgruppe, Stellungnahme 4/2001 v. 22.3.2001, S.

8.1.11 DATEV: Öffentliche Anhörung zu den Entwürfen eine Zweiten Gesetzes zur Bekämpfung der Wirtschaftskriminalität (2.WiKG) am 6. Juni 1984 im Bundeshaus, Bonn. Matrix zur Computerkriminalität, S. 1–2 als Anlage zum Stenographischen Protokoll über die 26. Sitzung des Rechtsausschusses v. 6.6.1984, S. 218–219; zit.: DATEV, Matrix, S. als Anlage zum stenograph. Protokoll, 26. Sitzung des Rechtsausschusses v. 6.6.1984, S.

8.1.12 DEUTSCHER JURISTENTAG: Verhandlungen des 69. Deutschen Juristentages, hrsg v. der Ständigen Deputation des Deutschen Juristentages.

- Band II/1. Sitzungsberichte (Referate und Beschlüsse), München 2013; zit.: 69. DJT, Bd. II/1, S.
- Band II/1. Sitzungsberichte (Diskussion und Beschlussfassung), München 2013; zit.: 69. DJT, Bd. II/2, S.

8.1.13 GERCKE, Marco: Stellungnahme zum Gesetzesentwurf der Bundesregierung zum Strafrechtsänderungsgesetz zur Bekämpfung der Compu-terkriminalität (BT-Drs. 16/3656) zur Vorbereitung der öffentlichen Anhörung im Rechtsausschuss am 21.3.2007, S. 1–10; zit.: *Gercke*, Stellungnahme zur öffentlichen Anhörung v. 21.3.2007, S.

8.1.14 GESAMTVERBAND DER DEUTSCHEN VERSICHERUNGS-WIRTSCHAFT E.V., Köln: Öffentliche Anhörung zu den Entwürfen eine Zweiten Gesetzes zur Bekämpfung der Wirtschaftskriminalität (2. WiKG) – Bundestagsdrucksachen 10/119 und 10/318, S. 1–3 als Anlage zum Stenographischen Protokoll über die 26. Sitzung des Rechtsausschusses v. 6.6.1984, S. 148–176; zit.: GDV, Gutachten, S. als Anlage zum stenograph. Protokoll, 26. Sitzung des Rechtsausschusses v. 6.6.1984, S.

8.1.14.1 Anlage: Hermes Kreditversicherungs-AG: Information Nr. 33 als Anlage zum Stenographischen Protokoll über die 26. Sitzung des Rechtsausschusses v. 6.6.1984, S. 152–163; zit.: Hermes Kreditversicherungs-AG, Information Nr. 33 als Anlage zum stenograph. Protokoll, 26. Sitzung des Rechtsausschusses v. 6.6.1984, S.

8.1.14.2 Anlage: Hermes Kreditversicherungs-AG: Information Nr. 22 als Anlage zum Stenographischen Protokoll über die 26. Sitzung des Rechtsausschusses v. 6.6.1984, S. 164–166; zit.: Hermes Kreditversicherungs-AG, Information Nr. 22 als Anlage zum stenograph. Protokoll, 26. Sitzung des Rechtsausschusses v. 6.6.1984, S.

8.1.14.3 Anlage: Hermes Kreditversicherungs-AG: Information Nr. 75 als Anlage zum Stenographischen Protokoll über die 26. Sitzung des Rechtsausschusses v. 6.6.1984, S. 167–169; zit.: Hermes Kreditversicherungs-AG, Information Nr. 75 als Anlage zum stenograph. Protokoll, 26. Sitzung des Rechtsausschusses v. 6.6.1984, S.

8.1.14.4 Anlage: Hermes Kreditversicherungs-AG: Information Nr. 82 als Anlage zum Stenographischen Protokoll über die 26. Sitzung des Rechtsausschusses v. 6.6.1984, S. 170–171; zit.: Hermes Kreditversicherungs-AG, Information Nr. 82 als Anlage zum stenograph. Protokoll, 26. Sitzung des Rechtsausschusses v. 6.6.1984, S.

8.1.14.5 Anlage: Hermes Kreditversicherungs-AG: Information Nr. 55 als Anlage zum Stenographischen Protokoll über die 26. Sitzung des Rechtsausschusses v. 6.6.1984, S. 172–174; zit.: Hermes Kreditversicherungs-AG, Information Nr. 55 als Anlage zum stenograph. Protokoll, 26. Sitzung des Rechtsausschusses v. 6.6.1984, S.

8.1.14.6 Anlage: Hermes Kreditversicherungs-AG: Allgemeine Bedingungen der Computer-Mißbrauch-Versicherung, S. 1–2 als Anlage zum Stenographischen Protokoll über die 26. Sitzung des Rechtsausschusses v. 6.6.1984, S. 175–176; zit.: AGB der Hermes Kreditversicherungs-AG als Anlage zu GDV, Gutachten, als Anlage zum stenograph. Protokoll, 26. Sitzung des Rechtsausschusses v. 6.6.1984, S.

8.1.15 GRAF, Jürgen-Peter: Stellungnahme zur öffentlichen Anhörung des Rechtsausschusses des Deutschen Bundestages am 21. März 2007 in Berlin zum Entwurf eines Strafrechtsänderungsgesetzes zur Bekämpfung der Computerkriminalität (BT-Drs. 16/3656), S. 1–8; zit.: *Graf* in: Stellungnahme zur öffentlichen Anhörung v. 21.3.2007, S.

8.1.16 HANGE, Michael: Entwurf eines Strafrechtsänderungsgesetzes zur Bekämpfung der Computerkriminalität, hier: Stellungnahme BSI, aus Anlass der Sachverständigenanhörung vor dem Rechtsausschuss des Bundestages (21.3.2007) v. 21.3.2007, S. 1–3; zit.: *Hange* in: Stellungnahme zur öffentlichen Anhörung v. 21.3.2007, S.

8.1.17 HAFT, Fritjof: Deutscher Bundestag – Rechtsausschuß. Öffentliche Anhörung zu den Entwürfen eine Zweiten Gesetzes zur Bekämpfung der Wirtschaftskriminalität (2.WiKG) – Bundestagsdrucksachen 10/119 und 10/318. Kurze Zusammenfassung meiner Stellungnahme in der Anhörung am 6.6.1984, S. 1–11 als Anlage zum Stenographischen Protokoll über die 26. S itzung des Rechtsausschusses v. 6.6.1984, S. 201–211; zit.: *Haft*, Gutachten, S. als Anlage zum stenograph. Protokoll, 26. Sitzung des Rechtsausschusses v. 6.6.1984, S.

8.1.18 HILGENDORF, Eric: Kurze Stellungnahme zum Entwurf eines Strafrechtsänderungsgesetzes zur Bekämpfung der Computerkriminalität (BT-Drucksache 16/3656 vom 30.11.2006) für die öffentliche Anhörung im Rechtsausschuss des Deutschen Bundestages am Mittwoch, dem 21. März 2007, S. 1–12; zit.: *Hilgendorf* in: Stellungnahme zur öffentlichen Anhörung v. 21.3.2007, S.

8.1.19 KUDLICH, Hans: Stellungnahme zum Gesetzesentwurf der Bundesregierung zu einem Strafrechtsänderungsgesetz zur Bekämpfung der Computerkriminalität (BT-Drs. 16/3656) zur Vorbereitung der öffentlichen Anhörung im Rechtsausschuss am 21.3.2007 v. 15.3.2007, S. 1–10; zit.: *Kudlich* in: Stellungnahme zur öffentlichen Anhörung v. 21.3.2007, S.

8.1.20 LAMPE, Ernst-Joachim: Erfordert die Bekämpfung der sogenannten Computerkriminalität neue strafrechtliche Tatbestände? Referat für die 12. Arbeitstagung der Sachverständigenkommission zur Bekämpfung von Wirtschaftskriminalität – Reform des Wirtschaftsstrafrechts. November 1976. Als Anlage 3 zu Tagungsberichte, XII. Band, 12. Arbeitstagung, 22. bis 26. November 1976 in Berlin, S. 1–34; zit.: *Lampe*, Referat 1976, 12. Arbeitstagung der SVK, S.

8.1.21 LINDNER, Felix: Stellungnahme zum Gesetzentwurf der Bundesregierung zu einem Strafrechtsänderungsgesetz zur Bekämpfung der Computerkriminalität (BT-Drs. 16/3656) v. 19.3.2007, S. 1–10; zit.: *Lindner*, in: Stellungnahme zur öffentlichen Anhörung v. 21.3.2007, S.

8.1.22 NIXDORF COMPUTER AG, Paderborn: Stellungnahme der Nixdorf Computer AG, Paderborn, anläßlich der Anhörung vor dem Rechtsausschuß des Deutschen Bundestags zu den Entwürfen eine Zweiten Gesetzes zur Bekämpfung der Wirtschaftskriminalität (2.WiKG) –Bundestagsdrucksachen 10/119 und 10/318, S. 1–8 als Anlage zum Stenographischen Protokoll über die 26. Sitzung des Rechtsausschusses v. 6.6.1984, S. 39–46; zit.: Nixdorf AG, Gutachten, S. als Anlage zum stenograph. Protokoll, 26. Sitzung des Rechtsausschusses v. 6.6.1984, S.

8.1.23 ORGANISATIONSBÜRO DER STRAFVERTEIDIGERVEREINIGUNG: Stellungnahme der Strafverteidigervereinigungen zum Entwurf eines Gesetzes zur Bekämpfung der Korruption v. 7.9.2014, S. 1–6. Berichterstatter: Rechtsanwalt Dr. Jan Bockemühl (Regensburg), Rechtsanwalt Markus Meißner (München), Rechtsanwalt Dr. Matthias Schütrumpf (München); zit.: Organisationsbüro der Strafverteidigervereinigung, Stellungnahme v. 7.9.2014, S.

8.1.24 ORGANISATION FOR ECONOMIC CO-OPERATION AND DEVELOPMENT (Hrsg.): Computer-related crime: Analysis of legal policy. Information Computer Communications Policy. Paris 1986; zit.: OECD, Computer-related crime, S.

8.1.25 POUZIN, Louis: Names and objects in heterogeneous computer networks, S. 1–11, in: ECI Conference 1976. Proceedings of the 1st Conference of the European Cooperation in Informatics Amsterdam, August 9–12, 1976. Lecture Notes in Computer Science. Volume 44. K. Samelson (editor), Berlin, Heidelberg, 1976; zit.: *Pouzin*, computer networks, S.

8.1.26 SATZGER, Helmut: „Entsteht ein einheitliches europäisches Strafrecht?“, Stellungnahme für das Expertengespräch im Unterausschuss Europarecht des Rechtsausschusses des Deutschen Bundestages am 28. November 2007, S. 1–25; zit.: *Satzger*, Stellungnahme v. 28.11.2007, S.

8.1.27 SACHVERSTÄNDIGENKOMMISSION: Zwölfte Arbeitstagung der Sachverständigenkommission zur Bekämpfung der Wirtschaftskriminalität, 22.–26.11.1976, Tagungsberichte, XII. Band; zit.: 12. Arbeitstagung der SVK, S.

8.1.28 SIEBER, Ulrich: The International Emergence of Criminal Information Law. Ius Informationis. Band 1. Köln 1992; zit.: *Sieber*, International Emergence of Criminal Information Law, S.

8.1.29 SIEBER, Ulrich: Öffentliche Anhörung zu den Entwürfen eines Zweiten Gesetzes zur Bekämpfung der Wirtschaftskriminalität. Stellungnahme zu den §§ 263a, 269f., 273f., 348 StGB n.F., S. 1–38 als Anlage zu: Deutscher Bundestag, Stenographisches Protokoll über die 26. Sitzung des Rechtsausschusses v. 6.6.1984. Protokoll Nr. 26. Stellungnahmen zu den Entwürfen eines Zweiten Gesetzes zur Bekämpfung der Wirtschaftskriminalität (2. WiKG). Bundestagsdrucksachen 10/119 und 10/318, S. 237–274; zit.: *Sieber*, Stellungnahme v. 6.6.1984 zum 2. WiKG, S. als Anlage zu BT, Rechtsausschuss, 26. Protokoll v. 6.6.1984, S.

8.1.30 SIEBER, Ulrich: Sind gesetzgeberische Maßnahmen zur Bekämpfung der Computerkriminalität erforderlich? Erscheinungsformen der Computerkriminalität und Reform des Urkundenstrafrechts. Referat für 12. Arbeitstagung der Sachverständigenkommission zur Bekämpfung von Wirtschaftskriminalität – Reform des Wirtschaftsstrafrechts. November 1976, S. 1–106 als Anlage 2 zu Tagungsberichte, XII. Band, 12. Arbeitstagung, 22. bis 26. November 1976 in Berlin; zit.: *Sieber*, Referat 1976, 12. Arbeitstagung der SVK, S.

8.1.31 SIEBER, Ulrich: Straftaten und Strafverfolgung im Internet. Gutachten zum 69. Deutschen Juristentag, 2012, Abteilung Strafrecht, Abschnitt C in: Verhandlungen des 69. Deutschen Juristentages, hrsg. v. der Ständigen Deputation des Deutschen Juristentages. Band I. Gutachten, München 2012, C 1 bis C 157; zit.: *Sieber*, Gutachten zum 69. DJT, S.

8.1.32 STUCKENBERG, Carl-Friedrich: Stellungnahme zum Gesetzentwurf der Bundesregierung – Entwurf eines … Strafrechtsänderungsgesetzes zur Bekämpfung der Computerkriminalität (… StrÄndG), BT-Drs. 16/3656 für die öffentliche Anhörung am 21. März 2007 v. 13.3.2007, S. 1–12; zit.: *Stuckenberg*, in: Stellungnahme zur öffentlichen Anhörung v. 21.3.2007, S.

8.1.33 TIEDEMANN, Klaus: Welche strafrechtlichen Mittel empfehlen sich für eine wirksamere Bekämpfung der Wirtschaftskriminalität? Gutachten zum 49. Deutschen Juristentag. In: Verhandlungen des 49. Deutschen Juristentages, Düsseldorf 1972. Band I (Gutachten), Teil C, S. 1–106; München 1972; zit.: *Tiedemann*, Gutachten zum 49. DJT, S.

8.2 Online publizierte Interviews (Abrufdatum zuletzt: 28.7.2017)

8.2.1 BARAN, Paul: Oral History Interview, OH 182. Conducted by Judy O'Neill on 5 March 1990, Menlo Park, CA, Charles Babbage Institute, Center for the History of Information Processing, University of Minnesota, S. 1–44. Abrufbar unter: http://conservancy.umn.edu/handle/11299/107101; zit.: *Baran*, OH 182, S.

8.2.2 CERF, Vinton Gray: Oral History Interview, OH 191. Conducted by Judy O'Neill on 24 April 1991, Reston, VA, Charles Babbage Institute, Center for the History of Information Processing, University of Minnesota, Minneapolis, S. 1–32. Abrufbar unter: http://conservancy.umn.edu/handle/11299/107214; zit.: *Cerf*, OH 191, S.

8.2.3 CROCKER, Stephen: Oral History Interview, OH 233. Conducted by Judy O'Neill on 24 October 1991, Glenwood, MD, Charles Babbage Institute, Center for the History of Information Processing, University of Minnesota, S. 1–57 Abrufbar unter: http://conservancy.umn.edu/ handle/11299/107234; zit.: *Crocker*, OH 233, S.

8.2.4 HERZFELD, Charles M.: Oral History Interview, OH 208. Conducted by Arthur L. Norberg, on 6 August 1990, Washington, D.C., Charles Babbage Institute, Center for the History of Information Processing, University of Minnesota, Minneapolis, S. 1–27 abrufbar unter: http://conservancy.umn.edu/handle/11299/107357, zuletzt abgerufen am 28.7.2017; zit.: *Herzfeld*, OH 208, S.

8.2.5 KAHN, Robert Elliot: Oral History Interview, OH 192, Conducted by Judy O'Neill on 24 April 1990, Reston, VA, Charles Babbage Institute, Center for the History of Information Processing, University of Minnesota, Minneapolis, S. 1–36. Abrufbar unter: http://conservancy.umn.edu/ handle/11299/107387; zit.: *Kahn*, OH 192, S.

8.2.6 LICKLIDER, J.C.R.: Oral History Interview, OH 150. Conduted by William Aspray and Arthur Norberg on 28 October 1988 Cambridge, MA, Charles Babbage Institute, The Center for the History of Information Processing, University of Minnesota, Minneapolis, S. 1–56. Abrufbar unter: http://conservancy.umn.edu/handle/ 11299/107436; zit.: *Licklider*, OH 150, S.

8.2.7 ROBERTS, Lawrence G.: Oral History Interview, OH 159. Conducted by Arthur L. Norberg, on 4 April 1989, San Mateo, CA, Charles Babbage Institute, Center for the History of Information Processing, University of Minnesota, Minneapolis, S. 1–49. Abrufbar unter: http://conservancy.umn.edu/handle/11299/107608; zit.: *Roberts*, OH 159, S.

8.2.8 RUINA, Jack P.: Oral History Interview, OH 163. Conduted by William Aspray on 20 April 1989 Cambridge, MA, Charles Babbage Institute, The Center for the History of Information Processing, University of Minnesota, Minneapolis, S. 1–12. Abrufbar unter: http://conservancy.umn.edu/handle/11299/107614; zit.: *Ruina*, OH 163, S.

8.2.9 SUTHERLAND, Ivan: Oral History Interview, OH 171. Conduted by William Aspray on 1. May 1989 CPittsburgh, PA, Charles

Babbage Institute, The Center for the History of Information Processing, University of Minnesota, Minneapolis, S. 1–40. Abrufbar unter: http://conservancy.umn.edu/handle/11299/107642; zit.: *Sutherland*, OH 171, S.

8.2.10 TAYLOR, Robert: Oral History Interview, OH 154, Conduted by William Aspray on 28 February 1989 Palo Alto, CA, Charles Babbage Institute, The Center for the History of Information Processing, University of Minnesota, Minneapolis, S. 1–43. Abrufbar unter: http://conservancy.umn.edu/handle/11299/107666; zit.: *Tayler*, OH 154, S.

9. Statistiken und Lageberichte

9.1 BUNDESAMT FÜR SICHERHEIT IN DER INFORMATIONSTECHNIK (Hrsg.): Die Lage der IT-Sicherheit in Deutschland 2015; zit.: BSI, Lagebericht der IT-Sicherheit 2015, S.

9.2 BUNDESAMT FÜR SICHERHEIT IN DER INFORMATIONSTECHNIK (Hrsg.): Die Lage der IT-Sicherheit in Deutschland 2016; zit.: BSI, Lagebericht der IT-Sicherheit 2016, S.

9.3 BUNDESKRIMINALAMT (Hrsg.): Cybercrime. Bundeslagebild 2015. Stand 27.7.2016, Wiesbaden, 2016, veröffentlicht unter: https://www.bka.de/SharedDocs/Downloads/DE/Publikationen/JahresberichteUndLagebilder/Cybercrime/cybercrimeBundeslagebild2015.html?nn=28110. Zuletzt abgerufen am 28.7.2017; zit.: BKA, Bundeslagebild 2015, S.

9.4 BUNDESKRIMINALAMT: Kriminalistisches Institut (KI 12) (Hrsg.). Polizeiliche Kriminalstatistik Bundesrepublik Deutschland. Berichtsjahr 1987, Wiesbaden 1988; zit.: PKS, Berichtsjahr 1987, S.

9.5 BUNDESKRIMINALAMT: Abteilung IZ (Internationale Koordinierung, Bildungs-/Forschungszentrum), Kriminalistisches Institut, Fachbereich IZ 33 (ehemals KI 12) (Hrsg.). Polizeiliche Kriminalstatistik Bundesrepublik Deutschland. Jahrbuch 2015. 63. Ausgabe. Version 4.0. PKS Berichtsjahr 2015. Wiesbaden 2016. Auch abrufbar unter: https://www.bka.de/DE/AktuelleInformationen/StatistikenLagebilder/PolizeilicheKriminalstatistik/PKS2015/pks 2015_node.html. Zuletzt aufgerufen am 28.7.2017; zit.: PKS, Berichtsjahr 2015, S.

9.6 GROEBEL, Jo / METZE-MANGOLD, Verena / VAN DER PEET, Jowon / WARD, David: Twilight Zones in Cyberspace: Crimes, Risk, Surveillance and User-Driven Dynamics. Stabsabteilung der Friedrich-Ebert-Stiftung (Hrsg.), Bonn 2001; zit.: Groebel / Metze-Mangold / Jowon / Ward, Twilight Zones, S.

9.7 LANDESKRIMINALAMT NIEDERSACHSEN: Dunkelfeldstudie – Befragung zu Sicherheit und Kriminalität in Niedersachsen 2013. Abschlussbericht zur ersten Befragung im Frühjahr 2013, Hannover, 2015; zit.: LKA Niedersachsen, Dunkelfeldbefragung 2013, S.

9.8 LANDESKRIMINALAMT NIEDERSACHSEN: Dunkelfeldstudie – Befragung zu Sicherheit und Kriminalität in Niedersachsen 2015. Bericht zu Kernbefunden der Studie, Hannover, Januar 2016, LKA Niedersachsen, Dunkelfeldbefragung 2016; zit.: LKA Niedersachsen, Dunkelfeldbefragung 2016, S.

9.9 MELDE- UND ANALYSESTELLE INFORMATIONSSICHERUNG MELANI (Hrsg.): Informationssicherung. Lage in der Schweiz und international. Halbjahresbericht 2007/I (Januar–Juni). Informatikstrategieorgan Bund ISB. Bundesamt für Polizei fedpol, abrufbar unter: https://www.melani.admin.ch/melani/de/home/dokumentation/berichte/lageberichte/halbjahresbericht-2007-1.html. Zuletzt abgerufen am 28.7.2017; zit.: MELANI, Halbjahresbericht 2007/I, S.

9.10 MELDE- UND ANALYSESTELLE INFORMATIONSSICHERUNG MELANI (Hrsg.): Informationssicherung. Lage in der Schweiz und international. Halbjahresbericht 2016/I (Januar–Juni) vom 28.10.2016. Informatikstrategieorgan Bund ISB. Nachrichtendienst des Bundes NDB, abrufbar unter: https://www.melani.admin.ch/melani/de/home/dokumentation/berichte/lageberichte/halbjahresbericht-2016-1.html. Zuletzt abgerufen am 28.7.2017; zit.: MELANI, Halbjahresbericht 2016/I, S.

9.11 MCAFFEE: Net Losses. Estimating the Global Cost of Cybercrime, Economic Impact of Cybercrime II, Center for Strategic and International Studies, June 2014, S. 2, 8, abrufbar unter: http://www.mcafee.com/us/resources/reports/rp-economic-impact-cybercrime2.pdf, zuletzt abgerufen am 28.7.2017; zit.: McAffee, Net Losses, S.

9.12 STATISTISCHES BUNDESAMT: Rechtspflege. Strafverfolgung 2014. Fachserie 10, Reihe 3, Wiesbaden 2016; zit.: Statistisches Bundesamt, Strafverfolgung 2014, S.

9.13 STATISTISCHES BUNDESAMT: Rechtspflege. Strafverfolgung 2015. Fachserie 10, Reihe 3, Wiesbaden 2017; zit.: Statistisches Bundesamt, Strafverfolgung 2015, S.

10. Gerichtsentscheidungen

10.1 Reichsgericht

10.1.1 Urteil v. 20.10.1896: IV. Strafsenat, Rep. 2069/96, S. 111–116; zit.: RGSt 29, 111, S.

10.1.2 Urteil v. 1.5.1899: I. Strafsenat: Rep. 739/99, S. 165–191; zit.: RGSt 32, 165, S.

10.2 Amtsgericht

AG Frankfurt/M.: Urteil v. 1.7.2005, Az.: 991 Ds 6100 Js 226314/01 (nicht rechtskräftig) in: MultiMedia und Recht (MMR) 2005, S. 863–868 mit Anmerkung von Marco Gercke, a.a.O., S. 868–869.

10.3 Oberlandesgerichte

10.3.2 OLG Köln, Beschluss v. 25.8.2000 – 19 U 2/00 (LG Bonn) in: MMR 2001, S. 52; in: ZUM-RD (Zeitschrift für Urheber- und Medienrecht. Rechtsprechungsdienst) 2000, S. 547–548.

10.3.3 OLG Frankfurt/M.: Beschluss v. 22.5.2006 – 1 Ss 319/05 (AG Frankfurt/M.) (rechtskräftig) in: Computer und Recht (CR) 2006, S. 684–689; in: MMR 2006, S. 547–552 mit Anm. v. Marco Gercke, a.a.O., S. 552–553.

10.4 Bundesgerichtshof

10.4.1 Urteil v. 20.1.2006, Az.:V ZR 134/05, S. 1–13.

10.4.2 Beschluss v. 21.7.2015, Az.: 1 StR 16/15, S. 1–8.

10.5 Bundesverfassungsgericht

10.5.1 BVerfGE 73, 339 (Solange II-Beschluss) v. 22.10.1986: Az: 2 BvR 197/83, S. 339–388; zit.: BVerfGE 73, 339, S. (Solange II).

10.5.2 BVerfGE 89, 155 (Maastricht-Urteil) v. 12.10.1993: Az: 2 BvR 2134, 2159/92, S. 155–213; zit.: BVerfGE 89, 155, S. (Maastricht-Urteil).

10.5.3 BVerfGE 90, 255 (Briefgeheimnis) v. 26.4.1994: Az: 1 BvR 1968/88, S. 255–263; zit.: BVerfGE 90, 255, S. (Briefgeheimnis).

10.5.4 BVerfGE 102, 147 (Bananenmarktordnung), Beschluss v. 7.6.2000: Az: 2 BvL 1/97, S. 147–166; zit.: BVerfGE 102, 147, S. (Bananenmarktordnung).

10.5.5 BVerfGE 113, 273 (Europäischer Haftbefehl) v. 18.7.2005: Az.: 2 BvR 2236/04, S. 273–348 mit Sondervotum der Richterin Lübbe- Wolff, BVerfGE 113, 273, 336; zit.: BVerfGE 113, 273, S. (Europäischer Hafbefehl).

10.5.6 BVerfG (Tachometermanipulationen), Beschluss v. 19.5.2006: Az: 2 BvR 1589/05, Rn 1–11; zit.: Beschluss v. 19.5.2006, Az: 2 BvR 1589/05; in: NJW 2006, 2318, 2319.

10.5.7 BVerfG, Urteil v. 27.2.2008 v. 27.2.2008, Az.: 1 BvR 370/07 in: BVerfG, Urteil v. 27.2.2008 (Online-Durchschung), Rn 1–333; zit.: BVerfG, Urteil v. 27.2.2008 (Online-Durchschung), Rn.

10.5.8 BVerfG, Beschluss v. 18.5.2009, Az.: 2 BvR 2233/07, Rn 1–77; zit.: BVerfG, Beschluss v. 18.5.2009 (§ 202c), Rn.

10.6 Europäischer Gerichtshof

10.6.1 EuGH v. 21.9.1989 (Griechischer Maisskandal): Rs. C-68/88: Kommission der Europäischen Gemeinschaften gegen die Griechische Republik. „Vertragsverletzung – Unterbliebene Feststellung und Bereitstellung von eigenen Mitteln der Gemeinschaft“, Celex-Nr. 61988CJ0068, S. 2965–2988; zit.: EuGH v. 21.9.1989 C-68/88, S., Rn (Griechischer Maisskandal).

10.6.2 EuGH v. 16.6.2005 (Pupino): Rs. C-105/03: Strafverfahren gegen Maria Pupino (Vorabentscheidungsersuchen des Ermittlungsrichters beim Tribunale Florenz), Celex-Nr. 62003CJ0105, S. I 5309–I 5334; zit.: EuGH v. 16.6.2005, C-105/03, S., Rn (Pupino).

10.6.3 EuGH v. 13.9.2005 (Umweltstrafrecht): Rs. C-176/03: Nichtigkeitsklage gem. Art. 35 EUV, Kommission der Europäischen Gemeinschaften gegen den Rat der Europäischen Union, Celex-Nr. 62003CJ0176, S. I-7907–I 7928; zit.: EuGH v. 13.9.2005, C-176/03, S., Rn (Umweltstrafrecht). Auch in: Juristenzeitung (JZ) 2006,

S. 307–310 mit Urteilsanmerkung v. Martin Heger, S. 310–313; zit.: *Heger*, Anm. zu EuGH, Urteil v. 13.9.2005, C-176/03 in: JZ 2006, 310, S.

10.6.4 EuGH v. 23.10.2007 (Meeresverschmutzung): Rs. C-440/05: Nichtigkeitsklage gem. Art. 35 Abs. 6 EUV, Kommission der Europäischen Gemeinschaften gegen den Rat der Europäischen Union, Celex-Nr. 62005CJ0440, S. I-9128–I 9160; zit.: EuGH v. 23.10.2007, C-440/05, S., Rn. Auch in: JZ 2008, S. 248–251 mit Urteilsanmerkung v. Jörg Eisele zu EuGH, Urt. v. 23.10.2007 – C-440/05 in: JZ 2008, S. 251–254; zit.: JZ 2008, 248, S. Urteilsanmerkung v. Ingo E. Fromm zu EuGH, Urt. v. 23.10.2007 – C-440/05 in: Zeitschrift für internationale Strafrechtsdogmatik (ZIS) 2008, S. 168–177; zit.: *Fromm*, ZIS 2008, 168, S.

10.6.5 EuGH v. 13.5.2014 (Google-Urteil): Rs. C-131/12: Google Spain SL/Google Inc. gegen Agencia Española de Protección de Datos (AEPD)/Mario Costeja González in: Abl. EU Nr. C 212 v. 7.7.2014, S. 4–5.

11. Rechtsvorschriften und Gesetzessammlungen

11.1 Nationale Rechtsquellen

11.1.1 Gesetze

11.1.1.1 Gesetz, betreffend die Bestrafung der Entziehung elektrischer Arbeit v. 9.4.1900 (Nr. 2666) in: RGBl. I Nr. 15 v. 23.4.1990, S. 228–229; zit.: RGBl. I Nr. 15 v. 23.4.1990 S.

11.1.1.2 Datenschutzgesetz v. 7.10.1970 in: GVBl. Hessen, Teil I v. 12.10.1970, S. 625–627; zit.: GVBl. Hessen, Teil I v. 7.10.1970, S.

11.1.1.3 Gesetz über das Zentralregister und das Erziehungsregister (Bundeszentralregistergesetz-BZRG) v. 18.3.1971 in: BGBl. I Nr. 24 v. 23.3.1971, S. 243–255; zit.: BGBl. I Nr. 24 v. 23.3.1971, S.

11.1.1.4 Gesetz zur Änderung des Gerichtsverfassungsgesetzes v. 8.9.1971 in: BGBl. I Nr. 93 v. 10.9.1971, S. 1513–1514; zit.: BGBl. I Nr. 93 v. 10.9.1971, S.

11.1.1.5 Einführungsgesetz zum Strafgesetzbuch (EGStGB) v. 2.3.1974 in: BGBl. I Nr. 22 v. 9.3.1974, S. 469–650; zit.: BGBl. I Nr. 22 v. 9.3.1974, S.

11.1.1.6 Gesetz zur Erleichterung der Verwaltungsreform in den Ländern (Zuständigkeitslockerungsgesetz) v. 10.3.1975 in: BGBl. I Nr. 28 v. 15.3.1975, S. 685–695; zit.: BGBl. I Nr. 28 v. 15.3.1975, S.

11.1.1.7 Gesetz zum Schutz vor Mißbrauch personenbezogener Daten bei der Datenverarbeitung (Bundesdatenschutzgesetz-BDSG) v. 27.1.1977 in: BGBl. I Nr. 7 v. 1.2.1977, S. 201–214; zit.: BGBl. I Nr. 7 v. 1.2.1977, S.

11.1.1.8 Zweites Gesetz zur Bekämpfung der Wirtschaftskriminalität (2. WiKG) v. 15.5.1986 in: BGBl. I Nr. 21 v. 23.5.1986, S. 721–729; zit.: BGBl. I Nr. 21 v. 23.5.1986, S.

11.1.1.9 Schengener Durchführungsübereinkommen (Schengen II). Gesetz zu dem Schengener Übereinkommen v. 19.6.1990 betreffend den schrittweisen Abbau der Kontrollen an den gemeinsamen Grenzen v. 17.7.1993 in: BGBl. II Nr. 23 v. 23.7.1993, S. 1010–1093; zit.: BGBl. II Nr. 23 v. 23.7.1993, S.

11.1.1.10 Bekanntmachung über das Inkrafttreten des Vertrags von Amsterdam v. 2.10.1997 v. 6.4.1999 in: BGBl. II Nr. 10 v. 20.4.1999, S. 296; zit.: BGBl. II Nr. 10 v. 20.4.1999, S. 296.

11.1.1.11 Einundvierzigstes Strafrechtsänderungsgesetz zur Bekämpfung der Computerkriminalität (41. StrÄndG) v. 7.8.2007 in: BGBl. I Nr. 38 v. 10.8.2007, S. 1786–1787; zit.: BGBl. I Nr. 38 v. 10.8.2007, S.

11.1.1.12 Gesetz zu dem Übereinkommen des Europarats v. 23.11.2001 über Computerkriminalität v. 5.11.2008 in: BGBl. II Nr. 30 v. 10.11.2008, S. 1242–1275; zit.: BGBl. II Nr. 30 v. 10.11.2008, S.

11.1.1.13 Gesetz zur Änderung des Grundgesetzes (Artikel 91c, 91d, 104b, 109, 109a, 115, 143d) v. 29.7.2009 in: BGBl. I Nr. 48 v. 31.7.2009, S. 2248–2250; zit.: BGBl. I Nr. 48 v. 31.7.2009, S.

11.1.1.14 Gesetz zur Stärkung der Sicherheit in der Informationstechnik des Bundes v. 14.8.2009 in: BGBl. I Nr. 54 v. 19.8.2009, S. 2821–2826; zit.: BGBl. I Nr. 54 v. 19.8.2009, S.

11.1.1.15 Bekanntmachung über das Inkrafttreten des Vertrags von Lissabon v. 13.12.2007 v. 13.11.2009 in: BGBl. II Nr. 36 v. 24.11.2009, S. 1223–1224; zit.: BGBl. II Nr. 36 v. 24.11.2009, S.

11.1.1.16 Bekanntmachung über das Inkrafttreten des Übereinkommens über Computerkriminalität v. 16.2.2010 in: BGBl. II Nr. 9 v. 29.4.2010, S. 218–240; zit.: BGBl. II Nr. 9 v. 29.4.2010, S.

11.1.1.17 Gesetz zur Erhöhung der Sicherheit informationstechnischer Systeme (IT-Sicherheitsgesetz) v. 17.7.2015 in: BGBl. I Nr. 31 v. 24.7.2015, S. 1324–1331; zit.: BGBl. I Nr. 31 v. 24.7.2015, S.

11.1.1.18 Gesetz zur Bekämpfung der Korruption v. 20.11.2015 in: BGBl. I Nr. 46 v. 25.11.2015, S. 2025–2028; zit.: BGBl. I Nr. 46 v. 25.11.2015, S.

11.1.1.19 Gesetz zur Einführung einer Speicherpflicht und einer Höchstspeicherfrist für Verkehrsdaten v. 10.12.2015 in: BGBl. I Nr. 51 v. 17.12.2015, S. 2218–2228; zit.: BGBl. I Nr. 51 v. 17.12.2015, S.

11.1.1.20 Verordnung zur Bestimmung Kritischer Infrastrukturen nach dem BSI-Gesetz (BSI-Kritisverordnung – BSI-KritisV) v. 22.4.2016 in: BGBl. I Nr. 20 v. 2.5.2016, S. 958–969; zit.: BGBl. I Nr. 20 v. 2.5.2016, S.

11.1.1.21 Erste Verordnung zur Änderung der BSI-Kritisverordnung v. 21.6.2017 in: BGBl. I Nr. 40 v. 29.6.2017, S. 1903–1922; zit.: BGBl. I Nr. 40 v. 29.6.2017, S.

11.1.2 Sammlungen von Reformentwürfen und Gesetzen

11.1.2.1 VORMBAUM, Thomas / RENTROP, Kathrin (Hrsg.): Reform des Strafgesetzbuchs. Sammlung der Reformentwürfe. Band 3: 1959 bis 1996. Juristische Zeitgeschichte. Abteilung 3: Beiträge zur modernen deutschen Strafgesetzgebung. Materialien zu einem historischen Kommentar. 20.3. Berlin 2008; zit.: *Vormbaum / Rentrop*, Reform des Strafgesetzbuchs, Bd. 3, S.

11.1.2.2 VORMBAUM, Thomas / WELP, Jürgen (Hrsg.): Das Strafgesetzbuch. Sammlung der Änderungsgesetze und Neubekanntmachungen. Band 2: 1954 bis 1974. Juristische Zeitgeschichte. Abteilung 3: Beiträge zur modernen deutschen Strafgesetzgebung. Materialien zu einem historischen Kommentar. 1.2. Baden-Baden, 1999; zit.: *Vormbaum / Welp*, Strafgesetzbuch, Bd. 2, S.

11.1.2.3 VORMBAUM, Thomas / WELP, Jürgen (Hrsg.): Das Strafgesetzbuch. Sammlung der Änderungsgesetze und Neubekanntmachungen. Band 3: 1975 bis 1992. Juristische Zeitgeschichte. Abteilung 3: Beiträge zur modernen deutschen Strafgesetzgebung. Materialien zu einem historischen Kommentar. 1.3. Baden-Baden, 2000; zit.: *Vormbaum / Welp*, Strafgesetzbuch, Bd. 3, S.

11.1.3 DIN-Normen

11.1.3.1 DIN-Norm 44300, Nr. 19 von 1972.

11.1.3.2 DIN-Norm 44300 Teil 2–2:1.13 von 1985.

11.2 Europa- und Völkerrecht

11.2.1. Übereinkommen des Europarates.

11.2.1.1 Convention on Cybercrime by the Council of Europe. European Treaty Series – No. 185, 23.11.2001, S. 1–22; zit.: Convention on Cyber-crime (ETS - No. 185), 23.11.2001, S.

11.2.1.2 Additional Protocol to the Convention on Cybercrime, concerning the criminalisation of acts of a racist and xenophobic nature committed through computer systems by Council of Europe. European Treaty Se-ries – No. 189, 28.1.2003, S. 1–6; zit.: ETS – No. 189 v. 28.1.2003, S.

11.2.2 Rahmenbeschlüsse

11.2.2.1 Rahmenbeschluss des Rates v. 28.5.2001 zur Bekämpfung von Betrug und Fälschung im Zusammenhang mit unbaren Zahlungsmitteln (2001/413/JI) in: ABl. EG Nr. L 149 v. 2.6.2001, S. 1–4; zit.: ABl. EG Nr. L 149 v. 2.6.2001, S.

11.2.2.2 Rahmenbeschluss 2003/80/JI des Rates v. 27.1.2003 über den Schutz der Umwelt durch das Strafrecht in: ABl. EU Nr. L 29 v. 5.2.2003, S. 55–58; zit.: ABl. EU Nr. L 29 v. 5.2.2003, S.

11.2.2.3 Rahmenbeschluss 2004/68/JI des Rates v. 22.12.2003 zur Bekämpfung der sexuellen Ausbeutung von Kindern und der Kinderpornografie in: ABl. EU Nr. L 13 v. 20.1.2004, S. 44–48; zit.: ABl. EU Nr. L 013 v. 20.1.2004, S.

11.2.2.4 Rahmenbeschluss 2005/222/JI des Rates v. 24.2.2005 über Angriffe auf Informationssysteme in: ABl. EU L 69 v. 16.3.2005, S. 67–71; zit.: ABl. EU L 69 v. 16.3.2005, S.

11.2.2.5 Rahmenbeschluss 2005/667/JI des Rates v. 12.7.2005 zur Verstärkung des strafrechtlichen Rahmens zur Bekämpfung der Verschmutzung durch Schiffe in: ABl. EU Nr. L 255 v. 30.9.2005, S. 164–167; zit.: ABl. EU Nr. L 255 v. 30.9.2005, S.

11.2.3 Richtlinien

11.2.3.1 Richtlinie 95/46/EG des Europäischen Parlaments und des Rates v. 24.10.1995 zum Schutz natürlicher Personen bei der Verarbeitung personenbezogener Daten und zum freien Datenverkehr in: Abl. EU Nr. L 281 v. 23.11.1995, S. 31–50; zit.: Abl. EU Nr. L 281 v. 23.11.1995, S.

11.2.3.2 Richtlinie 97/66/EG des Europäischen Parlaments und des Rates v. 15.12.1997 über die Verarbeitung personenbezogener Daten und den Schutz der Privatsphäre im Bereich der Telekommunikation in: Abl. EG Nr. L 24 v. 30.1.1998, S. 1–8; zit.: Abl. EG Nr. L 24 v. 30.1.1998, S.

11.2.3.3 Richtlinie 98/84/EG des Europäischen Parlaments und des Rates v. 20.11.1998 über den rechtlichen Schutz von zugangskontrollierten Diensten und von Zugangskontrolldiensten in: ABl. EG Nr. L 320 v. 28.11.1998, S. 54–57; zit.: ABl. EG Nr. L 320 v. 28.11.1998 S.

11.2.3.4 Richtlinie 2002/21/EG des Europäischen Parlaments und des Rates v. 7.3.2002 über einen gemeinsamen Rechtsrahmen für elektronische Kommunikationsnetze und -dienste (Rahmenrichtlinie) in: ABl. EG Nr. L 108 v. 24.4.2002, S. 33–50; zit.: ABl. EG Nr. L 108 v. 24.4.2002, S.

11.2.3.5 Richtlinie 2006/24/EG des Europäischen Parlaments und des Rates v. 15.3.2006 über die Vorratsspeicherung von Daten, die bei der Bereitstellung öffentlich zugänglicher elektronischer Kommunikationsdienste oder öffentlicher Kommunikationsnetze erzeugt oder verarbeitet werden, und zur Änderung der Richtlinie 2002/58/EG in: ABl. EU L 105 v. 13.4.2006, S. 54–63; zit.: ABl. EU L 105 v. 13.4.2006, S.

11.2.3.6 Richtlinie 2009/136/EG des Europäischen Parlaments und des Rates v. 25.11.2009 zur Änderung der Richtlinie 2002/22/EG über den Universaldienst und Nutzerrechte bei elektronischen Kommunikationsnetzen und -diensten, der Richtlinie 2002/58/EG über die Verarbeitung personenbezogener Daten und den Schutz der Privatsphäre in der elektronischen Kommunikation und der Verordnung (EG) Nr. 2006/2004 über die Zusammenarbeit im Verbraucherschutz in: ABl. EU L 337 v. 18.12.2009, S. 11–36; zit.: ABl. EU Nr. L 337 v. 18.12.2009, S.

11.2.3.7 Richtlinie 2013/40/EU des Europäischen Parlaments und des Rates v. 12.8.2013 über Angriffe auf Informationssysteme und zur Ersetzung des Rahmenbeschlusses 2005/222/JI des Rates in: ABl. EU L 218 v. 14.8.2013, S. 8–14; zit.: ABl. EU L 218 v. 14.8.2013, S.

11.2.3.8 Richtlinie 2016/1148 des Europäischen Parlaments und des Rates v. 6.7.2016 über Maßnahmen zur Gewährleistung eines hohen gemeinsamen Sicherheitsniveaus von Netz- und Informationssystemen in der Union (NIS-Richtlinie) in: Abl. EU L 194 v. 19.7.2016, S. 1–30; zit.: Abl. EU L 194 v. 19.7.2016, S.

11.3 Gemeinsame Maßnahme

Gemeinsame Maßnahme v. 21.12.1998 – vom Rat aufgrund von Artikel K.3 des Vertrags über die Europäische Union angenommen – betreffend die Strafbarkeit der Beteiligung an einer kriminellen Vereinigung in den Mitgliedstaaten der Europäischen Union, (98/733/JI) in: ABl. EG Nr. L 351 v. 29.12.1998, S. 1–3.

11.4 Sonstiges

11.4.1. Schengener Übereinkommen (Schengen I). Übereinkommen zwischen den Regierungen der Staaten der Benelux-Wirtschaftsunion, der Bundesrepublik Deutschland und der französischen Republik betreffend den schrittweisen Abbau der Kontrollen an den gemeinsamen Grenzen v. 14.6.1985, GMBl. 1986, 79ff. in: Bundesministerium des Innern, Schengener Zusammenarbeit, Textsammlung, S. 3–7; zit.: Schengen I in: GMBl. 1986, S. 79ff. in: BMI, Schengener Zusammenarbeit, Textsammlung, S.

11.4.2 Vertrag von Amsterdam zur Änderung des Vertrags über die Europäische Union, der Verträge zur Gründung der Europäischen Gemeinschaften sowie einiger damit zusammenhängender Rechtsakte (97/C 340/01) v. 2.10.1997 in: Abl. EG Nr. C 340 v. 10.11.1997, S. 1–144; zit.: Abl. EG Nr. C 340 v. 10.11.1997, S.

11.4.3 Aktionsplan des Rates und der Kommission zur bestmöglichen Umsetzung der Bestimmungen des Amsterdamer Vertrags über den Aufbau eines Raums der Freiheit, der Sicherheit und des Rechts vom Rat (Justiz und Inneres) am 3.12.1998 angenommener Text, (1999/C 19/01) in: ABl. EG Nr. C 19 v. 23.1.1999, S. 1–15; zit.: ABl. EG Nr. C 19 v. 23.1.1999, S.

11.4.4 Prävention und Bekämpfung der Organisierten Kriminalität. Eine Strategie der Europäischen Union für den Beginn des neuen Jahrtausends, (2000/C 124/01), in: ABl. EG Nr. C 124 v. 3.5.2000, S. 1–33; zit.: ABl. EG Nr. C 124 v. 3.5.2000, S.

11.4.5 Der Duden in zwölf Bänden. Das Standardwerk zur deutschen Sprache. Hrsg. v. Wissenschaftlichen Rat der Dudenredaktion: Matthias Wermke / Kathrin Kunkel-Razum / Werner Scholze-Stubenrecht. Band 5: Fremdwörterbuch. 8. Auflage. Mannheim/Leipzig/Wien/Zürich 2005; zit.: *Duden*, Fremdwörterbuch, S.

11.4.6 Gemeinsame Erklärung zu den praktischen Modalität des neuen Mitentscheidungsverfahrens (Artikel 251 EG-Vertrag) vom Europäischen Parlament, dem Rat und der Kommission. (2007/C 145/02) in: ABl. EU Nr. C 145 v. 30.6.2007, S. 5–9; zit.: ABl. EU C 145 v. 30.6.2007, S.

11.4.7 ISO-Norm 2382/1:1993 (en), Information technology – Vocabulary – Part 1: Fundamental terms v. 1.1.2007, abrufbar unter: https://www.iso.org/obp/ui/#iso:std:iso-iec:2382:-1:ed-3:v1:en, zuletzt abgerufen am 28.7.2017; zit.: ISO-Norm 2382/1:1993 v. 1.1.2007, sec.

11.4.8 *Kirchner*, Herbert / *Böttcher*, Eike: Abkürzungsverzeichnis der Rechtssprache. 8. Auflage, Berlin 2015.

12. Weitere Internetressourcen (Abrufdatum zuletzt: 28.7.2017)

12.1 Gesetzesentwürfe

12.1.1. Arbeitsentwurf des Landes Hessen.

https://netzpolitik.org/wp-upload/Gesetzentwurf-Datenhehlerei.pdf.

12.1.2. Entwurf eines Gesetzes zur Bekämpfung der Korruption (BMJ), Stand 13.6.2014.

Referentenentwurf des Bundesministeriums der Justiz und für Verbraucherschutz. Entwurf eines Gesetzes zur Bekämpfung der Korruption, unter: http://www.bmjv.de/SharedDocs/Gesetzgebungsverfahren/Dokumente/RefE_KorrBekG.html.

12.2 Beschluss der 83. Konferenz der Justizministerinnen und Justizminister v 13./14.6.2012 in Wiesbaden

Top II. 2: Beschluss über die Einführung eines Straftatbestandes der Datenhehlerei, S. 1. Berichterstatter: Hessen.

https://justizministerium.hessen.de/sites/default/files/HMdJIE/top_ ii.2_ datenhehlerei.pdf.

12.3 Verfassungsbeschwerde v. 16.12.2016 (Az. 1 BvR 2821/16)

https://freiheitsrechte.org/home/wp-con-tent/uploads/2017/01/Verfassungsbeschwerde_Datenhehlerei_public.pdf.

12.4 Ratifikationsstand zur Convention on Cybercrime (ETS: 185)

http://conventions.coe.int/Treaty/Commun/ChercheSig.asp?NT=185&CM=&DF=&CL=GER.

12.5. Statistik zur Anzahl der Internetnutzer

www.internetworldstats.com/stats.htm.

13. Zeitschriften

13.1 Der Spiegel Nr. 46 / 1983. Ein Hacker gibt Auskunft. Zack, bin ich drin in dem System, S. 222–233.

13.2 Der Spiegel Nr. 27 / 1991. Piep vom Hacker, S. 191–192.

13.3 Der Spiegel Nr. 44 / 2010. Hacken für jedermann, S. 131.

Literaturverzeichnis

ABBATE, Janet: Inventing the Internet. Edited by Wiebe E. Bijker, W. Bernard Carlson, and Trevor Pinch. Massachusetts 1999; zit.: *Abbate*, Inventing the Internet, S.

ACHENBACH, Hans: Das Zweite Gesetz zur Bekämpfung der Wirtschaftskriminalität. Neue Juristische Wochenschrift (NJW) 1986, S. 1835–1841.

ACHENBACH, Hans: Die „kleine Münze" des sog Computer-Strafrechts – Zur Strafbarkeit des Leerspielens von Geldspielautomaten. Juristische Ausbildung (Jura) 1991, S. 225–230.

ACHENBACH, Hans: Die wirtschaftsstrafrechtliche Reformbewegung – ein Rückblick, in: Sieber, Ulrich / Dannecker, Gerhard / Kindhäuser, Urs / Vogel, Joachim / Walter, Tonio (Hrsg.): Strafrecht und Wirtschaftsstrafrecht – Dogmatik, Rechtsvergleich, Rechtstatsachen. Festschrift für Klaus Tiedemann zum 70. Geburtstag, Köln, München 2008, S. 47–60; zit.: *Achenbach* in: FS Tiedemann, S.

ADAM, Michael: Die Wirkung von EU-Rahmenbeschlüssen im mitgliedstaatlichen Recht, Europäische Zeitschrift für Wirtschaftsrecht (EuZW) 2005, S. 558–561.

ALBRECHT, Peter-Alexis: Europäische Informalisierung des Strafrechts, Strafverteidiger (StV) 2001, S. 69–73.

ALTENHAIN, Karsten: IT-Strafrecht – Entstehung eines Rechtsgebietes in: Weiß, Norman (Hrsg.): Rechtsentwicklungen im vereinten Deutschland. Potsdamer Studien zu Staat, Recht und Politik. Band 3. Potsdam 2009, S. 117–144; zit.: *Altenhain*, IT-Strafrecht, S.

AMBOS, Kai (Hrsg.): Europäisches Strafrecht post-Lissabon. Göttinger Studien zu den Kriminalwissenschaften. Band. 14. Hrsg. v. Institut für Kriminalwissenschaften. Juristische Fakultät der Georg-August-Universität Göttingen, Ambos, Kai / Duttge, Gunnar / Jehle, Jörg-Martin / Murmann, Uwe. Göttingen 2011; zit.: *Bearb.* in: Ambos, Europäisches Strafrecht post-Lissabon, S.

ARNING, Marian / MOOS, Flemming / SCHEFZIG, Jens: Vergiss(,) Europa! Ein Kommentar zu EuGH, Urt. v. 13.5.2014 – Rs. C-131/12 – Google/Mario Costeja Gonzalez, Computer und Recht (CR) 2014, S. 447–456.

ASHOLT, Martin: Straßenverkehrsstrafrecht: Reformdiskussion und Gesetzgebung seit dem Ausgang des 19. Jahrhunderts. Dissertation FernUniversität in

https://doi.org/10.1515/9783110623031-015

Hagen. Juristische Zeitgeschichte. Abteilung 3. Beiträge zur modernen deutschen Strafgesetzgebung: Materialien zu einem historischen Kommentar. Band 28. Berlin 2007; zit.: *Asholt*, Straßenverkehrsstrafrecht, S.

Auffenberg, Lutz: Bitcoins als Rechnungseinheiten. Eine kritische Auseinandersetzung mit der aktuellen Verwaltungspraxis der BaFin. Neue Zeitschrift für Verwaltungsrecht (NVwZ) 2015. S. 1184–1187.

Bacigalupo, Enrique: Die Europäisierung der Strafrechtswissenschaft, in: Bernd Schünemann, Hans Achenbach, Wilfried Bottke, Bernhard Haffke, Hans-Joachim Rudolphi (Hrsg.): Festschrift für Claus Roxin zum 70. Geburtstag am 15. Mai 2001, Berlin, New York 2001, S. 1361–1374; zit.: *Bacigalupo* in: FS Roxin, S.

Basar, Eren: IT-Sicherheit im Strafrecht („digitaler Hausfriedensbruch“) – Der Gesetzentwurf des Bundesrates zur Einführung eines neuen § 202e StGB. Juris PraxisReport Strafrecht (jurisPR-StrafR) 26/2016 Anm. 1 v. 21.12.2016.

Bäumler, Helmut: Eine sichere Informationsgesellschaft? Zur europäischen Bekämpfung der Computerkriminalität. Datenschutz und Datensicherheit (DuD) 2001, S. 348–352.

Beck, Benjamin: Bitcoins als Geld im Rechtssinne. NJW 2015, S. 580–586.

Beck, Susanne / Meinicke, Dirk: Stellungnahme der DGRI zum Entwurf eines Gesetzes zur Strafbarkeit der Datenhehlerei (Drucks. 18/1288). (RefE) CR 2015, S. 481–484.

Bergauer, Christian: Das materielle Computerstrafrecht. Habilitationsschrift, Karl-Franzens-Universität Graz 2014. Wien 2016; zit.: *Bergauer*, Computerstrafrecht, S.

Betzl, Karl Michael: Computerkriminalität – Dichtung und Wahrheit. Datenverarbeitung – Steuern – Wirtschaft – Recht (DSWR) 1972, S. 317–320.

Betzl, Karl Michael: Computerkriminalität – Viel Lärm um Nichts. DSWR 1972, S. 475–476.

Beukelmann, Stephan: Surfen ohne strafrechtliche Grenzen. NJW 2012, S. 2617–2622.

Binder, Jörg: Strafbarkeit intelligenten Ausspähens von programmrelevanten DV-Informationen. Marburger Wissenschaftliche Beiträge. Band 6. Marburg, 1994; zit.: *Binder*, Strafbarkeit intelligenten Ausspähens, S.

BINDING, Karl: (Hrsg.): Systematisches Handbuch der deutschen Rechtswissenschaft. Abteilung 7, Teil 1, Band 1. Aalen 1991. Neudruck der Ausgabe Leipzig 1985; zit.: *Binding*, Handbuch des Strafrechts, Bd. 1, 1885, S.

BOEHM, Franziska / PESCH, Paulina: Bitcoins: Rechtliche Herausforderungen einer virtuellen Währung. Eine erste juristische Einordung. MuliMedia Recht (MMR) 2014, S. 75–79.

BOEHME-Neßler, Volker: Das Recht auf Vergessenwerden – Ein neues InternetGrundrecht im Europäischen Recht, NVwZ 2014, S. 825–830.

BOGDANDY, Armin / BAST, Jürgen / ARNDT, Felix: Handlungsformen im Unionsrecht. Empirische Analysen und dogmatische Strukturen in einem vermeintlichen Dschungel, Zeitschrift für ausländisches öffentliches Recht und Völkerrecht (ZaöRV) 2002, S. 77–161.

BÖHLKE, Dietmar / YILMAZ, Öznur: Auswirkungen von § 202c StGB auf die Praxis der IT-Sicherheit (§ 202c StGB). Der praktische Umgang mit dem Widerspruch zwischen Wortlaut und gesetzgeberischer Intention. CR 2008, S. 261–266.

BORGES, Georg: Haftung für Identitätsmissbrauch im Online-Banking, NJW 2012, S. 2385–2389.

BORGES, Georg: (Hrsg.): Rechtsfragen der Internet-Auktion. Internet und Recht; Band 1. 1. Auflage. Baden-Baden 2007; zit.: *Bearb.* in: Borges, Internet-Auktion, S.

BORGES, Georg / STUCKENBERG, Carl-Friedrich / WEGENER, Christoph: Bekämpfung der Computerkriminalität. Zum Entwurf eines Strafrechtsänderungsgesetzes zur Bekämpfung der Computerkriminalität. DuD 2007, S. 275–278.

BÖSE, Martin: Die Zuständigkeit der Europäischen Gemeinschaft für das Strafrecht. Zugleich Besprechung von EuGH, Urteil vom 13.9.2005, Goldtammers' Archiv für Strafrecht (GA) 2006, S. 211–224.

BÖSE, Martin: Vorrang des Unionsrechts? in: Ulrich Sieber / Gerhard Dannecker / Urs, Kindhäuser / Joachim Vogel / Tonio Walter (Hrsg.): Festschrift für Klaus Tiedemann zum 70. Geburtstag: Strafrecht und Wirtschaftsstrafrecht – Dogmatik, Rechtsvergleich, Rechtstatsachen, S. 1323–1337. Köln, München 2008; zit.: *Böse* in: FS Tiedemann, S.

BRAUM, Stefan: Aufbruch oder Abbruch europäischer Strafverteidigung? StV 2003, S. 576–581.

BRAUM, Stefan: Das „Corpus Juris" – Legitimität, Erforderlichkeit und Machbarkeit, Juristenzeitung (JZ) 2000, S. 493–500.

BRAUM, Stefan: Europäische Strafgesetzlichkeit. Habilschrift Universität Frankfurt am Main. Juristische Abteilung. Band 40. Frankfurt am Main 2003; zit.: *Braum*, Europäische Strafgesetzlichkeit, 2003, S.

BRAUM, Stefan: Europäisches Strafrecht im administrativen Rechtsstil. Zur kriminalpolitischen Konzeption des „EU-Grünbuchs Europäische Staatsanwaltschaft". Zeitschrift für Rechtspolitik (ZRP) 2002, S. 508–514.

BRÄUTIGAM, Peter / KLINDT, Thomas: Industrie 4.0, das Internet der Dinge und das Recht. NJW 2015, S. 1137–1142.

BRÄUTIGAM, Peter / WILMER, Stefan: Big brother is watching you? – Meldepflichten im geplanten IT-Sicherheitsgesetz. ZRP 2015, S. 38–42.

BREMER, Karsten: Strafbare Internet-Inhalte in internationaler Hinsicht: ist der Nationalstaat wirklich überholt? Dissertation Universität Trier 2000. Europäische Hochschulschriften. Reihe 2: Rechtswissenschaften. Band 3053. Frankfurt am Main 2000; zit.: *Bremer*, Strafbare Internet-Inhalte, S.

BREYER, Patrick: Die Cyber-Crime-Konvention des Europarats. DuD 2001, S. 592–600.

BRODOWSKI, Dominik: Strafbare Entziehung elektrischer Energie durch Aufladen eines Mobiltelefons? Zeitschrift für das Juristische Studium (ZJS) 2010, S. 144–147.

BRODOWSKI, Dominik / FREILING, Felix C.: Cyberkriminalität. Computerstrafrecht und die digitale Schattenwirtschaft. Freie Universität Berlin. Schriftenreihe Forschungsforum Öffentliche Sicherheit. Schriftenreiche Sicherheit, Nr. 4, Berlin 2011; zit.: *Brodowski / Freiling*, Cyberkriminalität, S.

BRODOWSKI, Dominik / MARNAU, Ninja: Tatobjekt und Vortaten der Datenhehlerei (§ 202d StGB). Neue Zeitschrift für Strafrecht (NStZ) 2017, S. 377–388.

BRÜHL, Friederike Gräfin von / BRANDENBURG, Anne: Cyberbedrohungen: Rechtliche Rahmenbedingungen und praktische Lösungen. Der IT-Rechtsberater (ITRB) 2013, S. 260–263.

BRÜNER, Franz-Hermann / HETZER, Wolfgang: Nationale Strafverfolgung und Europäische Beweisführung? NStZ 2003, S. 113–118.

BUCHHOLTZ, Gabriele: Das „Recht auf Vergessen" im Internet. Vorschläge für ein neues Schutzkonzept. Zeitschrift für Datenschutz (ZD) 2015, S. 570–577.

BUERMEYER, Ulf / GOLLA, Sebastian: „Digitaler Hausfriedensbruch" – Der Entwurf eines Gesetzes zur Strafbarkeit der unbefugten Benutzung informationstechnischer Systeme. Kommunikation und Recht (K&R) 2017, S. 14–18.

BÜHLER, Christoph: Ein Versuch, Computerkriminellen das Handwerk zu legen: Das Zweite Gesetz zur Bekämpfung der Wirtschaftskriminalität. Monatsschrift für Deutsches Recht (MDR) 1987, S. 448–457.

BULL, Hans Peter: Datenschutz oder Die Angst vor dem Computer. München/ Zürich 1984; zit.: *Bull*, Datenschutz, S.

BULL, Hans Peter: Was ist Informationsrecht? JurPC – Internet-Zeitschrift für Rechtsinformatik und Informationsrecht (Jur-PC) 1986, S. 287–293.

BUNZ, Mercedes: Vom Speicher zum Verteiler – Die Geschichte des Internets. Copyrights, Band 20. Hrsg. v. Dirk Baecker / Elmar Lampson. 2. Auflage, Berlin 2009; zit.: *Bunz*, Vom Speicher zum Verteiler, S.

BUONO, Laviero: The Key Features of the EU Cybercrime Directive 2013. The newly adopted European framework for legislative measures on attacks against information systems. Computer Law Review International (CRi) 2013, S. 103–107.

BUSCH, Roger J: Schöne neue digitale Welt? Mensch, Computer und Informationsgesellschaft. Beiträge aus christlicher Perspektive, hrsg. v. Ralf Geisler, Renate Knüppel, Gerhard Wegner. Band 9. Hannover 1999; zit.: *Busch*, Schöne neue digitale Welt?, S.

BURKERT, Herbert / HETTICH, Peter / THOUVENIN, Florent: Eine kritische Geschichte des Informationsrechts. Erlebte, bevorstehende und versäumte Paradigmenwechsel im Recht zufolge Digitalisierung. Recht im digitalen Zeitalter. Festgabe Schweizerischer Juristentag 2015 in St. Gallen. Hrsg. im Auftrag der Rechtswissenschaftlichen Abteilung der Universität St. Gallen von Lukas Gschwend, Peter Hettich, Markus Müller-Chen, Benjamin Schindler, Isabelle Wildhaber. Zürich/St. Gallen 2015, S. 49–73; zit.: *Burkert / Hettich / Thouvernin*, Kritische Geschichte des Informationsrechts, S.

CEFFINATO, Tobias: Vermögensstraftaten im und über das Internet. Neue Zeitschrift für Wirtschafts-, Steuer- und Unternehmensstrafrecht (NZWiSt) 2016, S. 464–467.

CLOUGH, Jonathan: Principles of Cybercrime, Cambridge 2010; zit.: *Clough*, Principles of Cybercrime.

CORNELIUS, Kai: Zur Strafbarkeit des Anbietens von Hackertools. Was nach dem 41. Strafrechtsänderungsgesetz noch für die IT-Sicherheit getan werden darf. CR 2007, S. 682–688.

DANNECKER, Gerhard: Neuere Entwicklungen im Bereich der Computerkriminalität – Aktuelle Erscheinungsformen und Anforderungen an eine effektive Bekämpfung. Betriebs Berater (BB) 1996, S. 1285–1294.

DANNECKER, Gerhard: Strafrecht der Europäischen Gemeinschaft in: Albin Eser / Barbara Huber (Hrsg.): Strafrechtsentwicklung in Europa 4 – Teil 3, Beiträge und Materialien aus dem Max-Planck-Institut für ausländisches und internationales Strafrecht. Band S 40/3. Eigenverlag Max-Planck-Institut für ausländisches und internationales Strafrecht, Freiburg i.Br. 1995; zit.: *Dannecker*, Strafrecht der Europäischen Gemeinschaft, S.

DANWITZ, Thomas von: Europäisches Verwaltungsrecht. Enzyklopädie der Rechts- und Staatswissenschaft. Berlin, Heidelberg 2008; zit.: *Danwitz*, Europäisches Verwaltungsrecht, S.

DIETRICH, Ralf: Das Erfordernis der besonderen Sicherung im StGB am Beispiel des Ausspähens von Daten, § 202a StGB: Kritik und spezialpräventiver Ansatz. Dissertation Universität Tübingen 2008. Strafrechtliche Abhandlungen. Band 211. Berlin, 2009; zit.: *Dietrich*, Das Erfordernis der besonderen Sicherung im StGB am Beispiel des Ausspähens von Daten, § 202a StGB, Kritik und spezialpräventiver Ansatz, 2009.

DIX, Alexander: Regelungsdefizite der Cyber-Crime-Konvention und der E-TKÜV, DuD 2001, S. 588–591.

DIX, Alexander / KIPKER, Dennis-Kenji / SCHAAR, Peter: Schnellschuss gegen die Grundrechte. Plädoyer für eine ausführliche öffentliche Debatte in Sachen Vorratsdatenspeicherung. ZD 2015, S. 300–305.

DORNSEIF, Maximillian: Phänomenologie der IT-Delinquenz. Computerkriminalität, Datennetzkriminalität, Multimediakriminalität, Cybercrime, Cyberterror und Cyberwar in der Praxis. Dissertation Universität Bonn, 2005; zit.: *Dornseif*, Phänomenologie der IT-Delinquenz, S.

DRUEY, Jean Nicolas: Information als Gegenstand des Rechts. Entwurf einer Grundlegung. Zürich, Baden-Baden 1995; zit.: *Druey*, Information, S.

ECKHARDT, Jens: Der Referentenentwurf zum IT-Sicherheitsgesetz – Schutz der digitalen Zukunft? Eine erste Bestandsaufnahme. ZD 2014, S. 599–605.

EISELE, Jörg: Computer- und Medienstrafrecht. Studium und Praxis. München 2013; zit.: *Eisele*, Computer- und Medienstrafrecht, S., Rn.

EISELE, Jörg: Der Kernbereich des Computerstrafrechts. Jura 2012, S. 922–934.

EISELE, Jörg: Einflußnahme auf nationales Strafrecht durch die Richtliniengebung der Europäischen Gemeinschaft. JZ 2001, S. 1157–1165.

Ernst, Stefan: Computerstrafrecht 2007, Der Sachverständige (DS) 2007, S. 335–340.

Ernst, Stefan: Das neue Computerstrafrecht, NJW 2007, S. 2661–2666.

Ernst, Stefan (Hrsg.): Hacker, Cracker & Computerviren: Recht und Praxis der Informationssicherheit. Bearb. von Stefan Ernst, Grzebiela, Torsten, Mankowski, Peter, Pierrot, Oliver, Reichenbach, Martin, Schorr, Michael, Schultis, Klaus. Köln 2004; zit.: *Bearb.* in: Ernst (Hrsg.), Hacker, Cracker & Computerviren, S.

Ernst, Stefan: Hacker und Computerviren im Strafrecht. DS 2004, S. 14–17.

Ernst, Stefan: Hacker und Computerviren im Strafrecht. NJW 2003, S. 3233–3239.

Eser, Albin: Brauchen wir ein Europäisches Strafgesetzbuch? in: Herta Däubler-Gmelin (Hrsg.): Recht schafft Zukunft: Perspektiven der Rechtspolitik in einer globalisierten Welt. Bonn 2003, S. 136–150; zit.: *Eser*, Brauchen wir ein Europäisches Strafgesetzbuch?, S.

Federrath, Hannes: Technik der Cloud. Zeitschrift für Urheber- und Medienrecht (ZUM) 2014, S. 1–3.

Fiedler, Herbert: Die Notwendigkeit informationeller Garantien und die zweite Geburt der Rechtsinformatik. JurPC 1993, S. 2346–2351.

Fiedler, Herbert: Rechenautomaten in Recht und Verwaltung. JZ 1966, S. 689–696.

Fiedler, Herbert: Rechtsinformatik – Die Chance einer zweiten Geburt. Zur Tagung in Marburg (23.–25.9.93 – Programm in jur-pc aktuell dieses Heftes). JurPC 1993, S. 2211.

Fiedler, Herbert: Struktur und Geleit. CR 1985, S. 3–4.

Finke, Thorsten: Die strafrechtliche Verantwortung von Internet-Providern. Universität Tübingen. Tübingen 1998; zit.: *Finke*, Internet-Provider, S.

Fischer, Thomas: Beck'sche Kurzkommentare. Band 10. Strafgesetzbuch mit Nebengesetzen. 64. Auflage. München 2017; zit.: *Fischer*, §, Rn.

Fischer-Lescano, Andreas: Völkerrechtliche Praxis der Bundesrepublik Deutschland in den Jahren 2000 bis 2002 – 1. Teil: Allgemeine Fragen des Völkerrechts und Individualrechte, ZaöRV 2004, S. 195–242.

Franck, Lorenz: Datenhehlerei nach dem künftigen § 202d StGB. Recht der Datenverarbeitung (RDV) 2015. S. 180–183.

FRIEDEWALD, Michael: Vom Experimentierfeld zum Massenmedium: Gestaltende Kräfte in der Entwicklung des Internet, in: Verein deutscher Ingenieure (Hrsg.): Technikgeschichte. Band 67, Heft 4. Berlin 2000, S. 331–361; zit.: *Friedewald*, Experimentierfeld, S.

GÄRDITZ, Klaus Ferdinand / GUSY, Christoph: Zur Wirkung europäischer Rahmenbeschlüsse im innerstaatlichen Recht. Zugleich Besprechung von EuGH, Urteil vom 16.6.2005, Goldtammers' Archiv für Strafrecht (GA) 2006, S. 225–237.

GÉCZY-SPARWASSER, Vanessa: Die Gesetzgebungsgeschichte des Internet: die Reaktion des Gesetzgebers auf das Internet unter Berücksichtigung der Entwicklung in den U.S.A. und unter Einbeziehung gemeinschaftsrechtlicher Vorgaben. Dissertation Universität Freiburg (Breisgau) 2001/2002. Beiträge zum Informationsrecht. Band 3. Berlin 2003; zit.: *Géczy-Sparwasser*, Gesetzgebungsgeschichte, S.

GERCKE, Björn: Straftaten und Strafverfolgung im Internet, GA 2012, S. 474–490.

GERCKE, Marco: 10 years Convention on Cybercrime. Achievements and Failures of the Council of Europe's Instrument in the Fight against Internet-related Crimes. CRi 2011, S. 142–149.

GERCKE, Marco: Analyse des Umsetzungsbedarfs der Cybercrime Konvention Teil 1: Umsetzung im Bereich des materiellen Strafrechts, MultiMedia Recht (MMR) 2004, S. 728–735.

GERCKE, Marco: Content of a Comprehensive Cybersecurity Legal Framework. Structuring the legislative Cybersecurity inventory into minimum standards and optional add-ons. CRi 2014, S. 33–40.

GERCKE, Marco: Cybersecurity Strategy. Why it is necessary to move from Cybersecurity philosophies to true Cybersecurity strategies. CRi 2013, S. 136–142.

GERCKE, Marco: „Cyberterrorismus" – Aktivitäten terroristischer Organisationen im Internet. Die Möglichkeiten und Grenzen legislativer Ansätze zur Bekämpfung von Aktivitäten terroristischer Gruppen im Internet, CR 2007, S. 62–68.

GERCKE, Marco: Der Entwurf für eine EU-Richtlinie über Netz- und Informationssicherheit (NIS). Was kommt auf deutsche Unternehmen zu? CR 2016, S. 28–30.

Gercke, Marco: Der Rahmenbeschluss über Angriffe auf Informationssysteme. Harmonisierungsbestrebungen im Bereich des Informationsstrafrechts in der EU und ihre Bedeutung für das Computer- und Internetstrafrecht in Deutschland, CR 2005, S. 468–472.

Gercke, Marco: Die Bekämpfung der Internetkriminalität als Herausforderung für die Strafverfolgungsbehörden. MMR 2008, S. 291–298.

Gercke, Marco: Die Cybercrime Konvention des Europarates. Bedeutung und Tragweite ihres völkerrechtlichen Einflusses auf das Straf- und Strafverfahrensrecht in Deutschland. CR 2004, S. 782–791.

Gercke, Marco: Die Entwicklung des Internetstrafrechts im Jahr 2004. ZUM 2005, S. 612–620.

Gercke, Marco: Die Entwicklung des Internetstrafrechts im Jahr 2005. ZUM 2006, S. 284–294.

Gercke, Marco: Die Entwicklung des Internetstrafrechts im Jahr 2006, ZUM 2007, S. 282–294.

Gercke, Marco: Die Entwicklung des Internetstrafrechts im Jahr 2007, ZUM 2008, S. 545–556.

Gercke, Marco: Die Entwicklung des Internetstrafrechts im Jahr 2008, ZUM 2009, S. 526–538.

Gercke, Marco: Die Entwicklung des Internetstrafrechts 2009/2010. ZUM 2010, S. 633–645.

Gercke, Marco: Die Entwicklung des Internetstrafrechts 2011/2012. ZUM 2012, S. 625–636.

Gercke, Marco: Die Entwicklung des Internetstrafrechts 2012/2012. ZUM 2013, S. 605–613.

Gercke, Marco: Die Entwicklung des Internetstrafrechts 2013/2014. ZUM 2014, S. 641–653.

Gercke, Marco: Die Entwicklung des Internetstrafrechts 2014/2015. ZUM 2015, S. 772–782.

Gercke, Marco: Die Entwicklung des Internetstrafrechts 2015/2016. ZUM 2016, S. 825–834.

Gercke, Marco: Die Harmonisierung des europäischen Strafrechts am Beispiel des Internetstrafrechts. StV 2016, S. 391–394.

Gercke, Marco: Die Strafbarkeit von „Phishing“ und Identitätsdiebstahl. Eine Analyse der Reichweite des geltenden Strafrechts. CR 2005, S. 606–612.

Gercke, Marco: Hard And Soft Law Options in Response to Cybercrime. How to weave a more effective net of global responses, CRi 2012, S. 78–87.

Gercke, Marco: Impact of the Lisbon Treaty on Fighting Cybercrime in the EU. The redefined role of the EU and the change in approach from patchwork to comprehensiveness. CRi 2010, S. 75–80.

Gercke, Marco: Internationale Entwicklungen im Informationsstrafrecht, S. 695–705 in: Jürgen Taeger (Hrsg.): Tagungsband Herbstakademie 2010. Digitale Evolution – Herausforderungen. 2010; zit.: *Gercke* in: Taeger / Wiebe, S.

Gercke, Marco: Strafrechtliche und strafprozessuale Aspekte von Cloud Computing und Cloud Storage. CR 2010, S. 345–348.

Gercke, Marco / Brunst, Phillip W.: Praxishandbuch Internetstrafrecht. 1. Auflage, Stuttgart 2009; zit.: *Bearb.* in: Gercke / Brunst, S., Rn.

Gitter, Rotraud / Meißner, Alexander / Spauschus, Philipp: Das IT-Sicherheitsgesetz. Sicherheit und Datenschutz – gemeinsames Ziel oder Widerspruch? DuD 2016, S. 7–11.

Goeckenjan, Ingke: Auswirkungen des 41. Strafrechtsänderungsgesetzes auf die Strafbarkeit des „Phishings“. Zeitschrift für Wirtschaft, Steuer, Strafrecht (wistra) 2009, S. 47–55.

Goldmann, Günter / Stenger, Hans-Jürgen: Unbefugtes Eindringen in Computersysteme. Eine Betrachtung aus polizeilicher Sicht. CR 1989, S. 543–547.

Goldscheider, Peter / Zemanek, Heinz: Computer. Werkzeug der Information. Unter Mitarbeit von Heinz-Peter Chladek, Franz Lenk, Walter Pachl, Manfred Stadler. Berlin/Heidelberg/New York 1971; zit.: *Goldscheider / Zemanek*, Computer, S.

Golla, Sebastian J. / Mühlen, Nicolas von zur: Der Entwurf eines Gesetzes zur Strafbarkeit der Datenhehlerei. Zur Legitimation und Zweckmäßigkeit eines allgemeinen Perpetuierungsdeliktes im Informationsstrafrecht. JZ 2014, S. 668–674.

Graf, Jürgen-Peter: „Phishing“ derzeit nicht generell strafbar!, NStZ 2007, S. 129–132.

Gravenreuth, Günther Freiherr von: Computerviren, Hacker, Datenspione, Crasher und Cracker – Überblick und rechtliche Einordnung. NStZ 1989, S. 201–207.

GRÄWE, Svenja Lena: Die Entstehung der Rechtsinformatik. Wissenschaftsgeschichtliche und -theoretische Analyse einer Querschnittsdisziplin. Dissertation Universität Münster 2010. Schriftenreihe zum Datenschutz- und Informationsrecht, hrsg. v. Prof. Dr. Michael Ronellenfitsch. Band 4. Hamburg 2011; zit.: *Gräwe*, Rechtsinformatik, S.

GROBAUER, Bernd / KOSSAKOWSI, Klaus-Peter / SCHRECK, Thomas: Klassifikation von IT-Sicherheitsvorfällen, DuD 2016, S. 17–21.

GROEBEN, Hans von der / SCHWARZE, Jürgen (Hrsg.): Kommentar zum Vertrag über die Europäische Union und zur Gründung der Europäischen Gemeinschaft. Band 1. Art. 1–53 EUV; Art. 1–80 EGV. 6. Auflage. Baden-Baden 2003; zit.: *Bearb.* in: v.d.Groeben / Schwarze, Art., Rn.

GROSCH, Olaf / LIEBL, Karlhans: Computerkriminalität und Betriebsspionage. Zum strafrechtlichen Schutz bei computerbezogener Betriebsspionage. CR 1988, S. 567–574.

GRÖSELING, Nadine / HÖFINGER, Frank Michael: Computersabotage und Vorfeldkriminalisierung. Auswirkungen des 41. StrÄndG zur Bekämpfung der Computerkriminalität. MMR 2007, S. 626–630.

GRÖSELING, Nadine / HÖFINGER, Frank Michael: Hacking und Computerspionage. Auswirkungen des 41. StrÄndG zur Bekämpfung der Computerkriminalität. MMR 2007, S. 549–553.

GRUDZIEN, Waldemar: IT-Sicherheitsgesetz – Gedanken zur Implementierung, DuD 2016, S. 29–33.

GRZYWOTZ, Johanna / KÖHLER, Olaf Markus / RÜCKERT, Christian: Cybercrime mit Bitcoins – Straftaten mit virtuellen Währungen, deren Verfolgung und Prävention. StV 2016, S. 753–759.

GUDER, Leonie F.: Völkerrechtliche Praxis der Bundesrepublik Deutschland in den Jahren 2000 bis 2002 – 2. Teil: Wirtschaft, Umwelt und Entwicklung. ZaöRV 2004, S. 795–848.

GUSY, Christoph / SCHEWE, Christoph S.: Polizeiliche und justizielle Zusammenarbeit in: Werner Weidenfeld / Wolfgang Wessels (Hrsg.): Jahrbuch der Europäischen Integration 2002/03. Institut für Europäische Politik. Berlin, Bonn 2003, S. 185–192; zit.: *Gusy* / *Schewe*, Polizeiliche und justizielle Zusammenarbeit, S.

HÄBERLE, Peter: Verfassungslehre als Kulturwissenschaft. Schriften zum öffentlichen Recht. Band 436. Berlin 1982; zit.: *Häberle*, Verfassungslehre als Kulturwissenschaft, S.

Hafner, Katie / Lyon, Matthew: Arpa Kadabra oder die Geschichte des Internet. 2. Auflage. Heidelberg 2000; zit.: *Hafner / Lyon*, Arpa Kadabra, S.

Haft, Fritjof: Das zweite Gesetz zur Bekämpfung der Wirtschaftskriminalität (2. WiKG) – Teil 2: Computerdelikte. NStZ 1987, S. 6–10.

Hansen, Marit: Vertraulichkeit und Integrität von Daten und IT-Systemen im Cloud-Zeitalter. DuD 2012, S. 407–412.

Hassemer, Winfried: Vielfalt und Wandel eines interkulturellen Strafrechts, S. 157–180 in: Höffe, Otfried (Hrsg.): Gibt es ein interkulturelles Strafrecht? Ein philosophischer Versuch, 1. Aufl., Frankfurt am Main 1999, S. 157–180; zit.: *Hassemer*, Vielfalt und Wandel eines interkulturellen Strafrechts in: Höffe, S.

Hauptmann, Peter-Helge: Zur Strafbarkeit des sog. Computerhackens – Die Problematik des Tatbestandsmerkmals „Verschaffen“ in § 202a StGB. jur-PC 1989, S. 215–218.

Heckmann, Dirk: Persönlichkeitsschutz im Internet. Anonymität der IT-Nutzung und permanente Datenverknüpfung als Herausforderung für Ehrschutz und Profilschutz. NJW 2012, S. 2631–2635.

Heine, Sonja: Bitcoins und Botnetze – Strafbarkeit und Vermögensabschöpfung bei illegalem Bitcoin-Mining. NStZ 2016, S. 441–446.

Heinrich, Bernd: Aktuelle Probleme des Internetstrafrechts. Humboldt Forum Recht. Die juristische Internet-Zeitschrift an der Humboldt-Universität zu Berlin (HFR) 2006, S. 125–136.

Heinrich, Manfred: Neue Medien und klassisches Strafrecht – § 184b IV StGB im Lichte der Internetdelinquenz. NStZ 2005, S. 361–366.

Hellige, Hans Dieter: Die Geschichte des Internet als Lernprozess, in: Hans-Jörg Kreowski (Hrsg.): Informatik und Gesellschaft: Verflechtungen und Perspektiven. Kritische Informatik. Band 4. Münster, Hamburg/Berlin 2007, S. 121–170; zit.: *Hellige*, Geschichte des Internet in: Kreowski (Hrsg.), S.

Hellige, Hans Dieter (Hrsg.): Geschichten der Informatik. Visionen, Paradigmen, Leitmotive. Berlin/Heidelberg 2004; zit.: *Bearb.* in: Hellige, Geschichten der Informatik, S.

Hessel, Stefan: Soziale Netzwerke im Fokus von Phishing-Angriffen – Eine Analyse aus technischer und rechtlicher Sicht. JurPC Web Dok. 137/2016, Abs. 1–102. Online seit: 27.9.2016, zuletzt aufgerufen am 29.7.2017 unter: http://www.jurpc.de/ jurpc/show?id=20160137; zit.: *Hessel*, JurPC Web-Dok. 137/2016, Abs.

HILGENDORF, Eric: Aktuelle Fragen des materiellen Computer- und Internetstrafrechts im Spiegel neuerer Gesamtdarstellungen. Zeitschrift für die gesamte Strafrechtswissenschaft (ZStW) 2006, S. 202–214.

HILGENDORF, Eric: Denial of service-Angriffe straflos? Anmerkung zu: OLG Frankfurt a.M., Beschluß vom 22. 5. 2006 - 1 Ss 319/05. jurisPR-ITR 10/2006 Anm. 5.

HILGENDORF, Eric: Die strafrechtliche Regulierung des Internet als Aufgabe eines modernen Technikrechts. JZ 2012, S. 825–832.

HILGENDORF, Eric: Grundfälle zum Computerstrafrecht, Juristische Schulung (JuS) 1996, S. 509–512.

HILGENDORF, Eric: Nationales oder transnationales Strafrecht? Europäisches Strafrecht, Völkerstrafrecht und Weltrechtsgrundsatz im Zeitalter der Globalisierung in: Horst Dreier, Hans Forkel, Klaus Laubenthal (Hrsg.): Raum und Recht. Festschrift 600 Jahre Würzburger Juristenfakultät, Berlin 2002, S. 333–356; zit.: *Hilgendorf*, Nationales oder transnationales Strafrecht?, S.

HILGENDORF, Eric: Tendenzen und Probleme einer Harmonisierung des Internetstrafrechts auf Europäischer Ebene, in: Christan Schwarzenegger, Oliver Arter, Florian S. Jörg (Hrsg.): Internet-Recht und Strafrecht: 4. Tagungsband. Bern 2005. S. 257–297; zit.: *Hilgendorf*, Harmonisierung des Internetstrafrechts in: Schwarzenegger / Arter / Jörg, S.

HILGENDORF, Eric / FRANK, Thomas / VALERIUS, Brian: Computer- und Internetstrafrecht: ein Grundriss. 1. Auflage. Berlin/Heidelberg/New York 2005; zit.: *Hilgendorf / Frank / Valerius*, Computer- und Internetstrafrecht, Rn.

HILGENDORF, Eric / WOLF, Christian: Internetstrafrecht – Grundlagen und aktuelle Fragestellungen. K&R 2006, S. 541–547.

HIRSCH, Hans-Joachim: Gibt es eine national unabhängige Strafrechtswissenschaft?, S. 43–58 in: Manfred Seebode (Hrsg.): Festschrift für Günter Spendel zum 70. Geburtstag am 11. Juli 1992, Berlin, New York 1992; zit.: *Hirsch* in: FS Spendel, S.

HOEREN, Thomas: Das neue Computerstrafrecht der DDR. CR 1989, S. 1109–1112.

HOEREN, Thomas: Das Internet für Juristen – eine Einführung. NJW 1995, S. 3295–3298.

HOEREN, Thomas: Internet und Recht – Neue Paradigmen des Informationsrechts. NJW 1998, S. 2849–2854.

Hoeren, Thomas: Zur Einführung: Informationsrecht. JuS 2002, S. 947–953.

Hoffmann, Christian: Die Computerkriminalität im Spiegel der polizeilichen Kriminalstatistik des Jahres 1989. JurPC 1991, S. 1108–1114.

Hoffmanns, Sebastian: Die „Lufthansa-Blockade" 2001 – eine (strafbare) Online-Demonstration? Zeitschrift für Internationale Strafrechtsdogmatik (ZIS) 2012, S. 409–414.

Holzner, Stefan: Klarstellung strafrechtlicher Tatbestände durch den Gesetzgeber erforderlich. ZRP 2009, S. 177–178.

Hong, Seung-Hee: Flexibilisierungstendenzen des modernen Strafrechts und das Computerstrafrecht. Dissertation Universität Konstanz. Online publiziert über KOPS – Das Institutionelle Repositorium der Universität Konstanz. Abrufbar unter: http:// nbn-resolving.de/urn:nbn:de:bsz:352-opus-9542. Zuletzt abgerufen am: 29.7.2017; zit.: *Hong*, Flexibilisierungstendenzen, S.

Hopkins, Shannon. L.: Cyber crime convention: A positive beginning to a long road ahead. Journal of High Technology Law (JHTL) 2003 vol. 2, S. 101–121.

Hornung, Gerrit: Neue Pflichten für Betreiber kritischer Infrastrukturen: Das IT-Sicherheitsgesetz des Bundes. NJW 2015, S. 3334–3340.

Hyner, Dirk: Sicherheit in elektronischen Netzen. Globale Steuerungsmechanismen zur Sicherung kritischer Informationsinfrastrukturen im Hinblick auf elektronischen Handel. Dissertation Universität Konstanz zur Erlangung des akademischen Grades des Doktors der Sozialwissenschaften, Sektion Politik–Recht–Wirtschaft, Fachbereich Politik- und Verwaltungswissenschaft. Konstanz, 2014. Online publiziert über KOPS – Das Institutionelle Repositorium der Universität Konstanz. Abrufbar unter: http://nbn-resolving.de/urn:nbn:de: bsz:352-0-257641. zuletzt abgerufen am 29.7.2017; zit.: *Hyner*, Sicherheit, S.

Jahn, Matthias: Strafrecht – Nötigung. Strafrechtlicher Gewaltbegriff bei Blockade einer Firmenhomepage. Anmerkung zu: OLG Frankfurt a.M., Beschluß vom 22.5.2006 – 1 Ss 319/05. JuS 2006, S. 943–945.

Jaschinski, Martin: Inkrafttreten der Cybercrime Convention, ITRB 2004, S. 97.

Jendrian, Kai: 30 Jahre nach 1983 – oder die Rettung der Privatsphäre im Internet. DuD 2013. S. 563–566.

Jensen, Sarah: Opposition kritisiert Entwurf zum IT-Sicherheitsgesetz in erster Lesung. Newsdienst der Zeitschrift für Datenschutz – Aktuell (ZD-Aktuell) 2015, S. 04755.

Jescheck, Hans-Heinrich: Neuere Entwicklungen im nationalen, europäischen und internationalen Strafrecht: Perspektiven für eine Kriminalpolitik im 21. Jahrhundert? in: Jörg Arnold, Björn Burkhardt, Walter Gropp, Günter Heine, Hans-Georg Koch, Otto Lagodny, Walter Perron, Susanne Walther (Hrsg.): Menschengerechtes Strafrecht. Festschrift für Albin Eser zum 70. Geburtstag, München 2005, S. 991–1003; zit.: *Jescheck* in: FS Eser, S.

Jessen, Ernst: Zugangsberechtigung und besondere Sicherung im Sinne von § 202a StGB: Datensicherung – nicht nur ein juristisches Problem. Dissertation Universität Kiel 1993. Europäische Hochschulschriften: Reihe 2, Rechtswissenschaft; Band 1470. Frankfurt am Main/Berlin/Bern/New York/Paris/Wien 1994; zit.: *Jessen*, Zugangsberechtigung, S.

Johannes, Hartmut: Zur Angleichung des Straf- und Strafprozeßrechtes in der Europäischen Wirtschaftsgemeinschaft, ZStW 1971, S. 531–579.

Kainer, Friedemann: Strafrecht im Raum der Freiheit, der Sicherheit und des Rechts. Entwicklung und Umsetzungsprobleme des europäisierten Strafrechts in Deutschland in: Europarecht (EuR-Bei) Sonderheft 2013, S. 87–117.

Kempa, Darius: Angriff auf Netze und Systeme. Hackerkultur zwischen gesellschaftlicher Anerkennung und Kriminalisierung. Dissertation Universität Hamburg. Hamburg 2006; zit.: *Kempa*, Hackerkultur, S.

Kilian, Wolfgang / Heussen, Benno (Hrsg.): Computerrechts-Handbuch. Informationstechnologie in der Rechts- und Wirtschaftspraxis. div. Bearb. 32. Ergänzungslieferung, Stand: August 2013, München 2013; zit.: *Bearb.* in: Kilian / Heussen, Computerrecht, Abschn., Teil, Rn.

Kindhäuser, Urs / Neumann, Ulfried / Paeffgen, Hans-Ullrich: Nomos-Kommentar. Strafgesetzbuch. Band 1. 5. Auflage. Baden-Baden 2017; zit.: *Bearb.* in: NK-StGB, §, Rn.

Kipker, Dennis-Kenji: Der BMI-Referentenentwurf zur Umsetzung der NIS-RL. Was dürfen Betreiber von Kritischen Infrastrukturen und Anbieter von digitalen Diensten erwarten? MMR 2017, S. 143–147.

Kitz, Volker: Der Gewaltbegriff im Informationszeitalter und die strafrechtliche Beurteilung von Onlineblockaden. Zugleich Anmerkung zu OLG Frankfurt am Main, Beschluss vom 22. Mai 2006 – 1 Ss 319/05. ZUM 2006, S. 730–737.

Klengel, Jürgen Detlef / Gans, Tobias: Datenhehlerei – Über die Notwendigkeit eines neuen Straftatbestands. ZRP 2013, S. 16–19.

Knupfer, Jörg: Phishing for Money. Editorial, MMR 2004, S. 641–642.

Kochheim, Dieter: Cybercrime und Strafrecht in der Informations- und Kommunikationstechnik. München, 2015; zit.: *Kochheim*, Cybercrime, S., Rn.

Könen, Andreas: IT-Sicherheitsgesetz gesetzlich geregelt. Kooperationen gestalten, Umsetzung steuern. DuD 2016, S. 12–16.

Köppen, Hajo: Der computerkriminelle „Griff in die Tasten". Computer und Arbeit (CuA) 2007, S. 29–32.

Köppen, Hajo: Entwicklung der Computerkriminalität in den Jahren 2004 bis 2007. Geschichte, Normen und Statistiken. DuD 2008, S. 777–779.

Krömer, Jan / Sen, Evrim: No Copy – Die Welt der digitalen Raubkopie. 2. Auflage als eBook. Leipzig 2007; zit.: *Krömer / Sen*, No Copy, S.

Kudlich, Hans: Straftaten und Strafverfolgung im Internet – Zum strafrechtlichen Gutachten für den 69. Deutschen Juristentag 2012. StV 2012, S. 560–566.

Kudlich, Hans: Womit der Hacker gerne spielt – Verfassungsmäßigkeit des Verbots von »Hacker-Tools«. Unzulässigkeit einer Verfassungsbeschwerde mangels Selbstbetroffenheit und (einschränkende) Auslegung des § 202c StGB bei sog. dual use tools, Juristische Arbeitsblätter (JA) 2009, S. 739–742.

Kühling, Jürgen: Rückkehr des Rechts: Verpflichtung von „Google & Co." zu Datenschutz. EuZW 2014, S. 527–532.

Kuhlmann, Nico: Bitcoins. Funktionsweise und rechtliche Einordnung der digitalen Währung. CR 2014, S. 691–696.

Kühn, Ulrich / Karg, Moritz: Löschung von Google-Suchergebnissen. Umsetzung der EuGH-Entscheidung durch den Hamburgischen Datenschutzbeauftragten. ZD 2015, S. 61–66.

Kusnik, Katharina: Abfangen von Daten. Straftatbestand des § 202b StGB auf dem Prüfstand. MMR 2011, S. 720–726.

Kusnik, Katharina: Strafbarkeit der Daten- bzw. Informationsspionage in Deutschland und Polen. Dissertation Universität Münster (Westfalen). Münsterische Beiträge zur Rechtswissenschaft. Neue Folge, Band 14, 1. Aufl. Baden-Baden, 2012; zit.: *Kusnik*, Datenspionage, S.

Lackner / Kühl: Strafgesetzbuch. Kommentar. Begr. v. Eduard Dreher / Hermann Maassen. Bearb. v. Kühl, Kristian / Heger, Martin. 28. Aufl., München 2014; zit.: *Bearb.* in: Lackner / Kühl, §, Rn.

Lampe, Ernst-Joachim: Die strafrechtliche Behandlung der sog. Computer-Kriminalität. GA 1975, S. 1–23.

Lampe, Ernst-Joachim: „Computerkriminalität – nur fauler Zauber?" DSWR 1974, S. 242–244.

Leib, Volker / Werle, Raymund: Wissenschaftsnetze in Europa und den USA – Die Rolle staatlicher Akteure bei ihrer Bereitstellung, in: Raymund Werle / Christa Lag (Hrsg.): Modell Internet? Entwicklungsperspektiven neuer Kommunikationsnetze. Veröffentlichungen aus dem Institut für Sozialwissenschaftliche Forschung e.V. ISF München. Frankfurt/Main 1997. Teil B, S. 157–186; zit.: *Leib* / *Werle*, Wissensnetze in: Werle / Lang (Hrsg.), S.

Leimbach, Timo: Die Geschichte der Softwarebranche in Deutschland. Entwicklung und Anwendung von Informations- und Kommunikationstechnologie zwischen den 1950ern und heute. Dissertation Universität München zur Erlangung des Doktorgrades der Philosophie. München 2010; zit.: *Leimbach*, Geschichte der Softwarebranche, S.

Leipziger Kommentar. StGB. hrsg. v. Heinrich Wilhelm Laufhütte / Ruth Rissing-van Saan / Klaus Tiedemann.

- Band 6. §§ 146–210. 12. Auflage. Berlin 2009; zit.: *Hilgendorf* in: LK-StGB, § Rn.
- Band 10. §§ 284–305a. 12. Auflage. Berlin 2008; zit.: *Wolf* in: LK-StGB, § Rn.

Leisterer, Hannfried / Schneider, Florian: Der überarbeitete Entwurf für ein IT-Sicherheitsgesetz. Überblick und Problemfelder. CR 2014, S. 574–578.

Lenckner, Theodor: Computerkriminalität und Vermögensdelikte. Juristische Studiengesellschaft Karlsruhe. Band 1. Heft 149. 1. Auflage. Heidelberg, Karlsruhe 1981; zit.: *Lenckner*, Computerkriminalität und Vermögensdelikte, S.

Lenckner, Theodor / Winkelbauer, Wolfgang: Computerkriminalität. Möglichkeiten und Grenzen des 2. WiKG (I). CR 1986, S. 483–488.

Leupold, Andreas / Glossner, Silke (Hrsg.): Münchener Anwaltshandbuch IT-Recht. 3. Auflage, München 2013; zit.: *Bearb.* in: MAH-IT-Recht, Teil, Rn.

Lewinski, Kai von: Staat als Zensurhelfer – Staatliche Flankierung der Löschpflichten Privater nach dem Google-Urteil des EuGH. AfP-Zeitschrift für Medien- und Kommunikationsrecht (AfP) 2015, S. 1–6.

Liebl, Karlhans / Grosch, Olaf: Datendiebstahl als Form der Computerkriminalität. CR 1985, S. 162–165.

Liszt, Franz von: 5. Tagesfragen, ZStW 1907, S. 91–120.

LORENZMEIER, Stefan: Der Rahmenbeschluss als Handlungsform der Europäischen Union und seine Rechtswirkungen. ZIS 2006, S. 576–582.

LURZ, Hanna / SCHEBEN, Barbara / DOLLE, Wilhelm: Das IT-Sicherheitsgesetz: Herausforderungen und Chancen für Unternehmen – vor allem für KMU. BB 2015, S. 2755–2762.

MANSDÖRFER, Marco: Zum Strafrecht der Zukunft: Strafrechtsstandards für Big-Data und Industrie 4.0. Juris – Die Monatsschrift (jM) 2015, S. 387–392.

MARBERTH-KUBICKI, Annette: Computer- und Internetstrafrecht. Strafverteidigerpraxis, Band 4. 1. Auflage. München 2005; zit.: *Marberth-Kubicki*: Computer- und Internetstrafrecht, Rn.

MARBERTH-KUBICKI, Annette: Neuregelungen des Computerstrafrechts. Veränderungen und Neuerungen durch das 41. StrÄndG zur Bekämpfung der Computerkriminalität. ITBR 2008, S. 17–19.

MAYER, Max Ernst: Rechtsnormen und Kulturnormen. Unveränderter reprografierter Nachdruck der Ausgabe von Breslau 1903. Darmstadt 1965; zit.: *Mayer*, Rechtsnormen und Kulturnormen, S.

MAYER, Franz C.: Recht und Cyberspace. NJW 1996, S. 1782–1791.

MAVANY, Markus: Digitaler Hausfriedensbruch – Allheilmittel oder bittere Pille? ZRP 2016, S. 221–223.

MAVANY, Markus: Pferde, Würmer, Roboter, Zombies und das Strafrecht? Vom Sinn und Unsinn neuer Gesetze gegen den sog. digitalen Hausfriedensbruch. Kriminalpolitische Zeitschrift (KriPoZ) 2016, S. 106–113.

MEHRBREY, Kim Lars / SCHREIBAUER, Marcus: Haftungsverhältnisse bei Cyber-Angriffen. Ansprüche und Haftungsrisiken von Unternehmen und Organen. MMR 2016, S. 75–82.

MÖHRENSCHLAGER, Manfred: Das neue Computerstrafrecht. Wistra. Themenheft: Das Zweite Gesetz zur Bekämpfung der Wirtschaftskriminalität, Heft 4, 1986, S. 128–142.

MÖHRENSCHLAGER, Manfred: Das Zweite Gesetz zur Bekämpfung der Wirtschaftskriminalität (2.WiKG). Entstehungsgeschichte und Überblick. Wistra. Themenheft: Das Zweite Gesetz zur Bekämpfung der Wirtschaftskriminalität, Heft 4, 1986, S. 123–127.

MÜHLE, Kerstin: Hacker und Computer-Viren im Internet. Eine strafrechtliche Beurteilung. Dissertation Universität Passau 1998; zit.: *Mühle*, Hacker und Computer-Viren, S.

Mühlen, Rainer A. H. von zur: Computer-Kriminalität. Gefahren und Abwehrmaßnahmen in: Peter Lindemann / Kurt Nagel (Hrsg.): Wirtschaftsführung / Kybernetik / Datenverarbeitung. Band 15. Neuwied/Berlin 1973; zit.: *von zur Mühlen,* Computer-Kriminalität, S.

Münchener Kommentar zum StGB. hrsg. v. Wolfgang Joecks / Klaus Miebach

- Band 4 §§ 185–262 StGB. 2. Auflage. München 2012; zit.: *Bearb.* in: MüKo StGB, Bd. 4, § Rn.
- Band 5 §§ 263–358 StGB. 2. Auflage. München 2014; zit.: *Bearb.* in: MüKo StGB, Bd. 5, § Rn.

Nachbaur, Andreas: Vorratsdatenspeicherung „light" – Rechtswidrig und allenfalls bedingt von Nutzen. ZRP 2015, S. 215–217.

Nolte, Norbert: Zum Recht auf Vergessen im Internet. Von digitalen Radiergummis und anderen Instrumenten. ZRP 2011, S. 236–240.

Nolte, Norbert: Das Recht auf Vergessenwerden – mehr als nur ein Hype? NJW 2014, S. 2238–2242.

Pache, Eckhard: Zur Sanktionskompetenz der europäischen Wirtschaftsgemeinschaft. Das EuGH-Urteil vom 27. November 1992 in der RS C-240/90. Europarecht (EuR) 1993, S. 173–182.

Paul, Werner: Eine andere Betrachtungsweise der Computerkriminalität 1991. CR 1993, S. 233–235.

Pohl, Tobias: Verfassungsvertrag durch Richterspruch. Die Entscheidung des EuGH zu Kompetenzen der Gemeinschaft im Umweltstrafrecht, ZIS 2006, S. 213–221.

Pohle, Jan: Über den Wolken... – Chancen und Risiken des Cloud Computing. CR 2009, S. 273–278.

Pohlmann, Norbert: Zur Entwicklung einer IT-Sicherheitskultur. Wie das IT-Sicherheitsgesetz den gesellschaftlichen Umgang mit IT-Risiken fördern kann. DuD 2016, S. 38–42.

Popp, Andreas: AG Bensheim 6. Kammer, Urteil vom 26.4.2007 – 6 C 68/07, in: Juris PraxisReport IT-Recht 6/2008, Anm. 4.

Popp, Andreas: Computerstrafrecht in Europa. Zur Umsetzung der „Convention on Cybercrime" in Deutschland und Österreich, Medien und Recht International Edition (MR-Int.) 2007, S. 84–88.

Popp, Andreas: „Phishing“, „Pharming“ und das Strafrecht. MMR 2006, S. 84–86.

Popp, Andreas: Von „Datendieben“ und „Betrügern“ – Zur Strafbarkeit des so genannten „phishing“. NJW 2004, S. 3517–3518.

Popp, Andreas: § 202c StGB und der neue Typus des europäischen „Software-Delikts“. GA 2008, S. 375–393.

Quintero Olivares, Gonzalo: Der Europagedanke und die Harmonisierung des Strafrechts sowie der Strafjustiz in: Ulrich Sieber / Gerhard Dannecker / Urs Kindhäuser / Joachim Vogel / Tonio Walter (Hrsg.): Festschrift für Klaus Tiedemann zum 70. Geburtstag: Strafrecht und Wirtschaftsstrafrecht – Dogmatik, Rechtsvergleich, Rechtstatsachen, Köln/München 2008, S. 1339–1352; zit.: *Quintero Olivares* in: FS Tiedemann, S.

Rando Casermeiro, Pablo / Hoeren, Thomas: Konturen des „Rechts auf Vergessenwerden“. Gewerblicher Rechtsschutz und Urheberrecht. Praxis im Immaterialgüter- und Wettbewerbsrecht (GRURPrax) 2014, S. 537–539.

Redeker, Helmut: Information als eigenständiges Rechtsgut. Zur Rechtsnatur der Information und aus dem daraus resultierenden Schutz. CR 2011, S. 634–639.

Reinbacher, Tobias: Strafrecht im Mehrebenensystem: Modelle der Verteilung strafrechtsbezogener Kompetenzen. Habilschrift Universität Berlin 2014. Neue Schriften zum Strafrecht; Band 9, Baden-Baden 2014; zit.: *Reinbacher*, Strafrecht im Mehrebenensystem, S.

Reindl-Krauskopf, Susanne: Cyber-Kriminalität. ZaöRV 2014, S. 563–574.

Rinker, Mike: Strafbarkeit und Strafverfolgung von „IP-Spoofing“ und „Portscanning“. MMR 2002, S. 663–666.

Rockstroh, Sebastian / Kunkel, Hanno: IT-Sicherheit in Produktionsumgebungen. Verantwortlichkeit von Herstellern für Schwachstellen in ihren Industriekomponenten. MMR 2017, S. 77–82.

Roos, Philipp: Der neue Entwurf eines IT-Sicherheitsgesetzes. Bewegung oder Stillstand? MMR 2014, S. 723–730.

Roos, Philipp/ Schumacher, Philipp: Botnetze als Herausforderung für MMR 2014, S. 377–383.

Roßnagel, Alexander: Das IT-Sicherheitsgesetz. Das Deutsche Verwaltungsblatt (DVBl.) 2015, S. 1206–1212.

ROẞNAGEL, Alexander / WEDDE, Peter / HAMMER, Volker / PORDESCH, Ulrich: Die Verletzlichkeit der „Informationsgesellschaft". Mensch und Technik. Sozialverträgliche Technikgestaltung. Band 5. Hrsg.v. Minister für Arbeit, Gesundheit und Soziales des Landes Nordrhein-Westphalen. 2. Auflage, Opladen 1990; zit.: *Roßnagel / Wedde / Hammer / Pordesch*, Informationsgesellschaft, S.

ROSENAU, Henning: Zur Europäisierung im Strafrecht. Vom Schutz finanzieller Interessen der EG zu einem gemeineuropäischen Strafgesetzbuch? ZIS 2008, S. 9–19.

ROTH, Hans-Peter: Neuer Referentenentwurf zum IT-Sicherheitsgesetz. Dringende Neuregelung der Netz- und Informationssicherheit. ZD 2015, S. 17–22.

RUHS, Svenja: Europäisierung des Umweltstrafrechts. ZJS 2001, S. 13–20.

RÜTER, Frederik: Harmonie trotz Dissonanz. Gedanken zur Erhaltung eines funktionsfähigen Strafrechts im grenzenlosen Europa. ZStW 1993, S. 30–47.

RÜTHER, Werner: Phänomene der Internetdelinquenz – Ansätze, Probleme und Erkenntnisse zu ihrer gesellschaftlichen Definition und zu ihrer quantitativen Erfassung, in: Sandro Cimichella / André Kuhn / Marcel Alexander Niggli, (Hrsg.): Neue Technologie und Kriminalität: Neue Kriminologie? Schweizerische Arbeitsgruppe für Kriminologie. Reihe Kriminologie. Band 24. Zürich/ Chur, 2006, S. 85–117; zit.: *Rüther*, Phänomene der Internetdelinquenz in: Cimichella / Kuhn / Niggli, S.

SACK, Rolf: Die UWG-Novelle 1986. BB (Beilage) 1986, S. 2205–2221.

SALOMON, Tim R.: Cybercrime und Lösegeld. Strafbarkeit der Zahlung von Lösegeld als Reaktion auf Erpressungstrojaner. MMR 2016, S. 575–579.

SANCHEZ-HERMOSILLA, Fernando: Neues Strafrecht für den Kampf gegen Computerkriminalität. Konvention des Europarates und neuer Rahmenbeschluss der Europäischen Union im Vergleich mit dem deutschen Strafrecht, CR 2003, S. 774–780.

SATZGER, Helmut: Die Europäisierung des Strafrechts: eine Untersuchung zum Einfluß des Europäischen Gemeinschaftsrechts auf das deutsche Strafrecht. Habilschrift Universität Passau 2000. Ius criminale; Band 8. Köln, Berlin/Bonn/München 2001; zit.: *Satzger*, Die Europäisierung des Strafrechts, S.

SAVIGNY, Friedrich Carl von: Vom Beruf unserer Zeit für Gesetzgebung und Rechtswissenschaft, Heidelberg 1814; zit.: *v.Savigny*, Vom Beruf unserer Zeit, S.

SCHALLBRUCH, Martin: Die EU-Richtlinie über Netz- und Informationssicherheit: Anforderungen an digitale Dienste. Wie groß ist der Umsetzungsbedarf der

NIS-Richtlinie in deutsches Recht im Bereich digitaler Dienste? CR 2016, S. 663–670.

Scheffler, Hauke / Dressel, Christian: Die Insuffizienz des Computerstrafrechts. Schleppende Gesetzgebungsverfahren als Störfaktor für die E-Commerce-Wirtschaft, ZRP 2000, S. 514–517.

Schmid, Pirmin: Computerhacken und materielles Strafrecht – unter besonderer Berücksichtigung von § 202a StGB. Dissertation Universität Konstanz 2001. Online veröffentlicht unter: http://nbn-resolving.de/urn:nbn:de:bsz:352-opus-6801. Zuletzt abgerufen am 27.7.2017; zit.: *Schmid*, Computerhacken, S.

Schmitt, Martin: Internet im Kalten Krieg: eine Vorgeschichte des globalen Kommunikationsnetzes. Historie, Band 102, Bielefeld 2016; zit.: *Schmitt*, Internet, S.

Schmölzer, Gabriele: Straftaten im Internet: eine materiell-rechtliche Betrachtung. ZStW 2011, S. 709–736.

Schnabl, Andrea: Strafbarkeit des Hacking – Begriff und Meinungsstand. wistra 2004, S. 211–216.

Schneider, Jochen: Handbuch des EDV-Rechts. IT-Recht mit IT-Vertragsrecht, Datenschutz, Rechtsschutz und E-Business. Unter Mitarbeit von Ludwig Antoine / Elke Bischof / Isabell Conrad / Ines M. Hassemer / Danielle Hertneck / Detlef Ulmer, 5. Auflage. Köln 2017; zit.: *Bearb.* in: Schneider, Handbuch des EDV-Rechts, Abschnitt, Rn.

Schönberger, Christoph: Der Rahmenbeschluss Unionssekundärrecht zwischen Völkerrecht und Gemeinschaftsrecht, ZaöRV 2007, S. 1107–1139.

Schönke, Adolf / Schröder, Horst: Strafgesetzbuch. Kommentar. Begr. v. Adolf Schönke. Fortgef. v. Horst Schröder. Albin Eser (Gesamtredaktion). 29. Auflage. München 2014; zit.: *Bearb.* in: Schönke / Schröder, §, Rn.

Schroeder, Werner: Neues vom Rahmenbeschluss – ein verbindlicher Rechtsakt der EU, EuR 2007, S. 349–369.

Schröder, Christian: Europäische Richtlinien und deutsches Strafrecht: eine Untersuchung über den Einfluß europäischer Richtlinien gemäß Art. 249 Abs. 3 EGV auf das deutsche Strafrecht. Habilschrift Universität Osnabrück 2000/2001. Berlin/ New York 2002; zit.: *Schröder*, Europäische Richtlinien und deutsches Strafrecht, S.

Schreibauer, Marcus / Hessel, Tobias J.: Das 41. Strafrechtsänderungsgesetz zur Bekämpfung der Computerkriminalität. K&R 2007, S. 616–620.

Schuh, Daniel: Computerstrafrecht im Rechtsvergleich – Deutschland, Österreich, Schweiz. Dissertation Universität Konstanz 2011. Schriften zum Strafrecht. Band 228. Berlin 2012; zit.: *Schuh*, Computerstrafrecht; S.

Schultz, Alexander: Neue Strafbarkeiten und Probleme. Der Entwurf des Strafrechtsänderungsgesetzes (StrafÄndG) zur Bekämpfung der Computerkriminalität vom 20.9.2006, DuD 2006, S. 778–784.

Schultz, Alexander: Neue Strafbarkeiten und Probleme – Der Entwurf des Strafrechtsänderungsgesetzes (StrafÄndG) zur Bekämpfung der Computerkriminalität vom 20.9.2006, Medien Internet und Recht, Onlinepublikation zum Medien- und Internetrecht (MIR) 2006, Dok. 180, Rz. 1–52.

Schulz, Lorenz: »Europäisches Strafrecht ante portas« – Tagungsbericht, StV 2001, S. 85–88.

Schulze-Heiming, Ingeborg: Der strafrechtliche Schutz der Computerdaten gegen die Angriffsformen der Spionage, Sabotage und des Zeitdiebstahls. Dissertation Universität Münster (Westf.) 1994. Internationale Hochschulschriften, Band 171. Münster/New York 1995; zit.: *Schulze-Heiming*, Strafrechtlicher Schutz der Computerdaten, S.

Schumann, Antje: Technischer Fortschritt als Strafausdehnungsgrund? – Gesetzesbindung, Wortlautgrenze und Analogieverbot im Strafrecht in: Milan, Kuhli / Martin, Asholt (Hrsg.): Strafbegründung und Strafeinschränkung als Argumentationsmuster. München, 1. Auflage 2017, S. 59–74; zit.: *Schumann*, Technischer Fortschritt in: Kuhli / Asholt, S.

Schumann, Kay H.: Das 41. StrÄndG zur Bekämpfung der Computerkriminalität. NStZ 2007, S. 675–680.

Schünemann, Bernd: Ein Gespenst geht um in Europa – Brüsseler „Strafrechtspflege" intra muros. GA 2002, S. 501–516.

Schünemann, Bernd: Fortschritte und Fehltritte in der Strafrechtspflege der EU, GA 2004, S. 193–209.

Schuster, Heidi: Der Hackerparagraph – ein kurzes Intermezzo? Bundesverfassungsgericht schränkt Anwendungsbereich des § 202c Abs. 1 Nr. 2 StGB ein, DuD 2009, S. 742–746.

Schwarzburg, Peter / Hamdorf, Kai: Brauchen wir ein EU-Finanz-Strafgesetzbuch? Materiell-rechtliche Folgerungen aus dem Vorschlag der EU-Kommission zur Schaffung einer Europäischen Staatsanwaltschaft, NStZ 2002, S. 617–624.

SCHWARZE, Jürgen (Hrsg.) / BECKER, Ulrich / HATJE, Armin / SCHOO, Johann (Mithrsg.): EU-Kommentar, 3. Auflage, Baden-Baden/Wien/Basel 2012; zit.: *Bearb.* in: Schwarze / Becker / Hatje / Schoo, Art., Rn.

SCHWARZENEGGER, Christian: Die internationale Harmonisierung des Computer- und Internetstrafrechts durch die Convention on Cybercrime vom 23. November 2001. Am Beispiel des Hackings, der unrechtmässigen Datenbeschaffung und der Verletzung des Fernmeldegeheimnisses, in: Andreas Donatsch / Marc Forster / Christian Schwarzenegger (Hrsg.): Festschrift für Stefan Trechsel zum 65. Geburtstag. Strafrecht, Strafprozessrecht und Menschenrechte, Zürich 2002, S. 305–324; zit.: *Schwarzenegger* in: FS Trechsel, S.

SCHWARZENEGGER, Christian: Die Internationalisierung des Wirtschaftsstrafrechts und die schweizerische Kriminalpolitik: Cyberkriminalität und das neue Urheberstrafrecht. Zeitschrift für Schweizerische Recht (ZSR), Band 127, 2008 II, Heft 2, S. 399–503.

SCHWEDA, Sebastian: Bundestag verabschiedet IT-Sicherheitsgesetz. ZD-Aktuell 2015, S. 04737.

SCHWENKE, Thomas: Das virtuelle Hausrecht als Abwehrmaßnahme gegen „Shitstorms" innerhalb von Social Media Plattformen. K&R 2012, S. 305–309.

SELK, Robert / GIERSCHMANN, Sibylle: Stellungnahme der DGRI zum Entwurf eines Gesetzes zur Erhöhung der Sicherheit informationstechnischer Systeme (IT-Sicherheitsgesetz). CR 2015, S. 273–276.

SIEBEN, Günter / MÜHLEN, Rainer A.H. von zur: Computerkriminalität – nicht Dichtung, sondern Wahrheit. DSWR 1972, S. 397–401.

SIEBEN, Günter / MÜHLEN, Rainer A.H. von zur: Computerkriminalität – Viel Lärm um Nichts?, DSWR 1973, S. 252–256.

SIEBER, Ulrich: Computerkriminalität und Informationsstrafrecht. Entwicklungen in der internationalen Informations- und Risikogesellschaft. CR 1995, S. 100–113.

SIEBER, Ulrich: Computerkriminalität und Strafrecht. 1. Auflage. Köln/Berlin/Bonn, 1977; zit.: *Sieber*, Computerkriminalität und Strafrecht, 1977, S.

SIEBER, Ulrich: Computerkriminalität und Strafrecht. Neue Entwicklungen in Technik und Recht. Nachtrag zur 1. Auflage. Köln/Berlin/Bonn/München 1980; zit.: *Sieber*, Computerkriminalität, 1980, S.

SIEBER, Ulrich: Das Sanktionensystem zum Schutz der europäischen Gemeinschaftsinteressen in: Ellen Schlüchter (Hrsg.): Kriminalistik und Strafrecht.

Festschrift für Friedrich Geerds zum 70. Geburtstag, Lübeck 1995, S. 113–127; zit.: *Sieber* in: FS Geerds, S.

SIEBER, Ulrich: Der strafrechtliche Schutz der Information. ZStW 1991, S. 779–795.

SIEBER, Ulrich: Europäische Einigung und Europäisches Strafrecht, ZStW 1991, S. 957–979.

SIEBER, Ulrich: International Emergence of Criminal Information Law. Ius informationis. Band 1. Köln/Berlin/Bonn/München 1992.

SIEBER, Ulrich: Handbuch Multimedia-Recht. Rechtsfragen des elektronischen Geschäftsverkehrs, hrsg. v. Thomas Hoeren / Ulrich Sieber / Bernd Holznagel (Hrsg.). 42. Ergänzungslieferung, Stand: Juni 2015. München 2015. Teil 1, 15. Ergänzungslieferung, Stand: 15 Juni 2006; zit.: *Sieber* in: Hoeren / Sieber / Holznagel, EL Juni 2006, Teil 1, Rn.

SIEBER, Ulrich: Informationsrecht und Recht der Informationstechnik – Die Konstituierung eines Rechtsgebietes in Gegenstand, Grundfragen und Zielen. NJW 1989, S. 2569–2580.

SIEBER, Ulrich: Informationstechnologie und Strafrechtsreform. Zur Reichweite des künftigen Zweiten Gesetzes zur Bekämpfung der Wirtschaftskriminalität. Köln/ Berlin/Bonn/München 1985; zit.: *Sieber*, Informationstechnologie und Strafrechtsreform, 1985, S.

SIEBER, Ulrich: Memorandum für ein Europäischen Modellstrafgesetzbuch, JZ 1997, S. 369–381.

SIEBER, Ulrich: Mißbrauch der Informationstechnik und Informationsstrafrecht. Entwicklungstendenzen in der internationalen Informations- und Risikogesellschaft, in: Jörg Tauss / Johannes, Kollbeck, / Jan, Mönikes (Hrsg.): Deutschlands Weg in die Informationsgesellschaft. Herausforderungen und Perspektiven für Wirtschaft, Wissenschaft, Recht und Politik. 1. Auflage, Baden-Baden, 1996, S. 608–651; zit.: *Sieber*, in: Tauss / Kollbeck / Mönikes, S.

SIEBER, Ulrich: Straftaten und Strafverfolgung im Internet. Beilage 3/2012 zu NJW 2012, S. 86–90.

SIEBER, Ulrich / SATZGER, Helmut / HEINTSCHEL-HEINEGG, Bernd (Hrsg.): Europäisches Strafrecht. Hrsg. v. Max-Planck-Institut für Ausländisches und Internationales Strafrecht. 2. Auflage. Baden-Baden/München 2014; zit.: *Bearb.* in: Sieber / Satzger / Heintschel-Heinegg, § , Rn.

SILVA SÁNCHEZ, Jesús-María: Die Expansion des Strafrechts. Kriminalpolitik in postindustriellen Gesellschaften. Juristische Abhandlungen, Band 41, Frankfurt am Main 2003. Die Originalausgabe erschien 1999 unter dem Titel La expansión del Derecho penal. Aspectos de la política criminal en las sociedades postindustriales, Civitas Ediciones, S.L.; zit.: *Silva Sánchez*: Die Expansion des Strafrechts, S.

SINGELNSTEIN, Tobias: Ausufernd und fehlplatziert: Der Tatbestand der Datenhehlerei (§ 202d StGB) im System des strafrechtlichen Daten- und Informationsschutzes. ZIS 2016, S. 432–439.

SHIMADA, Soichiro: Internetkriminalität – Eine Herausforderung für die Strafrechtsdogmatik. Strafe als Mittel der Gefahrprävention?, CR 2009, S. 689–692.

SOLGA, Thomas: Zur Bewertung der funktionalen Ausgestaltung der Produktionsplanung und -steuerung in ERP-Systemen für Industrieunternehmen. Eine Analyse auf der Basis einer empirischen Erhebung von Soll-Konzepten. Dissertation Universität FernUniversität in Hagen. Innovative Betriebswirtschaftliche Forschung und Praxis. Band 484. Hamburg 2017; zit.: *Solga*, S.

SONDERMANN, Markus: Computerkriminalität. Die neuen Tatbestände der Datenveränderung gem. § 303a StGB und der Computersabotage gem. § 303b StGB. Dissertation Universität Münster 1989; zit.: *Sondermann*, Computerkriminalität, S.

SPANNBRUCKER, Christian: Convention on Cybercrime (ETS 185). Ein Vergleich mit dem deutschen Computerstrafrecht in materiell- und verfahrensrechtlicher Hinsicht. Dissertation Universität Regensburg 2004. Online veröffentlicht unter: https://epub.uni-regensburg.de/10281/. Zuletzt aufgerufen am: 29.7.2017; zit.: *Spannbrucker*, CCC, S.

SPINDLER, Gerald: IT-Sicherheitsgesetz und zivilrechtliche Haftung. Auswirkungen des IT-Sicherheitsgesetzes im Zusammenspiel mit der endgültigen EU-NIS-Richtlinie auf die zivilrechtliche Haftung. CR 2016, S. 297–312.

SPINDLER, Gerald / SCHUSTER, Fabian (Hrsg.): Recht der elektronischen Medien. Kommentar. Bearbeitet von Katharina Anton / Alexander Ditscheid / Jens Eckhardt / Murad Erdemir / Udo Fink / Marco Gercke (u.a.). 2. Auflage. München 2011; zit.: *Bearb.* in: Spindler / Schuster, Teil, Rn.

SPYRA, Gerald: Der Schutz von Daten bei vernetzten (Software-)Medizinprodukten aus Herstellersicht. MMR 2015, S. 15–23.

STAM, Fabian: Die Datenhehlerei nach § 202d StGB – Anmerkungen zu einem sinnlosen Straftatbestand. StV 2017, S. 488–492.

Steinke, Wolfgang: Kriminalität durch Beeinflussung von Rechnerabläufen – Probleme, Definition, Entwicklung, Bekämpfung. NStZ 1984, S. 295–297.

Steinke, Wolfgang: Computerkriminalität 1991. Ein kurzer Überblick. CR 1992, S. 698–700.

Streinz, Rudolf (Hrsg.): EUV/AEUV. Vertrag über die Europäische Union und Vertrag über die Arbeitsweise der Europäischen Union. Beck'sche Kurzkommentare. Band 57. Unter Mitarbeit von Tobias Kruis und Walther Michl. 2. Auflage. München 2012; zit.: *Bearb.* in: Streinz, EUV/AEUV, Art. Rn.

Stuckenberg, Carl-Friedrich: Der missratene Tatbestand der neuen Datenhehlerei (§ 202d StGB). ZIS 2016, S. 526–533.

Stuckenberg, Carl-Friedrich: Zur Strafbarkeit von Phishing, ZStW 2006, S. 878–912.

Systematischer Kommentar zum Strafgesetzbuch. Hrsg. v. Jürgen Wolter. Begründet v. Hans-Joachim Rudolphi / Eckhard Horn / Erich Samson / Hans-Ludwig Schreiber.

- Band VI: §§ 303–358 StGB. 9. Auflage. Köln 2016; zit.: *Hoyer* in: SK-StGB VI, §, Rn.

Taeger, Jürgen: Die Entwicklung des IT-Rechts im Jahr 2016. NJW 2016, S. 3764–3770.

Tassi, Smaro: Digitaler Hausfriedensbruch. Ein Wendepunkt der Gezeiten oder innovative Analogien im Strafgesetzbuch. DuD 2017, S. 175–179.

Tiedemann, Klaus: Die Bekämpfung der Wirtschaftskriminalität durch den Gesetzgeber – Ein Überblick aus Anlaß des Inkrafttretens des 2. WiKG am 1.8.1986. JZ 1986, S. 865–874.

Tiedemann, Klaus: EG und EU als Rechtsquellen des Strafrechts in: Bernd Schünemann / Hans Achenbach / Wilfried Bottke / Bernhard Haffke / Hans-Joachim Rudolphi (Hrsg.): Festschrift für Claus Roxin zum 70. Geburtstag am 15. Mai 2001, S. 1401–1413. Berlin/New York 2001; zit.: *Tiedemann* in: FS Roxin, S.

Tiedemann, Klaus: Wirtschaftsstrafrecht und Wirtschaftskriminalität. Teil 2: Besonderer Teil, Hamburg 1976; zit.: *Tiedemann*, Wirtschaftsstrafrecht und Wirtschaftskriminalität, S.

Trentmann, Christian: Das „Recht auf Vergessenwerden" bei Suchmaschinentrefferlinks. Google & Co. im Lichte von DSGVO, DSRL und EuGH. CR 2017, S. 26–35.

TRINKS, Matthias: Steuer(straf)rechtl. Konsequenzen für den Erpresser. NStZ 2016, S. 263–266.

VALERIUS, Brian: Der Weg zu einem sicheren Internet? Zum Inkrafttreten der Convention on Cybercrime, K&R 2004, S. 513–518.

VASSILAKI, Irini E.: Das 41. StrÄndG – Die neuen strafrechtlichen Regelungen und ihre Wirkung auf die Praxis. CR 2008, S. 131–136.

VASSILAKI, Irini E.: Multimediale Kriminalität. Entstehung, Formen und rechtspolitische Fragen der „Post-Computerkriminalität". CR 1997, S. 297–302.

VETTER, Jan: Gesetzeslücken bei der Internetkriminalität. Dissertation Universität Konstanz 2002. Schriftenreihe Strafrecht in Forschung und Praxis. Band 27. Hamburg 2003; zit.: *Vetter*, Gesetzeslücken, S.

VOGEL, Joachim: Europäische Kriminalpolitik – europäische Strafrechtsdogmatik, GA 2002, S. 517–534.

VOGEL, Joachim: Harmonisierung des Strafrechts in der Europäischen Union, GA 2003, S. 314–334.

VOGEL, Joachim: Transkulturelles Strafrecht, GA 2010, S. 1–14.

VOGELSANG, Stephanie / MÖLLERS, Frederik: Ransomware als moderne Piraterie – Erpressung in Zeiten digitaler Kriminalität. jm 2016, S. 381–387.

VOGELSANG, Stephanie / MÖLLERS, Frederik / POTEL, Karin: Strafrechtliche Bewertung von „Honeypots" bei DoS-Angriffen. Strafbarkeit bei der digitalen Spurensuche. MMR 2017, S. 291–295.

VOIGT, Paul: Dauerbrenner IT-Sicherheit – Nun macht Brüssel Druck. MMR 2016, S. 429–430.

VOIGT, Paul / GEHRMANN, Mareike: Die europäische NIS-Richtlinie. Neue Vorgaben zur Netz- und IT-Sicherheit. ZD 2016, S. 355–358.

VOLESKY, Karl-Heinz: Hacking – Strafbarkeit und Strafwürdigkeit nach englischem Recht. Untersuchung der Vorschläge der britischen Law Comission zur Bekämpfung der Computerkriminalität. CR 1991, S. 553–557.

VOLESKY, Karl-Heinz / SCHOLTEN, Hansjörg: Computersabotage – Sabotageprogramme – Computerviren. Rechtliche Probleme von § 303b StGB. JurPC 1987, S. 280–289.

VORMBAUM, Moritz: Schutz der Rechtsgüter von EU-Staaten durch das deutsche Strafrecht. Zur europarechtskonformen Gestaltung und Auslegung von deutschen Straftatbeständen. Dissertation Universität Münster 2005. Beiträge zur Strafrechtswissenschaft, Band 12, hrsg. v. Thomas, Vormbaum, unter Mitwirkung von Michael Bohlander / Martina Haedrich; zit.: Schutz der Rechtsgüter von EU-Staaten, S.

WABNITZ, Heinz-Bernd / JANOVSKY, Thomas: Handbuch des Wirtschafts- und Steuerstrafrechts, 4. Aufl., München 2014; zit.: *Bearb.* in: Wabnitz / Janovsky, Handbuch Wirtschafts- und Steuerstrafrecht, Kap, Rn.

WEBER, Roman G.: Phishing: Brauchen wir einen Sondertatbestand zur Verfolgung des Internetphishings? HöchstRichterliche Rechtsprechung im Strafrecht (HRRS) 2004, S. 406–410.

WEIGEND, Thomas: Strafrecht durch internationale Vereinbarungen – Verlust an nationaler Strafrechtskultur?, ZStW 1993, S. 774–802.

WEIGEND, Thomas: Zur Frage eines „internationalen" Allgemeinen Teils in: Bernd Schünemann / Hans Achenbach / Wilfried Bottke / Bernhard Haffke / Hans-Joachim Rudolphi (Hrsg.): Festschrift für Claus Roxin zum 70. Geburtstag am 15. Mai 2001. Berlin/New York 2001, S. 1375–1399; zit.: *Weigend* in: FS Roxin, S.

WEIßER, Bettina: Die Wirkungen von EU-Rahmenbeschlüssen auf das mitgliedstaatliche Recht. Zugleich Besprechung von EuGH EuZW 2005, 433 („Pupino"), ZIS 2006, S. 562–575.

WELP, Jürgen: Datenveränderung (§ 303a StGB) – Teil 1. Münsteraner Ringvorlesung „EDV und Recht". Informatik und Recht (iur) 1988, S. 443–449.

WENGENROTH, Lenard: Zur Strafbarkeit von virtuellen Sit-Ins: zugleich ein Beitrag zur (Mit)Täterschaft bei minimalen Tatbeiträgen. Dissertation Universität München 2013. Strafrechtliche Abhandlungen. Band 249. Berlin 2014; zit.: *Wengenroth*, Zur Strafbarkeit von virtuellen Sit-Ins, S.

WIESEL, Georg: Computerkriminalität – Tatbestände und ihre strafrechtliche Verfolgung. data report, Jg. 8 (1973), Heft Nr. 3, S. 24–27, fortgesetzt in Heft 4, S. 23–30.

WILKITZKI, Peter: Die Regionalisierung des internationalen Strafrechts. ZStW 1993, S. 821–845.

WITT, Thorsten / FREUDENBERG, Philipp: NIS-Richtlinie. Die Richtlinie über Maßnahmen zur Gewährleistung einer hohen gemeinsamen Netz- und Informationssicherheit (NIS) in der Union. CR 2016, S. 657–663.

YAR, Majid: Cybercrime and society. SAGE Publication Ltd., 2. Auflage, Los Angeles, London, New Delhi, Singapore, Washington DC 2013; zit.: *Yar*, Cybercrime, S.

Zarthe, Kai: Aktuelle Entwicklungen beim Pharming. Neue Angriffsmethoden auf das Online-Banking. MMR 2013, S. 207–208.

Zierl, Gerhard: Richter und Computer. Zum richterlichen Arbeitsplatz der Zukunft. CR 1986, S. 244–246.

Zieschang, Frank: Chancen und Risiken der Europäisierung des Strafrechts, ZStW 2001, S. 255–270.

Zöller, Mark A.: Europäische Strafgesetzgebung, ZIS 2009, S. 340–349.

Zimmermann, Frank: Mehr Fragen als Antworten: Die 2. EuGH-Entscheidung zur Strafrechtsharmonisierung mittels EG-Richtlinien (Rs. C-440/05). NStZ 2008, S. 662–667.

Zimmermann, Frank: Die Auslegung künftiger EU-Strafrechtskompetenzen nach dem Lissabon-Urteil des Bundesverfassungsgerichts. Jura 2009, S. 844–851.

Juristische Zeitgeschichte

Herausgeber: Prof. Dr. Dr. Thomas Vormbaum, FernUniversität in Hagen

Abteilung 1: Allgemeine Reihe

1 *Thomas Vormbaum (Hrsg.):* Die Sozialdemokratie und die Entstehung des Bürgerlichen Gesetzbuchs. Quellen aus der sozialdemokratischen Partei und Presse (1997)
2 *Heiko Ahlbrecht:* Geschichte der völkerrechtlichen Strafgerichtsbarkeit im 20. Jahrhundert (1999)
3 *Dominik Westerkamp:* Pressefreiheit und Zensur im Sachsen des Vormärz (1999)
4 *Wolfgang Naucke:* Über die Zerbrechlichkeit des rechtsstaatlichen Strafrechts. Gesammelte Aufsätze zur Strafrechtsgeschichte (2000)
5 *Jörg Ernst August Waldow:* Der strafrechtliche Ehrenschutz in der NS-Zeit (2000)
6 *Bernhard Diestelkamp:* Rechtsgeschichte als Zeitgeschichte. Beiträge zur Rechtsgeschichte des 20. Jahrhunderts (2001)
7 *Michael Damnitz:* Bürgerliches Recht zwischen Staat und Kirche. Mitwirkung der Zentrumspartei am Bürgerlichen Gesetzbuch (2001)
8 *Massimo Nobili:* Die freie richterliche Überzeugungsbildung. Reformdiskussion und Gesetzgebung in Italien, Frankreich und Deutschland seit dem Ausgang des 18. Jahrhunderts (2001)
9 *Diemut Majer:* Nationalsozialismus im Lichte der Juristischen Zeitgeschichte (2002)
10 *Bianca Vieregge:* Die Gerichtsbarkeit einer „Elite". Nationalsozialistische Rechtsprechung am Beispiel der SS- und Polizeigerichtsbarkeit (2002)
11 *Norbert Berthold Wagner:* Die deutschen Schutzgebiete (2002)
12 *Miloš Vec:* Die Spur des Täters. Methoden der Identifikation in der Kriminalistik (1879–1933), (2002)
13 *Christian Amann:* Ordentliche Jugendgerichtsbarkeit und Justizalltag im OLG-Bezirk Hamm von 1939 bis 1945 (2003)
14 *Günter Gribbohm:* Das Reichskriegsgericht (2004)
15 *Martin M. Arnold:* Pressefreiheit und Zensur im Baden des Vormärz. Im Spannungsfeld zwischen Bundestreue und Liberalismus (2003)
16 *Ettore Dezza:* Beiträge zur Geschichte des modernen italienischen Strafrechts (2004)
17 *Thomas Vormbaum (Hrsg.):* „Euthanasie" vor Gericht. Die Anklageschrift des Generalstaatsanwalts beim OLG Frankfurt/M. gegen Werner Heyde u. a. vom 22. Mai 1962 (2005)
18 *Kai Cornelius:* Vom spurlosen Verschwindenlassen zur Benachrichtigungspflicht bei Festnahmen (2006)
19 *Kristina Brümmer-Pauly:* Desertion im Recht des Nationalsozialismus (2006)
20 *Hanns-Jürgen Wiegand:* Direktdemokratische Elemente in der deutschen Verfassungsgeschichte (2006)
21 *Hans-Peter Marutschke (Hrsg.):* Beiträge zur modernen japanischen Rechtsgeschichte (2006)
22 *Katrin Stoll:* Die Herstellung der Wahrheit (2011)

23 *Thorsten Kurtz:* Das Oberste Rückerstattungsgericht in Herford (2014)
24 *Sebastian Schermaul:* Die Umsetzung der Karlsbader Beschlüsse an der Universität Leipzig 1819–1848 (2013)

Abteilung 2: Forum Juristische Zeitgeschichte

1 *Franz-Josef Düwell / Thomas Vormbaum (Hrsg.):* Themen juristischer Zeitgeschichte (1) – Schwerpunktthema: Recht und Nationalsozialismus (1998)
2 *Karl-Heinz Keldungs:* Das Sondergericht Duisburg 1943–1945 (1998)
3 *Franz-Josef Düwell / Thomas Vormbaum (Hrsg.):* Themen juristischer Zeitgeschichte (2) – Schwerpunktthema: Recht und Juristen in der Revolution von 1848/49 (1998)
4 *Thomas Vormbaum:* Beiträge zur juristischen Zeitgeschichte (1999)
5 *Franz-Josef Düwell / Thomas Vormbaum:* Themen juristischer Zeitgeschichte (3), (1999)
6 *Thomas Vormbaum (Hrsg.):* Themen juristischer Zeitgeschichte (4), (2000)
7 *Frank Roeser:* Das Sondergericht Essen 1942–1945 (2000)
8 *Heinz Müller-Dietz:* Recht und Nationalsozialismus – Gesammelte Beiträge (2000)
9 *Franz-Josef Düwell (Hrsg.):* Licht und Schatten. Der 9. November in der deutschen Geschichte und Rechtsgeschichte – Symposium der Arnold-Freymuth-Gesellschaft, Hamm (2000)
10 *Bernd-Rüdiger Kern / Klaus-Peter Schroeder (Hrsg.):* Eduard von Simson (1810–1899). „Chorführer der Deutschen" und erster Präsident des Reichsgerichts (2001)
11 *Norbert Haase / Bert Pampel (Hrsg.):* Die Waldheimer „Prozesse" – fünfzig Jahre danach. Dokumentation der Tagung der Stiftung Sächsische Gedenkstätten am 28. und 29. September in Waldheim (2001)
12 *Wolfgang Form (Hrsg.):* Literatur- und Urteilsverzeichnis zum politischen NS-Strafrecht (2001)
13 *Sabine Hain:* Die Individualverfassungsbeschwerde nach Bundesrecht (2002)
14 *Gerhard Pauli / Thomas Vormbaum (Hrsg.):* Justiz und Nationalsozialismus – Kontinuität und Diskontinuität. Fachtagung in der Justizakademie des Landes NRW, Recklinghausen, am 19. und 20. November 2001 (2003)
15 *Mario Da Passano (Hrsg.):* Europäische Strafkolonien im 19. Jahrhundert. Internationaler Kongreß des Dipartimento di Storia der Universität Sassari und des Parco nazionale di Asinara, Porto Torres, 25. Mai 2001 (2006)
16 *Sylvia Kesper-Biermann / Petra Overath (Hrsg.):* Die Internationalisierung von Strafrechtswissenschaft und Kriminalpolitik (1870–1930). Deutschland im Vergleich (2007)
17 *Hermann Weber (Hrsg.):* Literatur, Recht und Musik. Tagung im Nordkolleg Rendsburg vom 16. bis 18. September 2005 (2007)
18 *Hermann Weber (Hrsg.):* Literatur, Recht und (bildende) Kunst. Tagung im Nordkolleg Rendsburg vom 21. bis 23. September 2007 (2008)
19 *Francisco Muñoz Conde / Thomas Vormbaum (Hrsg.):* Transformation von Diktaturen in Demokratien und Aufarbeitung der Vergangenheit (2010)
20 *Kirsten Scheiwe / Johanna Krawietz* (Hrsg.): (K)Eine Arbeit wie jede andere? Die Regulierung von Arbeit im Privathaushalt (2014)
21 *Helmut Irmen:* Das Sondergericht Aachen 1941–1945 (2018)

Abteilung 3: Beiträge zur modernen deutschen Strafgesetzgebung. Materialien zu einem historischen Kommentar

1 *Thomas Vormbaum / Jürgen Welp (Hrsg.):* Das Strafgesetzbuch seit 1870. Sammlung der Änderungen und Neubekanntmachungen; Vier Textbände (1999–2002) und drei Supplementbände (2005, 2006)

2 *Christian Müller:* Das Gewohnheitsverbrechergesetz vom 24. November 1933. Kriminalpolitik als Rassenpolitik (1998)

3 *Maria Meyer-Höger:* Der Jugendarrest. Entstehung und Weiterentwicklung einer Sanktion (1998)

4 *Kirsten Gieseler:* Unterlassene Hilfeleistung – § 323c StGB. Reformdiskussion und Gesetzgebung seit 1870. (1999)

5 *Robert Weber:* Die Entwicklung des Nebenstrafrechts 1871–1914 (1999)

6 *Frank Nobis:* Die Strafprozeßgesetzgebung der späten Weimarer Republik (2000)

7 *Karsten Felske:* Kriminelle und terroristische Vereinigungen – §§ 129, 129a StGB (2002)

8 *Ralf Baumgarten:* Zweikampf – §§ 201–210 a.F. StGB (2003)

9 *Felix Prinz:* Diebstahl – §§ 242 ff. StGB (2003)

10 *Werner Schubert / Thomas Vormbaum (Hrsg.):* Entstehung des Strafgesetzbuchs. Kommissionsprotokolle und Entwürfe. Band 1: 1869 (2002); Band 2: 1870 (2004)

11 *Lars Bernhard:* Falsche Verdächtigung (§§ 164, 165 StGB) und Vortäuschen einer Straftat (§ 145d StGB), (2003)

12 *Frank Korn:* Körperverletzungsdelikte – §§ 223 ff., 340 StGB. Reformdiskussion und Gesetzgebung von 1870 bis 1933 (2003)

13 *Christian Gröning:* Körperverletzungsdelikte – §§ 223 ff., 340 StGB. Reformdiskussion und Gesetzgebung seit 1933 (2004)

14 *Sabine Putzke:* Die Strafbarkeit der Abtreibung in der Kaiserzeit und in der Weimarer Zeit. Eine Analyse der Reformdiskussion und der Straftatbestände in den Reformentwürfen (1908–1931), (2003)

15 *Eckard Voßiek:* Strafbare Veröffentlichung amtlicher Schriftstücke (§ 353d Nr. 3 StGB). Gesetzgebung und Rechtsanwendung seit 1851 (2004)

16 *Stefan Lindenberg:* Brandstiftungsdelikte – §§ 306 ff. StGB. Reformdiskussion und Gesetzgebung seit 1870 (2004)

17 *Ninette Barreneche †:* Materialien zu einer Strafrechtsgeschichte der Münchener Räterepublik 1918/1919 (2004)

18 *Carsten Thiel:* Rechtsbeugung – § 339 StGB. Reformdiskussion und Gesetzgebung seit 1870 (2005)

19 *Vera Große-Vehne:* Tötung auf Verlangen (§ 216 StGB), „Euthanasie“ und Sterbehilfe. Reformdiskussion und Gesetzgebung seit 1870 (2005)

20 *Thomas Vormbaum / Kathrin Rentrop (Hrsg.):* Reform des Strafgesetzbuchs. Sammlung der Reformentwürfe. Band 1: 1909 bis 1919. Band 2: 1922 bis 1939. Band 3: 1959 bis 1996 (2008)

21 *Dietmar Prechtel:* Urkundendelikte (§§ 267 ff. StGB). Reformdiskussion und Gesetzgebung seit 1870 (2005)

22 *Ilya Hartmann:* Prostitution, Kuppelei, Zuhälterei. Reformdiskussion und Gesetzgebung seit 1870 (2006)

23 *Ralf Seemann:* Strafbare Vereitelung von Gläubigerrechten (§§ 283 ff., 288 StGB). Reformdiskussion und Gesetzgebung seit 1870 (2006)

24 *Andrea Hartmann:* Majestätsbeleidigung (§§ 94 ff. StGB a.F.) und Verunglimpfung des Staatsoberhauptes (§ 90 StGB). Reformdiskussion und Gesetzgebung seit dem 19. Jahrhundert (2006)

25 *Christina Rampf:* Hausfriedensbruch (§ 123 StGB). Reformdiskussion und Gesetzgebung seit 1870 (2006)

26 *Christian Schäfer:* „Widernatürliche Unzucht“ (§§ 175, 175a, 175b, 182, a.F. StGB). Reformdiskussion und Gesetzgebung seit 1945 (2006)

27 *Kathrin Rentrop:* Untreue und Unterschlagung (§§ 266 und 246 StGB). Reformdiskussion und Gesetzgebung seit dem 19. Jahrhundert (2007)

28 *Martin Asholt:* Straßenverkehrsstrafrecht. Reformdiskussion und Gesetzgebung seit dem Ausgang des 19. Jahrhunderts (2007)

29 *Katharina Linka:* Mord und Totschlag (§§ 211–213 StGB). Reformdiskussion und Gesetzgebung seit 1870 (2008)

30 *Juliane Sophia Dettmar:* Legalität und Opportunität im Strafprozess. Reformdiskussion und Gesetzgebung von 1877 bis 1933 (2008)

31 *Jürgen Durynek:* Korruptionsdelikte (§§ 331 ff. StGB). Reformdiskussion und Gesetzgebung seit dem 19. Jahrhundert (2008)

32 *Judith Weber:* Das sächsische Strafrecht im 19. Jahrhundert bis zum Reichsstrafgesetzbuch (2009)

33 *Denis Matthies:* Exemplifikationen und Regelbeispiele. Eine Untersuchung zum 100-jährigen Beitrag von Adolf Wach zur „Legislativen Technik“ (2009)

34 *Benedikt Rohrßen:* Von der „Anreizung zum Klassenkampf“ zur „Volksverhetzung“ (§ 130 StGB). Reformdiskussion und Gesetzgebung seit dem 19. Jahrhundert (2009)

35 *Friederike Goltsche:* Der Entwurf eines Allgemeinen Deutschen Strafgesetzbuches von 1922 (Entwurf Radbruch) (2010)

36 *Tarig Elobied:* Die Entwicklung des Strafbefehlsverfahrens von 1846 bis in die Gegenwart (2010)

37 *Christina Müting:* Sexuelle Nötigung; Vergewaltigung (§ 177 StGB) (2010)

38 *Nadeschda Wilkitzki:* Entstehung des Gesetzes über Internationale Rechtshilfe in Strafsachen (IRG) (2010)

39 *André Brambring:* Kindestötung (§ 217 a.F. StGB). Reformdiskussion und Gesetzgebung seit 1870 (2010)

40 *Wilhelm Rettler:* Der strafrechtliche Schutz des sozialistischen Eigentums in der DDR (2010)

41 *Yvonne Hötzel:* Debatten um die Todesstrafe in der Bundesrepublik Deutschland von 1949 bis 1990 (2010)

42 *Dagmar Kolbe:* Strafbarkeit im Vorfeld und im Umfeld der Teilnahme (§§ 88a, 110, 111, 130a und 140 StGB). Reformdiskussion und Gesetzgebung seit dem 19. Jahrhundert (2011)

43 *Sami Bdeiwi:* Beischlaf zwischen Verwandten (§ 173 StGB). Reform und Gesetzgebung seit 1870 (2014)

44 *Michaela Arnold:* Verfall, Einziehung und Unbrauchbarmachung (§§ 73 bis 76a StGB). Reformdiskussion und Gesetzgebung seit dem 19. Jahrhundert (2015)

45 *Andrea Schurig:* „Republikflucht" (§§ 213, 214 StGB/DDR). Gesetzgeberische Entwicklung, Einfluss des MfS und Gerichtspraxis am Beispiel von Sachsen (2016)

46 *Sandra Knaudt:* Das Strafrecht im Großherzogtum Hessen im 19. Jahrhundert bis zum Reichsstrafgesetzbuch (2017)

47 *Michael Rudlof:* Das Gesetz zur Strafbarkeit der geschäftsmäßigen Förderung der Selbsttötung (§ 217 StGB nF.) (2018)

48 *Karl Müller:* Steuerhinterziehung (§§ 370, 371 AO). Gesetzgebung und Reformdiskussion seit dem 19. Jahrhundert (2018)

49 *Katharina Kühne:* Die Entwicklung des Internetstrafrechts unter besonderer Berücksichtigung der §§ 202a–202c StGB sowie § 303a und § 303b StGB (2018)

Abteilung 4: Leben und Werk. Biographien und Werkanalysen

1 *Mario A. Cattaneo:* Karl Grolmans strafrechtlicher Humanismus (1998)

2 *Gerit Thulfaut:* Kriminalpolitik und Strafrechtstheorie bei Edmund Mezger (2000)

3 *Adolf Laufs:* Persönlichkeit und Recht. Gesammelte Aufsätze (2001)

4 *Hanno Durth:* Der Kampf gegen das Unrecht. Gustav Radbruchs Theorie eines Kulturverfassungsrechts (2001)

5 *Volker Tausch:* Max Güde (1902–1984). Generalbundesanwalt und Rechtspolitiker (2002)

6 *Bernd Schmalhausen:* Josef Neuberger (1902–1977). Ein Leben für eine menschliche Justiz (2002)

7 *Wolf Christian von Arnswald:* Savigny als Strafrechtspraktiker. Ministerium für die Gesetzesrevision (1842–1848), (2003)

8 *Thilo Ramm:* Ferdinand Lassalle. Der Revolutionär und das Recht (2004)

9 *Martin D. Klein:* Demokratisches Denken bei Gustav Radbruch (2007)

10 *Francisco Muñoz Conde:* Edmund Mezger – Beiträge zu einem Juristenleben (2007)

11 *Whitney R. Harris:* Tyrannen vor Gericht. Das Verfahren gegen die deutschen Hauptkriegsverbrecher nach dem Zweiten Weltkrieg in Nürnberg 1945–1946 (2008)

12 *Eric Hilgendorf (Hrsg.):* Die deutschsprachige Strafrechtswissenschaft in Selbstdarstellungen (2010)

13 *Tamara Cipolla:* Friedrich Karl von Strombeck. Leben und Werk – Unter besonderer Berücksichtigung des Entwurfes eines Strafgesetzbuches für ein Norddeutsches Staatsgebiet (2010)

14 *Karoline Peters:* J. D. H. Temme und das preußische Strafverfahren in der Mitte des 19. Jahrhunderts (2010)

15 *Eric Hilgendorf (Hrsg.):* Die ausländische Strafrechtswissenschaft in Selbstdarstellungen. Die internationale Rezeption des deutschen Strafrechts (2016)

16 *Hannes Ludyga:* Otto Kahn-Freund (1900–1979). Ein Arbeitsrechtler in der Weimarer Zeit (2016)

Abteilung 5: Juristisches Zeitgeschehen.
Rechtspolitik und Justiz aus zeitgenössischer Perspektive

Mitherausgegeben von Gisela Friedrichsen („Der Spiegel“) und RA Prof. Dr. Franz Salditt

1 *Diether Posser:* Anwalt im Kalten Krieg. Ein Stück deutscher Geschichte in politischen Prozessen 1951–1968. 3. Auflage (1999)
2 *Jörg Arnold (Hrsg.):* Strafrechtliche Auseinandersetzung mit Systemvergangenheit am Beispiel der DDR (2000)
3 *Thomas Vormbaum (Hrsg.):* Vichy vor Gericht: Der Papon-Prozeß (2000)
4 *Heiko Ahlbrecht / Kai Ambos (Hrsg.):* Der Fall Pinochet(s). Auslieferung wegen staatsverstärkter Kriminalität? (1999)
5 *Oliver Franz:* Ausgehverbot für Jugendliche („Juvenile Curfew“) in den USA. Reformdiskussion und Gesetzgebung seit dem 19. Jahrhundert (2000)
6 *Gabriele Zwiehoff (Hrsg.):* „Großer Lauschangriff“. Die Entstehung des Gesetzes zur Änderung des Grundgesetzes vom 26. März 1998 und des Gesetzes zur Änderung der Strafprozeßordnung vom 4. Mai 1998 in der Presseberichterstattung 1997/98 (2000)
7 *Mario A. Cattaneo:* Strafrechtstotalitarismus. Terrorismus und Willkür (2001)
8 *Gisela Friedrichsen / Gerhard Mauz:* Er oder sie? Der Strafprozeß Böttcher/Weimar. Prozeßberichte 1987 bis 1999 (2001)
9 *Heribert Prantl / Thomas Vormbaum (Hrsg.):* Juristisches Zeitgeschehen 2000 in der Süddeutschen Zeitung (2001)
10 *Helmut Kreicker:* Art. 7 EMRK und die Gewalttaten an der deutsch-deutschen Grenze (2002)
11 *Heribert Prantl / Thomas Vormbaum (Hrsg.):* Juristisches Zeitgeschehen 2001 in der Süddeutschen Zeitung (2002)
12 *Henning Floto:* Der Rechtsstatus des Johanniterordens. Eine rechtsgeschichtliche und rechtsdogmatische Untersuchung zum Rechtsstatus der Balley Brandenburg des ritterlichen Ordens St. Johannis vom Spital zu Jerusalem (2003)
13 *Heribert Prantl / Thomas Vormbaum (Hrsg.):* Juristisches Zeitgeschehen 2002 in der Süddeutschen Zeitung (2003)
14 *Kai Ambos / Jörg Arnold (Hrsg.):* Der Irak-Krieg und das Völkerrecht (2004)
15 *Heribert Prantl / Thomas Vormbaum (Hrsg.)*: Juristisches Zeitgeschehen 2003 in der Süddeutschen Zeitung (2004)
16 *Sascha Rolf Lüder:* Völkerrechtliche Verantwortlichkeit bei Teilnahme an „Peacekeeping“-Missionen der Vereinten Nationen (2004)
17 *Heribert Prantl / Thomas Vormbaum (Hrsg.)*: Juristisches Zeitgeschehen 2004 in der Süddeutschen Zeitung (2005)
18 *Christian Haumann:* Die „gewichtende Arbeitsweise“ der Finanzverwaltung. Eine Untersuchung über die Aufgabenerfüllung der Finanzverwaltung bei der Festsetzung der Veranlagungssteuern (2008)
19 *Asmerom Ogbamichael:* Das neue deutsche Geldwäscherecht (2011)
20 *Lars Chr. Barnewitz:* Die Entschädigung der Freimaurerlogen nach 1945 und nach 1989 (2011)

21 *Ralf Gnüchtel:* Jugendschutztatbestände im 13. Abschnitt des StGB (2013)
22 *Helmut Irmen:* Stasi und DDR-Militärjustiz. Der Einfluss des MfS auf Militärjustiz und Militärstrafvollzug in der DDR (2014)
24 *Zekai Dağaşan:* Das Ansehen des Staates im türkischen und deutschen Strafrecht (2015)
25 *Camilla Bertheau:* Politisch unwürdig? Entschädigung von Kommunisten für nationalsozialistische Gewaltmaßnahmen. Bundesdeutsche Gesetzgebung und Rechtsprechung der 50er Jahre (2016)

Abteilung 6: Recht in der Kunst

Mitherausgegeben von Prof. Dr. Gunter Reiß

1 *Heinz Müller-Dietz:* Recht und Kriminalität im literarischen Widerschein. Gesammelte Aufsätze (1999)
2 *Klaus Lüderssen (Hrsg.):* »Die wahre Liberalität ist Anerkennung«. Goethe und die Juris prudenz (1999)
3 *Bertolt Brecht:* Die Dreigroschenoper (1928) / Dreigroschenroman (1934). Mit Kommentaren von Iring Fetscher und Bodo Plachta (2001)
4 *Annette von Droste-Hülshoff:* Die Judenbuche (1842) / Die Vergeltung (1841). Mit Kommentaren von Heinz Holzhauer und Winfried Woesler (2000)
5 *Theodor Fontane:* Unterm Birnbaum (1885). Mit Kommentaren von Hugo Aust und Klaus Lüderssen (2001)
6 *Heinrich von Kleist:* Michael Kohlhaas (1810). Mit Kommentaren von Wolfgang Naucke und Joachim Linder (2000)
7 *Anja Sya:* Literatur und juristisches Erkenntnisinteresse. Joachim Maass' Roman „Der Fall Gouffé" und sein Verhältnis zu der historischen Vorlage (2001)
8 *Heiner Mückenberger:* Theodor Storm – Dichter und Richter. Eine rechtsgeschichtliche Lebensbeschreibung (2001)
9 *Hermann Weber (Hrsg.):* Annäherung an das Thema „Recht und Literatur". Recht, Literatur und Kunst in der NJW (1), (2002)
10 *Hermann Weber (Hrsg.):* Juristen als Dichter. Recht, Literatur und Kunst in der NJW (2), (2002)
11 *Hermann Weber (Hrsg.):* Prozesse und Rechtsstreitigkeiten um Recht, Literatur und Kunst. Recht, Literatur und Kunst in der NJW (3), (2002)
12 *Klaus Lüderssen:* Produktive Spiegelungen. 2., erweiterte Auflage (2002)
13 *Lion Feuchtwanger:* Erfolg. Drei Jahre Geschichte einer Provinz. Roman (1929). Mit Kommentaren von Theo Rasehorn und Ernst Ribbat (2002)
14 *Jakob Wassermann:* Der Fall Maurizius. Roman (1928). Mit Kommentaren von Thomas Vormbaum und Regina Schäfer (2003)
15 *Hermann Weber (Hrsg.):* Recht, Staat und Politik im Bild der Dichtung. Recht, Literatur und Kunst in der Neuen Juristischen Wochenschrift (4), (2003)
16 *Hermann Weber (Hrsg.):* Reale und fiktive Kriminalfälle als Gegenstand der Literatur. Recht, Literatur und Kunst in der Neuen Juristischen Wochenschrift (5), (2003)
17 *Karl Kraus:* Sittlichkeit und Kriminalität. (1908). Mit Kommentaren von Helmut Arntzen und Heinz Müller-Dietz (2004)

18 *Hermann Weber (Hrsg.):* Dichter als Juristen. Recht, Literatur und Kunst in der Neuen Juristischen Wochenschrift (6), (2004)
19 *Hermann Weber (Hrsg.):* Recht und Juristen im Bild der Literatur. Recht, Literatur und Kunst in der Neuen Juristischen Wochenschrift (7), (2005)
20 *Heinrich von Kleist:* Der zerbrochne Krug. Ein Lustspiel (1811). Mit Kommentaren von Michael Walter und Regina Schäfer (2005)
21 *Francisco Muñoz Conde / Marta Muñoz Aunión:* „Das Urteil von Nürnberg". Juristischer und filmwissenschaftlicher Kommentar zum Film von Stanley Kramer (1961), (2006)
22 *Fjodor Dostojewski:* Aufzeichnungen aus einem Totenhaus (1860). Mit Kommentaren von Heinz Müller-Dietz und Dunja Brötz (2005)
23 *Thomas Vormbaum (Hrsg.):* Anton Matthias Sprickmann. Dichter und Jurist. Mit Kommentaren von Walter Gödden, Jörg Löffler und Thomas Vormbaum (2006)
24 *Friedrich Schiller:* Verbrecher aus Infamie (1786). Mit Kommentaren von Heinz Müller-Dietz und Martin Huber (2006)
25 *Franz Kafka:* Der Proceß. Roman (1925). Mit Kommentaren von Detlef Kremer und Jörg Tenckhoff (2006)
26 *Heinrich Heine:* Deutschland. Ein Wintermährchen. Geschrieben im Januar 1844. Mit Kommentaren von Winfried Woesler und Thomas Vormbaum (2006)
27 *Thomas Vormbaum (Hrsg.):* Recht, Rechtswissenschaft und Juristen im Werk Heinrich Heines (2006)
28 *Heinz Müller-Dietz:* Recht und Kriminalität in literarischen Spiegelungen (2007)
29 *Alexander Puschkin:* Pique Dame (1834). Mit Kommentaren von Barbara Aufschnaiter/Dunja Brötz und Friedrich-Christian Schroeder (2007)
30 *Georg Büchner:* Danton's Tod. Dramatische Bilder aus Frankreichs Schreckensherrschaft. Mit Kommentaren von Sven Kramer und Bodo Pieroth (2007)
31 *Daniel Halft:* Die Szene wird zum Tribunal! Eine Studie zu den Beziehungen von Recht und Literatur am Beispiel des Schauspiels „Cyankali" von Friedrich Wolf (2007)
32 *Erich Wulffen:* Kriminalpsychologie und Psychopathologie in Schillers Räubern (1907). Herausgegeben von Jürgen Seul (2007)
33 *Klaus Lüderssen:* Produktive Spiegelungen: Recht in Literatur, Theater und Film. Band II (2007)
34 *Albert Camus:* Der Fall. Roman (1956). Mit Kommentaren von Brigitte Sändig und Sven Grotendiek (2008)
35 *Thomas Vormbaum (Hrsg.):* Pest, Folter und Schandsäule. Der Mailänder Prozess wegen „Pestschmierereien" in Rechtskritik und Literatur. Mit Kommentaren von Ezequiel Malarino und Helmut C. Jacobs (2008)
36 *E.T.A. Hoffmann:* Das Fräulein von Scuderi – Erzählung aus dem Zeitalter Ludwigs des Vierzehnten (1819). Mit Kommentaren von Heinz Müller-Dietz und Marion Bönnighausen (2010)
37 *Leonardo Sciascia:* Der Tag der Eule. Mit Kommentaren von Gisela Schlüter und Daniele Negri (2010)
38 *Franz Werfel:* Eine blaßblaue Frauenschrift. Novelle (1941). Mit Kommentaren von Matthias Pape und Wilhelm Brauneder (2011)

39 *Thomas Mann:* Das Gesetz. Novelle (1944). Mit Kommentaren von Volker Ladenthin und Thomas Vormbaum (2013)
40 *Theodor Storm:* Ein Doppelgänger. Novelle (1886) (2013)
41 *Dorothea Peters:* Der Kriminalrechtsfall ‚Kaspar Hauser' und seine Rezeption in Jakob Wassermanns Caspar-Hauser-Roman (2014)
42 *Jörg Schönert:* Kriminalität erzählen (2015)
43 *Klaus Lüderssen:* Produktive Spiegelungen. Recht im künstlerischen Kontext. Band 3 (2014)
44 *Franz Kafka:* In der Strafkolonie. Erzählung (1919) (2015)
45 *Heinz Müller-Dietz:* Recht und Kriminalität in literarischen Brechungen (2016)
46 *Hermann Weber (Hrsg.):* Das Recht als Rahmen für Literatur und Kunst. Tagung im Nordkolleg Rendsburg vom 4. bis 6. September 2015 (2017)
47 *Walter Müller-Seidel:* Rechtsdenken im literarischen Text. Deutsche Literatur von der Weimarer Klassik zur Weimarer Republik (2017)
48 *Honoré de Balzac:* Eine dunkle Geschichte. Roman (1841). Mit Kommentaren von Luigi Lacchè und Christian von Tschilschke (2018)
49 *Anja Schiemann:* Der Kriminalfall Woyzeck. Der historische Fall und Büchners Drama (2018)
50 *E. T. A. Hoffmann:* Meister Floh. Ein Mährchen in sieben Abentheuern zweier Freunde (1822). Mit Kommentaren von Michael Niehaus und Thomas Vormbaum (2018)
51 *Bodo Pieroth:* Deutsche Schriftsteller als angehende Juristen (2018)
52 *Theodor Fontane:* Grete Minde. Nach einer altmärkischen Chronik (1880). Mit Kommentaren von Anja Schiemann und Walter Zimorski (2018)

Abteilung 7: Beiträge zur Anwaltsgeschichte

Mitherausgegeben von Gerhard Jungfer, Dr. Tilmann Krach
und Prof. Dr. Hinrich Rüping

1 *Babette Tondorf:* Strafverteidigung in der Frühphase des reformierten Strafprozesses. Das Hochverratsverfahren gegen die badischen Aufständischen Gustav Struve und Karl Blind (1848/49), (2006)
2 *Hinrich Rüping:* Rechtsanwälte im Bezirk Celle während des Nationalsozialismus (2007)
3 *Dieter Finzel:* Geschichte der Rechtsanwaltskammer Hamm (2018)

Abteilung 8: Judaica

1 *Hannes Ludyga:* Philipp Auerbach (1906–1952). „Staatskommissar für rassisch, religiös und politisch Verfolgte" (2005)
2 *Thomas Vormbaum:* Der Judeneid im 19. Jahrhundert, vornehmlich in Preußen. Ein Beitrag zur juristischen Zeitgeschichte (2006)
3 *Hannes Ludyga:* Die Rechtsstellung der Juden in Bayern von 1819 bis 1918. Studie im Spiegel der Verhandlungen der Kammer der Abgeordneten des bayerischen Landtags (2007)
4 *Michele Sarfatti:* Die Juden im faschistischen Italien. Geschichte, Identität, Verfolgung (2014)

FSC
www.fsc.org
MIX
Papier | Fördert
gute Waldnutzung
FSC® C083411

Kolibri 360 GmbH
Ferdinand-Jühlke-Straße 7
99095 Erfurt, Deutschland
produktsicherheit@kolibri360.de